Schlüssel zu den Texten des Bestimmungsteils (S. 29–148)

Im Bestimmungsteil werden über 1.100 der wichtigsten Wildpflanzen Deutschlands und Nordwest-Europas abgebildet und beschrieben. Im Anhang finden sich die Beschreibungen von weiteren über 300 seltenen oder sehr unscheinbaren Arten, so daß insgesamt fast 1.500 Wildpflanzen behandelt werden. Um so viele Informationen wie möglich auf dem engbemessenen Raum unter den Abbildungen wiedergeben zu können, müssen zahlreiche Angaben abgekürzt oder codiert erscheinen. Diese Abkürzungen und Symbole sind so gewählt, daß sie bald ohne besondere Mühe gelesen werden können.
Die in diesem Buch abgebildeten Arten sind entsprechend ihrer systematischen Stellung aufgeführt (Garcke, 1972). Soweit möglich, wurden deshalb den Artbeschreibungen gemeinsame Gattungs- und Familienmerkmale vorangestellt, die später in den einzelnen Artbeschreibungen dann nicht mehr wiederholt wurden, dennoch aber zu berücksichtigen sind.

Schema einer Artbeschreibung:

Jede Beschreibung beginnt mit dem deutschen Trivialnamen im Fettdruck. Ihm folgt kursiv der wissenschaftliche Name:

Echte Primel *Primula veris*

Arten, auf die in den Textteilen näher eingegangen wird, sind mit einem Sternchen (★) gekennzeichnet. Mit Hilfe dieser Markierung können in dem deutschen Sachregister die Seitenverweise leicht gefunden werden.

Danach folgen Angaben über die Wachstumshöhe in cm und die Lebensform (einj. = einjährig; zweij. = zweijährig; Staude; Halbstrauch; Strauch). Bei den sich daran anschließenden Bestimmungsmerkmalen werden folgende Abkürzungen verwendet:

B.	Blatt
... b.	... blättrig, blatt, ... blättert
Bl.	Blüte
Blst.	Blütenstand
bl.	blütig
... f.	... förmig(en)
... st.	... ständig(en)
Fr.	Frucht
... l.	... lich
u.	unten, untere
o.	oben, obere
St.	Stengel
st.ständig	stengelständig
Ø	Durchmesser
§	gesetzlich geschützte Arten
☠	giftig für Mensch und Tier
⚕	Medizinal- oder Drogenpflanze

Die Zeiten der Keimung des Saatgutes (Keim.) werden folgendermaßen angegeben:

F	Frühjahr
So	Sommer
H	Herbst
W	Winter
j	zu jeder Jahreszeit
sf	sofort

längere Zeiträume durch Kombinationen dieser Kennzeichen, z. B. W–F; So–H; F–So etc.

Danach werden aufgeführt: die Blütezeit der Pflanzen in römischen Ziffern (IV–V = April bis Mai) sowie Symbole zur Geschlechterverteilung innerhalb einer Blüte oder eines Blütenstandes:

(⚥)	Zwitterpflanzen, hermaphrodit (getrennt-geschlechtliche Pflanzen)
(♀)	nur weiblich
(♂)	nur männlich
(♀+♂)	monözische Pflanzen, männlich und weiblich auf einer Pflanze
(♀)+(♂)	diözische Pflanzen, weibliche und männliche Individuen
(⚥)+(♀)	gynodiözische Pflanzen; sowohl zwittrige als auch weibliche Individuen
(⚥+♀)	gynomonözische Pflanzen; sowohl zwittrige als auch weibliche Einzelblüten mit einem Blütenstand usw.

Der Reifezeit der Staubblätter (♂) und Griffel (♀) gelten folgende Buchstabenkombinationen:

pa	vormännlich, protandrisch, d. h. die Staubblätter werden vor den Griffeln bzw. Fruchtknoten (Stempel) reif,
pg	vorweiblich, protogyn, d. h. der Fruchtknoten reift vor den Staubblättern und
hg	homogyn, d. h. Fruchtknoten und Staubblätter reifen gleichzeitig.

Mit folgenden Kürzeln wird dann die bevorzugte Bestäubungsart gekennzeichnet:

Ins.	Insektenbestäubung über
(l)	Lepidoptera, Schmetterlinge

(c)	Coleoptera, Käfer
(d)	Diptera, Zweiflügler (Fliegen)
(h)	Hymenoptera, Hautflügler (Bienen)
(a)	Ameisen
sb.	selbstbestäubend über
k.	Kleistogamie; Bestäubung bei nicht geöffneter Blüte
wb.	windbestäubend
wsb.	wasserbestäubend

In Einzelfällen werden Unterarten (sspp.) innerhalb einer Art (sp.) angegeben. Danach folgen die Standortangaben und die ökologischen Kennzahlen (ÖK.) mit Hinweisen auf die soziologische Zugehörigkeit der jeweiligen Art (Soz.) nach Ellenberg (1982). Innerhalb der Standortangaben mußten bei Platzmangel folgende Abkürzungen verwendet werden:

... ges.	Gesellschaft
nährstoffr.	nährstoffreich
kalkh.	kalkhaltig
hum.	humose(n)
stein.	steinig(en)

Die sechsstellige ökologische Kennzahl bezeichnet die jeweiligen Ansprüche der Art an ihren Standort bezüglich

L	Lichtzahl
T	Temperaturzahl
K	Kontinentalitätszahl
F	Bodenfeuchtezahl
R	Bodenreaktionszahl
N	Stickstoffzahl

Beispiel: LTK FRN
7X3 483

Die Höhe von Anspruch oder Versorgung kennzeichnet eine Ziffernskala von 1–9 (bei F = Bodenfeuchte 1–12): 1 sehr niedrig; 9 bzw. 12 = sehr hoch; X = indifferente Art (ohne besondere Ansprüche). Beispiele:

L1	schattenverträglich
L9	verträgt volles Sonnenlicht
F1	trockener Standort
F9	nasser Standort
F10–12	Sumpf bzw. Standort unter Wasser
R1	saurer Boden
R9	alkalischer Boden
N1	nährstoffarmer Standort
N9	nährstoffreicher Standort

Der „Standort" umfaßt alle Faktoren, die am Fundort einer Pflanze auf sie einwirken und ihr Wachstum und ihre Verbreitung bestimmen.

Die Zugehörigkeit einer Art zu bestimmten Pflanzengruppen, ihre soziologische Einordnung, wird durch die sog. Ellenbergschen Kennzahlen angegeben:

1. Ziffer	Gruppen (1–8)
2. Ziffer	Klassen
3. Ziffer	Ordnungen
4. Ziffer	Verbände

Dabei wird die gruppenbezeichnende erste Ziffer von den folgenden durch einen Punkt abgetrennt, z. B. 5.322. Einzelheiten zur pflanzensoziologischen Klassifizierung s. S. 307. Hier sollen lediglich die 8 Gruppen aufgelistet werden:

1 Süßwasser- und Moorvegetation
2 Salzwasser- und Meerstrand-Vegetation
3 Krautige Vegetation oft gestörter Plätze
4 Steinfluren und alpine Rasen
5 Anthropo-zoogene Heiden und Rasen
6 Waldnahe Staudenfluren und Gebüsche
7 Nadelwälder und verwandte Gesellschaften
8 Laubwälder und verwandte Gesellschaften

Am Schluß der Artbeschreibungen erscheinen die Angaben zur Verbreitung

D	Deutschland (Bundesrepublik Deutschland, DDR, Niederlande und Dänemark)
GB	Großbritannien (England, Schottland, Wales und Irland)
F	nördliche Gebiete von Frankreich, Belgien, Luxemburg und Kanalinseln
S	Skandinavien (Norwegen, Schweden, Finnland, Island und Färöer)
s	selten
z	zerstreut
v	verbreitet
Alp.	Alpen im Gebiet der Bundesrepublik Deutschland
alp.	im höheren Bergland vorkommend.

Die Artbeschreibungen werden abgeschlossen durch Hinweise im Fettdruck auf nahe Verwandte seltener Arten, die im Anhang des Bestimmungsteils, nach Nummern geordnet, aufgeführt werden, z. B. **s. A. 145.**

PAREYS NATURFÜHRER PLUS

BLUMEN

Umseitige Abbildung: *„Es ist interessant, über eine dichtbewachsene Uferböschung nachzudenken." Mit diesen Worten begann Charles Darwin das letzte Kapitel seines berühmten Werkes „Über die Entstehung der Arten". Auf dieser Abbildung einer Böschungsgesellschaft sieht man ungefähr ein Dutzend verschiedener Blütenpflanzen aus beinahe ebensovielen Familien nebeneinander leben und sogar blühen. Jede dieser Arten hat für sich auf einzigartige Weise die Probleme der Keimung, des Wachstums und der Fortpflanzung gelöst, und das angesichts der Konkurrenz mit anderen Arten und unter dem Druck der Standorteinflüsse.*

PAREYS NATURFÜHRER PLUS

BLUMEN

Wildblühende Pflanzen

Biologie + Bestimmen + Ökologie

Von

Alastair Fitter

Übersetzt und bearbeitet von

Dr. Lars Neugebohrn

Institut für Angewandte Botanik der
Universität Hamburg

Mit 1515 farbigen Abbildungen

Verlag Paul Parey · Hamburg und Berlin

Die Originalausgabe erschien unter dem Titel

Collins New Generation Guide to the Wild Flowers of Britain and Northern Europe

im Verlag William Collins Sons & Co. Ltd., London

Die Illustrationen stammen von

Norman Arlott, Ian Garrard, Sheila Hadley, Alan Harris, Marilyn Leader, David Leigh, Valerie Price, Andrew Robinson, Chris Shields, Fiona Silver, Charles Stitt, Sue Wickison, John Wilkinson

Herausgeber

David Attenborough

Sir David Attenborough ist der beratende Herausgeber der englischen Originalausgaben der „New Generation Guides of Flowers, Birds etc.", die dieser Übersetzung und Bearbeitung zugrunde liegen. Bei uns ist er durch seine Fernsehserien „Das Leben auf unserer Erde" (Life on Earth, 1979) und „Die Erde lebt" (The Living Planet, 1983) sowie durch die diese Serien ergänzenden und begleitenden Bücher als einer der hervorragendsten Naturinterpreten bekannt geworden. Durch seine Gabe der anschaulichen Darstellung schwieriger Zusammenhänge hat er diese Serie neuer Naturführer wesentlich beeinflußt und mitgestaltet.

CIP-Kurztitelaufnahme der Deutschen Bibliothek

Fitter, Alastair:
Blumen: Wildblühende Pflanzen; Biologie + Bestimmen + Ökologie / von Alastair Fitter.
Übers. u. bearb. von Lars Neugebohrn.
(Hrsg. David Attenborough). — Hamburg; Berlin: Parey 1987.
(Pareys Naturführer Plus)
Einheitssacht.: Collins New Generation Guide to the Wild Flowers of Britain and Northern Europe (dt.)
ISBN 3-490-15618-8
NE: Neugebohrn, Lars (Bearb.)

 Anschriften: Spitalerstr. 12, D-2000 Hamburg 1; Lindenstr. 44–47, D-1000 Berlin 61. Printed in Great Britain by Wm. Collins Sons & Co. Ltd. London und Glasgow. Lithographie: Alpha Reprographics Ltd. Harefield (GB), Satz: alphabeta Gerds & Kohn GmbH, Hamburg. Einbandgestaltung: Jan Buchholz und Reni Hinsch, Hamburg, unter Verwendung des für die englische Originalausgabe verwendeten Umschlages.

ISBN 3-490-15618-8

Inhalt

Erster Teil: Die Evolution der Blütenpflanzen

Zweiter Teil: Der Bestimmungsschlüssel und das Verzeichnis der Arten

Dritter Teil: Die Naturgeschichte der wilden Blütenpflanzen

Ganz hinten ohne Nr: Abkürzverz.

Vorwort des Verfassers

Es gehört heute mit zu den beliebtesten Freizeitbeschäftigungen, die Natur zu beobachten. Millionen von Menschen verbringen ihre Mußestunden damit in der uns noch verbliebenen unzerstörten Landschaft.

Sie versuchen, ihre Freude an der Natur zu steigern, indem sie sich bemühen, mit Hilfe von Bestimmungsbüchern näher zu ergründen, was dort lebt und gedeiht. Das ist allerdings nicht neu – schon vor 100 Jahren gab es leidenschaftliche Naturliebhaber, die damals die ersten, sehr beliebten Bestimmungsbücher benutzten. Der Unterschied zwischen damals und heute besteht nur darin, daß sich die Zahl derer, die dieses Interesse an der Natur teilen, und ihre Mobilität erheblich vergrößert hat, während gleichzeitig die natürliche Landschaft schrumpfte. Aus diesem Grunde und wegen anderer Auswirkungen der sich laufend vergrößernden Bevölkerungszahl und Besiedlungsdichte auf die so empfindliche Natur und ihre gefährdeten Ressourcen hat sich bei uns ein Umweltbewußtsein entwickelt, das sich in vielfältigen politischen Aktivitäten, in der Gründung zahlreicher Naturschutzverbände oder auch nur in der Wißbegierde ausdrückt, etwas mehr über Lebenszusammenhänge in der Natur zu erfahren.

Sollte es uns tatsächlich gelingen, die Reste unserer noch heilen Umwelt zu bewahren, dürfte das daran liegen, daß wir viele Zusammenhänge heute besser verstehen. Zu diesem besseren Verständnis hat wesentlich die Wissenschaft der Ökologie beigetragen, die die Wechselwirkungen der Organismen miteinander und mit ihrer Umwelt erforscht. Diese Wissenschaft hat sich in den letzten 100 Jahren aus den Anfängen der Naturbeobachtung heraus immer stärker entwickelt. Im Zuge dieser Entwicklung mußte zwangsläufig der Punkt kommen, an dem der Naturliebhaber über die Kenntnis von Tieren und Pflanzen hinaus wissen wollte, warum ein Organismus eine ganz bestimmte Bauweise aufweist, bzw. warum er auf einen äußeren Einfluß spezifisch reagiert. Genau das sagt uns die Ökologie. Sie ist eine der wenigen Wissenschaften, in denen heute noch Laien mit wenig Aufwand wichtige Erkenntnisse zutage fördern können. Das einzige, was man dazu braucht, ist eine gehörige Portion Begeisterung und ausreichendes Naturverständnis, um die richtigen Fragen zu stellen. Es ist erstaunlich, auf wie viele anscheinend selbstverständliche Fragen wir noch immer keine befriedigende Antwort wissen. Deshalb habe ich versucht, auf einige von ihnen hinzuweisen. Dieses Buch hat seinen Zweck erfüllt, wenn es beim Leser die Neugier und Begeisterung weckt, die wir brauchen.

Als Ökologe war es schon immer mein Wunsch, der großen Schar begeisterter Naturliebhaber einige der aufregenden Ideen nahezubringen, die uns helfen können, die Natur in ihrer Mannigfaltigkeit zu begreifen und zu erklären, wie sie sich entwickelt haben könnte. Ich bin deshalb Crispin Fisher außerordentlich dankbar, daß er diese besondere Naturführer-Serie entwickelt und mir dadurch die Möglichkeit gegeben hat, meine Vorstellungen zu Papier zu bringen.

Alastair Fitter

Vorwort zur deutschen Ausgabe

„Schon wieder eine neues Bestimmungsbuch?“ — Eine nicht ganz abwegige Frage angesichts der vielen Naturführer, die wir schon haben. Bei näherer Betrachtung stellt sich aber heraus, daß durch die Kombination eines Bestimmungsbuches mit einem ökologisch ausgerichteten botanischen Textbuch ein völlig neuartiger Naturführer gelungen ist.

Zunächst erfährt der Leser in knapp gehaltenen Kapiteln etwas darüber, wie sich die Pflanzen aus primitiven Anfängen heraus zu den heutigen, systematisch hochstehenden Formen entwickelt haben. Besonderes Gewicht wird dabei auf die Entwicklung der Blütenpflanzen gelegt und hier auf die Entwicklung der verschiedenen Blüten- und Bestäubungsformen, deren Darstellung den Kern dieses Buches bildet. In wissenschaftlich fundierter, aber verständlicher Form wird versucht, auch dem nicht biologisch vorgebildeten Naturfreund deutlich zu machen, wie die Höherentwicklung der Organismen auf der Erde stattgefunden hat und mit welchen Hilfsmitteln die Pflanzen das Überleben ihrer Art sichern.

Im Bestimmungsteil gelangt der Benutzer über recht einfach gehaltene und übersichtlich gestaltete Tabellen schnell zu den einzelnen Familien und kann dann mit Hilfe der eindrucksvollen Farbdarstellungen die in der Landschaft vorgefundenen Arten bestimmen. Direkt unter den Abbildungen finden sich die erklärenden Texte. Sie beschränken sich nicht auf die eigentlichen Artenbeschreibungen, sondern berücksichtigen auch die vielfältigen Lebensäußerungen der Pflanzen, wie die Keimung des Saatgutes, die Blütezeit und die Bestäubungsart der ausgewachsenen Pflanzen, und enthalten darüber hinaus Hinweise auf die Standortverhältnisse und die Verbreitung. Da nur wenig Raum für alle diese Angaben zur Verfügung steht, mußten viele Informationen systematisch abgekürzt werden. Die damit verbundenen Anfangsschwierigkeiten bei der Lektüre werden bei häufigerer Benutzung des Buches bald vergessen sein. Zudem entschädigt dafür die Fülle der gebotenen Informationen, die man sich sonst nur aus vielen verschiedenen Büchern beschaffen kann.

Neben dem Bestimmungsteil und den Ausführungen zur Evolution liegt ein weiterer Schwerpunkt des Buches auf der Darstellung des Lebenskreislaufes der Pflanzen. Der Autor versteht es vorzüglich, anhand zahlreicher Beispiele die vielen verschiedenen Lebensläufe in die unterschiedlich einwirkenden Umweltbedingungen einzubinden.

Es zeichnet das Buch aus, daß jedes Kapitel sowohl für sich allein lesbar und verständlich ist als auch im Gesamtzusammenhang. Häufige Verweise erleichtern es darüber hinaus dem Leser, die Gesamtkonzeption des Buches als ein geschlossenes Ganzes zu erkennen.

Dabei vermeidet der Autor jegliche Aufdringlichkeit. So erfährt der Leser nebenher, daß sich alle Organismen auch heute noch unter den sehr viel schwierigeren Umweltbedingungen weiterentwickeln und daß zu dieser Entwicklung zwangsläufig das Sterben gehört. Es ist danach ganz natürlich, daß von Tausenden von Samen zum Schluß nur ein einziger Sämling überlebt und die Elterngeneration ersetzt, wenn dieser Samen optimal an seinen Standort und seine Verbreitungsart angepaßt ist. Auch über die Bildung neuer Arten durch Bastardisierung wird berichtet und darüber, daß der Mensch mit seinen Tätigkeiten nicht nur Lebensräume vernichtet, sondern unbewußt in unserer Landschaft auch sehr viele erst geschaffen hat. Dadurch soll aber keineswegs die überwiegend negative Auslese aus dem Artenbestand verharmlost werden, die die sich wieder einmal verändernde Wirtschaftsform in der Landwirtschaft zur Folge hat. Die Anwendung moderner Herbizide und Insektizide in großem Stile wirkt sich dabei besonders nachteilig auf unseren restlichen Artenbestand aus. Die früher so verbreiteten „Unkräuter“ sind mittlerweile so selten geworden, daß viele von ihnen heute als schützenswert betrachtet werden. Wenn Befruchtung und Samenbildung nicht mehr gewährleistet sind, weil der Bestäuber durch Insektizide vernichtet wurde, dann können Pflanzen aussterben.

Mensch, Tier und Pflanze leben gemeinsam in einer vorgegebenen begrenzten Umwelt; sie sind zur Erhaltung und Entwicklung ihres Lebens aufeinander angewiesen und voneinander abhängig.

Ich hoffe, daß dieses Buch dazu beiträgt, mit dieser Erkenntnis ökologisches Denken zu verbreiten und tatkräftiges Handeln zum Schutze der Natur anzuregen. Nur wenn sich diese Betrachtungsweise durchsetzt, kann langfristig die immer schnellere Artenverarmung in unserer Landschaft aufgehalten und damit der Lebensraum des Menschen erhalten werden.

Zum Schluß möchte ich allen denen danken, die mir während der Arbeit an diesem Buch geholfen haben, besonders aber meiner Familie, die den erheblichen Zeitaufwand bei der Bearbeitung großzügig erduldet hat.

Lars Neugebohrn

Erster Teil

Die Evolution der Blütenpflanzen

Das Pflanzenreich

Blütenpflanzen, einschließlich der breitblättrigen Bäume, erschienen vor ca. 100 Millionen Jahren und stellen heute die höchste Entwicklungsstufe im Pflanzenreich dar. Einfachere Landpflanzen leben allerdings schon seit fast 300 Millionen Jahren auf der Erde und frei schwebende, einfache Wasserpflanzen bereits seit über 1 bzw. 2 Milliarden Jahren. Erstaunlicherweise kann man aber trotz der langen Entwicklungszeit des Phytoplanktons damalige von heutigen Arten kaum unterscheiden, ganz im Gegensatz zu den Landpflanzen, die während ihrer relativ kurzen Entwicklungszeit einem erheblich stärkeren anatomischen und morphologischen Wandel unterworfen waren.

Wir unterscheiden heute grob fünf große Pflanzenabteilungen:

- Die einfach gebauten autotrophen, d. h. photosynthetisch aktiven Algen (*Phycophyta,* hierunter sollen ausnahmsweise auch alle anderen Algenabteilungen geführt werden). Sie leben im Meer oder an nassen Stellen des Landes.
- Die einfach gebauten heterotrophen Pilze (*Mycophyta*) mit dem Schwerpunkt ihres Vorkommen in den oberen Bodenschichten.
- Die autotrophen Moose (*Bryophyta*) der feuchten, nassen oder stark schattigen Standorte als erste echte Landpflanzen, allerdings noch mit relativ einfachem anatomischen Bau.
- Die autotrophen Farne (*Pteridophyta*) als höher entwickelte Landpflanzen mit deutlich komplizierterem Bau, die sich aber in der ökologischen Durchsetzungsfähigkeit kaum mit den
- Samenpflanzen (*Spermatophyta*) messen können, die die beste und auch erfolgreichste Anpassung an das Landleben aufweisen.

Die Algen

Die Algen sind eine schwer abzugrenzende, heterogene, aus mehreren Abteilungen bestehende Pflanzengruppe, in der einzellige Arten, mehrzellige Kolonien oder fädige bzw. in blatt-, sproß- und wurzelähnliche Organe differenzierte Organismen auftreten. Sie sind zwar meist sehr einfach gebaut, bezüglich ihrer Durchsetzungsfähigkeit in ihrem Lebensraum Meer oder Wasser aber durchaus erfolgreich. So können z. B. viele einzellige planktische Formen, die zur Verlangsamung der Sedimentation Schwebefortsätze oder Gasvakuolen entwickelt haben, in ihrer Vollkommenheit kaum noch übertroffen werden. Sie haben sich aus diesem Grunde auch über die Jahrtausende nicht oder nur wenig verändert und beherrschen heute noch ⅔ der Erdoberfläche.

Innerhalb der Algengruppe finden wir aber neben den planktischen freischwimmenden Formen auch noch hochdifferenzierte Tangarten, die an den felsigen, oft auch trockenfallenden Küsten dominieren. An diesen Standort sind sie optimal angepaßt, da sie sich mittels ihrer Haftorgane an der Felsoberfläche anheften und nicht verdriftet werden können. Allerdings begann mit dieser Festheftung auch bei ihnen der Kampf um das Licht, wobei die eigene Körpergröße oder die Beschattung des Nachbarn einen Durchsetzungsvorteil bedeuten kann. Das Wasserleben der Algen erzwang aber weder die Ausbildung komplizierter Wasserleitungs- oder Wasseraufnahmesysteme noch die Entwicklung spezieller Fortpflanzungsmechanismen wie bei den Landpflanzen. Sie können sich nämlich äußerst erfolgreich fortpflanzen, indem sie z. B. ihre Geschlechtszellen (Gameten) in einer ausreichend großen Anzahl in das umgebende Wasser entlassen und deren Verschmelzung der Eigenbewegung oder dem Wassertransport überlassen.

Die Leber- und Laubmoose

Es sind meistens sehr einfach gebaute, landlebende Pflanzen und nur teilweise an den Lebensraum Land angepaßt. Überwiegend sind sie an feuchte Standorte gebunden, da sie erstens kaum Vorrichtungen zur Wasseraufnahme oder Wasserhaltung entwickelt haben (keine Wurzeln, keine Spaltöffnungen) und zweitens, ebenso wie die Algen, immer noch freies Wasser für die Fortpflanzung benötigen, weil ihre männlichen Game-

Ein Sphagnum-Moor: Nur einige Seggen-Arten haben in den dichten Matten des Sphagnum-Mooses Fuß fassen können

ten noch aktiv zu den weiblichen Geschlechtsorganen schwimmen müssen.

Wir finden zwar durchaus Moose und Algen an Stellen, die häufigen Trockenperioden unterworfen sind wie Mauerkronen, Baumrinde usw., aber diese Arten überleben hier nicht dadurch, daß sie die Wasserabgabe kontrollieren, sondern dadurch, daß sie unbeschadet völlig austrocknen können und in eine Art Ruhezustand übergehen. Dieser Trick, ungünstige Vegetationszeiten zu überstehen, kann allerdings von höher organisierten Pflanzen nicht angewendet werden, da deren kompliziertes Gewebesystem durch eine Austrocknung immer tödlich geschädigt werden würde. Trotz ihres einfachen anatomischen Baues haben sich auch Moose, ähnlich wie die Algen, schon seit 400 Millionen Jahren gegen andere Organismen behauptet. So sind sie u. a. ganz besonders gut an nasse, nährstoffarme Standorte wie Moore, Sümpfe und feuchte, schattige Wälder angepaßt und stellen z. B. in den Mooren mit Sphagnum (Torfmoos) den einzigen höheren Organismus.

Die Farne und Schachtelhalme

Vor fast 800 Millionen Jahren erschienen die ersten Vertreter der Farngewächse und gaben der Erde die charakteristische grüne Farbe. Im Unterschied zu den stark wasserabhängigen Moosen waren sie aber in der Lage, auch trockenere Landgebiete zu besiedeln. Während einer erdgeschichtlichen Periode bildeten sie u. a. riesige Schachtelhalmwälder, deren fossilisierte Überreste wir heute als Kohlelagerstätten für unseren Energiebedarf ausbeuten. Zu jener Zeit besiedelten die Farngewächse genau die Gebiete, die heute von den trockenresistenten Blütenpflanzen eingenommen werden. Dennoch können sich auch heute einige ausdauernde Farne in trockeneren Gebieten behaupten, benötigen allerdings innerhalb ihres Generationswechsels immer noch freies Wasser für die sexuelle Fortpflanzung. Gerade diese Wasserabhängigkeit ist aber der gefährlichste Abschnitt innerhalb ihres Entwicklungsganges, und es sind nur solche Arten ökologisch erfolgreich gewesen, die die Wasserabhängigkeit durch eine vegetative Vermehrung umgangen haben (Adlerfarn).

Die Samenpflanzen

Die Entwicklung eines Samens als Fortpflanzungs- und Vermehrungsorgan mit allen seinen ökologischen Auswirkungen ist der Grund dafür, daß sich die heute auf dem Land so dominierenden Samenpflanzen damals überhaupt gegen die schon vorhandenen Farne und Moose durchsetzen konnten. Im Gegensatz zu den Farnen und Moosen können sich die Samenpflanzen sogar im Wüstenklima vermehren, da sie kein freies Wasser mehr zur Befruchtung der Eizellen benötigen. Die Befruchtung wird bei ihnen vielmehr über eine Bestäubung erreicht, wobei die männlichen Geschlechtszellen mit Hilfe des Pollens entweder auf die Samenanlage oder auf die Narbe eines Fruchtknotens gelangen. Hier keimt der Pollen dann mit einem Pollenschlauch aus und entläßt die in seinem Innern befindlichen männlichen Geschlechtszellen in der Nähe der Eizelle. Im Laufe der Höherentwicklung der Blütenpflanzen wurden dann zur Befruchtung der verborgenen Samenanlage immer kompliziertere Bestäubungsmethoden entwikkelt, was die Bildung zahlreicher unterschiedlicher Blütenformen und -typen zur Folge hatte.

Der Lebenszyklus

Die geschlechtliche Fortpflanzung der Organismen beruht auf der Verschmelzung zweier Zellen mit jeweils einem Chromosomensatz zu einer neuen Zelle mit der doppelten Anzahl. Damit eine solche Verschmelzung zustande kommen kann, müssen zunächst Zellen mit nur einem Chromosomensatz (haploid) erzeugt werden. Bei diesem Vorgang wird dann das gesamte genetische Material noch zusätzlich durchmischt, so daß keine der so neu entstehenden Zellen der anderen gleicht. Dieses Verfahren trifft für alle sich sexuell fortpflanzenden Organismen zu, allerdings folgt bei den Tieren unmittelbar auf die Halbierung des Chromosomensatzes wieder die Verschmelzung der gerade entstandenen Geschlechtszellen und damit eine erneute Verdoppelung. Ganz andere Verhältnisse haben wir aber bei Pflanzen, besonders bei den Moosen, Farnen und Schachtelhalmen. Hier entwickeln sich aus den Zellen mit dem halben genetischen Material selbständige Pflanzen (Gametophyten), die erst später ohne erneute Halbierung des Erbgutes in speziellen Organen die verschiedengeschlechtlichen Gameten ausbilden. Diese verschmelzen dann zur diploiden Zygote, aus der sich schließlich eine völlig anders gestaltete Pflanze mit dem doppelten Chromosomensatz entwickelt (Sporophyt). Pflanzen erzeugen also zwei verschiedene eigenständige Generationen (Generationswechsel), wobei die eine Generation die doppelte Menge der genetischen Information besitzt als die andere. Dabei können sich die beiden Generationen, wie bei einigen Algen, morphologisch so sehr unterscheiden, daß sie früher irrtümlich als verschiedene Arten beschrieben wurden.

Bei den Laub- und Lebermoosen erzeugt die haploide Generation die uns geläufigen ausdauernden grünen Moospflanzen (1, 2, 3). Diese bilden in männlichen (Antheridium) und weiblichen (Archegonium) Geschlechtsorganen haploide Gameten (4, 5), die nach der Verschmelzung einen diploiden, nichtselbständigen Sporophyten erzeugen. Der Sporophyt besteht dabei aus einem langen mit seiner Basis im haploiden Mutterpflanzengewebe verankerten Stiel (Seta) und einer an der Spitze der Seta sitzenden Kapsel (Sporogon, 6). In dieser Kapsel werden unter Reduktionsteilung haploide Sporen gebildet, die nach der Reife und dem Aufreißen der Kapselwand durch den Wind verbreitet werden (7, 8) und unter günstigen Bedingungen wieder zu neuen Moospflanzen auskeimen. Gerade das Unvermögen der haploiden Generation, die Wasserabgabe zu regulieren, hat dazu geführt, daß nur die gegen Trockenheit unempfindlichere diploide Generation zur Landpflanze weiterentwickelt wurde.

Diese Auswirkungen kann man heute noch bei den Farngewächsen erkennen, wo die ausdauernde Pflanze diploid ist (1). Ähnlich wie in der Mooskapsel werden auch bei den Farnen auf der Unterseite der Wedel kleine sporenbildende Behälter (Sporangien) gebildet, in denen unter Reduktionsteilung haploide Sporen erzeugt werden (2). Aus diesen Spo-

Lebenszyklus des Mooses Mnium

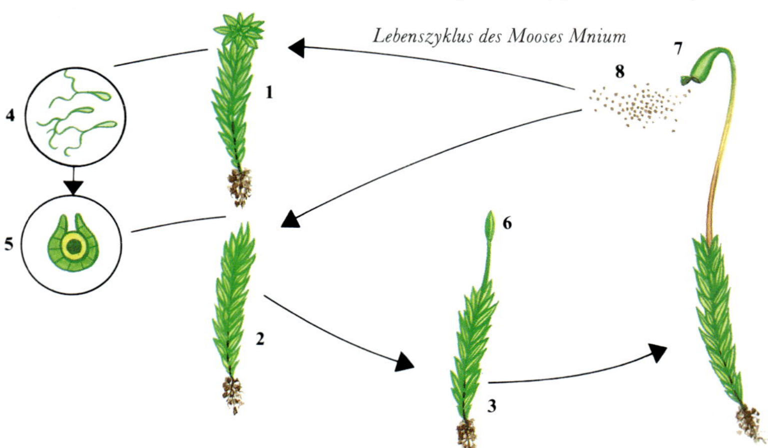

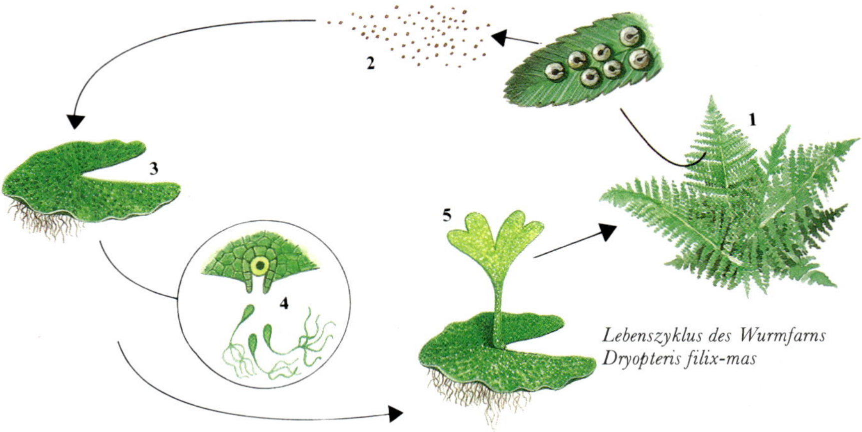

Lebenszyklus des Wurmfarns Dryopteris filix-mas

ren entwickeln sich dann winzige, nur wenige Millimeter große haploide grüne Pflänzchen (3), die einem Lebermoos sehr ähnlich sehen. Sie erzeugen die Gameten, für die aber immer noch freies Wasser zur Verfügung stehen muß, damit die männlichen Gameten schwimmend zu den Eizellen gelangen können (4). Erst nach deren Verschmelzung entsteht eine neue diploide ausdauernde Pflanze (5), die zwar kurzzeitig noch von der haploiden Generation ernährt wird, aber rasch durch die Bildung von echten Wurzeln die eigene Unabhängigkeit gewinnt. Diese Entwicklung steht im Gegensatz zu der der Moose, bei denen der Sporophyt zeit seines Lebens vom Gametophyten abhängig bleibt. Obwohl diese diploide Farngeneration sehr gut auch an trockenere Lebensbedingungen angepaßt ist, finden wir sie doch meistens nur auf feuchten und schattigen Standorten, und es dürfte deshalb bei sorgfältiger Suche nicht schwerfallen, diese haploide Generation hier zu finden.

Erst mit der Entwicklung der Samenpflanzen (Spermatophyta) wurden die Organismen von dem bis dahin erforderlichen freien Wasser unabhängig. Sie reduzierten hierfür die Gametophyten bis auf wenige Zellen, so daß der weibliche schließlich in die Samenanlage (Ovulum), also ins Innere der diploiden Generation verlagert wurde. Diese Samenanlage entwickelt sich nun im Inneren eines Fruchtknotens (Ovarium) oder Stempels (Pistillum), der von einem bis mehreren Fruchtblättern gebildet wird. Der männliche Gametophyt entsteht aus dem Pollenkorn als dreizelliger Pollenschlauch. Vergleicht man nun den Lebenszyklus einer Blüten- mit dem einer Farnpflanze, so ist es einleuchtend, daß der Pollen der Blütenpflanze einer männlichen Spore entspricht, insgesamt aber wasserunabhängiger geworden ist, weil die Geschlechtszellen nicht mehr zur Eizelle schwimmen müssen, sondern über den Pollenschlauch zur Eizelle transportiert werden. Nach der Befruchtung der Eizelle durch eine der Spermazellen entwickelt sich ein diploider Embryo und daraus die neue Pflanze. Parallel zur Embryoentstehung bildet sich ein Nährgewebe aus, und die äußeren sterilen Schichten der Samenanlage werden zur Samenschale (Testa). Alle Teile zusammen bilden den Samen. In dieser embryonalen Form kann eine Pflanze leicht verbreitet werden und ungünstige Lebensbedingungen überstehen. Mit der Samenentstehung wandelt sich auch die Fruchtknotenwand (Carpell) zur samenumhüllenden Frucht um, wodurch u. a. Streu- oder Schließfrüchte, Nüsse oder fleischige Beeren entstehen können. Innerhalb der Spermatophyta erfolgt diese Entwicklung allerdings nur bei den Angiospermae, und man könnte sie deshalb treffender als Fruchtbildner bezeichnen. Die anderen Samenpflanzen (Gymnospermae) wie z. B. Kiefern, Fichten, Tannen etc. können keine Früchte bilden, da ihre Samenanlagen frei auf der Oberfläche der Fruchtblätter liegen und nicht von einem Fruchtknoten umschlossen werden. Wenn bei Wacholder und Eibe scheinbare Früchte entstehen, so erfolgen diese durch andere Bildungen (s. S. 162).

Die Blüten

Die Blüten der Bedecktsamer bestehen aus einem Gemisch umgewandelter Blätter zum Zwecke der Fortpflanzung. Diese stehen auf End- oder Seitentrieben mit begrenztem Wachstum, und ihre Aufgabe ist es, eine Befruchtun der Samenanlagen und damit eine Samen- bzw. Fruchtbildung zu gewährleisten. Grundsätzlich unterscheiden wir zwischen eingeschlechtlichen und zwittrigen Blüten, d. h. Blüten, die beide Geschlechter enthalten. An ihnen können wir deutlich folgende Einzelteile unterscheiden (Erdbeerblüte):

- Außen einen aus grünen Blättern bestehenden Kelch (Calyx, mit den Sepalen = Kelchblättern), deutlich von den Laubblättern in Größe und Gestalt verschieden,
- darüber die meist farbigen oder weißen Kronblätter (Corolla, mit den Petalen = Kronblätter), die häufig der Anlockung bestäubender Insekten dienen,
- gefolgt von meist zwei oder mehr Kreisen von Staubblättern (Stamen, Stamina) mit den 4 Pollensäcken (Theka, Lokulament), in deren Inneren die Pollen (Sporen, Blütenstaub) und daraus später die männlichen Gamethophyten gebildet werden,
- sowie im Zentrum der Blüte schließlich den Stempel, bestehend aus dem Fruchtknoten (Ovarium), dem Griffel (Stylum) und der Narbe (Stigma). Im Inneren dieses Fruchtknotens, der aus einem oder mehreren Fruchtblättern verwachsen sein kann, befinden sich die befruchtungsfähigen Samenanlagen.

Die einfachste Blüte ist entweder männlich oder weiblich und besteht dementsprechend nur aus Staubblättern oder dem Fruchtknoten, umhüllt von einigen schützenden Spelzen (Seggen). Komplizierter gebaute Blüten haben aber beide Bestandteile, wobei die schützenden Hüllen aus Kelch- und Kronblättern gebildet werden. Die Kronblätter sind dann häufig farbig verändert und dienen, gepaart mit einem deutlichen Geruch, der Insektenanlockung. Die Insekten werden dann meistens für den Blütenbesuch mit Nektar belohnt, der oft in Spornen oder Blütenröhren verborgen gebildet wird (Orchideen). Einfache Blüten werden zum Teil durch Wind oder Wasser bestäubt, während kompliziertere Blütenbauweisen mehr an eine Tierbestäubung angepaßt sind. Verwirrenderweise sind diese grundsätzlichen Bestäubungsunterschiede aber nicht konsequent als Entwicklungsrichtung der Blütenpflanzen beibehalten worden. Wir kennen z. B. durchaus äußerst einfach

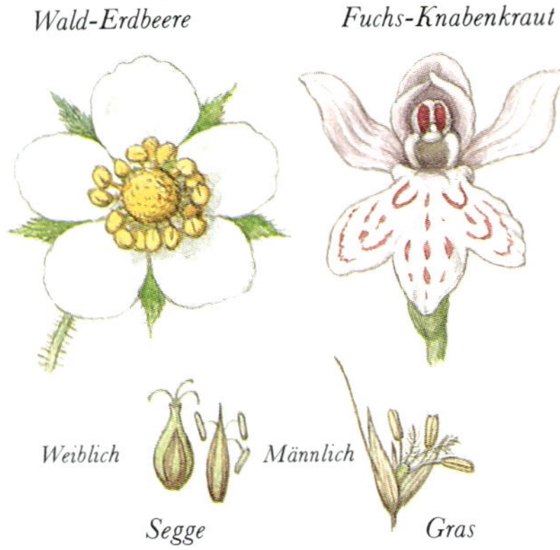

gebaute, aber insektenbestäubte Blüten, während hoch abgeleitete wie die der Gräser erst später wieder windbestäubend geworden sind. Die Blüten haben sich damit also in zwei Richtungen höherentwickelt. Einerseits neigen sie zur Vereinfachung und Windbestäubung und andererseits zur Kompliziertheit und Insektenbestäubung (s. S. 18).

Als „typische" Blüte kann man vielleicht die einfach gebaute Hahnenfußblüte heranziehen. In ihrem Zentrum befinden sich zahlreiche freiblättrige Fruchtknoten mit nur einer einzigen Samenanlage. An der Spitze des Fruchtknotens befindet sich ein winziger Griffel (Stylum) mit einer klebrigen Narbe (Stigma) als Empfängnisorgan für den Pollen. Um die Fruchtknoten herum sind dann zahlreiche Staubblätter angeordnet, wobei jedes Staubblatt aus einem Staubfaden (Filament) und meist 4 Pollensäcken (Antheren) besteht. Um diese reproduktiven Blütenteile herum finden wir anschließend zwei Kreise steriler Blütenhüllblätter, wobei der innerste Kreis meistens leuchtend gefärbt und dadurch für Insekten äußerst anziehend und der äußerste Kreis grün gefärbt und oftmals auch behaart ist. Beide Blütenhüllblattkreise dienen besonders im Knospenstadium als äußeres Schutzorgan. Unglücklicherweise ist nun bei den Hahnenfußgewächsen diese leuchtendgelb gefärbte Hülle keine Krone im Sinne ihres Ursprungs, sondern sie wird durch blu-

Sumpf-Dotterblume

Kriechender Hahnenfuß *Kronblattloses Mastkraut*

menblattartige Honigblätter gebildet, die von grünen, kelchähnlichen Blütenhüllblättern eingeschlossen werden. Die Honigblätter sind dabei durch Umwandlung aus sterilen Staubblättern (Staminodium) entstanden.

Hahnenfußgewächse sind Insektenbestäuber, wobei die Tiere durch die gelbe Farbe der Honigblätter angelockt und mit Nektar für den Blütenbesuch belohnt werden. Der Nektar wird am Grunde der Honigblätter in Drüsen (Nektarien) gebildet, ist aber selbst für kleine Insekten frei zugänglich, ohne daß diese gezwungen werden, die Pollensäcke oder die Narbe zu berühren. Das eigentliche Ziel, die Bestäubung der Fruchtknoten, wird durch den Besuch von sehr kleinen Insekten oft also nicht erreicht. Kompliziertere Blüten haben deshalb den Nektar so plaziert, daß das Insekt immer zuerst an den Antheren vorbei muß (s. S. 279–287). Dieses kann dann dadurch erreicht werden, daß der Nektar in zu Spornen umgewandelten Kronblättern (Akelei) oder am Grunde von Kronröhren (Fingerhut) oder beidem (Leinkraut) gebildet wird.

Unabhängig von der morphologischen Gestalt besitzen viele Blüten also die vier typischen Elemente – Kelch, Krone, Staubblätter und Fruchtknoten. Daneben gibt es aber auch solche, wo diese vier Bestandteile bis auf drei reduziert wurden, entweder dadurch, daß der Kelchblatt- oder Kronblattkreis ausgefallen ist, oder dadurch, daß man keine zwei Blütenhüllblattkreise unterscheiden kann (Perigon). Bei oberflächlicher Betrachtung sieht z. B. die Blüte der Sumpfdotterblume wie die eines Hahnenfußes aus, ihr fehlt aber die äußere grüne Blütenhülle, statt dessen hat sie goldfarbene Perigonblätter ausgebildet. Die Mastkräuter erzeugen dagegen z. B. deutlich 4 Kelch-, häufig aber keine Kronblätter. Da sie selbstbestäubend sind, besteht auch keine Notwendigkeit, mittels gefärbter Kronblätter Insekten für den Pollentransport anzulocken.

Die Blüten der einkeimblättrigen Pflanzen besitzen oftmals eine sterile Hülle, bei der man Kelch und Krone nicht unterscheiden kann. Man bezeichnet solche Blütenblätter als Tepalen und ihre Gesamtheit als Perigon. Dabei gibt es äußerst dekorative Blüten wie bei dem insektenbestäubenden Hasenglöckchen oder aber unauffälligere wie bei den windbestäubten Igelkolben. Die Windbestäubung ist übrigens bei den Monokotyledonen weit verbreitet und besonders typisch für die stark vereinfachten Blüten der Süß- und Sauergräser Bei diesen bestehen sie nur noch aus einem Fruchtknoten, wenigen Staubblättern und einigen schützenden Spelzen.

Es gibt natürlich auch windbestäubte Dikotyledonen mit ähnlich vereinfachtem Blütenbau. So bestehen z. B. die männlichen Blüten in den lockeren Kätzchen der Haselnuß nur noch aus 4 Staubblättern und einem einzigen schützenden Schuppenblatt und die weiblichen Kätzchen aus mehreren Fruchtknoten und einer schützenden Hochblatthülle. Die eigentliche Blütenhülle wurde bei letzteren reduziert.

Die getrennten männlichen und weiblichen Blüten der Hasel

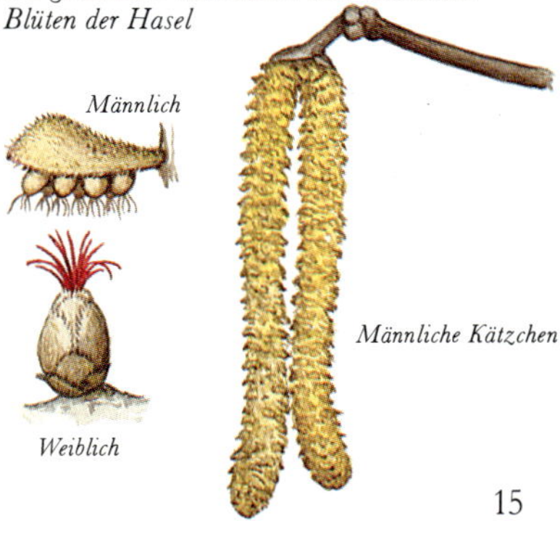

Verlauf der Blütenentwicklung

Die im Bestimmungsteil dieses Buches aufgeführten Arten (s. S. 29–148) sind entsprechend einer der heute verwendeten systematischen Auffassungen bezüglich ihrer höheren Entwicklungsstufe aufgelistet. Dabei muß berücksichtigt werden, daß diese Höherentwicklung, d. h. die Evolution der Pflanzen, so lange nicht als abgeschlossen gelten kann, solange Leben auf der Erde existiert. Es werden somit auch heute noch andauernd neue Arten möglicherweise aus Ökotypen, Unterarten oder auch aus Bastarden entstehen, als deren Folge eine laufende Überarbeitung der systematischen Zusammenhänge notwendig erscheint. Wenn wir heute z. B. die Korbblütler am Ende und die Nelkengewächse am Anfang der Zweikeimblättrigen aufgeführt haben, so liegt es daran, daß die Nelkengewächse nach unserer Auffassung mehr primitive Merkmale aufweisen als die Korbblütler. Wenn wir aber die Steinbrechgewächse unmittelbar vor den Rosengewächsen führen, so braucht hier nicht eine niedrigere Entwicklungsstufe vorzuliegen wie bei den Nelkengewächsen, sondern es ist aus ganz anderen, systematisch vielleicht sogar unwichtigen Gründen erfolgt.

Es gibt aber einige objektive Kriterien, nach denen entschieden wird, welche Merkmale als primitiv und welche als abgeleitet angesehen werden. So besitzen wir von sehr vielen Blütenpflanzen Fossilien, an denen wir in Ansätzen den anatomischen Bau und die Fortpflanzungsorgane dieser frühen Landpflanzen in bezug zu den heutigen Arten überprüfen können. Stimmen nun bei einigen Arten sehr viele Merkmale mit denen der Fossilien überein, so müßten diese logischerweise ursprünglicher sein als Arten, die kaum übereinstimmende Merkmale aufweisen. Die ersten Blütenpflanzen waren hiernach zwar hauptsächlich Insektenbestäuber, besaßen aber noch nicht die raffinierten Methoden vieler heutiger Arten, um die Befruchtung der Samenanlagen fast absolut sicher zu machen (s. S. 284). Wahrscheinlich standen bei diesen frühen Blüten die Einzelteile in großer Anzahl spiralig um eine gestauchte Achse herum, so daß die meisten Botaniker heute glauben, daß die Magnoliengewächse (Magnoliaceae) mit ihrem sehr einfachen Blütenbau die ursprünglichsten Blütenmerkmale aller lebenden Pflanzen aufweisen und daß sich seit dem ersten Erscheinen der Blütenpflanzen auf der Erde mit dem Wind- und Insektentransport des Pollens wohl zwei Hauptentwicklungsrichtungen ausgebildet haben. Innerhalb dieser Insektenbestäubung haben sich dann zur Anlockung, zur Täuschung, aber auch zur Leitung und sogar zum Fang der Tiere äußerst kompliziert gebaute Blüten entwickelt, mit dem Endpunkt der Entwicklung in dem bemerkenswerten Bestäubungssystem der Orchideen (s. S. 286).

Die Windbestäuber haben sich nun genau gegenteilig entwickelt. Ihre Blüten wurden mehr und mehr durch Reduktion von Blütenteilen vereinfacht, so daß schließlich wie bei den Gräsern die ganze Blüte nur noch aus wenigen äußeren Spelzen, einem Staubblattkreis und einem Fruchtknoten mit seiner fedrigen Narbe besteht. Wahrscheinlich hat sich aber die Windbestäubung nicht aus einem Ursprung heraus entwickelt, sondern ist mehrfach innerhalb des Pflanzenreiches entstanden. Oftmals zeigen sie sogar noch die vereinfachten Merkmale ihrer insektenbestäubten Vorfahren, so daß wir heute annehmen, daß z. B. die windbestäubten Gänsefuß- und Knöterichgewächse die ursprünglichsten Merkmale besitzen, obwohl sie von einigen Taxonomen im Stammbaum höher angesiedelt werden. Trotz der Winzigkeit ihrer Blütenteile lassen sich doch recht deutliche Übereinstimmungen zwischen

Spitz-Weg

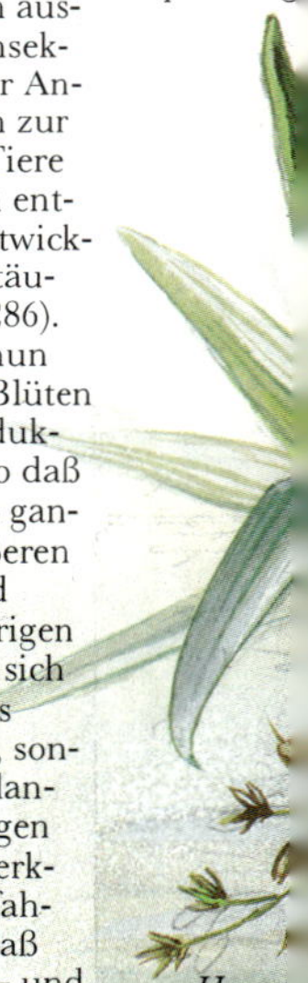

Haar-Hainsimse

Magnolie

ihnen und den insektenbestäubten Nelkengewächsen feststellen. Beide Familien müssen sich demnach aus einem gemeinsamen insektenbestäubenden Vorfahren und anschließend getrennt weiterentwickelt haben. Ein anderes Beispiel einer engen verwandtschaftlichen Beziehung findet man bei den windbestäubten Wegerichgewächsen. Sie besitzen zwar äußerst unscheinbare Kelch- und Kronblätter, müssen aber aufgrund anderer übereinstimmender Merkmale mit den insektenbestäubenden Taubnesseln, dem Fingerhut und sogar den Glockenblumen verwandt sein.

Von allen krautigen Gewächsen sind die Monokotyledonen überwiegend Windbestäuber, und zwar besonders die Binsen- und Rohrkolbengewächse sowie die Sauer- und Süßgräser. Die windbestäubten Binsengewächse zeigen mit ihren zwei Tepalenkreisen noch ihre enge Verwandtschaft mit den insektenbestäubten Liliaceen, während die Igel- und Rohrkolbengewächse mit einem Ring aus Hochblättern bzw. Haaren anstelle der Petalen oder Tepalen einen erheblich einfacheren Blütenbau aufweisen. Bei ihnen sind verwandtschaftliche Übereinstimmungen mit anderen Familien deshalb auch nur schwer nachzuweisen. Die Gräser repräsentieren schließlich eine der extremsten Blütenvereinfachungen. Ihre Blüten bestehen nur noch aus einigen wenigen reduzierten, schuppenförmigen Blättern (Spelzen), die drei Staubblätter und den zweiblättrigen, zweinarbigen Fruchtknoten umgeben. Dennoch ist hier noch nicht das Ende der Entwicklung der Windbestäuber erreicht. So bilden die zwar nur selten blühenden eingeschlechtlichen Wasserlinsengewächse so stark reduzierte Blüten aus, daß diese höchstens noch aus einem oder zwei Staubblättern bzw. einem einfachen Fruchtknoten bestehen. Die sterile äußere Hülle ist bei ihnen völlig verlorengegangen.

Entwicklungsrichtungen innerhalb der Insektenbestäubung

Während sich die Windbestäubung wohl tatsächlich auf vielfältige Weise immer wieder neu aus insektenbestäubten Vorfahren ausgebildet hat, zeigt die ältere Insektenbestäubung selbst sehr deutlich die Entwicklungsrichtung zu größerer Kompliziertheit. Das wesentlichste Unterscheidungsmerkmal besteht nach Auffassung der Botaniker zwischen den als primitiv angesehenen Pflanzen mit freien und denen mit verwachsenen Kronblättern. Typische Familien mit freien Kronblättern wie die Hahnenfuß- und Nelkengewächse, die Kreuzblütler und Rosengewächse sowie die Schmetterlingsblütler sind deshalb im ersten Abschnitt des Bestimmungsteiles zu finden. Ihnen folgen Familien mit mehr oder weniger verwachsenen Kronröhren wie die Heidekraut- und Primelgewächse, die Lippen-, Rachen- und Korbblütler. Der Vorteil einer verwachsenen Kronröhre besteht dabei in einer sicheren Bestäubung, weil die nektarsuchenden Insekten nur dann zu den an der Basis der Kronröhre befindlichen Nektarien gelangen, wenn sie sich vorher mit ihren meist haarigen Körpern an den Pollensäcken und der Narbe vorbeipressen und auf diese Weise den Pollen übertragen. Arten mit freiblättrigen Blüten haben diese Bestäubungsmöglichkeit nicht. Bei den ursprünglichsten Gattungen (Hahnenfuß- und Nelkengewächse sowie Kreuzblütler) entspringen die Staubblätter deutlich unterhalb der Fruchtknoten, so daß eine Bestäubung hier oftmals nur zufällig erfolgt. Diese geringe Bestäubungsaussicht könnte aber der Grund dafür gewesen sein, daß die sehr einfach gebauten Blüten der Hahnenfußgewächse viele Staubblätter und Fruchtknoten ausbilden mußten. Stellt man bei anderen Arten Reduktionen dieser Blütenteile fest, so könnte das als ein Hinweis für eine Höherentwicklung zu werten sein.

Auch wenn Arten mit freiblättrigen Blüten keine echten Röhren bilden können, sind sie doch in der Lage, durch eine Verlängerung der Kronblätter eine Art Notbehelf mit ähnlicher Wirkung zu erzeugen. Wie wir bei den Nelkengewächsen und Kreuzblütlern sehen können, bestehen deren verlängerte Kronblätter im unteren Teil aus einem schmalen Nagel und im oberen Teil aus einer breiten Platte. Während die Nägel fast aufrecht und eng an die anderen Blütenteile gedrängt stehen und so eine Art „Röhre" bilden, befindet sich die Platte ungefähr im rechten Winkel dazu. Letztere übernimmt wegen ihrer auffälligen Färbung auch nur die Insektenanlockung, während die engstehenden Nägel eine sichere Bestäubung ermöglichen.

Obwohl die meisten freiblättrigen Blüten mehr oder weniger tellerförmig und somit radiär-symmetrisch sind, hat sich auch bei ihnen wiederholt eine zweiseitige Symmetrie (bilateral) ausgebildet. So sind einige Arten der Hahnenfußgewächse (Eisenhut), die Erdrauch- und Veilchengewächse oder die Schmetterlingsblütler bilateral-symmetrisch, und ihre komplizierter gebauten Blüten besitzen wegen der bei ihnen auftretenden nektargefüllten Sporne eine ganz besondere Anziehungskraft für blütenbesuchende Insekten.

Auch bei den Familien mit verwachsenen Kronblättern können die eben geschilderten Entwicklungen festgestellt werden, allerdings treten bei ihnen nie ursprüngliche Merkmale wie eine Viel-

Blauer Eisenhut

Gebräuchlicher Erdrauch

März-Veilchen

zahl von Staub- und Fruchtblättern auf. Radiäre Blüten, bei denen der Fruchtknoten oberhalb der Kron- und Staubblätter entspringt (oberständig, Primel- und Enziangewächse), werden im System vor den Familien mit bilateral-symmetrischen oder zygomorphen Blüten geführt, deren Fruchtknoten unterhalb der Kron- und Staubblätter liegen (unterständig, Geißblattgewächse und Kompositen).

Darüber hinaus sind in den Blütenständen sowohl der frei- als auch der verwachsenblättrigen Familien deutliche Entwicklungen zu Kopfbildungen festzustellen. Man findet für Arten mit freiblättrigen Blüten sehr typische Beispiele innerhalb der Doldenblütler und für Arten mit verwachsener Krone innerhalb der Baldrian- und Kardengewächse sowie der Komposition.

Wilde Karde

Wilde Möhre

Holunderblättriger Baldrian

Gänseblümchen

Echte Kratzdistel

Lungen-Enzian

Entwicklungsrichtungen der Insektenbestäubung

Bei den einkeimblättrigen Pflanzen gibt es dagegen weniger insektenbestäubende Familien, und die Höherentwicklung ist hier auch nicht so augenfällig. Ihre normale systematische Einordnung verläuft über die Froschlöffel-, Laichkraut-, Lilien- und Schwertliliengewächse bis zu den Orchideen. Die Froschlöffelgewächse haben oberständige, radiärsymmetrische und sehr einfach gebaute Blüten, manchmal sogar mit einer großen Anzahl von freien Fruchtknoten (Froschlöffel). Die Laichkraut-, Lilien- und Schwertliliengewächse haben dagegen nur wenige verwachsene Fruchtblätter mit ober- und unterständigen Fruchtknoten, während die Orchideen mit ihren komplizierten, bilateral-symmetrischen Blüten am höchsten entwickelt sind. Sie besitzen unterständige Fruchtknoten und eine außerordentlich interessante Bestäubung, die aber erst auf S. 286 erklärt werden kann.

Die systematische Einordnung im nachfolgenden Bestimmungsteil ist nach dem bisher Gesagten also keine Laune der Botaniker, sondern der Versuch, die angenommene Höherentwicklung innerhalb der Blütenpflanzen deutlich zu machen.

Zweiter Teil

Der Bestimmungsschlüssel und das Verzeichnis der Arten

Auf den vorstehenden Seiten wurde versucht, die Grundbaupläne und die Merkmale zu erklären, nach denen die Blütenpflanzen systematisch in Klassen, Ordnungen, Familien und Arten eingeteilt werden.

Der hier anschließende Bestimmungsteil richtet sich nun ganz nach diesen Grundsätzen. Er folgt, wie die Botaniker meinen, annähernd den verschiedenen Entwicklungsrichtungen der Artenbildung. Obwohl dieses System in vielen Fällen nur subjektiv sein kann, wird der Leser über die Familien- und Artbeschreibungen doch einige Hintergründe erfahren, nach denen die Taxonomen die systematische Einteilung vorgenommen haben.

In den nachfolgenden 7 Tabellen werden die hauptsächlichen Unterscheidungsmerkmale der Blütenpflanzen erläutert und zur Abgrenzung der Familien herangezogen.

Insgesamt werden mehr als 1100 Wildpflanzen farbig abgebildet und beschrieben, einschließlich ihrer Verbreitung, ihres Standortes und ihrer ökologischen Ansprüche. Mit Ausnahme der im Anhang aufgeführten seltenen Arten (S. 149–159) wird der Benutzer im farbigen Bestimmungsteil die Arten mit der weitesten Verbreitung in Nord-West-Europa vorfinden. Dieser Teil erfaßt zusammen mit dem Anhang annähernd die Flora des Beschreibungsgebietes. Trotz der Verkürzung des Bestimmungsschlüssels auf das Wesentlichste sollte es aber dennoch möglich sein, auch unbekannte Wildpflanzen einigermaßen sicher zu identifizieren.

Der vollständige Schlüssel der im Bestimmungsteil verwendeten Abkürzungen befindet sich am Anfang und am Ende dieses Buches.

Tabelle 1. Wichtigste Familien der zweikeimblättrigen Pflanzen mit freien Kron- und Kelchblättern; meist Windbestäuber

Familie	Brennesselgewächse, S. 29 Urticaceae	Knöterichgewächse, S. 29–31 Polygonaceae	Gänsefußgewächse, S. 32–34 Chenopodiaceae	Nelkengewächse, S. 34–39 Caryophyllaceae
Typische Gattungen	*Urtica:* Brennessel *Parietaria:* Glaskraut	*Rumex:* Ampfer *Polygonum:* Knöterich	*Chenopodium:* Gänsefuß *Atriplex:* Melde	*Silene:* Leimkraut *Stellaria:* Sternmiere *Dianthus:* Nelke
Anzahl der Kelch- und Kronblätter	4–5; gleichartig	3 2–3	2–5; gleichartig, manchmal an der Basis verwachsen	4–5 4–5
Anzahl der Staubblätter und Griffel	4 1	6–8 (–9) 1	2–5 1	8–10 2–5
Stellung des Fruchtknotens	oberständig	oberständig	oberständig	oberständig
Blütensymmetrie	radiär	radiär	radiär	radiär
Blütenstand	Trugdolden, Knäuel, Ähren	Scheinähren, wirtelig oder blattachselständig	Trugdolden, Trauben, Knäuel oder blattachselständig	Dichasien, Trugdolden
Früchte	trockene Schließfrucht, 1samig	trockene Schließfrucht, 1samig	trockene Schließfrucht, 1samig	Streufrucht, Kapsel, vielsamig
Blätter	einfach, gezähnt, gegen- oder wechselständig	einfach, wechselständig, mit Ochrea; Nebenblättern	einfach, wechselständig, oft weißlich-mehlig behaart oder fleischig	einfach, gegenständig
Abweichende Gattungen und Arten	*Soleirolia* aus Gärten verwildert, wächst kriechend	*Koeningia* winzige einjährige, arktische Art	*Salicornia* mit fleischigem Sproß und reduzierten Blättern und Blüten	*Spergula* mit wirteligen Blättern, *Herniaria* mit winzigen grünen Blüten in Knäueln
Ähnliche Familien und Gattungen	Cannabaceae: Hanfgewächse, Hanf, S. 29	—	—	Portulacaceae: Portulakgewächse, Portulak, S. 32

Tabelle 2. Familien der zweikeimblättrigen Pflanzen mit doppelter, freiblättriger Blütenhülle; meist Insektenbestäuber

Familie	Nelkengewächse, S. 34–39 Carophyllaceae	Hahnenfußgewächse, S. 39–44 Ranunculaceae	Kreuzblütler, S. 46–51 Cruciferae	Rosengewächse, S. 55–58 Rosaceae	Schmetterlingsblütler, S. 58–65 Papilionaceae
Typische Gattungen	*Silene:* Leimkraut *Stellaria:* Sternmiere *Dianthus:* Nelke	*Ranunculus:* Hahnenfuß *Anemone:* Windröschen	*Brassica:* Kohl, Raps *Cardamine:* Schaumkraut *Capsella:* Täschelkraut	*Fragaria:* Erdbeere *Potentilla:* Fingerkraut *Rosa:* Rose	*Trifolium:* Klee *Vicia:* Wicke *Ulex:* Ginster
Anzahl der Kelch- und	4–5	3–6; häufig Honigblätter	4	4–5 (–8)	5 (untere 2 verklebt) } an der Basis ± verwachsen
Kronblätter	4–5	5–∞	4	(0–) 4–5 (–8)	5
Anzahl der Staubblätter	2× Anzahl d. Kelchbl.	∞	4 oder 6	∞	10 verwachsen (oder 1+9 verwachsen)
und Griffel	2–5	1–∞	1	1–∞	1
Stellung des Fruchtknotens	oberständig	oberständig	oberständig	oberständig	oberständig
Blütensymmetrie	radiär	radiär oder bilateral	radiär	radiär	bilateral
Blütenstand	Dichasien, Trugdolden	verschieden: einzeln, Trugdolden, Trauben	Trugdolden, Trauben	Trugdolden, Trauben, Knäuel	einzeln, Trauben, Köpfchen
Früchte	Streufrucht, Kapsel	Streu-(Balg), Schließfrüchte (Nuß), selten Beeren	Streu- u. trockene Schließfrüchte, Sonderform der Kapsel: Schoten, Schötchen	Trockene od. fleischige Einzel-, Sammel- od. Scheinfrüchte (Beeren, Steinfr., Nuß, Butte, Balg)	Streufrucht: Hülse, Sonderform der Kapsel
Blätter	einfach; gegenständig	oft handförmig geteilt oder gefiedert	fiederlappig, wechselständig	einfach oder gefiedert, wechselständig; mit Nebenblättern	einfach, meist 2- und mehrzählig, gefiedert, mit Nebenblatt
Abweichende Gattungen und Arten	selten	häufig; *Aquilegia* und *Delphinium* mit gespornten, bilateralen Blüten. *Thalictrum* mit auffälligen blumenblattähnlichen Staubblättern	*Iberis* hat ungleiche Kronb., 2 längere u. 2 kürzere	*Sanguisorba* hat dicke Blütenköpfchen *Alchemilla* hat grüne Blütenknäuel	keine: Blüten typisch und einheitlich
Ähnliche Familien und Gattungen	Malvaceae: Malve, S. 70 Geraniaceae: Storchschnabel, S. 65–67	Nymphaeceae: Seerose, S. 44	Papaveraceae: Mohn, S. 45–46	Saxifragaceae: Steinbrech, S. 53–55; Crassulaceae: Fetthenne, S. 52–53; Droseraceae: Sonnentau, S. 52	keine

Tabelle 3. Zweikeimblättrige Pflanzen mit doppelter oder fehlender, freiblättriger Blütenhülle; Insektenbestäuber

Familie	Storchschnabelgewächse, S. 65–67 Geraniaceae	Wolfsmilchgewächse, S. 67–68 Euphorbiaceae	Nachtkerzengewächse, S. 74–75 Onagraceae	Doldenblütler, S. 77–81 Umbelliferae
Typische Gattungen	*Geranium:* Storchschnabel *Erodium:* Reiherschnabel	*Euphorbia:* Wolfsmilch	*Epilobium:* Weidenröschen	*Anthriscus:* Kerbel *Foeniculum:* Fenchel *Angelica:* Engelwurz
Anzahl der Kelch- und Kronblätter	5 5	0 (–3) 0	(2) 4 oder 5 (2) 4 oder 5	0–5 5
Anzahl der Staubblätter und Griffel	10 1 (3–5 Stigmen)	1 (*Euphorbia*) oder 8–10 3 (*Euphorbia*) oder 2	1 oder 8 5 oder 1	5 2
Stellung des Fruchtknotens	oberständig	oberständig	unterständig	unterständig
Blütensymmetrie	radiär	radiär	radiär oder ± bilateral	radiär
Blütenstand	Trugdolden	Trugdolden, Knäuel	Trauben	Dolden
Früchte	Streufrüchte: Kapseln	Streufrüchte: Kapseln	Streufrüchte: Kapseln	Schließfrüchte: Achaenen (Sonderform der Nuß)
Blätter	gelappt oder gefiedert, wechselständig	einfach, wechselständig	einfach, spiralig oder gegenständig	gefiedert oder fiederteilig, oft mit haarfeinen Abschnitten
Abweichende Gattungen und Arten	—	*Mercurialis* hat 3 Kelchblätter und Blüten in Scheinähren	*Circaea* hat 2 Kelch- und 2 Kronblätter	*Sanicula* hat gelappte Blätter und Blüten in Knäueln *Eryngium* ist dornig und hat Blüte im Köpfchen
Ähnliche Familien und Gattungen	*Oxalidaceae:* Sauerklee, S. 67 *Linaceae:* Lein, S. 67 *Guttiferae:* Hartheugewächse (Johanniskraut), S. 71–72	—	*Lythraceae:* Gilbweiderich, S. 76	*Cornaceae:* Hartriegel, S. 76

Tabelle 4. Zweikeimblättrige Pflanzen mit verwachsenen Kelch- und Kronblättern; Insektenbestäuber

Familie	Heidekrautgewächse, S. 82–84 Ericaceae	Schlüsselblumengewächse, S. 84–86 Primulaceae	Borretschgewächse, S. 91–93 Boraginaceae	Rotegewächse, S. 89–90 Rubiaceae
Typische Gattungen	*Calluna:* Besenheide *Erica:* Glockenheide *Vaccinum:* Blaubeere	*Primula:* Primel *Lysimachia:* Gilbweiderich	*Mysotis:* Vergißmeinnicht *Echium:* Natterkopf	*Gallium:* Labkraut *Sherardia:* Röte
Anzahl der Kelch- und Kronblätter	4–5 4–5	5 5 oder 0	5 5	0, 4–6 (3–) 4 (–5)
Anzahl der Staubblätter und Griffel	(5), 8 oder 10 1	5 1	5 1	4 2
Stellung des Fruchtknotens	ober- oder unterständig	oberständig	oberständig	unterständig
Blütensymmetrie	radiär	radiär	radiär, ± zygomorph	radiär
Blütenstand	Trauben od. einzeln	Dolden, Trauben	Wickel	Trugdolden, oft wirtelig (quirlig)
Früchte	Streufrucht: Kapsel; oder Schließfrucht: Beere	Streufrucht: Kapsel	trockene Schließfrucht: 4 Klausen (= Teilnüßchen)	trockene Schließfrucht: 2 Teilnüßchen
Blätter	einfach, wechselständig, immergrün	einfach	einfach, oft rauhhaarig, wechselständig	einfach, schmal, in Quirlen
Abweichende Gattungen und Arten	—	*Hottonia* hat fein zerschlitzte Blätter	*Mertensia* ist bläulich, unbehaart und wächst kriechend	*Rubia* hat als Frucht eine Beere
Ähnliche Familien und Gattungen	*Pyrolaceae:* Wintergrün, S. 81–82	*Plumbaginaceae:* Strandflieder und Grasnelke, S. 86; *Gentianaceae:* Enzian, S. 87–88	—	—

Tabelle 5. Zweikeimblättrige Pflanzen mit einer deutlichen Kronblattröhre; Insektenbestäuber

Familie	Lippenblütler, S. 93–97 Labiatae	Rachenblütler, S. 98–103 Scorphulariaceae	Glockenblumengewächse, S. 107–109 Campanulaceae	Korbblütler, S. 109–120 Compositae
Typische Gattungen	*Thymus:* Thymian *Lamium:* Taubnessel *Ajuga:* Günsel	*Digitalis:* Fingerhut *Linaria:* Leinkraut *Rhinanthus:* Klappertopf	*Campanula:* Glockenblume	*Bellis:* Gänseblümchen *Taraxacum:* Löwenzahn *Cirsium:* Distel
Anzahl der Kelch- und Kronblätter	5 4–5 (2lippig)	4 oder 5 5 (oft 2lippig)	5 5	nur Haare (Pappus) als Kelch oder fehlend, 5zähnige Röhrenblüte (als Scheibenblüte) oder/und 3–5zähnige Zungenblüte
Anzahl der Staubblätter und Griffel	2 oder 4 1 (2 Stigmen)	4 1 (1 oder 2 Stigmen)	5 1 (2–5 Stigmen)	5 1 (2 Stigmen)
Stellung des Fruchtknotens	oberständig	oberständig	unterständig	unterständig
Blütensymmetrie	bilateral	bilateral	radiär	zygomorph, bilateral oder radiär
Blütenstand	Scheinähre, Scheintraube, oft wirtelig	Trauben	Trauben	Köpfchen, Körbchen (einzeln oder in verzweigten Gesamtblütenständen)
Früchte	trockene Schließfrüchte: 4 Klausen (= Teilnüßchen)	Streufrüchte: Kapseln	Streufrüchte: Kapseln	trockene Schließfrüchte, 1samig: Achaene (Sonderform der Nuß)
Blätter	einfach; gegenständig	einfach bis gefiedert; gegenständig	einfach; spiralig	einfach bis gefiedert
Abweichende Gattungen und Arten	*Mentha* und *Lycopus* haben radiäre Blüten mit 4 ausgerandeten Kronblättern	*Verbascum* hat 5 Staubblätter. *Veronica* hat 2 Staubblätter und 4 ungleiche, radförmig ausgebreitete Kronblätter	*Jasione* und *Phyteuma* haben Blüten in Köpfchen	*Tussilago* und *Petasites* haben Blüten, die vor den Blättern erscheinen
Ähnliche Familien und Gattungen	*Verbenaceae:* Eisenkraut, S. 93	*Orobanchaceae:* Sommerwurz, S. 104	*Plantaginaceae:* Wegerich, S. 105–106	*Valerianaceae:* Baldrian, S. 106; *Dipsacaceae:* Karden, S. 107

Tabelle 6. Einkeimblättrige Pflanzen; Insektenbestäuber

Familie	Froschlöffelgewächse, S. 121 Alismataceae	Liliengewächse, S. 123–126 Liliaceae	Schwertliliengewächse, S. 129–130 Iridaceae	Knabenkrautgewächse, S. 130–135 Orchidaceae
Typische Gattungen	*Alisma:* Froschlöffel *Sagittaria:* Pfeilkraut	*Convallaria:* Maiglöckchen *Hyacinthoides:* Hasenglöckchen	*Iris:* Schwertlilie *Gladiolus:* Gladiole	*Epipactis:* Sumpfwurz *Dactylorhiza:* Knabenkraut *Ophrys:* Ragwurz
Anzahl der Kelch- und Kronblätter	3 3 gleichartig (Perigon)	3 3 gleichartig (Perigon)	3 3 gleichartig (Perigon)	3 oft gleichartig bzw. alle 3 kronblattartig
Anzahl der Staubblätter und Griffel	6–∞ 6–∞	6 1	3 1 (3 Stigmen)	1 2
Stellung des Fruchtknotens	oberständig	oberständig	unterständig	oberständig
Blütensymmetrie	radiär	radiär	radiär oder zygomorph	zygomorph, bilateral
Blütenstand	quirlig oder doldenartig	Trauben	einzeln oder Trauben	Trauben, Ähren
Früchte	trockene 1samige Schließfrüchte	Streufrüchte: Kapseln oder Schließfrüchte: Beeren	Streufrüchte: Kapseln	Streufrüchte: Kapseln
Blätter	einfach, oft schwimmend	einfach, schmal, oft rosettig	einfach, schmal, oft rosettig	einfach, schmal
Abweichende Gattungen und Arten	—	*Allium* hat Blütenköpfchen, *Paris* hat eine 8–10blättrige Blütenhülle	—	*Cypripedium* hat 2 Staubblätter und 3 Griffel. *Neottia, Corallorhiza* und *Epipogium* haben kein Chlorophyll und nur reduzierte Blätter
Ähnliche Familien und Gattungen	*Butomaceae:* Schwanenblumen, S. 121	*Amaryllidaceae:* Narzissen, S. 128–129	—	—

Tabelle 7. Einkeimblättrige Pflanzen; Windbestäuber

Familie	Laichkrautgewächse, S. 122–123 Potamogetonaceae	Binsengewächse, S. 127–128 Juncaceae	Sauergräser, S. 135–139 Cyperaceae	Süßgräser, S. 140–148 Gramineae
Typische Gattungen	*Potamogeton:* Laichkraut	*Juncus:* Binsen *Luzula:* Hain-Simsen	*Carex:* Seggen	*Poa:* Rispengras *Agrostis:* Straußgras *Alopecurus:* Fuchsschwanz
Anzahl der Kelch- und Kronblätter	4, meist aber fehlend	3 3 gleichartig	durch Spelzen ersetzt	durch Spelzen ersetzt
Anzahl der Staubblätter und Griffel	4 oder mit blütenblattähnlichem Anhängsel 4	3 oder 6 3	2–3 2–3	3 2
Stellung des Fruchtknotens	oberständig	oberständig	oberständig	oberständig
Blütensymmetrie	radiär	radiär	radiär	zygomorph, bilateral
Blütenstand	Ähren	Spirren (dolden- oder rispenartig) oder Köpfchen	Ähren, Köpfchen oder Spirren (dolden- oder rispenartig)	Ähren, Rispen, Trauben
Früchte	trockene 1samige Schließfrüchte	Streufrüchte: Kapseln	Nüßchen	trockene Schließfrüchte: Karyopse (Sonderform der Nuß)
Blätter	einfach, untergetaucht oder schwimmend, wechselständig, mit Nebenblättern	grasähnlich oder zylindrisch	grasähnlich schmal, mit Blattscheiden, oft 3kantiger Stiel und 3zeilig	schmal, mit Blattscheiden und rundem Stiel, zweizeilig
Abweichende Gattungen und Arten	*Groenlandia* hat gegenständige oder wirtelige Blätter		*Eleocharis* hat keine Blätter. *Eriophorum* hat wollige Früchte	Alle Gräser sind unverwechselbar. *Phragmites* kann über 2 m hoch werden
Ähnliche Familien und Gattungen	*Zosteraceae:* Seegras, S. 122		*Sparganiaceae:* Igelkolben, S. 135 *Typhaceae:* Rohrkolben, S. 135	

IISTELGEWÄCHSE
· RIEMEN-
LUMEN-
·EWÄCHSE
·oranthaceae
·albstrauchige, grüne
·albschmarotzer, auf
äumen lebend; St. ga-
·lig verzweigt; B. ganz-
·ndig, gegenständig; Bl.
-6zählig, in Ähren od.
·auben, zwittrig od.
·ngeschlechtig (zwei-
äusig); Fr. eine beeren-
·tige Scheinfrucht.

·ANDEL-
EWÄCHSE
·ntalaceae
·rüne Halbparasiten,
·f den Wurzeln anderer
·lanzen lebend; B. line-
·; Bl. klein, zwittrig,
·f das Tragb. hinaufge-
·ckt; Blst. traubig oder
·spig; Frucht eine Nuß.

·ANFGEWÄCHSE
·annabaceae
·räuter; B. gelappt oder
·fingert; ohne Milch-
·ft; Bl. eingeschlechtig,
·f verschiedenen Pflan-
·n, in rispigen od. zap-
·nförmigen Blst.

Mistel
Viscum album ★
Bis 100 cm; Strauch, gabelig verzweigt, wintergrün, Halbparasit; B. lanzettl., spatelig, gegenst., lederartig; Bl. klein, gelbl.-grün, sitzend: Kronb. 4; weiß- bis gelbl. Scheinbeere;
⚕ ☠
Keim.: F; II–V; (♂) + (♀); Ins. (d); versch. sspp.
Auf Laubbäumen, bes. Pappel, Weide, Apfel, Linde, Birke, Robinie.
ÖK.: –
Soz.: 7.211
D: s–z (Alp. bis 1000 m); GB: z–s; F: z; S: s.

Thesium humifusum ★
10–20 cm; Staude, Halbparasit, niederliegend; B. lineal, 1nervig, wechselständig; Bl. 3 mm, innen weißlich, außen gelblichgrün; Kronröhre 5blättrig.
Keim.: F; VI–VIII; (⚥); Ins. (h), sb.
Trockene Rasen, auf kalkhaltigen Böden.
ÖK.: –
Soz.: –
D: –; GB: z–s; F: z–s; S: –.

Hopfen
Humulus lupulus
Bis 600 cm lang, rechtswindend; Staude; St. 4kantig; B. handf., 3–7lappig, gesägt; Nebenb. verwachsen; Bl. grün, ♂ in rispenart., ♀ in zapfenart. Blst. ⚕
Keim.: F; V–IX; (♂) + (♀); wb.
Auenwälder, Hecken, Gebüsche, auf grundfeuchten od. nassen, nährstoff- u. N-reichen, hum. tiefgründigen, lehmigen Böden.
ÖK.: 763 868
Soz.: –
D: v (Alp. bis 810 m); GB: z–v; F: v–z; S: z.

NESSELGEWÄCHSE
Urticaceae ★
Kräuter, oft mit Brennhaaren; B. ganzrandig od. gesägt, ungeteilt, gegen- od. wechselständig; Bl. eingeschlechtig, 1- od. 2häusig; Bl.hülle einfach, 4zählig; Blst. rispig od. in Knäueln bzw. Scheinähren; häufig Arten, die vom Menschen beeinflußte Standorte bevorzugen.

·oße Brennessel
·tica dioica
·150 cm; Staude m.
·nnhaaren; B. eif.-
·gl., gesägt, gegenst.;
klein, grünl., in kätz-
nähnl. Blst. ⚕
·im.: H–F; VI–X; (♂)
♀); wb.; versch. sspp.
·ge, Schuttplätze, in
·dlungsnähe an Zäu-
·, Gräben, Auenwäl-
·n, Waldsäumen, auf
·chten bis frischen,
·rstoffr., hum. Ton- u.
·mböden.
..: XXX 668
.: 3.51
·v (Alp. bis 2375 m);
: v; F: v; S: v.
A. 1)

Kleine Brennessel
Urtica urens ★
10–60 cm; Einj., wenige Brennhaare; B. ellipt. od. eif., ± lang gestielt, eingeschnitten-gesägt-gezähnt; Bl. klein, grünl., getrenntgeschl., in kätzchenähnl. Blst. ⚕
Keim.: F–So; V–IX; (♂ + ♀); wb.
Unkrautige Ges., Schuttplätze, Gärten, Gemüsekulturen, Mistplätze, auf frischen, nährstoffr., hum., lockeren Lehm- u. Tonböden (Stickstoffzeiger).
ÖK.: 76X 5X8
Soz.: 3.3
D: v (Alp. bis 1000 m); GB: z–v; F: v–z; S: v–z.

Ästiges Glaskraut
Parietaria ramiflora ★
Bis 30 (40) cm; Staude; St. ausgebreitet ästig, rot überlaufen, behaart; B. eif., wechselständig, gestielt, am Rande dicht bewimpert; Bl. klein, gebüschelt in B.achseln.
Keim.: F; V–X; (♂) + (♀); wb.
Mauerfüße, Mauerritzen, Felsen, auf feuchten, ± beschatteten, N-beeinflußten, hum. Substraten.
ÖK.: 572 7X7
Soz.: 4.1
D: s; GB: s–z; F: z; S: –.

Aufrechtes Glaskraut
Parietaria erecta
30–100 cm; Staude; St. meist nicht stark verzweigt; B. eif., bis 12 cm lang, 4 × länger als der Stiel; Bl. klein, glockenf., gebüschelt in B.achseln.
Keim.: ?; VI–X; (♂) + (♀); wb.
Schuttunkrautges., Auwaldlichtungen, am Fuß von schattigen Felsen u. Mauern, auf sickerfrischen, nährstoffr., N-haltigen, hum. Stein- u. Lehmböden.
ÖK.: 484 577
Soz.: 3.51
D: s; GB: ?; F: z–s; S: –.

KNÖTERICH-GEWÄCHSE
Polygonaceae ★
Kräuter, mit verdickten Knoten; B. wechselständig mit st.umfassender B.scheide (Ochrea); Bl. klein, zwittrig od. eingeschl.; Bl.hülle 3–6blättrig, kelch- od. kronb.-artig, zur Fr.reife oft bleibend; Fr.knoten oberständig, 3kantig, Nüsse bildend.

Schlangenwurz
Polygonum bistorta
30–100 cm; Staude; herdenbildend; St. unverzweigt; B. längl.-3eckig-eif., wellig; B.stiele der unteren B. wellig-geflügelt; Bl. rötlich-weiß, in dichten, bis 8 cm langen Scheinähren.
Keim.: F; VI–IX; (⚥); sb. Feuchtwiesen, Hochstaudenfluren, Auenwälder, Ufer, auf feuchten od. sickernassen, nährstoffr., meist kalka., humosen Lehm- u. Tonböden.
ÖK.: 747 755
Soz.: –
D: s–v (Alp. bis 1790 m); GB: s–v; F: z; S: z–s.

Vogel-Knöterich
Polygonum aviculare
Bis 15 cm; Einj., niederl. bis aufrecht, vielgestaltig; B. eif.-ellipt. bis lanzettl.; Bl. klein, rosa od. weiß, zu 1–6 in Wickeln in den Achseln oberer B.
Keim.: F; VI–X; (⚥); sb.; versch. sspp. Trittpflanzenges., Äcker, Gärten, Spülsäume, Pflasterritzen, Schutt, auf frischen, nährstoffr., hum. Sand-, Stein- u. Lehmböden (Stickstoffzeiger).
ÖK.: 7XX XXX
Soz.: –
D: v (Alp. bis 1200 m); GB: v; F: v; S: v.
(s. A. 2, 3, 4)

Wasser-Knöterich
Polygonum amphibium
30–100 (270) cm lang; Staude, Grundachse kriechend; Schwimm- u. Landform ungleich beb., behaart; St. aufrecht; Bl. purpurrot, in dichten Scheinähren; Staubb. 5.
Keim.: F; VI–IX; (♂) + (♀), (⚥), (⚥ + ♀); Ins. ?. Seerosenges., Röhrichte, Naßwiesen, Äcker, auf überfluteten od. nassen, nährstoffr., meist kalkfreien, schlammigen Lehm- u. Tonböden.
ÖK.: 7XX 11X7
Soz.: –
D: z–v (Alp. bis 975 m); GB: z–v; F: z–v; S: z.

Wasserpfeffer
Polygonum hydropiper
25–60 (100) cm; Einj.; B. lanzettl., oft mit schwarzen Flecken, scharf schmeckend; Ochrea aufgeblasen, ungleich bewimpert; Bl. grün bis rötl., drüsig punktiert. ☠
Keim.: F; VI–IX; (⚥); sb. Ufer, Gräben, Quellen, feuchte Waldwege u. Äkker, auf nassen, nährstoffr., meist kalka., hum. Ton- u. Schlammböden.
ÖK.: 75X 848
Soz.: 3.211
D: v (Alp. bis 1130 m); GB: v–z; F: v; S: z.

Kleiner Knöterich
Polygonum minus
15–30 (50) cm; Einj.; B. lineal-lanzettl., ohne scharfen Geschmack; Ochrea angedrückt behaart, lang bewimpert; Bl. 2–2,5 mm, purpurro od. weiß, nicht drüsig punktiert.
Keim.: F; VII–X; (⚥); sb Ufer, Gräben, Quellen, feuchte Waldwege, auf nassen, nährstoffr., kalk freien, hum. Lehm-, Ton- od. Torfböden.
ÖK.: 763 848
Soz.: 3.211
D: z (Alp. bis 750 m); GB: s; F: s–z; S: s.
(s. A. 5)

Floh-Knöterich
Polygonum persicaria
(10) 25–60 (80) cm; Einj., niederliegend bis aufsteigend, verzweigt; B. lanzettl., oft schwarz gefleckt, in den Stiel verschmälert; Ochrea rauhhaarig; Bl. rosa, purpurrot od. weiß, in Scheinähren. ☠
Keim.: F; VI–X; (⚥); sb. Äcker, Gärten, Gräben, Ufer, Schutt, Spülfelder, auf frischen, nährstoffr., hum. Sand-, Lehm- u. Tonböden.
ÖK.: 653 3X7
Soz.: 3.3
D: v (Alp. bis 1030 m); GB: v–z; F: v; S: v–s.

Ampfer-Knöterich
Polygonum lapathifolium
20–60 (100) cm; Einj.; St. oft rotgefleckt; B. eif. bis lanzettl., oft schwarz gefleckt; Ochrea lang bewimpert, dem St. dicht anliegend; Bl. rosa, weißl. od. purpurrot, in rel. langen, gedrungenen Scheinähren.
Keim.: F; VI–X; (⚥); sb. Ufer, Gräben, Unkrautfluren, Spülfelder, auf nassen bis feuchten, nährstoffr., hum. Schlamm-, Lehm- u. Tonböden.
ÖK.: 664 7X8
Soz.: –
D: v (Alp. bis 960 m); GB: z–v; F: v; S: z–v.

Knöllchen-Knöterich
Polygonum viviparum ★
5–30 (50) cm; Staude, unverzweigt; B. eif.-lanzettl., in den Stiel verschmälert, am Rande umgerollt; Bl. weiß i. o. Teil der Scheinähren, i. u. Teil mit purpurroten Brutknospen.
Keim.: ?; VI–VIII; (⚥), (♂), (♀), (♂ + ♀); Ins. Alp. Magerrasen, Borstgras-Weiden, Blaugras-Halden, auf frischen, meist entkalkten, hum. Stein- u. Lehmböden.
ÖK.: 72X 33X
Soz.: –
D: s–v (Alp. bis 2570 m); GB: s; F: s; S: v.

Echter Buchweizen
Fagopyrum esculentum
15–60 cm; Einj.; St. aufrecht, meist rot überlaufen; B. herzpfeilf., 3ekkig, länger als breit; Bl. weiß od. rosenrot, gebüschelt; Griffel oft ungleich lang.
Keim.: ?; VI–IX; (♂ + ♀), (♂); Ins. (h). Angebaut u. verwildert, in Schuttunkrautfluren, an Wegen, Müllplätzen, auf nährstoffr., ± sauren, hum., leichten, lehmigen Sandböden.
ÖK.: –
Soz.: –
D: s; GB: s; F: s; S: s.

Winden-Knöterich
Polygonum convolvulus
15–100 cm; Einj., St. windend od. niederliegend, kantig gefurcht; gestielt, herzpfeilf.; Bl. grün-weißlich bis rötlic dicht drüsig, in lockere Blst. ☠
Keim.: F; VI–X; (⚥); s Ackerunkrautges., bes. im Getreide, auf frischen, nährstoffr., hum sen, lockeren Lehmböden (Stickstoffzeiger).
ÖK.: 7XX XXX
Soz.: 3.4?
D: v (Alp. bis 1000 m); GB: z–v; F: v; S: v–z.
(s. A. 6)

pitzblättriger
nöterich
olygonum cuspidatum
)0–200 (300) cm; Stau-
e, Grundachse krie-
iend; St. oft rot ge-
eckt, zickzackf. wach-
end; B. breit-eif., 3ek-
g, zugespitzt; Bl. weiß
l. grünl.-weiß, in locke-
n, verzweigten Blst.
eim.: ?; VIII–X; (☿); ?.
erwildert, an Ufern,
öschungen, auf nassen,
ährstoffr., meist kalka.,
nigen Kies- od. Schot-
rböden.
K.: 872 856
oz.: 3.521
: s–z; GB: s–z; F: s–z;
s–z.

Hain-Ampfer
Rumex sanguineus ★
50–100 (120) cm; Staude; St. oft rötl., aufrecht; Grundb. längl.-eif., mit herzf. Spreitengrund; Blst. bis zur Mitte beb.; nur einzelne Bl.hüllb. Schwielen tragend.
Keim.: F; VI–VIII; (☿); wb.
Auenwälder, Waldwege, Ufergebüsche, auf sickernassen, nährstoffr., meist kalka., hum. Lehm- u. Tonböden.
ÖK.: 452 877
Soz.: 8.433
D: z–v (Alp. bis 950 m); GB: s–v; F: v–z; S: s.
(s. A. 7)

Krauser Ampfer
Rumex crispus ★
50–100 (150) cm; Staude; B. lanzettl., am Rande wellig kraus, in den B.stiel oft verschmälert; Bl.hülle 3,5–5 mm, ganzrandig, innere rundl.-herzf., alle schwielentragend; Blst. ± dicht, bis oben beb.
Keim.: F; VI–X; (☿); wb.
Ufer, Wegränder, Äcker, Wiesen, auf feuchten, nährstoffr., hum., Lehm- u. Tonböden.
ÖK.: 753 6X5
Soz.: 3.72?
D: v (Alp. bis 1300 m); GB: v; F: v; S: z.
(s. A. 8)

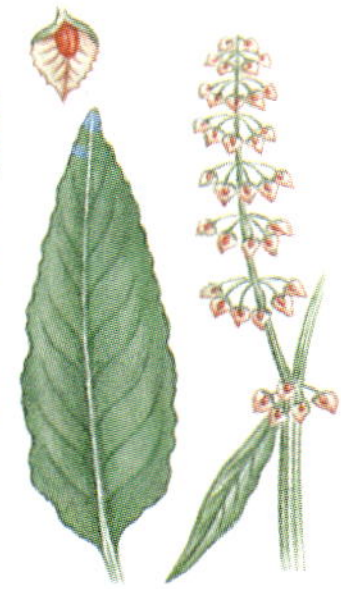

Stumpfblättriger Ampfer
Rumex obtusifolius
50–120 cm; Staude; u. B. breit-ellipt.-eif., am Grunde stumpf herzf., alle lang gestielt; Blst. locker, von der Mitte an b.los; innere Blhb. 3eckig, am Rande gezähnt.
Keim.: H–F; VI–X; (☿); wb.; versch. sspp.
Unkrautfluren, Wege, Wiesen, Gräben, auf frischen, nährstoffr., hum. Lehm- u. Tonböden.
ÖK.: –
Soz.: 3.51
D: v (Alp. bis 1500 m); GB: v; F: v; S: z.
(s. A. 9)

Fluß-Ampfer
Rumex hydrolapathum
Bis 250 cm; Staude, stark verzweigt; Grundb. groß, bis über 1 m lang, längl.-ellipt., an beiden Enden zugespitzt; innere Blhb. eif., 3eckig, alle mit Schwielen; oberer Teil des Blst. b.los.
Keim.: F; VII–IX; (☿); wb.
Röhrichte, Gräben, an stehenden od. langsam fließenden, nährstoffr. Gewässern mit hum. Schlammböden.
ÖK.: 773 1077
Soz.: 1.4
D: v–z; GB: v–s; F: v–z; S: z–s. **(s. A. 10)**

mpf-Ampfer
mex palustris
-100 cm; Ein-/Zweij.,
rk verzweigt; B. 6 × so
g wie breit, lineal.-
zettl., gelblichgrün;
in wirteligen
äueln; Blst. locker,
erbrochen; innere
. mit borstenf. Zäh-
u. erhabener
wiele.
im.: H; VI–IX; (☿);
.
ßufer, Gräben, Teich-
der, Dämme, auf nas-
Schlammböden.
.: –
.: 3.211
z–s; GB: s–z; F: s–z;
s.

Großer Sauer-Ampfer
Rumex acetosa
30–100 cm; Staude, sauer schmeckend; B. längl.-ellipt., pfeilf., gestielt, o. st.umfassend; Ochrea gezähnt-geschlitzt; Blst. locker; Fr. 4 mm lang, auf roten Stielen. ⚹
Keim.: F; V–VII; (♂) + (♀); wb.
Wiesen, Weiden, Wegränder, Ufer, auf frischen, nährstoffr., tiefgründigen, hum. Lehm- u. Ton- od. Torfböden.
ÖK.: 8XX XX5
Soz.: 5.4
D: v (Alp. bis 1717 m); GB: v; F: v; S: v.
(s. A. 11)

Kleiner Sauer-Ampfer
Rumex acetosella ★
10–40 cm; Staude; B. gestielt, lanzettl. od. lineal, mit u. ohne Spießecken, Ochrea silbrig-weiß, zerschlitzt. ⚹
Keim.: H–F; V–IX; (♂) + (♀); wb.
Dämme, Wegränder, Heiden, magere Wiesen u. Weiden, Brachen, Äkker, Waldlichtungen, auf ± trockenen, nährstoffa., kalkfreien, sand. od. moorigen Böden.
ÖK.: 853 522
Soz.: 5.1
D: v (Alp. bis 1360 m); GB: v; F: v; S: v.

Knäuelblütiger Ampfer
Rumex conglomeratus ★
30–80 (120) cm; Staude; St. zickzackf.; Grundb. längl.-eif., mit herzf. Spreitengrund; Blst. bis zur Spitze beb.; alle Blhb. mit Schwielen.
Keim.: F; VI–IX; (☿); wb.
Lückige Unkrautfluren, Gräben, Ufer, Wegränder, Gebüsche, Kahlschläge, auf feuchten, nährstoffr., hum., sand. od. reinen Lehm- u. Ton-(Schlamm)böden.
ÖK.: 873 7X8
Soz.: –
D: v–z (Alp. bis 800 m); GB: v–z; F: v–z; S: s.

Säuerling
Oxyria digyna
5–15 (30) cm; Staude; B. grundständig, lang gestielt, nierenf., an der Spitze ausgerandet, fleischig; Blh. 4blättrig; Fr. 2flügelig, später blutrot.
Keim.: ?; VI–VIII; (☿); wb.
Alp. Steinschuttges., auf frischen, kalkarmen, bewegten steinigen Substraten.
ÖK.: 8X4 492
Soz.: 4.7
D: z–s, Alp. 1550–2340 m; GB: s, alp.; F: ?; S: v–z.

PORTULAK-GEWÄCHSE
Portulaccaceae

Kräuter; B. einfach, gegenständig, oft fleischig; Bl. klein, zwittrig; Kronb. meist 5; Kelchb. 2, hinfällig; Fr. eine Kapsel.

Quellkraut
Montia fontana ★

2–50 cm lang; Ein-/Zweij.; St. niederliegend, oft rötl.; B. spatel- od. eif., gegenst.; Bl. 2–3 mm, weiß; Staubb. 3.
Keim.: F; IV–X; (⚥) hg; sb.; versch. sspp.
Quellfluren, feuchte Akkerrinnen, auf feuchten, zeitw. überschwemmten, ± nährstoffr., kalka., sand. od. reinen Lehmböden.
ÖK.: 842 954
Soz.: 1.511.1
D: s–z; GB: s–v; F: z; S: v. **(s. A. 12)**

Claytonie
Claytonia perfoliata

10–20 cm; Einj., kahl; Grundb. lang gestielt, rhombisch-oval; St.b. fleischig, am Grunde verwachsen; Bl. 4–5 mm, weiß,; Staubb. 5.
Keim.: W–F; IV–VII; (⚥); Ins. (d), sb.
Verwildert in Hackunkrautges., an Wegen, Mauern, auf frischen bis ± trockenen, nährstoffr., sand. Böden.
ÖK.: –
Soz.: –
D: s; GB: z–s; F: z; S: s–z.

Claytonia sibirica

Bis 20 (30) cm; Einj., kahl; Grundb. lang gestielt, rhombisch-oval; obere St.b. rundl.-zugespitzt, nicht am Grunde verwachsen; Bl. 8–20 mm, rosa; Kronb. ausgerandet.
Keim.: ?; IV–VII; (⚥); Ins. (d, h).
Wälder, Ufer, auf feuchten, schattigen, meist sauren, humosen Sandböden.
ÖK.: –
Soz.: –
D: –; GB: z; F: s; S: –.

GÄNSEFUSS-GEWÄCHSE
Chenopodiaceae ★

Kräuter od. Halbsträucher; B. einfach, oftmal fleischig od. zu Schuppen reduziert, zuweilen auch weiß mehlig; Bl. klein, unscheinbar, zwittrig od. eingeschlec tig, in geknäulten, traubigen od. trugdoldigen Blst.; Bl.hülle einfach, (1) 3–5-blättrig, grünl. od. rötl. sich nach der Bl. oft ver größernd, fleischig od. hart werdend; Fr. oft vo Bl.hülle umgeben u. m ihr abfallend; viele Arte sind salzverträglich u. wichtige Vertreter der Salzwiesen.
(s. A. 16, 17)

Guter Heinrich
Chenopodium bonus-henricus

15–60 cm; Staude; B. ganzrandig, bis 10 cm lang, 3eckig od. spießf., meist mehlig bestäubt; Bl. geknäuelt, in fast b.losen, end- u. b.winkelst. Scheinähren.
Keim.: H–F; V–VIII; (⚥) pg; wb.
Unkrautges., Dungstätten, Viehläger, auf frischen, nährstoffr., hum., sand. od. reinen Ton- u. Lehmböden.
ÖK.: 8X2 5X9
Soz.: 3.3
D: z–s (Alp. bis 2220 m); GB: z–s; F: z; S: z–s.

Weißer Gänsefuß
Chenopodium album ★

(5) 15–150 cm; Einj., vielgestaltig, meist stark mehlig; St. manchmal rotstreifig; B. rautenf. bis lanzettl., ganzrandig bis lappig gezähnt, obere schmaler.
Keim.: F; VI–X; (⚥) pg; wb.
Unkrautfluren, Schuttplätze, Wege, Äcker, Gärten, Ufer, Kahlschläge, auf trockenen bis frischen, nährstoff- u. N-reichen Böden.
ÖK.: XXX 4X7
Soz.: 3.3
D: v (Alp. bis 1100 m); GB: v; F: v; S: v–z.
(s. A. 13)

Feigenblättriger Gänsefuß
Chenopodium ficifolium

30–80 cm; Einj.; untere B. spießf.–3lappig; mit unregelmäßig buchtig gezähntem parallelrandigem Mittellappen, obere lineal.-lanzettl.
Keim.: F; VII–IX; (⚥); wb.
Unkrautfluren d. Äcker, Gärten, Wege, Ufersäume, auf frischen bis feuchten, nährstoff- u. N-reichen, hum., meist sand. Ton- u. Lehmböden.
ÖK.: 777 6X7
Soz.: 3.3
D: s–z; GB: s–z; F: z–s; S: –?.

Unechter Gänsefuß
Chenopodium hybridum

30–100 cm; Einj.; B. am Grunde herzf. od. gestutzt, tief buchtig 3eckig, nicht bemehlt; Blst. ährig-rispig, b.los.
Keim.: F; VI–X; (⚥); wb.
Unkrautfluren d. Äcker, Gärten, Schutt- u. Dungplätze, Felsgrotten, auf frischen, nährstoff- u. N-reichen, lockeren Böden aller Art.
ÖK.: 757 588
Soz.: 3.31
D: v–z; GB: s–z; F: z; S: z.
(s. A. 14)

Mauer-Gänsefuß
Chenopodium murale

15–80 cm; Einj.; B. la gestielt, eif.-rhombisch ungleich reich gesägt- zähnt, glänzend; Bl. i lockeren, abstehenden Scheinrispen.
Keim.: H; VI–X; (⚥);
Unkrautfluren in Sied lungsnähe, an Wegen Hausmauern, Hühne höfen, Müll- u. Schut plätzen, auf ± trocken nährstoff- u. N-reiche humosen Böden aller Art.
ÖK.: 876 4X9
Soz.: 3.3
D: z–s; GB: z–s; F: z; S: s.

Vielsamiger Gänsefuß
Chenopodium polyspermum
15–60 cm; Einj.; St. 4kantig, rötl.; B. rundl.-ellipt. bis eif., ganzrandig, unbemehlt; Bl. in lockeren Scheinähren.
Keim.: F; VII–X; (⚥); pg; wb.
Unkrautfluren, Gärten, Ufer, Schuttplätze, auf frischen-feuchten, nährstoff- u. N-reichen, hum. Lehm-, Ton- od. Schlammböden.
ÖK.: 654 6X8
Soz.: 3.33
D: v–z (Alp. bis 860 m); GB: z–s; F: v–z; S: z–s.
(s. A. 15)

Roter Gänsefuß
Chenopodium rubrum
30–60 (90) cm; Einj., formenreich; St. meist rot überlaufen, kahl; B. buchtig-gezähnt, 3eckig-rhombisch, glänzend; Bl.hülle 5blättrig; Blst. reich beb.
Keim.: F; VII–X; (⚥) pg; wb.
Ufersäume, Schuttunkrautfluren, Spülfelder, Dorfstraßen, auf frischen bis feuchten, nährstoff- u. N-reichen, humosen Böden aller Art.
ÖK.: 8XX 6X9
Soz.: 3.212
D: z–s; GB: s–v; F: v–z; S: z–s. **(s. A. 16)**

Babingtons Melde
Atriplex glabriuscula
30–60 cm; Einj., niederliegend bis aufrecht; untere B. meist 3eckig, buchtig-gezähnt, grauschülferig, obere spießf.-lanzettl.; Vorb. breitrhombisch, bis zur Mitte verwachsen.
Keim.: F; VII–IX; (♂ + ♀); Ins., sb.
Spülsäume, auf feuchten, salzhaltigen, N-reichen Böden.
ÖK.: –
Soz.: 2.811
D: s; GB: z–s; F: z–s; S: z–s.
(s. A. 17)

Spießblättrige Melde
Atriplex hastata
30–100 cm; Einj., vielgestaltig; Grundb. 3eckig-spießförmig, ganzrandig od. gezähnt, obere lanzettl.; Vorb. 3eckig-rhombisch.
Keim.: F–So; VI–IX; (♂ + ♀); Ins., sb.
Unkrautfluren d. Ufer, Gräben, Müllplätze, auf frischen bis feuchten, nährstoff- u. N-reichen, auch salzhaltigen, lockeren Lehm- u. Ton- od. Schlammböden.
ÖK.: 8XX 6X9
Soz.: 3.212
D: z–v; GB: z–v; F: v–z; S: z–s.

Strand-Melde
Atriplex litoralis
30–60 cm; Einj.; Äste aufrecht; B. lineal. bis lanzettl., ganzrandig od. buchtig gezähnt, obere sitzend; Vorb. eif. bis 3eckig-rhombisch, nur unten verwachsen; Bl.knäuel entfernt, an aufrechten Ästen.
Keim.: F–So; VII–IX; (♂ + ♀); Ins., sb.
Spülsäume der Küsten, auf feuchten, salzhaltigen, N-reichen, ± sandigen Schlickböden.
ÖK.: 9X8 XX9
Soz.: 2.812
D: z–s; GB: v–s; F: z–s; S: z–s.

Ausgebreitete Melde
Atriplex patula ★
30–100 cm; Einj., reich verzweigt; Grundb. rhombisch bis lanzettl., obere lineal.-lanzettl., ganzrandig, meist mehlig; Vorb. breit-rhombisch, am Grunde ± spießf.; Scheinähren.
Keim.: F; VI–IX; (♂ + ♀); Ins., sb.
Äcker, Unkrautfluren, Gärten, Schutt, Wege, auf frischen, nährstoff- u. N-reichen, hum., lockeren Ton- u. Lehmböden.
ÖK.: 65X 577
Soz.: 3.331
D: v (Alp. bis 1100 m); GB: z–v; F: v; S: z.

Wildbeete
Beta vulgaris ssp. *maritima*
30–125 cm; Staude, niederliegend, reich verzweigt, oft rötl. überlaufen; B. anfangs rosettig, grün, lederig, ± gekerbt; Bl.hülle 5spaltig, am Grunde verwachsen; blühende Äste aufrecht; Wurzel nicht rübenartig verdickt.
Keim.: F: VI–IX; (⚥) pa; wb.
Spülsaumges. der Meeresküsten, auf salzh., N-reichen, meist sandigen bis steinigen Böden.
ÖK.: –
Soz.: –
D: s; GB: s–v; F: v; S: s.

Portulak-Keilmelde
Halimione portulacoides
20–80 (150) cm; Halbstrauch; B. weißl., schülferig, längl.-verkehrt-eif., gegenst.; Bl. grünl.-gelb, in verzweigten Scheinähren; Vorb. an der Basis verwachsen.
Keim.: W–F; VII–X; (♂ + ♀); wb.
Strandbeifuß-, Strandnelken-Wiesen, Salzwiesen-Prielränder, auf salzh., seltener überfluteten, meist frischen bis feuchten, ± sandigen Schlickböden.
ÖK.: 96X 7X7
Soz.: 2.612
D: v–z; GB: v–z; F: v–z; S: ?.

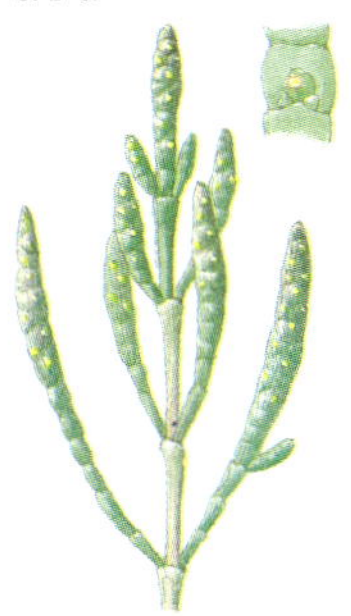

Queller
Salicornia ssp. ★
Bis 30 cm; Einj.; St. fleischig, verzweigt, später oft rötl. od. gelbl.; B. zu Schuppen reduziert, fleischig, in den St. einbezogen, gegenst.; Bl. meist zu 3, klein, grünl. in bis zu 50 mm langen Scheinähren.
Keim.: F; VIII–IX; (⚥); ?.
Wattflächen, unter u. oberhalb der Tidehochwasserlinie, auf salzh., nährstoffr. Schlickböden der Küste.
ÖK.: 9XX 887
Soz.: 2.4
D: v–s; GB: v–s; F: v–z; S: z–s.

Arthrocnemum perenne
15–30 cm; Strauch, polsterbildend, kriechend, oft rot od. orange überlaufen; B. sitzend, fleischig, längl.-lanzettl.
Keim.: ?; IV–IX; (⚥); ?.
Salzwiesen der Küsten, auf sandigen bis kiesigen, feuchten bis nassen, salzhaltigen Böden.
ÖK.: –
Soz.: –
D: –; GB: s; F: z–s; S: –.

Strandsode
Suaeda maritima

5–30 cm; Einj.; St. einfach od. ästig, niederliegend bis aufsteigend; B. längl.-lineal., fleischig, zugespitzt, oft rötlich überlaufen; Bl. zu 2–3 achselst., klein, grün. Keim.: F–So; VII–X; (⚥), selten (♀); wb., sb. Spülsaumges., Salzwiesen, Salzstellen des Binnenlandes, auf feuchten, meist öfter überfluteten, salzh. Schlick- od. tonigen Sandböden.
ÖK.: 868 877
Soz.: 2.412
D: v–s; GB: z; F: v–z; S: z–s.

Salzkraut
Salsola kali ★

5–60 cm; Einj.; St. ausgebreitet-ästig; B. schmal-pfrieml.-stachelspitzig, fleischig; Bl. meist einzeln b.achselst. Vorb. die Bl. überragend; Bl.hülle zur Fr.zeit knorpelig-dornig od. pergamentartig dünn. Keim.: F; VII–IX; (⚥); wb. Spülsaumges., Schuttunkrautges., auf nährstoffr. u. N-reichen Sand- od. sandig-lehmigen Böden.
ÖK.: 978 X78
Soz.: 2.811 (ssp. *kali*)
D: z–s; GB: z; F: z; S: z–s.

NELKENGEWÄCHSE
Caryophyllaceae ★

Kräuter; B. gegenständig od. quirlständig, einfach, ungeteilt; Bl.hülle meist doppelt, 4–5zählig; Kronb. frei, oft ausgerandet; Kelchb frei od. verwachsen, manchmal von Hochb. (Außenkelch) umgeben; Blst. häufig wiederholt gegabelt (Dichasium); Staubb. 5 od. 10; Fr.knoten oberständig, 2–5-blättrig; Fr. eine Kapsel, selten eine Beere od. Nuß.

Quendelblättriges Sandkraut
Arenaria serpyllifolia ★

2–15 (30) cm; Ein-/Zweij.; St. behaart od. kahl; B. eif.-lanzettl., o. sitzend, u. gestielt; Bl. 5–8 mm, weiß.
Keim.: So–H; V–XI; (♂); Ins., sb.
Lückige Sand- u. Trokkenrasen, Brachen, Äkker, auf ± trockenen, ± nährstoff- u. kalkh., hum., sand. od. lehmigen Böden.
ÖK.: 85X 4XX
Soz.: 5.211 (var. viscida)
D: v (Alp. bis 1700 m); GB: z–v; F: v–z; S: z.
(s. A. 18)

Dreinervige Nabelmiere
Moehringia trinervia ★

10–30 cm; Einj., aufsteigend; B. eif., gestielt, meist 3-, selten 5nervig; Bl. 5–8 mm, weiß, Kronb. 1/2 so lang wie die Kelchb.
Keim.: ?; V–VII; (⚥); Ins. (d), sb.
Krautreiche Laub- u. Nadelmischwälder, auf meist frischen, ± nährstoffr., meist kalkfreien, hum., lockeren Lehmbö den.
ÖK.: 453 567
Soz.: 8.4
D: v (Alp. bis 1220 m); GB: v–z; F: v–z; S: z.

Feinblättrige Miere
Minuartia hybrida

5–15 (20) cm; Einj.; St. meist kahl, steif-aufrecht, vom Grunde an verzweigt; B. lineal. bis pfrieml.; Bl. 5–6 mm, weiß, Kronb. 1/2 so lang wie die weiß-hautrandigen Kelchb.; Griffel 3.
Keim.: H; V–VIII; (⚥); Ins., sb.
Kalktrockenrasen, Weg- u. Ackerrändern Böschungen, Mauern, auf warmen, trockenen, ± nährstoffr., kalkh., hum. od. rohen Lehmböden.
ÖK.: –
Soz.: 5.212
D: s–z; GB: s–z; F: z; S: –. **(s. A. 19)**

Zwerg-Miere
Minuartia sedoides

4–8 cm; Staude, dichte Polster bildend; B. lineal.-pfrieml., dicht-dachig stehend, am Grunde meist paarweise verwachsen; Bl. 4–5 mm, oft ohne Kronb.; Kelchb. gelbl.-grün; Griffel 3.
Keim.: ?; VI–VIII; (⚥ + ♀) selten (♂); Ins. (d), sb.?
Alp. lückige Steinrasen, felsige Hänge, Grate, auf ± frischen, meist kalkfreien, hum. od. lehmigen Steinböden.
ÖK.: 912 4X1
Soz.: 4.6
D: s, Alp. 1800–2600 m; GB: s, Schottl.; F: s, alp.; S: ?.

Frühlings-Miere
Minuartia verna ★

5–15 (20) cm; Staude, kahl od. drüsig behaart; B. schmal lineal., 3nervig; Bl. 8–10 mm, weiß, Kronb. so lang od. wenig länger als die Kelchb.; Griffel 3.
Keim.: ?; V–IX; (⚥) pa, selten (⚥ + ♀), (♀); Ins. (d); versch. sspp.
Kalkmagerrasen, auf ± trockenen, nährstoffa., kalkh., hum. od. lehmigen Stein- u. Schwermetallböden (var. *hercynica*).
ÖK.: 965 2X1
Soz.: 5.321 u. 4.3
D: s–v (Alp. bis 2600 m); GB: s; F: s; S: s.
(s. A. 20, 21)

Salzmiere
Honkenya peploides ★

Bis 20 cm; Staude, mit kriechender, gabelspaltiger Grundachse, gelbl.-grün; B. eiförmig, spitz, fleischig, sitzend; Bl. 6–10 mm, weiß, selten rötl., in dichter Trugdolde.
Keim.: ?; V–VIII; (⚥), selten (♂) u. (♀); Ins., wb., sb.
Vordünen, Spülsäume, auf feuchteren bis frischen, salz- u. manchmal N-haltigen Dünensanden.
ÖK.: 9XX 677
Soz.: 2.912
D: v–s, nur Küste d. N- u. O-see; GB: v; F: v; S: z.

Gras-Sternmiere
Stellaria graminea

(3) 10–30 (50) cm; Stau de; St. 4kantig; B. lineal.-lanzettl., sitzend ; B 5–12 mm, weiß; Kronb ausgerandet, so lang w die 3nervigen Kelchb.; Griffel 3.
Keim. ?; V–VIII; (⚥) p selten (⚥ + ♀), (♀); Ins (d, h, c).
Wiesen, Weiden, Äcker Wegränder, Borstgrasra sen, auf frischen bis tro kenen, ± nährstoffr., kalka., hum., meist sar digen Lehmböden.
ÖK.: 6XX 44X
Soz.: 5.42
D: v–z (Alp.bis 1700 m GB: v; F: v; S: v.

'ries-Sternmiere
'tellaria diffusa
)–25 cm; Staude; St. berwärts u. B. am Rand . d. Mittelrippe rauh; . lanzettl.-lineal.; Bl. 2–mm, weiß, Kronb. bis ber die Mitte ausgeran-et; Blst. scheindoldig. eim.: ?; VI–VIII; (⚥); ıs. loorige Fichten- u. Kie-rnwälder, Brüche, Valdlichtungen, auf uchten, nährstoffa., uren Rohhumusböden Eiszeitrelikt). K.: – oz.: – : s; GB: s; F: –; S: v–z.

Große Sternmiere
Stellaria holostea
15–30 (60) cm; Staude; St. 4kantig; B. lanzettl., sitzend; Bl. 30 mm, weiß, Kronb. ausgerandet, 2 × so lang wie die Kelchb.; Griffel 3; Blst. gabelästig-trugdoldig. Keim.: ?; IV–VI; (⚥) pa, selten (♀), (♀ + ⚥); Ins. (d, c), sb. Laubwälder, Hecken, Knicks, auf frischen, meist kalkfreien, hum., sand. od. reinen Lehmböden. ÖK.: 563 565 Soz.: 8.432 D: v; GB: v–z; F: v; S: s.

Hain-Sternmiere
Stellaria nemorum
20–60 cm; Staude; St. rund, drüsig behaart; B. eif., zugespitzt u. gestielt; Bl. bis 18 mm, weiß, Kronb. ausgerandet, 2 × so lang wie die Kelchb.; Griffel 3. Keim.: ?; V–IX; (⚥) pa; Ins. (d, c); versch. ssp. Laubmischwälder, auf frischen, nährstoffr., kalka., hum. Lehm. u. Ton- od. Mullböden. ÖK.: 444 757 Soz.: 8.433 D: s–z (Alp. bis 2230 m); GB: s–z; F: s; S: v–z. **(s. A. 22)**

Quell-Sternmiere
Stellaria alsine
10–40 cm; Staude; St. 4kantig; B. längl.-lanzettl., spitz, einnervig, sitzend; Bl. 4–6 mm, weiß, Kronb. viel kürzer als die Kelchb. Keim.: ?; V–VII; (⚥) pa; Ins. (d). Wälder, Gräben, Quellfluren, Waldwege, auf kühlen, ± nassen, ± nährstoffr., kalka., hum., sand. od. reinen Lehm- u. Tonböden. ÖK.: 543 844 Soz.: 1.511 D: z–v (Alp. bis 1510 m); GB: v–z; F: v; S: v–z.

Vogelmiere
Stellaria media ★
2–40 (80) cm; Einj.; St. rund, 1reihig behaart; B. eif. zugespitzt; Bl. 5–10 mm, weiß, Kronb. tief ausgerandet, so lang wie die Kelchb.; Griffel 3. Keim.: j; I–XII; (⚥) pa; Ins. (d, h), sb. Äcker, Gärten, Wegränder, Ufer, auf frischen, nährstoffr., hum., lehmigen Böden. ÖK.: 6XX 478 Soz.: 3.3 D: v (Alp. bis 1860 m); GB: v; F: v; S: v. **(s. A. 23)**

ımpf-Sternmiere
·llaria palustris
40 cm; Staude; St. auf-:cht, wenig verzweigt, antig; B. lineal.-lan-:tl., spitz, kahl, meer-:in; Bl. 12–18 mm, iß, Kronb. bis zur itte ausgerandet, so g od. länger als die lchb.; Griffel 5. im.: ?; V–VII; (⚥) pa; . (d). ichmoore, Feuchtwie-ı, auf staunassen, wach sauren, torfigen hm- u. Tonböden. :.: 557 842 :.: – v–z; GB: s–z; F: z–s; z.

Wasserdarm
Myosoton aquaticum ★
15–45 (120) cm; Staude; St. oberwärts drüsig-flaumig; Grundb. gestielt, obere sitzend, herz-eif. zugespitzt; Bl. 12–15 mm, weiß, Kronb. länger als Kelchb., fast bis zum Grunde ausgerandet; Griffel 5. Keim.: ?; VI–IX; (⚥) pa, (♀); Ins. (d, h, c). Staudenfluren, Auenwälder, Waldwege, Ackerränder, auf nassen, nährstoffr., sand., steinigen od. reinen Lehm-, Ton- od. Schlammböden. ÖK.: 753 8X8 Soz.: 3.521 D: v (Alp. bis 1300 m); GB: s–v; F: z; S: z–s.

Acker-Hornkraut
Cerastium arvense ★
(3) 5–30 cm; Staude; St. niederliegend-aufsteigend, dicht rasenf.; B. lineal.-lanzettl., kurzhaarig; Bl. 12–20 mm, weiß, Kronb. 1–2 × so lang wie die bis zur Mitte ausgerandeten Kelchb., Griffel 5. Keim.: ?; IV–IX; (⚥) pa, selten (♀); Ins. (d, h). Lückige Rasen, Wegränder, Böschungen, Mauern, Dünen, auf ± trokkenen, mageren Lehm-, Löß- u. Sandböden. ÖK.: 8X5 464 Soz.: 3.6 D: v (Alp. bis 1730 m); GB: s–z; F: z; S: z.

Alpen-Hornkraut
Cerastium alpinum
5–20 cm; Staude, lockerrasig, dicht u. lang weißl. behaart; B. lineal.-lanzettl., am Grunde verschmälert; Bl. 15–25 mm, weiß, Kronb. 1–2 × so lang wie die Kelchb., bis über die Mitte ausgerandet. Keim.: ?; VI–IX; (⚥) pa; Ins.; versch. sspp. Alp. Steinrasen, auf ± trockenen, nährstoffa., meist entkalkten, steinigen Böden. ÖK.: 912 45? Soz.: 4.72 D: s, Alp. 1970–2700 m; GB: s, alp.; F: ?, alp.; S: z. **(s. A. 24)**

Dreigriffeliges Hornkraut
Cerastium cerastoides
5–15 cm; Staude; St. aufsteigend, fast kahl, oben mit 1 Haarleiste; B. längl.- bis lineal.-lanzettl.; Bl. 9–12 mm, weiß, Kronb. bis zur Mitte ausgerandet; Griffel 3. Keim.: ?; VII–VIII; (⚥) hg; Ins. (d), sb. Quellen, auf feuchten, nährstoffr., ± sauren, hum., reinen od. steinigen Lehm- u. Tonböden. ÖK.: 81X 847 Soz.: 4.5 D: z, Alp. 1500–2340 m; GB: s, Schottl.; F: ?; S: z.

Viermänniges Hornkraut
Cerastium diffusum ★
4–15 cm; Einj.; St. verzweigt, unten oft rötl.; B. lineal.-längl. bis spatelf.; Bl. 3–4 mm, weiß, meist 4zählig, Kronb. ausgerandet, kürzer als die Kelchb.; Staubb. u. Griffel 4; Hochb. 4, krautig.
Keim.: H; III–VII; (⚥) hg; Ins. (d), sb.
Graudünen, Schillergrasfluren, auf nährstoffh. Dünensand.
ÖK.: -
Soz.: 5.224
D: s, N-Seeküste; GB: s–v; F: v?; S: z.
(s. A. 25)

Gemeines Hornkraut
Cerastium fontanum ★
7–30 (60) cm; Staude, behaart; blühende Triebe aufrecht; B. längl.-eif., sitzend; Bl. 5–8 mm, weiß, Kronb. bis zur Mitte geteilt, länger als die Kelchb.; Griffel 5.
Keim.: F; IV–X; (⚥) pa; Ins. (d), sb.; versch. sspp.
Wiesen, Weiden, Äcker, Wegränder, Magerrasen, auf frischen u. nährstoffr., kalka., lehm. od. ton. Böden.
ÖK.: 634 536
Soz.: 5.424
D: v (Alp. bis 2400 m); GB: s–v; F: v; S: v.
(s. A. 26)

Geknäueltes Hornkraut
Cerastium glomeratum
2–25 (45) cm; Einj., behaart, gelbl.-grün; B. eif. bis rundl., sitzend; Bl. klein, weiß, geknäuelt; Kronb. so lang wie die Kelchb., selten ganz geöffnet; Griffel 5.
Keim.: ?; III–X; (⚥) hg; Ins., sb.
Ackerunkrautfluren, auf ± frischen bis feuchten, nährstoffr., meist kalka., sand. od. reinen Lehm- u. Tonböden.
ÖK.: 7X3 555
Soz.: 3.
D: z–v (Alp. bis 1570 m); GB: z–v; F: v; S: z–s.

Sand-Hornkraut
Cerastium semidecandrum ★
1–20 cm; Einj.; St. dicht drüsig, ± niederliegend; B. längl.-eif., gelb; Bl. 5 mm, weiß, Kronb. kürzer als die Kelchb., tief ausgerandet; Tragb. hautrandig; Griffel 5.
Keim.: H; III–VI; (⚥) hg; Ins., sb.
Trockenrasen, Sandfluren, Wegränder, auf frühjahrsfrischen, ± nährstoffr., rohen, lockeren Sand- od. Steingrusböden.
ÖK.: 873 4XX
Soz.: 5.224
D: v–z; GB: z–s; F: v–z; S: v–z. **(s. A. 27)**

Acker-Spörgel
Spergula arvensis ★
10–50 (100) cm; Einj., behaart; B. lineal.-(pfrieml., unterseits hohlkehlig, in Scheinquirlen gebüschelt; Bl. 4–8 mm, weiß, Kronb. nicht ausgerandet, Griffel 5.
Keim.: H–F; V–IX; (⚥) hg; Ins. (d), sb.; versch. sspp.
Ackerunkrautfluren, Ruderalstellen, Kahlschläge, auf frischen, nährstoffr., ± sauren, hum., sand. Böden.
ÖK.: 6X3 526
Soz.: 3.33
D: v (Alp. bis 1080 m); GB: s–v; F: v–z; S: v–z.

Salz-Schuppenmiere
Spergularia marina ★
10–20 cm; Einj.; St. o. drüsig od. kahl, ± aufsteigend; B. lineal., stumpfl., fleischig; Nebenb. klein, silberglänzend; Bl. 5–8 mm, meist rosa; Kronb. nicht ausgerandet, kürzer als die Kelchb.; Griffel 3.
Keim.: H–F; V–IX; (⚥); sb., k.
Salzwiesen, auf nassen bis feuchten, salzh., oft auch sandigen Schlickböden.
ÖK.: 7X8 6X?
Soz.: 2.611
D: v–s, an N- u. O-see; GB: v–s; F: v–s; S: v–s.

Flügelsamige Schuppenmiere
Spergularia media ★
5–40 cm; Staude, o. drüsig behaart; B. gegenst., fleischig, ± grannenlos; Nebenb. verwachsen, silberglänzend; Bl. 8–12 mm, weiß od. rosa, Kronb. länger als Kelchb.; Griffel 3; Samen breit hautrandig.
Keim.: ?; VI–X; (⚥) pa, selt. (♀); Ins. (d).
Salzwiesen, auf nassen bis feuchten, salzh., z. T. auch sandigen Schlickböden.
ÖK.: 7X8 7X5
Soz.: 2.6
D: v–s; GB: s–v; F: v; S: z–s.

Spergularia rupicola ★
5–15 cm; Staude, drüsig behaart; B. lineal., fleischig; Bl. 8–10 mm, dunkel rosa; Kronb. so lang wie die Kelchb.; Griffel 3.
Keim.: ?; VI–IX; (⚥) pa; Ins. (d).
Küstenfelsen, auf frischen bis trockenen, meist kalkhaltigen Böden.
ÖK.: -
Soz.: -
D: -; GB: z–v; F: z–s; S: -.

Rote Schuppenmiere
Spergularia rubra ★
4–15 (25) cm; Einj./Staude, leicht drüsig behaart; B. lineal., fleischig, graugrün; Nebenb. silberweiß; Bl. 3–5 mm, rosa; Kronb. kürzer als Kelchb.; Griffel 3.
Keim.: H–F; V–IX; (⚥) hg, (♂ + ♀), (♀); Ins. (d), sb.
Trittpflanzenges., Wegränder, Äcker, Ufer, auf wechselfrischen, nährstoffr., kalka., hum. od. rohen sand. Lehm- u. Tonböden.
ÖK.: 7XX 634
Soz.: 3.72
D: v–z; GB: s–v; F: v–z; S: v–z.

Kornrade
Agrostemma githago
30–100 cm; Einj., zottig behaart; B. lineal., grau grün; Bl. 30–50 mm, trüb-purpurn; dunkler gestreift, schwach ausge randet; Kelch behaart, Kelchzipfel schmal, län ger als die Kronb. ☠
Keim.: H–F; V–VIII; (⚥) hg–pa; Ins. (h, l).
Bes. im Wintergetreide, auf trockenen bis frischen, nährstoffr., hum sand. od. reinen Lehmböden.
ÖK.: 7XX XXX
Soz.: 3.4
D: s–z (Alp. bis 1140 m); GB: s; F: z–s; S: z–s.

**ronblattloses
Mastkraut**
agina apetala ★
–15 cm; Einj., kriechend, ästig verzweigt; . lineal., lang-stachelspitzig; Bl. 3–4 mm, ronb. klein, hinfällig, el kleiner als der 4blättge Kelch.
eim.: H–F; IV–IX; (⚥) a; Ins., sb.
cker, Wege, Pflasterfuen, auf frischen bis uchten, nährstoffreihen, kalkarmen, sandien od. steinigen Böden.
K.: 872 645
oz.: 3.111.1
: z–s; GB: s–v; F: v–z; s.

**Niederliegendes
Mastkraut**
Sagina procumbens
2–5 cm; Staude, rosettig; B. lineal., kurz-stachelspitzig; Bl. 2–4 mm, grünl.-weiß; Kronb. 4, oft fehlend, 1/2 so lang wie Kelchb.; Griffel 4.
Keim.: ?; V–IX; (♂) hg; sb.
Trittpflanzenges., Äcker, Rasen, Pflasterfugen, auf wechselfeuchten, nährstoffr., meist kalka., sand. od. reinen Lehm- u. Tonböden.
ÖK.: 6X3 676
Soz.: 3.71
D: v (Alp. bis 1950 m); GB: v; F: v; S: v.

Strand-Mastkraut
Sagina maritima
5–10 cm; Einj.; St. aufsteigend, vom Grunde ästig; B.lineal, ohne Stachelspitze, schwach fleischig; Kronb. fehlend; Kelchb. zur Fr.zeit aufrecht.
Keim.: ?; V–IX; (⚥) hg; sb.
Strandnelkenwiesen, auf seltener überfluteten, salzhaltigen, tonigen od. sandigen Böden.
ÖK.: 8XX 7X?
Soz.: 2.5
D: z; GB: s; F: z–s; S: z–s.

Knotiges Mastkraut
Sagina nodosa
5–15 cm; Staude, rosettig; B. lineal., kurz stachelspitzig, obere in den Achseln B.büschel tragend; Bl. 5–10 mm, weiß; Kronb. ganzrandig, länger als die Kelchb.; Griffel 5.
Keim.: ?; VI–IX; (⚥) pa, (♀); Ins. (d), sb.
Moor- u. Sumpfwiesen, Weg- u. Grabenränder, auf feuchten, meist kalkh., torfigen od. sand. Tonböden.
ÖK.: 8X3 885
Soz.: 3.72
D: z–s (Alp. bis 1000 m); GB: s–z; F: z–s; S: z.

Alpen-Mastkraut
Sagina saginoides
2–10 cm; Staude, polsterbildend; B. lineal., kahl, kurz stachelspitzig; Bl. 4 mm, weiß; Kronb. 5, kürzer als d. kahle Kelch; Griffel 5.
Keim.: ?; VI–IX; (⚥) hg; Ins. (d), sb.; versch. sspp.
Alp. u. subalp. Trittpflanzenges., Magerrasen, Quellfluren, auf frischen bis feuchten, kalka., hum. od. torfigen Lehm- u. Tonböden.
ÖK.: 7X3 634
Soz.: –
D: s–z (Alp. bis 2410 m); GB: z–s; F: s; S: v–z.
(s. A. 28)

friemb. Mastkraut
gina subulata
-10 cm; Staude, dichtsig; St. niederl.-aufsteind; B. pfrieml., drüsig ewimpert, mit 1,5 mm nger Stachelspitze; Bl. mm, weiß; Kronb. fast lang wie die Kelchb.; riffel 5.
eim.: F; VI–VIII; (⚥) ; sb.
agerweiden, Heiden, ittpflanzenges., auf uchten bis ± trockern, offenen, nährstoffaren Stein- u. Sandbön.
K.: –
z.: –
s; GB: s; F: z–s; z–s.

Hühnerbiß
Cucubalus baccifer
40–150 (250) cm; Staude dicht flaumhaarig; St. leicht brechend, oft klimmend; B. eif.-längl., zugespitzt; Bl. 15–20 mm, nickend, grünl.-weiß; Kronb. tief geteilt; Fr. eine schwarze Beere. ✲
Keim.: F; VII–IX; (⚥) pa; Ins.
Auenwälder u. -gebüsche, Hochwasserdämme, auf sickernassen, zeitw. überschw., nährstoffr., meist kalkh., hum. Lehm- u. Schlickböden.
ÖK.: 664 887
Soz.: 3.521
D: s; GB: s; F: z–s; S: –.

Einjähriger Knäuel
Scleranthus annuus ★
2–10 (24) cm; Einj., grasbis gelbl.-grün; B. lineal.-pfrieml., st.umfassend; Bl. geknäuelt; Kronb. fehlend; Kelchb. 5, schmal hautrandig, spitz; Fr. eine Nuß.
Keim.: H–F; IV–X; (⚥) hg; Ins. (d, h), sb.; versch. sspp.
Ackerunkrautges., Wegränder, Schuttplätze, Brachen, Steingrusfluren, auf ± trockenen, kalka., sand. Böden.
ÖK.: 654 X24
Soz.: 3.42
D: v–z (Alp. bis 1277 m); GB: s–z; F: v–z; S: z.
(s. A. 29)

**Ausdauernder
Knäuel**
Scleranthus perennis
5–15 (25) cm; Staude, am Grunde holzig; B. lineal.-pfrieml.; Bl. geknäuelt; Kronb. fehlend; Kelchb. 5; Fr. eine Nuß.
Keim.: F?; V–X; (⚥) hg; Ins. (d), sb.
Dünen, Felsköpfe, Wegränder, Brachen, Silbergrasfluren, auf trockenen, nährstoff-, kalk.-, hum.- u. feinerdearmen Sand- od. Steingrusböden.
ÖK.: 864 241
Soz.: 5.2
D: z–s; GB: s; F: z–s; S: z.

Herniaria ciliolata
bis 15 cm; Staude, kriechend, mattenbildend, schwach behaart; B. schmal ellipt.; Bl. 2 mm, grünl. geknäuelt in B.achseln.
Keim.: ?; VII–VIII; (⚥) hg; Ins. (a), sb.
Küstenfelsen, Sandfluren, auf trockenen, meist kalkhaltigen, sandigen Böden.
ÖK.: –
Soz.: –
D: –; GB: s; F: s; S: –.
(s. A. 30, 31)

Stengelloses Leimkraut
Silene acaulis ★
1–4 cm; Staude, polsterbildend, kahl; B. lineal.-pfrieml., zugespitzt; Bl. 10–12 mm, rosa, selten weiß, ± glockig, Polster kaum überragend; Kronb. ausgerandet.
Keim.: F; VI–VIII; (⚥) pa, (♂), (♀); Ins. (l, d, h).
Alp. Steinrasen, steinige Weiden, auf ± frischen, kalkh., humosen od. lehmigen Steinböden.
ÖK.: 913 481
Soz.: 4.711
D: v, Alp. 1550–2570 m; GB: s–z; F: ?; S: z.

Weiße Lichtnelke
Melandrium album ★
30–90 (120) cm; Einj. (Staude), zottig; B. eif.-lanzettl., drüsig behaart; Bl. 20–30 mm, weiß, am Abend geöffnet, wohlriechend; Kapsel mit aufrechten Zähnen.
Keim.: H–F; V–X; (♂) + (♀); Ins. (l).
Unkrautige Ges., Weg- u. Ackerränder, Brachen, Schuttplätze, auf ± trokkenen, nährstoffr. humosen Stein-, Sand- u. Lehmböden.
ÖK.: 8XX 4X7
Soz.: 3.511
D: v–z; GB: v–z; F: v; S: z.

Rote Lichtnelke
Melandrium silvestre ★
30–60 (100) cm; Staude, weichhaarig; B. eif., zugespitzt, obere sitzend, untere gestielt; Bl. 18–25 mm, rot, rosa, selten weißl.; am Tage geöffnet; Kapsel mit herabgeschlagenen Zähnen.
Keim.: H–F; III–XI; (♂) + (♀); Ins. (h, l).
Wiesen, Wälder, Waldränder, Hecken, auf ± feuchten, nährstoffr., sand. od. lehm. Böden (Nährstoffzeiger).
ÖK.: XX4 678
Soz.: –
D: v (Alp. bis 2364 m); GB: v–z; F: v; S: v.

Acker-Lichtnelke
Melandrium noctiflorum
15–45 cm; Einj., klebrigdrüsenhaarig; B. längl.-verkehrt-eif.; Bl. 15–18 mm, blaßrosa od. weiß, am Abend geöffnet; Blst. gabelästig.
Keim.: H–F; VI–IX; (⚥) pa; Ins. (l, h).
Getreideunkrautges., Wegränder, Schuttstellen, auf warmen, trockenen, nährstoff- u. kalkh. Lehm- u. Tonböden (Lehmzeiger).
ÖK.: 754 385
Soz.: 3.41
D: z–s (Alp. bis 880 m); GB: s–z; F: z–s; S: z–s.

Aufgeblasenes Leimkraut
Silene vulgaris ★
5–30 cm; Staude, herdenbildend; B.ellipt. od. lanzettl., leicht fleischig; Bl. 20–25 mm, weiß, zu 1–4 in Gruppen; Kronb. tief geteilt; Kelchröhre aufgeblasen.
Keim.: H; V–IX; (⚥) pa, (♂) + (♀), (♂ + ♀), (⚥ + ♂); Ins. (l, h).
Küstenfelsen, Spülsäume, auf frischen bis ± trockenen, meist salz- u. kalkh., sand. Böden.
ÖK.: –
Soz.: –
D: ?; GB: z–v; F: v–z; S: s.

Aufgeblasenes Leimkraut
Silene vulgaris sspp. ★
(10) 20–50 (100) cm; Staude, kahl, bläul.-grün; B. ellipt. od. lanzettl., spitz; Bl. 15–20 mm, weiß; Kronb. tief geteilt; Kelch aufgeblasen.
Keim.: H–F; V–IX; (⚥) pa, (♂) + (♀), (♂ + ♀); Ins. (l, h).
Magerrasen, Weg- u. Gebüschränder, Bahndämme, auf ± trockenen, ± nährstoffr., meist kalkh., hum. Böden.
ÖK.: 8XX 472
Soz.: 4.3
D: v–s (Alp. bis 2230 m); GB: z–v; F: v; S: v–z.

Französisches Leimkraut
Silene gallica
10–50 cm; Einj., dicht drüsenhaarig; B. längl., untere spatelf.; Bl. 10–12 mm, weiß od. rosa, einseitswendig; Kronb. ausgerandet.
Keim.: F; VI–VII; (⚥) pa; Ins. (d), sb.
Unkrautfluren d. Äcker, Weinberge, Gärten, Schuttplätze, auf trockenen, ± nährstoffr., kalkarmen Lehm- u. Tonböden.
ÖK.: –
Soz.: –
D: s; GB: s–z; F: z; S: –.

Kegel-Leimkraut
Silene conica ★
15–30 (45) cm; Einj.; dicht drüsenhaarig; B. schmal lanzettl.; Bl. 4–5 mm, rosenrot; Kronb. ausgerandet, mit Schlundschuppen; Kelch zur Fr.zeit aufgeblasen, vielnervig.
Keim.: H; V–VII; (⚥) pa; Ins. (d), sb.
Lückige Sandrasen, Dünen, Böschungen, auf trockenen, ± nährstoff- u. kalkarmen Sandböden.
ÖK.: 974 252
Soz.: 5.224
D: s; GB: z–s; F: z; S: s.

Nickendes Leimkraut
Silene nutans ★
25–70 cm; Staude, unten weich-, oben drüsenhaarig; B. spatelf., obere ellipt.-lanzettl.; Bl. 15–20 mm; weiß; Kronb. tief geteilt; Blst. einseitswendig.
Keim.: H–F; V–IX; (⚥) pa, (♂) + (♀); Ins. (l, h).
Eichenwälder, Magerrasen, Waldränder, auf warmen, ± nährstoffr., meist kalka., flachgründigen Stein- od. steinigsand. Lehmböden.
ÖK.: 755 373
Soz.: 6.1
D: s–v (Alp. bis 2000 m); GB: s; F: z; S: z–s.
(s. A. 32)

Ohrlöffel-Leimkraut
Silene otites ★
20–60 (100) cm; Staude, a. d. Basis klebrig behaart; untere B. rosettig, spatelf., lang gestielt; Bl. 3–4 mm, gelbl.-grün, in traubenf. Scheinquirlen.
Keim.: ?; V–IX; (⚥) pa, (♂) + (♀); Ins. (l, h), wb.; versch. sspp.
Trocken- u. Sandrasen, Dünen, sonnige Hänge, auf trockenen, humosen flachgründigen, steinigen Lehm- od. Sandböden.
ÖK.: 877 272
Soz.: 5.3
D: z–s; GB: s; F: z–s; S: –.

Alpen-Pechnelke
Viscaria alpina
5–15 cm; Staude, büschelig verzweigt; B. lanzettl.; Bl. 8–12 mm, rosenrot; Kronb. ausgerandet; Blst. dicht kopfig.
Keim.: F; VI–VII; (⚥) pa; Ins. (l), sb.
Mauerunkrautges., Gebirgshänge, auf warmen, trockenen, meist kalkhaltigen, flachgründigen, steinigen Böden.
ÖK.: –
Soz.: 4.1
D: s?; GB: s–v; F: s; S: z.

Kuckuck-Lichtnelke
Lychnis flos-cuculi ★
30–60 (90) cm; Staude, zerstreut behaart; B. längl.-spatelig bis lineal.-lanzettl.; Bl. 20–40 mm, rosarot, selten weiß; Kronb. tief 4spaltig, mit lineal. Zipfeln.
Keim.: H–F; V–VIII; (⚥) pa; Ins. (l, h).
Fett-, Feucht- u. Moorwiesen, auf staunassen bis wechselfeuchten, nährstoffr., hum. Lehm- u. Tonböden (Feuchtezeiger).
ÖK.: 753 6XX
Soz.: 5.41
D: v (Alp. bis 1360 m); GB: s–v; F: v; S: z.

Pechnelke
Viscaria vulgaris ★
15–60 cm; Staude; St. unter den Knoten stark klebrig; B. lanzettl.; Bl. bis 20 mm, purpurrot, selten weiß, quirlig, in traubenf. bis rispigen Blst.; Kronb. schwach ausgerandet.
Keim.: ?; V–VIII; (⚥); Ins. (l).
Magerrasen, -weiden, Heiden, lichte Gebüsche, Böschungen, auf ± trokkenen, kalka., ± nährstoffh., sand. Lehmböden.
ÖK.: –
Soz.: –
D: s–z; GB: s; F: s; S: z.

Gemeines Seifenkraut
Saponaria officinalis ★
30–70 cm; Staude, kriechend; B. längl.-lanzettl., bis 10 cm lang; Bl. 25–40 mm, blaßrosa; Kronb. nicht ausgerandet; Kronb.röhre viel länger als der Kelch.
Keim.: F; VI–IX; (⚥) pa; Ins. (l).
Wegränder, Schutt, Flußgreiskrautges., auf ± trockenen, nährstoffr., hum. od. rohen Stein-, Sand- od. Kiesböden.
ÖK.: 763 575
Soz.: 3.521
D: v–s; GB: s–z; F: z–s; S: s.

Mauer-Gipskraut
Gypsophila muralis
5–18 (25) cm; Einj.; St. vom Grunde ästig; B. lineal., blaugrün; Bl. 4–6 mm, rosa, dunkler geadert; Kronb. ausgerandet, 2 × so lang wie der Kelch; Griffel 2.
Keim.: ?; VI–X; (⚥) pa; Ins. (d, h).
Ackerrinnen, Ufer, Gräben, Wege, auf feuchten bis zeitw. nassen, ± nährstoffr., kalka., hum. od. verdichteten, sand. Lehm- u. Tonböden.
ÖK.: 865 732
Soz.: 3.111.1
D: s–z; GB: ?; F: z–s; S: s.

Heide-Nelke
Dianthus deltoides ★
5–30 (45) cm; Staude; St. kurzhaarig; sterile Triebe kurz kriechend; B. lineal.-lanzettl.; Bl. 5–20 mm, purpurrot, weiß punktiert, dunkel gestreift; Kronb. gezähnt.
Keim.: H; VI–IX; (⚥) pa; Ins. (l).
Magerrasen, -weiden, Böschungen, Moorränder, Kiefernwälder, auf trockenen, sauren, kalkarmen, sandigen Lehm- od. Torfböden.
ÖK.: 8X4 432
Soz.: 5.112
D: z–s; GB: z–s; F: z–s; S: z. **(s. A. 33)**

Pfingst-Nelke
Dianthus gratianopolitanus
10–30 cm; Staude, lokkerrasig; sterile Triebe lang, kriechend; B. lineal., blaugrün, am Rande rauh; Bl. 20–30 mm, hellrot, einzeln; Kronb. gezähnt. §
Keim.: ?; V–VII; (⚥) pa; Ins. (l).
Felsrasen, Böschungen, Kiefernwälder, auf warmen, trockenen, kalkarmen, flachgründigen Stein- u. Felsböden.
ÖK.: –
Soz.: 5.213
D: s; GB: s; F: s; S: –.

Karthäuser-Nelke
Dianthus carthusianorum
15–60 cm; Staude, kahl; B. lineal., 2–5 mm breit; Bl. 20 mm, blutrot, selten heller, in 6–15bltg. Köpfchen, umgeben von braunen, begrannten Tragb.; Kronb. gezähnt.
Keim.: ?; V–IX; (⚥) pa, (♀); Ins. (l).
Magerrasen, Böschungen, sonnige Hänge, Waldränder, auf warmen, trockenen, meist kalkreichen, lockeren, steinigen od. sandigen Lehm- u. Lößböden.
ÖK.: 854 372
Soz.: 5.32
D: s–z; GB: ?; F: z–s; S: –. **(s. A. 34)**

Feder-Nelke
Dianthus plumarius
15–30 cm; Staude, lokkerrasig; sterile Triebe kurz; B. blaugrün, am Rande rauh; Bl. 25–35 mm, rosa od. weiß, duftend; Kronb. fein zerschlitzt.
Keim.: H; VI–VIII; (⚥) pa; Ins. (l).
Kultiviert, selten verwildert, auf steinigen, kalkreichen Substraten.
ÖK.: –
Soz.: –
D: s?; GB: s; F: s; S: –.

HAHNENFUSS-GEWÄCHSE
Ranunculaceae ★

Kräuter, selten Holzgewächse; B. wechsel- od. gegenst.; Bl. zwittrig; Blh. einfach od. doppelt mit Kronb., kronb.ähnlichen Kelchb. od. kronb.ähnlichen Honigb.; bei einfachen Bl.hüllen täuschen die Honigb. eine doppelte Krone vor; Staubb. u. Fr.b. meist zahlreich; Fr.b. meist frei; Fr. Balg- od. Nußfr., selten Beeren, 1samig.

Stinkende Nieswurz
Helleborus foetidus ★
30–60 cm; Staude, wintergrün; St. von der Basis an beb.; untere B. tief fußf. geteilt, obere ungeteilt; Bl. 15–30 mm, gelbl.-grün, glockig, nikkend. ✗
Keim.: F; I–V; (⚥) pg; Ins. (d, h).
Eichen- u. Buchenwälder, Waldsäume, auf ± trockenen bis frischen, kalk- u. nährstoffr., hum., auch steinigen Lehm- u. Lößböden.
ÖK.: 562 483
Soz.: 8.421
D: s–z (Alp. bis 1010 m); GB: z–s; F: z; S: –.

Grüne Nieswurz
Helleborus viridis
30–50 cm; Staude, sommergrün; St. nur über der Verzweigung beb.; B. tief fußförmig geteilt, mit bis zu 13 lanzettl. Abschnitten; Bl. 30–50 mm, grün, ausgebreitet. ✗ §
Keim.: F; II–IV; (♀) pg; Ins. (d, h).
Kultiviert u. verwildert, in Buchenwäldern, auf frischen, nährstoffreichen, kalkhaltigen Mullböden.
ÖK.: –
Soz.: –
D: s–z (Alp. bis 1000 m); GB: z–s; F: z–s; S: –.

Acker-Schwarzkümmel
Nigella arvensis
10–30 (40) cm; Einj.; B. 2–3fach fiederteilig, Abschnitte federartig; Bl.hülle bläul.-weiß, unterseits grünnervig; Staubbeutel stachelspitzig.
Keim.: H–F; VI–IX; (⚥); Ins. (h).
Getreide- u. Schuttunkrautges., Brachen, auf ± trockenen, nährstoff- u. kalkreichen, humosen od. steinigen, warmen Lehmböden.
ÖK.: 875 393
Soz.: 3.41
D: s; GB: s; F: z–s; S: –.

Winterling
Eranthis hiemalis ★
5–15 cm; Staude; Grundb. lang gestielt; rundl.-herzf., 5–7teilig, nach der Bl. erscheinend; Bl. 20–30 mm; Blhb. 5–8, gelb; unter der Bl. ein Quirl von 3 handf. geteilten Hochb.
Keim.: F; I–III; (⚥) hg; Ins. (h, d), sb.
Angepflanzt u. verwildert, in Weinbergen, Gebüschen, Hainen, auf frischen, nährstoffreichen, humosen, lockeren Lehmböden.
ÖK.: –
Soz.: –
D: s; GB: s; F: s; S: s.

Trollblume
Trollius europaeus ★
10–50 cm; Staude; St. 1bltg., unverzweigt; B. handf. 5teilig, Zipfel rautenf., 3spaltig; Bl. 20–30 mm, gelb; Blhb. 10–15, fast zu einer Kugel eingekrümmt. §
Keim.: F: V–VIII; (⚥) hg; Ins. (d, h, c), sb.
Feuchtwiesen, mont. u. alp. Bergwiesen, auf kühlen, feuchten, nährstoffr., auch kalka., hum. Lehm- u. Tonböden (Lehmzeiger).
ÖK.: 935 776
Soz.: 5.41
D: s–z (Alp. bis 2330 m); GB: s–z; F: s; S: v–z.

Sumpf-Dotterblume
Caltha palustris ★
15–50 (70) cm; Staude, kahl; St. aufrecht od. niederliegend; B. glänzend, herzf.-rund od. nierenf., feingekerbt; Bl. 10–45 mm, gelb; Blhb. 5. ✗
Keim.: F–So; III–VIII; (⚥) hg; Ins. (d, h, c).
Feucht- u. Sumpfwiesen, Quellen, Bruch- u. Auenwälder, auf nassen, nährstoffr., hum. Lehm- u. Ton- od. Sumpfhumusböden.
ÖK.: 7XX 8XX
Soz.: 5.415
D: v (Alp. bis 2215 m); GB: v; F: v; S: v.

Scharfer Hahnenfuß
Ranunculus acer ★
(10) 30–120 cm; Staude, behaart; Grundb. handf. 5–7teilig, mit 3spaltigen, gesägten Abschnitten; Bl. 15–25 mm, auf behaarten St.; Blhb. kelchb.artig, den gelben Honigb. angedrückt. ✗
Keim.: F–So; IV–X; (⚥) pg, (♂) + (♀); Ins. (h, d, l, c); versch. sspp.
Wiesen u. Weiden, Ufersäume, auf frischen bis feuchten, nährstoffr., hum. Lehmböden.
ÖK.: 7X3 XXX
Soz.: 5.4
D: v (Alp. bis 2400 m); GB: v; F: v; S: v.
(s. A. 35)

Wolliger Hahnenfuß
Ranunculus lanuginosus
(20) 30–70 (100) cm; Staude, abstehend rauhhaarig; Grundb. 5spaltig, Abschnitte unregelmäßig gesägt; Bl. 25–40 mm; Blhb. kelchb.artig, den gelben Honigb. angedrückt.
Keim.: ?; V–VII; (⚥) pg; Ins. (d, h, c).
Krautr. Buchen- u. Schluchtwälder, auf frischen bis feuchten, nährstoff- u. kalkr., hum. od. steinigen Ton-, Lehm- od. Mullböden.
ÖK.: 3X4 678
Soz.: 8.43
D: s–v (Alp. bis 2000 m); GB: –; F: s; S: –.

Knolliger Hahnenfuß
Ranunculus bulbosus ★
15–30 (50) cm; Staude, behaart; St. am Grunde knollig verdickt; Grundb. 3zählig, Mittelabschnitt gestielt; Bl. 15–30 mm; Honigb. gelb, Blhb. herabgeschlagen. ⚕ ✗
Keim.: F; IV–VIII; (⚥), (⚥ + ♀); Ins. (h, d, l, c).
Kalkmagerrasen, trockene Wiesen, Weiden, Böschungen, auf nährstoffr., hum., lockeren Lehmböden.
ÖK.: 863 373
Soz.: 5.322
D: z–v (Alp. bis 800 m); GB: v–z; F: v; S: z.

Sardinischer Hahnenfuß
Ranunculus sardous
10–30 (50) cm; Ein-/Zweij., behaart, nicht knollig verdickt; Grundb. einf. od. doppelt 3zählig, glänzend; Bl. 10–25 mm; Honigb. gelb; Blhb. kelchartig.
Keim.: H–F; V–X; (⚥) pg; Ins. (h, d).
Ufer, Acker-, Weg- u. Grabenränder, Weiden, auf feuchten, nährstoffr. meist kalka., hum. od. rohen Tonböden.
ÖK.: –
Soz.: –
D: s (Alp. bis 800 m); GB: z–s; F: v–z; S: s.
(s. A. 36)

Kriechender Hahnenfuß
Ranunculus repens ★
15–50 cm; Staude, behaart; B. 3zählig, unregelm. gezähnt-gelappt, Mittelabschnitt lang gestielt; Bl. 20–30 mm; Honigb. goldgelb, abstehend. ⚹
Keim.: F–So–H; V–IX; (⚥) pa; Ins. (h, d, c).
Ufer, Acker- u. Wegränder, Gärten, Brachen, auf feuchten, nährstoffr., hum. Lehm- u. Tonböden.
ÖK.: 6XX 7XX
Soz.: 8.414 ssp. *argenteus*
D: v (Alp. bis 2375 m); GB: v; F: v; S: v.

Großer Hahnenfuß
Ranunculus lingua ★
50–150 cm; Staude, meist kahl; St. aufrecht; B. lanzettl., leicht gezähnt, bis 25 cm lang; Bl. 25–40 mm; Honigb. goldgelb, glänzend. §
Keim.: F–So; VI–IX; (⚥) pg; Ins. (d, c).
Röhrichte, Großseggenbest., Ufer, Gräben, meist in stehenden Gewässern mit nährstoffr., meist kalka., hum. Schlammböden.
ÖK.: 7XX 1067
Soz.: 1.411
D: z–s (Alp. bis 800 m); GB: z–s; F: z–s; S: z–s.

Brennender Hahnenfuß
Ranunculus flammula
15–50 (70) cm; Staude, kahl; a. d. Knoten wurzelnd; B. lineal.-lanzettl. od. ellipt.; Bl. 10–20 mm; Honigb. hellgelb; Bl.stiele gefurcht. ⚹
Keim.: ?; VI–X; (⚥) pa; Ins. (h, d, c), sb.
Ufer, auf nassen, sauren, nährstoffh. Sumpfhumusböden oder periodisch überschwemmte, sand. kiesige Böden.
ÖK.: 7X3 932
Soz.: –
D: v (Alp. bis 1860 m); GB: v; F: v–z; S: z.
(s. A. 37)

Scharbockskraut
Ranunculus ficaria ★
5–15 cm; Staude, kahl; B. rundl.-herzf., glänzend; untere Achseln m. Brutknollen; Bl. 20–30 mm; Honigb. 8-12, goldgelb, schmal. ⚹
Keim.: ?; III–V; (⚥) hg/pa; Ins. (h, d, c).
Auen- u. Laubmischwälder, Obstgärten, Hekken, Parkanlagen, Wiesen, auf grund- od. sikkerfeuchten, nährstoffr., hum. Lehm-, Tau- od. Mullböden.
ÖK.: 453 777
Soz.: –
D: v (Alp. bis 1450 m); GB: v–z; F: v; S: z.

Goldgelber Hahnenfuß
Ranunculus auricomus
15–45 (60) cm; Staude; Grundb. lang gestielt, ungeteilt, nierenf., od. gespalten-gelappt, obere B. fingerf., Zipfel lineal; Bl.
5–10 mm; Honigb. 0–5.
Keim.: F; IV–V; (⚥) pa; Ins., apo.
Laubmisch- u. Auenwälder, Wiesen, auf frischen bis feuchten, nährstoffr., oft kalkh., hum. Ton- u. Lehmböden.
ÖK.: 553 687
Soz.: –
D: v; GB: v–s; F: s; S: v–z.

Gift-Hahnenfuß
Ranunculus sceleratus
(10) 20–60 (100) cm; Einj., kahl; St. gerillt; B. ± fleischig, glänzend, handf., 3–5teilig, gelappt, Lappen eingeschnitten; Bl. 5–10 mm; Honigb. hellgelb, so lang wie die zurückgeschlagenen Blhb. ⚹
Keim.: F; V–IX; (⚥) pg; Ins. (d), sb.
Teichufer, Gräben, Naßwiesen, auf nassen, zeitw. überschwemmten, nährstoffr., hum. Schlammböden.
ÖK.: 9XX 979
Soz.: 3.211
D: z; GB: z; F: z; S: z–s.
(s. A. 38)

Platanenblättriger Hahnenfuß
Ranunculus platanifolius
60–130 cm; Staude; St. vielbltg.; B. groß, 3–7spaltig, am Grunde verbunden, Abschnitte gesägt-gezähnt; Bl. 15–20 mm; Honigb. weiß.
Keim.: ?; V–VII; ⚥; Ins. (h, d).
Subalp. Hochstaudengebüsche, Schluchtwälder, auf frischen, nährstoffreichen, humosen, meist steinigen Lehmböden.
ÖK.: 544 6X7
Soz.: 6.3
D: s–z (Alp. bis 1900 m); GB: –; F: z–s; S: z–s.

Gletscher-Hahnenfuß
Ranunculus glacialis
4–15 (25) cm; Staude; St. 1–3bltg.; Grundb. 3zählig, ± fleischig, Abschnitte vielspaltig mit lanzettl. Zipfeln; Bl. bis 30 mm; Honigb. weiß od. rosa; Blhb. rostbraun, behaart. ⚹
Keim.: ?; VII–VIII; (⚥ + ♂) pa; Ins. (d, l, h).
Alp. Steinschuttfluren, auf frischen, nährstoff- u. kalkarmen Schotterböden.
ÖK.: 814 632
Soz.: 4.43
D: s (Alp. 1950–2380 m); GB: –; F: s, alp; S: z–s.

Wasser-Hahnenfuß
Ranunculus aquatilis ★
20–80 (200) cm lang, flutend; Staude/Einj., formenreich; Wasserb. federartig, Zipfel nach allen Seiten abstehend, Schwimmb., nierenf. 3–5spaltig, gezähnt; Bl. 10–20 mm; Honigb. meist 5, weiß.
Keim.: So–H; IV–IX; (⚥) pg; Ins. (h, d, c).
Gräben, Teiche, Seen, in nährstoffr., meist kalka. Gewässern mit hum. Schlammgrund.
ÖK.: 752 1156
Soz.: 1.212
D: z–v; GB: z–v; F: z; S: s.

Steifer Hahnenfuß
Ranunculus petiveri
Bis 90 cm lang, flutend; Staude; Wasserb. federartig, Zipfel nadelf.; Schwimmb. nierenf., schwach gezähnt; Bl. 15–20 mm, lang gestielt; Honigb. 5 u. mehr, weiß.
Keim.: ?; V–VIII; (⚥) pg; Ins. (h, d, c).
Teiche, Gräben, in Gewässern mit vorwiegend sandigem, kalkarmen, ± humosen Schlammgrund.
ÖK.: 663 1244
Soz.: 1.212
D: s; GB: z–v; F: v–z; S: z. **(s. A. 39)**

Haarblättriger Hahnenfuß
Ranunculus trichophyllus ★
10–50 (87) cm; Staude; B. nur untergetaucht, ± steif, wiederholt 3–2teilig; Bl. 3,5–16 mm, kurz gestielt; Honigb. weiß; Nektargrube halbmondförmig.
Keim.: ?; V–VIII; (⚥) pg; Ins. (h, d, c), sb.; versch. sspp.
Gräben, Teiche, Seen, in meist fließenden, ± nährstoffreichen Gewässern.
ÖK.: 7XX 11X7
Soz.: 1.213
D: z; GB: z–s; F: z; S: z.

Flutender Hahnenfuß
Ranunculus fluitans ★
100–600 cm, flutend; Staude; B. meist untergetaucht, fein zerschlitzt, Zipfel bis 30 cm lang; Bl. 15–30 mm, kurz gestielt; Honigb. 5, selten bis 12, weiß.
Keim.: So; V–VIII; (⚥); Ins. (h, d, c).
Bäche, Flüsse, in ± schnellfließenden, nährstoffreichen Gewässern, über meist sandig-schlammigem Grund.
ÖK.: 862 11X8
Soz.: 1.213
D: z; GB: z–s; F: z; S: s.
(s. A. 40)

Spreizender Hahnenfuß
Ranunculus circinatus
20–410 cm lang; Staude; B. meist untergetaucht, zuerst 3teilig, später wiederholt-borstenf.-2teilig, in kreisrunder Fläche; Bl. 8–16 mm, lang gestielt; Honigb. 5, weiß.
Keim.: H; VI–VIII; (⚥); Ins. (h, d, c).
Seen, Teiche, Gräben, Altwasser, in stehenden od. langsam fließenden, meist kalkr. Gewässern über hum. Schlamm.
ÖK.: –
Soz.: –
D: z–s; GB: s–z; F: z; S: s.

Efeublättriger Hahnenfuß
Ranunculus hederaceus ★
(3) 20–30 (60) cm lang, kriechend; Staude/Einj.; B. gestielt, efeuähnl.-nierenf.; Bl. bis 10 mm; Honigb. weiß, sich nicht berührend, so lang wie die Blhb.
Keim.: H; V–IX; (⚥); sb. Quellfluren, Teichränder, in kalk- u. humusarmen Gewässern mit sandigem Grund.
ÖK.: –
Soz.: 1.511
D: s; GB: z; F: z; S: s.
(s. A. 41, 42)

Alpen-Wiesenraute
Thalictrum alpinum
5–20 cm; Staude; St. unverzweigt; B. grundst., 2fach 3zählig; B.chen 3zähnig; Blhb. klein, rötl.-grün; Staubfäden 10–20 mm lang, violett; Staubbeutel gelb; Blst. eine Traube.
Keim.: So; V–VII; (⚥) pg; wb.
Alp. Rasen, auf feuchten, meist kalkhaltigen, steinigen Böden.
ÖK.: –
Soz.: –
D: ?; GB: s–z; alp.; F: – S: v–z.

Gelbe Wiesenraute
Thalictrum flavum ★
30–120 cm; Staude, unterird. kriechend; B. 2–3fach gefiedert; B.chen gelappt; obere B. lineal.; Blhb. klein, gelbl.; Staub. gelb; Blst. eine dichte Rispe.
Keim.: F; VI–VIII; (⚥) pg; Ins. (h, d), wb.
Moorwiesen, Gräben, Staudenfluren, auf wechselnassen, nährstoffreichen, humosen Lehm-, Ton- od. Torfböden.
ÖK.: 7X5 882
Soz.: 5.41
D: v–z; GB: z–s; F: v–z; S: z.

Kleine Wiesenraute
Thalictrum minus
15–150 cm; Staude, formenreich; B. 3–4fach gefiedert, B.chen ± so lang wie breit, 3zähnig od. 3spaltig; Bl. gelbl., überhängend, in lockerer Rispe.
Keim.: H; V–VIII; (⚥) pg; Ins. (d), wb. apo.
Böschungen, Dünen, lichte Eichenwälder, Trockenrasen, auf ± trockenen, meist kalkr., hum., oft flachgründigen, lehmigen Stein- od. Lößböden.
ÖK.: 6X7 383
Soz.: 6.112
D: z–s (Alp. bis 1880 m); GB: z–s; F: z; S: s.

Christophskraut
Actaea spicata
30–65 cm; Staude, unangenehm riechend; B. 3zählig 1–2fach gefiedert; B.chen eingeschn.-gesägt; Blhb. u. Honigb. je 4–6, weiß; Staubb. lang, weiß. ×
Keim.: F; V–VII; (⚥) pg; Ins. (d, c).
Schlucht- u. krautr. Buchenmischwälder, stein. Hänge u. Gebüsche, auf frischen, nährstoffr., hum., lockeren, stein. od. reinen Lehm- bzw. Mullböden.
ÖK.: 254 567
Soz.: 8.43
D: s–z (Alp. bis 1550 m); GB: s; F: z–s; S: v.

Gemeine Waldrebe
Clematis vitalba ★
Bis 700 cm kletternd; Strauch; B. oft rankend, unpaarig gefiedert, gegenst.; Bl. 4, außen gelbgrün, innen weiß, in Scheindolden, Honigb. fehlend; Fr. mit behaarten, verlängerten Griffeln. ×
Keim.: ?; VI–IX; (⚥) pg; Ins. (h, d).
Auenwälder, Busch- u. Waldränder, auf frischen, nährstoffr., meist kalkh., ton. Lehmböden (Stickstoffzeiger).
ÖK.: 773 577
Soz.: 8.41
D: s–v (Alp. bis 1400 m); GB: v–z; F: v–z; S: s.

Alpenrebe
Clematis alpina
Bis 200 cm hoch kletternd; Strauch; B. 2fach 3zählig gefiedert; Bl. 30–40 mm, violett, selte weiß, glockig, nickend; Fr. mit behaarten, verlängerten Griffeln. §
Keim.: ?; V–VII; (⚥) hg Ins. (h).
Subalp. Alpenrosen-Gebüsche, staudenr. Nadelwälder, auf ± frischen, nährstoff- u. kalkarmen ± steinigen Lehmböden
ÖK.: 437 53?
Soz.: 7.212.4
D: s (Alp. bis 1980 m); GB: –; F: ?; S: s.

·lauer Eisenhut
:conitum napellus ★
)–150 cm; Staude;
ahl; B. 5–7teilig, tief
ɔppelt eingeschnitten;
l. dunkelblau-violett, in
nverzweigten Trauben;
'elm bis 20 mm, meist
reiter als hoch. ☠ ⚹ §
eim.: ?; VI–IX; (⚥) pa;
ns. (h), versch. sspp.
ochstaudenfluren,
rauerlenwälder, Wei-
engebüsch, Grabenrän-
er, auf sickerfrischen,
ährstoffr., hum. Lehm-
Tonböden.
K.: 732 778
oz.: –
s–z (Alp. bis 2330 m);
B: z–s; F: z–s; S: –.

Gelber Eisenhut
Aconitum vulparia ★
30–150 cm; Staude, oben anliegend kraushaarig; B. 5–7teilig, tief eingeschnitten; Bl. gelb; Helm bis 3 mal höher als breit. ⚹ §
Keim.: ?; VI–VIII; (⚥) pa; Ins. (h).
Auen-, Schlucht- u. Laubmischwälder, auf feuchten bis nassen, nährstoffr., hum. lockeren Lehm-, Ton- od. Mullböden.
ÖK.: 344 778
Soz.: –
D: s–z (Alp. bis 2100 m); GB: –; F: s; S: –.
(s. A. 40)

Aconitum septentrionale
30–120 cm; Staude; B. 5–7teilig, tief eingeschnitten; Bl. violett, selten gelb; Blst. behaart, traubig, verzweigt; Helm höher als breit, plötzlich zur Spitze verjüngt.
Keim.: F?; VII–VIII; (⚥); Ins. (h).
Lichte Wälder, auf feuchten bis frischen, nicht zu sauren Böden.
ÖK.: –
Soz.: –
D: –; GB: –; F: –; S: v–z.

Acker-Rittersporn
Delphinium consolida ★
20–40 (50) cm; Einj.; St. weichhaarig; B. 3zählig, 2–3fach geteilt, Zipfel schmal lineal.; Bl. 15–18 mm, azurblau, lang gespornt; Blst.: lockere Traube. ⚹
Keim.: F; V–IX; (⚥) pa; Ins. (h, l).
Getreidefelder, Wegränder, auf warmen, ± trokkenen bis frischen, nährstoffr., kalkh., lockeren Lehmböden.
ÖK.: 676 485
Soz.: 3.41
D: s–v; GB: s; F: z–s; S: z–s.
(s. A. 41, 42)

Gemeine Akelei
Aquilegia vulgaris
30–60 cm; Staude; B. meist grundst., 2fach 3zählig; Blhb. u. Honigb. violettblau, blau, rosa od. weiß; Honigb. mit langem hakenf. Sporn. §
Keim.: F; V–VII; (⚥) pa; Ins. (h).
Eichen- u. Buchenmischwälder, Hecken, Wiesen, auf ± trockenen bis frischen, nährstoffr., meist kalkh., lockeren Lehm- u. Mullböden.
ÖK.: 664 474
Soz.: 8.4
D: s–z; GB: s–z; F: z; S: s–z.

ühlings-
ufelsauge
'onis vernalis ★
-30 cm; Staude; St.
en beb., unten mit
huppen; B. 2–4fach
derschnittig; Bl.
-80 mm, gelb; Kronb.
-20; Fr. runzelig, mit
kenf. Schnabel. ☠ ⚹ §
im.: ?; IV–V; (⚥); Ins.
d, c).
ɔcken- u. Steppenra-
ı, Kiefernwälder, auf
rmen, meist trockenen
ılkböden.
:.: 767 371
z.: 5.31
s–z; GB: –; F: z–s;
s.

Herbst-Teufelsauge
Adonis autumnalis
25–45 cm; Einj.; B. 2–4fach fiederschnittig; Bl. 15–25 mm, Kronb. 5–10, dunkelrot, am Grunde schwarz; Kelchb. abstehend bis zurückgeschlagen, kahl, hinfällig.
Keim.: F; VI–IX; (⚥) hg; Ins. (h).
Kultiviert u. verwildert, in Schutt- u. Ackerunkrautges., auf trockenen, meist kalkh. Böden.
ÖK.: –
Soz.: –
D: s; GB: s; F: z–s; S: –.

Busch-Windröschen
Anemone nemorosa
6–20 (30) cm; Staude, kahl; Grundb. nach der Bl. erscheinend, ähnl. den gefiederten, 2–3spaltigen, lang gestielten Hochb.; Bl. 20–40 mm, einzeln; Blhb. 5–7, weiß, unterseits rötl. ⚹
Keim.: F; III–V; (⚥) pg; Ins. (h, d), sb.
Krautreiche Laub- u. Nadelwälder, Gebüsche, Bergwiesen, auf frischen, nährstoffr., hum. Lehm- od. Mullböden.
ÖK.: XX3 XXX
Soz.: 8.4
D: v (Alp. bis 2000 m); GB: v; F: v; S: z.

Gelbes Windröschen
Anemone ranunculoides ★
7–20 (30) cm; Staude, behaart; Hochb. gefiedert, 2–3spaltig, kurz gestielt; Bl. 15–20 mm, einzeln; Blhb. 5–8, goldgelb.
Keim.: F; III–V; (⚥) pg; Ins. (h, d); versch. sspp.
Laubmisch- u. Auenwälder, Wiesen, auf sickerfrischen, nährstoff- u. kalkreichen, humosen Lehm- u. Ton- sowie Mullböden.
ÖK.: 364 688
Soz.: 8.43
D: s–v (Alp. bis 1350 m); GB: s–z; F: z–s; S: z–s.

Echte Küchenschelle
Pulsatilla vulgaris
5–40 cm; Staude, stark behaart; Grundb. 2–4fach gefiedert; Bl. 50–80 mm, glockig, aufrecht, selten nickend; Blhb. violett. ⚹ §
Keim.: So; III–V; (⚥) pg; Ins. (h).
Magerrasen, lichte Kiefernwälder, auf warmen, trockenen, nicht immer kalkhaltigen, humosen Stein-, Sand- od. Lößböden.
ÖK.: 765 262
Soz.: 5.32
D: s–v; GB: s; F: z–s; S: z–s.

Frühlings-Küchenschelle
Pulsatilla vernalis
5–30 cm; Staude, behaart; Grundb. mit 1–2 Fiederb.chenpaaren; B.chen eif.; Knospe bronzefarbig; Bl. innen weißl., außen hellviolett.
Keim.: So?; IV-VII; (⚥) pg; Ins. (d, l, c), sb. § Heiden, saure Rasen, lichte Wälder, auf frischen, hum., sandigen Böden.
ÖK.: 7X5 432
Soz.: 4.6
D: s–z; GB: z; F: s; S: s–z.

Wiesen-Küchenschelle
Pulsatilla pratensis ★
10–50 cm; Staude, stark behaart; Grundb. 2–4fach gefiedert; Bl. nickend, 40 mm, innen hellpurpurn (ssp. *pratensis*) od. dunkelviolett (ssp. *nigricans*); St. sich zur Fr.zeit verlängernd. ⚹ §
Keim.: F–So; IV–V; (⚥); Ins. (h).
Trockenrasen, Kiefernwälder, auf warmen, kalkarmen bis kalkreichen, sandigen Böden.
ÖK.: 765 272
Soz.: –
D: s–z; GB: –; F: ?; S: s.

Leberblümchen
Hepatica nobilis ★
5–15 cm; Staude; B. meist 3lappig, unterseits rötl.; Bl. 15–25 mm, einzeln; unterhalb der Bl. 3 kelchb. ähnl. Hochb.; Blhb. 6–7 (–10), blau, selten rot od. weiß. §
Keim.: ?; III–V; (⚥) hg; Ins. (h, d, l, c).
Buchen-, Eichen- u. Nadelwälder, auf warmen, ± frischen, nährstoffr., kalkh., hum. Lehm-, Ton- od. Mullböden.
ÖK.: 464 474
Soz.: 8.4
D: s–v; GB: –; F: s; S: v–z.

SEEROSEN-GEWÄCHSE
Nymphaeaceae ★
Wasserpflanzen stehender od. langsam fließender Gewässer mit stärkereichem Wurzelstock; Schwimmb. groß, kahl, lang gestielt; Bl. groß, einzeln; Blhb. 4–5 od. 4 Kelchb. u. zahlreiche Kronb.; Staubb. u. Fruchtb. zahlreich, spiralig angeordnet; Staubb. u. Kronb. durch Übergänge miteinander verbunden; Samen schwimmfähig.

Gelbe Teichrose
Nuphar luteum ★
Schwimmb. bis 40 cm im ∅, eiförmig, herzf. eingeschnitten, ganzrandig; Bl. 40–60 mm; Blhb. 5–6, gelb. §
Keim.: So; VI–IX; (⚥) pg; Ins. (d), sb.
Teiche, Altwasser, Flüsse, Bäche, in stehenden od. langsam fließenden, nährstoffreichen Gewässern über humosen Sand- u. Kiesböden.
ÖK.: 8X4 116X
Soz.: 1.212
D: v (Alp. bis 1075 m); GB: z–v; F: v; S: z.
(s. A. 43)

Weiße Seerose
Nymphaea alba ★
Schwimmb. kleiner als 30 cm ♂, oval bis rundl., tief herzf. eingeschnitten, ganzrandig; Bl. bis 140 mm ♂; Blhb. 20–25, weiß. §
Keim.: So; VI–IX; (⚥) hg; Ins. (d), sb.
Teiche, Altwasser, in stehenden od. langsam fließenden, ± nährstoffreichen Gewässern über humosen Schlammböden.
ÖK.: 8X3 1177
Soz.: 1.212
D: v–z; GB: z; F: z; S: z.

MOHNGEWÄCHSE
Papaveraceae Unterfam. Fumarioideae ★
Kräuter, Einj./Stauden, ohne Milchsaft; St. kletternd, kriechend od. ± aufrecht; B. mehrfach gefiedert; Bl. 2lippig, meist deutlich gespornt; Kronb. 4; Kelchb. 2.

Rankender Lerchensporn
Corydalis claviculata ★
St. rankend, 50–100 cm; Einj.; B. 2fach gefiedert, in Wickelranke endend; Bl. 5–6 mm, gelbl.-weiß, zu 6–8 in lang gestielter Traube.
Keim.: F; VI–IX; (⚥); Ins. (h), sb.
Lichtungen, Waldsäume, lichte Eichen-Birkenwälder, auf frischen bis ± trockenen, sauren, humosen Sand- u. Lehmböden.
ÖK.: 561 53?
Soz.: 6.211
D: s; GB: z–s; F: z–s; S: s.

Gelber Lerchensporn
Corydalis lutea
10–30 (40) cm; Staude; B. 2–3fach gefiedert, ohne Ranken; Bl. 12–18 mm, gold- bis zitronengelb, in dichten Trauben.
Keim.: F; V–IX; (⚥); Ins. (h), sb.
Zierpflanze u. verwildert an Mauern, Felsspalten, auf kalkhaltigem Gestein.
ÖK.: –
Soz.: –
D: s; GB: s; F: s; S: –.

Fester Lerchensporn
Corydalis solida
10–30 cm; Staude; St. a der Basis mit Schuppenb., u. 1–3 St.b.; B. 2fach gefiedert, 3zählig, ohne Ranken; Bl. 15–30 mm, trübpurpurn, selten weiß; Oberlippe d. Rändern umgerollt, zu 10–20 in endst. Traube; Sporn gerade.
Keim.: F; III–V; (⚥) hg Ins. (h).
Krautr. Laubmischwälder, Hecken, Raine, au frischen, nährstoffr., oft kalka., hum., sand. Lehm- u. Mullböden.
ÖK.: 365 577
Soz.: 8.43
D: s–z; GB: s; F: z; S: z–s.

:ankender Erdrauch
'umaria capreolata
)–100 cm, kletternd;
inj.; B. 2–3fach gefie-
ert; Bl. 10–15 mm, weiß
l. gelbl.-weiß, an der
pitze schwarzpurpurn,
dichter 20bltg. Trau-
; Fr.stiel zurückge-
ümmt.
eim.: H–F; V–IX;
); sb.
chuttplätze, Straßen-
nder, Zäune, Hecken,
ärten, auf frischen,
ährstoffr., kalka., locke-
n Lehm- u. Tonböden.
K.: –
oz.: –
: s; GB: z–s; F: z; S: –.
A. 44, 45)

Mauer-Erdrauch
Fumaria muralis
30–60 cm, kletternd; Einj.; B. 2–3fach gefiedert; Bl. 9–12 mm, purpurn, an der Spitze schwarzpurpurn, in wenigbltg. (10–12), lockeren Trauben; Fr.stiel nicht zurückgekrümmt.
Keim.: H–F; V–X; (☿); sb.
Hackunkrautges., Schutt, Hecken, Gärten, auf frischen bis trockenen, nährstoffr., kalka., Lehm- u. Tonböden.
ÖK.: –
Soz.: –
D: s; GB: z–s; F: z–s; S: –. **(s. A. 44, 45)**

Gebräuchlicher Erdrauch
Fumaria officinalis ★
10–30 (50) cm; Einj.; St. ± aufrecht; B. mehrfach gefiedert, Zipfel lanzettl.; Bl. 6–9 mm, purpurrot, in bis zu 40bltg. Traube. ☠
Keim.: F; IV–X; (☿) hg; Ins. (d, h), sb.; versch. sspp.
Unkrautfluren von Gärten, Äckern, Weinbergen, auf frischen, nährstoffr., oft kalka., hum., lockeren Lehmböden.
ÖK.: 6X3 567
Soz.: 3.331
D: v (Alp. bis 920 m); GB: v–z; F: v; S: v–z.

Kleinblütiger Erdrauch
Fumaria parviflora
15–30 cm; Einj.; St. aufrecht bis aufsteigend; B. mehrfach gefiedert, Zipfel lineal.-lanzettl.; B.abschnitte rinnig; Bl. 5–6 mm, weiß, an der Spitze purpurrot, in bis zu 20bltg. Traube.
Keim.: F;VI–IX; (☿); sb.
Ackerunkrautfluren, Wegränder, auf warmen, trockenen, nährstoffr., meist kalkh. Stein-, Lehm- u. Tonböden.
ÖK.: –
Soz.: –
D: s–z; GB: s–z; F: z; S: –. **(s. A. 48, 49)**

MOHNGEWÄCHSE
Papaveraceae Unterfam. Papaveroideae ★
Kräuter, Einj./Stauden, mit Milchsaft; B. meist 1–2fach gefiedert, selten ungeteilt, behaart; Bl. groß, einzeln, meist auffällig gefärbt, selten weiß; Kelchb. 2, früh abfallend; Kronb. 4, oft etwas faltig; Staubb. 2, 4 bis zahlreich; Fr. eine Kapsel, Schote, selten Schließ- od. Bruchfrucht.

ınd-Mohn
ıpaver argemone
)) 15–30 (50) cm; Einj.;
u. B.stiele anliegend-
eifhaarig; B. gefiedert;
20–60 mm, blaß
harlach- bis dunkelrot;
ronb. sich nicht über-
ppend; Narben 4–
rahlig; Kapsel keu-
nf., borstig behaart.
eim.: F; V–VII; (☿) hg;
s. (h, d), sb.
etreideunkrautges., auf
armen, ± trockenen u.
hrstoffr., kalkfr., leich-
ı, bindigen Sandbö-
n.
K.: 572 455
z.: 3.421
z; GB: z–s; F: z;
z–s.

Saat-Mohn
Papaver dubium
30–60 cm; Einj.; St. u. B. abstehend.-steifhaarig, Bl. 30–70 mm, scharlach- bis ziegelrot, ohne schwarzes Zentrum; Kronb. sich überlappend; Narben 4–9strahlig; Kapsel verkehrt-eibis keulenf., kahl.
Keim.: H; V–VIII; (☿) hg; Ins. (d, h, c), sb.
Getreidefelder, Wegränder, Schutt, auf warmen, ± trockenen, nährstoffr., meist kalka., hum. od. rohen, auch sand. Lehmböden.
ÖK.: 663 455
Soz.: 3.421
D: v; GB: z–v; F: v–z; S: z–s. **(s. A. 50)**

Klatsch-Mohn
Papaver rhoeas ★
25–60 (90) cm; Ein./Zweij.; St. u. B. abstehend od. anliegend borstig behaart; Milchsaft weiß; Bl. 70–100 mm, scharlach- bis purpurrot, manchmal mit scharzem Zentrum; Kapsel ± kugelig. ☠✕
Keim.: W–F; V–X; (☿) hg; Ins. (h, d, c).
Getreidefelder, Schutt, Wegränder, auf warmen, ± trockenen, nährstoffr., meist kalkh., hum. Lehmböden.
ÖK.: 663 576
Soz.: 3.4
D: z–v; GB: z–v; F: v; S: z–s. **(s. A. 51)**

Papaver radicatum
10–50 cm; Staude, steifhaarig; B. gefiedert; Bl. gelb; Kapsel eiförmig mit braunen Haaren.
Keim.: So.?; VII (☿); Ins. (d, c).
Geröllflächen, auf frischen bis trockenen, meist sauren sandigen oder steinigen Lehmböden.
ÖK.: –
Soz.: –
D: –; GB: ?; F: –; S: z–s.

Gelber Hornmohn
Glaucium flavum
30–60 (100) cm; Zweij./Staude; St. fast kahl; B. lappig-fiederspaltig, st.umfassend, mit welligem Rand, blaugrün; Bl. 60–90 mm, gelb; Kapsel schotenf. bis 300 mm lang.
Keim.: F; VI–IX; (☿) pg; Ins. (h, d).
Dünen, Spülsäume, Schuttunkrautges., auf warmen, nährstoffr., salz- u. N-haltigen Sand- u. Kiesböden.
ÖK.: –
Soz.: –
D: s; GB: z–s; F: s; S: s.

Scheinmohn
Meconopsis cambrica

30–60 cm; Staude, schwach behaart; B. gefiedert, Grundb. lang, St.b. kurz gestielt; Bl. 50–70 mm, gelb; Kelchb. behaart; Kapsel lang eiförmig, kahl.
Keim.: F; VI–IX; (⚥); Ins. (d, c).
Selten aus Gärten verwildert, in lichten Wäldern, Felsen, auf frischen bis feuchten, schwach sauren Böden.
ÖK.: –
Soz.: –
D: –; GB: z–s; F: s; S: –.

Schöllkraut
Chelidonium majus ★

30–60 (100) cm; Staude, verzweigt, ± kahl; Milchsaft orange; untere B. fiederteilig-buchtig, obere fiedersp.; Bl. 20–25 mm, gelb; Staubb. zahlr.; Fr. schotenf. ☿✲
Keim.: F–So; IV–X; (⚥) hg; Ins. (h, d, c), sb.
Unkrautfluren, Wald- u. Heckenränder, Mauern, Zäune, auf frischen, nährstoffr., hum., stein., sand. od. reinen Lehmböden.
ÖK.: 66X 5X8
Soz.: 3.511
D: v (Alp. bis 940 m); GB: v–z; F: v; S: z.

KREUZBLÜTLER
Cruciferae ★

Kräuter, selten Holzgewächse; B. wechselständig, ohne Nebenb.; Blst. traubig; Kelchb. 4, Kronb. 4, kreuzweise gegenüberstehend; Staubb. meist 6 (4 lange, 2 kurze); am Grund der Staubb. oft Honigdrüsen; Fr. Schoten (3 mal länger als breit) od. Schötchen (Länge : Breite deutlich unter 3 : 1), von unten klappig aufspringend. Viele Arten werden genutzt, sind Unkräuter der Äcker od. besiedeln als erste vegetationsfreie Gebiete.

Raps
Brassica napus

75–125 cm; Einj./Zweij.); untere B. leierf.-fiedersp., blaugrün, obere halbst.-umfassend; Bl. 20–35 mm, gelb, in vielbltg. Trauben; Kelchb. spreizend; geöffnete Bl. unterhalb der Bl.knospen stehend. ☿
Keim.: sf; IV–VIII; (⚥) pg; Ins. (h), sb.
Öl-, Gemüse- u. Futterpflanze, angebaut, auf frischen, nährstoffr., tiefgründigen, sand. od. reinen Lehmböden.
ÖK.: –
Soz.: –
D: s; GB: s; F: s; S: s.

Schwarzer Senf
Brassica nigra

50–150 cm; Einj.; B. grasgrün, untere leierf. obere ± lanzettl., gestielt; Bl. 12–15 mm, gelb, in verzweigtem, traubigem Blst.; Schoter dem St. angedrückt. ☿✲
Keim.: F; VI–VIII; (⚥); Ins. (d).
Angebaut u. verwildert, Ufer, Schutt, Wegränder auf nassen, nährstoffr., u meist kalkr., hum., kiesi gen od. sand. Lehm- u. Tonböden.
ÖK.: –
Soz.: –
D: z; GB: z–s; F: z; S: z–s. **(s. A. 52)**

Wildkohl
Brassica oleracea var. *oleracea* ★

60–100 cm; Staude, kahl; St. verzweigt, am Grunde holzig; B. leierf.-fiederlappig, obere st.umfassend, blaugrün; Bl. 30–40 mm, weißgelb, in lockeren Trauben; Bl. die Fr. überragend; Kelchb. aufrecht.
Keim.: F; V–IX; (⚥) hg; Ins. (h), sb.
Küstenfelsen, auf steinigen Böden; daneben viele Kulturvarietäten.
ÖK.: –
Soz.: –
D: s, Helgoland; GB: s; F: s; S: –.

Rübsen
Brassica rapa f. *campestris*

40–100 cm; Einj./zweij.); untere B. grasgrün, borstlich behaart, leierf.-fiederspaltig, obere st.umfassend, tief-herzf.; Bl. 20 mm, gelb; Blst. traubig, flach, geöffnete Bl. überragen die Knospen; Kelch spreizend. ☿
Keim.: sf; IV–VIII; (⚥) pg; Ins. (h), sb.
Ufer, Äcker, auf frischen, nährstoffreichen, sandigen od. reinen Lehmböden; daneben Kulturvarietäten.
ÖK.: –
Soz.: –
D: s; GB: s; F: s; S: s.

Lacksenf
Brassicella erucastrum

25–60 cm; Einj./Staude; B. tief fiedersp. od. gefiedert, Fiedern ungleich gezähnt, obere B. lineal., ganzrandig; Bl. 15–25 mm, schwefelgelb, grün geadert; Schoten 3–8 cm lang, waagerecht abstehend.
Keim.: sf; VI–VIII; (⚥) hg; Ins. (h, d, l), sb.
Unkrautfluren, an Ufern, Schuttplätzen, Dämmen, auf ± frischen, ± nährstoffr., kalk- u. humusa. Stein-, Kies- u. Sandböden.
ÖK.: –
Soz.: –
D: s; GB: z–s; F: z; S: –.

Weißer Senf
Sinapis alba

30–60 cm; Einj.; B. fiedersp., Fiedern ungleich gezähnt, rauhhaarig; Endfieder am größten; Bl. 20–25 mm, hellgelb; Schote borstig behaart; Schnabel z. T. länger als die Schote. ✲
Keim.: H; VI–VIII; (⚥) hg; Ins. (h, d).
Unkrautfluren, an Wegen, Äckern, Schutt, auf frischen bis ± trockenen, nährstoffr., meist kalkh., sand. od. reinen Lehmböden; selten angebaut.
ÖK.: –
Soz.: –
D: z; GB: v–z; F: v–z; S: z–s.

Acker-Senf
Sinapis arvensis ★

30–60 cm; Einj.; unters B. fiederspaltig od. gefie dert, obere eif., ungleich gezähnt, sitzend, borsti behaart; Bl. 15–20 mm, schwefelgelb; Kelchb. spreizend; Schote mit langem Schnabel. ✲
Keim.: sf, F; IV–X; (⚥) pg; Ins. (h, d).
Ackerunkrautfluren, Brachen, Wegränder, Schuttplätze, auf ± trokkenen, nährstoffr., oft kalkh., hum., sand. od. reinen Lehmböden.
ÖK.: 753 X86
Soz.: 3.4
D: v (Alp. bis 1230 m); GB: v; F: v; S: v–z.

Iauer-Doppelsame
Diplotaxis muralis
5–50cm; Einj. bis Staue; St. nur am Grunde eb.; B. fiederspaltig, nit breiten Abschnitten; l. 10–12 mm, gelb; choten kurz gestielt, im Vinkel abstehend.
Keim.: H; V–X; (⚥) hg; ıs. (h, d), sb.
Jnkrautfluren der Hackuchtäcker, Weinberge, Vegränder, Schutt, Iauern, auf ± trockeen, nährstoffr., kalkh., ckeren Böden.
ÖK.: 883 485
oz.: 3.3
: s–v; GB: z–s; F: v–z; s. (**s. A. 53**)

Raphanus maritimus
30–60 cm; Staude; B. fiederspaltig od. gefiedert, ungleich gezähnt; Zähne d. oberen B. stumpf; Bl. 25–40 mm, gelb, selten weiß; kaum geadert; Fr. perlschnurartig, schwer zerbrechend.
Keim.: F; VI–VIII; (⚥); Ins. (h, d).
Sandige u. felsige Küsten, auf trockenen, meist kalkarmen Böden.
ÖK.: –
Soz.: –
D: –; GB: z; F: z; S: ?.

Hederich
Raphanus raphanistrum ★
30–60 cm; Einj., borstig behaart; unterste B. fiedersp. od. gefiedert, ungleich gezähnt; Bl. 25–40 mm, blaßgelb od. weiß, dunkler geadert; Fr. perlschnurartig, leicht zerbrechend. ⚹
Keim.: F; VI–VIII; (⚥) hg; Ins. (h, d).
Äcker, Schutt, auf frischen bis ± frischen nährstoffr., kalka., lockeren, sand. od. reinen Lehmböden.
ÖK.: 653 X45
Soz.: 3.42
D: v (Alp. bis 1570 m); GB: v; F: v; S: v–z.

Meersenf
Cakile maritima
15–30 (50) cm; Einj.; St. niederliegend bis aufsteigend; B. fiederspaltig od. lineal, fleischig, bläul.-grün; Bl. 10–20 mm, hellviolett, rosenrot od. weißl.; Fr. längl.-eiförmig, 2gliedrig.
Keim.: F; VI–X; (⚥) hg; Ins. (h, d, l, c), sb.
Spülsaumges. der Küsten, selten im Binnenland, auf salz- u. N-haltigen, offenen Sand- u. Kiesböden.
ÖK.: 9XX 6X8
Soz.: 2.811
D: v–s; GB: v–z; F: v; S: v–z.

Meerkohl
Crambe maritima
30–75 cm; Staude, kahl; B. groß, rundl., am Rand wellig, buchtig, fleischig, blaugrün; Bl. 10–15 mm, weiß; Blst. rispig, sparrig; Fr. kugelig, 2gliedrig. §
Keim.: F; V–VIII; (⚥); Ins. (h, d), sb.
Spülsaumges. der Küsten, auf ± feuchten, salzhaltigen, nährstoffreichen Sand- u. Geröllböden.
ÖK.: 95X 578
Soz.: 2.812
D: s, bes. O-See; GB: s–z; F: z–s; S: z–s.

ld-Kresse
pidium campestre ★
–30 (50) cm; Ein-/weij., dicht filzig beart; B. längl., buchtigzähnt, obere st.umfasnd; Bl. 2–3 mm, weiß; ronb. länger als elchb.; Schötchen oben eit geflügelt, sonst eif.
eim.: H–F; V–VIII; (⚥); Ins. (d), selten, sb.
ickige Unkrautfluren, egränder, Dämme, hutt, Hackfruchtäcker, f trockenen bis frihen, nährstoffr., hum. hm- u. Tonböden.
K.: –
z.: –
z; GB: z–s; F: v–z; z–s.

Verschiedenblättrige Kresse
Lepidium heterophyllum
20–50 cm; Staude, flaumig zottig behaart; Grundb. in Rosette, St.b. längl., buchtig-gezähnt, obere st.umfassend; Bl. 3–4 mm, weiß; Staubbeutel violett; Schötchen eif., nicht schuppig, oben breit geflügelt.
Keim.: ?; V–VIII; (⚥); sb.
Unkrautige Ges., der Ufer, Wege, Äcker, auf frischen, nährstoffr., meist kalka., N-haltigen Lehmböden.
ÖK.: –
Soz.: –
D: s; GB: v–z; F: z; S: s?.

Schutt-Kresse
Lepidium ruderale
15–30 cm; Ein-/Zweij., meist kahl, unangenehm riechend; Grundb. 2fach fiederteilig, obere B. lineal., ganzrandig; Bl. 2 mm, grün, meist ohne Kronb.; Schötchen rundl.-eif., an der Spitze geflügelt.
Keim.: H–F; V–IX; (⚥); sb.
Unkraut- u. Trittpflanzenges., Wegränder, Bahngelände, auf warmen, trockenen, nährstoffr., oft kalka., N-haltigen Stein- od. Sandböden-
ÖK.: 9X7 4X6
Soz.: 3.71
D: v; GB: s; F: z; S: z–s.

Niederliegender Krähenfuß
Coronopus squamatus
8–30 cm lang, niederliegend; Ein-/Zweij.; B. tief 1–2fach fiederspaltig, Abschnitte eif.-lanzettl.; Bl. 2–3 mm, weiß; Schötchen nierenf., gezähnt.
Keim.: F; V–VIII; (⚥) pg; Ins. (d), sb.
Trittpflanzenges., Weg- u. Straßenränder, auf frischen bis feuchten, nährstoffr., auch salz- oder N-haltigen, sand. od. reinen Lehmböden.
ÖK.: 873 776
Soz.: 3.71
D: z–s; GB: z–v; F: z; S: z–s.

Zweiknotiger Krähenfuß
Coronopus didymus
5–30 cm lang, niederliegend, stinkend; Einj.; B. fein 1–2fach fiederspaltig; Bl. 1–2 mm, weiß; Kronb. oft fehlend; Schötchen 2knotig, glatt, Griffel fehlend.
Keim.: F; VI–IX; (⚥); sb.
In Trittpflanzenges., an Wegen, in Gärten, Hafengebieten, auf warmen, ± frischen, nährstoffr., kalka., sand. od. reinen Lehmböden.
ÖK.: –
Soz.: –
D: s; GB: s–z; F: v–z; S: s.

Pfeilkresse
Cardaria draba ★
20–50 cm; Staude, ± grauhaarig; Grund- u. basale St.b. buchtig-gezähnt, obere St.b. herzpfeilf., st.umfassend; Bl. 5–6 mm, weiß; Schötchen herzf., mit langem Griffel.
Keim.: F; V–VII; (⚥) pg; Ins. (d, h), sb.
Unkrautfluren, Wege, Hafenanlagen, Weinberge, auf warmen, trockenen, nährstoffr., meist humusa. Böden.
ÖK.: 877 384
Soz.: 3.31
D: z; GB: z–s; F: v–z; S: z–s.

Bittere Schleifenblume
Iberis amara ★
10–40 cm; Ein-/(Zweij.), behaart; B. längl., o. an der Spitze mit 2–4 stumpfen Zähnen; Bl. 6–10 mm, weiß od. rötl.; 2 Kronb. größer; Schötchen rundl., spitz, schmal geflügelt.
Keim.: F; V–IX; (⚥) hg; Ins. (h, d), sb.
Ackerunkrautges., Weinberge, auf ± trockenen, nährstoffr., kalkh., oft steinigen Lehm- u. Lößböden.
ÖK.: –
Soz.: –
D: s; GB: z–s; F: z; S: –.

Brillenschötchen
Biscutella laevigata
10–30 (50) cm; Staude, formenr.; Grundb. rosettig, behaart, längl.-keilf., gezähnt od. ganzrandig; Bl. 5–10 mm, gelb; Schötchen brillenf., oben u. unten tief eingesenkt, Griffel lang bleibend. §
Keim.: ?; V–VII; (⚥) pg; Ins. (h, d), selten sb.
Felsspalten, Triften, Quellmoore, auf warmen, trockenen bis frischen, meist kalkr., hum., Steinböden.
ÖK.: 8X4 X72
Soz.: 4.211
D: s (Alp. bis 2375 m); GB: ?; F: s; S: –.

Gebirgs-Täschelkraut
Thlaspi alpestre ★
5–25 (40) cm; Zweij./Staude, kahl; Grundb. rosettig, o. herzf. ; Bl. 4–8 mm, weiß od. rötl.; Staubbeutel später schwarzviolett; Schötchen verkehrt-herzf.
Keim.: F; IV–VII; (⚥) hg; Ins. (h, d), sb.
Bergwiesen, -weiden, Mauern, auf frischen bis trockenen, nährstoffr., kalka., ± sand. od. Kies- u. Lehm-Schlackenböden.
ÖK.: 842 554
Soz.: 4.311
D: s–z; GB: s; F: s; S: z.

Acker-Täschelkraut
Thlaspi arvense ★
10–30 (60) cm; Einj. St. kantig gefurcht; Grund verkehrt-eif., gestielt; St.b. sitzend, mit pfeilf. Grund; Bl. 4–6 mm, weiß; Staubbeutel gelb; Schötchen breit geflügelt, fast kreisrund, an der Spitze eingesenkt.
Keim.: sf, F: IV–VIII; (⚥) hg; Ins. (h, d), sb.
Äcker, Wegränder, auf frischen, nährstoffr. Lehm- u. Tonböden.
ÖK.: 65X 576
Soz.: 3.331
D: v (Alp. bis 1327 m); GB: z–v; F: v–z; S: v–z.
(s. A. 54)

Bauernsenf
Teesdalia nudicaulis ★
8–20 cm; Einj., kahl; B. meist in Rosette, leierf., fiederspaltig; Bl. 2 mm, weiß; 2 Kronb. länger; Schötchen elliptisch, löffelf. gebogen, schmal geflügelt.
Keim.: So–f; IV–X; (⚥) hg; Ins., sb.
Sandrasen, Dünen, Wege, Äcker, auf trockenen, durchlässigen nährstoffa., kalkfr., lockeren Sandböden (Sandzeiger).
ÖK.: 862 311
Soz.: 5.241
D: z–s; GB: z–s; F: z–s; S: s. **(s. A. 55)**

Echtes Hirtentäschel
Capsella bursa-pastoris ★
20–40 cm; Ein-/Zweij., sehr variabel, meist behaart; Rosettenb. gezähnt bis fiederspaltig, auch ganzrandig wie oberste St.b.; Bl. 2–4 mm, weiß; Schötchen 3eckig, verkehrt-herzf. ☤
Keim.: sf–j; I–XII; (⚥) pg, (♀); Ins., sb.
Hack- u. Schuttunkrautges., Äcker, Gärten, Wege, Viehläger, auf frischen, nährstoffr., hum. Lehmböden (Stickstoff- u. Gare-Zeiger).
ÖK.: 7XX XX5
Soz.: 3.3
D: v (Alp. bis 2077 m); GB: v; F: v; S: v.

Englisches Löffelkraut
Cochlearia anglica
10–30 (40) cm; Zweij./Staude, fleischig; Grundb. gestielt, eif. od. eif.-längl., ± rosettig; St.b. längl., st.umfassend; Bl. 10–15 mm, weiß; Schötchen eif.
Keim.: F–So; IV–VII; (⚥); Ins. (d, c), sb.
Salzwiesen, auf feuchten bis frischen, salzhaltigen, sandigen od. reinen Schlickböden der Nord- u. Ostseeküste.
ÖK.: 851 7X?
Soz.: 2.611
D: z–s; GB: z; F: z–s; S: ?.

Dänisches Löffelkraut
Cochlearia danica
10–20 cm; Ein-/Zweij., ± fleischig; alle B. gestielt, untere herzf., obere 3–5lappig; Bl. 4–5 mm, weiß od. blaßlila; Schötchen rundl.-eif., durch Griffel zugespitzt.
Keim.: H; I–IX; (⚥) hg; sb.
Lückige Strandnelkenwiesen, sandige od. steinige Küsten, auf salzhaltigen Ton- od. sandig-tonigen bis kiesigen Böden.
ÖK.: –
Soz.: –
D: s; GB: v–z; F: v–z; S: z.

Gebräuchliches Löffelkraut
Cochlearia officinalis ★
15–30 cm; Einj./Staud ± fleischig; Grundb. breitei-, schwach herzf. obere st.umfassend; Bl 8–10 mm, weiß, wohlri chend; Schötchen eif. kugelig, durch den ku zen Griffel zugespitzt.
Keim.: F; IV–VIII; (⚥ hg; Ins. (d, c), sb.
Salzwiesen der Küsten des Binnenlandes, auf feuchten bis frischen, salzh., tonig-sand., au hum. od. reinen Ton- Lehmböden.
ÖK.: –
Soz.: 2.6
D: z–s; GB: v–z; F: s; S: ?.

Einjähriges Silberblatt
Lunaria annua
30–100 cm; Ein-/Zweij.; obere B. sitzend, grob gezähnt, zugespitzt, rauhhaarig; Bl. 25–35 mm, rotviolett; Schötchen groß, fast rund od. breit-elliptisch, flach; Scheidewand durchscheinend.
Keim.: F; IV–VI; (⚥) hg; Ins. (h, d, l), sb.
Zierpflanze, verwildert, auf frischen, meist kalkhaltigen, humosen Böden.
ÖK.: –
Soz.: –
D: s; GB: s; F: s; S: s.

Ausdauerndes Silberblatt
Lunaria rediviva
30–140 cm; Staude, behaart; B. gestielt, längl. gezähnt od. tief-herzf.; Bl. 20–25 mm, lila; Schötchen ellipt., an beiden Enden zugespitzt; Scheidewand durchscheinend.
Keim.: F; V–VII; (⚥) hg; Ins. (h, d, c, l), sb.
Berg- u. Schluchtwälder, Waldhänge, auf sickerfrischen, nährstoffr., kalkh., hum. Böden.
ÖK.: 454 678
Soz.: 8.434
D: s–z (Alp. bis 1360 m); GB: s; F: z–s; S: s.

Draba incana
15–35 cm; Zweij./Staude, behaart; Grundb. rosettig, längl.-lanzettl., ganzrandig od. gezähnt; St. reich beb.; Bl. 3–5 mm, weiß; Kronb. ausgerandet; Schötchen längl.-lanzettl., zur Reife gedreht.
Keim.: ?; V–VII; (⚥) hg; sb. Felsen, Dünen, lichte Berggebiete, auf trockenen, sandigen od. steinigen, meist neutralen Böden.
ÖK.: –
Soz.: –
D: –; GB: s–z; F: –; S: z. **(s. A. 56)**

Mauer-Felsenblümchen
Draba muralis ★
(8) 15–30 (45) cm; Einj., behaart; Grundb. rosettig, rundl.-eif. gezähnt; B. 2–3 mm, weiß; Kronb.; Schötchen abstehend.
Keim.: H; IV–VI; (⚥); Ins., sb.
Trocken- u. Halbtrockenrasen, Mauern, auf ± trockenen, nährstoff- u. kalkh., hum. od. rohen Sand- u. Steinböden.
ÖK.: 762 482
Soz.: 4.21?
D: s–z; GB: s; F: z–s; S: s. **(s. A. 57)**

Frühlings-Hungerblümchen
Erophila verna ★
(1) 2–15 (25) cm; Einj.; B. in Rosette, verkehrt-eif.; Bl. 3–6 mm, weiß; Kronb. tief 2spaltig; Schötchen längl. abstehend.
Keim.: F–H; II–VI; (⚥) hg; Ins., sb.; versch. sspp.
Mager- u. Sandrasen, Äcker, Mauern, Kiesdächer, auf meist trockenen, ± nährstoffr. bis -armen, ± hum. Böden.
ÖK.: 863 4X2
Soz.: –
D: v (Alp. bis 800 m); GB: v–z; F: v; S: v–z.

Meerrettich
Armoracia rusticana
40–125 cm; Staude; Wurzel dick, fleischig; Grundb. groß, lang gestielt, längl., gekerbt u. wellig; St.b. lanzettl., kurz gestielt; Bl. 8–10 mm; Schötchen fast kugelig. ⚹
Keim.: F?; V–VII; (⚥) hg; Ins. (h, d, c), sb.
Angebaut u. verwildert, in Unkrautfluren, Wegen, auf frischen, nährstoff- u. auch N-reichen, sand. od. reinen Lehmböden.
ÖK.: 863 5X9
Soz.: 3.511
D: z; GB: z–v; F: v–z; S: z. **(s. A. 58)**

Bitteres Schaumkraut
Cardamine amara
10–40 (60) cm; Staude; St. an der Basis zerstreut behaart; 5kantig; B. gefiedert, nicht in Rosette; Bl. 10–15 mm, weiß; Staubbeutel violett.
Keim.: sf; IV–VI; (⚥), (⚥ + ♀), hg; Ins. (d, h, c); versch. sspp.
Quellfluren, Erlenbruchwälder, Bäche u. Gräben, auf sickernassen, nährstoffr., meist kalka., humosen Gleyböden.
ÖK.: 7X4 9X4
Soz.: 1.5
D: z–v (Alp. bis 1860 m); GB: z–s; F: z; S: z.

Wald-Schaumkraut
Cardamine flexuosa
10–50 cm; Ein-/Zweij.; St. hin- u. hergebogen, beb., dicht behaart; Grundb. rosettig, unpaarig gefiedert; Bl. 5–8 mm, weiß; Staubb. 6; Schoten die Bl. nur wenig überragend.
Keim.: sf–F; IV–VI; (⚥).
Quellfluren, Waldwege, Buchenmischwald, Bach-Eschenwald, Waldbach-Ufer, auf nassen bis feuchten, N-beeinflußten, kalka., hum. Ton- u. Lehmböden (Gleyzeiger).
ÖK.: 652 8X5
Soz.: 1.511.2
D: s–z (Alp. bis 1400 m); GB: z–v; F: z; S: z.

Behaartes Schaumkraut
Cardamine hirsuta ★
7–30 cm; Ein-/Zweij.; St. wenig beb., zerstreut behaart; Grundb. rosettig, unpaarig gefiedert; Bl. unter 5 mm, weiß; Staubb. 4; Schoten lang, die Bl. weit überragend.
Keim.: sf; II–XI; (⚥) hg; sb.
Hackunkrautges., Gärten, Parkanlagen, Wege, Dämme, auf frischen, nährstoffr., kalka., vorzugsweise sand. Lehmböden.
ÖK.: 553 557
Soz.: 3.522
D: s–v (Alp. bis 1640 m); GB: v; F: v; S: z–s. **(s. A. 59)**

Spring-Schaumkraut
Cardamine impatiens ★
10–50 (85) cm; Ein-/Zweij., kahl; B. gefiedert; B.chen 3–5lappig; B.stiel am Grunde pfeilf.; Bl. 5–6 mm, weiß; Kronb. oft fehlend.
Keim.: F; V–VIII; (⚥); Ins. (d, c), sb.
Schlucht-, Buchen- od. Fichten-Mischwälder, Waldwege, Fels- und Mauerfuß, auf sickerfrischen, nährstoffr., kalka., meist steinig-sand. Lehm- u. Mullböden.
ÖK.: 554 678
Soz.: 8.43
D: s–v (Alp. bis 1800 m); GB: z–s; F: z–s; S: z–s.

Wiesen-Schaumkraut
Cardamine pratensis ★
20–60 cm; Staude, kahl; St. hohl; B. gefiedert; Grundb. in Rosette; Bl. 12–20 mm, lila, rosa, selten weiß; Staubbeutel gelb.
Keim.: F; IV–VI; (⚥), (⚥ + ♀); Ins. (h, d, l).
Fett-, Naß- u. Moorwiesen, Ufer, auf frischen bis feuchten, hum. Ton- u. Lehm-, aber auch torfigen Böden.
ÖK.: 4XX 7XX
Soz.: –
D: v (Alp. bis 1707 m); GB: v; F: v; S: v.
(s. A. 60)

Gemeines Barbenkraut
Barbarea vulgaris
30–90 cm; Zweij./Staude, kahl; Rosettenb. gefiedert; St.b. einfach od. fiederlappig; Endlappen groß; Bl. 7–10 mm, goldgelb; Schoten aufrecht, 4kantig.
Keim.: H; IV–VIII; (⚥) hg; Ins. (h, d, c), sb.
Unkrautfluren, Ufer, Ackerränder, auf feuchten, nährstoffr., hum. od. kiesig-sand. Lehmböden.
ÖK.: 8X3 7X6
Soz.: 3.521
D: v (Alp. bis 930 m); GB: v–z; F: v–z; S: v–z.
(s. A. 61)

Rauhe Gänsekresse
Arabis hirsuta
15–60 (120) cm; Zweij./Staude; Grundb. rosettig, verkehrt-eif., St.b. u. lange Schoten dem St. angedrückt; Bl. 3–5 mm, weiß.
Keim.: F; IV–VIII; ( ) pg; Ins. (d, h).
Kalkmagerrasen, Wegränder, Böschungen, Kiefernwälder, Moore, auf ± trockenen, meist kalkh., nährstoffr., lehmigen Böden.
ÖK.: 753 48X
Soz.: 5.32
D: s–v (Alp. bis 1420 m); GB: z; F: v–z; S: v–z.
(s. A. 62, 63)

Alpen-Gänsekresse
Arabis alpina
6–25 (40) cm; Staude, Polster bildend; kriechend; B. eif.-längl., grob gezähnt, behaart, graugrün; St.b. pfeilf. st.umfassend; Bl. 6–10 mm, weiß.
Keim.: F?; III–VIII; (⚥) hg; Ins., sb.
Steinschuttfluren, Felsspalten, Schluchtwälder, sickerfrischen, kalkh., auf wenig hum. Steinschuttböden.
ÖK.: 723 693
Soz.: 4.4
D: s–v, Alp. bis 2620 m; GB: s, alp.; F: ?; S: z.

Echte Brunnenkresse
Nasturtium officinale ★
15–80 cm; Staude, oft niederliegend, an den Knoten wurzelnd; B. gefiedert, kahl, scharf schmeckend; Bl. 4–6 mm, weiß; Schoten 12–18 mm lang, waagerecht abstehend.
Keim.: F?; V–X; (⚥) hg; Ins. (h, d), sb.
Röhrichte der Bäche u. Flüsse, Gräben, Quellen, in flachem, sauberem, langsam fließendem, nährstoffr. Wasser.
ÖK.: 743 1177
Soz.: 1.412
D: z–v (Alp. bis 1840 m); GB: v–z; F: v; S: s.

Wasser-Sumpfkresse
Rorippa amphibia
40–100 cm; Staude, oft Ausläufer treibend; B. variabel, ungeteilt bis fiederschnittig u. gezähnt, gelbl.-grün.
Keim.: F; V–VIII; (⚥) hg; Ins. (h, d), sb.
Verlandungsbestände an Ufern v. Teichen, Altwässern, Gräben, Bächen, Flüssen, mit stehendem od. langsam fließendem Wasser, auf hum., zeitw. trocken fallenden Schlammböden.
ÖK.: 757 1078
Soz.: 1.411
D: v–z; GB: z–s; F: z; S: s.

Pyrenäen-Sumpfkresse
Rorippa islandica ★
15–60 cm; Staude; untere B. leierf., obere B. tieffiederspaltig; Zipfel gezähnt; Bl. 3 mm, blaßgelb; Kronb. kürzer od. so lang wie der Kelch.
Keim.: F; VI–IX; (⚥) hg; Ins. (d), sb.
Zweizahn-Ufersaumges., an Wegen, Gräben, Äkkern, auf frischen bis nassen, nährstoffr., N-haltigen, hum. Schlammböden.
ÖK.: –
Soz.: 3.2
D: v (Alp. bis 910 m); GB: v–z; F: v; S: v–z.
(s. A. 64)

Wilde Sumpfkresse
Rorippa silvestris
15–40 cm; Staude; alle B. gefiedert od. tieffiedersp., obere sitzend; Zipfel gezähnt bis gekerbt; Bl. 5 mm, sattgelb; Kronb. 2 × länger als die Kelchb.
Keim.: F; VI–IX; (⚥) hg; Ins. (h, d), sb.?
Flutrasen, Schutt, Weg- u. Ackerränder, auf feuchten, nährstoffr., wenig hum. od. rohen Lehm- u. Tonböden (Bodenverdichtungs- u. Grundfeuchtezeiger).
ÖK.: 663 886
Soz.: 3.72
D: v (Alp. bis 937 m); GB: z–v; F: v–z; S: z–s.

Levkoie
Matthiola incana
20–80 cm; Einj./Staude, graufilzig behaart, am Grunde holzig; B. längl.-lanzettl., ganzrandig; Bl. 30–50 mm, rot, purpurn od. weiß, duftend; Schoten lang, behaart.
Keim.: ?; IV–X; (⚥) hg; Ins. (h, l), sb.
Kultiviert u. verwildert, Schuttunkrautges., Küstenfelsen, Mauern, auf warmen, trockenen, neutralen Böden.
ÖK.: –
Soz.: –
D: –; GB: s; F: s; S: –.

Matthiola sinuata
8–60 cm; Zweij., dicht weißfilzig behaart; St. beb., nicht holzig; Grundb. fiederig gelappt od. buchtig gezähnt; Bl. 20–30 mm, blaßlila od. rosa, duftend; Schoten drüsig behaart.
Keim.: ?; VI–VIII; (⚥) hg; Ins. (l).
Klippen u. Dünen der Küste, auf trockenen, meist kalkhaltigen, sandigen Böden.
ÖK.: –
Soz.: –
D: –; GB: s; F: s; S: –.

Gemeine Nachtviole
Hesperis matronalis
30–80 cm; Zweij./Staude, meist behaart; Grundb. eif.; St.b. ± lanzettl., kurz gestielt; Bl. 15–20 mm, violett, lila od. weiß; Schoten bis 10 cm.
Keim.: sf; V–VII; (☿) hg; Ins. (h, d, l).
Kultiviert u. verwildert, in Auenwäldern, Wegränder, auf nassen, nährstoffr., kalka., hum., stein. od. kiesig-sand. Lehm- u. Tonböden.
ÖK.: –
Soz.: 8.433
D: s; GB: s; F: s; S: s.

Lack-Schöterich
Erysimum cheiranthoides
15–60 (100) cm; Einj., zerstreut behaart; B. längl.-lanzettl., ganzrandig od. unregelmäßig gezähnt; Grundb. früh absterbend; Bl. 3–6 mm, gelb; Schoten behaart, 4kantig.
Keim.: F; V–IX; (☿); Ins. (h, d, l), sb.
Äcker, Gärten, Wegränder, Schuttstellen, Ufer, auf frischen, nährstoffr., hum. od. sand. Lehm- u. Tonböden.
ÖK.: –
Soz.: –
D: v (Alp. bis 1327 m); GB: s–z; F: z; S: v–z.

Knoblauchhederich
Alliaria officinalis ★
20–100 cm; Einj./Staude, Knoblauchgeruch; St. 4kantig; B. herz- bis nierenf., buchtig gezähnt, lang gestielt; Bl. 6 mm, weiß; Schoten 3,5–6 cm lang, 4kantig.
Keim.: F; IV–VIII; (☿) hg; Ins. (h, d, c), sb.
Saumges., an Hecken, Gebüschen, Wald- u. Wegrändern; Kahlschlägen, Gärten, Parkanlagen, auf nährstoffr., hum. Lehmböden.
ÖK.: 563 579
Soz.: 3.522
D: v (Alp. bis 1170 m); GB: v–z; F: v; S: z–s.

Ungarische Rauke
Sisymbrium altissimum
30–60 (120) cm; Einj., u. behaart; B. gefiedert; St.b. mit schmal-lineal. Fiederabschnitten; Bl. 10–12 mm, blaßgelb; Kelchb. abstehend; Schoten abstehend, so dick wie der St.
Keim.: H; V–VIII; (☿) hg; Ins., sb.?
Lückige Unkrautfluren, Schuttplätze, Wegränder, auf nährstoffr., wenig hum. od. rohen Stein-, Kies- u. Sandböden.
ÖK.: 867 3XX
Soz.: 3.31
D: v–z; GB: z; F: z; S: z–s.

Weg-Rauke
Sisymbrium officinale
30–60 cm; Einj., aufrecht, rauhhaarig; u. B. schrotsägezähnig bis fiedersp.; Bl. 3 mm, gelb; Blst. abstehend verzweigt; Schoten dem St. angedrückt.
Keim.: F; V–X; (☿) hg; sb.
Unkrautfluren, Schuttplätze, Dämme, Ufer, auf frischen bis ± trockenen, nährstoffr., hum. od. rohen Stein-, Sand- od. Lehmböden.
ÖK.: 865 4X7
Soz.: 3.31
D: v (Alp. bis 910 m); GB: v; F: v; S: z.

Morgenländische Rauke
Sisymbrium orientale
30–125 cm; Einj., behaart; B. schrotsägezähnig-fiedersp.; St.b. gestielt, spießf., 3teilig; Bl. 7–8 mm, blaßgelb; Kelchb. aufrecht; Schoten bis 10 cm lang, abstehend.
Keim.: H–F; VI–VIII; (☿); Ins. ?, sb.
Eingeschleppt; lückige Wege, Schutt, Bahn- u. Hafenanlagen, auf warmen, nährstoffr., N-haltigen, wenig hum. Lehm- u. Tonböden.
ÖK.: –
Soz.: –
D: s; GB: s; F: s; S: s.

Schmalwand
Arabidopsis thaliana ★
8–30 cm; Einj., an der Basis behaart; Grundb. längl.-lanzettl., undeutl. gezähnt; St.b. sitzend, ganzrandig, kahl; Bl. 3 mm, weiß; Schoten bogig abstehend, ± so dick wie der St.
Keim.: F; II–X; (☿) hg, (☿ + ♀); Ins., sb.
Äcker, lückige Magerrasen, Mauern, Wege, auf ± frischen bis trockenen, ± nährstoffr., kalka. Sand- od. sand. Lehmböden (Sandzeiger).
ÖK.: 6X3 444
Soz.: 5.2
D: v–z; GB: v–z; F: v–z; S: z.

WAUGEWÄCHSE
Resedaceae

Kräuter od. Stauden; B. wechselst., einfach od. geteilt, mit drüsenähnl. Nebenb.; Bl. nur mit einer Symmetrieebene, in Ähren od. Trauben; Kron- u. Kelchb. 4–8; Staubb. 3 bis zahlreich; Fr. eine Kapsel; nur eine Gattung im Gebiet.

Gelbe Reseda
Reseda lutea
30–60 cm; Ein- bis mehrj.; St.gerieft, dicht beb.; B. doppelt-fiederspaltig, Zipfel lineal.; Bl. 6 mm, hellgelb; Kron- u. Kelchb. 6, geruchlos.
Keim.: H–F; V–IX; (☿ + ♂) pa; Ins. (h, d, c), sb.
Lückige Unkrautfluren, Schuttplätze, Dämme, Wege, Bahn- u. Hafenanlagen, Steinbrüche, auf warmen, ± trockenen, nährstoffr., meist sand., kalkh., lockeren Stein- u. Lehmböden.
ÖK.: 763 384
Soz.: 3.32
D: v; GB: s–v; F: v–z; S: s.

Färber-Wau
Reseda luteola ★
50–150 cm; Zweij.; St. aufrecht, gerieft, hohl; B. lineal.-lanzettl., ganzrandig; Bl. 4–5 mm, blaßgelb; Kron- u. Kelchb. 4; Fr.: kugelige Kapsel.
Keim.: H; VI–IX; (☿) hg; Ins. (d, h), sb.
Lückige Unkrautfluren, Schuttplätze, Dämme, Steinhalden, Bahn- u. Hafenanlagen, auf warmen, nährstoff- u. meist kalkr., steinigen od. reinen Lehm- u. Tonböden.
ÖK.: 873 393
Soz.: 3.321?
D: z; GB: z; F: v–z; S: z–s.

SONNENTAU-GEWÄCHSE
Droseraceae
Kräuter; B. variabel, zum Fangen und Verdauen von Insekten mit reizbaren Drüsenhaaren u. kurzen Verdauungsdrüsen versehen; Haare krümmen sich bei Berührung ein; durch das Verdauen des tierischen Eiweißes wird eine zusätzliche Stickstoffversorgung auf armen Böden gewährleistet; Bl. strahlig, unscheinbar, zwittrig, meist 5zählig, meist kleistogam (s. S. 233); Fr. eine Kapsel.

Langblättriger Sonnentau
Drosera anglica
10–20 cm; Staude; B. in Rosette, keilig-lineal; Bl. 5–6 mm, weiß; Blst. 2–3x länger als die B., in der Rosettenmitte entspringend. §
Keim.: F; VI–VIII; (⚥), sb.
Hoch- u. Flachmoor-Schlenken, auf nassen, zeitw. überschwemmten, ± nährstoffa. bis -reicheren, mäßig sauren Torfschlammböden.
ÖK.: 743 932
Soz.: 1.61
D: s (Alp. bis 1270 m); GB: s–z; F: z–s; S: v–z.

Mittlerer Sonnentau
Drosera intermedia
5–15 cm; Staude; B. rosettig, keilig verkehrt-eif.; Bl. 5–6 mm, weiß; Blst. bogig aufsteigend, nicht in Rosettenmitte entspringend. §
Keim.: F; VII–VIII; (⚥); sb.
Hochmoor-Schlenken, Feuchtheiden, auf nassen, zeitw. überschwemmten, mäßig nährstoffversorgten, sauren Torf- od. hum. Sandböden.
ÖK.: 952 922
Soz.: 1.611
D: s–z; GB: z–s; F: z–s; S: z.

Rundblättriger Sonnentau
Drosera rotundifolia
10–20 cm; Staude; B. in Rosette, kreisrund, lang gestielt; Bl. 5–6 mm, weiß; Blst. b.los, die B. in der Rosettenmitte entspringend. §
Keim.: F; VI–VIII; (⚥); sb.
Hoch-, Flach- u. Zwischenmoore, Feuchtheiden, auf nassen, sauren, nährstoffa. Torfböden, selten auf hum. Sand od. Ton.
ÖK.: 843 911
Soz.: 1.7
D: z (Alp. bis 1395 m); GB: v–z; F: z; S: v–z.

DICKBLATT-GEWÄCHSE
Crassulaceae ★
Kräuter, meist kahl; B. wechsel- od. gegenständig, dickfleischig, flach od. stielrund, meist sitzend; Bl. 4–5zählig, sternförmig, leuchtend gefärbt, mit doppelter Bl.hülle; Staubb.anzahl den Kronb. entsprechend od. verdoppelt; Frkn. mehrere, frei; Balgfrüchte; Pflanzen meist trockener Standorte mit schlechter Wasserversorgung; die fleischigen B. ermöglichen eine Wasserspeicherung und eine ausdauernde Lebensweise; oftmals von einjährigen Arten überwachsen.

Nabelkraut
Umbilicus rupestris ★
10–50 cm; Staude; untere B. schildf., kreisrund, fleischig, über St.ansatz in der B.mitte nabelf. vertieft; St.b. nierenf.; Bl. 8–10 mm, weißl.-grün od. rötlich, glockig, in langen b.losen Trauben.
Keim.: F; VI–VIII; (⚥) pa; Ins. ?, sb.
Böschungen, Felsen, Mauern, auf trockenen, kalkfreien, steinigen Böden.
ÖK.: –
Soz.: –
D: –; GB: v–s; F: v–z; S: –.

Rosenwurz
Sedum rosea
10–35 cm; Staude, graugrün, oft purpurn überlaufen; B. längl.-keilig, dick fleischig, den St. dicht bedeckend; Bl. 5–6 mm, gelb-rötlich, 4zählig, in endständigen doldenartigen Blst.
Keim.: ?; V–VIII; (♂) + (♀), (♂ + ♀); Ins. (d, h).
Felsspaltenges., auf feuchten, humosen, steinigen Substraten.
ÖK.: –
Soz.: –
D: s; GB: s–z; F: s; S: z.

Purpurrote Fetthenne
Sedum purpurascens ★
25–50 cm; Staude, graugrün; St. oft rötl. überlaufen; B. flach, verkehrt-eif. bis länglich, ungleich gezähnt, obere sitzend; Bl. 9–12 mm, purpurrot bis rosarot, in doldenf. Blst.
Keim.: F? VII–IX; (⚥) pa; Ins. (d, h), sb.
Steinschuttges., Gebüschränder, Waldlichtungen, Wege, Äcker, auf ± trokkenen bis frischen, ± nährstoffr., vorzugsweise stein. Lehmböden.
ÖK.: 864 334
Soz.: –
D: z (Alp. bis 920 m); GB: z; F: v–z; S: z.

Mauerpfeffer
Sedum acre
5–15 cm; Staude, kriechend, rasenbildend, mit scharfem Geschmack; B. eif., am Grunde abgerundet, ohne Sporn; Bl. 10–12 mm, hellgelb, am ± aufrechten St. zerstreut. ✻
Keim.: sf–F; V–VIII; (⚥) pa; Ins. (d, h), sb.
Trockenrasenges., Mauern, Dämme, Bahnschotter, Kiesdächer, Kiesgruben, auf warmen, trockenen, nährstoffh., humus- u. feinerdea. Sand- u. Steinböden.
ÖK.: 853 2X1
Soz.: 5.2
D: v (Alp. bis 800 m); GB: v–z; F: v; S: z.

Weiße Fetthenne
Sedum album
8–15 cm; Staude, immergrün, kriechend, rasenbildend; St. oft rötl.; B.walzig, beidseitig gewölbt, bis 12 mm lang; Bl. 6–9 mm, weiß, in abgeflachter Rispe.
Keim.: sf–F; VI–VIII; (⚥) pa; Ins. (d, h), sb.
Fels- u. Mauerspaltenges., Trockenrasen, Mauerkronen, Dämme, Kiesdächer, Feinschutthalden, Felsrasen, auf warmen, trockenen, nährstoff- u. feinerdea. Stein- u. Felsböden.
ÖK.: 9X2 2X1
Soz.: 5.21
D: v–s (Alp. bis 1820 m); GB: z; F: z; S: z–s.

Sedum anglicum
bis 5 (15) cm; Staude, immergrün, kriechend, oft rötlich werdend; B. bis 5 mm lang, zylindrisch, den St. dicht bedeckend; Bl. 10–12 mm, weiß od. rosa, in wenig verzweigten Blst.
Keim.: sf–F; VI–IX; (⚥) pa; Ins. (d, h), sb.
Lückige Felsrasen, Felsen, Mauern, auf warmen, trockenen, kalkfr., nährstoff- u. feinerdea., stein. Böden.
ÖK.: –
Soz.: –
D: –; GB: s–v; F: z;
S: z–s. **(s. A. 65, 66)**

Zierliche Fetthenne
Sedum rupestre ssp. *elegans*
5–30 cm; Staude, grün od. bläul., immergrün, Laubtriebe kriechend; B. lineal.-pfrieml., kurz stachelspitzig, gespornt, fast stielrund, abgestorben lange bleibend; Bl. 12 mm, gelb, in Scheindolde; Kronb. 5–8.
Keim.: F; VI–VIII; (⚥) pa; Ins. (d, h), sb.
Felsgrusfluren, Rasen, auf warmen, trockenen, kalkfr., feinerdea. Steinböden.
ÖK.: –
Soz.: 5.2
D: s; GB: s–z; F: z; S: –.

Tripmadam
Sedum rupestre
5–30 cm; Staude, grünl., bläul. od. rötl., immergrün; B. lineal.-pfrieml., kurz stachelspitzig, gespornt, halbstielrund; Bl. 15 mm, gelb, Kronb. 2mal länger als Kelchb.
Keim.: F; VI–VIII; (⚥) pa; Ins. (l, d, h), sb.
Dünen, Felsrasen, Mauerkronen, auf warmen, trockenen, meist kalkfr., feinerde- u. humusa. Sand- od. Steinböden.
ÖK.: 754 241
Soz.: 5.32
D: z–s; GB: z–s; F: v–z; S: z–s.

Drüsenhaarige Fetthenne
Sedum villosum
10–20 cm; Ein-/Zweij.; St. aufrecht, spärlich beb., drüsig-weichhaarig; B. längl.-lineal., dünn, oberseits flach; Bl. 6 mm, rot, lang gestielt.
Keim.: ?; VI–VIII; (⚥) pa; Ins. (d, h), sb.
Quellfluren, Flachmoore, Grabenränder, auf nassen, ± nährstoffr., kalka., sand. od. reinen Sumpfhumus- od. Torfböden.
ÖK.: –
Soz.: –
D: z–s; (Alp. bis 1350 m); GB: z–s; F: s; S: s.

Sprossende Hauswurz
Sempervivum soboliferum ★
8–25 cm; Staude; B. längl.-keilig, an der Spitze oft braunrot, eine kugelige Rosette bildend; stengelst. B. lanzettl.; Bl. glockig, blaßgelb; Kronb. 6, am Rande gefranst. §
Keim.: ?; VII–IX; (⚥); Ins., sb.
Sonnige Rasenges., Felsspalten, Felsbänder, lichte Kiefernwälder, auf warmen, trockenen, ± kalkh. Steinböden.
ÖK.: –
Soz.: 5.21
D: z–s; GB: –; F: ?; S: –.

STEINBRECHGEWÄCHSE
Saxifragaceae ★
Kräuter od. Sträucher; B. einfach, wechsel-, selten gegenständig, gezähnt od. gelappt; Bl. 4, meist 5zählig; Blh. doppelt; Staubb. 5 (Parnassia) od. 10; Fr.b. 2, selten frei od. am Grunde verwachsen; Fr. eine Kapsel od. Beere.

Gegenblättriges Milzkraut
Chrysoplenium oppositifolium ★
5–10 cm; Staude, kriechend, rasenbildend; B. gegenst., rundl., schwach gekerbt; St. 4kantig, an der Basis behaart; Bl. klein, 3–4 mm, grünl.
Keim.: F–So; III–VII; (⚥) pg; Ins. (d, c), sb.
Quellfluren, Bachufer, Bach-Eschenwälder, Schluchten, auf kühlen, sickernassen, ± nährstoffr., kalka., hum., stein. od. sand. Tonböden (meist Gleyzeiger).
ÖK.: 652 954
Soz.: 1.511.2
D: z; GB: v–s; F: v–z; S: s.

Wechselblättriges Milzkraut
Chrysoplenium alternifolium ★
8–15 cm; Staude, kriechend, rasenbildend; B. wechselst., herznierenf., grob gekerbt; St. 3kantig; Bl. 5–6 mm, grünl.; Kelchb. 4; Kronb. fehlend.
Keim.: F; III–VI; (⚥) hg; Ins. (d, c), sb.
Auenwaldges., Ufer, Hochstaudengebüsch, Schluchtwälder, auf nassen, zeitw. überfluteten, nährstoffr., hum. Lehm- u. Tonböden.
ÖK.: 44X 774
Soz.: 8.433
D: v (Alp. bis 1950 m); GB: z–s; F: z; S: z.

Stern-Steinbrech
Saxifraga stellaris
(3) 8–18 (30) cm; Staude, schwach behaart; St. b.los; B. rosettig, verkehrt-eif.-keilig, oben gezähnt; Bl. 10–15 mm, weiß, lang gestielt, in lockerer Rispe; Staubbeutel rot. §
Keim.: ?; V–VIII; (⚥) pa–pg; Ins. (d), sb.
Subalp. u. alp. Quellfluren, Bachränder, auf kühlen, sickernassen, ± nährstoffr., hum., stein., sand. Ton- od. auch Steinböden.
ÖK.: 822 95?
Soz.: 1.5
D: s–z (Alp. 1100–2460 m); GB: s–z, alp.; F: s, alp.; S: z.

Saxifraga spathularis ★
(5) 15–30 (60) cm; Staude; St. kurz, b.los; B. in Rosette, spatel-löffelf., spitz gezähnt; Rand durchscheinend; Bl. 8–10 mm, weiß, rot gefleckt, in verzweigten dichten Rispen.
Keim.: F; VI–VII; (⚥); Ins. (d, h), sb.
Felsspalten, Felsen, auf feuchten bis nassen, sauren Steinböden.
ÖK.: –
Soz.: –
D: –; GB: z–s, Irland; F: –; S: –.
(s. A. 67)

Arktischer Steinbrech
Saxifraga nivalis
8–10 cm; Staude; immergrün; B. in Rosette, fleischig, verkehrt-eif., grob gekerbt-gezähnt, unterseits purpurn; Bl. 5–6 mm, weißlich, in dichtem kopfigem Blst. Blst.stiel b.los, stark behaart. §
Keim.: ?; VII–VIII; (☿) hg–pg; Ins. (d), sb.
Felsspaltenges., Felsen, auf frischen, kalkarmen, steinigen Böden.
ÖK.: –
Soz.: –
D: –; GB: s–z, alp.; F: –; S: s.

Finger-Steinbrech
Saxifraga tridactylitis ★
5–15 cm; Einj., klebrig behaart, meist rötl.; Grundb. 3lappig; St.b. 3–5lappig, untere manchmal spatelf.; Bl. 4–5 mm, weiß, in beb. Blst.
Keim.: H; IV–VI; (☿) hg–pg; sb. §
Trocken- u. Steppenrasen, Silbergrasfluren, Mauerkronen, Wege, Kiesdächer, auf warmen, nährstoffh., hum., stein. od. sand. Lehmböden.
ÖK.: 862 271
Soz.: 5.212
D: s–z; GB: s–z; F: v; S: z–s.

Gewimperter Steinbrech
Saxifraga aizoides
2–25 cm; Staude; Laubtriebe kriechend, blühende aufrecht; B. lineal., fleischig, 8–15 mm, sitzend; Bl. 8–12 mm, goldgelb od. rotbraun. §
Keim.: F; VI–IX; (☿) pa; Ins. (d, h, l), sb.?
Subalp. u. alp. Quellfluren, Bachränder, Steinschutt, auf sickernassen, kalkh., ± hum. Ton-, Mergel- od. Steinböden.
ÖK.: 8X3 883
Soz.: 1.512
D: z–s, Alp. bis 2470 m; GB: s–z; F: s; S: z.
(s. A. 68)

Körner-Steinbrech
Saxifraga granulata
15–30 (50) cm; Staude, drüsig behaart; Grundb. rundl.-nierenf., tief gekerbt, lang gestielt; Bl. 10–25 mm, weiß, in lokkeren Rispen. §
Keim.: H; IV–VI; (☿) pg; Ins. (d), sb.
Fettwiesen, Magerrasen, krautreiche Eichen-Hainbuchenwälder, auf frischen bis ± trockenen, ± nährstoffr., kalka., hum., sand. od. reinen Lehmböden.
ÖK.: –
Soz.: 5.42
D: s–v; GB: z–s; F: z; S: z.

Saxifraga rivularis
Bis 15 cm; Staude, kahl; B. stumpf 3–5lappig, lang gestielt, fast rosettig; Bl. 6–10 mm, weiß, in wenigbltg. Blst.
Keim.: ?; VII–VIII; (☿) pg; Ins. (d), sb.
Felsspalten, Felsen, auf feuchten bis nassen, kalkarmen, steinigen Böden.
ÖK.: –
Soz.: –
D: –; GB: s, Schottl.; F: –; S: z.

Nickender Steinbrech
Saxifraga cernua ★
3–35 cm; Staude; B. rundl.-nierenf., 5–7lappig, lang gestielt; in den Achseln der B.stiele Bulbillen; Bl. 15–25 mm, z. T. in Brutknospen umgewandelt, einzeln, meist etwas nickend; St. schwach zickzackf. §
Keim.: –, nicht fruchtend; VII; (☿) pa–pg.
Wiesen, Felsen, auf feuchten bis nassen, kalkhaltigen Böden.
ÖK.: –
Soz.: –
D: s; GB: s, Schottl.; F: –; S: z–s.

Moos-Steinbrech
Saxifraga hypnoides
5–2 cm; Staude, kriechend, rasenf., mit vielen nicht blühenden Trieben, selten mit Bulbillen; B. starr, 3lappig, bis zum Grunde eingeschnitten; Lappen schmalborstlich, behaart; Bl. 10–15 mm, weiß; Knospen nickend. §
Keim.: F; V–VII; (☿) pa; Ins.
Kultiviert u. verwildert, in Felsspalten, Quellfluren, auf feuchten, meist kalka., stein. Böden.
ÖK.: –
Soz.: –
D: s; GB: z–s; F: s; S: –.

Saxifraga caespitosa
Bis 8 cm; Staude, immergrün, polsterbildend; beb. Triebe kurz; B. 3lappig, drüsig behaart; Bl. 8–10 mm, grünlich.
Keim.: ?; V–VII; (☿) pg; Ins. (d), sb.
Felsen, Felsspalten, auf frischen bis feuchten, neutralen, steinigen, flachgründigen Böden.
ÖK.: –
Soz.: –
D: –; GB: s; F: –; S: z.
(s. A. 69)

Gegenblättriger Steinbrech
Saxifraga oppositifolia
Staude, dichte Polster bildend; immergrün; B. längl.-verkehrt-eif., gegenst., 4 Reihen bildend, mit 1–3 Kalkdrüsen; Bl. 10–20 mm, rosenrot, einzeln, fast sitzend.
Keim.: F; III–VIII; (☿) pa, hg; Ins. (d, l), sb.
Kalkschutt, Felsen, Steinrasen der Gratlagen, auf frischen, kalkh. Schotter u. Steinschuttböden.
ÖK.: –
Soz.: –
D: s–v (Alp. 1650–2680 m); GB: s–z; F: s; S: z.

Saxifraga cotyledon
Bis 50 cm; Staude; Grundb. in Rosette, bis zungenf., spitz, fein gezähnt, fleischig; Bl. wei
Bst. von unten verzweig
Keim.: ?; VII–VIII; (☿)
Ins.
Steinrasen, Felsen, auf frischen, neutralen Schotter- u. Schuttböden.
ÖK.: 824 532
Soz.: 4.21
D: –; GB: –; F: –; S: z.

Sumpf-Herzblatt
Parnassia palustris ★
15–25 cm; Staude; Grundb. rosettig, lang gestielt, herzf.; Bl. 15–30 mm, weiß, einzeln; Kronb. gestreift; Bl.stiel kantig, mit einem sitzenden B.
Keim.: F-So; VI–X; (⚥) pa; Ins. (d, c, h), sb.
Flach- u. Quellmoore, Moorwiesen, Kalkmagerrasen, auf sickernassen, nährstoffr., kalkh., torfigen od. hum. Löß- u. Lehmböden.
ÖK.: 8XX 872
Soz.: 1.6
D: z–s (Alp. bis 2320 m); GB: z–s; F: z; S: v.

ROSENGEWÄCHSE
Rosaceae ★
Kräuter, Sträucher, Bäume; B. wechselständig, meist mit Nebenb.; Bl. meist 5zählig, regelmäßig, mit doppelter Blh.; oft unterhalb des Kelches noch ein Außenkelch; Staubb. 5 od. 2–4mal soviel wie Kronb.; Fr.knoten 1 bis viele, frei, von einer vertieften Bl.achse umgeben od. einer kegeligen Achse aufsitzend; Fr. Kapseln, Nüsse, Nüßchen, Steinfrüchte, Sammel- u. Scheinfrüchte.

Echtes Mädesüß
Filipendula ulmaria
60–200 cm; Staude; St. aufrecht, rötl.; B. unterbrochen-unpaarig-gefiedert, eif., doppelt gesägt, dazwischen viel kleinere; Bl. 5–10 mm, weiß.
Keim.: F; VI–IX; (⚥) pa, (⚥ + ♂) + (♂); Ins. (h, d, c), sb.
Feucht- u. Naßwiesen, Ufer, Quellen, Auenwälder, auf nassen, nährstoffr., hum., sand. Lehm- u. Tonböden.
ÖK.: 7XX 8X4
Soz.: 5.41
D: v (Alp. bis 1360 m); GB: v; F: v; S: v.

Knolliges Mädesüß
Filipendula vulgaris
30–60 cm; Staude; B. unterbrochen-unpaarig-gefiedert; Fiederb.chen bis 1,5 cm lang, mit mehr als 20 Paaren, tief eingeschnitten; Bl. 10–15 mm, weiß od. rosa.
Keim.: F; V–VIII; (⚥) hg; Ins. (h, d, c), sb.
Kalkmager- od. Halbtrockenrasen, lichte Eichen- u. Kiefernwälder, auf warmen, ± trockenen, kalkh., hum. Lehm- u. Tonböden.
ÖK.: 755 482
Soz.: 5.3
D: z–s (Alp. bis 900 m); DC: z–s; F: z; S: z.

Gemeiner Odermennig
Agrimonia eupatoria ★
30–125 cm; Staude; St. rauhhaarig; B. unterbrochen-unpaarig-gefiedert, mit großen u. kleinen Fiederb.chen; Bl. 5–8 mm, gelb, in Traube; Fr. mit Stacheln.
Keim.: F; VI–VIII; (⚥); Ins. (d, h), sb.
Trocken- u. Halbtrockenrasen, auf warmen, frischen, ± nährstoffr., kalkh., lehmigen Böden.
ÖK.: 764 484
Soz.: 6.111
D: v (Alp. bis 870 m); GB: v–z; F: v; S: z.
(s. A. 70)

Kleiner Wiesenknopf
anguisorba minor ★
0–60 (100) cm; Staude; . unpaarig-gefiedert, littelrippe rötl.; Bl. lein, grünl., in rundl. öpfchen; Kronb. fehend; Staubb. der unteen Bl. gelb; Griffel der beren rot.
eim.: F; V–IX; (⚥ + ♂ ♀); Ins. (h), wb.
ückige Halbtrocken- u. rockenrasen, Böschunen, Wegränder, Wiesen, uf ± trockenen, meist alkh., oft auch stein. ehm- od. Lößböden.
K.: 765 382
oz.: 5.3
v–s (Alp. bis 1219 m); B: v–s; F: v–z; S: s.

Großer Wiesenknopf
Sanguisorfa officinalis
30–90 cm; Staude kahl; B. unpaarig-gefiedert, m. 3–7 B.chen-Paaren; Bl. klein, in 1–2 cm langen Köpfchen.
Keim.: sf; VI–IX; (⚥), hg; Ins. (d, h, l), sb.
Feuchtwiesen, Wegränder, auf feuchten bis nassen, nährstoffh., neutralen, lehm. Böden.
ÖK.: 757 7X3
Soz.: 5.41
D: s–v; GB: z–v; F: z; S: s.

Alpen-Frauenmantel
Alchemilla alpina ★
10–20 (30) cm; Staude; B. 5–7lappig, fast bis zum Grund geteilt, unterseits dicht seidig behaart; Bl. 3 mm, gelbl.-grün, in lockeren Knäueln; Kronb. fehlend.
Keim.: ?; VI–VIII; (⚥); apo.
Alp. u. subalp. Magerrasen, auf frischen, nährstoff- u. kalkarmen, sauren, humosen Lehmböden.
ÖK.: 922 522
Soz.: 5.111
D: s, Alp. 1200–2300 m; GB: s–z, alp.; F: s, alp.; S: z.

Frauenmantel
Alchemilla vulgaris
u. verwandte Arten; 10–50 cm; Stauden; B. lang gestielt, meist behaart; Spreite gefaltet, 9–13lappig, Abschnitte gezähnt; Bl. 3–5 mm, gelbl.-grün, in lockeren Knäueln; Kronb. fehlend.
Keim.: F; V–IX; (⚥); apo.
Wiesen, Hänge, Wald- u. Grabenränder, auf frischen bis ± trockenen, humosen Lehmböden.
ÖK.: 643 6X6
Soz.: 5.422
D: v; GB: v–z; F: z; S: v.

Acker-Frauenmantel
Aphanes arvensis ★
2–10 cm; Einj. niederliegend; B. 3lappig, tief gezähnt, graugrün; Nebenb.lappen am Grunde des Blst. 3eckig-eiförmig; B. klein, 1,5–2 mm, grün; Staubb. 1.
Keim.: H–F; IV–X; (⚥); sb., apo.
Getreidefelder, Ackerränder, auf frischen, nährstoffr., kalka., sand. od. reinen Lehmböden (Säure- u. Lehmzeiger).
ÖK.: 652 645
Soz.: 3.421
D: z–v (Alp. bis 800 m); GB: s–v; F: v–z; S: s.

Kriechende Rose
Rosa arvensis

50–200 cm; Strauch; Stacheln gekrümmt; B. unpaarig gefiedert (2–3); Bl. 30–50 mm, weiß, einzeln; Kelchb. früh abfallend; Butte rot.
Keim.: F; VI–VIII; (⚥) hg; Ins. (h, d, l), sb.
Lichte Laub- u. Nadelmischwälder, Weg- u. Waldränder, auf frischen, meist warmen, ± nährstoffr., hum., stein. od. reinen Lehm-, Ton- u. Mullböden.
ÖK.: 552 575
Soz.: 8.432
D: v–z (Alp. bis 1300 m); GB: v–z; F: v–z; S: ?.

Bibernell Rose
Rosa spinosissima

20–100 (130) cm; Strauch; mit geraden Stacheln u. steifen Borsten; B. unpaarig-gefiedert; B.chen rundl., 3–5 Paar; Bl. 25–40 mm, gelbl.-weiß bis rosa; Butte klein, später schwarz.
Keim.: F; V–VII; (⚥); Ins. (d, h, l).
Dünenweidengebüsch, Kalkmagerrasen, auf warmen, trockenen, stein., sand. Lehm- u. Verwitterungsböden der Kalkgebirge.
ÖK.: 855 482
Soz.: 6.112
D: s; GB: z–s; F: z; S: ?.

Hundsrose
Rosa canina ★

150–200 (250) cm; Strauch; Äste bogig überhängend; Stacheln gekrümmt; B. unpaarig gefiedert (2–3), gezähnt; Bl. 40–50 mm, rosa, selten weiß; Griffel nicht verwachsen; Butte rot.
Keim.: F; VI–VII; (⚥); Ins. (h, d, c, l), sb., apo.
Hecken, Wald- u. Wegränder, lichte Laub- u. Nadelwälder, auf warmen, frischen, ± hum., lehmigen Böden.
ÖK.: 853 4XX
Soz.: 8.41
D: v (Alp. bis 1330 m); GB: v; F: v; S: z–s.

Wein-Rose
Rosa eglanteria

100–180 cm; Strauch, aufrecht, Stacheln gekrümmt; B. unpaarig gefiedert; B.chen eif.-rundl., Drüsen nach Wein duftend; Bl. rosa; Kelchb. aufrecht.
Keim.: F; VI–VII; (⚥); Ins. (d, h, l).
Kalkmagerweiden, Waldränder, auf ± trokkenen, kalkh., hum., meist stein. od. sand. Ton., Lehm- od. Verwitterungsböden.
ÖK.: 762 383
Soz.: 8.412
D: z (Alp. bis 1200 m); GB: z–s; F: z–s; S: z–s.

Filzige Rose
Rosa tomentosa

100–200 cm; Strauch; Stacheln ± gekrümmt, mit breitem Grund; B. unpaarig gefiedert; B.chen dicht kurzhaarig Bl. 35–40 mm, rosa, seltener weißl.-rosa; Kelchb. gefiedert, früh abfallend.
Keim.: F; VI–VII; (⚥); Ins. (h, d, l).
Buschige Hänge, Waldränder, Hecken, auf warmen, ± trockenen, hum Lehm- u. Lößböden.
ÖK.: –
Soz.: 8.41
D: z (Alp. bis 1300 m); GB: z–s; F: z; S: z–s.

Weiche Rose
Rosa mollis

100–250 cm; Strauch; Äste aufrecht; Stacheln gerade; B. unpaarig gefiedert, dicht weißhaarig; Bl. 30–50 mm, dunkelrot bis weiß; Kelchb. gefiedert, lange bleibend; Butte behaart.
Keim.: F; VI–VIII; (⚥); Ins. (d, h, l).
Lichte Wälder, Hecken, Hänge, Gebüsche, auf meist frischen u. kalka., sand. bis stein., hum. Böden.
ÖK.: –
Soz.: –
D: s; GB: s–v; F: s; S: v–z.

Kratzbeere
Rubus caesius

30–60 (100) cm; Strauch, lang kriechend; wenige gerade Stacheln; B. 3zählig-unpaarig gefiedert; Bl. 15–25 mm, weiß od. rötl.; Sammelsteinfr. stark bläul. bereift.
Keim.: H–F; V–IX; (⚥); Ins. (d, h, c).
Lichte Auenwälder, Weidengebüsche, Ufer, Wald- u. Wegränder, Hecken, auf feuchten, nährstoffr., meist kalkh., wenig hum. bis rohen Lehm- u. Tonböden.
ÖK.: 753 779
Soz.: 3.521
D: v (Alp. bis 1050 m); GB: v–z; F: v; S: z–s.

Brombeeren
Rubus fruticosus ★

Verwandte Arten, formenr., 30–130 (200) cm; Sträucher; Schößlinge 2jährig, bogenf., oft kantig, kräftig bestachelt; B. unpaarig gefiedert (3–5); Bl. 20–30 mm, weiß od. rosa; Sammelsteinfr. glänzend schwärzl.
Keim.: H–F; V–XI; (⚥); apo.
Gebüsche, Wald- u. Wegränder, Kahlschläge, Böschungen etc., auf frischen bis trockenen Sand- u. Lehmböden.
ÖK.: –
Soz.: 6.2
D: v (Alp. bis 1650 m); GB: v; F: v; S: z.

Moltebeere
Rubus chamaemorus

8–20 cm; Staude, mit weitkriechender Grundachse; B. 5–7lappig, herz-nierenf. behaart; Bl. 15–25 mm, weiß, einzeln, endständig; Sammelsteinfr. orange.
Keim.: F; V–VIII; (♂) + (♀); Ins. (h, d).
Hoch- u. Zwischenmoore, Heiden, auf feuchten, kalkfreien, sauren Böden.
ÖK.: 837 821
Soz.: 1.71
D: s; GB: s–z; F: –; S: v.

Rubus arcticus

10–30 cm; Staude, mit weitkriechender Grun achse; dornenlos; B. 3zählig gefiedert; B.ch zerknittert; Bl. 15–25 mm, leuchtend rot; Kronb. manchmal gezähnt; Kelchb. lineal., die Kronb. oft überragend; Sammelsteinfr. rot.
Keim.: F?; VI–VII; (⚥ Ins.
Moore, auf nassen bis feuchten, meist kalkfreien, torfigen Böden
ÖK.: –
Soz.: –
D: –; GB: ?, Schottl.; F: –; S: v–z.

Himbeere
Rubus idaeus ★
100–200 cm; Strauch, schwach stachelig; B. unpaarig gefiedert (3–5), unterseits weißfilzig; Bl. 5–10 mm, weiß, in wenigbltg. Rispen; Sammelsteinfr. rot. ⚕
Keim.: F; V–VIII; (⚥); Ins. (d, h), sb.
Lichte Wälder, Kahlschläge, Waldwege, Steinschutthalden, auf frischen bis feuchten, meist kalkh., nährstoffr., hum. Lehmböden.
ÖK.: 7XX 5X8
Soz.: –
D: v (Alp. bis 1850 m); GB: v; F: v–z; S: v.

Steinbeere
Rubus saxatilis
10–25 cm; Staude, stachellos, einj.; B. 3zählig gefiedert; Bl. 10 mm, weiß; Kronb. schmal, so lang wie die Kelchb.; Sammelsteinfr. rot, aus wenigen Steinfr.chen.
Keim.: F; V–VIII; (⚥); Ins. (d, h), sb.
Nadelmisch- od. Lindenwälder der Gebirge; subalp. Hochgrasgebüsch, Knieholz, auf ± trockenen, kalkh., hum. Stein-, Sand- u. Lehmböden.
ÖK.: 4X7 5X4
Soz.: –
D: z–s (Alp. bis 2178 m); GB: z–s; F: s; S: v.

Wald-Erdbeere
Fragaria vesca ★
8–15 cm; Staude, mit Ausläufern; B. 3zählig; Mittelb.chen kurz gestielt, alle unterseits seidenhaarig,; Bl. 12–18 mm, weiß; Fr. klein, rot, Sammelnüßchen.
Keim.: F–So; IV–VII; (⚥) pg; Ins. (d, h, l).
Kahlschlagsges., Waldränder, Böschungen, auf frischen, nährstoffr., hum., stein., sand. od. reinen Lehmböden.
ÖK.: 7X5 5X6
Soz.: 6.2
D: v (Alp. bis 2200 m); GB: v; F: v; S: v–z.
(s. A. 71)

Fingerstrauch
Potentilla fruticosa ★
60–100 cm; Strauch; B. 3–5zählig gefiedert, unterseits dicht seidig behaart; Bl. 15–20 mm, gelb, in lockeren Blst.
Keim.: ?; V–VIII; (♂) + (♀); Ins. (d, h).
Zierstrauch, selten verwildert, Flußufer, Senken, zwischen Felsen, auf frischen bis feuchten, neutralen Böden.
ÖK.: –
Soz.: –
D: s; GB: s; F: s; S: s.

Sumpf-Blutauge
Comarum palustre
30–100 cm; Staude; B. 5–7zählig gefiedert; Fiederb.chen scharfgesägt, oberstes am größten; Bl. 20–30 mm, dunkel-purpurrot; Kronb. schmaler u. kürzer als die rotbraunen Kelchb.
Keim.: F–So; V–VII; (⚥) pa; Ins. (d, h), sb.
Flach- u. Zwischenmoore, Gräben, auf nassen, meist flach überschw., mäßig nährstoffr. Torf-Schlammböden.
ÖK.: 7XX 1032
Soz.: 1.6
D: z (Alp. bis 1800 m); GB: v–z; F: z–s; S: v.

Erdbeer-Fingerkraut
Potentilla sterilis
5–10 cm; Staude, behaart; St. niederliegend, wurzelnd; B. 3zählig gefiedert; Fiederb.chen breit-verkehrt-eif., unterseits silbrig-weißhaarig; Bl. 10–15 mm, weiß; Kronb. schwach ausgerandet; Fr. eine Kapsel.
Keim.: F; II–V; (⚥) hg; Ins. (d, h), sb.
Krautr. Eichen-Hainbuchenwälder, Gebüsche, auf frischen, nährstoffr., kalka., hum., sand. Lehm- od. Mullböden.
ÖK.: 552 566
Soz.: 8.432
D: s–z (Alp. bis 1500 m); GB: v–z; F: v; S: s.
(s. A. 72)

Weißes Fingerkraut
Potentilla alba
8–25 cm; Staude; B. (3)–5zählig gefingert; B.chen gefaltet, schmal-lanzettl., unterseits silberweiß-seidenhaarig, oberseits dunkelgrün; Bl. 15–20 mm, weiß; Kronb. schwach ausgerandet.
Keim.: ?; IV–VI; (⚥); Ins.
Lichte Eichen-, Eichen-Kiefernwälder, Waldränder, Gebüschsäume, auf ± trockenen, warmen, oft kalka., hum., Lehm- u. Tonböden.
ÖK.: 665 455
Soz.: 8.421
D: z–s; GB: –; F: s; S: –.

Blutwurz
Potentilla erecta ★
15–30 cm; Staude; St. niederliegend, nicht wurzelnd; Grundb. 3zählig, rosettig, früh absterbend; St.b. + 2 tief gezähnte Nebenb., scheinbar 5zählig; Bl. 6–12 mm, gelb; Kron- u. Kelchb. 4.
Keim.: F–So; V–IX; (⚥) pa–hg; Ins. (h, d, c, l).
Magerrasen, Heiden, Moorwiesen, auf trockenen bis wechselfeuchten, kalka., sauren, sand. u. lehmigen Böden.
ÖK.: 6X3 XX2
Soz.: 5.1
D: v (Alp. bis 2200 m); GB: v; F: v; S: v.

Gestrecktes Fingerkraut
Potentilla anglica
15–70 cm; Staude; St. niederliegend, wurzelnd; Grundb. 5zählig, lang gestielt, rosettig; St.b. kurz gestielt; Nebenb. oft ungezähnt; Bl. 14–18 mm, gelb; Kron- u. Kelchb. meist 4.
Keim.: F–So; V–IX; (⚥); Ins.
Lückige Rasenges., Gräben, Sumpfwiesen, Waldränder, auf frischen, ± nährstoffr., meist kalkfreien, hum. Ton- u. Lehmböden.
ÖK.: –
Soz.: –
D: z–s; GB: z; F: z–s; S: s.

Kriechendes Fingerkraut
Potentilla reptans ★
St. 30–100 cm; langkriechend; an den Knoten wurzelnd; Staude; B. meist 5zählig; St.b. ähnlich, gestielt; Bl. 17–25 mm, gelb; Kron- u. Kelchb. 5.
Keim.: So–H; V–IX; (⚥) hg, (⚥ + ♀) + (♀); Ins. (h, d).
Wege, Ufer, Äcker, Fett- u. Sumpfwiesen, auf nährstoffr., hum. Lehm- u. Tonböden.
ÖK.: 663 675
Soz.: 3.72
D: v (Alp. bis 1160 m); GB: v–z; F: v; S: z.

Frühlings-Fingerkraut ★
Potentilla tabernaemontani
8–15 cm; Staude; Grundb. 5–7zählig; St.b. 3zählig, sitzend, behaart; Nebenb. schmal; Bl. 10–20 mm, gelb; Kron- u. Kelchb. 5.
Keim.: F; IV–VI; (⚥); Ins., apo.
Trockenrasen, Dämme, auf warmen, nährstoff- u. meist kalkh., hum. Löß-, Lehm-, auch Sand- u. Steingrusböden.
ÖK.: 754 272
Soz.: 5.32
D: z–s (Alp. bis 1070 m); GB: s; F: z; S: z–s.

Zottiges Fingerkraut
Potentilla crantzii ★
5–15 cm; Staude, nicht rasig; St. ausgestreckt; B. 5zählig, u. abstehend behaart; Bl. 15–25 mm, gelb, orangerot gefleckt; Kronb. ausgerandet, 2mal so lang wie die Kelchb.
Keim.: F–So; V–IX; (⚥); Ins. (d), sb.
Steinschutt, Felsspalten, auf frischen, kalkh., hum., stein. Lehm- u. Tonböden.
ÖK.: 923 58?
Soz.: 4.71
D: z–v; Alp. 1500–2440 m; GB: s–z; F: s; S: v–z.

Silberweißes Fingerkraut
Potentilla argentea
20–50 cm; Staude; St. aufrecht; B. 5zählig, unterseits dicht weißfilzig, oberseits dunkelgrün; B.chen am Rand umgerollt, tief gesägt.
Keim.: F–So; VI–X; (⚥); Ins. (h), apo.
Trockenrasen, Silbergrasfluren, Sandfelder, Wege, Dämme, auf warmen, trockenen, ± nährstoffr., kalka., Sand- od. Steingrusböden.
ÖK.: 9X3 231
Soz.: 5.2
D: v; GB: s–z; F: z; S: v–z.

Norwegisches Fingerkraut
Potentilla norvegica
15–50 cm; Einj./Staude, rauhhaarig; St. aufrecht; B. 3zählig, unterste gefiedert; Bl. 10–15 mm, gelb; Kelchb. so lang wie die Kronb., sich zur Fr.zeit verlängernd.
Keim.: F; VI–IX; (⚥) hg; Ins.
An Wegen, Ufern, Gräben, auf frischen, nährstoffr., kalkarmen, sandigen od. reinen Tonböden, salzverträglich.
ÖK.: –
Soz.: –
D: z–s; GB: z–s; F: z–s; S: v–z.

Gänse-Fingerkraut
Potentilla anserina ★
15–50 (80) cm, kriechend; Staude; B. unter brochen gefiedert, bis 20 cm, unterseits weiß-seidenhaarig; B.chen ti gesägt; Bl. 15–20 mm, gelb, einzeln; Kronb. 2mal länger als Kelchb.
Keim.: So; V–VIII; (⚥) pa–pg; (⚥ + ♀) + (♀); Ins. (d, c, h), sb.
Trittpflanzen- u. Flutra senges., auf nährstoffr. Sand-, Lehm- u. Tonbö den, salzertragend.
ÖK.: 75X 6X7
Soz.: 3.7
D: v (Alp. bis 800 m); GB: v; F: v; S: v–z.

Bach-Nelkenwurz
Geum rivale ★
30–50 cm; Staude, behaart; Grundb. lang gestielt, gefiedert; St.b. 3zählig; Nebenb. klein; Bl. 8–15 mm; Kronb. rosa-gelbl.; Kelchb. purpurn; Griffel hakenf., u. zottig, o. fedrig.
Keim.: sf; IV–IX; (⚥) pg, (⚥ + ♂) + (♂); Ins. (h), sb.
Berg-Auenwälder, Wiesen, Ufer, Hochstaudenfluren, Quellen, auf nassen, nährstoffr., hum. Lehm- u. Tonböden.
ÖK.: 6X5 8X4
Soz.: –
D: v–z (Alp. bis 1940 m); GB: v–z; F: z–s; S: v.

Echte Nelkenwurz
Geum urbanum ★
25–70 cm; Staude, behaart; untere B. gefiedert, obere 3zählig; Nebenb. laubb.-ähnlich; Bl. 8–15 mm, aufrecht; Kronb. gelb, Kelchb. grün; Griffel hakenf., unten kahl, oben behaart. ☿
Keim.: F; V–IX; (⚥) pg, (⚥ + ♂); Ins. (h), sb.
Eichen-Hainbuchen- u. Auenwälder, Gebüsche, Waldwege, auf frischen, N-haltigen, nährstoffr., hum. Lehm-, Ton- u. Mullböden.
ÖK.: 455 5X7
Soz.: 3.522
D: v (Alp. bis 1000 m); GB: v; F: v; S: v–z.

Silberwurz
Dryas octopetala ★
6–12 cm; Strauch, niederliegend; B. längl.-ellipt., stumpf gekerbt, unterseits weißfilzig, ledrig; Bl. 25–40 mm, weiß; Kronb. 8 und mehr; Griffel fedrig behaart.
Keim.: ?; V–VIII; (⚥) pg, (⚥ + ♀), (⚥ + ♂), (♂) + (♀); Ins. (h, d, l, c), sb.
Kalkmagerrasen, Blaugrasrasenges., auf frischen bis ± trockenen, kalkh. od. feinerdea. Stein-, Steinschutt- od. Felsböden.
ÖK.: 9X7 484
Soz.: –
D: z, Alp. bis 2570 m; GB: s, alp; F: s, alp; S: z.

SCHMETTERLINGSBLÜTLER
Leguminosae ★
Eine Familie mit charakteristisch gefiederten oder 3zähligen (Klee) Blättern u. besonderen Schmetterlingsblüten. Jede Bl. mit 5 Kronb., 2 zu einem Schiffchen verklebt, Staubb. u. Griffel umgebend; beidseitig des Schiffchens 2 als Flügel bezeichnete Kronb., oben eine etwas größere, oftmals zurückgeschlagene Fahne. Die meisten Arten binden Luftstickstoff mit Hilfe von Wurzelbakterien (*Rhizobium leguminosarum*) und können auf diese Weise rohbzw. stickstoffarme Böden besiedeln.

Alpen-Tragant
Astragalus alpinus
5–30 cm; Staude, rauh haarig, B. unpaarig ge fiedert; Bl. 10 mm, hel violett, in lockeren Tra ben; Hülse bräunlich.
Keim.: So; VI–VIII; (
Ins. (h, l).
Gebirgsrasen, oft in Gratlagen, auf kalkhal gen Böden.
ÖK.: 917 45?
Soz.: 4.7
D: Alp. 1300–2000 m; GB: s; F: –; S: z.

änischer Tragant
tragalus danicus ★
25 cm; Staude, be-
art; B. gefiedert, mit
ıdblättchen; Bl.
mm, tiefviolett, in
ıggestielten dichten
auben.
im.: ?; V–VII; (☿);
. (h).
ılbtrockenrasen, son-
ge Steppenrasen, Dü-
n, auf kalkhaltigen,
utralen, humosen od.
ıdigen Böden.
K.: 867 392
z.: 5.312
s; GB: z–s; F: s; S: s.

Bärenschote
Astragalus glycyphyllos
40–105 cm; Staude, fast kahl, zickzackf. wachsend, mit dicken Sprossen; B. unpaarig gefiedert, mit 4–7 Fiederblättchen; Bl. 10–15 mm, gelblichgrün, in lockeren Trauben.
Keim.: F; VI–VIII; (☿); Ins. (h).
Schlehenhecken u. Gebüsche, Trockenbusch- u. Trockenwaldges., auf nährstoffreichen, kalkhaltigen Böden.
ÖK.: 664 474
Soz.: 6.1
D: v–s (Alp. bis 1115 m); GB: v–z; F: z; S: z.

Gemeine Fahnenwicke
Oxytropis campestris
5–15 cm; Staude, stengellos behaart; B. unpaarig gefiedert, Fiederbl. 10–20 mm; Bl. 15–20 mm, weißlichgelb, selten violett, in dichten Blst.
Keim.: ?; VI–VIII; (☿); Ins. (h).
Magere Steinrasen, auf ± trockenen, basenreichen, oft entkalkten Steinböden.
ÖK.: –
Soz.: –
D: alp. bis 700 m; GB: s; F: s; S: s.

Oxytropis halleri
5–30 cm; Staude, ähnl. Gemeiner Fahnenwicke, aber Fiederblättchen nur 5–8 mm; Bl. 20 mm, purpurn; Blst. länger gestielt.
Keim.: ?; VI–VII; (☿); Ins. (h).
Magere alpine Steinrasen, auf ± trockenen, basenreichen, oft entkalkten Böden.
ÖK.: –
Soz.: –
D: –; GB: s, Schottl.; F: –; S: Arktis.

Strauch-Kronwicke
Coronilla emerus
1–2 (4) cm; Strauch, sommergrün (ohne Stacheln); B. unpaarig gefiedert, graugrün; Bl. gelb, in lockeren Dolden; Hülse quer gegliedert, bis 10 cm lang.
Keim.: ?; IV–VI; (☿); Ins. (h).
Trockenbusch u. offene Trockenwaldges., auf trockenen, meist kalkhaltigen Böden.
ÖK.: 764 392
Soz.: 8.412
D: s (Alp. bis 1150 m); GB: s; F: s–v; S: s.

nte Kronwicke
onilla varia
125 cm; Staude, nie-
liegend; B. unpaarig
edert, Fiederblätt-
n verkehrt eiförmig;
12 mm, rosa-lilaweiß,
ang gestielten kugeli-
Dolden; Hülse quer-
liedert, bärtig.
m.: H; VI–VIII; (☿);
(h).
btrockenrasenges.,
warmen, meist kalk-
igen Substraten.
.: 755 493
.: 6.1
–s; GB: z; F: z; S: –.

Stechginster
Ulex europaeus ★
100–150 (250) cm; Strauch, wintergrün, mit scharfen Dornen, b. strengem Frost oft zurückfrierend; B. dornig, nur beim Keimling 3zählig gefiedert; Bl. 15 mm, goldgelb, Flügel länger als Schiffchen.
Keim.: F; IV–VII; (☿); Ins. (h, d, c).
Meist gepflanzt, Pionier in Brachen, Heiden, Mooren, auf nährstoffhaltigen bis -ärmeren, kalkfreien, sauren, sandigen od. torfigen Böden.
ÖK.: –
Soz.: –
D: z–s; GB: v; F: z–s; S: z–s.

Ulex gallii
15–120 cm; Strauch, dornig; B. ungekielte Dornen; Bl. 10–12 mm, leuchtend gelb, Flügel länger als Schiffchen.
Keim.: F–H; VII–XI; (☿); Ins. (h).
Heiden und Moore, auf trockenen, meist sauren Böden.
ÖK.: –
Soz.: –
D: –; GB: z–v; F: z; S: –.

Ulex minor
15–120 cm; Strauch, dornig, oft niederliegend; B. ungekielte Dornen; Bl. 8–10 mm, blaßgelb, Flügel so lang wie das Schiffchen.
Keim.: F–H; VII–XI; (☿); Ins. (h).
Heiden, auf trockenen, meist sauren Böden.
ÖK.: –
Soz.: –
D: –; GB: z–s; F: z–s; S: –.

Besenginster
Sarothamnus scoparius ★
50–200 cm; Strauch, sommergrün, an der Küste auch niederliegend; Zweige gekielt; B. 3zählig; Bl. 20 mm, gelb, in Trauben, Hülse bis 40 mm, schwarz.
Keim.: F–S; IV–VI; (☿); Ins. (h).
Extensivweiden, Waldschläge, Brachen, Heiden, auf trockenen, meist kalk- u. nährstoffarmen Böden (frostempfindlich).
ÖK.: 852 433
Soz.: 8.415
D: v–z; GB: v–z; F: v–z; S: z–s.

Kopf-Geißklee
Cytisus supinus
20–30 cm; Halbstrauch, niederliegend; St. behaart, schwach dornig; B. 3zählig gefiedert; Bl. 20–25 mm, gelb, in endständigen, doldig-kopfigen Blst.
Keim.: ?; VI–VIII; (⚥); Ins. (h); Samen d. Ameisen verbreitet; Trockenrasenges., Heiden, Kiefern-Trockenwald, auf nährstoffhaltigen, aber meist kalkfreien, warmen, steinigen Böden.
ÖK.: –
Soz.: –
D: s; GB: –; F: z–s; S: –.

Englischer Ginster
Genista anglica ⋆
10–50 cm; Halbstrauch; Äste dornig, kahl; B. lanzettl. od. eiförmig, zugespitzt; Bl. 8–19 mm, gelb, in gestielten Trauben, Fahne kürzer als Schiffchen; Hülse aufgeblasen, kahl.
Keim.: S; IV–VI; (⚥); Ins. (h).
Heiden u. Weide-Ges., auf meist nährstoffärmeren, kalkfreien, sauren, lehmigen Sandböden.
ÖK.: 751 542
Soz.: 5.121
D: z; GB: z; F: z; S: s.

Behaarter Ginster
Genista pilosa
10–30 cm; Halbstrauch, oft niederliegend, ohne Dornen; B. längl.-lanzettl., dunkelgrün; Schiffchen u. Hülse seidenhaarig; Bl. 10 mm, gelb.
Keim.: H; IV–VII; (⚥); Ins. (h).
In verheideten Eichen- u. Kiefernwäldern, Trockenrasen, Zweigstrauchheiden, auf meist sauren, nährstoffarmen Sand- u. Silikatgesteinsböden.
ÖK.: 754 X21
Soz.: 5.121
D: z; GB: s; F: z; S: s.

Färber-Ginster
Genista tinctoria ⋆
(10) 30–60 (80) cm; Strauch-Halbstrauch, dornenlos, schwach behaart; B. lanzettl., bis 30 mm; Bl. 15 mm, gelb, Fahne so lang wie das Schiffchen; Hülse meist kahl.
Keim.: H; VI–VIII; (⚥); Ins. (h), sb.
Zwergstrauchheiden, Halbtrocken-, Trockenrasen, auf nährstoffh., kalka. Sand- od. sandigen Lehmböden.
ÖK.: 853 542
Soz.: 5.411
D: v–z; GB: s–z; F: v–z; S: –.

Schwarzer Geißklee
Cytisus nigricans
60–150 cm; Strauch; B. 3zählig; Bl. 7–10 mm, gelb, in verlängerten blattlosen Trauben; Flügel kürzer als Schiffchen; Hülse behaart.
Keim.: ?; VI–VII; (⚥); Ins. (h).
Trockene lichte Wälder, auf trockenen, nährstoffarmen, aber meist nicht sauren, sandigen Böden
ÖK.: 665 4X?
Soz.: –
D: z–s; GB: ?; F: ?; S: ?.

Flügel-Ginster
Genista sagittalis
10–25 cm; Halbstrauch, niederliegend, rasenbildend, an Knoten wurzelnd, 2schneidig geflügelt, meist blattlos; Bl. 12–15 mm, gelb, in dichten Trauben; Hülse behaart.
Keim.: ?; V–VII; (⚥); Ins. (h).
Borstgrasrasen, Magerweiden, Magerrasen auf nährstoffärmeren, warmen, meist kalkfreien, lehmigen od. steinigen Böden.
ÖK.: 854 442
Soz.: 5.112
D: z–s; GB: ?; F: z; S: –.

Blasenstrauch
Colutea arborescens
200–500 cm; Strauch, sommergrün, behaart; B. unpaarig gefiedert, Fiederb. eiförmig; Bl. 20 mm, gelb, in wenigbltg. gestielten, hängenden Trauben; Hülsen stark aufgeblasen.
Keim.: F; VI–VIII; (⚥); Ins. (h).
Eichen-Trockenwälder, Hecken, Wegränder, auf warmen Kalk- od. Lößböden; gepflanzt.
ÖK.: 853 382
Soz.: 8.42
D: s; GB: s; F: z; S: –.

Baum-Lupine
Lupinus arboreus
Bis 300 cm; Strauch, wintergrün, behaart; B. gefingert, zugespitzt; Bl. gelb od. weiß, quirlig, in gestielten Trauben; Hülse behaart.
Keim.: F–S; V–VIII; (⚥); Ins. (h).
Gestörte Plätze, sandige Böden, auf trockenen, meist nährstoffarmen, kalkfreien Böden; Heim. Kalifornien.
ÖK.: –
Soz.: –
D: angepfl.; GB: angepfl.;
F: ?; S: ?.
(s. A. 73)

Vogel-Wicke
Vicia cracca
St. bis 150 cm; Staude kletternd, weichhaarig; B.paarig gefiedert mit 8–12 B.chenpaaren; Ranke verzweigt; Bl. 10–12 mm, blau-violett, in dichten einseitigen Trauben; Hülsen braun.
Keim.: sf; VI–VIII; (⚥); Ins. (h, d).
Fett- u. Magerwiesen, Waldränder, Knicks, Flußufer-Strandges., auf nährstoffreichen, meist N-haltigen, lehmigen, humosen Böden.
ÖK.: 7XX 5XX
Soz.: 5.4
D: v–z (Alp. bis 1180 m); GB: v–z; F: v–z; S: z.

Zottige Wicke
Vicia villosa
St. 30–185 cm lang; Einj., zottig behaart; B.paarig gefiedert m. 6–B.chenpaaren; Bl. 12–15 mm, Farbe variabel, mit am Grunde verdickter Kelchröhre.
Keim.: F; VI–VIII; (⚥)
Ins. (h).
Getreideunkrautges. oc gestörte Plätze, auf nähstoffreichen, kalkhaltigen, sandig-lehmigen Böden.
ÖK.: 765 445
Soz.: 3.421
D: v–z; GB: v; F: z; S:
(s. A. 74)

ald-Wicke
cia silvatica
bis 200 cm lang;
aude kahl; B.paarig
fiedert mit 6–10
chenpaaren; Ranke
rzweigt; Bl. 15–20 mm,
aß-lila, mit roten Ner-
n; Hülsen schwarz.
eim.: ?; VI–VIII; (⚥);
s. (h).
ubmisch-, Nadelwäl-
r, Hochstaudenfluren,
f frischen, nährstoffr.,
m., stein. Lehm- od.
nböden.
K.: 7X4 X83
z.: 6.111
z, Alp. 1050–1950 m;
3: v–z; F: s; S: v–z.
A. 75)

Zaun-Wicke
Vicia sepium
30–60 cm; Staude, klett., meist kahl; B.paarig gefiedert mit 3–9 B.chenpaaren; Ranke verzweigt; Bl. 12–15 mm, blau-purpurn, selt. gelb, zu 2–6 in kurzer Traube, Hülsen schwarz.
Keim.: ?; H–F; VI–XI;(⚥); Ins. (h).
Fettwiesen, krautreiche Laubmischwälder, Gebüsche, Waldränder, auf nährstoffr., hum., meist lehm. Böden.
ÖK.: XX5 575
Soz.: –
D: v (Alp. bis 1950 m); GB: v; F: v; S: v–z.

Futter-Wicke
Vicia sativa
30–100 cm; Einj., überwinternd, behaart, klimmend; B.chenpaare 4–8; Ranken meist verzweigt; Bl. 10–30 mm, rötlich bis bläulich, Schiffchen oft weißlich; Hülsen braun od. schwarz, behaart od. kahl. ⚘
Keim.: F; IV–IX; (⚥); Ins. (h, l), s.
Angebaut u. verwildert in Getreide- u. Schuttunkrautges., auf frischen, nährstoffreichen Lehmböden.
ÖK.: 553 XXX
Soz.: 3.4
D: v; GB: v; F: v; S: v.

Kleine Wicke
Vicia lathyroides ★
5–20 cm; Winterann., niederliegend; B.chenpaare 1–3; Ranke unverzweigt; Bl. 5–8 mm, einzeln, hellviolett, Hülsen schwarz.
Keim: H; IV–VI; (⚥); sb.
Warme Silbergrasfluren, Trockenrasen, auf kalkfreien, sandigen Böden, z. T. in Küstennähe.
ÖK.: 874 232
Soz.: 5.2
D: z–s; GB: z–s; F: z; S: z–s.

Zitterlinse
Vicia hirsuta
15–60 cm; Einj., behaart; B.chenpaare 4–8, wechselständig; Ranken verzweigt; Bl. 4–5 mm, bläul.-weiß; Hülse behaart.
Keim.: sf; V–IX; (⚥); Ins. (h, l), sb.
Ackerunkrautges., lückige Rasenges., Wegränder od. Schuttplätze, auf nährstoffreichen Lehm- od. sandig-lehmigen Böden.
ÖK.: 755 XXX
Soz.: –
D: v (Alp. selten); GB: v–z; F: v; S: z.

rsamige Wicke
a tetrasperma
60 cm; Einj., ähnlich
erlinse, aber B.chen-
re 3–6; Ranken un-
zweigt; Bl. 4–8 mm,
3violett, einzeln od.
2–5; Hülsen kahl.
m.: H–F; V–VIII;
Ins. (h), sb.
erunkrautges., bes.
genfelder, auf ±
rstoffreichen, kalkar-
n, sandig-lehmigen
len.
.: 655 534
.: 3.42
; GB: z–s; F: v; S: z.
A. 76)

Gelbe Wicke
Vicia lutea
bis 60 cm; Ein-/Einj. überwinternd; meist niederliegend, behaart; B.chenpaare 3–9; Ranke oft verzweigt; Bl. 20–30 mm, gelb, meist einzeln; Hülsen behaart.
Keim.: sf; VI–IX; (⚥); Ins. (h).
Küstenklippen, Getreidefelder, Schuttplätze, Wegränder, auf ± trockenen, nährstoffreichen, kalkhaltigen Sand- u. Lehmböden.
ÖK.: –
Soz.: –
D: s; GB: s–z; F: s; S: –.

Breitblätt. Platterbse
Lathyrus latifolius
50–200 cm; Staude; St. geflügelt, klett.; B.chenpaar 1, breit; Ranken verzweigt; Bl. 20–30 mm, rosenrot, lebh. purpurn; K.zähne länger als Kronröhre.
Keim.: H; VII–IX; (⚥); Ins. (h).
Kultiviert u. verwildert, sonnige Busch- u. Heckensäume, auf ± trockenen, basenreichen Böden.
ÖK.: 784 393
Soz.: 6.111
S: s–z; GB: s; F: z; S: –.

Wald-Platterbse
Lathyrus silvester
100–200 cm; Staude; St. geflügelt, kletternd; B.chenpaar 1, schmal; Ranke verzweigt; Bl. 15–20 mm, rötl.-grün bis purpurn u. fleischfarben; K.zähne kürzer als Kronröhre.
Keim.: F; VII–IX; (⚥); Ins. (h).
Hecken-, Busch- u. Waldränder, Trockenwaldges. u. Laubwaldges., auf warmen, frischen, nährstoffr. u. kalkh. lehm. Böden.
ÖK.: 764 482
Soz.: 6.1
D: v–z (Alp. bis 635 m); GB: s–z; F: v–z; S: z.

Wiesen-Platterbse
Lathyrus pratensis
30–100 cm; Staude; St. kantig, kletternd; B.chenpaar 1, Nebenb. groß; Ranke verzweigt; Bl. 15–20 mm, gelb; Hülse schwarz.
Keim.: H–F; V–VIII; (⚥); Ins. (h), sb.
Fett-, Naß- u. Moorwiesen, Ufersäume u. Waldlichtungen, auf frischen, nährstoffreichen, N-haltigen Lehm- u. Tonböden.
ÖK.: 75X 676
Soz.: 5.4
D: v (Alp. bis 1270 m); GB: v; F: v; S: v.

Frühlings-Platterbse
Lathyrus vernus

Bis 30 cm; Staude; St. ohne Ranke, ungeflügelt; B.chenpaare 2–4; B.chen eif., zugespitzt, glänzend grün; Bl. purpurrot, dann blau, später grünlich.
Keim.: F; IV–V; (⚥); Ins. (h).
Laubmischwaldges., auf frischen, nährstoffh., lehm. Böden.
ÖK.: 4X4 47X
Soz.: 8.43
D: z; GB: z; F: z–s; S: z.

Berg-Platterbse
Lathyrus montanus ★

15–30 cm; Staude; St. geflügelt, aufrecht; B'chenpaare 2–4; Ranke fehlend; Bl. 10–15 mm, purpurn, später schmutzig blau; Hülse rotbraun.
Keim.: F; IV-VII; (⚥); Ins. (h).
Eichen-Birkenwälder, Eichen-Buchenwälder, Waldwege, Magerrasen, auf nährstoffreichen, kalkfreien, sandig-lehmigen Böden.
ÖK.: 784 393
Soz.: 8.3
D: v–z; GB: v–z; F: z; S: v–z.

Strand-Platterbse
Lathyrus maritimus ★

15–60 cm; Staude, niederliegend; St. kantig; B.chenpaare 3–4, B.chen schwach fleischig verdickt; Ranken verzweigt od. manchmal fehlend. Bl. 15–20 mm, zu 4–7, purpurn;
Keim.: ?; VI–VIII; (⚥); Ins. (h, l).
Salzarme Dünen, Weißdünen.
ÖK.: 8X4 47X
Soz.: 2.911
D: s; GB: s; F: –; S: z–s.

Sumpf-Platterbse
Lathyrus paluster

30–100 cm; Staude; St. geflügelt, kletternd; B.chenpaare 2–4, schmal; Ranken verzweigt; Bl. 15–20 mm, blauviolett-lila.
Keim.: H–F; VI–VIII; (⚥); Ins. (h).
Röhrichte, Feuchtwiesen, Großseggenges., Gräben, auf nassen bis feuchten, ± sauren, torfigen, schlickigen Böden.
ÖK.: 8XX 883
Soz.: 5.41
D: z–s; GB: s; F: z–s; S: z–s.

Erdnuß-Platterbse
Lathyrus tuberosus

bis 100 cm; Staude, mit Knollen, kletternd; 1 B.chenpaar, eiförmig; Ranke lang, verzweigt; Bl. 15–18 mm, purpurrot, duftend.
Keim.: H; VI–VIII; (⚥); Ins. (h).
Getreideunkrautges., bes. Winterweizen, auch an Weg- u. Heckenrändern, auf trockenen, nährstoffreichen, kalkhaltigen Lehmböden.
ÖK.: –
Soz.: –
D: z; GB: z–s; F: z–s; S: z–s.

Blattlose Platterbse
Lathyrus nissolia

20–50 cm; Einj.; ohne B.chen; B.stiele lanzettlich verbreitert, grasähnlich; Ranke fehlend; Bl. 15 mm, zu 1–2 lang gestielt, purpurrot.
Keim.: H; V–VII; (⚥); Ins. (h, l), sb.
Ackerunkrautges., Akkerraine u. Gebüschsäume, auf warmen, nährstoffreichen, meist kalkfreien Lehm- u. Tonböden.
ÖK.: –
Soz.: –
D: s; GB: s–z; F: z–s; S: –.

Ranken-Platterbse
Lathyrus aphaca

15–30 (60) cm; Einj., kletternd; B. reduziert, Blattstiele rankenförmig; Nebenb. groß, blattähnlich; Bl. 10–12 mm, gelb, einzeln.
Keim.: H; V–VIII; (⚥); Ins. (h), sb.
Getreideunkrautges., bes. Winterweizen, Weg- u. Heckenränder, auf warmen, nährstoffreichen, meist kalkfreien od. entkalkten Lehmböden (Lehmzeiger).
ÖK.: 663 3XX
Soz.: 3.41
D: z–s; GB: z–s; F: z; S: –.

Esparsette
Onobrychis viciaefolia ★

30–60 cm; Staude, aufrecht; B. unpaarig gefiedert, 6–12 B.chenpaare; Bl. 10–12 mm, rosa, in gestielten Trauben; Flügel kurz.
Keim.: F; V–IX; (⚥); Ins. (h, l), sb.
Kultiviert u. verwildert, im Halbtrockenrasen, auf warmen, kalkreichen, tiefgründigen Lehm- u. Lößböden.
ÖK.: 876 383
Soz.: 5.322
D: z–s (Alp. bis 1950 m); GB: z–s; F: v–z; S: –.

Kriechende Hauhechel
Ononis repens ★

30–60 cm; Staude, Halbstrauch, drüsig behaart; St.basis verholzt; B. 3zählig gefiedert; Bl. 10–15 mm, rosa, Flügel so lang wie das Schiffchen.
Keim.: H–F; VI–IX; (⚥); Ins. (h).
Halbtrockenrasen, magere Moorwiesen, trockene Weiden, auf meist nährstoffreichen, aber auch kalkarmen Lehmböden.
ÖK.: 852 472
Soz.: 5.322
D: z; GB: v–z; F: v; S: z–s.
(s. A. 77)

Dornige Hauhechel
Ononis spinosa

30–60 cm; Staude, Halbstrauch; St. holzig, dornig, mit 2 Haarleisten; B. 3zählig gefiedert; Bl. 10–15 mm, rosa-rot, Flügel kürzer als Schiffchen.
Keim.: H–F; VI–IX; (⚥); Ins. (h).
Trockenrasenges., Wegränder, Böschungen, auf nährstoffreichen, meist kalkhaltigen Lehm- u. Tonböden.
ÖK.: 865 X73
Soz.: 5.322
D: v (Alp. bis 950 m); GB: v–s; F: v–z; S: s.

Vundklee
Inthyllis vulneraria ★
0–30 (40) cm; Staude/
Einj., manchmal nieder-
iegend; B. gefiedert, sei-
lig behaart; Bl. 12–
5 mm, gelb, rot, pur-
purn, in dichten Köpfen.
Keim.: H–F; IV–IX;
(⚥); Ins. (h); versch.
spp.. Trockenrasenges.,
euchtere Rasen, ältere
Küstendünen, auf meist
ährstoff- u. kalkreichen,
ef-mittelgründigen
ehm-, aber auch auf
andböden.
ÖK.: 853 383
oz.: –
D: z–v; GB: z–v; F: z–v;
: z.

Weißer Steinklee
Melilotus albus
30–125 cm; Zweij.; B. 3zählig gefiedert; Bl. 4–5 mm, weiß, in lockeren gestielten Trauben; Hülsen braun, kahl.
Keim.: F; VI–IX; (⚥); Ins. (h).
Schuttunkrautges., Wege, Bahn- u. Straßendämme, auf meist nährstoffreichen u. N-haltigen Böden aller Art, Lehm bevorzugend.
ÖK.: 466 373
Soz.: 3.322
D: v (Alp. bis 830 m); GB: v–s; F: v; S: z.

Hoher Steinklee
Melilotus altissimus ★
60–125 cm; Zweij.; B. 3zählig; Bl. 5–6 mm, gelb, Flügel so lang wie Schiffchen, in dichten gestielten Trauben; Hülsen behaart, schwarz.
Keim.: S, H, F; VI–IX; (⚥); Ins. (h).
Schuttunkrautges., Ufer, Wege, Weidengebüsche, auf nährstoffreichen, kalk- u. N-haltigen, z. T. salzhaltigen, feuchten-wechselfeuchten, sand. od. reinen Tonböden.
ÖK.: 865 77X
Soz.: 3.521
D: z; GB: z–s; F: z; S: z–s.

Echter Steinklee
Melilotus officinalis ★
30–100 cm; Ein-/Zweij.; B. 3zählig; Bl. 5–6 mm, gelb, Fahne länger als Schiffchen; Hülsen braun, kahl.
Keim.: S–F; VI–IX; (⚥); Ins. (h).
Schuttunkrautfluren, Wegränder, Dämme, Ufer, auf nährstoffreichen, N-haltigen Böden aller Art, lehmige Böden bevorzugend.
ÖK.: 865 38X
Soz.: 3.322
D: z (Alp. bis 820 m); GB: z–v; F: v; S: z.

Echte Luzerne
Medicago sativa ★
30–80 cm: Staude; B. groß, 3zählig; Bl. 8–10 mm, bläulich-violett, in kurzen, dichten Trauben; Hülsen spiralig aufgewunden.
Keim.: j; VI–IX; (⚥); Ins. (h, l), sb.
Angebaut u. verwildert, in Wiesen, an Wegen u. Böschungen, auf frischen, meist nährstoffreichen, lehmigen, kalkhaltigen Böden.
ÖK.: –
Soz.: –
D: v–z; GB: v–z; F: v–z; S: v–z.

opfenklee
edicago lupulina ★
–60 cm; Ein-/Zweij.,
ederliegend; B; 3zäh-
, B.chen mit Stachel-
itze; Bl. 2–4 mm, gelb,
rundlichen Köpfchen;
ülsen schwarz, spiralig
fgewunden.
eim.: j; IV–X; (⚥);
s. (h), sb.
albtrockenrasen, trok-
ne Fettwiesen, Äcker,
imme, auf trockenen,
ist nährstoffreichen,
u. kalkhaltigen, leh-
gen Böden.
K.: 75X 48X
z.: –
v (Alp. bis 1470 m);
: v; F: v; S: z.

Arabischer Schneckenklee
Medicago arabica
20–50 cm; Einj., manchmal ausdauernd, niederliegend; B. 3zählig, B'chen mit dunklem Fleck; Bl. 2–4 mm, gelb, in rundlichen Köpfen; Hülsen stachelig, spiralig aufgewunden.
Keim.: F; V–IX; (⚥); Ins. (h), sb.
Lückige Unkraut-, Schutt- u. Grasfluren, auf meist nährstoffreichen Kies- od. Lehmböden.
ÖK.: –
Soz.: –
D: z; GB: s–z; F: z; S: –?.

Rauher Schneckenklee
Medicago polymorpha
20–40 cm; Einj., niederliegend, ähnlich Arabischer Schneckenklee; B'chen ungefleckt; Bl. 3–4 mm, gelb, Blst.achse so lang wie B.chen.
Keim.: H–F; V–VIII; (⚥); sb.
Lückige Unkrautfluren, an Bahndämmen, Hafengelände, auf meist nährstoffreichen Sand-, Kies- od. Lehmböden.
ÖK.: –
Soz.: –
D: s; GB: z–s; F: z; S: –.
(s. A. 78)

Gemeiner Hornklee
Lotus corniculatus ssp. *corniculatus* ★
10–30 cm; Staude, niederl.-aufst.; St. ausgefüllt; B. 3zählig, Nebenb. so groß wie B'chen, daher anscheinend 5zählig; Bl. 12–15 mm, gelb, Fahne oft rötlich, in Dolden.
Keim.: H–F; V–IX; (⚥); Ins. (h).
Fettwiesen und Weiden, Halbtrockenrasen, auf nährstoffr., kalk- od. auch salzh., sand. Roh- od. Lehmböden.
ÖK.: 7X3 473
Soz.: 5.223 (var. *crassifolius)*
D: v (Alp. bis 2310 m); GB: v; F: v; S: v.
(s. A. 79, 80)

Schmalblättriger Hornklee
Lotus corniculatus ssp. *tenuifolius*
30–60 (100) cm; Staude, schlanker als Gemeiner Hornklee; B. 3zählig, lanzettl.; Bl. 10 mm, gelb, zu 2–4 in einem Stand.
Keim.: F?; VI–VIII; (⚥); Ins. (h).
Küstenwiesen auf salzhaltigen Tonböden.
ÖK.: 763 782
Soz.: 2.612
D: z–s; GB: z–s; F: z; S: s.

Sumpf-Hornklee
Lotus uliginosus
20–40 (60) cm; Staude; St. hohl, B. 3zählig, Nebenb. groß, so groß wie B.chen, daher scheinbar 5zählig; Bl. 10–12 mm, gelb, bis zu 12 in einer Dolde; Kelchzähne in der Knospe spreizend.
Keim.: F; VI–VIII: (☿); Ins. (h).
Naßwiesen u. -weiden, Ufer, Gräben, auf nassen bis feuchten, nährstoffreichen, meist kalkfreien Lehmböden.
ÖK.: 752 844
Soz.: 5.41
D: v (Alp. bis 920 m);
GB: v–z; F: v–z; S: z–s.

Hufeisenklee
Hippocrepis comosa ★
bis 25 cm; Staude, niederliegend; B. unpaarig gefiedert; Bl. 8–10 mm, gelb, in langgestielter Dolde; Hülsen hin- und hergebogen, Glieder hufeisenförmig.
Keim.: F–S; V–VII; (☿); Ins. (h).
Trocken- u. Halbtrockenrasen, an Wegen u. Böschungen, auf warmen, meist kalkhaltigen Lehmböden.
ÖK.: 752 372
Soz.: 5.32
D: s–v (Alp. bis 1970 m);
GB: s; F: v–z; S: –.

Vogelfuß
Ornithopus perpusillus
8–30 cm; Einj., niederliegend; B. ungestielt, unpaarig gefiedert; Bl. 3–5 mm, weißlich, Fahne rotgeadert, in wenig bltg. Dolden; Hülsen gebogen, meist quergegliedert, Vogelfuß-ähnlich.
Keim.: F, H; V–VIII; (☿); Ins. (h, d), sb.
Ältere Silbergrasfluren, Dünen, Brachen, Äcker, an Wegen u. Dämmen, auf nährstoffa., kalkfr., sauren Sandböden.
ÖK.: 752 223
Soz.: 5.24
D: z; GB: z–s; F: z; S: s.
(s. A. 81)

Feld-Klee
Trifolium campestre
15–30 cm; Einj., behaart; B. 3zählig, B.chen ohne Spitze, mittleres länger gestielt; Bl. 4–6 mm, gelb, abgeblüht braun, Hülse bedeckend.
Keim.: F; V–VI; (☿); Ins. (h, d, l).
Kalk-Magerrasen, magere Wiesen, Sandfelder, Wege, Böschungen, auf meist nährstoffreichen, kalkhaltigen Böden.
ÖK.: 852 4X3
Soz.: 5.2
D: v (Alp. bis 800 m);
GB: v–z; F: v; S: z.

Kleiner Klee
Trifolium dubium
10–30 cm; Einj., niede
liegend; B. 3zählig,
B.chen ohne Spitze,
mittleres länger gestie
Bl. 3 mm, gelb, in 3–1
bltg. Köpfchen; Hülse
von abgeblühten, brau
nen Bl.hüllen bedeckt
Keim.: H, F; V–IX; (
Ins. (h), sb.
Fettwiesen u. -weiden,
Wegränder, auf frische
nährstoffreichen, meis
kalkarmen, sandigen
lehmigen Böden.
ÖK.: –
D: v (Alp. bis 1860 m)
GB: v; F: v; S: z.

Kleinblütiger Klee
Trifolium micranthum ★
2–10 (25) cm; Einj., niederliegend; B. 3zählig, B.chen sitzend; Bl. 2–3 mm, gelb, zu 2–6 in Köpfchen, Fahne ausgerandet; Hülsen lang, schlank.
Keim.: H, F; V–VII; (☿); Ins. (h), sb.
An Ufern u. Teichrändern feuchte Pionierges. (Küstenbereich), auf nassen, kalkarmen Böden.
ÖK.: –
Soz.: –
D: s; GB: z–s; F: z; S: –.

Rot-Klee
Trifolium pratense ★
15–30 cm; Staude; B. 3zähl., B.chen oft mit weißem Fleck; Nebenb. grannenförmig zugespitzt; Bl. 15–18 mm, rot, rosa od. weiß; Blst. dicht kugelf.
Keim.: H, F; V–IX; (☿); Ins. (h, l); versch. sspp..
Fettwiesen u. -weiden, Naß- u. Moorwiesen, auf nährstoffreichen, tiefgründigen Lehm- u. Tonböden.
ÖK.: 7X3 XXX
Soz.: –
D: v (Alp. bis 2260 m);
GB: v; F: v; S: v.
(s. A. 82)

Mittlerer Klee
Trifolium medium
30–50 cm; Staude; St. hin- u. hergebogen; B. 3zählig, B.chen schmal, schwach weiß gefleckt; Bl. 15–18 mm, purpurrot in kugeligen Blst.
Keim.: H; VI–VIII; (☿); Ins. (h, l).
Halbtrockenrasen, Trokkenbuschges., Waldränder, auf ± trockenen, nährstoffreichen, kalkhaltigen, tiefgründigen Lehm- u. Tonböden.
ÖK.: 754 4X3
Soz.: 6.111
D: v (Alp. bis 1050 m);
GB: v–z; F: v–z; S: v–z.

Weiß-Klee
Trifolium repens ★
20–50 cm; Staude, kriechend; St. an den Knoten wurzelnd; B. 3zählig, B.chen mit weißem Fleck; Bl. 10 mm, weiß, selten rötlich, abgeblüht braun, in lockeren Bl.köpfchen; Kelchzähne kurz.
Keim.: F–S; V–IX; (☿); Ins. (h).
Fettweiden u. -wiesen, Parkrasen, an Wegen, auf frischen, nährstoff- u. N-reichen Lehm- u. Tonböden.
ÖK.: 8XX XX7
Soz.: 5.423
D: v (Alp. bis 2220 m);
GB: v; F: v; S: v.
(s. A. 83)

Schwedenklee
Trifolium hybridum
30–50 cm; kurzlebig-
dauernd; B.chen ung
fleckt; Nebenb. zuge-
spitzt; Bl. 6–8 mm, r
rosa, in rundlichen B
Kelchzähne lang.
Keim.: H, F; V–IX; (
Ins. (h).
Fett- u. Naßwiesen, a
Wegen u. Ufern, auf
schen bis feuchten, n
stoff- u. kalkreichen,
nigen Böden.
ÖK.: 755 675
Soz.: 3.72
D: v (Alp. bis 1860 m
GB: v–z; F: z–s; S: v

Erdbeer-Klee
Trifolium fragiferum
3–20 cm; Staude, niederliegend; St. am Knoten wurzelnd; B. 3zählig; Bl. 5–6 mm, rötlich-weiß, in kugeligen Köpfchen; Kelch zu Fr.zeit vergrößert, erdbeerähnlich.
Keim.: H, F; VI–IX; (⚥); Ins. (h).
Tritt- u. Flutrasen, Salzweiden der Küsten, Salzstellen im Binnenland, auf frischen bis feuchten, nährstoffr. u. salzh., sand- od. ton. Böden.
ÖK.: 865 787
Soz.: 3.72
D: z; GB: v–s; F: v–z; S: z–s.

Gestreifter Klee
Trifolium striatum ★
8–20 cm; Einj., selten Staude, niederliegend; B. 3zählig, flaumig behaart; Bl. 5–8 mm, in eiförmigen Köpfchen, jung von B. halb verborgen.
Keim.: H; VI–VII; (⚥); Ins. (h).
Silbergrasfluren, Magerrasen, Brachen, Wegränder, auf trockenen, meist nährstoffhaltigen, kalkfreien Sand- od. Lehmböden.
ÖK.: 883 32?
Soz.: 5.24
D: z–s; GB: z–s; F: z–s; S: s.
(s. A. 84, 85)

Rauher Klee
Trifolium scabrum
8–15 cm; Einj., meist niederliegend; B. 3zählig, flaumig behaart, Nerven bogig u. verdickt; Bl. weiß od. blaßrot, in kleinen ungestielten, eiförmigen Köpfchen.
Keim.: H; V–VII; (⚥); Ins. (h).
Trockenrasen, Kalkmagerrasen, auf Felsköpfen u. an Wegen, auf trockenen, kalkreichen Stein- od. Lehmböden.
ÖK.: 983 291
Soz.: 5.212
D: s, nur Oberbayern; GB: s; F: z–s; S: –.

Trifolium squamosum
bis 40 cm; Einj.; B. 3zählig, flaumig behaart; Nebenb. schmal; Bl. 6–8 mm, in kurz gestielten Köpfchen, oberhalb von 2 B.; Kelchzähne sternartig spreizend.
Keim.: ?; VI–VII; (⚥); Ins. (h).
Feuchtwiesen u. salzhaltige Küstenweiden, auf nährstoffreichen, salz- u. N-haltigen Böden.
ÖK.: –
Soz.: –
D: –; GB: z–s; F: z–s; S: –.

Hasen-Klee
Trifolium arvense
8–30 cm; Einj., selten Zweij.; B. 3zählig; B.chen behaart, schmal; Bl. 3–4 mm, blaßrosa bis weiß, in langen zylindrischen Köpfchen; Kelchz. pfriemlich, vorspringend.
Keim.: H, F; VI–IX; (⚥); Ins. (h, d, l), sb.
Silbergrasfluren, Trokkenrasenges., Sandwege, Dämme u. Brachen, auf nährstoffhaltigen, kalkfreien, feinerdearmen Sand- u. Kiesböden.
ÖK.: 853 221
Soz.: 5.2
D: v; GB: v–z; F: v–z; S: v–z. **(s. A. 86)**

nkarnat-Klee
Trifolium incarnatum
0–50 cm; Einj., behaart; B. 3zählig; B.chen reit; Bl. 10–15 mm, urpurrot, in langen ylindrischen Köpfen; Kelchz. lang.
Keim.: F; VI–VII; (⚥); ns. (h), sb.
Angebaut u. verwildert uf Sandfluren, Böschungen u. Schuttplätzen, auf nährstoffhaltigen, kalkarmen, leichteren Böden.
ÖK.: –
Soz.: –
D: s; GB: z–s; F: z; S: s.

Trifolium subterraneum
5–15 cm; winterann., niederliegend; B. 3zählig, behaart; Bl. 8–12 mm, weißlich, einige sterile Bl. ohne Krone; Fr.stände am Boden liegend od. im Boden reifend.
Keim.: H; V–VI; (⚥); Ins. (h), sb.
Trockenrasenges., Sandfluren.
ÖK.: –
Soz.: –
D: s; GB: z–s; F: z; S: –.
(s. A. 87, 88)

STORCHSCHNABELGEWÄCHSE
Geraniaceae ★

Kräuter; B. tief handförmig gelappt od. geteilt; Nebenb. vorhanden; Bl. auffällig, flach, 5zählig; Griffel mit 5 Narben; Staubb. 10, oft auffällig herausragend; Fr. mit langem Schnabel; sowohl im Wald als auch auf Wiesen u. Weg- bzw. Ackerrändern lebend, selten auf nassen Böden; einjährig od. ausdauernd.

Schierlings-Reiherschnabel
Erodium cicutarium ★
15–50 cm; Einj., selten drüsig behaart; B. gefiedert; B'chen fiederspaltig; Bl. 12–14 mm, lila bis weiß; Kronb. früh abfallend; 5 sterile Staubb.; Fr. m. Schnabel bis 40 mm.
Keim.: F–S; IV–X; (⚥), hg–pa (⚥+♀); (⚥+♂);
Ins. (h, l, c), sb.
Unkrautfluren, Brachen, Wegränder, Böschungen, Dünen, auf meist nährstoffr. kalkar., Lehm-, Stein- od. Sandböden.
ÖK.: 8X5 3XX
Soz.: 5.2
D: v–z; GB: v–s; F: v; S: v–z. **(s. A. 89)**

Erodium maritimum
bis 20 cm; Ein-/Zweij., niederliegend, steif haarig; B. lang gestielt, tief geteilt; Bl. 6–8 mm, blaß-rosa-weiß; Kronb. kürzer als Kelchb.; Fr. mit 10 mm langem Schnabel.
Keim.: F–S; V–VIII; (⚥); Ins. (h, c), sb.
Küstenstandorte, auf trockenen, kalkhaltigen, sandigen Böden.
ÖK.: –
Soz.: –
D: –?; GB: z–s; F: z; S: --.

Blut-Storchschnabel
Geranium sanguineum ★
bis 50 cm; Staude, buschförmig; B. fast bis zum Grund geteilt; Bl. 25–30 mm, blutrot, selten rosa.
Keim.: H; VI–VIII; (⚥) pa; Ins. (h, d, l, c), sb.
Trockenbusch- u. Trockenwaldges., lichte Eichen- u. Kiefernwälder, auf meist kalkhaltigen, sandigen, steinigen od. lehmigen Böden (Schattenpflanze).
ÖK.: 754 383
Soz.: 6.112
D: z (Alp. bis 1100 m); GB: z–s; F: z; S: z.

Wiesen-Storchschnabel
Geranium pratense ★
30–60 cm; Staude, drüsig behaart; B. fast bis zum Grund geteilt; Bl. 25–35 mm, blau, oft zu zweit; Fr. mit bis zu 25 mm langem Schnabel.
Keim.: F; VI–IX; (⚥) pa, (⚥ + ♀); Ins. (h, d, c).
Fettwiesen, an Gräben, auf frischen, nährstoffreichen, kalkhaltigen, tiefgründigen Böden.
ÖK.: 855 587
Soz.: 5.421
D: v–z (Alp. bis 570 m); GB: v–z; F: z–s; S: z–sb.

Wald-Storchschnabel
Geranium silvaticum ★
30–60 cm; Staude, drüsig behaart; B. weniger tief geteilt als Wiesen-Storchschnabel; Bl. 20–30 mm, rotviolett; Fr. mit bis zu 25 mm langem Schnabel.
Keim.: H; VI–VIII; (⚥) pa; Ins. (h, d, l), nie sb.
Bergfettwiesen; Hochstaudenfluren, Grauerlenwälder, auf frischen-feuchten, nährstoff- u. basenreichen Lehm- u. Tonböden.
ÖK.: 644 667
Soz.: 6.3
D: v–z (Alp. bis 2200 m); GB: v–s; F: s; S: v.

Sumpf-Storchschnabel
Geranium palustre
25–60 (100) cm; Staude; B. b. über d. Mitte geteilt, Lappen kurz gezähnt; Bl. 30 mm, purpurrot; Bl.stiele z. Fr.zeit nach unten gebogen.
Keim.: ?; VI–IX; (⚥, ♀) pa; Ins. (h, d), nie sb.
Hochstaudenfluren an Bächen, Gräben, Flüssen, selten Moorwiesen, auf meist nassen, nährstoff- u. kalkreichen, tonigen Böden.
ÖK.: 854 788
Soz.: 5.412
D: z–v; GB: –; F: s; S: s.

Pyrenäen-Storchschnabel
Geranium pyrenaicum
25–50 cm; Staude; B. bis zur Mitte geteilt; Bl. 12–18 mm, purpurviolett; Kronb. ausgerandet; Fr. mit 10 mm langem Schnabel.
Keim.: H; V–X; (⚥) pa; Ins. (d, c), sb.
Unkrautfluren, Wege, Böschungen, Schuttplätze, verunkrautete Weiden, auf frischen, nährstoffreichen Lehmböden
ÖK.: 854 5X6
Soz.: 3.511
D: z–s; GB: v–s; F: v–z; S: z.

Ruprechtskraut
Geranium robertianum ★
20–50 cm; Einj.; St. rot überlaufen, übelriechend; B. tief 3–5teilig, rotwerdend; Bl. 15–20 mm, rosenrot; Fr. mit 10–20 mm langem Schnabel.
Keim.: F; IV–XI; (⚥); Ins. (h, d, c), sb.
Krautreiche Wälder, Auen, Schluchten, schattige Mauern u. Felsen, auf frischen, nährstoffr., hum. Lehmböden.
ÖK.: 4X3 XX7
Soz.: 8.4
D: v (Alp. bis 1700 m); GB: v; F: v; S: v.
(s. A. 90)

Glänzender Storchschnabel
Geranium lucidum ★
10–30 cm; Einj., fast kahl; B. bis zur Mitte geteilt, glänzend rötlich; Bl. 15 mm zu zweit; Fr. mit 10 mm langem Schnabel.
Keim.: F; V–VII; (⚥); Ins. (h, d, c), sb.
Mauern, Felsspalten, Waldlichtungen, Waldwege, Hecken, auf frischen, nährstoffreichen, kalkarmen, N-haltigen, sandigen od. steinigen Lehmböden.
ÖK.: –
Soz.: –
D: z–s; GB: z–s; F: z; S: z–s.

Weicher Storchschnabel
Geranium molle ★
8–30 cm; Einj., behaart, halbniederliegend; B. rundlich, bis fast zur Mitte geteilt; Bl. 5–10 mm, purpurrot, Kronb. ausgerandet; Fr. mit 5–8 mm langem Schnabel.
Keim.: sf; IV–IX; (⚥, ♀) pa–hg; Ins. (h), sb.
Lückige Unkrautfluren, an Wegen, Böschungen, Schuttplätzen, auf ± trockenen, nährstoffreichen, meist kalkarmen, sandig-lehmigen Böden.
ÖK.: –
Soz.: –
D: v; GB: v–z; F: v; S: z–s.

Rundblätt. Storchschnabel
Geranium rotundifolium
8–30 cm; Einj., behaart; B. rundl., schwach gelappt; Bl. 10–12 mm, rosenrot, Kronb. nicht ausgerandet, Fr. mit 10–15 mm langem Schnabel.
Keim.: F?; VI–X; (⚥) hg; Ins. (h), sb.
Unkrautfluren der Weinberge, an Mauern u. Wegen, auf mäßig trockenen, nährstoffreichen, steinigen od. sandigen Lehmböden.
ÖK.: 765 4X4
Soz.: 3.3
D: s; GB: z; F: z; S: –?.

Kleiner Storchschnabel
Geranium pusillum ★
15–30 cm; Einj., flaumi behaart; B. tief geteilt mit schmalen Lappen; Bl. 3–6 mm, blaßviolett mit (3) 5 sterilen Staubb.; Fr. mit 5–6 m langem Schnabel.
Keim.: H; V–X; (⚥) pg Ins. (d, h), sb.
Lückige Unkrautfluren, an Wegen, Böschungen Schuttplätzen, auf ± trockenen, nährstoffreichen, meist kalkarmen, sandigen bis lehmigen Böden.
ÖK.: 755 3X7
Soz.: 3.3
D: v (Alp. bis 1338 m); GB: v–s; F: v; S: z.

Schlitzb. Storchschnabel
Geranium dissectum ★
8–30 cm; Einj. ausgebreitet; B. bis fast zum Grund geteilt, Lappen zugespitzt; Bl. 6–10 mm, purpurn, bis 15 mm gestielt; Kelch mit langer Granne; Schnabel 7–12 mm lang.
Keim.: sf; V–IX; (⚥) pg-hg; Ins. (h, d), sb.
Acker- u. Schuttunkrautges., auf frischen, nährstoffreichen Lehmböden (Lehmzeiger).
ÖK.: 663 5X5
Soz.: 3.33
D: v–z; GB: v–z; F: z; S: z–s.

Stein-Storchschnabel
Geranium columbinum ★
15–60 cm; Einj.; B. bis fast zum Grund geteilt; Bl. 12–15 mm, purpurrot, 15–20 mm u. länger gestielt.
Keim.: sf; V–IX; (⚥) hg, (⚥ + ♀), (♀);
Ins. (d, h), sb.
Unkrautfluren, an Wegen, Böschungen, Heckensäumen, unkrautigen Rasenges., auf ± trockenen, nährstoffreichen, kalkhaltigen Lehm- u. Lößböden.
ÖK.: –
Soz.: –
D: v–s; GB: z–s; F: v; S: z–s.

SAUERKLEE-GEWÄCHSE
Oxalidaceae

Kräuter; B. 3zählig, kleeähnlich, mit Schlafbewegungen, nachts nach unten gefaltet; Bl. schüsselförmig; Krone 5zählig; Fr. eine Kapsel; einige Arten in gärtnerischer Kultur od. verwildert.

LEINGEWÄCHSE
Linaceae

Kräuter mit dünnen Sprossen; B. einfach, ganzrandig; Bl. 5zählig, mit dünnen, oft früh abfallenden Kronblättern.

Wald-Sauerklee
Oxalis acetosella ★
8–15 cm; Staude, kriechend; B. 3zählig, lang gestielt aus einem Rhizom; Bl. einzeln, weiß mit rötlichen Adern, lang gestielt.
Keim.: F–S; IV–V; (⚥).
Ins. (d, c), sb., k.
Bes. montane, krautreiche Nadelmischwälder, divers. Waldges., auf frischen, nährstoffreichen, ± sauren, humosen Lehmböden.
ÖK.: 1X3 647
Soz.: –
D: v (Alp. bis 1940 m); GB: v; F: v; S: v–z.

Gehörnter Sauerklee
Oxalis corniculata
15–30 cm; Ein-/selt. Mehrjähr.; St. niederl., am Grunde wurzelnd, behaart; B. 3zählig, lang gestielt, oft rötlichbraun; B.chen tiefer gekerbt; Bl. klein, gelb, glockenbl.ähnlich.
Keim.: F–S; V–X; (⚥); Ins., sb.
Ackerunkrautges., in Gärten, an Wegen, Pflasterfugen, auf frischen, ± nährstoffr., kalka. Sand- od. sand. Lehmböden.
ÖK.: 77? 4X6
Soz.: 3.33
D: z; GB: z–s; F: z; S: z–s.

Linum bienne
30–120 cm; Ein-/Mehrj.; B. schmal, wechselständig, ungestielt, 1–3nervig; Bl. 15–20 mm, blaßblau; Kelchb. zugespitzt.
Keim.: F; V–IX; (⚥);
Ins. (h, d).
Trockene Rasen, Wälder, auf neutralen Sand-, Stein- od. Lößböden.
ÖK.: –
Soz.: –
D: –?; GB: z–s; F: z–s; S –.

Dauer Lein
Linum perenne ★
20–80 (100) cm; Staude, grau überlaufen; B. linealisch-lanzettl., wechselständ., ungestielt, 1nervig; Bl. 25–35 mm, hellblau; Kelchb. nicht bewimpert.
Keim.: F; V–VIII; (⚥);
Ins. (h, d).
Steppenrasen, lichte Trockenwaldges., auf trockenen, neutralen steinigen Sand- u. Lößböden.
ÖK.: –
Soz.: –
D: s; GB: s; F: s; S: –.

Purgier Lein
Linum cartharticum ★
5–30 cm; Einj.; B. länglich eiförmig, unten gegenst., ungestielt; Bl. 8–12 mm, weiß, in lockeren Blst.
Keim.: F; V–IX; (⚥) hg;
Ins. (d), sb.
Moorwiesen, Quellfluren, Kalkmagerrasen, auf frischen bis feuchten, basenreichen Lehm- u. Mergelböden (Tonzeiger).
ÖK.: 7X3 XX1
Soz.: –
D: v (Alp. bis 2310 m); GB: v; F: v; S: z.
(s. A. 91)

WOLFSMILCH-GEWÄCHSE
Euphorbiaceae

Kräuter, oft mit Milchsaft; B. ungezähnt; Bl. undeutlich, ohne Kelch- u. Kronb., kompliziert gebaut: ♀ Zentralbl. aus 3 Fr.blättern mit 3 Griffeln, von zahlr. ♂ Bl. umgeben, nur aus 1 Staubb. bestehend; Bl. oft in auffälligen Trugdolden; Teilblst. mit Hüll- und Hüllchenb., umgeben von kelchb.ähnlichem Hochblattbecher, am Rande mit 4–5 Drüsenlappen; Bingelkräuter mit 3 winzigen Kelchblättern.

Mandel-Wolfsmilch
Euphorbia amygdaloides ★
30–60 cm; Staude, immergrün, flaumig, behaart, oft rötlich; B. schmal; Hüllchenb. verwachsen, mit gehörnten Drüsenlappen.
Keim.: F; IV–V; (♀ + ♂); Ins. (d).
Laubmischwälder (Buchen-, Eichen-Hainbuchen-Ulmenauenwälder), auf frischen, nährstoffreichen, kalkhaltigen, lehmigen Böden.
ÖK.: 452 575
Soz.: 8.43
D: z–s (Alp. bis 1680 m); GB: v–z; F: v; S: –.

Euphorbia paralias ★
bis 70 cm; Staude, unverzweigt; B. bläulichgrün, fleischig, dem Sproß dicht angedrückt, Mittelrippe undeutlich; Drüsenlappen kurz gehörnt.
Keim.: F; VI–IX; (♀ + ♂); Ins. (d).
Küsten-Sandfluren, auf trockenen, kalkreichen, sandigen Böden.
ÖK.: –
Soz.: –
D: –; GB: v–z; F: v–z; S: –.

Euphorbia portlandica
bis 40 cm; Staude, verzweigt; B. bläulich-grün, Mittelrippe deutlich hervortretend; Drüsenlappen gehörnt.
Keim.: F; IV–IX; (♀ + ♂); Ins. (d).
Küsten-Sandfluren, Rasen, auf trockenen, kalkreichen, sandigen Böden.
ÖK.: –
Soz.: –
D: –; GB: v–z; F: z; S: –.

Sonnenwendige Wolfsmilch
Euphorbia helioscopia
5–30 cm; Einj.; B. verkehrt eiförmig, an der Spitze fein gesägt; Bl. in einem flach ausgebreiteten, breit 5strahligen Blst.; Hüllenb. auffällig, manchmal gelblich-grün.
Keim.: F; IV–X; (♀, ♂); Ins. (d).
Lückige Unkrautges., Gärten, auf frischen, nährstoffreichen Lehmböden (Lehm- u. Nährstoffzeiger).
ÖK.: 6X3 577
Soz.: 3.33
D: v (Alp. bis 975 m); GB: v; F: v; S: v–z.

Garten-Wolfsmilch
Euphorbia peplus
10–30 cm; Einj.; St. verzweigt; B. verkehrt eiförmig; Drüsenlappen gehörnt; Fr. eine geflügelte Kapsel.
Keim.: F; IV–X; (♀ + ♂); Ins. (d.).
Lückige Ackerunkrautges. u. Gärten, auf frischen, nährstoffreichen Lehmböden (Lehm- u. Nährstoffzeiger).
ÖK.: 663 4X8
Soz.: 3.33
D: v (Alp. bis 810 m); GB: v–z; F: v; S: z.

Kleine Wolfsmilch
Euphorbia exigua
5–20 cm; Einj., schlank, bläulich-grün; B. linealisch, am St. dicht anliegend; Drüsenlappen gehörnt.
Keim.: F; V–X; (♀ + ♂); Ins. (d).
Ackerunkrautges., bes. in Weizenfeldern, auf ± trockenen, nährstoffreichen, meist kalkhaltigen Lehmböden (Lehm- u. Kalkzeiger).
ÖK.: 662 484
Soz.: 3.41
D: v; GB: v–z; F: v; S: z–s.
(s. A. 92)

Breitblättrige Wolfsmilch
Euphorbia platyphyllos
25–60 cm; Einj.; B. lang, vorne fein gesägt, stengelumfassend; Bl. gelb, Drüsenlappen rundlich; Fr. warzig.
Keim.: F; VI–IX; (♀ + ♂); Ins. (d).
Unkrautige Ges., auf Wegen, Äckern u. in Gärten, auf frischen, sehr nährstoffreichen lehmigen Böden.
ÖK.: –
Soz.: –
D: z–s; GB: z–s; F: z; S: –.
(s. A. 93)

Kreuzblättrige Wolfsmilch
Euphorbia lathyris ★
20–100 cm; Zweij., bläulich bereift; B. linealisch-länglich, gegenständig, am St. in 4 Reihen; Drüsenlappen gehörnt; Fr. bis 10 mm.
Keim.: F; VI–VIII; (♀ + ♂); Ins. (d).
Verwildert in Schuttunkrautges., Gärten, auf frischen, nährstoffreichen, sandigen od. reinen Lehmböden.
ÖK.: –
Soz.: –
D: s; GB: s; F: s; S: –.
(s. A. 94)

Einjähriges Bingelkraut
Mercurialis annua
20–40 (60) cm; Einj., verzweigt, kahl; B. länglich-eiförmig, gestielt; ♂ Bl. langgestielt, ♀ Bl. fast sitzend, nicht immer auf verschiedenen Pflanzen.
Keim.: H; V–X; (♀ + ♂); Ins. (d), wb.
Unkrautges., in Äckern, Gärten, Schuttplätzen, auf frischen, nährstoffreichen, N-haltigen Lehm- u. Lößböden.
ÖK.: 574 475
Soz.: 8.42
D: z–v (Alp. bis 500 m); GB: v–s; F: v; S: –.

Wald-Bingelkraut
Mercurialis perennis ★
15–30 (40) cm; Staude, unverzweigt, behaart; B. gestielt, länglich-eiförmig gegenständig; ♂ u. ♀ Bl. a. versch. Pflanzen; Pflanzen kronb.los.
Keim.: H; II–IV; (♀), (♂); Ind. (d), wb.
Krautreiche Buchen-, Eschen-, Eichen-, Auen- u. Nadelmischwälder od. Hochstaudenfluren, auf frischen, nährstoffreichen, humosen, oft steinigen (sandigen) Lehmböden.
ÖK.: 253 X77
Soz.: 8.43
D: v (Alp. bis 1790 m); GB: v; F: v; S: z–s.

BALSAMINENGEWÄCHSE
Balsaminaceae ★
Kräuter, meist tropische Vertreter, nur die Spring kräuter sind heimisch; Bl. auffällig u. charakteristisch, 5zählig dorsiventral, mit Sporn bzw. -anhängsel; St. z. T. durchscheinend; B. oft mit Nektarien, die Ame sen anlocken u. so Schutz vor Raupenfraß bieten; Fr. spindelförmi zur Reife auf Druck plötzlich platzend.

Rührmichnichtan
Impatiens noli-tangere ★
30–60 (100) cm; Einj.; B. grob gezähnt, zugespitzt; Bl. 20–50 mm, zitronengelb, hängend, in fast waagerechtem, traubigem Blst.; Sporn lang, nach unten gebogen.
Keim.: F; VII–IX; (⚥); Ins. (h), sb.
Auenwälder, Bach-Eschenwälder, Buchenwälder, auf feuchten bis frischen, nährstoffreichen, humosen Lehm- od. tonigen Böden.
ÖK.: 455 776
Soz.: 8.43
D: v (Alp. bis 1300 m); GB: z–s; F: v–z; S: z.

Impatiens capensis
30–60 cm; Einj., ähnlich Rühr-Mich-Nicht-An, aber B. schwächer gezähnt; Bl. 20–30 mm, orange, rotgefleckt; Sporn schärfer nach vorne gekrümmt.
Keim.: F; VII–IX; (⚥); Ins. (h), sb.
Ufer, auf nassen bis feuchten lehmigen od. tonigen Böden.
ÖK.: –
Soz.: –
D: –; GB: s; F: s; S: –.

Kleinblütiges Springkraut
Impatiens parviflora ★
25–60 cm; Einj.; B. fein gesägt; Bl. 8–15 mm, blaßgelb; Sporn kurz, fast gerade.
Keim.: F; VI–IX; (⚥); Ins. (h), sb.
Verwildert in krautreichen Eichen- u. Buchenwäldern, siedlungsnahen Waldrändern od. Waldwegen, auf frischen, nährstoff- u. N-reichen, meist kalkarmen Lehmböden.
ÖK.: 465 5X6
Soz.: 3.522
D: v; GB: ?; F: ?; S: ?.

Drüsiges Springkraut
Impatiens glandulifera
50–200 cm; Einj.; St. rötlich; B. lang, gegenständig od. zu dritt, an der Basis mit Drüsen; Bl. groß, 20–40 mm, purpur-violett od. rosa.
Keim.: F; VII–IX; (⚥); Ins. (h), sb.
Gartenpfl., verwildert in Auenwäldern, Röhrichten, an Flußufern, auf feuchten b. nassen, nährstoffreichen, humosen od. sandigen Lehm- u. Tonböden.
ÖK.: 572 877
Soz.: 3.521
D: z–s; GB: v–z; F: z; S: z.

KREUZBLUMENGEWÄCHSE
Polygalaceae
Kräuter, Sträucher; heimisch nur eine Gattung; B. einfach, ungestielt, unbehaart; Kelchb. 5, 2 innere kronb.artig gefärbt (Flügel); Kronb. 3 am Grunde verwachsen; Staubblätter 8, in Bündeln zu 4, Y-förmig; Fr. geflügelt, flach; Pflanzen der Magerrasen und Heiden.

umpf-Kreuzblume
olygala amarella
–20 cm; Staude, niederegend; untere B. in Roette, Stengelb. an der pitze mit größter Breie; Bl. 2–5 mm, himmellau od. weiß, selten rötch.
eim.: ?; IV–VI (VIII); ⚥); Ins.
Ioorwiesen, Quellflun, Kalkmagerrasen, uf wechselfeuchten, alkreichen Lehm- u. Iergelböden (Kalkzeier).
K.: –
oz.: –
: z; GB: s; F: z–s; z–s.

Quendel-Kreuzblume
Polygala serpyllifolia
5–15 (25) cm; Staude, niederliegend; B. fast gegenständig od. gegenständig, zur St.spitze am größten Bl. 5–6 mm, hellblau, himmelblau selten weiß.
Keim.: F–S; V–VI: (⚥); Ins.
Borstgrasrasenges. u. Quellfluren, auf frischen bis mäßig trockenen, nährstoffarmen Sand-, Torf- od. Lehmböden.
ÖK.: 842 622
Soz.: 5.113
D: z; GB: v–z; F: z; S: z–s.

Gemeine Kreuzblume
Polygala vulgaris
5–20 cm; Staude, ohne Grundrosette; B. wechselständig; Bl. 6–8 mm, blau, rosa od. weiß.
Keim.: H; V–IX; (⚥); Ins.
Borstgrasrasenges., Heiden, Wiesen, Wegränder, auf nährstoff- u. kalkarmen, sauren, sandigen od. lehmigen Böden.
ÖK.: 7X3 532
Soz.: 5.112
D: v–z; GB: v–z; F: v–z; S: v–z.
(s. A. 95)

SEIDELBASTGEWÄCHSE
Thymelaeaceae
Meist Sträucher, selten Kräuter; B. einfach, kurz gestielt, ganzrandig, oft glänzend, meist wechselständig; Bl. in Büscheln, blattachselständig, ohne Kronb. (Daphne), mit 4 kronb.artigen Kelchb.; Fr. eine Nuß od. Steinfrucht.

Gewöhnlicher Seidelbast
Daphne mezereum
50–200 cm; Strauch; B. blaß-grün, lanzettl.; Bl. 8–12 mm, rosenrot, stark duftend, meist in d. Achseln vorjähriger, abgefallener Blätter; rote Steinfr.
Keim.: F; II–IV; (⚥); Ins. (l, h).
Buchen-, Eichen-Hainbuchen-, Nadelmischwälder, auf frischen bis feuchten, nährstoff- u. meist kalkr. Lehmböden.
ÖK.: 4X4 575
Soz.: 8.43
D: v–z (Alp. bis 1880 m); GB: z–s; F: z–s; S: s.

Lorbeer-Seidelbast
Daphne laureola
40–130 cm; Strauch, wintergrün; B. lederig, dunkelgrün; Bl. 10 mm, gelblich-grün, schwach duftend; schwarze Steinfr.
Keim.: ?; I–IV; (⚥); Ins. (h, l).
Sonnige Eichengebüsche, warme Buchenwälder, auf frischen, nährstoffreichen, kalkhaltigen Lehm- u. Steinverwitterungsböden.
ÖK.: 462 483
Soz.: 8.4
D: s; GB: v–s; F: z; S: –.

STEINBRECH-GEWÄCHSE
Saxifragaceae
Sträucher bis 250 (500) cm hoch; B. wechselständig, handförmig gelappt; Bl. 5zählig, in Trauben; Fr. eine Beere in verschiedener Größe und Farbe.

Rote Johannisbeere
Ribes silvestre
Bis 150 cm; Strauch; B. handförmig gelappt, nicht duftend; Bl. gelblich-grün, manchmal rotrandig, bis zu 20 in hängenden Trauben; Fr. rot, bis 10 mm.
Keim.: F; IV–V; (⚥) hg; Ins. (h).
Erlenbruchwaldges., Auenwälder, auf feuchten, nährstoffreichen, humosen Böden.
ÖK.: 4X7 866
Soz.: 8.433
D: s; GB: v–s; F: z; S: z–s.
(s. A. 96)

Schwarze Johannisbeere
Ribes nigrum
125–200 cm; Strauch; B. handförmig gelappt, nicht duftend; Bl. in armbltg. Trauben; Fr. schwarz, bis 15 mm.
Keim.: H; IV–V; (⚥) hg; Ins. (h), sb.
Erlenbruchwaldges., selten Auenwälder, auf feuchten bis staunassen, nährstoffreichen Flachmoorböden.
ÖK.: 4X7 955
Soz.: 8.21
D: z; GB: v–z; F: z; S: z.

Stachelbeere
Ribes uva-crispa ★
60–150 cm; Strauch, sta chelig; Bl. einzeln od. i Paaren, grünlichgelb, o rotrandig, Kronb. zurückgeschlagen; Fr. grün, rötlich od. gelb, behaart.
Keim.: F; IV–V; (⚥) pa Ins. (h).
Auen- u. Schluchtwälder, Waldwege, Waldsäume, auf frischen, nährstoffr., kalkh., lehr od. auch sandigen bis steinigen Böden.
ÖK.: 452 XX6
Soz. –
D: z; GGB: v–z; F: v; S: v–z.

MALVEN-GEWÄCHSE
Malvaceae ★
Kräuter mit gestielten, handförmig gelappten B.; Nebenb. vorhanden; Bl. auffällig; Kronb. 5, oft ausgerandet, meist rosafarben; Kelch u. Außenkelch (Epicalyx) vorhanden; Fr. eine Kapsel od. Spaltfrucht.

Moschus-Malve
Malva moschata ★
20–60 cm; Staude; B. am Grunde handförmig geteilt, in der Spitzenregion tief gespalten; Bl. 40–60 mm, rosenrot; Außenkelch 3lappig.
Keim.: H; VII–IX; (⚥) pa; Ins. (h), sb.
Sonnige Wiesen u. Weiden, Wegränder, Bahndämme u. Gebüsche, auf nährstoffreichen, sandigen od. lehmigen Böden.
ÖK.: 763 47X
Soz.: 3.421
D: z; GB: v–z; F: v; S: z.

Weg-Malve
Malva neglecta
15–50 cm; Einj., meist niederliegend; B. schwach gelappt, oft gepunktet; Bl. 15–25 mm, hellrosenrot; Außenkelch sehr schmal; Kronb. viel länger als Kelchb.
Keim.: H; VI–IX; (⚥); Ins. (h, d), sb.
Unkrautfluren, an Mauern, Wegen, Mistplätzen u. Ackerrändern, auf frischen, nährstoffreichen, N-haltigen, lehmigen Böden (Stickstoffzeiger).
ÖK.: 767 5X9
Soz.: 3.31
D: v (Alp. bis 900 m); GB: v–z; F: v; S: z–s.

Wilde Malve
Malva silvestris
25–100 cm; Zweij./Staude; B. handförmig geteilt, dunkel gefleckt; Bl. 25–40 mm, hell- od. dunkelpurpurrot mit dunkleren Streifen; Kronb. mehr als 2 × so lang wie die Kelchb.
Keim.: H; VI–X; (⚥); Ins. (h), sb.
Unkrautges., Wege, Mauern, Schuttplätze, auf meist trockenen, nährstoff- u. N-reichen Ton-, Lehm- od. Sandböden (Stickstoffzeiger).
ÖK.: 683 4X8
D: v–z (Alp. bis 800 m); GB: v–z; F: v; S: z–s.

Baumartige Lavate
Lavatera arborea
Bis 300 cm; Zweij.; St. dick, unten verholzenc B. weichhaarig; Bl. 30 40 mm, purpurrot, dunkler gestreift; Auß kelch verwachsen, 3lap pig.
Keim.: F?; IV–IX; (⚥ pa; Ins. (h, d).
Unkrautfluren, Hecke Küstenfelsen, auf mei trockenen, nährstoffre chen, lehmigen bis sa digen Böden.
ÖK.: –
Soz.: –
D: –; GB: z–s; F: z–s; S: –.
(s. A. 97)

;chter Eibisch
lthaea officinalis
0–125 cm; Staude,
'eichhaarig; B. grau-
rün; Bl. 25–30 mm,
ell-lila; Außenkelch
:hüsselförmig, 6–9lap-
ig.
.eim.: H–F; VII–IX;
♀) pa; Ins. (h), sb.
rackröhrichte, Salzwie-
en, Gräben, auf nassen
is feuchten, nährstoff-
eichen, meist salzhalti-
en, sandigen od. reinen
onböden.
K.: –
oz.: –
: s; GB: z–s; F: z; S: s.

HARTHEU-GEWÄCHSE

Hypericaceae
(Guttiferae)
Kräuter/Halbsträucher; nur eine Gattung heimisch; B. gegenständig, oft mit durchscheinenden Ölbehältern; Bl. flach; Bl.hülle 5zählig, aber mit zahlreichen Staubb.; Fr. eine Kapsel.

Hypericum androsaemum
30–70 cm; Halbstrauch, wintergrün; B. breit-elliptisch bis eiförmig; Bl. 20 mm, gelb; Kronb. so lang wie die Kelchb.; Kelchb. ungleich; Fr. eine Beere, rot, später schwärzl.
Keim.: F; VI–VIII; (⚥) hg; Ins. (h, d, l), sb.
Feuchte, schattige Orte, Wälder, Küstenklippen, auf nassen bis feuchten, nährstoffreichen, sandigen Böden.
ÖK.: –
Soz.: –
D: –; GB: v–z; F: v–z; S: v–z.

Echtes Johanniskraut
Hypericum perforatum
30–60 cm; Staude; St. 2kantig; B. schmal eiförmig, mit zahlreichen durchscheinenden Ölbehältern; Bl. 20 mm, gelb; Kronb. mit schwarzen Punkten.
Keim.: F; VII–IX; (⚥) hg; Ins. (h, d), sb.
In zahlr. Ges., Weiden, Magerrasen, Heiden, Brachen, an Wegen u. Böschungen, auf frischen bis trockenen, nährstoffa., kalkfreien Böden.
ÖK.: 7X5 4XX
Soz.: –
D: v (Alp. bis 900 m); GB: v–z; F: v; S: v–z.

Vierkantiges Johanniskraut
Hypericum maculatum
20–60 cm; Staude; St. 4kantig; B. fast nicht durchscheinend; Bl. 20 mm, gelb; Kronb. auf der Fläche u. nicht am Rande schwarz gefleckt.
Keim.: F; VII–VIII; (⚥) hg; Ins. (h, d), sb.
Silikat-Magerrasen, Waldränder, Staudenfluren, Moorwiesen, auf frischen bis feuchten, nährstoffreichen, humosen Lehm- od. Tonböden.
ÖK.: 8X3 632
Soz.: 5.11
D: v (Alp. bis 1940 m); GB: v–z; F: z; S: v–z.

ehaartes
ohanniskraut
ypericum hirsutum
–80 cm; Staude,
eichhaarig; St. stiel-
nd; B. mit durchschei-
nden Ölbehältern, un-
stielt; Bl. 10–15 mm,
llgelb.
eim.: F; VI–IX; (⚥)
; Ins. (h, d), sb.
ahlschlagges., Wald-
nder, -lichtungen, auf
schen, nährstoffrei-
en, meist kalkhaltigen,
mosen Ton- u. Lehm-
den.
K.: 754 587
z.: 6.112
: v–s (Alp. bis 1800 m);
B: v–z; F: v; S: z–s.

Berg-Johanniskraut
Hypericum montanum
30–60 cm; Staude; St. kahl, stielrund; B. ohne durchscheinende Ölbehälter, am Rande schwarz punktiert; Bl. 10–15 mm, hellgelb, duftend.
Keim.: S; VI–VII; (⚥) hg; Ins. (h, d), sb.
Lichte Eichenmischwaldges., Kiefernwälder, Waldränder, Gebüsche, auf warmen, ± trockenen, nährstoff- u. meist kalkreichen Lehmböden (Lehmzeiger).
ÖK.: 564 463
Soz.: 8.4
D: v–z (Alp. bis 1300 m); GB: z–s; F: z; S: z.

Vierflügeliges Johanniskraut
Hypericum tetrapterum
30–60 cm; Staude; St. 4kantig, geflügelt; B. ungestielt, mit zahlreichen durchscheinenden Ölbehältern; Bl. 10 mm, blaßgelb.
Keim.: F–S; VII–IX; (⚥) hg; Ins. (h, d).
Ufer von Bächen, Gräben, Quellen, in Röhrichten, Seggenbest. u. Weidengebüsch, auf nassen, nährstoffreichen Lehm- u. Tonböden.
ÖK.: 752 875
Soz.: 5.412
D: z (Alp. bis 810 m); GB: v–z; F: v–z; S: s.
(s. A. 98)

Schönes Johanniskraut
Hypericum pulchrum
30–60 cm; Staude, schlank; St. rund, rot überlaufen; B. eiförmig, ungestielt, mit durchscheinenden Ölbehältern; Bl. 15 mm, goldgelb; Kronb. mit roten od. dunklen Punkten.
Keim.: F; VII–IX; (⚥) hg; Ins. (h, d), sb.
Eichen-Birken- u. Eichen-Buchenwaldges., Besenginster-Gebüsch; Heidesäume, auf nährstoff- u. kalkarmen, sandigen Böden.
ÖK.: 462 532
Soz.: 8.3
D: z; GB: v–z; F: v–z; S: z–s. **(s. A. 99)**

Liegendes Johanniskraut
Hypericum humifusum
5–15 (35) cm; Staude, niederliegend–aufsteigend; St. sehr zart, 2kantig bis rund; B. ungestielt; Bl. 10 mm, vereinzelt; Kelch unterschiedlich groß.
Keim.: F–S; VI–X; (⚥) hg; Ins. (d), sb., k.
Zwergbinsenges., Waldränder, Magerrasen, auf ± frischen, ± nährstoffa., sandigen Lehmböden.
ÖK.: 7X2 733
Soz.: 3.111
D: v–z (Alp. bis 1800 m); GB: v–z; F: v; S: s.
(s. A. 100)

Sumpf-Johanniskraut
Hypericum helodes

10–30 cm; Staude, kriechend; St. an den Knoten wurzelnd, rauhhaarig; B. rundl.-eiförmig; Bl. 10–15 mm, gelb; Kronb. etwas aufgerichtet; Samen langlebig.
Keim.: F; VI–IX; (☿) hg; Ins. (h, d), sb.
Moorige Schlenkenränder, Heidetümpel, auf nassen, nährstoff- u. kalkarmen Torfböden.
ÖK.: 861 92?
Soz.: 1.315
D: s; GB: z–s; F: v–z; S: –.

VEILCHENGEWÄCHSE
Violaceae ★

Kräuter; B. gezähnt, mit Nebenb., meist lang gestielt; Bl. einzeln, dorsiventral, lang gestielt; Kronb. 5, ± ausgebreitet, 4 spreizend, 1 eine Lippe bildend u. unterseits gespornt; nach einer normalen Blüte meist kleistogam (k); Samen oft von Ameisen verbreitet.

März-Veilchen
Viola odorata ★

5–10 cm; Staude; B. in Rosette, breit-eiförmig, später im Sommer vergrößert; Bl. 15 mm, duftend, dunkelviolett, selten rosa, oft weiß; Kelchb. stumpf.
Keim.: F; III–V; (☿); Ins. (h), sb., k.
In Siedlungsnähe, Wald- u. Wegränder, Gebüsche, auf frischen, nährstoffreichen, humosen Lehmböden (Nährstoffzeiger).
ÖK.: 563 5X8
Soz.: 3.522
D: z (Alp. bis 996 m); GB: v–z; F: v; S: z.

Rauhes Veilchen
Viola hirta ★

5–10 (25) cm; Staude, ohne Ausläufer; B. in Rosette, breit-eiförmig, stark behaart; Bl. 15 mm, blaßlila, selten weiß, nicht duftend.
Keim.: F–S; IV–V; (☿); Ins. (h), sb., k.
Waldränder, lichte Eichen- u. Kiefern-Trokkenwälder, Halbtrockenrasen, auf ± trockenen, nährstoffr., kalkh., hum. Ton-, Lehm- od. Lößlehmböden.
ÖK.: 655 382
Soz.: 6.1
D: v (Alp. bis 1200 m); GB: z–v; F: v–z; S: z.

Rivins-Veilchen
Viola riviana ★

10–30 (40) cm; Staude; B. in Rosette, breit-herzförmig; Nebenb. entfernt gezähnt; Bl. 12–20 mm, hellblau-violett; Sporn kurz, dick; Kelchb. stumpf.
Keim.: F–S; III–VI, (VII–IX); (☿); Ins. (h), sb., k.
Lichte Eichenwälder, Magerrasen, Heiden, au frischen, kalka., sand. Lehm- u. Tonböden.
ÖK.: –
Soz.: –
D: v (Alp. bis 1750 m); GB: v; F: v; S: v–z.
(s. A. 101)

Wald-Veilchen
Viola silvestris ★

5–20 cm; Staude; B. in Rosette, schmaler herzförmig; Bl. 12–20 mm, blaßhellblau-violett; Sporn kurz, dick, Farbe wie Kronb.
Keim.: F–S; IV–VI; (☿); Ins. (h).
Krautreiche Laub- u. Nadelmischwälder, auf frischen, nährstoffreichen Lehmböden.
ÖK.: 454 576
Soz.: 8.43
D: v (Alp. bis 1600 m); GB: v–s; F: v–z; S: z–s.

Wunder-Veilchen
Viola mirabilis

10–25 cm; Staude; B. in Rosette; Grundachse dick, mit braunen Schuppen; St. einreihig behaart; Nebenb. ungezähnt, lanzettlich; Sporn weißlich.
Keim.: ?; IV–V; (☿); Ins. (h), sb., k.
Warme Laubmischwälder, auf frischen bis ± trockenen, nährstoffreichen, kalkhaltigen Ton- u. Lehmböden.
ÖK.: 454 48X
Soz.: 8.4
D: s–z (Alp. bis 1380 m); GB: –; F: s; S: z.

Hunds-Veilchen
Viola canina ★

3–30 (40) cm; Staude; B. nicht in Rosette, eiförmig; Bl. 15–20 mm, blauviolett, selten weiß; Sporn weißlich od. gelblich; Kelchb. gefärbt.
Keim.: F–S; IV–VI; (☿); Ins. (h), sb., k.
Heiden, Magerrasen, Waldränder od. verheidete, lichte Eichenwälder, auf ± trockenen, nährstoffarmen, ± sauren Böden.
ÖK.: 753 432
Soz.: 5.112
D: v (Alp. bis 1320 m); GB: z–s; F: v–z; S: z.

Viola lactea

(5) 10–15 cm; Staude; B. lanzettl., nicht in Rosette; Bl. 15–20 mm, blaßbläulich-weiß; Sporn grünlich.
Keim.: ?; V–VI; (☿); Ins. (h).
Heiden, Magerrasen, auf ± trockenen, nährstoffarmen, sauren Böden.
ÖK.: –
Soz.: –
D: –; GB: z–s; F: z–s; S: –.

Graben-Veilchen
Viola stagnina ★

5–20 cm; Staude; B. herzförmig, nicht in Rosette; Bl. 10–15 mm, blaß-bläul. od. milchigweiß, oft mit dunklen Adern; Sporn grünlich.
Keim.: F; V–VI; (☿); Ins. (h).
Moorwiesen, nasse Mul den u. Gräben, auf feuchten, nährstoffreichen, kalkarmen, humo sen Ton- od. Torfböden
ÖK.: 675 86?
Soz.: 5.413
D: s; GB: s; F: s; S: s.

umpf-Veilchen
Viola palustris ★
–15 cm; Staude; B. ro-
ettig gebüschelt, aus
Rhizom entspringend;
Bl. 10–15 mm, blaß-lila,
nit dunkleren Nerven;
Kelchb. stumpf.
Keim.: F–S; IV–VII; (☿);
ns. (h), sb., k.
Flachmoore, Quellflu-
en, Gräben, Ufer, Ver-
andungs- u. Kleinseg-
en-Bestände, auf meist
taunassen, nährstoffar-
nen, sauren Sumpfhu-
nus-Böden.
ÖK.: 6X3 925
oz.: –
D: v (Alp. bis 1850 m);
GB: v–z; F: z–s; S: v.

Sibirisches Veilchen
Viola epipsilea
8–15 cm; Staude; B. zu 2 grundständig, unterseits zerstreut behaart; Bl. 15–20 mm, blaß-lila; Sporn 2–3× so lang wie die Kelchanhängsel.
Keim.: ?; V–VIII; (☿);
Ins. (h), sb., k.
Flachmoore, Erlenbruchwaldges., auf ± nassen, kalkarmen, humosen Böden.
ÖK.: –
Soz.: –
D: s; GB: –; F: –; S: v.

Zweiblütiges Veilchen
Viola biflora
8–15 (20) cm; Staude, kriechend–aufsteigend, leicht behaart; B. nierenförmig, in Rosette; Bl. 15–18 mm; zitronengelb, mit brauner Zeichnung, oft zu 2.
Keim.: ?; V–VIII; (☿);
Ins. (d, h, l), sb., k.
Berg- u. Grauerlenwälder, Hochstaudenfluren, auf frischen, nährstoffr., kalkh. Lehm- od. Steinschuttböden.
ÖK.: 434 676
Soz.: 6.3
D: s–v (Alp. bis 2530 m);
GB: –; F: s; S: z.

Gelbes Veilchen
Viola lutea ★
10–25 cm; Staude; B. behaart, in Büscheln; Nebenb. fingerförmig geteilt; Bl. 20–35 mm, gelb, selten bunt, lang gestielt.
Keim.: F; V–VIII; (☿);
Ins. (h, d, l).
Bergwiesen, Magerrasen, auf frischen, nährstoffreichen, sandigen Böden.
ÖK.: –
Soz.: –
D: s, Alp. über 1000 m;
GB: s–z; F: s; S: –.

Gewöhnliches Stiefmütterchen
Viola tricolor ★
5–30 cm; Ein-/Mehrj., variabel; B. eif. bis breitlanzettl.; Nebenb. gelappt, laubb.ähnlich; Bl. 15–25 mm, blau-violett, gelb u. weiß, lang gestielt.
Keim.: F; IV–XI; (☿);
Ins. (h), sb.; versch. sspp.
Unkrautges., Brachen, Hänge, Böschungen, Wege, Dünen, auf frischen, nährstoffr. Lehm-, Ton- bis Sandböden.
ÖK.: 7X2 5X6 (ssp. tric.)
Soz.: 5.422 (ssp. tric.)
D: v(Alp. bis 1240 m);
GB: v–z; F: z; S: v.

**cker-
tiefmütterchen**
Viola arvensis ★
–20 cm; Einj., sehr va-
iabel; B. eiförmig bis
ngzettl.; Nebenb. tief
elappt; Bl. bis 15 mm,
elb bis gelbl.-weiß;
ronb. etwas länger als
ie Kelchb.
Keim.: F; IV–XI; (☿);
ns. (h), sb.
ckerunkrautfluren, an
Vegen, Schuttplätzen,
rachen, auf frischen bis
trockenen, nährstoff-
eichen, humosen Sand-
d. Lehmböden.
ÖK.: 553 XXX
oz.: 3.4
: v (Alp. bis 850 m);
B: v–z; F: v; S: v–z.
. A. 102)

CISTROSEN-GEWÄCHSE
Cistaceae ★
Kräuter, Halbsträucher, flaumig behaart; B. ungezähnt, einfach; Krone 5blättrig, meist schon am Tag nach der Blüte abfallend; Kelchb. zahlreich; Fr. eine Kapsel; Arten trockener Standorte, meist aus dem Mittelmeergebiet stammend, nur wenige heimisch.

Graues Sonnenröschen
Helianthemum canum
5–15 cm; Halbstrauch; B. schmal, graufilzig; Bl. 10–15 mm, gelb; Griffel S-förmig gebogen.
Keim.: ?; V–VI; (☿) pg;
Ins. (h).
Kalktrockenrasen, Kiefern-Trockenwälder; Felsköpfe, auf warmen, trockenen, kalkreichen, steinigen Lehmböden.
ÖK.: 874 39?
Soz.: 7.1
D: s; GB: s; F: z; S: –.

Gemeines Sonnenröschen
Helianthemum numularium
7–50 cm; Halbstrauch; B. lineal. bis breit eiförmig, 1nervig, oberseits grün, unterseits filzig; Nebenb. schmal, länger als der B.stiel; Bl. 20–25 mm, gelb, selten weiß, Griffel gerade.
Keim.: S; V–IX; (☿) pg;
Ins. (h, d, l), sb.
Kalk-Magerrasen, Wegränder, Böschungen, auf ± trockenen, kalkreichen Löß- u. Lehmböden.
ÖK.: 754 371
Soz.: 5.32
D: s–z; GB: z–s; F: v–z;
S: z.
(s. A. 103)

Sandröschen
Tuberaria guttata
5–25 cm; Einj.; B. an der Basis in Rosette, am St. gegenständig, früh absterbend; Bl. 10–20 mm, gelb, im Innern mit schwarzbraunen Flekken; Kronb. bereits nach dem Öffnen abfallend.
Keim.: F; V–VII; (☿);
Ins., sb., k.
Sand-Pionier-Ges., Brachen, auf trockenen, meist nährstoff- u. kalkarmen, sauren Sandböden.
ÖK.: –
Soz.: 5.24
D: s; GB: s; F: z–s; S: –.

FRANKENIEN-GEWÄCHSE
Frakeniaceae
Kleine Familie mit nur 1 Art in GB u. F; Halbsträucher; B. heideähnlich; Bl. 5zählig; Staubb. 6; Arten überwiegend an salzhaltigen Standorten vorkommend.

KÜRBISGEWÄCHSE
Cucurbitaceae
Kräuter, z. T. stachelig bis filzig behaart; B. herzförmig bis gelappt; in den B.achseln oft Ranken; Bl. 5zählig; Kronb. an der Basis verwachsen; Staubb. ± verwachsen (Synandrium); Fr. eine Beere (Panzerbeere); große Familie meist tropischer Arten.

Frankenie
Frankenia laevis
Bis 40 cm; Halbstrauch, niederliegend, mattenbildend, heideähnlich; B. schmal, gegenständig, am St. dicht stehend; Bl. 5–8 mm, rosa bis weiß, sitzend.
Keim.: S?; VII–VIII; (⚥); Ins.
Trockenere Salzwiesen, Sand- u. Kiesvegetationen der Küsten, auf feuchten bis nassen, salzhaltigen, nährstoffreichen Böden.
ÖK.: –
Soz.: –
D: –; GB: z–s; F: s; S: –.

Rotfrüchtige Zaunrübe
Bryonia dioica ★
200–300 cm lang; Staude, kletternd; B. 5lappig; Ranken zu den B. gegenständig; Bl. grünl.-weiß mit dunklen Nerven; getrenntgeschlechtig; Fr. eine rote Beere.
Keim.: F–S; V–IX; (♂) + (♀); Ins. (h).
Wegränder, Zäune, Hekken, Schuttplätze, auf frischen, nährstoffreichen, humosen Lehmböden.
ÖK.: –
Soz.: –
D: z; GB: v–z; F: v–z; S: –.

NACHTKERZEN-GEWÄCHSE
Onagraceae ★
Kräuter; B. schwach bis fein gezähnt; Bl. mit 4 freien Kronb.; Staubb. bis zu 10; Arten von überwiegend feuchten Standorten u. Wäldern; viele Samen produzierend.

Alpen-Hexenkraut
Circaea alpina
4–25 cm; Staude, ± behaart; B. rundl.-eif., an der Basis herzf. geschweift-gezähnt; Bl. 2–3 mm, weiß, mit 2 Kronb.
Keim.: S; VI–VIII; (⚥); Ins. (d), sb.
Schlucht- u. Auenwälder, Buchen- u. Laubmischwaldges., auf feuchten, nährstoffreichen, meist kalkarmen, humosen od. steinigen Lehmböden.
ÖK.: 444 755
Soz.: 8.43
D: z (Alp. bis 1510 m); GB: s; F: s; S: v–z.

Gemeines Hexenkraut
Circaea lutetiana ★
20–60 cm; Staude, flaumig behaart; B. eiförmig, spitz; Bl. 4–8 mm, weiß; Kronb. 2, tief gekerbt; Fr.stiele sich während der Reife verlängernd.
Keim.: F; VI–IX; (⚥) hg; Ins. (d), sb.
Auenwälder, feuchte Laub- u. Nadelmischwälder, Waldwege, auf nassen bis feuchten, nährstoffr., hum., lehm. od. ton. Böden.
ÖK.: 453 677
Soz.: 8.43
D: v (Alp. bis 1150 m); GB: v; F: v; S: z–s.

Gewöhnliche Nachtkerze
Oenothera biennis ★
60–150 (200) cm; Zweij.; B. breit-lanzettl., rot überlaufen; Bl. 40–50 mm, gelb; Kelchb. grün.
Keim.: F; VI–VIII; (⚥); Ins. (h, l), sb.
Lückige Unkrautfluren, Brachen, Böschungen, Bahndämme, Schuttplätze, auf trockenen, ± nährstoffreichen, humosen od. sandig-steinigen Lehmböden.
ÖK.: 973 3X4
Soz.: 3.322
D: v; GB: v–s; F: v; S: z.

Großblütige Nachtkerze
Oenothera grandiflora ssp. *erythrosepala*
60–200 cm; Zweij.; St. u. Fr.knoten rot behaart; B. breiter-lanzettl., schwach buchtig gezähnt; B.fläche etwas proliferierend; Bl. 60–80 mm, gelb; Kelchb. rot gestreift.
Keim.: F; VI–IX; (⚥); Ins. (h, l), sb.
Unkrautges., an Dünen, Wegen, Schuttplätzen, auf lockeren, rohen, Sand- u. Lehmböden.
ÖK.: –
Soz.: –
D: s; GB: z–s; F: v–z; S: z–s.

Schmalblättriges Weidenröschen
Chamaenerion angustifollium ★
60–125 (200) cm; Staude; B. schmal-lanzettl., bis 200 mm breit, wechselständig; Bl. 20–30 mm, purpurrot, selten weiß.
Keim.: F; VI–VIII; (⚥); Ins. (h).
Kahlschlagges., Waldlichtungen, Schuttplätze, Wegränder, Staudenfluren, auf frischen, nährstoffreichen, meist kalkfreien, N-haltigen, humosen Lehm- od. sandigen Böden.
ÖK.: 8X5 538
Soz.: 6.2
D: v (Alp. bis 1860 m); GB: v; F: v; S: v.

Zottiges Weidenröschen
Epilobium hirsutum ★
50–150 cm; Staude, zottig-drüsig behaart; B. fast gegenständig, st. umfassend; Bl. 15–25 mm, purpurrot; Narbe 4spaltig.
Keim.: F; VI–IX; (⚥); Ins. (h), sb.
Staudenfluren an Bächen u. Flüssen, auf ± nassen, nährstoffreichen, kalkhaltigen Tonböden.
ÖK.: 755 888
Soz.: 5.323
D: v; GB: v; F: v; S: z–s.

Kleinblättriges Weidenröschen
Epilobium parviflorum
15–60 cm; Staude, stark behaart; B. wechselständig, nicht st.umfassend; Bl. 6–10 mm, purpurrot; Narbe 4spaltig.
Keim.: H; VII–IX; (⚥); Ins. (h), sb.
Uferges. an Quellen, Wegen, Kahlschlägen, auf feuchten bis nassen, nährstoffreichen Lehm- u. Tonböden.
ÖK.: 753 985
Soz.: 3.523
D: v (Alp. bis 913 m); GB: v–z; F: v; S: z.

Berg-Weidenröschen
Epilobium montanum
30–100 cm; Staude; B. kurz gestielt, untere gegenst. eiförmig–lanzettl.; Bl. 6–8 mm, rosenrot; Kronb. ausgerandet; Narbe 4spaltig.
Keim.: S, F; VI–IX; (⚥) hg; Ins. (h, d), sb.
Krautreiche Laubmischwaldges., Waldwege, Gärten, Parkanlagen, Hecken, auf frischen, nährstoffr., N-haltigen, hum. Lehmböden.
ÖK.: 4X3 566
Soz.: 8.43
D: v (Alp. bis 1820 m); GB: v; F: v; S: v–z.
(s. A. 104)

Vierkantiges Weidenröschen
Epilobium adnatum
30–225 cm; Staude; St. 4kantig; B. sitzend, lanzettl., glänzend; Bl. 6–8 mm, rosenrot; Kronb. schwach ausgerandet; Narben nicht 4spaltig.
Keim.: F; VI–IX; (⚥) hg; sb.
Staudenges. der Bäche u. Flüsse, an Gräben, Waldwegen, Quellen, auf feuchten, nährstoffreichen, N-haltigen, humosen Lehm- od. Tonböden.
ÖK.: 774 555
Soz.: –
D: v; GB: v–z; F: v; S: z.

Dunkelgrünes Weidenröschen
Epilobium obscurum
(20) 60–100 cm; Staude; St. mit 2–4 vorstehenden Leisten; B. lineal.-lanzettl., dunkelgrün; Bl. bis 5 mm, trüb rosenrot. Kelchbl. drüsig behaart.
Keim.: S; VI–IX; (⚥) hg; sb.
Staudenfluren, Röhrichte, Waldlichtungen, auf nassen, nährstoffreichen, N-haltigen, meist kalkarmen, humosen Lehm- u. Tonböden.
ÖK.: –
Soz.: –
D: z; GB: v–z; F: v–z; S: z.

Epilobium adenocaulon
20–60 cm; Staude; St. 4kantig, drüsig behaart; B. gegenst., kurz gestielt, eiförmig–lanzettl.; Bl. 4–6 mm, rotlila; Narbe nicht 4spaltig.
Keim.: sf; VII–X; (⚥) hg; sb.
Schuttplätze, Wald- u. Wegränder, Gärten, Kahlschläge, auf frischen, nährstoffreichen Lehmböden; aus N-Amerika eingebürgert.
ÖK.: –
Soz.: –
D: s; GB: v–s; F: v–z; S: s?.

Rosenrotes Weidenröschen
Epilobium roseum
15–80 cm; Staude; St. mit 2 od. 4 erhabenen Leisten, drüsig behaart; B. lang gestielt, in d. St. verschmälert; Bl. 4–6 mm, erst weißl., später rosa; Narbe nicht 4spaltig.
Keim.: H–F; VII–X; (⚥) hg; sb.
An Flüssen, Gräben u. im Weidengebüsch, auf ± nassen, nährstoffreichen, N- u. kalkhaltigen, reinen od. sandigen Lehm- u. Tonböden.
ÖK.: 754 888
Soz.: 1.412
D: z (Alp. bis 913 m); GB: v–z; F: v–z; S: z.

Sumpf-Weidenröschen
Epilobium palustre ★
10–50 (70) cm; Staude; St. schlank, behaart, in sich gebogen; B. sitzend, lineal-lanzettl.; Bl. 4–6 mm, fleischfarben; Narbe keulig.
Keim.: H; VII–IX; (⚥); Ins. (d), sb.
Gräben, Quellfluren, Braunseggensümpfe, auf nassen, nährstoffreichen, meist kalkarmen, N-haltigen, sauer bis neutralen, humosen Böden.
ÖK.: 7XX 933
Soz.: –
D: v (Alp. bis 1240 m); GB: v–z; F: v–z; S: v.

Alpen-Weidenröschen
Epilobium anagallidifolium
(2) 8–20 cm; Staude, kriechend; Ausläufer oberirdisch; B. ganzrandig, eiförmig-lanzettl.; Bl. 4–5 mm, blaßrot, nikkend; Kelchb. rötlich.
Keim.: F; VI–IX; (⚥); sb.
Subalp. Quellfluren, im feuchten Feinschutt, auf nährstoffreichen, kalkfreien, neutralen bis schwach sauren, humosen Tonböden.
ÖK.: 823 7X?
Soz.: 4.5
D: s–v, Alp. 1500–2300 m; GB: s, alp; F: s, alp; S: s.

Mieren-Weidenröschen
Epilobium alsinifolium
10–25 cm; Staude, kriechend; Ausläufer unterird.; B. eif.-lanzettl. zugespitzt; Bl. 8–10 mm, rosenrot.
Keim.: ?; VI–IX; (⚥); sb.
Alp. u. subalp. Quellfluren, an Bächen, auf kalten, nassen, nährstoffreichen, ± sauren, humosen Tonböden.
ÖK.: 822 9X?
Soz.: 1.5
D: s–v, Alp. bis 2000 m; GB: z–s, alp; F: s, alp; S: z.

Epilobium brunescens ★
Bis 5 cm; Staude, kriechend, niederliegend; St. an den Knoten wurzelnd; B. rundlich, gestielt, oft rot gefärbt, schwach gezähnt; Bl. 3–4 mm, blaßrosa, einzeln, lang gestielt.
Keim.: ?; VI–VII; (⚥); sb.
Flußbegleitend, auf nassen, nährstoffreichen, ± sauren Lehmböden.
ÖK.: –
Soz.: –
D: –; GB: v–z; F: s?; S: –.

SEEBEEREN-GEWÄCHSE
Haloraceae
Wasserpflanzen; Bl. klein, 4zählig, eingeschlechtig od. zwittrig, unscheinbar.

TANNENWEDEL-GEWÄCHSE
Hippuridaceae
Wasser- od. Sumpfpflanzen; B. quirlständig; Bl. einzeln, unscheinbar, achselständig; sterile Hülle ungegliedert; nur 1 Staubb. u. 1 Fruchtknoten mit Narbe entwickelt.

WASSERSTERN-GEWÄCHSE
Callitrichaceae
Wasser- od. Sumpfpflanzen; B. gegenständig, oft mit Schwimmblattrosette; Bl. klein, ohne Hülle od. mit sichelförmigen Vorblättern, eingeschlechtig; ♂ Bl. mit 1 Staubb., ♀ Bl. mit 2blättrigem Fruchtknoten; Fr. eine Steinfrucht.

Wechselblütiges Tausendblatt
Myriophyllum alternifolium
(10) 20–125 cm; Staude; B.quirle 4zählig, haarfein gefiedert, wechselst.; ♂ Bl. 4–5 mm, gelbl., im Blst.; ♀ Bl. in Ähren.
Keim.: F–S; VI–VIII; (♀ + ♂) pa; wb.
Strandlings- u. Schwimmblattges., an flachen Ufern, in stehenden, nährstoff- u. kalkarmen, ± sauren Gewässern auf Sand- od. Torfschlammböden.
ÖK.: 7X2 1233
Soz.: 1.314
D: z–s; GB: z–s; F: z–s; S: v–z.

Ährenblütiges Tausendblatt
Myriophyllum spicatum ★
St. der Wasserform (20) 4–275 cm; Staude; B.quirle haarfein bis borstl. gefiedert; Bl. zu 4 in Quirlen; ♂ Bl. o., meist wechselst., ♀ Bl. 3–4 mm, unten, quirlst.; Kronb. rötlich.
Keim.: F–S; VI–VIII; (♀ + ♂), (♂) pa; wb.
Schwimmb.ges., in nährstoff- u. kalkreichen Gewässern.
ÖK.: 5XX 1233
Soz.: 1.2
D: v (Alp. bis 800 m); GB: v–z; F: z; S: z–s.
(s. A. 105)

Gewöhnlicher Tannenwedel
Hippuris vulgaris ★
St. bis 190 cm bei halbsubmerser Lebensweise; beb. Teil 15–30 (50) cm; Staude; B. lineal., zugespitzt, 6–16 in Wirteln; Bl. sehr klein, b.winkelständig, grün; Kronb. zu einem Ring reduziert.
Keim.: ?; VI–VIII; (⚥ + ♀) pg; wb.
Wasserpflanzenges., Röhrichte, in nährstoff- u. kalkh. Gewässern.
ÖK.: 7XX 1185
Soz.: 1.411
S: z–s (Alp. bis 1600 m); GB: v–z; F: v–z; S: v.
(s. A. 106, 107)

Teich-Wasserstern
Callitriche stagnalis ★
St. der Wasserform 70–100 cm; Landform bis 14 cm; Einj./Staude; B. breitelliptisch od. rundlich, zu 6–8 rosettig gehäuft (Schwimmb.); Bl. winzig, grün; Kronb. fehlend; Fr. Teilnüßchen (Klausen).
Keim.: F; V–X; (♂ + ♀); wb., wsb.
Wasserpflanzenges., in stehenden u. fließenden, ± nährstoffreichen, ± kalkarmen, z. T. auch brackigen Gewässern.
ÖK.: 7XX 1185
Soz.: 1.213
D: v; GB: v; F: v–z; S: v.

WEIDERICH-GEWÄCHSE
Lythraceae
Kräuter; St. 4kantig; B. ganzrandig, gegenständig, selten quirl- od. wechselständig, verkehrteiförmig od. lanzettl.; Bl. zwittrig; Kronb. oft zu 6.

HARTRIEGEL-GEWÄCHSE
Cornaceae
Sträucher, selten Kräuter; B. ganzrandig, eiförmig-spitz od. elliptisch, gegenständig; Bl. 4zählig, klein, bisweilen von auffälligen Hochb. umgeben, in Dolden od. Doldenrispen; Steinfrucht.

EFEUGEWÄCHSE
Araliaceae
Holzgewächse, Sträucher od. Schlingpflanzen; B. 2zeilig, gegen- od. wechselständig; Nebenb. fehlend; Bl. 5zählig; Fr. Beeren od. Steinfrüchte.

Schwedischer Hartriegel
Cornus suecica ★
5–15 (25) cm; Staude, kriechend; B. sitzend, gegenständig, eiförmig bis länglich, mit hervortretenden Nerven; Bl. 3–4 mm, purpurrot, in gestielten Dolden; von 4 großen weißen Hüllb. umgeben.
Keim.: F–S; V–VIII; (⚥) pa; Ins. (d, h).
Zwergstrauchges., Moore, Gebüsche, auf frischen bis feuchten, sauren, meist anmoorigen, torfigen Böden.
ÖK.: –
Soz.: –
D: s; GB: s–z; F: –; S: v–z.

Blutweiderich
Lythrum salicaria ★
50–125 cm; Staude, ± flaumig behaart; St. mit 4 erhabenen Leisten; B. lanzettl., sitzend, untere zu 3 od. gegenst.; Bl. 10–15 mm, purpurrot, quirlig, in ährenf. Blst.; heterostyl (Griffel ungleich lang).
Keim.: F; VI–IX; (⚥) hg; Ins. (h, d).
Hochstaudenfluren, Bäche, Flüsse, Gräben, Röhricht, Feuchtwiesen, auf nassen bis feuchten, nährstoffreichen, humosen Lehm- u. Tonböden.
ÖK.: 755 87X
Soz.: 5.412
D: v (Alp. bis 1400 m); GB: v; F: v; S: v–z.

Bachburgel
Peplis portula
5–25 (55) cm; Einj., niederliegend; St. 4kantig, an d. Knoten wurzelnd; B. gegenst., verdickt, z. T. rötlich; Bl. 1–2 mm, rötlich-weiß; Kronb. früh abfallend; Kelch glockenf., eine Röhre bildend.
Keim.: S–H; VII–IX; (⚥); sb.
Zwergbinsenges., Wege, Ufer, Äcker, auf feuchten, nährstoffreichen, kalkarmen Böden.
ÖK.: 853 73?
Soz.: 3.111
D: z; GB: v–z; F: z; S: z.
(s. A. 108, 109, 110)

Efeu
Hedera helix ★
Strauch, Schlingpflanze, immergrün; St. mit Haftwurzeln, kriechend od. bis über 20 m kletternd; B. 3–5lappig, oberste ungelappt, glänzend; Bl. 3–6 mm, grün in Dolden; Staubb. gelb Fr. schwarze Beere.
Keim.: F–S; VIII–IX; (⚥) pg-hg-pa; Ins. (h, d, l).
Laubmischwälder, Felsen, Mauern, Parkanlagen, auf frischen, nährstoffreichen, lockeren, humosen Lehmböden.
ÖK.: 452 5XX
Soz.: 8.4
D: v–z (Alp. bis 1230 m GB: v; F: v; S: z–s.

·OLDENBLÜTLER
·mbelliferae ★
·räuter; B. wechselst., ·t gefiedert; Bl. klein, ·eiß od. gelb, in einf. ·l. zusammengesetzten ·olden; am Grunde der ·rahlen 2. Ordnung ·üllchenb.; Kronb. 5. ·cht immer gleich groß; ·. zur Reife in 2 Teil·üchte zerfallend (Dop·elachaene).

Wassernabel
Hydrocotyle vulgaris
St. kriechend, 30–60 (200) cm lang; Staude; B. lang gestielt, schildförmig, Stiel in der B.mitte endend; Bl. klein, rötlich-weiß, in kopfförmigen Dolden, aus B.winkeln entspringend.
Keim.: S–H; VI–VIII; (⚥) hg; Ins. (h, d), sb. Flachmoore, Feucht- u. Moorwiesen, auf nassen, nährstoff- u. kalka. Torf- u. Humusböden.
ÖK.: 762 922
Soz.: –
D: v; GB: v–z; F: v–z; S: z.

Wald-Sanikel
Sanicula europaea ★
20–40 (50) cm; Staude; B. lang gestielt, 3–5teilig handförmig u. gelappt, mit 3 tieferen Lappen; Lappen gesägt; Bl. rötlich-weiß, in dichten, kopfförmigen Dolden.
Keim.: F–S; V–VII; (⚥ + ♂) pg; Ins. (h, d). Laub- u. Nadelmischwälder, auf frischen, nährstoff- u. meist kalkhaltigen, humosen Ton- u. Lehmböden.
ÖK.: 453 587
Soz.: 8.43
D: z (Alp. bis 1300 m); GB: v–z; F: v; S: z.

Große Sterndolde
Astrantia major
30–90 cm; Staude; B. lang gestielt, handförmig 5–7lappig geteilt; Hüllb. derb, weißlich mit grünen Streifen; Bl. weiß od. rötlich.
Keim.: ?; VI–IX; (⚥ + ♂) pa; Ins. (d, c, l), wb. Bergwiesen, Schlucht-, Auen- u. Nadelmischwälder, auf frischen, nährstoffreichen, meist kalkhaltigen Lehmböden (Tonzeiger).
ÖK.: 644 685
Soz.: –
D: s–z; GB: z–s; F: s; S: –.

Stranddistel
Eryngium maritimum ★
15–50 cm; Zweij./Staude, weißl.- bis bläul.-grün; B. derb mit Dornen, untere gestielt, eiherzförmig; Bl. 8–10 mm, blau, in kugeligen Dolden, von laubb.ähnlichen, dornigen Hüllb. umgeben. §
Keim.: F–S; VI–IX; (⚥ + ♂) pa; Ins. (h, d, c). Küstendünen bes. Weißdünen, auf salzhaltigen, bewegten Sandböden (geschützt).
ÖK.: 963 47X
Soz.: 2.911
D: z–s; GB: z–s; F: z; S: z–s.

·ld-Mannstreu
·yngium campestre
·–60 (100) cm; Staude, ·rzweigt, gelbl.-grün; B. ·rnig, handförmig-fie·rschnittig; Bl. 2–·mm, weiß od. grau·ün, in kugeligen Dol·n; Hüllb. dornig.
·eim.: F; VII–VIII; (⚥); ·s. (h, d, c), sb. ·agerrasen u. -weiden, ·imme, Wegränder, auf ·ockenen, ± kalkrei·en, sandigen od. stei·gen Lehm- u. Lößbö·n.
·K.: 975 383
·z.: 5.3
· z–s; GB: s; F: v–z; ·–.

Hunds-Kerbel
Anthriscus caucalis
15–50 (80) cm; Einj., schwach behaart; B. 3fach gefiedert; Bl. 2 mm, weiß; Dolde ohne Hüllb.; Fr. dicht mit gekrümmten Borsten besetzt.
Keim.: F; V–VI; (⚥); Ins. (h, d), sb. Unkrautges., an Hecken, Wegrändern, Schuttplätzen, auf frischen, nährstoffreichen, meist kalkarmen, sandigen Lehmböden.
ÖK.: –
Soz.: –
D: s; GB: s–z; F: z; S: s.

Wiesen-Kerbel
Anthriscus silvestris ★
60–150 cm; Staude, behaart; B. 2–3fach gefiedert; Bl. 3–4 mm, weiß; Hüllb. fehlend; Fr. schwarz, kurz geschnäbelt.
Keim.: F; IV–VII; (⚥ + ♂) pa; Ins. (h). Fettwiesen, Hecken, Wegränder, auf frischen bis feuchten, nährstoffreichen, tiefgründigen Ton- u. Lehmböden.
ÖK.: 7X5 5X8
Soz.: 5.42
D: v (Alp. bis 2375 m); GB: v; F: v; S: v.

Süßdolde
Myrrhis odorata ★
50–120 cm; Staude; B. groß, 2–3fach gefiedert, nach dem Treiben stark duftend; Bl. 2–4 mm, weiß; Fr. groß, 20–25 mm, scharfkantig gerippt.
Keim.: F; V–VII; (⚥ + ♂) pa; Ins. (h, d, c). Verwildert in subalp. Staudenfluren, Schuttplätzen, Wald- u. Heckenrändern, auf frischen, nährstoffreichen, humosen Lehmböden.
ÖK.: –
Soz.: –
D: s (Alp. bis 1300 m); GB: v–z; F: z–s; S: z–s.

Taumel-Kälberkropf
Chaerophyllum temulum ★
30–100 cm; Zwei-/Einj., behaart; St. schmutzigrot gefleckt; B. 2–3fach gefiedert, weichhaarig; Bl. 2 mm, weiß; Hüllb. fehlend.
Keim.: F; V–VII; (⚥ + ♂) pa; Ins. (h, d, c). Schattige Unkrautges., Waldränder, Hecken, Gebüsche, auf frischen, nährstoffreichen, humosen Lehmböden (Stickstoffzeiger).
ÖK.: 563 5X8
Soz.: 3.522
D: v; GB: v–z; F: v; S: z–s.

Gemeiner Klettenkerbel
Torilis japonica
30–125 cm; Zwei-/Einj.; St. feingerillt, ± rauhhaarig; B. meist 2fach gefiedert; Bl. 2–3 mm, weiß; Kronb. oft ungleich; Hüllb. 4–6; Fr. mit hakigen Borsten.
Keim.: F; VI–IX; (⚥ + ♂) pa; Ins. (d), sb.
Schattige Unkrautges., Waldränder, -wege, auf frischen, nährstoffr., N-haltigen, lockeren, hum. Lehmböden.
ÖK.: 663 588
Soz.: 3.522
D: v; GB: v; F: v; S: z.
(s. A. 111, 112)

Echter Kümmel
Carum carvi
30–50 (100) cm; Zweij.; B. 2–3fach gefiedert, B.chen fiederspaltig, Zipfel lineal; Bl. 2–3 mm, weiß; ohne Hüllb.
Keim.: H.; VI–VII; (⚥) pa + (♀); Ins. (h).
Fettwiesen und -weiden, auf nährstoffr., ton. Böden.
ÖK.: 845 5X6
Soz.: 5.42
D: v (Alp. bis 1860 m); GB: z–s; F: z–s; S: v.

Wilde Möhre
Daucus carota ★
30–60 (100) cm; Zweij.; B. 2–3fach gefiedert, Zipfel lineal-lanzettl.; Bl. 2–4 mm, weiß; Mittelbl. der Dolde z. T. schwarzpurpurn; Hüllb. gefiedert; Dolde zur Fr.reife einwärts gekrümmt.
Keim.: F–S; VI–IX; (⚥); Ins. (d, c, h).
Fettwiesen, Halbtrockenrasen, Wegränder, Dämme, Schuttunkrautges., auf nährstoffreichen Ton- u. Lehmböden.
ÖK.: 865 4X4
Soz.: 3.322
D: v (Alp. bis 1040 m); GB: v–z; F: v; S: z.

Erdkastanie
Conopodium majus ★
15–50 (90) cm; Staude, mit eßbarem, verdicktem Wurzelstock; B. 2–3fach gefiedert, mit haarförmigen Abschnitten; untere B. kurzlebig; Bl. 1–3 mm, weiß; Hüllb. 0–2; Fr. eiförmig; Griffel aufrecht.
Keim.: F; V–VII; (⚥); Ins.
Bergfettwiesen, sehr selten, nur im Harz, auf ± frischen, nährstoffreichen Böden.
ÖK.: –
Soz.: –
D: s; GB: v; F: z; S: z–s.
(s. A. 113)

Große Bibernelle
Pimpinella major
40–100 cm; Staude; St scharfkantig-gefurcht; groß, 1fach gefiedert; I 2–3 mm, weiß od. rosa Griffel länger als die Kronb.
Keim.: F; VI–IX; (⚥ + ♂) pa; Ins. (h, d, c).
Fettwiesen, Staudenflu ren, Viehläger, auf frischen, nährstoffreicher humosen Lehmböden.
ÖK.: 7X3 677
Soz.: 5.42
D: v (Alp. bis 1900 m); GB: z–s; F: v–z; S: z–s

Kleine Bibernelle
Pimpinella saxifraga
(5) 30–60 cm; Staude; St. feingerillt; B. 1fach gefiedert; Bl. 2 mm, weiß; Griffel kürzer als d. Kronb.; Hüllb. fehlend.
Keim.: F; V–IX; (⚥ + ♂) pa; Ins. (h).
Sonnige Trockenrasen u. Kiefern-Trockenwälder, auf ± trockenen, meist kalkhaltigen, sandigen od. steinigen Lehm- u. Lößböden (Magerkeitszeiger).
ÖK.: 7X5 3X2
Soz.: 5.3
D: z–v (Alp. bis 2320 m); GB: v–z; F: v; S: v–z.

Echter Venuskamm
Scandix pecten-veneris
10–30 cm; Einj.; B. 2–3fach gefiedert, Zipfel lineal; Bl. 1 mm, weiß, in kleinen Dolden; Fr. bis 70 mm lang, mit langem Schnabel.
Keim.: F; V–VIII; (⚥ + ♂) pa; Ins., sb.
Getreidefelder, bes. im Weizen, Schuttunkrautges., Brachen, auf warmen, ± trockenen, nährstoffreichen, kalkhaltigen, sandigen od. steinigen Lehmböden.
ÖK.: 773 384
Soz.: 3.41
D: s; GB: s–v; F: v–z; S: s.

Giersch
Aegopodium podagraria ★
(30) 50–100 cm; Staude, unterird. Ausläufer; herdenbildend; B. meist doppelt 3zählig; Bl. 1 mm, weiß; Hüllb. fehlend.
Keim.: F; VI–VIII; (⚥); Ins. (d, h).
Auen- u. Schluchtwälder, Waldränder, Ufer, Gärten, Friedhöfe, auf frischen, nährstoffreichen, humosen Böden (Nährstoffzeiger).
ÖK.: 5X3 678
Soz.: 3.523
D: v (Alp. bis 1360 m); GB: v; F: v; S: v–z.

Berg-Hirschwurz
Libanotis pyrenaica
(20) 40–100 (120) cm; Zwei-/Mehrj.; St. kantig gefurcht, an d. Basis nur m. abgestorbenen B.stielen; B. 2–3fach gefiedert; Bl. weiß od. rötl.; Bl.stiele flaumig behaart; Hüllb. fehlend.
Keim.: F–S; VII–IX; (⚥ + ♂) pa; Ins. (h, c, d).
Sonnige Busch- u. Trokkenwaldges., Wald- u. Wegränder, Felsen u. Felsschutt, auf warmen, ± trockenen, mageren, meist kalkhaltigen, flachgründigen Böden.
ÖK.: 7X5 372
Soz.: 6.112
D: s; GB: s; F: z–s; S: s.

Hundspetersilie
Aethusa cynapium ★
(5) 10–180 cm; Einj.; schwach kantig gefurc od. rund; Bl. weiß, se rötl.; Hüllb. fehlend, Hüllchenb. vorhande zurückgeschlagen.
Keim.: F; VI–X; (⚥) pa; Ins. (d, h), sb.
Ufersaumges., Flußgı krautges. (ssp. cynapi des), Gärten, Schuttp ze (ssp. cynapium), a frischen, nährstoffreichen, humosen Lehm den.
ÖK.: 653 587
Soz.: 3.3
D: v–z; GB: v–z; F: v S: v–z.

serschirm
inia glauca
50 cm; Zwei-/Mehrj., augrün, an d. Basis r abgestorbene B.- ele; B. 2–3fach gefie- rt; ♂ + ♀ Bl. auf ver- . Pflanzen; Bl. weiß; onb. m. grünem od. l. Mittelstreifen; üllb. fehlend.
im.: ?; IV–VII; (♂) +); Ins.
nnige Trockenrasen, inge, Dünen, auf ma- ren, trockenen, meist lkh., flachgründigen, nd. oder stein. Böden.
K.: 985 181
z.: 5.321
s; GB: s; F: z–s; S: –.

Heracleum mantegazzianum ★
200–500 cm; Zweij./ Staude, behaart; St. oft purpurn gefleckt, B. 1–2fach gefiedert; Bl. groß, weiß; äußere Kronb. der Dolde vergrößert; Dolde bis 50 cm Ø.
Keim.: F; VI–VII; (⚥); Ins. (h, d).
Sümpfe u. Röhrichte, auf nassen bis feuchten, nährstoffr., kalkh. Lehm- u. Tonböden; Haare können Hautverletzungen hervorrufen.
ÖK.: –
Soz.: –
D: s; GB: s; F: s; S: s.

Bärenklau
Heracleum sphondylium ★
50–150 cm; Zweij./Staude; meist behaart; St. hohl; B. 1–2fach gefiedert; Bl. weiß; äußere Kronb. der Dolde vergrößert.
Keim.: F; IV–IX; (⚥ + ♂) + (♀) pa; Ins. (h, d).
Fettwiesen, Staudenfluren, Auenwaldges. auf frischen bis feuchten, nährstoffr., humosen Ton- u. Lehmböden; Hautverletzungen d. Haare möglich.
ÖK.: 752 5X8
Soz.: 5.42
D: v (Alp. bis 1500 m); GB: v; F: v; S: z.

Wald-Engelwurz
Angelica silvestris
80–200 (250) cm; Zwei-/Mehrj.; St. hohl, oft rotbraun; B. 2–3fach gefiedert; B.scheiden bauchig; Bl. weiß od. rötl.; Dolden groß; D.stiele behaart; Hüllb. 0–3; Hüllchenb. ± borstl.
Keim.: F–S; VII–IX; (⚥); Ins. (h, d, c).
Hochstaudenfluren, Ufer, Auwälder, Naßwiesen, auf feuchten bis nassen, nährstoffr., Lehm- u. Tonböden.
ÖK.: 7X5 8XX
Soz.: 5.41
D: v (Alp. bi 1660 m); GB: v; F: v; S: v.

Engelwurz
Angelica archangelica
100–200 cm; Mehrj.; St. hohl, grün; B. 2–3fach gefiedert; Bl. grünl.-weiß; Dolden halbkugelig od. kugelig; Fr. stark zusammengedrückt.
Keim.: F–S; VI–IX; (⚥); Ins.
Hochstauden, Flußgreiskrautges., Uferpfl. ges. u. Spülsäume, a. salzertragend, auf nassen, nährstoffr., zeitw. überschwemmten, meist sandigen Tonböden.
ÖK.: 745 9X9
Soz.: 3.521
D: v–z; GB: z–s; F: s; S: v–z.

fleckter Schierling
nium maculatum ★
-200 cm; Zweij., stark ig, unangenehm rie- end; St. rotgefleckt; B. ch gefiedert, Ab- nitte fiederspaltig; Bl. ß; Fr. ± eiförmig, llig gerippt.
im.: H; VI–VIII; (⚥);
iben, Schuttunkraut- ., auf feuchten bis fri- en, nährstoffreichen, mosen Lehm- u. Ton- den (Lehm- u. Stick- fzeiger).
.: 865 6X8
.: 3.511
s–z; GB: v–z; F: v;
.

Wasserfenchel
Oenanthe aquatica ★
5–120 cm; Ein-/Mehrj.; St. hohl, hin- u. hergebogen; B. 2–3fach gefiedert, Abschnitte eiförmig, bei Wasserb. haarfein; Bl. weiß; Dolden z. T. übergipfelt.
Keim.: F; VI–IX; (⚥ + ♂) pa; Ins. (h, d, c).
Verlandungsges., Röhrichte, Auenwälder, lükkige Weiden, auf flach überschwemmten, z. T. trockenfallenden, nährstoff- u. kalkreichen, humosen Schlickböden.
ÖK.: 765 1078
Soz.: 1.411
D: v–z; GB: z–s; F: v–z; S: z. **(s. A. 114)**

Oenanthe crocata ★
60–150 cm; Staude, giftig, nach Petersilie duftend; St. gefurcht; B. 3–4fach gefiedert; B.stiele stengelumfassend; Bl. weiß; Hüll- u. Hüllchenb. meist deutlich.
Keim.: F–S; VI–VIII; (⚥ + ♂) pa; Ins.
An Gräben, in feuchten Grasfluren, auf feuchten, nährstoffreichen, humosen Böden.
ÖK.: –
Soz.: –
D: –; GB: v–z; F: z; S: –.

Röhrige Rebendolde
Oenanthe fistulosa
30–60 (100) cm; Staude, hell-bläul.-grün; B. 1–2fach gefiedert; B.chen lineal; B.stiele röhrig aufgeblasen; Bl. weiß; Dolde zur Fr.zeit fast kugelig.
Keim.: H–F; VI–IX; (⚥ + ⚥) pa; Ins. (h, d, c).
Großseggenges., Ufer, Gräben, in stehenden u. langsam fließenden Gewässern mit torfigschlammigem, nährstoffreichem meist kalkhaltigem Grund.
ÖK.: 772 975
Soz.: 1.413
D: z–s; GB: z–s; F: z; S: s.

Lachenals-Rebendolde
Oenanthe lachenalii
30–60 (80) cm; Staude; B. 2fach, obere 1fach gefiedert, Abschnitte hier lineal.; Bl. weiß; Doldenstrahlen dünn; Fr. 2 mm, verkehrt eiförmig.
Keim.: S; VI–IX; (⚥ + ♂) pa; Ins.
Riedwiesen, Salzwiesenges., auf nassen bis feuchten, seltener überfluteten, nährstoffreichen, tonigen Böden.
ÖK.: –
Soz.: –
D: s; GB: z–s; F: z–s; S: s.
(s. A. 115, 116)

Breitblättriger Merk
Sium latifolium ★
50–170 cm; Staude; St. hohl, kantig-gefurcht; B. 1fach gefiedert, untergetauchte 2–4fach; Bl. weiß; Dolden mit b.ähnlichen Hüllb.;
Keim.: F–S; VI–IX; (⚥). Ins. (c, d, h).
Röhrichte, Großseggenges., in stehenden od. langsam fließenden, nährstoffreichen Gewässern mit wechselndem Wasserstand, auf humosen Schlammböden.
ÖK.: 7X4 1078
Soz.: 1.411
D: z; GB: z–s; F: z; S: z.

Wasserschierling
Cicuta virosa
(30) 60–150 cm; Staude, giftig; St. hohl, an der Basis verdickt, kantig gefurcht; B. 2–3fach gefiedert; Bl. weiß; Dolden groß, spreizend; Fr. klein, breit-eiförmig.
Keim.: S; VII–IX; (⚥ + ♀); Ins. (d, h).
Verlandungsges., Röhrichte, Großseggenges., Ufer von Tümpeln u. Altwassern, auf nassen, oft überschwemmten, ± nährstoffr., kalka., torfigen Schlammböden.
ÖK.: 7X7 955
Soz.: 1.411
D: v–z; GB: s; F: s; S: z.

Silge
Selinum carvifolia
30–100 cm; Staude; St. hohl, scharf kantig-gefurcht; B. 2–3fach gefiedert, fein gepunktet; Bl. weiß, Doldenstrahlen rauhhaarig; Fr. rundlich, zusammengedrückt.
Keim.: F: VII–VIII; (⚥); Ins.
Feuchtwiesen, Auengebüsche, lichte Eichen- u. Birkenwälder, auf wechselfeuchten, meist nährstoff- u. kalkarmen, tonigen Böden.
ÖK.: –
Soz.: 5.41
D: s–z; (Alp. bis 1400 m); GB: s; F; z; S: z.

Berle
Berula erecta ★
30–60 (100) cm; Staude, oft ausgebreitet; B. 1fach gefiedert, Abschnitte groß, gezähnt, 7 u. mehr Fiederpaare; Bl. weiß, Dolden z. T. übergipfelt; Fr. kugelig-eiförmig.
Keim.: F; VII–IX; (⚥); Ins. (h, d, c).
Röhrichte, Großseggenges., Gräben, in flach überflutetem, nährstoffreichem Wasser, meist sandig-humoser Schlammböden.
ÖK.: 863 10X7
Soz.: 1.412
D: v; GB: v–z; F: v; S: sb.

Sellerie
Apium graveolens
30–100 cm; Zweij.; St. gerieft, Selleriegeruch; gelblichgrün, 1fach gefi dert, Abschnitte gezähr Bl. weiß; Dolden oft sit zend od. kurz gestielt; Hüllb. fehlend.
Keim.: H–F; VI–IX; (
pa; Ins. (d), sb.
Staudenfluren der Küs Salzwiesenges., auf nas sen bis feuchten, nährstoffreichen, kalk- u. salzhaltigen, tonigen B den.
ÖK.: –
Soz.: –
D: s–z; GB: v–z; F: s; S: –.

Knotenblütiger Sellerie
Apium nodiflorum
Staude, ± niederliegend; 20–160 cm lang; B. 1fach gefiedert; B'chen ei-lanzettl., gezähnt; Bl. weiß; Dolde übergipfelt, sehr kurz gestielt; Fr. eif.
Keim.: F–S; VI–IX; (⚥); Ins. (h, d, c).
Röhrichtsaum fließender Gewässer, an Gräben u. Bächen, auf nassen, nährstoffreichen, humosen Schlammböden.
ÖK.: 783 10X6
Soz.: 1.412
D: s–z; GB: v–z; F: v; S: –.
(s. A. 117, 118)

Gewürzdolde
Sison amomum
30–80 cm; Zweij., unangenehm riechend; St. aufrecht, blaß grün, später rötlich; B. 1fach gefiedert; B'chen eiförmig, gezähnt; Bl. weiß; Hüllb. u. Hüllchenb. vorhanden.
Keim.: ?; VII–VIII; (⚥); Ins.
Unkrautges., Weinberge, auf frischen, nährstoffreichen Lehmböden.
ÖK.: –
Soz.: –
D: s; GB: v–z; F: v-Z; S: s.
(s. A. 119)

Sumpf-Haarstrang
Peucedanum palustre
60–125 cm; Zweij./Staude; St. hohl; B. 2–4fach gefiedert, Zipfel lanzettl.; Bl. weiß; Hüllb. schmal, zurückgeschlagen; Fr. elliptisch.
Keim.: F–S; VII–IX; (⚥ + ♂) pa; Ins. (h, d, c, l).
Großseggenges., Erlenbruchwälder, Verlandungsges., Ufer, auf zeitweise überschwemmten, ± nährstoffreichen, sauren, torfigen Böden.
ÖK.: 756 9X4
Soz.: 1.413
D: v–z (Alp. bis 800 m); GB: s; F: z–s; S: v–z.
(s. A. 120)

Meisterwurz
Peucedanum ostruthium
30–100 cm; Staude; St. hohl, rund, gerillt; B. 1–2(3)fach gefiedert, B'chen breit-eiförmig, ungleich doppelt-gesägt; B'scheiden aufgeblasen; Bl. weiß od. rötl.; Hüllb. 0–1; Hüllenb. wenig.
Keim.: ; VII–VIII; (⚥); Ins.
Subalp. Staudenfluren, Grünerlengebüsch, Bergwiesen, Ruderalges., an Zäunen, Mauern, auf frischen, nährstoffr., humosen Ton- u. Lehmböden.
ÖK.: 632 5X7
Soz.: 6.311
D: z (Alp. 1480–2080 m); GB: z–s; F: s; S: z–s.

Breitblättr. Laserkraut
Laserpitum latifolium
30–150 cm; Staude; St rund; B. 1–2fach gefiedert, obere manchm. 3zählig; obere B.scheiden bauchig.
Keim.: ?; VI–VIII; (⚥)
Ins. (h, d, c).
Stauden- u. Hochgrashalden, Waldsaumges. Felsen, auf warmen, fr schen, meist kalkreich Lehm-Mergel- od. Ste schuttböden bes. der c linen bis montanen St fe.
ÖK.: 7X2 X74
Soz.: –
D: z–s (Alp. bis 2000 r GB: –; F: z–s; S: z.

Ligusticum scoticum
10–90 cm; Staude, Sellerieduft; St. rötlich; B. 2fach 3zählig gefiedert, dunkelgrün, glänzend; B'chen breit-ei-keilförmig, gezähnt; B'scheiden bauchig; Bl. weiß.
Keim.: ?; VI–VII; (☿); Ins.
Felsenküsten, auf ± trockenen, steinigen Böden.
ÖK.: –
Soz.: –
D: –; GB: v–s; F: –; S: z.

Pastinak
Pastinaca sativa ★
30–100 cm; Zweij.; St. hohl, kantig-gefurcht; B. 1fach gefiedert, rauhhaarig; B'chen eiförmig-länglich, kerbig gesägt; Bl. gelb; Hüllb. 0–2; Fr. scheibenförmig.
Keim.: F; VI–IX; (☿ + ♂) pa; Ins. (d, h).
Fettwiesen, Unkrautges. an Böschungen, Wegrändern, z. T. auch im Getreide, auf frischen, nährstoffr., meist kalkh. Ton- u. Lehmböden.
ÖK.: 865 485
Soz.: 3.322
D: v (Alp. bis 630 m); GB: v–z; F: v–z; S: z.

Smyrnium olusatrum ★
50–150 cm; Zweij.; St. hohl, kantig-gefurcht; B. 3fach 3zählig, dunkelgrün, glänzend; B'scheiden bauchig; Bl. gelb, in vielblütigen Dolden; Fr. kugelig, schwarz.
Keim.: F; IV–VI; (☿); Ins.
Gebüsche, Waldränder, Unkrautfluren in Küstennähe, auf frischen bis feuchten, nährstoffr., lehmigen Böden.
ÖK.: –
Soz.: –
D: s; eingeb.; GB: s, eingeb. F: z–s, eingeb.; S: –.

Crithmum maritimum
15–50 cm; Staude, an der Basis holzig; B. 1–2fach gefiedert, Zipfel fingerähnlich, schmal, fleischig; Bl. gelb; Hüllb. vorhanden, später herabgeschlagen; Fr. eiförmig.
Keim.: F; VI–IX; (☿); Ins.
Küstenklippen, -felsen, auf ± trockenen, nährstoffhaltigen, steinigen Böden, selten auf Sand.
ÖK.: –
Soz.: –
D: –; GB: s–v; F: v; S: –.

Fenchel
Foeniculum vulgare
(30) 80–150 (250) cm; Zweij./Staude, stark duftend; B. 3–4fach gefiedert, Zipfel federartig, grau-grün; Bl. gelb; Hüllb. fehlend; Fr. länglich-eiförmig.
Keim.: H–F; VII–IX; (☿); Ins.
Angebaut od. verwildert in Schuttunkrautges., halbruderalen Magerrasen, Weg- u. Weinbergsrändern, auf ± trockenen, nährstoffreichen Lehm- u. Lößböden.
ÖK.: –
Soz.: –
D: z; GB: z–s; F: z; S: –.

Wiesensilge
Silaum silaus
30–100 cm; Staude; B. 3–4fach gefiedert, Zipfel linal.-lanzettlich, fein-gesägt; Bl. matt gelb; Hüllb. fehlend; Fr. breit eiförmig-länglich.
Keim.: F; VI–IX; (☿); Ins. (h).
Moor- u. feuchte Fettwiesen, auf wechselfeuchten, nährstoffreichen, lehmigen od. tonigen Böden.
ÖK.: 765 772
Soz.: 5.47
D: s–z (Alp. bis 850 m); GB: s–z; F: v–z; S: –.

WINTERGRÜNGEWÄCHSE
Pyrolaceae ★
Kräuter, Halbsträucher, wintergrün od. farblos (chlorophyllfrei), oft mit derben B.; Bl. 4–5zählig, auffällig; Fruchtknoten groß, oberständig; Fr. eine Kapsel; Mykorrhiza- od. Schmarotzerpflanze, Halbschatten- od. Schattenpflanze

DIAPENSENGEWÄCHSE
Diapensiaceae

Einblütiges Wintergrün
Pyrola uniflora
5–10 (15) cm; Staude, wintergrün; B. rundlich in den Stiel verschmälert, in lockerer Rosette; Bl. 12–15 mm, weiß, nikkend, einzeln; Griffel lang.
Keim.: ?; V–VII; (☿) hg; Ins. (h, d, c), sb.
Nadel-, selten Laubwälder, Erlenbrüche, auf sickerfrischen, meist nährstoff- u. kalkarmen, humosen Lehm- u. Sandböden.
ÖK.: 4X5 542
Soz.: 7.2
D: s–z (Alp. bis 1620 m); GB: s; F: s; S: v–z.

Nickendes Wintergrün
Pyrola secunda ★
5–20 (30) cm; Halbstrauch; B. eiförmig, blaß grün, in Rosetten; Bl. 5 mm, gelblich-weiß, in einseitiger Traube; Griffel deutlich aus der Bl. herausragend.
Keim.: ?; VI–VIII; (☿) pg; Ins.
Nadel- u. Laubwälder, Zwergstrauchheiden, Krummholzbest., auf frischen bis ± trockenen, mageren, hum., oft kalkh. Lehm-, Sand- od. Kalksteinböden.
ÖK.: 4X3 5X2
Soz.: 7.2
D: z (Alp. bis 1800 m); GB: s–z; F: s; S: v.

Mittleres Wintergrün
Pyrola media
5–25 (30) cm; Staude; B. rundlich, gesägt, dunkelgrün, in Rosette; Bl. 10 mm, kugelig-glockig, einf. weiß od. rosa, in lockerer Traube; Griffel a. d. Bl. herausragend.
Keim.: VI–VIII (☿) hg; Ins. (h, d), sb.
Lichte Kiefern- u. Eichenwälder, Krummholzgebüsche; Heide- u. Bergwiesen, auf ± frischen, sauren Lehm- u. Steinböden.
ÖK.: 4X4 452
Soz.: 7.2
D: s (Alp. bis 2000 m); GB: s; F: s; S: z.

Kleines Wintergrün
Pyrola minor ★
5–20 (30) cm; Staude; B. rundlich, gesägt, blaßgrün, in Rosette; Bl. 5–8 mm, kugelig-glockig, weiß od. rosa, in Trauben; Griffel nicht aus der Bl. herausragend.
Keim.: F; VI–VIII; (☿) pa–hg; Ins. (h, d), sb.
Nadel- u. Laubwälder, Krummholzgebüsche, Moore u. Dünen, auf frischen bis ± trockenen, kalkarmen, Stein-, Sand- u. Lehmböden.
ÖK.: 6XX 532
Soz.: 7.2
D: z (Alp. bis 2120 m); GB: z–s; F: z–s; S: v.

Rundblättriges Wintergrün
Pyrola rotundifolia
(10) 15–30 (40) cm; Staude; B. rundlich, gesägt, lang gestielt; Bl. 12–15 mm, weiß, glockenf., in Trauben; Griffel S-förmig gebogen.
Keim.: ?; VI–IX; (☿) pa; Ins. (h, d), sb.
Laub- u. Nadelwälder, Birkenmoor, Krummholz- u. Dünenweidengebüsch, auf ± feuchten, kalka., sauer-hum. Lehm- od. Sandböden.
ÖK.: 4X5 653
Soz.: 7.2
D: z (Alp. bis 1690 m); GB: s; F: z–s; S: z.

Grünblütiges Wintergrün
Pyrola chlorantha
(5) 10–20 (30) cm; Staude; B. kreis- bis eiförmig, gesägt, lang gestielt, in Rosette; Bl. grünlichweiß; Griffel aus der Bl. herausragend, gekrümmt.
Keim.: F: ?; VI–VII; (☿); Ins. sb.
Kiefern-, selten Fichten- u. lichte Laubwälder, auf mäßig trockenen, humosen Lehm-, Sand- u. Steinböden.
ÖK.: 555 452
Soz.: 7.211
D: s; GB: –; F: s; S: v–z.

Diapensie
Diapensia lapponica
5–15 cm; Halbstrauch, polsterbildend; B. verkehrt-eiförmig, ganzrandig, lederartig, dichtgedrängt; Bl. 12–20 mm, weiß.
Keim.: ?; V–VI; (☿) pg; Ins. (d).
Steinfluren, Moore, Tundren, auf frischen bis feuchten, kalkarmen, sauer-humosen Böden.
ÖK.: –
Soz.: –
D: –; GB: s; F: –; S: z.

Fichtenspargel
Monotropa hypopitys ★
10–20 (30) cm; Staude, ganze Pflanze bleichwachsgelb-bräunlichgelb; B. zu Schuppen reduziert; Bl. 10–15 mm, in nickenden Trauben.
Keim.: ?; VI–VIII; (☿) hg; Ins. (h, c).
Nadel- u. artenarme Eichen- u. Buchenwälder, auf frischen bis ± trockenen, sauren, gut zersetzten, humusreichen Sand-, Ton- u. Lehmböden.
ÖK.: 2X5 44?
Soz.: 7.2
D: z (Alp. bis 1100 m); GB: s–z; F: z; S: z.

HEIDEKRAUT-GEWÄCHSE
Ericaceae ★
Immergrüne Halbsträucher, Sträucher; B. ganzrandig, oft eingerollt, wechselst., nadelförmig, oft lederig; Bl. glockenförmig, kugelig oder röhrig; Kronb. 4–5 meist verwachsen; Staubb. mit Anhängseln; Fr. eine Beere, Steinfrucht od. Kapsel; Arten von Rohböden (Heiden, Moore); Mykorrhizapflanze.

KRÄHENBEEREN-GEWÄCHSE
Empetraceae
Immergrüne Halbsträucher, Sträucher, heidekrautähnlich; B. stark gerollt; Bl. flach ausgebreitet; Kelch- und Kronb. ähnlich.

Besenheide
Calluna vulgaris ★
20–100 (200) cm; Strauch, Halbstrauch; B. nadelf. 4zeilig, Ränder eingerollt; Bl. hellrosaviolett; Kelchb. wie die Kronb. gefärbt.
Keim.: H–F; VII–IX; (☿) pa; Ins. (h, d, l), wb.
Zwergstrauchheiden, Magerrasen, lichte Eichen- u. Kiefernwälder, Wegränder, auf ± trockenen bis feuchten, nährstoffarmen, sauer-humosen, sandigen, steinigen od. torfr. Böden.
ÖK.: 8X3 X11
Soz.: 5.1
D: v (Alp. bis 1950 m); GB: v; F: v–z; S: v.

Erica ciliaris
30–80 cm; Halbstrauch; B. eiförmig, zu 3 wirtelig; Bl. 8–10 mm, rosarot, krugförmig.
Keim.: F; VI–X; (☿); Ins. (h, d, l).
Zwergstrauchheiden, auf ± trockenen, nährstoffarmen, sauren Sand- od. torfigen Böden.
ÖK.: –
Soz.: –
D: –; GB: s; F: s–z; S: –.

Graue Glockenheide
Erica cinerea ★
20–60 cm; Halbstrauch/Strauch; B. lineal., zu 3 wirtelig; Bl. 5–6 mm, violett, glockenförmig.
Keim.: F; V–IX; (☿) pg.
Ins. (h, d, l), sb.
Heiden, warme Hänge, lichte Wälder, auf sandigen, kalkfreien, sauerhomosen Böden.
ÖK.: 7X1 521
Soz.: 5.12
D: s; GB: v–z; F: v–z; S: s.

Echte Glockenheide
Erica tetralix ★
15–50 (70) cm; Halbstrauch, behaart; B. lineal., zu 4 wirtelig, mit umgerolltem Rand; Bl. 6–7 mm, fleischrot, krugeiförmig.
Keim.: H; VI–X; (☿) pa; Ins. (h), sb.
Heiden, Feuchtheiden, moorige Wälder, auf meist feuchten, nährstoffarmen, torfigen od. sandigen Böden.
ÖK.: 8X1 812
Soz.: 1.72
D: v–z; GB: v–z; F: z; S: z.

Erica vagans

30–60 cm; Halbstrauch; B. lineal., zu 4–5 wirtelig; Bl. 3–4 mm, rosa, lila od. weiß, glockenförmig, in beb. Trauben.
Keim.: ?; VII–IX; (⚥); Ins. (h, d, l).
Trockene Heiden, auf sandigen, nährstoffarmen, sauren Böden.
ÖK.: –
Soz.: –
D: –; GB: s; F: s–z; S: –.
(s. A. 123)

Blauheide
Phyllodoce caerulea

10–35 cm; Halbstrauch; B. lineal., Bl. 7–12 mm, purpurrot, glockenförmig, nickend, zu (1) 2–6 in endständiger Doppeltraube.
Keim.: ?; VI–VII; (⚥); Ins.
Moore, Felsen, auf feuchten bis ± trockenen, nährstoffarmen, sauren Sand- od. humosen Sandböden.
ÖK.: –
Soz.: –
D: –; GB: s; F: –; S: v–z.

Sumpfrosmarin
Andromeda polifolia

(10) 15–30 (40) cm; Halbstrauch, kahl, mit kriechenden Ausläufern; B. länglich-lanzettl., unterseits weißlich bereift, oberseits glänzend dunkelgrün; Bl. 5–7 mm, hellrosa, glockenförmig, lang gestielt.
Keim.: H; VI–IX; (⚥) hg; Ins. (h, l), sb.
Hochmoorbulten, Hoch- u. Zwischenmoore, auf nassen, nährstoffa., sauren, kalkfr. Torfböden.
ÖK.: 945 911
Soz.: 1.71
D: z–s (Alp. bis 1430 m); GB: s–z; F: s; S: v.

Rhododendron lapponicum

10–40 cm; Halbstrauch; B. eiförmig, ledrig, unterseits braunhaarig; Bl. glockenförmig, rötl.-violett.
Keim.: ?; VI–VIII; (⚥); Ins.
Zwergstrauchheiden, Felsen, auf meist feuchten, nicht sauren, flachgründigen Böden.
ÖK.: –
Soz.: –
D: –; GB: –; F: –; S: z–s (600–2000 m).

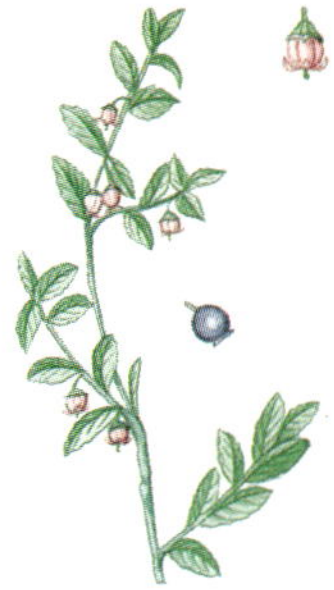

Blaubeere
Vaccinium myrtillus ★

15–40 (50) cm; Halbstrauch, sommergrün; B. eiförmig-ellyptisch, gezähnt, hellgrün; Bl. 6–8 mm, blaßrosa od. grünlich, krugförmig, nickend; Fr. eine blauschwarze Beere.
Keim.: H–F; IV–VII; (⚥) pa; Ins. (h, d, l), sb.
Laub- u. Nadelwälder, degenerierte Moore, auf ± frischen, nährstoffa., kalkfr., hum., sauren, lehmigen Böden.
ÖK.: 5X5 X23
Soz.: –
D: v (Alp. bis 2330 m); GB: v; F: z; S: v.

Rauschbeere
Vaccinium uliginosum

(20) 30–80 (100) cm; Strauch; Zweige rund, braun; B. bläulich-grün, verkehrt-eiförmig, ungezähnt; Bl. 4–5 mm, weiß bis rötlich, krugförmig; Fr. eine blau bereifte Beere.
Keim.: F–S; V–VII; (⚥) pa; Ins. (h, l), sb.
Kiefern- u. Birkenbrüche, Zwergstrauchheiden, schneefreie Grate der Alpen, auf frischen bis nassen, nährstoff- u. kalkarmen Torf- u. Rohhumusböden.
ÖK.: 6X5 X13
Soz.: 7.2
D: z (Alp. bis 2420 m); GB: s–z; F: s; S: v.

Moosbeere
Vaccinium oxycoccos ★

2–5 cm; Halbstrauch, bis 50 cm weit kriechend, immergrün; B. längl.-eif. dunkelgrün, mit größerem Abstand wechselst.; Bl. 8–10 mm, rosa, Kronb.zipfel (4) zurückgeschlagen; Staubb. an der Spitze öffnend; Fr. eine rote Beere.
Keim.: F; VI–VIII; (⚥) pa, Ins. (h), sb.
Hoch- u. Zwischenmoore, auf nassen, nährstoffarmen, sauren Torfböden.
ÖK.: 6X5 X13
Soz.: 1.7
D: z–s (Alp. bis 1250 m); GB: s–z; F: s; S: v–z.
(s. A. 124)

Preiselbeere
Vaccinium vitis-idaea ★

10–15 (30) cm; Halbstrauch, immergrün, meist niederliegend-kriechend; B. dunkelgrün, lederig, glänzend; Bl. 5–6 mm, rötlich od. weiß, glockenförmig; Fr. eine rote Beere.
Keim.: F–S; V–VII; (⚥) pa; Ins. (h), sb.
Kiefern-, Fichten-, selten Eichenwälder, Moore, Zwergstrauchheiden, auf frischen, ± trockenen, nährstoffarmen, sauren, humosen Sand- od. Lehmböden.
ÖK.: 5X5 422
Soz.: 7.2
D: v (Alp. bis 2310 m); GB: z–s; F: s–z; S: v.

Gemeine Bärentraube
Arctostaphylos uva-ursi

10–15 (30) cm; Strauch (Spalierstrauch), niederliegend, immergrün; B. lederig, dunkelgrün; Bl. 4–6 mm, rötlich od. weiß, glockenförmig; Fr. eine rote Steinfrucht.
Keim.: F; III–VII; (⚥) pa; Ins. (h), sb.
Lichte Kiefernwälder, Zwergstrauchheiden, magere Weiden, Gebüsche, Moore, auf ± trockenen, warmen, humosen, sauren, sandigen Lehm- od. Steinböden.
ÖK.: 635 3X2
Soz.: 7.2
D: s–z (Alp. bis 2015 m); GB: s–z; F: s; S: v–z.

Alpen-Bärentraube
Arctostaphylos alpina

15–30 cm; Strauch, sommergrün, zahlr. verzweigt; B. hellgrün; Bl. 4 mm, weiß; Fr. schwarze Steinfrucht.
Keim.: F–S; V–VIII; (⚥) pg; Ins. (h), sb.
Lockere Bergföhren- u. Lärchenwälder, Schutthalden, auf frischen, meist nährstoffarmen, neutralen bis ± sauren, kalkh., flachgr. Stein- od. Schuttböden.
ÖK.: 715 5X2
Soz.: 7.212
D: s–z, Alp. 1670 bis 2310; GB: s–z, Schottl.; F: s, alp.; S: v–z.

Alpenheide
Loiseleuria procumbens
3–15 (30) cm; Strauch (Spalierstrauch), immergrün, niederl., mattenbildend; B. eif.-längl., lederig, gegenst.; Bl. 4–5 mm, rosa, ausgebreitet, in Doldentrauben.
Keim.: F–S; V–VII; (⚥); Ins. (d, h, l).
Subalp./alp. Zwergstrauchheiden, Schutt- u. Moränenhänge, auf ± frischen, humusr., sauren Böden.
ÖK.: 923 521
Soz.: 7.212.4
D: z, Alp. 1600 bis 2500; GB: z, Schottl.; F: z, alp.; S: z.

Schuppenheide
Cassiope hypnoides
5–15 cm; Halbstrauch, niederliegend, moosähnliche Polster bildend, immergrün; B. schuppenförmig; Bl. weiß, glokkenförmig, langgestielt; Kelchb. dunkel-rosa.
Keim.: F–S; VI–VIII; (⚥); Ins. (h, l).
Arktische Tundren, Gebirgsheiden, auf ± frischen bis trockenen, sauren, humosen, flachgründigen Böden.
ÖK.: –
Soz.: –
D: –; GB: –; F: –; S: z (1000–3000 m).

Cassiope tetragona
10–20 cm; Halbstrauch; aufsteigend, immergrün; B. in 4 Reihen, schuppenf.; Bl. glockenf., weiß, Stiel behaart.
Keim.: ?; VII; (⚥); Ins.
Arktische Tundren, Gebirgsheiden, auf ± trokkenen, kalkh., steinigen Böden.
ÖK.: –
Soz.: –
D.: –; GB: –; F: –; S: z–s.

Sumpf-Porst
Ledum palustre
50–120 (150) cm; Strauch, immergrün, junge Zweige u. lederige B. unterseits rostrot filzig; Bl. weiß mit 5 freien Kronb.
Keim.: F; V–VII; (⚥); Ins. (h, l).
Hoch- u. Zwischenmoore, Birken- u. Kiefernbruchwälder, auf nassen, nährstoffarmen, kalkfreien, sauren Torfböden od. feuchte, nährstoffarme Felsen.
ÖK.: 5X7 922
Soz.: 7.212.2
D: s; GB: s; F: –; S: z.

Krähenbeere
Empetrum nigrum ⋆
15–45 cm; Halbstrauch, immergrün; B.nadelf., Ränder eingerollt, scheinwirtelig; Bl. 1–2 mm, blaßrot bis purpurn, zu 1–3 in B.achseln; Fr. schwarz.
Keim.: S; IV–VI; (⚥) + (♀); Ins. (h, d, l), wb.
Krähenbeerenheiden, Dünen, Moore, Kiefernwälder, auf ± trockenen, nährstoff- u. kalka., Sand- u. Torfböden.
ÖK.: 7X3 6X2
Soz.: 5.122
D: v–z (Alp. bis 2050 m); GB: v–z; F: s; S: z.
(s. A. 125)

SCHLÜSSEL-BLUMEN-GEWÄCHSE
Primulaceae ⋆
Kräuter; B. ungeteilt, eiförmig od. eiförmig-länglich, in Grundrosette; Bl. meist mit 5 Kronblättern, flach ausgebreitet, mit ± verwachsener Röhre; meist in Dolden; Fr. eine Kapsel; Pflanzen ungestörter Standorte; verschiedene Individuen zeigen ungleich lange Griffel (Heterostylie).

Mehlige Schlüsselblume
Primula farinosa ⋆
5–20 cm; Staude; B. in Rosette, größte Breite im oberen Drittel, unterseits mehlig weiß; Bl. 8–12 mm, rotlila od. tiefrot, in endständigen Dolden; Kronb. tief ausgerandet.
Keim.: F; V–VII; (⚥); Ins. (h, l).
Quell-, Flachmoore, Sumpfwiesen des Alpenvorlandes od. subalp./alp. Steinrasen, auf nassen bis feuchten, kalkhaltigen, torfigen Böden.
ÖK.: 8X4 892
Soz.: 1.621
D: s (Alp. bis 2340 m); GB: s; F: ?; S: z.

Primula scotica ⋆
bis 5 cm; Ein-/Mehrj.; B. in Rosette, größte Breite in der Mitte, unterseits mehlig weiß; Bl. 6–9 mm, purpurrot; in endständigen Dolden; Kronb. schwach ausgerandet; Kelchzähne stumpf.
Keim.: ?; V–VI; (⚥); Ins. (h).
Feuchte Wiesen der Küste, Dünen, auf ± nassen bis feuchten, nicht sauren Böden.
ÖK.: –
Soz.: –
D: –; GB: Schottl.; F: –; S: –.

Hohe Schlüsselblume
Primula elatior ⋆
10–20 (30) cm; Staude, behaart; B. in Rosette, plötzlich in den Stiel verschmälert; Bl. 15–18 mm, hellgelb, lang gestielt, in einseitig nickender Dolde.
Keim.: F; III–V; (⚥); Ins. (h, l), sb.
Eichen-Hainbuchen-, Auen- u. Schluchtwälder, Bergwiesen, auf frischen bis feuchten, nährstoffreichen, humosen Lehmböden (Lehm- u. Nährstoffzeiger).
ÖK.: 6X4 677
Soz.: –
D: v (Alp. bis 2200 m); GB: s; F: z; S: s.

Echte Schlüsselblume
Primula veris ⋆
(5) 10–25 cm; Staude, behaart; B. in Rosette, plötzlich in den Stiel verschmälert; Bl. 10–15 mm, dunkelgelb bis orange, kurz gestielt, in einer Dolde.
Keim.: F; IV–V; (⚥); Ins. (h, l).
Kalk-Magerrasen, magere Wiesen, Wegränder, Raine, lichte Eichenwälder, auf ± trockenen b. frischen, nährstoffreichen, kalkhaltigen Mullböden.
ÖK.: 7X3 483
Soz.: 5.322
D: z–v (Alp. bis 1700 m); GB: v–z; F: v–z; S: z.

:rd-Schlüsselblume
'rimula vulgaris ★
ı–10 (15) cm; Staude, B. n Rosette, unters. fein lrüsig behaart, allmäh-ich in den Stiel ver-chmälert; Bl. 25–30 nm, hellgelb, scheinbar inzeln an langem Stiel; ʟeim.: F; III–V (IX-ΚII); (☿); Ins. (h, l), sb. ʙuchen-, Tannen-, Ei-hen-, Hainbuchenwäl-er, Wiesen, auf fri-chen, nährstoffr., kalka., um., sand. Böden.
ÖK.: 652 575
oz.: 8.34
): z–s (Alp.rand b. 1000 n); GB: v–z; F: v–z;
: s.

Wald-Gilbweiderich
Lysimachia nemorum
1–4 cm hoch, 10–30 cm lang; Staude, niederliegend; B. eiförmig zugespitzt, gegenst.; Bl. 15–25 mm, flach-trichterförmig, einzeln in B'achseln; Kelchz. schmal.
Keim.: F–S; V–VIII; (☿) hg; Ins. (h, d), sb.
Buchen- od. Schluchtwälder, Bacheschenwald, Waldwege, auf frischen bis feuchten, sauer-humosen, sandigen bis tonigen Lehmböden.
ÖK.: 252 777
Soz.: –
D: v–z (Alp. bis 1620 m); GB: v–z; F: z; S: s.

Pfennigkraut
Lysimachia numularia
1–2 cm hoch, 10–50 cm lang; Staude, niederliegend-kriechend; B. rund, z. T. herzförmig, zugespitzt, gegenständig, trichterförmig, auf ± dikken Stielen.
Keim.: F; VI–VIII; (☿) hg; Ins. (h, d), sb.
Fettwiesen, Ufersaumges., Gräben, auf frischen od. feuchten, nährstoffr., hum. od. reinen Ton- od. Lehmböden.
ÖK.: 464 6XX
Soz.: –
D: v (Alp. bis 1250 m); GB: v–z; F: v–z; S: z.

Gemeiner Gilbweiderich
Lysimachia vulgaris ★
50–120 (150) cm; Staude; St. 5kantig, behaart; B. breitlanzettl., zu (2) 3 (4) quirlig; Bl. 15–20 mm, gelb.
Keim.: F–S; VI–VIII; (☿) hg; Ins. (h, d), sb.
Hochstaudenges., Auen- u. Bruchwälder, feuchten Wiesen, Weidengebüschen, auf nassen, humosen, tiefgründigen Ton-, Lehm- od. Torfböden.
ÖK.: 6XX 8XX
Soz.: 5.41
D: v (Alp. bis 1840 m); GB: z–s; F: v–z; S: v–z.

Strauß-Gilbweiderich
Lysimachia thyrsiflora
30–70 cm; Staude, bisweilen kahl; B. ganzrandig, lanzettl., kreuzweise gegenständig, sitzend, dicht rotdrüsig punktiert; Bl. 4–5 mm, gelb, meist 6zählig, in Trauben; Kelchz. rötlich.
Keim.: F–S; V–VII; (☿); Ins. (h).
Großseggenges., Altwasser, Tümpel, Sümpfe, auf nassen ± sauren, nährstoffreichen Sumpfhumusböden.
ÖK.: 7X7 9X3
Soz.: 1.413.1
D: z–s; GB:s; F: s; S: z.

'asserfeder
'ottonia palustris ★
)–30 cm; Staude, Was-rpflanze; B. unterge-ucht, spiralig od. quir-, fein gefiedert; Bl. 20–ı mm, weiß od. rötlich, quirligen Trauben.
eim.: sf; V–VI; (☿); s. (h).
ıichkrautges., Gräben, twasser, Teiche, Erlen-uchwälder in stehen-m od. langsam flie-ndem Wasser mit ıhrstoffhaltigen, meist lkarmen, schlammigen ı. torfigen Böden.
K.: 765 1154
oz.: 1.212
: v; GB: s–z; F: z; S: z.

Siebenstern
Trientalis europaea
5–25 cm; Staude, zerstreut drüsig behaart; B. verkehrt ei-lanzettl., untere wechselst., obere zu 6 quirlig; Bl. 15–20 mm, weiß, lang gestielt; Kronb. 5–9.
Keim.: F; V–VIII; (☿) pg; Ins. sb.
Eichen-, Birken-, Fichten- u. Kiefernwälder, Flach- u. Zwischenmoore, auf ± nassen bis feuchten, nährstoffarmen, ± sauren, humosen Sand- u. Lehmböden.
ÖK.: 5X7 X32
Soz.: 7.2
D: v–s (Alp. bis 970 m); GB: z–s; F: s; S: v.

Salz-Bunge
Samolus valerandi
15–50 cm; Staude, kahl; B. spiralig, grundst. in Rosette, am Stiel wechselst., in den Stiel verschmälert; Bl. 2–4 mm, weiß, in Trauben.
Keim.: F–S; VI–IX; (☿) hg; Ins. sb.
Brackwasserröhricht, Zwergbinsenges., Strandwiesen, Ufer, Grabenränder, Sümpfe, Dünentäler, auf feuchten, zeitweise überschwemmten, nährstoffr., salzhaltigen, humusarmen Lehm- u. Schlickböden.
ÖK.: –
Soz.: –
D: s; GB: v–s; F: z–s; S: z–s.

Acker-Gauchheil
Anagallis arvensis
3–5 cm hoch, niederliegend 5–25 cm lang; Einj.; St. 4kantig; B. stumpfl., eiförmig, mit dunklen Punkten; Bl. 12–15 mm, mennigrot, selten blau; Kelchb. zw. den Kronb. stehend.
Keim.: F–S; V–X; (☿); Ins., sb.
Ackerunkrautges., Gärten, Weinberge, Schutt, auf frischen, nährstoffreichen, humosen Lehm- od. sandigen Böden.
ÖK.: 663 5X6
Soz.: 3.33
D: v (Alp. bis 700 m); GB: v–z; F: v; S: z.

Kleinling
Centrunculus minimus ★
2–8 cm; Einj.; B. rundlich-eiförmig, wechselst.; Bl. klein, 1 mm u. weniger, rosa, fast verborgen in den B.winkeln.
Keim.: H–F; V–IX; (☿); sb.
Zwergbinsenges., Akkerrinnen, Wege, Waldränder, Ufer, auf feuchten bis nassen, ± nährstoffreichen, kalkarmen reinen Sand- od. sandigen bzw. tonigen Lehmböden.
ÖK.: 863 743
Soz.: 3.111.1
D: z–s; GB: z–s; F: v–z; S: z.

Zarter Gauchheil
Anagallis tenella
1–3 cm hoch, niederliegend 5–15 cm lang; Staude, an den Knoten wurzelnd; B. eiförmig-rundlich od. herzförmig; Bl. 10–15 mm, rosenrot, glockenförmig, auf langen schlanken Stielen.
Keim.: F–S; V–IX; (⚥); Ins., sb.
Binsenwiesen, Sümpfe, Torfmoore, Grabenränder, auf nassen, ± nährstoffr., kalka., ± sauren, sand. Böden.
ÖK.: –
Soz.: 5.414
D: s; GB: v–z; F: v–z; S: –.

Milchkraut
Glaux maritima ★
3–20 cm; Staude, niederliegend-aufsteigend; B. lanzettl., fleischig, gegenständig; Bl. 5 mm, ohne Kronb., einzeln, in B.achseln; Kelchb. rötlich od. weiß.
Keim.: S; V–IX; (⚥) pg; Ins., sb.
Salzwiesenges. der Küsten, Salzstellen des Binnenlandes, auf feuchten bis nassen, zeitweise überschwemmten, salzhaltigen, tonigen Böden.
ÖK.: 6X7 7X5
Soz.: 2.6
D: z; GB: z; F: z; S: z.

GRASNELKENGEWÄCHSE
Plumbaginaceae
Kräuter, überwiegend der Küstenregion; B. ganzrandig, oft in Rosetten; Kronb. 5 von häutigen Trag-, Vor- od. Hüllb. umgeben.

Gemeine Grasnelke
Armeria maritima ★
10–50 cm; Staude; B. grundst., lineal. 1nervig; Bl. 8–10 mm, hellrosakarmin, in rundlichen Köpfen.
Keim.: sf; IV–IX; (⚥) pa; Ins. (d, l, h, c).
Salzwiesen, Sandfelder, Böschungen, Straßenränder, auf ± trockenen, sandigen Böden.
ÖK.: 8X2 453
Soz.: 2.612 var. marit.
D: v–s; GB: v–z; F: v; S: z.

Limonium binervosum
20–30 cm; Staude; B. ir Rosette, B.stiel 3nervig; St. von unten verzweigt Bl. 8–10 mm, lila-violet Teilblst. einseitswendig Schraubel.
Keim.: ?; VII–IX; (⚥) - (♀); Ins. (d, h), sb., wb. Küstenklippen, Felsen, selten auf Sand, auf ± trockenen, salzhaltigen flachgründigen Böden.
ÖK.: –
Soz.: –
D: –; GB: z–s; F: z–s; S: –.

Limonium humile
15–30 cm; Staude; B. schmal, verkehrt-eiförmig, langgestielt, mit gefiederten Nerven; St. unterhalb der Mitte verzweigt; Bl. 8–10 mm, in lockeren Teilblst.
Keim.: F–S; VII–IX; (⚥) + (♀) Ins. (d, h), sb., wb.
Salzwiesen der Küsten, auf feuchten bis nassen, salzhaltigen, nährstoffreichen Ton- od. sandigen Tonböden.
ÖK.: –
Soz.: –
D: –; GB: z–s; F: s; S: z–s.

Echter Strandflieder
Limonium vulgare ★
20–40 (50) cm; Staude; B. verkehrt-eiförmig, mit gefiederten Nerven; St. oberhalb der Mitte verzweigt; Bl. 8–10 mm, blau-violett, in dichten endständigen Teilblst.
Keim.: F–S; VII–IX; (⚥) + (♀); Ins. (d, h), sb., wb.
Salzwiesen der Küste, auf feuchten bis nassen, salzhaltigen, nährstoffreichen Ton- od. sandigen Tonböden.
ÖK.: 973 675
Soz.: 2.612
D: z; GB: z–s; F: z; S: z–s. (**s. A. 126**)

FIEBERKLEEGEWÄCHSE
Menyanthaceae
Stauden, Wasserpflanzen; B. wechselständig; Kronb. 5, gefranst od. gewimpert, oft früh abfallend; Heterostylie verbreitet (Griffel unterschiedlich lang.)

Fieberklee
Menyanthes trifoliata
15–30 cm; Staude; B. oberhalb der Wasseroberfläche 3zählig, kleeartig gefiedert; Bl. 15–20 mm, weiß u. rosa, in langen Trauben; Kronb. bärtig gefranst.
Keim.: F–S; IV–VI; (⚥) pg; Ins. (h, l).
Flach- u. Quellmoore, Sumpfwiesen, Kleinseggensümpfe, Ufer, auf nassen, zeitweise überschwemmten, kalkarmen, ± nährstoffreichen Torf-Schlammböden.
ÖK.: 8XX 9X2
Soz.: 1.6
D: z–s (alp. bis 1820 m); GB: v–z; F: z; S: v.

Seekanne
Nymphoides peltata
Wasserpflanze, Staude flutend; B. rundlich, oberseits dunkelgrün, glänzend, unterseits rö lich; Bl. 30 mm, gelb, kleiner als Teichrose; Kronb. gewimpert.
Keim.: H (auf freiem Schlick); VI–IX; (⚥) p Ins. (h, l).
Schwimmblattges., in stehenden od. langsar fließenden Gewässern mit humosen Schlamı böden.
ÖK.: 855 1177
Soz.: 1.212
D: s; GB: s; F: z–s; S:

NZIANGEWÄCHSE
entianaceae
räuter; B. meist gegen-
ändig; Bl. 4- oder 5zäh-
, einzeln od. in Bü-
heln; Kronb. röhren-
. glockenförmig ver-
achsen; Fr. eine Kap-
.

Echtes Tausendgüldenkraut
Centaurium minus ★
15–30 cm; Ein-/Zweij.; B. in Rosetten, ± elliptisch; Bl. 10–12 mm, rosarot, in dichten Büscheln, auf langen Blst.
Keim.: H; VI–X; (⚥) hg; Ins. (d, h, c), sb.
Sonnige Waldschläge, -lichtungen u. -wege, Ufer, Äcker, Halbtrokkenrasen, auf frischen, humosen, sandigen od. lehmigen Böden.
ÖK.: 865 56X
Soz.: 6.2
D: z (Alp. bis 1400 m); GB: v–s; F: v; S: z–s.
(s. A. 127)

Strand-Tausendgüldenkraut
Centaurium vulgare
15–25 (40) cm; Einj.; Grundblätter lanzettl., Stengelb. lineal, 3nervig; Bl. 12–14 mm, rosarot, sitzend, in dichten Büscheln.
Keim.: sf; VII–IX; (⚥) hg; Ins. (d, h, c), sb.
Salzwiesen u. -weiden, Dünen, Deiche, auf frischen, salzhaltigen, seltener überfluteten, sandigtonigen od. lehmigen Böden.
ÖK.: –
Soz.: –
D: z; GB: z–s; F: s; S: v–z.

Zierliches Tausendgüldenkraut
Centaurium pulchellum
2–15 (20) cm; Einj., formenreich; nur Stengelb.; Bl. 5–8 mm, fleischrot, in locker verzweigten Dichasien.
Keim.: F–S; VI–IX; (⚥) hg; Ins. (d, h, c), sb.
Zwergbinsenges., Ufer, Gräben, Schwemmland, Wegränder, auf feuchten, nährstoffr., kalk- od. salzhaltigen, lehmigen od. sandigen Tonböden.
ÖK.: 967 79?
Soz.: 3.1
D: s–z (Alp. bis 810 m); GB: s–z; F: v; S: z–s.
(s. A. 128)

Bitterling
Blackstonia perfoliata
10–40 cm; Einj.; grundst. B. in Rosette, bläulich bereift; Stengelb. gegenständig; Bl. 10–15 mm, gelb; Kronb. 6–8; Blst. doldentraubig.
Keim.: F–S; VI–IX; (⚥) hg; sb.
Zwergbinsenges., Wege, Kalkmagerrasen, Ufer, Kiesgruben, auf wechselfeuchten, nährstoffreichen, kalkhaltigen Lehm- u. Tonböden.
ÖK.: 873 X94
Soz.: –
D: s; GB: z–v; F: v–z; S: –.

adelkraut
endia filiformis
2 cm; Einj. unter-
iedlich verzweigt; B.
zettl.; Bl. 3–6 mm,
, einzeln, auf langen
len, sich nur am
rgen öffnend;
nb. 4.
m.: F–S; VI–X; (⚥)
sb.
rgbinsenges., Teich-
der, Wege, feuchte
den, sandige Moore,
± nassen, ± nähr-
reichen, kalkarmen,
nosen Sand- od. Torf-
en.
.: 972 93?
: 3.111.1
; GB: s–z; F: z; S: –.

Schnee-Enzian
Gentiana nivalis ★
1–15 cm; Einj.; St. schlank, manchmal verzweigt; B.rosette hinfällig; Bl. 15–18 mm, weißlich hellblau, einzeln; Kronb. 5, verwachsen.
Keim.: F; VI–IX; (⚥); Ins. ?, sb.
Alp. Matten, steinige Weiden, Felsbänder, Flachmoore, auf frischen, vorwiegend kalkhaltigen, z. T. mäßig sauren, steinigen Lehm- u. Tonböden.
ÖK.: 812 575
Soz.: 4.7
D: z, Alp.; GB: z, Schottl.; F: z, Alp.; S: v–z.

Lungenenzian
Gentiana pneumonanthe
15–50 cm; Staude; obere B. gestielt, lineal., untere B. fast schuppenf.; Bl. bis 40 mm, azurblau, langglockig; Kronb.röhre außen grün gestreift, Kronzipfel nur schwach spreizend.
Keim.: S; VII–IX; (⚥) pa; Ins. (h), sb.
Moorwiesen, Heiden, Borstgrastriften, auf wechselfeuchten, meist kalkfreien, humosen Torf- od. Tonböden.
ÖK.: 853 7X2
Soz.: 5.411
D: z–s (Alp. bis 845 m); GB: s–z; F: z; S: z.

Frühlings-Enzian
Gentiana verna
3–12 cm; Staude; Grundb. in Rosette; Stengelb. ungestielt, gegenst., dicht stehend; Bl. 30–40 mm, azurblau, einzeln, mit langer Kronröhre.
Keim.: F?; III–VI; (⚥); Ins. (l).
Alp. Kalkmagerrasen, Matten, Weiden, Heidewiesen, Flachmoore, Raine, Auenwälder, auf trockenen bis feuchten, meist kalkhaltigen, humosen Lehm- od. Steinböden.
ÖK.: 8X4 472
Soz.: 4.71
D: z (Alp. bis 2570 m); GB: s; F: s; S: –.

Gelber Enzian
Gentiana lutea ★
45–140 cm; Staude; B. breit elliptisch, blaugrün, obere st. umfassend; Bl. gelb, zu 3–10 in den Achseln der oberen B.; Kronb. 5–9.
Keim.: F; VI–VIII; (⚥); Ins. (d, h, l, c).
Mont. u. alp. Magerrasen, Flachmoore, Weiden, ungedüngte Mähwiesen, Gebüsche, auf frischen, meist kalkhaltigen, sauren, humosen Lehm- u. Tonböden.
ÖK.: 734 5X2
Soz.: –
D: z–s (Alp. bis 2110 m); GB: –; F: z–s; S: –.

Kreuz-Enzian
Gentiana cruciata
10–50 cm; Staude; B. eiförmig-lanzettl., lederartig, o. sitzend od. st.umfassend; Bl. blau, mit 4 Kronb., außen grün, in dichten Büscheln blattachselständig.
Keim.: ?; VI–IX; (⚥); Ins. (h).
Colline bis mont. Magerrasen, Kiefernirokkenwälder, Gebüsche, trockene Flachmoore, auf ± trockenen, kalkh., Lehm- u. Lößböden.
ÖK.: 754 383
Soz.: 5.32
D: s (Alp. bis 1440 m); GB: –; F: s; S:–.

Purpur-Enzian
Gentiana purpurea
20–60 cm; Staude; Grundachse dick, walzig; B. eif.-lanzettl., u. gestielt; Bl. außen purpurn, innen gelbl. m. grünen Adern.
Keim.: ?; VII–VIII; (⚥); pg; Ins. (h).
Alp. Magerrasen, Weiden, auf frischen, kalka. Ton- u. Lehmböden.
ÖK.: 734 542
Soz.: 5.111
D: s–z (Alp. 1500–1950 m);
GB: –; F: ?; S: s.

Bitterer Enzian
Gentiana amarella
2–50 cm; Ein-/Zweij.; B. im 1. Jahr rosettenartig; Bl. 15–20 mm lang, rötlich-violett, in kleinen traubigen Büscheln; Kronröhre an der Mündung gefranst.
Keim.: F–S; VI–X; (⚥); Ins.
Colline bis mont. Wiesen, Weiden, Waldlichtungen, Moore, auf feuchten, lockeren, humosen, oft sandigen od. ± moorigen Böden.
ÖK.: –
Soz.: –
D: s–z; GB: z–v; F: ?; S: z.

Rauher Enzian
Gentiana aspera
5–20 cm; Zweij.; B. rosettenartig, behaart; sonst ähnlich dem Bitteren Enzian, aber mit größerem Abstand zwischen d. oberen B.; Kelchz. aufrecht, stärker behaart.
Keim.: F; V–VI; (⚥); Ins. (d).
Mont. bis alp. Magermatten, steinige Hänge, Wiesen u. Weiden, auf ± trockenen, kalkhaltigen, steinigen od. reinen Ton- u. Lehmböden.
ÖK.: –
Soz.: –
D: –; GB: s–z; F: –; S: –.

Deutscher Enzian
Gentiana germanica ★
5–30 (50) cm; Ein-/Zweij., ähnlich dem Bitteren Enzian, aber B. breiter; Bl. 25–35 mm lang, rötlich-violett; Kronröhre an der Mündung weit geöffnet.
Keim.: F; V–X; (⚥); Ins. (h).
Colline bis subalp. Magerrasen, Triften, Waldwiesen, Flachmoore, au ± trockenen, kalkreichen, mild humosen Lehm- u. Mergelböden
ÖK.: 754 483
Soz.: 5.322
D: z–s; GB: z–s; F: z; S: –.

Österreichischer Enzian
Gentiana austriaca
5–30 cm; Zweij., unverzweigt mit wenigen B., od. ästig verzweigt; Bl. 10–20 mm, lila, lang gestielt; Kelchzipfel ungleich groß.
Keim.: F; VII–X; (⚥); Ins. (h), sb.
Mont. Magerrasen, Lichtungen, Waldränder, Dünen, auf ± frischem, meist kalkarmen, sandigen Böden.
ÖK.: –
Soz.: –
D: s; GB: s–z; F: s–z; S: –.

Feld-Enzian
Gentiana campestris ★
5–30 cm; Ein-/Zweij.; St. b. elliptisch; Bl. 15–25 mm, blau; Kronb.zipfel 4.
Keim.: F–S; VI–X; (⚥); Ins. (h, l), sb.
Magerrasen, -weiden, Waldlichtungen, Wegränder, auf kalkarmen, humosen, sandigen bis steinigen Lehmböden.
ÖK.: 8X2 5X?
Soz.: 5.112
D: s–z (Alp. bis 2500 m); GB: z–v; F: z–v; S: v–z.

WINDENGEWÄCHSE
Convolvulaceae
Kräuter, linkswindend od. kriechend; Sprosse grün od. bleich; B. einfach, wechselständig, groß od. schuppenförmig; Bl. meist groß, trichter- bis radförmig; Fr. eine Kapsel; Ausnahme: die Gattung *Cuscuta* (Seide) ist parasitisch u. besitzt sehr kleine Bl.

SPERRKRAUTGEWÄCHSE
Polemionaceae
Kräuter od. Stauden; B. wechselständig; Bl. trompeten-, trichter- od. radförmig; eine Kapsel; in Europa nur eine Gattung *(Polemium)*.

Gewöhnliche Zaunwinde
Calystegia sepium ★
50–300 cm; Staude, linkswindend; B. länglich, spießförmig-3eckig; Bl. 35–60 mm, weiß, Vorb. die schmalen Kelchzipfel bedeckend.
Keim.: H–S; VI–IX; (⚥); Ins. (h, l).
Uferspülsäume, Auenwälder, Hecken, Zäune, Gebüsche, Wegränder, auf frischen bis feuchten, nährstoffreichen Ton- u. Lehmböden.
ÖK.: 865 679
Soz.: 3.52
D: v (Alp. bis 750 m); GB: v–z; F: v; S: z.

Wald-Zaunwinde
Calystegia silvatica
50–90 (120) cm; Staud linkswindend; Bl. 50– mm, weiß, gelegentlich rosa gestreift; Vorb. groß, sich überlappend
Keim.: H–S; VI–IX; (Ins. (h, l),
Hecken, Waldränder, störte Plätze, auf frisch bis feuchten, nährstoff reichen, neutralen Lehm- u. Tonböden.
ÖK.: –
Soz.: –
D: ?; GB: eingeb.; F: eingeb., S: ?.

rand-Zaunwinde
ılystegia soldanella ★
-15 cm hoch, 40–60
ı lang; Staude, win-
nd; B. nierenf., flei-
ıig; Bl. 32–52 mm, li-
rosenrot, weiß ge-
eift; Kelchb. länger als
rb.
im.: F?; VI–IX; (⚥);
s. (h).
rdünen, Weiße Dü-
n, selten Graue Dü-
n, auf salzhaltigem
nensand.
K.: –
z.: 2.911
s; GB: v–z; F: v–z;
–.

Acker-Winde
Convolvulus arvensis
20–30 cm; Staude, kriechend od. windend; B. pfeilf., länglich-eiförmig-lanzettl.; Bl. 15–30 mm, weiß od. rosa gestreift; Vorb. klein, unterhalb der Bl.
Keim.: H; VI–IX; (⚥) hg; Ins. (d, h), sb.
Ackerunkrautges., Wegränder, Schutt, Dünen, Gärten, auf ± frischen, nährstoffr., meist humusarmen, lehmigen od. tonigen Böden.
ÖK.: 76X 47X
Soz.: 3.6
D: v (Alp. bis 860 m); GB: v; F: v; S: v–z.

Thymian-Seide
Cuscuta epithymum ★
20–60 cm; Einj., windend; St. rot; B. schuppenf. reduziert; Bl. rötlich weiß, glockenf., in dichten Knäueln; Kronb.zipfel zurückgeschlagen.
Keim.: F; VI–X; (⚥); Ins. (h), sb.
Heiden, sonnige Hänge, auf Stech- u. Besenginster, Heide u. Thymian schmarotzend.
ÖK.: X55 XX2
Soz.: 5.1
D: z (Alp. bis 2120 m); GB: z–s; F: z; S: z.
(s. A. 129)

Blaues Sperrkraut
Polemium coeruleum
30–80 cm; Staude; B. gefiedert, Fiederb.chen elliptisch-lanzettl., zugespitzt; Bl. 20–30 mm, himmelblau; Staubb. orange-gelb.
Keim.: F; VI–VIII; (⚥) + (♀) pa; Ins. (h), sb.
Grauerlenwälder, Steinschuttfluren, Feuchtwiesen, Flachmoore, auf frischen, nährstoffreichen, meist kalkh., steinigen od. kiesigen Lehm- u. Tonböden.
ÖK.: 645 786
Soz.: 8.433
D: z (Alp. bis 1500 m); GB: z–s; F: s; S: z.

RÖTEGEWÄCHSE
Rubiaceae ★
Kräuter; St. oft 4kantig, z. T. rauhhaarig; B. einfach, gegenst., länglich-lanzettl.; Nebenb. ähnlich den Laubb. u. so mehrblättrige Wirtel vortäuschend; Bl. in kopfigen od. lockeren Trugdolden mit ± langer Röhre; Kronb.zipfel 4; Fr. eine 2spaltige nußähnliche Spaltfrucht od. Beere.

keröte
rardia arvensis
0 cm; Einj., nieder-
end od. aufsteigend,
hhaarig; B. zu 4–6,
rlig; Bl. 3–4 mm, lila,
Hochb. überragt; Fr.
ugelig, vom Kelch ge-
nt.
m.: sf; V–X; (⚥) +
pa; Ins. (d, h), sb.
reideunkrautges., Ak-
ränder, Brachen, auf
ockenen, nährstoff-
hen, kalkhaltigen
m- u. Tonböden.
.: 663 585
.: 3.4
 (Alp. bis 810 m);
v–z; F: v; S: z.

Hügel-Meister
Asperula cynanchica
8–30 (50) cm; Staude, liegend od. aufsteigend, verzweigt; B. lineal, z. T. ungleich, zu 4–6 in Quirlen; Bl. 3–4 mm, innen rosa, außen weiß.
Keim.: F; VI–IX; (⚥) + (♀) pa-hg; Ins. (d), sb.
Trockenrasen, Dünen, Kiefernwälder, Waldränder, auf ± trockenen, meist kalkreichen, mild humosen Lehm-, Löß- od. Sandböden.
ÖK.: 775 383
Soz.: 5.3
D: z–s (Alp. bis 1790 m); GB: z–s; F: v–z; S: –?.

Acker-Meister
Asperula arvensis
10–50 cm; Einj.; obere B. schmal lineal., zu 6–9 in Quirlen; Bl. 4 mm, blau, in dichten Trugdolden, von langen Hochb. überragt.
Keim.: ?; IV–VIII; (⚥); Ins.
Getreideunkrautges., auf ± trockenen, warmen, nährstoff- u. kalkreichen Lehm- u. Tonböden (Lehmzeiger).
ÖK.: 773 494
Soz.: 3.32
D: s; GB: s; F: z; S: –.

Waldmeister
Galium odoratum
10–60 cm; Staude, in Herden wachsend; St. unverzweigt B. zu 6–9 in Quirlen, am Rand u. der Mittelrippe borstig behaart; Bl. 5–6 mm, weiß, in endständigen Trugdolden; Fr. hakenborstig.
Keim.: W–F; IV–VI; (⚥) pa-hg; Ins. (d, h), sb.
Krautreiche Buchen- u. Laubmischwälder, auf frischen, nährstoffreichen, humosen, sandigen Lehmböden.
ÖK.: 252 5X5
Soz.: 8.43
D: v (Alp. bis 1380 m); GB: v; F: v–z; S: z.

Wiesen-Labkraut
Galium mollugo ★
(10) 25–100 (150) cm; Staude, verzweigt, aufrecht od. aufsteigend; B. zu 4–8 in Quirlen, stachelspitzig; Bl. 3–4 mm, weiß, in lockeren Trugdolden; Fr. schwärzlich.
Keim.: H–F; VI–X; (⚥) pa; Ins. (d, c), sb.
Fettwiesen, Waldränder, Auenwälder, Halbtrokkenrasen, auf frischen bis trockenen, nährstoffreichen Lehm- u. Tonböden.
ÖK.: 7X3 5XX
Soz.: 5.421
D: v (Alp. bis 1670 m); GB: v–z; F: v; S: z.

Nördliches Labkraut
Galium boreale
20–45 (60) cm; Staude; St. steif aufrecht; B. zu 4 in Quirlen, 3nervig, ohne Stachelspitze; Bl. 3 mm, weiß, in endständigen Trugdolden; Fr. hakenborstig.
Keim.: F?; VI–VIII; (⚥) pa; Ins. (d), sb.
Halbtrockenrasen, Feuchtwiesen, Eichen-, Kiefernwälder, auf frischen bis wechselfeuchten, kalkh. Lehm-, Ton- od. Torfböden.
ÖK.: 6X7 X82
Soz.: 5.411
D: s–z (Alp. bis 1550 m); GB: s–z; F: z–s; S: v–z.

Harzer Labkraut
Galium harcynicum ★
(5) 10–30 cm; Staude, aufst.; Bl. zu 4–8 in Quirlen, mit nach vorne gerichteten Randborsten; trocken schwarz werdend; Bl. 3 mm, weiß; Fr. spitzwarzig.
Keim.: H; VI–VIII; (⚥) pa; Ins. (d, c).
Borstgrasrasen, Zwergstrauchheiden, lichte Eichenwälder, auf frischen, sauren, kalkarmen, humosen Sand- od. sandigen Lehmböden.
ÖK.: 752 523
Soz.: –
D: v (Alp. bis 920 m); GB: v; F: v–z; S: z.

Niederes Labkraut
Galium pumilum
(5) 15–25 (50) cm; Staude; B. zu 4–8 in Quirlen, mit rückwärts gerichteten Randborsten; trocken grün bleibend; Bl. 4 mm, weiß, in lang gestielten Trugdolden; Fr. stumpfwarzig.
Keim.: F; VI–VIII; (⚥) pa; Ins. (d, c).
Silikat-Magerrasen, lichte Wälder u. Gebüsche, auf ± frischen, kalkarmen, humosen, sandigen Lehmböden.
ÖK.: 752 442
Soz.: 5.112?
D: z (Alp. bis 1560 m); GB: z–s; F: z; S: –.

Sterners Labkraut
Galium sterneri
(5) 8–15 (25) cm; Staude; St. zart, niederliegend-aufsteigend; B. zu 4–8 in Quirlen, mit zahlreichen Randborsten, ähnlich Niederes Labkraut; Bl. 2,3–3,3 mm; Fr. spitzwarzig.
Keim.: F; VI–VIII; (⚥) pa; Ins. (d, c).
Sandige od. steinige Rasen, auf trockenen, kalkreichen Sand- od. Steinböden.
ÖK.: –
Soz.: –
D: s, nur Sylt; GB: z–s; F: –?; S: z–s.

Sumpf-Labkraut
Galium palustre
15–60 (100) cm; Staude, niederl.–aufst.; St. an den Kanten rauh; trocken schwarz werdend; B zu 4–6 in Quirlen; Bl. 3–4 mm, weiß.
Keim.: H–S; V–VIII; (⚥ pa; Ins. (d, c), sb.
Feuchtwiesen, Röhrichte, Bruch- u. Auenwälder, Ufer, Gräben, auf nassen, nährstoffreichen oft torfigen Ton- u. Sumpfhumusböden.
ÖK.: 6X3 9X4
Soz.: 1.413
D: v (Alp. bis 1300 m); GB: v; F: v; S: v–z.
(s. A. 130)

Moor-Labkraut
Galium uliginosum
10–60 cm; Staude; St. an den Kanten nach unten gerichtet rauh; trocken grün bleibend; B. zu 6–8 in Quirlen, zugespitzt; Bl. 2,5–3 mm, weiß, in dichten Trugdolden.
Keim.: F; V–IX; (⚥) pa; Ins. (d, c), sb.
Feucht- u. Moorwiesen, Grauseggensümpfe, auf stau- u. sickernassen, nährstoffreichen, meist kalkarmen, oft torfigen Sumpfhumusböden.
ÖK.: 6XX 8XX
Soz.: –
D: v (Alp. bis 1390 m); GB: v–z; F: z; S: v–z.

Echtes Labkraut
Galium verum ★
(10) 30–100 cm; Staude; St. ± aufst.; trocken schwarz werdend; B. zu 8–12 in Quirlen, lineal., dunkelgrün, glänzend, Rand eingerollt; B. 2–4 mm, gelb.
Keim.: H; VI–IX; (⚥) pa; Ins. (d, c, h), sb.
Trockenrasen, Kalkmagerrasen, Dünen, Gebüschränder, auf ± trockenen, meist kalkh., lokkeren, humosen, sandigen Lehm-, Löß- od. reinen Sandböden.
ÖK.: 75X 473
Soz.: 6.1
D: v (Alp. bis 1150 m); GB: v–z; F: v; S: z.

Kletten Labkraut
Galium aparine
30–150 cm; Einj.; St. klimmend, mit rückwärts gerichteten Borsten; B. zu 6–9 in Quirlen; Bl. 2 mm, in gestielten, wenigbltg. Trugdolden; Fr. hakenborstig.
Keim.: F?; V–X; (⚥) pa; Ins. (d, c), sb.
Unkrautfluren, Flußufer, Bruchwälder, Hecken, Schutt, auf frischen, nährstoff- u. N-reichen, humosen, lehmigen od. tonigen Böden (Stickstoffzeiger).
ÖK.: 753 X68
Soz.: 3.52
D: v (Alp. bis 1040 m); GB: v; F: v; S: z.
(s. A. 131, 132)

Färberröte
Rubia peregrina
30–200 cm; Staude; St. kriechend bis aufsteigend, an der Basis holzig, im oberen Teil hakenborstig; B. zu 4–6 in Quirlen, eiförmig; Bl. 5 mm, gelbl.-grün, in wenigbltg. Trugdolden; Fr. schwarze Beere.
Keim.: F?; VI–VIII; (⚥); Ins. (d, c).
Wälder, Hecken, Gebüsche, Felsen, auf ± trockenen, meist kalkhaltigen Böden.
ÖK.: 691 4X3
Soz.: –
D: –; GB: z–s; F: z–s; S: –.

Gewöhnliches Kreuzlabkraut
Cruciata laevipes ★
(6) 20–45 (70) cm; Staude, weichhaarig; B. ± e liptisch, gelbgrün, 3ne vig, zu 4 in Quirlen; B 2–3 mm, blaßgelb; Fr. stiele herabgebogen.
Keim.: F; IV–VI; (⚥ + ♂) pa; Ins. (d, c, h).
Unkrautges., Hecken, Zäune, Weg- u. Wieser ränder, Gräben, Auenwälder, Schutt, auf frischen, nährstoffreichen kalkarmen Lehm- u. Tonböden.
ÖK.: 755 657
Soz.: 3.52
D: v–z (Alp. bis 1560 m; GB: v–z; F: z; S: –?.

3ORRETSCH-GEWÄCHSE
3oraginaceae ★
Kräuter, meist steif be-ıaart; B. einfach, unge-eilt, wechselständig; Bl. n der Knospe oft rosa, päter blau; Kronb. 5 zu einer mehr od. weniger angen Röhre verwach-en; in der Röhre zuweil. Schlundschuppen; Bl. in inseitswendigen, einge-ollten Blst. (Wickeln); r. in 4 Klausen (Nüß-hen) zerfallend.

Gemeiner Beinwell
Symphytum officinale ★
30–100 cm; Staude, steifhaarig; B. breit-lanzettl., herablaufend, geflügelten St. bildend; Bl. 15 mm, schmutzig rot-violett od. gelbl.-weiß, glokkenf.; Kelchzipfel lang.
Keim.: j; V–VIII; (⚥) hg; Ins. (h, d), sb.
Naßwiesen, Hochstaudenfluren, Auen- u. Bruchwälder, Röhrichte, auf wechselnassen, nährstoffr., auch torfigen Lehm- u. Tonböden.
ÖK.: 763 8X8
Soz.: –
D: v (Alp. bis 1000 m); GB: v–z; F: v; S: z.

Symphytum x uplandicum
30–100 cm; Staude; Bastard aus S. officinale x S. asperum; St. schwach geflügelt; Bl. blau od. violett.
Keim.: ?; VI–VIII; (⚥) Ins.?
Kultiviert u. verwildert, Weg- u. Straßenränder, gestörte Plätze, auf frischen bis ± nassen, nährstoffreichen Böden.
ÖK.: –
Soz.: –
D: z?; GB: z; F: z?; S: z?.

Gemeine Hundszunge
Cynoglossum officinale ★
30–80 cm; Zweij., graugrün, behaart, Mäusegeruch; B. elliptisch-lanzettl.; Bl. 10 mm, rötl.-braun; Fr. mit widerhakigen Stacheln.
Keim.: F; V–VIII; (⚥) pg; Ins.
Unkrautige Ges., Schuttplätze, Viehweiden, auf ± trockenen, nährstoff- u. N-reichen stein. od. lehm. Böden.
ÖK.: 8X5 378
Soz.: 3.321
D: z (Alp. bis 1580 m); GB: z–s; F: v–z; S: z.
(s. A. 133)

Amsinckia intermedia
30–50 cm; Einj., borstlich behaart; B. lanzettl.; Bl. 4–6 mm, orangegelb; auf der Oberseite ± eingerollter Blst.
Keim.: H; IV–VIII; (⚥) Ins.
Wegränder, Schuttplätze, gestörte Standorte, auf ± trockenen, neutralen, sandigen Böden (eingewandert).
ÖK.: –
Soz.: –
D: z?; GB: z–s; F: z–s; S: –.

cker-Steinsame
ithospermum arvense
–50 cm; Einj., kaum l. nur an der Spitze rzweigt; B. an der Ba- länglich eiförmig, in n St. verschmälert, pere lanzettl.; Bl. 3–4 m, weiß, selten bläu-h.
eim.: H–F; IV–IX; (⚥) ; Ins. (h, d, l), sb.
etreideunkrautges., s. Wintergetreide, egränder, Schutt, auf frischen, nährstoffrei-en, meist kalkarmen, ndigen Lehmböden.
K.: 5X5 X75
z.: 3.4
v–s (Alp. bis 800 m); 3: v–s; F: v–z; S: z.

Blauroter Steinsame
Lithospermum purpureocoeruleum
30–60 cm; Staude, aufsteigend aufrecht; B. lanzettlich, dunkelgrün; Bl. 12–15 mm, zuerst rot, später blau.
Keim.: F; IV–VI; (⚥) pg; Ins. (h).
Lichte Eichen-, Laub- u. Buchenmischwälder, sonnige Hänge, Steppengebüsche, auf ± trockenen, nährstoffreichen, meist kalkhaltigen, humosen u. steinigen Lehm- u. Sandböden.
ÖK.: 574 484
Soz.: 8.4
D: z; GB: s; F: z; S: –.

Echter Steinsame
Lithospermum officinale
30–100 cm; Staude, stark verzweigt; B. lanzettl.; Nerven hervortretend; Bl. 3–4 mm, gelbl.-grünl.-weiß, in beb. Doppelwickeln.
Keim.: F–S; V–VII; (⚥) Ins. (d, h).
Auenwälder, Gebüsche, Flußufer, Waldwege, auf warmen, frischen bis wechselfeuchten, nährstoff- u. kalkreichen, humosen od. sandigen Lehm- u. Tonböden.
ÖK.: 6X5 X86
Soz.: 8.1
D: z–s (Alp. bis 1500 m); GB: z–s; F: z; S: z–s.

Geflecktes Lungenkraut
Pulmonaria maculosa ★
10–30 (40) cm; Staude, oben borstig behaart; B. grundständig, herz-eiförmig, weiß gefleckt (ungefleckt: ssp. *obscura*); Bl. 13–18 mm, zuerst rot, später dunkelviolett.
Keim.: F; III–V; (⚥) pa; Ins. (h, d).
Laubmischwälder, Waldränder, Hänge, auf frischen, nährstoffr., kalkh., steinigen od. reinen Lehm- u. Tonböden.
ÖK.: 565 586
Soz.: 8.43
D: v–z (Alp. bis 1230 m); z; GB: F: z–s; S: z.
(s. A. 134)

Wald-Vergißmeinnicht
Myosotis silvatica
15–45 cm; Staude/Zweij., wollig behaart; B. rundl.-eif.; untere ± gestielt; Bl. 5–10 mm, himmelblau.
Keim.: F; IV–VII; (⚥) hg; Ins. (h, d, l), sb.
Laubmisch- u. Auenwälder, Hochstaudenfluren, Vieh- u. Wildläger, auf frischen, meist feuchten, nährstoffr., z. T. kalka., locker-hum. Lehmböden.
ÖK.: 5X3 6X7
Soz.: 6.2
D: z–v (Alp. bis 1860 m); GB: z–s; F: z–s; S: z–s.
(s. A. 135)

Acker-Vergißmeinnicht
Myosotis arvensis
10–40 cm; Ein-/Zweij., zottig behaart; B. in Rosette, aber auch blühender St. beb.; Bl. 2–4 mm, hellblau; Kelchröhre behaart.
Keim.: F, H; IV–X; (⚥) Ins. (d, h, l), sb.
Ackerunkrautges., Schuttplätze, Kahlschläge, Waldlichtungen, Wegränder, auf ± frischen, nährstoffreichen Lehmböden.
ÖK.: 655 5X6
Soz.: –
D: v (Alp. bis 1020 m); GB: v; F: v; S: v–z.

Aufrechtes Vergißmeinnicht
Myosotis hispida ★
5–25 cm; Einj.; St. sparrig verzweigt; B. abgerundet, untere rosettig; Bl. 2–5 mm, hellblau; Fr.stiele so lang wie d. Kelch.
Keim.: H–W; III–V; (⚥); Ins?, sb.
Halbtrocken-, Trockenrasen, sonnige Hänge, Dämme, auf warmen, meist kalkhaltigen Sand-, Kies- u. Lößböden.
ÖK.: 965 2X?
Soz.: 5.2
D: z; GB: v–s; F: v–z; S: v–z.

Buntes Vergißmeinnicht
Myosotis discolor
10–30 cm; Einj.; St. am Grunde abstehend, oben anliegend; Bl. 1,5–2,5 mm, zuerst blaßgelb, später blau, in aufgerollten Wickeln; Kelchzipfel linealisch, spitz.
Keim.: H; IV–VI; (⚥) hg; Ins. (h, d), sb.
Silbergrasfluren, Magerrasen, Äcker- u. Wegränder, auf mäßig sauren, kalk-, humus- u. feinerdearmen Sandböden.
ÖK.: 772 332
Soz.: 5.24
D: z; GB: v–z; F: v–z; S: z.

Sumpf-Vergißmeinnicht
Myosotis palustris ★
15–50 cm; Staude; St. meist abstehend, Kelch angedrückt behaart; Bl. 5–10 mm, blau; Fr. kurz gestielt.
Keim.: sf; V–X; (⚥) hg; Ins. (h, d, l).
Sumpfwiesen, Röhrichte, Verlandungsges., Bruchwälder, Gräben, Ufer, auf sickernassen, nährstoffr., humosen Lehm- u. Tonböden.
ÖK.: 7X5 8X5
Soz.: –
D: v (Alp. bis 1690 m); GB: v; F: v; S: v–z.
(s. A. 136)

Myosotis secunda
15–60 cm; Ein-/Zweij. ähnlich Sumpf-Vergißmeinnicht, aber Bl. 4– mm; Kelchzipfel späte fast so lang wie die Rö re; Fr. dunkelbraun, l ger gestielt, 3–5x so la wie die Kelchröhre.
Keim.: sf; V–VIII; (⚥) hg; Ins. (h, d).
Feucht-, Sumpf- u. Moorwiesen, auf sicke nassen, meist kalkarm torfigen Böden.
ÖK.: –
Soz.: –
D: –?; GB: v–z; F: z–s S: –.

Lockerblütiges Vergißmeinnicht
Myosotis laxa
10–30 cm; Einj.; St. aufrecht, anliegend behaart od. kahl; Bl. 3–4 mm, blau; Kelch sich nach der Blüte stark verlängernd; Fr. dunkelbraun, lang gestielt.
Keim.: sf; V–VIII; (⚥) hg; Ins. (h, d).
Meeresstrand- u. Binsenseen, Gräben, Ufer, auf nassen, offenen, schlammig-sandigen Böden.
ÖK.: –
Soz.: –
D: s–z; GB: v–z; F: v–z; S: z.

Gemeiner Natterkopf
Echium vulgare ★
25–100 cm; Zweij., stark rauhhaarig; B. lineal-lanzettl., 1nervig; Bl. 14–25 mm lang, 12 mm breit, zuerst rot, später blau, selten weiß; Staubb. u. Griffel aus der Bl. herausragend.
Keim.: F–S; V–X; (⚥) pa; Ins. (h, d, l).
Unkrautige Ges., Bahndämme, Trockenrasen, Schutt, Weg- u. Ackerränder, auf warmen, nährstoffr. Sand- od. Lehmböden.
ÖK.: 973 3X4
Soz.: 3.32
D: v (Alp. bis 850 m); GB: v–s; F: v; S: z.
(s. A. 137)

Pentaglottis
Pentaglottis sempervirens
30–100 cm; Staude, rauhhaarig; B. eiförmig, spitz; Bl. 10–12 mm, blau, mit weißem Schlund, ähnlich einem Vergißmeinnicht, in beb. Büscheln.
Keim.: H?; IV–VII; (⚥), sb.
Wälder, Hecken, buschige Abhänge, auf frischen, ± neutralen Böden.
ÖK.: –
Soz.: –
D: s; GB: v–z; F: z–s; S: –.

Acker-Krummhals
Lycopsis arvensis ★
20–40 cm; Einj., rauh behaart; B. längl.-lanzettl., wellig od. buchtig gezähnt, obere st. umfassend; Bl. 4–5 mm, hellblau, in dichten beb. Doppelwickeln, sich später verlängernd.
Keim.: H, F; IV–IX; (⚥) Ins. (h, d, l).
Sonnige Hackunkrautges., Wege, Bahndämme, Steinbrüche, Hafenanlagen, auf ± trockenen, warmen, nährstoffh., oft humus- u. kalka., sandigen Böden.
ÖK.: 766 4X4
Soz.: 3.332
D: v (Alp. bis 850 m); GB: v–z; F: v–z; S: v–z.

Gemeine Ochsenzunge
Anchusa officinalis
30–80 cm; Zweij./Sta de, dicht behaart; B. neal-lanzettl., grunds deutlich gestielt; Bl. 15 mm lang, 10 mm breit, dunkel purpur lett, in eingerollten, s später verlängernden Doppelwickeln.
Keim.: H–F; V–IX; Ins., sb.
Unkrautfluren, Weg- Ackerränder, Schutt ze, Dämme, auf war ± trockenen, meist n stoffreichen, aber ka Sand- u. Kiesböden.
ÖK.: 985 375
Soz.: 3.321
D: z; GB: z; F: z; S:

·rtensie
·tensia maritima ★
·0 cm; Staude, rasen-
·lend, bläulichgrün;
·nbehaart, untere ge-
·t, obere sitzend, spa-
, fleischig, mit punk-
·er Oberfläche; Bl.
·8 mm, zuerst rosa,
·er blau; Fr. gelblich,
·schig, später trocken-
·tig.
·m.: ?; VI–VIII; (⚥)
?, sb.
·stengebiete, auf san-
·n bis steinigen Bö-
(nur N-Jütland).
·.: –
·.: –
·-; GB: z–s; F: –;
·-z.

EISENKRAUT-GEWÄCHSE

Verbenaceae

Kräuter; B. gegenständig; Bl. zygomorph, fast 2lippig; Staubb. 4, 2 längere u. 2 kürzere; Fr. in 4 einsame Teilnüsse zerfallend (Klausen).

LIPPENBLÜTLER

Labiatae ★

Kräuter od. Halbsträucher; St. 4kantig; B. kreuz-gegenständig, meist ungeteilt; Bl. oft in Quirlen, achselständig, meist ungestielt; Krone 2lippig, selten radiär, mit offenem Schlund; 2 Kronb. bilden die Ober-, 3 Kronb. die Unterlippe; Staubb. 4, ungleich lang; Fr. in 4 einsamige Teilnüsse zerfallend (Klausen).

Echtes Eisenkraut
Verbena officinalis
30–100 cm; Einj./Staude, rauhhaarig; St. 4kantig; B. fiederspaltig gelappt od. grob gekerbt; Bl. 4–5 mm, blaßlila, in dichten, sich später verlängernden Ähren.
Keim.: H–F; VI–X; (⚥) hg; Ins. (h, d, l), sb.
Unkrautige Ges., Wegu. Straßenränder, Zäune, Schutt, auf nährstoffr., N-haltigen, od. sandigen-kiesigen Lehm- u. Tonböden.
ÖK.: 953 4X6
Soz.: 3.7
D: v–z (Alp. bis 1112 m); GB: v–z; F: v–z; S: z–s.

Kriechender Günsel
Ajuga reptans ★
10–30 cm; Staude, mit Ausläufern; B. verkehrt ei- bis spatelförmig, undeutlich gekerbt; Bl. scheinbar 1lippig, lebhaft blau, selten rosa od. weiß.
Keim.: S–H; IV–VI; (⚥) hg; Ins. (h, l), sb.
Wiesen, Laub- u. Nadelwälder, Gebüsche, Hänge, auf frischen, nährstoffr., sonst auch unterschiedlichen Lehm- u. Tonböden.
ÖK.: 6X2 6X6
Soz.: –
D: v (Alp. bis 1720 m); GB: v–z; F: v; S: z–s.

Pyramiden-Günsel
Ajuga pyramidalis
15–30 cm; Staude, ohne Ausläufer; St. ringsherum behaart; B. dicht rosettig gehäuft; Bl. hellblau, in Scheinähren.
Keim.: S; V–VII; (⚥) pa--hg; Ins. (h), sb.
Mager-, Borstgrasrasen, Heiden, Waldlichtungen, auf frischen bis ± trockenen, nährstoffarmen, sauren Sand- od. Lehmböden.
ÖK.: 732 511
Soz.: 5.111
D: s (Alp. 1330–2200 m); GB: s; F: z–s; S: v–z.
(s. A. 138)

·npf-Helmkraut
·ellaria galericulata ★
·0 (70) cm; Staude;
·ufsteigend; B. herz-
·ig, ei-lanzettl., we-
·gekerbt; Bl. 10–20
, blauviolett-weiß-
meist zu 2.
·n.: F–S; VI–IX; (⚥
) hg; Ins. (h, d).
·andungsges., Röh-
·e, Bruch- u. Auen-
·er, Ufer, Gräben,
·nassen, zeitweise
·schwemmten, nähr-
·reichen, humosen
·, Lehm- u. Torfbö-

: 755 976
1.413
(Alp. bis 1080 m);
v–z; F: v; S: z.
·. 139)

Kleines Helmkraut
Scutellaria minor
10–30 cm; Staude; St. aufsteigend; B. meist ganzrandig, am Spreitengrund mit 1–2 Zähnen, länglich-lanzettl.; Bl. 6–10 mm, einzeln, violettrosa.
Keim.: F–S; VII–IX; (⚥); Ins. (h, d).
Kleinseggensümpfe, Bruchwälder, Gräben, Weiden, auf nassen, kalkfreien, sauren, anmoorigen, sandigen od. tonigen Böden (Kalkflüchter).
ÖK.: –
Soz.: 5.414
D: s; GB: v–z; F: v–z; S: –.

Trauben-Gamander
Teucrium botrys
10–30 (40) cm; Ein-/Zweij., drüsig-zottig behaart; B. fiederspaltig, lang gestielt; Bl. 12–15 mm, scheinbar 1lippig, trübrosa, zu 2–4, fast einseitig in B.winkeln.
Keim.: F; VI–X; (⚥); Ins. (h), sb.
Trockenrasen, steinige Hänge, Brachen, Äcker, Geröllhalden, auf trockenen, lockeren, humusarmen, meist kalkhaltigen Böden.
ÖK.: 964 28?
Soz.: 5.21
D: z–s (Alp. bis 1300 m); GB: s; F: z; S: –.

Echter Gamander
Teucrium chamaedrys
15–30 cm; Zwergstrauch, mit holzigen Ausläufern, leicht behaart; B. länglich-eiförmig, grob gekerbt-gezähnt; Bl. 12–15 mm, karminrot, scheinbar 1lippig, quirlig in beb. Scheintrauben.
Keim.: F–S; V–IX; (⚥) pa; Ins. (h), sb.
Kalktrockenrasen, lichte Eichen- od. Kiefernwälder, lichte Gebüsche, auf ± trockenen, kalkhaltigen, Lehm- u. Lößböden.
ÖK.: 764 281
Soz.: –
D: s–v (Alp. bis 1100 m); GB: s; F: z; S: –.
(s. A. 140)

Berg-Gamander
Teucrium montanum
5–35 cm; Zwergstrauch, niederliegend; B. lineallanzettl., unterseits weißl. behaart, am Rand umgerollt; Bl. 10–12 mm, gelblich-weiß, scheinbar 1lippig.
Keim.: ?; V–VIII; (⚥); Ins. (h).
Subalp.–montane Kalk-Trockenrasen, lichte Wälder, Hänge, Felsen, auf warmen, trockenen, kalkreichen, flachgründigen, oft steinigen Böden.
ÖK.: 874 192
Soz.: 5.32
D: z–s (Alp. bis 1530 m); GB: –; F: v–z; S: –.

Salbei-Gamander
Teucrium scorodonia ★

30–60 (90) cm; Staude, oben ästig verzweigt, zottig behaart; B. herz-eiförmig, stark netznervig, kerbig gesägt; Bl. 12–15 mm, grünl.-gelb, scheinbar 1lippig; Staubb. lang.
Keim.: F; VII–IX; (⚥) pa; Ins. (h).
Eichen- u. Kiefernwälder, Heiden, Wegränder, auf ± trockenen, nährstoffarmen, kalkfreien Silikatböden.
ÖK.: 652 423
Soz.: –
D: z–v (Alp. bis 950 m);
GB: v–z; F: v–z; S: z–s.

Kleine Brunelle
Prunella vulgaris ★

10–25 cm; Staude, behaart; B. längl-eif., ganzrandig od. kerbig gezähnt; Bl. 7–15 mm, blau-violett, 2lippig; Oberlippe kapuzenf., in endständ. Scheinähren, Kelchröhre 2lippig.
Keim.: H–F; VI–IX; (⚥ + ♀) pa–hg; Ins. (h), sb.
Wiesen, Weiden, Weg- u. Waldränder, auf nährstoffr., humosen Lehm- od. Tonböden.
ÖK.: 7X3 X4X
Soz.: 5.4
D: v (Alp. bis 2210 m);
GB: v; F: v; S: v–z.
(s. A. 141)

Große Brunelle
Prunella grandiflora

10–30 cm; Staude, Halbrosettenpflanze; St. violett überlaufen, locker behaart; Bl. 20–25 mm, mit bewimpertem Kiel.
Keim.: F?; VII–IX; (⚥); Ins. (h).
Trocken- u. Halbtrokkenrasen, Wald- u. Wegränder, lichte Wälder, auf warmen, ± trockenen, meist kalkhaltigen, lockeren Lehm-, Ton- u. Lößböden.
ÖK.: 7X5 383
Soz.: 5.3
D: v–z (Alp. bis 800 m);
GB: –; F: z; S: s.

Gundermann
Glechoma hederaceum

15–40 cm; Staude, kriechend, an den Knoten wurzelnd, weich behaart, aromatisch; B. abgerundet-nierenf., gekerbt; Bl. 15–20 mm, mit langer Kronröhre, blauviolett in Scheinquirlen.
Keim.: F–S; III–VI; (⚥ + ♀) pa; Ins. (h).
Wiesen, Weiden, Auenwälder, Wald- u. Heckenränder, auf frischen, nährstoffreichen, lehmigen Böden.
ÖK.: 653 6X7
Soz.: –
D: v (Alp. bis 1380 m);
GB: v; F: v; S: z.

Echte Katzenminz
Nepeta cataria ★

50–100 cm; Staude; S aufrecht, kurz grauha rig; B. kurz-eif.-3ecki spitz, sägezähnig gekerbt; nach Minze du tend; Bl. 12 mm, wei Unterlippe rot gefleck obere Bl. in dichten Scheinquirlen.
Keim.: sf; VI–IX; (⚥ pa; Ins. (h).
Unkrautige Ges., Sch Ufer, Wegränder, ang baut u. verwildert, au trockenen, lehmigen den.
ÖK.: –
Soz.: –
D: z–s; GB: z; F: z; S

Immenblatt
Melittis melissophyllum

25–60 cm; Staude; St. aufrecht, locker-zottig behaart; B. herzeif., grob gekerbt, spitz, gestielt; Bl. weiß, lang gestielt, zu 2–3 in den Achseln v. laubb. ähnlichen Hochb.; Unterlippe rosenrot, rosa od. weiß.
Keim.: F; V–VII; (⚥); Ins. (h, l, d, c).
Trockenwälder, lichte Mischwälder, Gebüsche, Hänge, auf warmen, ± frischen, kalkreichen Böden.
ÖK.: 562 473
Soz.: 8.42
D: s.; GB: v; F: v; S: v.

Schwarznessel
Ballota nigra

60–100 cm; Staude, unangenehm riechend, behaart; B. lang gestielt, spitz-oval; Bl. 12–18 mm, rötl.-lila-weißlich, in halbseitigen Scheinquirlen; Kelchzähne mit Grannenspitze.
Keim.: H; V–IX; (⚥) pa; Ins. (h).
Unkrautges., an Wegen, Zäunen, Schuttplätzen, auf frischen, nährstoff- u. N-reichen, lehmigen, sandigen od. tonigen Böden (Stickstoffzeiger).
ÖK.: 865 5X8
Soz.: 3.511
D: z (Alp. bis 571 m);
GB: v–s; F: v; S: z.

Weiße Taubnessel
Lamium album ★

20–60 cm; Staude, kriechend, rauhhaarig; B. lang gestielt, 3eckig-eiförmig, gesägt, brennnesselähnlich; Bl. 20–30 mm, weiß, Oberlippe kapuzenförmig.
Keim.: F; III–XI; (⚥) hg; Ins. (h), sb.
Unkrautige Ges., Wegränder, Gräben, Mauern, Viehläger, Schutt, auf frischen, nährstoff- u. N-reichen, meist sandiglehmigen Böden (Stickstoffzeiger).
ÖK.: 7X3 5X9
Soz.: 3.511
D: v (Alp. bis 1620 m);
GB: v–z; F: v; S: z.

Gefleckte Taubnessel
Lamium maculatum

15–100 cm; Staude, kriechend, behaart; B. manchmal blaß gefleckt, eiförmig-3eckig bis herzf.; Bl. 20–30 mm, karminrot od. gescheckt.
Keim.: ?; IV–X; (⚥); Ins. (h).
Laubmisch- u. Auenwälder, Unkrautges., an Wegen, Ufern, Hecken, auf frischen bis feuchten, nährstoffreichen, lehmigen od. tonigen Böden (Nährstoffzeiger).
ÖK.: 4X4 678
Soz.: 3.523
D: v–z (Alp. bis 2020 m);
GB: z; F: z; S: –.

Stengelumfassenc Taubnessel
Lamium amplexicaule

10–30 cm; Einj., beh verzweigt; B. herzf.-rundl., gekerbt od. g sägt, obere ungestiel halbst. umfassend; 10–15 mm, fleischro rot; Kronröhre lang Kelchröhre behaart.
Keim.: j; III–X; (⚥) (h), sb.
Ackerunkrautges., C ten, Weinberge, Sch Wegränder, auf ± fr schen, nährstoffreic meist sandigen, kalk meren Böden.
ÖK.: 665 477
Soz.: 3.33
D: v (Alp. bis 660 m
GB: v–s; F: v–z; S:

:schlitzte ıbnessel
nium incisum
30 (40) cm; Einj.; B. ɔ gezähnt-gekerbt, fiederspaltig; Bl. 10–ım, rosa-purpurrot. n.: j; III–X; (⚥); Ins. sb.
krautige Ges., Äcker, ten, Weinberge, auf hen, nährstoffrei-ı, meist sandigen Bö- (unbeständig).
.: –
: –
:–s; GB: z–s; F: z–s;

Rote Taubnessel
Lamium purpureum ★
10–30 cm; Einj., oft rötlich überlaufen, behaart; B. ± 3eckig-eiförmig, gekerbt-gesägt; Bl. 10–15 mm, rosa-purpurrot; Kronröhre länger als Kelchröhre.
Keim.: j; I–XII; (⚥) hg; Ins. (h), sb.
Ackerunkrautges., Gärten, Weinberge, Schuttplätze, Wege, Mauern, auf ± frischen, nährstoffreichen, sandigen od. reinen Lehmböden.
ÖK.: 7X3 57X
Soz.: 3.33
D: v (Alp. bis 1530 m); GB: v–z; F: v; S: z.

Schmalblättriger Hohlzahn
Galeopsis angustifolia
10–40 cm; Ein-/Zweij., oft rot überlaufen, flaumig behaart; B. lineal-lanzettl., kaum gezähnt; Bl. 15–25 mm, purpurrot, Unterlippe gelb gefleckt.
Keim.: F; VI–IX; (⚥); Ins. (h), sb.
Schuttunkrautfluren, Geröllhalden, Dämme, Äcker, auf warmen, trockenen, meist kalkhaltigen, feinerdea. Böden.
ÖK.: 874 284
Soz.: 4.45
D: s–v; GB: s–v; F: z; S: s.

Saat-Hohlzahn
Galeopsis segetum
10–45 cm; Einj., ästig verzweigt, kurz flaumhaarig; B. gestielt, eiförmig-lanzettl., gesägt. Bl. 20–35 mm, blaß-gelb, in Scheinquirlen.
Keim.: F; VII–X; (⚥); Ins. (h), sb.
Steinschuttfluren, Wald- u. Wegränder, Äcker, Felsbänder, auf ± frischen, ± nährstoffreichen, kalkfreien u. feinerdearmen Steinschuttböden.
ÖK.: 762 433
Soz.: 4.46
D: v–s; GB: s; F: z; S: –.

Bunter Hohlzahn
Galeopsis speciosa
50–100 cm; Einj., ästig verzweigt, rauhhaarig; B. längl.-eiförmig, gesägt, gestielt; Bl. 20–24 mm, blaßgelb, Mittellappen d. Unterlippe violett, am Grunde zitronengelb.
Keim.: F; VI–X; (⚥); Ins. (h), sb.
Unkrautige Ges., Äcker, Ufer, Schutt, Kahlschläge, auf frischen, nährstoffreichen, humosen Lehm- u. Tonböden (Stickstoffzeiger).
ÖK.: –
Soz.: –
D: v–z (Alp. bis 1740 m); GB: v–z; F: z–s; S: v–z.

ıeiner Hohlzahn
ɔpsis tetrahit ★
0 (60) cm; Einj., ver-gt, rauhhaarig, a. d. ten verdickt; B. läng-eiförmig, kerbig-ge-Bl. 15–20 mm, weiß ;elbl.
ı.: F; VII–IX; (⚥); sb.
·autige Ges., Äcker, tt, Weg- u. Wald-er, Viehläger, auf ıen, nährstoffrei-, humosen Sand-ı- u. Tonböden ·stoffzeiger).
7X3 5X7
–
(Alp. bis 1560 m); v; F: v; S: v.

Goldnessel
Lamium galeobdolon ★
15–60 cm; Staude, behaart, kriechend, meist wintergrün; B. eiförmig, dunkelgrün, gestielt, grob gekerbt-gesägt; Bl. 18–20 mm, hell-goldgelb; Unterlippe oft mit rotbrauner Zeichnung.
Keim.: F–S; IV–VI; (⚥) hg; Ins. (h).
Laubmisch- u. Auenwälder, auf frischen bis feuchten, nährstoffreichen, lehmigen Böden.
ÖK.: 354 575
Soz.: 8.43
D: v (Alp. bis 1980 m); GB: v–s; F: v; S: z–s.

Klebriger Salbei
Salvia glutinosa ★
40–120 cm; Staude, buschig; St. oben klebrig behaart; B. spieß-eiherzförmig, gestielt, unregelmäßig grob gesägt; Bl. 30–45 mm, gelb.
Keim.: F; VI–IX; (⚥); Ins. (h).
Krautreiche Berg- u. Schluchtwälder, Schlagflächen, Hochstaudenfluren, auf ± feuchten, nährstoffreichen, lockeren Lehm- u. Schuttböden.
ÖK.: 454 677
Soz.: 8.43
D: s–v (Alp. bis 1430 m); GB: –; F: s; S: –.

Steppen-Salbei
Salvia nemorosa
20–70 cm; Staude, angedrückt weichhaarig; B. läng.-eiförm.-lanzettl. mit herzf. Spreitengrund; Bl. 8–14 mm, quirlig, in Scheinähren; Hoch- u. Kelchb. rot-violett.
Keim.: ?; VI–VIII; (⚥); Ins. (h).
Halbtrocken- u. Trockenrasen, steppenartige Standorte, Wege, Dämme, Schuttplätze, auf warmen, ± trockenen, meist kalkhaltigen, sandig-steinigen Böden.
ÖK.: –
Soz.: –
D: s; GB: s; F: z–s; S: s.

Eisenkraut-Salbei
Salvia verbenacea
20–60 cm; Staude, vielgestaltig, behaart; St. u. B. manchmal oben rötlich; B. grob gekerbt-fiederlappig; Bl. 6–15 mm, blauviolett bis blaßblau, quirlig, in Scheinähren; Kelchr. behaart.
Keim.: ?; VI–IX; (⚥); Ins., sb., k.
Lückige Unkrautges., trockene Rasen, Verladeplätze; eingeschleppt.
ÖK.: –
Soz.: –
D: s; GB: s; F: z; S: z–s.

Wiesen-Salbei
Salvia pratensis ★
30–60 cm; Staude, drüsig behaart; B. breit-lanzettl., meist gestielt, grob gekerbt, runzelig; Bl. 15–25 mm, dunkelblau; Oberlippe helmartig; quirlig i. Scheinähren.
Keim.: H; V–VIII; (⚥ + ♀) pa–hg; Ins. (h).
Trockenrasen, Fettwiesen, Böschungen, Wegränder, auf warmen, ± trockenen, oft kalk- u. nährstoffhaltigen, lockeren Böden.
ÖK.: 864 484
Soz.: 5.3
D: s–v (Alp. bis 955 m);
GB: s–z; F: v–z; S: s.

Alpen-Ziest
Stachys alpinus
40–100 cm; Staude, weich- od. rauhhaarig; B. längl.-rund-eif., gekerbt; Bl. 15–20 mm, braunrot; Kelchz. kürzer als Kelchr.
Keim.: ?; VII–IX; (⚥); Ins. (h).
Mont. u. alp. Schlucht- u. Auenwälder, Kahlschläge, Waldränder, Hochstaudenfl., auf ± feuchten, kalk- u. N-haltigen, hum. Böden.
ÖK.: –
Soz.: 6.212
D: s–v (Alp. bis 1620 m);
GB: s; F: z–s; S: –.
(s. A. 142)

Feld-Ziest
Stachys arvensis ★
10–30 cm; Einj., meist niederliegend, behaart; B. rundl.-eiförmig, gekerbt, breit abgerundet; Bl. 6–8 mm, blaßrosa; Krone kaum länger als der Kelch.
Keim.: H, F; (IV) VII–X (XI); (⚥); sb.
Unkrautges., bes. Hackfr., Brachen, vernachlässigte Gärten, auf frischen, nährstoffreichen, kalkarmen, meist sandigem Lehmböden.
ÖK.: 762 536
Soz.: 3.332
D: z; GB: v–z; F: v;
S: z–s.

Sumpf-Ziest
Stachys paluster
20–100 (120) cm; Staude, mit unterird. Sproßknollen; B. m. herzf. Grund, lang gestielt, obere sitzend; Bl. 12–15 mm, trüb braun; Kelchz. lang.
Keim.: sf; VI–IX; (⚥) pa; Ins. (h), sb.
Hochstaudenges., Ufer, Gräben, Naßwiesen, auf meist nassen, dichten, nährstoffreichen, oft kalkarmen Ton- u. Lehmböden.
ÖK.: 75X 777
Soz.: 5.412
D: v–z (Alp. bis 820 m);
GB: F: v; S: z.

Wald-Ziest
Stachys silvaticus ★
30–100 cm; Staude, ra
behaart, unangenehm
riechend; B. breit her
eiförmig, lang gestielt
Bl. 12–15 mm, lebhaf
dunkelrot; Kelchz. la
Keim.: F–S; VI–X; (
pa; Ins. (h), sb.
Auen- u. Laubmischw
der, Grabenränder, H
ken, auch Hochstaud
ges., auf feuchten od.
nassen, nährstoffreich
humosen Lehm- u. T
böden.
ÖK.: 4X3 777
Soz.: 8.43
D: v (Alp. bis 1650 m
GB: v; F: v; S: z.

Gemeiner Ziest
Stachys officinalis
10–80 (100) cm; Staude, mit B.rosette; B. herzförmig-längl., gleichmäßig gekerbt; Bl. 15–18 mm, purpurn-rosa, in dichten Scheinquirlen.
Keim.: F–S; VI–X; (⚥) hg–pa; Ins. (h), sb.
Magerwiesen, Heideges., sonnige Berghänge, Laubmischwälder u. Gebüsche, auf frischen bis trockenen, nährstoffr., kalka., lehm., tonigen od. torfigen Böden.
ÖK.: –
Soz.: –
D: s–v (Alp. bis 920 m);
GB: s–v; F: v–z; S: s.

Wasser-Minze
Mentha aquatica ★
20–80 cm; Staude, angenehm aromatisch riechend; St. oft rötl.; B. eiförmig-elliptisch; Bl. blaß-violett, in köpfchenartigen Blst.; Staubb. aus d. Bl. herausragend.
Keim.: H–F; VII–X; (⚥) pa + (♀); Ins. (h).
Röhricht- u. Großseggenges., Moorwiesen, Ufer, Gräben, Bruchwälder, auf nassen, zeitw. überschwemmten, nährstoffreichen, tonigen od. torfigen Böden.
ÖK.: 753 974
Soz.: –
D: v (Alp. bis 1200 m);
GB: v; F: v; S: z–s.

Acker-Minze
Mentha arvensis ★
15–30 (50) cm; Staude, behaart, scharf aromatisch; B. eiförmig-ellipt., gesägt-gekerbt; Bl. blaßviolett, in dichten Scheinquirlen; Staubb. aus d. Bl. herausragend.
Keim.: F–S; VI–X; (⚥) pa + (♀); Ins. (h).
Unkrautfluren feuchter Äcker, Naßwiesen, Ufer, auf feuchten bis nassen, nährstoffreicheren, kalkärmeren, tonigen od. sandigen Lehmböden (Vernässungszeiger).
ÖK.: XXX 8XX
Soz.: –
D: v (Alp. bis 1880 m);
GB: v–z; F: v; S: z.

Rundblättrige Minze
Mentha rotundifolia
30–50 cm; Staude, n. Apfel duftend; St. dicht weißhaarig; B. m. herzförmigem Grund, sitzend, runzelig unters. graufilzig behaart; Bl. rötl.-lila, in dichten endständigen Scheinähren.
Keim.: F; VII–IX; (⚥) pa; Ins. (h).
Graben-, Weg- u. Straßenränder, Mauern, auf feuchten, nährstoffreichen Lehm- u. Tonböden.
ÖK.: –
Soz.: –
D: s–z; GB: z–s; F: z;
S: s.

Ross-Minze
Mentha longifolia
10–100 cm; Staude,
schwach aromatisch
längl.-eif.-lanzettl., ±
zend, unterseits grau
weißfilzig; Bl. lila-fle
farben, in endst. Sch
ähre.
Keim.: F; VII–X; (⚥
pa; Ins. (h).
Ufer, Gräben, Wegr
der, Auenwälder, W
den, auf nassen od.
wechselnassen, nähr
reichen, kalkhaltige
schweren tonigen B
ÖK.: 754 888
Soz.: 3.72
D: v–z (Alp. bis 146
GB: s; F: z–s; S: z–

'olei-Minze
Mentha pulegium
l0–30 cm; Staude, stark aromatisch, niederlie-gend u. aufsteigend; B. urz gestielt, eif.-ellipt., Bl. lila-violett, in kugeli-en Scheinquirlen; Kelchz. ungleich lang. Keim.: ?; VII–X; (⚥) pa; ns. (h). 'lutrasen, Sumpfwiesen, Jfer, auf nassen bis euchten, nährstoffrei-hen, kalkarmen, toni-en Böden. ÖK.: 873 7XX oz.: 3.72): s–z; GB: z–s; F: z–s; : –.

Gemeiner Wolstrapp
Lycopus europaeus
30–100 cm; Staude; B. lanzettl., tief gezähnt bis fiederspaltig gelappt, ungestielt od. kurz gestielt; Bl. 3 mm, weiß, in Scheinquirlen. Keim.: F–S; VII–IX; (⚥ + ♀) pa; Ins. (h, d). Röhrichte, Großseggenges., Bruchwälder, Ufer, Gräben, auf sehr nassen, zeitw. überschwemmten, nährstoffreichen, tonigen od. torfigen Böden. ÖK.: 765 9X7 Soz.: – D: v (Alp. bis 800 m); GB: v–z; F: v; S: v–z.

Echte Bergminze (Unterart)
Satureja calamintha, ssp. nepetoides
30–60 cm; Staude, stark verzweigt; B. eiförmig-elliptisch, weichhaarig, wenig gekerbt-gesägt; Bl. 8–12 mm, weißl.; Kelch meist unter 7 mm, Kelchz. ungleich lang. Keim.: ?; VII–IX; (⚥); Ins. (h, d, l). Steinschuttfluren, Felsen, Mauern, auf ± trokkenen, kalkh., feinerdea. Stein- u. Felsböden. ÖK.: 873 393 Soz.: 4.45 D: s (Alp. bis 540 m); GB: s; F: z; : –.

Echte Bergminze (Unterart)
Satureja calamintha, ssp. calamintha?
30–60 cm; Staude, ± verzweigt, Minzengeruch; B. eif.-ellipt., gekerbt-gesägt; Bl. 15–20 mm, lilarot; Kelch über 7 mm, u. Kelchz. länger als o. Keim.: H; VII–IX; (⚥); Ins. (h, d, l). Laubwälder, Wegränder, Hänge u. Dämme, auf ± trockenen, kalkh., stein., reinen Lehm- od. Lößböden. ÖK.: 873 393 Soz.: 4.45 D: z–s; GB: s–v; F: v–z; S: –.

Wirbeldost
Satureja vulgaris
20–60 cm; Staude, zottig behaart, schwach aromatisch; B. eif.–ellipt., schwach gekerbt–gesägt; Bl. 10–15 mm, purpurrot, in Scheinquirlen; Hochb. laubb.artig, borstig behaart; Kelch rötl. Keim.: F; VII–X; (⚥ + ♀) pa; Ins. (h, l). Wälder, Gebüsche, Wald- u. Wegränder, Hochstaudenfluren, auf ± frischen, kalkh., hum. Ton- u. Lehmböden. ÖK.: 753 473 Soz.: 6.1 D: s–v (Alp. bis 1800 m); GB: v–z; F: v; S: z.

'ilder Dost ⋆
riganum vulgare
)–60 cm; Staude, aromatisch; St. rötl.; B. itz eiförmig, ± fein erbzähnig; Bl. 6–8 mm, urpur-fleischfarben, in ichten Scheinquirlen; ochb. oft braunrot. eim.: H–F; VII–X; (⚥ ♀) pa; Ins. (h, d, l). rockene Hänge, Gebühe, Wald- u. Wegränter, Dämme, lichte Wäler, auf ± trockenen, eist kalkhaltigen, huosen Lehm- u. Ton-, er auch Rohböden. K.: 7X3 3X3 oz.: 6.1 : s–v (Alp. bis 1800 m); B: v–z; F: v; S: z.

Steinquendel
Satureja acinos
10–40 cm; Halbstrauch/Einjährig, behaart, nicht aromatisch; St. niederliegend-aufsteigend; B. längl.-eiförmig bis lanzettl., ± ganzrandig; Bl. 7–10 mm, hellviolett, in lockeren Scheinquirlen. Keim.: H; VI–IX; (⚥); Ins. (h). Lückige Trockenrasen, Magerwiesen, Dünen, Felsen, Mauern, Dämme, auf trockenen, lockeren, feinerdearmen, warmen Sand- u. Steingrusböden. ÖK.: 9X3 271 Soz.: 5.2 D: s–v (Alp. bis 1230 m); GB: s–v; F: v–z; S: z.

Feld-Thymian
Thymus pulegioides
5–30 cm; Staude, niederliegend, aromatisch; St. 4kantig, an d. Kanten behaart; B. lineal-ellipt.; Bl. rosa-violett, in länglichen Köpfen. Keim.: H; VII–VIII; (⚥) + (♀); Ins. (h, d, l). Magerrasen, -weiden, Böschungen, Felsen, Kiesgruben, auf trockenen, meist kalkarmen Sand-, Stein- u. Lehmböden. ÖK.: 8X4 4X1 Soz.: – D: v (Alp. bis 2271 m); GB: s–v; F: v–z; S: z.

Wilder Thymian ⋆
Thymus serpyllum
10–30 cm; Halbstrauch, rasenbildend, schwach aromatisch; St. 4kantig, an 2 Seiten behaart; B. lineal-ellipt., klein; Bl. rosa–violett–purpurrot, quirlig, in rundl. Köpfchen. Keim.: H; V–X; (⚥) pa + (♀); Ins. (h, d, l). Sandfluren, Dünen, Kiefernsteppenwälder, auf trockenen, meist kalkarmen, lockeren Sandböden. ÖK.: 7X5 251 Soz.: 5.23 D: v; GB: v; F: v–z; S: v–z.

NACHTSCHATTEN-GEWÄCHSE
Solanaceae ⋆
Kräuter, Sträucher; B. wechselständig, ungeteilt od. gefiedert; Bl. in Wikkeln; Kronb. 5, verwachsen, z. T. glockig; Fr. eine Beere od. Kapsel.

Bittersüßer Nachtschatten
Solanum dulcamara
30–200 cm; Halbstrauch, kletternd od. niederliegend; B. ei.-herzf.-länglich, obere mit 2 Seitenb.chen; Bl. 10–20 mm, violett, Kronb. zurückgeschlagen.
Keim.: F–S; V–IX; (⚥); Ins.
Bruch- u. Auenwälder, Ufer, Hecken, auf meist ± nassen, nährstoff- u. N-reichen Lehm- u. Tonböden.
ÖK.: 7X5 8X8
Soz.: –
D: v (Alp. bis 1360 m); GB: v–z; F: v; S: z.

Schwarzer Nachtschatten
Solanum nigrum
10–80 cm; Einj.; B. ei.-rautenförmig, buchtig gezähnt; Bl. 5–8 mm, weiß, Kronb. zurückgeschlagen; Fr. schwarze Beere.
Keim.: F; VI–X; (⚥); Ins.
Unkrautige Ges., Gärten, Äcker, Wegränder, Schuttplätze, auf frischen, nährstoff- u. N-reichen, tonigen od. sandigen Lehmböden.
ÖK.: 763 578
Soz.: 3.3
D: v; GB: v–s; F: v–s; S: z.

Tollkirsche
Atropa belladonna
50–150 cm; Staude, drüsig-flaumhaarig, buschig verzweigt; B. eiförmig, bis 20 cm lang; Bl. 25–30 mm, grünl.-rotbraun, einzeln, glockenförmig.
Keim.: F–S; VI–IX; (⚥); Ins. (h).
Kahlschläge, lichte Laubwälder, Waldränder, Gebüsche, auf frischen, nährstoffreichen, meist kalkhaltigen, humosen Lehm- u. Tonböden.
ÖK.: 662 588
Soz.: 6.212
D: s–v (Alp. bis 1650 m); GB: z–s; F: z; S: –.

Schwarzes Bilsenkraut
Hyoscyamus niger
20–80 (100) cm; Ein-/Zweij., klebrig-zottig, unangenehm riechend, giftig; B. längl.-eiförm., buchtig gezähnt; Bl. 20–30 mm, gelb, violett geadert, glockig.
Keim.: H–F; V–X; (⚥); Ins. sb.
Schuttunkrautges., Wegränder, Mauern, auf frischen, nährstoff- u. N-reichen, sandigen od. steinigen Lehmböden.
ÖK.: 86X 479
Soz.: 3.321
D: s–z; GB: s–z; F: z; S: z.

RACHENBLÜTLER
Scrophulariaceae

Kräuter; B. wechsel- od. gegenständig; keine Nebenblätter; Bl. dorsiventral; Kronb. 5 od. 4, verwachsen, häufig auch 2lippig, zuweilen gespornt; Schlund oft durch Ausstülpungen der Unterlippe verschlossen; Staubb. 2–5; Fruch eine Kapsel.

Mehlige Königskerze
Verbascum lychnitis
60–120 (150) cm; Zweij., St., o. scharfkantig; B. eif., gekerbt, unters. weiß-filzig; Bl. 10–20 mm, weiß od. hellgelb; Blst. ährenf.; Staubfäden wollig.
Keim.: H–F; VI–IX; (⚥) hg; Ins. (d, l), sb.
Wälder, Wegränder, Kahlschläge, Halbtrokkenrasen, auf warmen, trockenen, ± nährstoffu. kalkr., sand. Böden.
ÖK.: 755 378
Soz.: 6.1
D: s–v (Alp. bis 950 m); GB: s–z; F: v; S: –.
(s. A. 143)

Schwarze Königskerze
Verbascum nigrum
50–120 cm; Zweij.; St. einfach, oben scharf kantig; B. eif.-längl., gekerbt, unters. dicht graufilzig behaart; Bl. 10–25 mm, gelb; Staubfäden violett-wollig.
Keim.: H–F; V–X; (⚥) hg; Ins. (d, l), sb.
Unkrautges., Kahlschläge, Wegränder, Schuttplätze, Dämme, Ufer, auf frischen, nährstoffr., kalka., hum., sandigen od. lehmigen Böden.
ÖK.: 755 577
Soz.: 6.211
D: v–z (Alp. bis 1430 m); GB: s–z; F: v–z; S: z.
(s. A. 144, 145)

Kleinbl. Königskerze
Verbascum thapsus
10–170 cm; Zweij.; St. rundl., dicht filzig behaart; B. ei-längl. bis lanzettl., schwach gekerbt; Bl. 5–30 mm, gelb; 3 Staubfäden weiß wollig, 2 ± kahl.
Keim.: H–F; VI–IX; (⚥) hg; Ins. (d, l), sb.
Schuttunkrautges., Kahlschläge, Dämme, Ufer, Wegränder, lichte Wälder, auf ± frischen, nährstoffr., meist kalkarmen, stein., sandigen od. lehmigen Böden.
ÖK.: 8X3 477
Soz.: 6.2
D: z (Alp. bis 1620 m); GB: z–v; F: v; S: z.

Wasser-Braunwurz
Scrophularia auriculata
30–70 (100) cm; Staude; St. 4kantig, geflügelt; B. am Grund herzf.; Bl. 10 mm, Oberlippe rotbraun.
Keim.: H–F; VI–IX; (⚥) pg; Ins. (h).
Röhrichte, an Bächen, Gräben, Gebüsche, Weiden, auf nassen, zeitw. unter Wasser stehenden, humosen Schlammböden.
ÖK.: –
Soz.: –
D: s; GB: s–z; F: v; S: –.

Knotige Braunwurz
Scrophularia nodosa
50–100 (150) cm; Staud St. 4kantig, nicht geflügelt; B. eif., spitz, gesäg Bl. 10 mm, Oberlippe rotbraun, sonst olivgrü Kelchb. auf dem Rück braun.
Keim.: sf; VI–IX; (⚥) pg; Ins. (h).
Laub- u. Nadelmischwälder, Kahlschläge, Weg- u. Grabenränder, Ufer, auf meist sickerfeuchten, nährstoffr., meist kalka., humosen Ton- u. Lehmböden.
ÖK.: 453 667
Soz.: 8.43
D: v (Alp. bis 1270 m); GB: v–z; F: v; S: z.
(s. A. 146)

Geflügelte Braunwurz
Scrophularia umbrosa
40–100 (150) cm; Staude; St. breit-geflügelt; u. B. zuw. geöhrt u. am St. herablaufend; Bl. 10–12 mm, Oberlippe grünl.-braun; Kelchz. weißrandig.
Keim.: H–F; VI–IX; (⚥) og; Ins. (h).
Röhrichte, feuchte Gebüsche u. im fließenden Wasser, auf meist tonigen, kalkr. Schlamm- u. Lehmböden.
ÖK.: 765 1087
Soz.: 1.412
D: z–v (Alp. bis 900 m); GB: s–z; F: s–z; S: s.

Garten-Löwenmaul
Antirrhinum majus ★
30–70 cm; Staude, am Grunde holzig u. verzweigt; B. ganzrandig, schmal lanzettl.; Bl. 20–40 mm, versch.farbig, in allseitswendiger Traube; Kronröhre geschlossen.
Keim.: F–S; V–X; (⚥) hg; Ins. (h), sb.
Kultiviert u. verwildert, gelegentl. in Mauer- u. Felsspalten.
ÖK.: –
Soz.: 4.1
D: s; GB: s; F: s; S: s.

Acker-Löwenmaul
Antirrhinum orontium
8–35 cm; Einj., behaart; B. lineal.-lanzettl., ganzrandig; Bl. 8–15 mm, rosa-rot, in lockerer Traube; Kronröhre ausgezackt; Kelchzipfel bis 20 mm lang.
Keim.: sf; VII–X; (⚥) hg; Ins. (h), sb.
Hackfruchtunkrautges., Brachen, Wegränder, Weinberge, Schuttplätze, auf frischen, nährstoffr., kalka., sandigen od. steinigen Lehmböden.
ÖK.: 773 555
Soz.: 3.33
D: z; GB: s–z; F: v–z; S: s–z.

Gestreiftes Leinkraut
Linaria repens
30–80 cm; Staude, kahl; B. lineal., spitz; Bl. 8–15 mm, bläul., violett gestreift, Gaumen gelbl.; Sporn kurz, gerade; Blst. lockere Traube.
Keim.: F; VI–IX; (⚥); Ins. (h), sb.
Wald- u. Wegränder, Waldlichtungen, Äcker, Wiesen, auf ± frischen, nährstoffreichen, meist kalkarmen, vorzugsw. steinigen Böden.
ÖK.: –
Soz.: –
D: s; GB: s–z; F: v–z; S: z.
(s. A. 147)

Linaria purpurea
20–60 cm; Staude, kahl; B. lineal, ganzrandig, am St. zahlreich u. dicht stehend; Bl. 8–12 mm, purpurviolett, selten rosa; Sporn lang u. gekrümmt.
Keim.: F; VI–VIII; (⚥); Ins. (h).
Kultiviert u. verwildert, Mauern, Ackerunkrautgesellschaften, auf warmen, frischen, säurearmen Böden.
ÖK.: –
Soz.: –
D: –; GB: –; F: –; S: –.

Linaria supina
–30 cm; Einj., ± niederliegend; B. sitzend, lineal., zu 3–4 quirlig, obere wechselst.; Bl. 13–20 mm, gelb; Sporn gerade, rötl.; Blst. kopfig-rundl., aus 3–8 Bl.
Keim.: H; VI–IX; (⚥); Ins. (h).
Unkrautige Ges., Brachen, Schuttplätze, Hafenanlagen, auf meist trockenen, nährstoffreichen, sandigen Böden.
ÖK.: –
Soz.: –
D: –?; GB: s; F: ?; S: –.

Frauenflachs
Linaria vulgaris ★
20–40 (60) cm; Staude, im Blst. ± drüsig behaart; B. schmal lanzettl.; Bl. 15–35 mm, gelb, Gaumen orange; Sporn lang, gerade.
Keim.: F; VI–X; (⚥); Ins. (h), sb.
Unkrautige Ges., Dünen, Weg- u. Ackerränder, Bahndämme, auf ± frischen, nährstoffreichen, sandigen od. steinigen Lehmböden.
ÖK.: 855 373
Soz.: 3.3
D: v (Alp. bis 1100 m); GB: s–v; F: v; S: v–z.

Zymbelkraut
Linaria cymbalaria ★
30–60 cm; meist ausdauernd; St. kriechend bis rankend; B. handf., 5–7lappig, unters. oft violett; Bl. 8–15 mm, hellviolett, Gaumen gelbl.
Keim.: F–S; IV–XI; (⚥); Ins. (h), sb.
Zierpfl., verwildert, an Mauern, Felsspalten, Geröll, Wegrändern, auf meist schattigen, frischen, meist kalkhaltigen, feinerdearmen Steinböden.
ÖK.: 774 583
Soz.: 4.1
D: v (Alp. bis 800 m); GB: v; F: v; S: ?.

Echtes Tännelkraut
Kickxia elatine ★
5–15 cm hoch, 20–40 cm lang; Einj., niederliegend; B. spieß-pfeilförmig, gestielt; Bl. 8–11 mm, Oberlippe violett, Unterlippe gelb, einzeln; in B.achseln; Sporn gerade.
Keim.: F; VII–X; (⚥); Ins.
Getreideunkrautges., auf frischen, nährstoffreichen, meist kalkarmen, sandigen od. reinen Ton- u. Lehmböden.
ÖK.: 762 473
Soz.: 3.41
D: s–z; GB: s–z; F: v–z; S: z–s.

Unechtes Tännelkraut
Kickxia spuria ★
5–15 cm hoch; Einj., niederliegend; B. eiförmig-rundl.; Bl. 8–11 mm, Oberlippe dunkel violett, Unterlippe gelbl.; Sporn gebogen; Bl.stiele lang behaart.
Keim.: F; VII–X; (⚥); Ins., sb., k.
Getreideunkrautges., Brachen, Wege, Schutt, auf ± frischen, nährstoffreichen, sandigen Lehmböden (Lehmzeiger).
ÖK.: 772 473
Soz.: 3.41
D: s; GB: s–v; F: v–z; S: –.

Gelbe Gauklerblume
Mimulus guttatus
15–60 cm; Staude, oben spärlich drüsig; B. herz-eif.-rundl., gezähnelt, gegenst.; Bl. 25–45 mm, gelb, offen, Unterlippe rot-punktiert.
Keim.: F; VI–X; (☿) hg; Ins. (h).
Kultiviert u. verwildert, an Ufern, Sümpfen, auf meist kalkfreien Sand- od. Schotterböden.
ÖK.: –
Soz.: –
D: s–z; GB: s–z; F: s; S: z–s.

Schlammkraut
Limosella aquatica ★
3–5 cm; Einj.; mit Ausläufern; B. in Grundrosette, längl.-spatelf., gestielt; Bl. 2–5 mm, violett-grünl.; Kronb. kürzer als der Kelch.
Keim.: F; VI–X; (☿); Ins., sb.
Zwergbinsenges., Schlammufer von Altwassern u. Teichen, auf nassen, nährstoffreichen, kalka., sandigen od. reinen Schlammböden.
ÖK.: 753 8X?
Soz.: 3.111.2
D: s–z (Alp. bis 920 m); GB: s–z; F: z; S: s.
(s. A. 148)

Roter Fingerhut
Digitalis purpurea ★
30–150 cm; Zweij.; B. eif.–eilanzettl., runzelig, dicht gekerbt, oberseits flaumig, unterseits graufilzig; Bl. 30–40 mm, purpurrot, röhrig, innen gefleckt, nickend.
Keim.: H–F; VI–IX; (☿) pa; Ins. (h).
Kahlschlagges., Waldlichtungen, buschige Abhänge, auf frischen, ± nährstoffreichen, kalkfreien, meist lockeren, sandigen Lehmböden.
ÖK.: 752 536
Soz.: 6.211
D: s–v; GB: v; F: v–z; S: s–z.

Kleiner gelber Fingerhut
Digitalis lutea
30–70 (100) cm; Staude; B. beidseitig kahl, Nerven hervortretend, eilanzettlich-lanzettl.; Bl. 15–25 mm, hell–zitronengelb.
Keim.: ?; VI–VIII; (☿) pa; Ins. (h), sb.
Kahlschlagges., Waldränder, Felsen, auf ± frischen, oft steinigen Lehm- u. Schuttböden.
ÖK.: 762 575
Soz.: 6.211
D: s–z (Alp. bis 750 m); GB: –; F: v; S: –.

Großer gelber Fingerhut
Digitalis grandiflora
30–70 (100) cm; Staude, behaart; B. längl.–lanzettlich, gesägt; Bl. 30–50 mm, gelb, nickend, mit bräunlichen Adern, außen behaart.
Keim.: ?; VI–IX; (☿) pa; Ins. (h), sb.
Kahlschlagges., lichte Laubmischwälder, Böschungen, auf warmen, frischen, kalkr. od. mineralkräftigen, stein. Lehmböden.
ÖK.: 754 555
Soz.: 6.211
D: s–v (Alp. bis 1610 m); GB: –; F: s; S: –.

Alpenbalsam
Erinus alpinus
5–15 cm; Staude, ± behaart; B. in Grundrosette, verkehrt eiförmig, gekerbt-gesägt; Bl. purpurrot; Kronzipfel ausgerandet; Blst. armbltg. Trauben.
Keim.: F; V–X; (☿); Ins. (h), sb.
Felsspalten, Triften, Mauern, auf kalkhaltigen Steinböden.
ÖK.: –
Soz.: –
D: –; GB: s–z; F: s; S: –.

Roter Zahntrost
Odontitis rubra ★
15–50 cm; Einj., Halbparasit, behaart, oft purpurrot überlaufen; B. lineal-lanzettl., gesägt, gegenst.; Bl. 8–10 mm, trübrot, 2lippig, in beb. einseitswendigen Trauben.
Keim.: F–S; V–IX; (☿); Ins. (h).
Strandnelken-Wiesen; Fettwiesen, Weiden, Wegränder, Ödland; Ackerunkrautges.; auf frischen bis feuchten, nährstoffr., auch salzh., lehmig-tonigen Böden.
ÖK.: 6X3 5XX
Soz.: 2.612
D: z; GB: z–v; F: v; S: z.

Gelber Zahntrost
Odontitis lutea
15–40 (50) cm; Einj., Halbparasit; St. oben reich verzweigt, kurzhaarig; B. lineal., gegenst., obere ganzrandig, am Rande zurückgerollt; Bl. 5–8 mm, dottergelb, 2lippig; Staubb. herausragend.
Keim.: ; VII–IX; (☿); Ins. (h), sb.
Trocken- u. Steppenrasen, Felsen, Dünen, auf trockenen, meist lockeren, kalkhaltigen Stein-, Lehm- u. Lößböden.
ÖK.: 775 29?
Soz.: 5.3
D: s; GB: –; F: z–s; S: –.

Bartschie
Bartschia alpina ★
5–15 cm; Staude, oben drüsig-zottig, Halbparasit; B. eif., gekerbt-gesägt, sitzend; Bl. 18–22 mm, trüb-dunkelviolett, 2lippig, Unterlippe 3lappig; Kelch violett.
Keim.: F?; V–VIII; (☿); Ins. (h).
Subalp. u. alp. Quell- u. Flachmoore, Wiesen, Steinrasen, auf sickerfeuchten od. nassen, nicht zu sauren Lehm- od. Torfböden.
ÖK.: 823 773
Soz.: 1.62
D: s–z (Alp. bis 2470 m); GB: s; F: s; S: v–z.

Parentucellia viscosa
10–50 cm; Einj.; Halbparasit, drüsig behaart; B. langzettl., gesägt, sitzend, gegenst.; Bl. 20 mm, gelb, 2lippig; Unterlippe 3lappig.
Keim.: F; VI–IX; (☿); Ins. (h, d).
Feuchte Rasen, Dünen, auf feuchten bis frischer nährstoffh., sand. Böde
ÖK: –
Soz.: –
D: s; GB: s–z; F: s–z; S: –.

hriger Ehrenpreis
'eronica spicata
5–45 (75) cm; Staude, neist drüsig behaart; B. ängl.-eiförmig, gestielt, . schmaler u. sitzend; Bl. 4–8 mm, blau, in .loser, ährenf. Traube. Keim.: H; VII–IX; (☿); ns. (h, d). Steppen- u. Trockenra-en, buschige Hänge, Dünen, Schotterflächen, Felsen, auf trockenen, varmen, meist kalkar-nen, lockeren Stein-, Kies- u. Sandböden.
ÖK.: 776 252
oz.: 5.3
: z–s; GB: s; F: s;
: z–s.

Großer Ehrenpreis
Veronica teucrium
15–100 cm; Staude, aufrecht, ± behaart; B. meist sitzend, rundl.-eiförmig-längl., gekerbt-gesägt; Bl. 8–10 mm, himmelblau, selten rosa bis weiß, in gest., lockeren Trauben.
Keim.: ?; V–VIII; (☿); Ins. (d).
Gebüsche, Waldränder, Eichen-, Buchen- u. Kiefernwälder, auf ± trockenen, kalkha., hum. Lehm-, Löß- u. Steinverwitterungsböden.
ÖK.: 765 382
Soz.: 6.112
D: s–z; GB: ?; F: ?; S: ?.

Gamander-Ehrenpreis
Veronica chamaedrys ★
15–25 (40) cm; Staude, aufsteigend, herdenb.; St. mit 2 gegenst. Haarleisten; Bl. bis 10 mm, azurblau, im Schlund weiß; Blst. 10–20bltg.
Keim.: H–F; IV–VII; (☿) hg; Ins. (h, d).
Gebüsche, Wald- u. Wegränder, Wiesen, lichte Laub- u. Trockenwälder, auf frischen, nährstoffr., hum. Lehm- u. Steinböden.
ÖK.: 6X3 4XX
Soz.: –
D: v (Alp. bis 2150 m); GB: v; F: v; S: v–z.

Berg-Ehrenpreis
Veronica montana ★
15–45 cm; Staude; St. dünn, kriechend, ringsherum behaart; B. rundl. od. breit-oval, gekerbt-gesägt, lang gestielt; Bl. 6–8 mm, blaßlila, dunkler geadert.
Keim.: F–S; IV–VII; (☿); Ins. (h, d).
Eschen-Auen- od. Buchenwaldges., Quellfluren, auf sickerfeuchten od. nassen, nährstoffr., kalkar., hum. Lehm- od. Tonböden.
ÖK.: 452 756
Soz.: 8.433
D: v–z (Alp. bis 1350 m); GB: v–z; F: v–z; S: s.

Felsen-Ehrenpreis
Veronica fruticans
5–10 cm; Halbstrauch, kahl bis kurzhaarig; untere B. kurz gestielt, obere sitzend, wenig gezähnt; Bl. 10 mm, tiefblau, Schlund rot.
Keim.: F; VI–VIII; (☿) hg; Ins. (d), sb.
Alp. u. subalp. Felsspalten, Magerrasen, steinige Matten, trockene Triften, auf ± frischen, kalkreichen bis -armen, nährstoffreichen, feinerdearmen Steinböden.
ÖK.: 822 4X?
Soz.: 4.2
D: s–z, Alp. 1300–2390 m; GB: s; F: s; S: z.

ersischer hrenpreis
'eronica persica ★
5–40 cm; Einj., kriechend-aufsteigend; St. ehaart; B. breit-eif., urz gestielt; Bl. 8–5 mm, himmelblau, chlund gelbl., unterer ipfel weißl., einzeln, gestielt; Kapsel nierenf.
eim.: j; III–XII; (☿) g; Ins. (d), sb.
Hackfrucht, Unkraut-es., Weinberge, Gärten, Vegränder, auf ± frihen, nährstoffr., lehmien od. tonigen Böden.
K.: 6X3 577
oz.: 3.33
: v–z (Alp. bis 1680 m);
B: v–z; F: v; S: z.

Acker-Ehrenpreis
Veronica agrestis
3–30 cm; Einj., niederl.-aufsteigend; B. eif.–ellipt., hellgrün, gekerbt-gesägt; Bl. 4–8 mm, weißl.-blau, kurz gestielt; Kelchz. stumpf; Kapsel nierenförmig.
Keim.: j; III–XI; (☿) hg; Ins. (h, d), sb.
Hackfruchtunkrautges., Gärten, auf frischen, nährstoffr., meist kalkfreien, oft sandigen Lehmböden (Frische-Zeiger).
ÖK.: 542 677
Soz.: 3.33
D: z–v (Alp. bis 1106 m); GB: v–z; F: v–z; S: z.

Glänzender Ehrenpreis
Veronica polita
8–15 cm; Einj., niederl. od. aufsteigend; B. halbkreisf. bis 3eckig, grob gekerbt, dunkelgrün, glänzend; Bl. 4–8 mm, himmelblau, kurz gestielt; Kelchz. stumpf; Kapsel nierenf.
Keim.: j; III–XI; (☿) hg; Ins. (d), sb.
Ackerunkrautges., Weinberge, Gärten, auf ± frischen, nährstoffr., meist kalkh., oft etwas sandigen Lehmböden (Lehmzeiger).
ÖK.: –
Soz.: –
D: s–v; GB: s–v; F: v–z; S: z–s.

Efeu-Ehrenpreis
Veronica hederaefolia
8–30 cm; Einj., behaart; St. niederliegend od. aufsteigend; B. efeuähnlich, 3–9lappig; Bl. 3–5 mm, hellblau, rötl.-lila od. weiß, gestielt, einzeln; Kelch zottig bewimpert.
Keim.: W–F; III–VIII; (☿); sb.
Ackerunkrautges., Schutt, Kahlschläge, feuchte Wälder, Weinberge, auf warmen, frischen, nährstoffr., mildhumosen Lehmböden.
ÖK.: 663 577
Soz.: –
D: v (Alp. bis 730 m); GB: v–z; F: v; S: z–s.
(s. A. 149)

Thymianblättriger Ehrenpreis
Veronica serpyllifolia
5–20 cm; Staude; St. niederliegend, blühend aufrecht; B. rundl.-ellipt., kahl od. kurzhaarig, kaum gekerbt; Bl. 5–8 mm, weißl., blau geadert.
Keim.: F–So; IV–X; (☿); Ins. (d).
Fettwiesen, Äcker, Wegränder, Ufer, auf frischen, ± nährstoffr., kalkärmeren, ± schweren Lehm- u. Tonböden.
ÖK.: XX3 35X
Soz.: 5.423
D: v (Alp. bis 2375 m); GB: v; F: v; S: v–z.

Alpen-Ehrenpreis
Veronica alpina

2–15 cm; Staude; St. aus kriechendem Wurzelstock; B. ellipt.-verkehrt-eif., ganzrandig od. gekerbt; Bbl. 5–6 mm, blaulila Schlund, weißl., Traube armbltg.
Keim.: F; VII–VIII; (⚥); Ins. (d), sb.
Alp. Schneetälchen, Lägerges., Felsen, Grus, Steinschutt, auf feuchten, kalkh. u. ± humosen Böden.
ÖK.: 5X3 424
Soz.: 4.5
D: z, Alp. 1400–2870 m; GB: z, alp.; F: z, alp.; S: z.

Wald-Ehrenpreis
Veronica officinalis

10–30 cm; Staude, behaart, kriechend u. aufsteigend; B. elliptisch bis breitlanzettl.; Bl. 5–6 mm, hellila, dunkler geadert, in langgestielten Trauben.
Keim.: F–So; V–VIII; (⚥) pg–pa; Ins. (d, h), sb.
Laub- u. Nadelwälder, Magerrasen, Heiden, Felsen, auf ± trockenen, sauren, nährstoff- u. kalkarmen, humosen Böden. (Säurezeiger).
ÖK.: 5X3 424
Soz.: –
D: v–z (Alp. bis 1720 m); GB: v; F: v; S: v–z.

Acker-Ehrenpreis
Veronica arvensis

3–30 cm; Einj., aufrecht, behaart; B. eiförmig, gekerbt–gesägt, kurzgestielt od. sitzend, Bl. 2–3 mm, hellblau, Krone kürzer als Kelch.
Keim.: W–F; III–X1 (⚥); Ins. (d, h), sb.
Unkrautige Ges., Äcker, Schutt, Wegränder, Mauern, auf meist frischen, nährstoffreichen, humosen Lehm- u. Steinböden.
ÖK.: –
Soz.: –
D: v (Alp. bis 980 m); GB: v; F: v; S: z.
(s. A. 150, 151)

Bachbunge
Veronica beccabunga ★

20–60 cm; Staude, ± fleischig; B. breit elliptisch bis kreisrund, kurz gestielt; Bl. 5–8 mm, blau, in gegenständigen, gestielten Trauben.
Keim.: F–So; V–IX; (⚥) pg; Ins. (d, h), sb.
Röhrichte, Flüsse, Bäche, Gräben, Quellen, auf meist überschwemmten od. sickernassen, meist nährstoffr., hum. Schlammböden.
ÖK.: 7X3 1076
Soz.: 1.412
D: v (Alp. bis 1860 m); GB: v; F: v; S: z.

Wasser-Ehrenpreis
Veronica anagallis-aquatica ★

10–60 cm; Staude, ± fle schig; B. länglich-eiförmig, schwach gesägt–ge zähnt, sitzend; Bl. 5–10 mm, hellblau, rötlich geadert, in vielblütigen Trauben.
Keim.: F–So; VI–X; (⚥ Ins. (d), sb.
Röhrichte an Bächen, auf nassen, zeitw. überfluteten, nährstoffr, kies gen, sand. od. reinen Schlammböden.
ÖK.: 7X3 9X6
Soz.: 1.412
D: v–z (Alp. bis 887 m) GB: v–z; F: v; S: z–s.

Schopfiger Ehrenpreis
Veronica aquatica

10–50 cm; Staude, ähnlich Wasser-Ehrenpreis; St. oft rötlich; B. schmaler, länglich-lanzettlich; Bl. blaßrosarot–weiß, rötlich geadert; Fr. derb, starr gespreizt stehend.
Keim.: H; VI–X; (⚥); Ins. (d), sb.
Röhrichte an Bächen, Ufern, Gräben, auf nassen, zeitw. überfluteten, nährstoffr., milden, hum. Schlammböden.
ÖK.: –
Soz.: –
D: z–s; GB: v–s; F: z; S: z–s.

Schild-Ehrenpreis
Veronica scutellata ★

15–50 cm; Staude; St. dünn, kriechend, an der Spitze aufsteigend; B. lineal-lanzettl.; Bl. 6–7 mm, weißl., bläul. geadert, in lockeren, wenigblütigen Trauben.
Keim.: F; VI–IX; (⚥); Ins. (d), sb.
Braunseggen-Sümpfe, Großseggenges., Flachmoore, Gräben, auf staunassen, zeitw. überschwemmten, sauren, torfigen od. sandig-kiesigen Böden.
ÖK.: 843 933
Soz.: 1.3
D: z–s (Alp. bis 800 m); GB: v–z; F: v–z; S: v–z.

Faden-Ehrenpreis
Veronica filiformis

5–20 cm; Staude, rasenbildend; St. niederliegend, dünn; B. rundl., nierenf., hellgrün; Bl. 8–12 mm, bläulich violett, zahlreich, auf sehr dünnen, langen Stielen; Kapseln selten; Verbreitung über B.achselsprosse.
Keim.: –; III–VI; (⚥); ?.
Parkrasen, Fettweiden u. -wiesen, Gebüsche, an Wegen, in Gärten, auf frischen, nährstoffr., N-haltigen, meist kalka. Lehm- od. Torfböden.
ÖK.: 664 55X
Soz.: 5.423
D: s–z; GB: v–z; F: z; S: z–s.

Echter Augentrost
Euphrasia officinalis ★

2–40 (60) cm; Einj., Halbparasit, vielgestaltig; B. 3–5zähnig, ± eif., spitz; Bl. 4–12 mm, weiß od. blaßblau mit violetten Streifen, 2lippig; Tragb. breit, gezähnt. ⚕
Keim.: F–So; V–X; (⚥) pg, hg; Ins. (d, h), sb.
Halbtrocken- u. Magerrasen, Heiden, trockene Moorstellen, auf frischen bis trockenen Böden (Sand, Ton, Lehm, Kalk, Torf).
ÖK.: 6X3 5X3
Soz.: 5.4
D: v (Alp. bis 1700 m); GB: v–z; F: v–z; S: v.

Kleiner Klappertop
Rhinanthus minor ★

15–40 (50) cm; Einj., Halbparasit; B. lineal-lanzettl., kerbig gesägt, gegenst., sitzend; Bl. b 15 mm, gelb, Traube l ker, Kelch aufgeblasen Samen zur Reifezeit in wendig klappernd.
Keim.: F; V–IX; (⚥); I (h), sb.; viele sspp.
Magere Rasen, Wieser auf frischen bis feuchte mageren, meist kalka., hum. Lehm-, Ton- od. Torfböden (Magerkeits zeiger).
ÖK.: 7X3 XX2
Soz.: 5.4
D: v (Alp. bis 1500 m); GB: v; F: v; S: v.

.appland-
.äusekraut
'edicularis lapponica
-25 cm; Staude, Halb-parasit; B. lineal–lan-ettl., fiederig einge-chnitten; Bl. 14–16 20) mm, gelb, 2lippig; Kelch schwach aufgebla-en.
Keim.: ?; VI–VIII; (☿); ns.
Heiden, Tundren, Ma-errasen, auf ± nassen is feuchten, mageren, alkarmen, sandigen od. orfigen Böden.
)K.: –
oz.: –
): –; GB: Schottl., z; : –; S: –.

Sumpf-Läusekraut
Pedicularis palustris ★
4–50 (60) cm; Zweij., Halbparasit; St. einfach, unten ästig, oft purpurn überlaufen; B. fiederteilig; Bl. 20–25 mm, rosenrot–purpurn, Lippen gleich lang; Kelch behaart. §
Keim.: F–So; V–IX; (☿); Ins. (h).
Kleinseggen-Sümpfe, Flach- u. Zwischenmoore, auf stau- u. sickernassen, meist kalka., torfigtonigen Böden.
ÖK.: 7XX 9X2
Soz.: 1.6
D: z (Alp. bis 1560 m); GB: v–z; F: z; S: v.

Wald-Läusekraut
Pedicularis silvatica ★
5–15 (20) cm; Zweij./Staude, Halbparasit; St. unverzweigt; B. gefiedert od. fiedersp.; Bl. 20–25 mm, blaßrosa–purpurn, Unterlippe kürzer; Kelch unbehaart. §
Keim.: F; IV–VII; (☿); Ins. (h).
Feuchtwiesen, Flachmoore, moorige Waldstellen, auf stau- u. sickern., nährstoff- u. kalka., torfigen od. rohhumosen Böden.
ÖK.: 752 812
Soz.: 5.112
D: z–v (Alp. bis 1100 m); GB: v; F: v–z; S: v–z.

Karlszepter
Pedicularis sceptrum-carolinum
30–80 cm; Staude, Halbparasit; St. steif aufrecht; B. fiederteilig-fiedersp., Lappen gekerbt; Bl. 30–35 mm, gelb, Unterlippe rotrandig, in dichten, unbeb. Ähren. §
Keim.: F; VII–VIII; (☿); Ins. (h).
Flach- u. Zwischenmoore, Sumpf- u. Streuwiesen, Ufer, moorige Wälder, auf staunassen, kalkh., hum. Sumpf-, Kies- od. Tonböden.
ÖK.: 847 88X
Soz.: 1.6
D: s; GB: s–z; F: s; S: s.

Buntes Läusekraut
Pedicularis oederi
5–15 cm; Staude; Halbparasit, behaart; B. fiederteilig, mit rundl. Lappen. Bl. 12–20 mm, Unterlippe gelb, Oberlippe rotbraun, in kopfiger Traube.
Keim.: ?; VI–VIII; (☿); Ins. (h), sb.
Steinrasen, Weiden, Geröllhalden, auf frischen, kalka. Böden.
ÖK.: –
Soz.: –
D: s (Alp. 1850–2050 m); GB: ?; F: s, alp.; S: z–s.

/iesen-
/achtelweizen
Ielampyrum pratense
)–50 (60) cm; Einj., albparasit; St. einfach 1. ästig; B. eif. lanzettl. 1. lineal, ± ganzr.; Bl.)–17 mm, hellgelb, spä-r rötlich, 2lippig, halb öffnet, meist zu 2 ein-itswendig.
eim.: F; V–IX; (☿); s. (h), sb.; viele sspp.
aub- u. Nadelwälder, eiden, Wald- u. Wie-nränder, Hochmoore, f ± feuchten, nähr-off- u. kalka., sandigen, s. rohhumosen Böden.
K.: XX3 X33
oz.: –
: v (Alp. bis 2000 m); B: v–z; F: v; S: v.

Wald-Wachtelweizen
Melampyrum silvaticum
10–40 cm; Einj., Halbparasit; St. aufrecht, einfach od. ästig, 2zeilig kurzhaarig; B. lineal-lanzettl.; Bl. 8–10 mm, goldgelb, Unterlippe rotviolett überlaufen.
Keim.: F; VI–IX; (☿); Ins. (h), sb.; viele sspp.
Fichten- u. Mischwälder, Waldränder, Gebüsche, selten Wiesen, auf ± frischen, kalka., sauren Rohhumus- od. Moderböden.
ÖK.: 4X5 522
Soz.: 7.2
D: s–z (Alp. bis 1650 m); GB: s–z; F: s; S: v.

Hain-Wachtelweizen
Melampyrum nemorosum
(5) 15–50 (70) cm; Einj., Halbparasit; St. einfach od. ästig, ringsum behaart; B. eif.–lanzettl., gezähnt, kurz gestielt; Bl. 15–20 mm, goldgelb, vorne orange; obere Deckb. blauviolett.
Keim.: ?; V–VIII; (☿); Ins. (h).
Laubmischwälder, Gebüsche, Hecken, Waldränder, Waldlichtungen, auf ± trockenen, nährstoffr., humosen, sandigen od. reinen Ton- u. Lehmböden.
ÖK.: 564 464
Soz.: 8.432
D: s–v; GB: –; F: s–v; S: z–s.

Kamm-
Wachtelweizen
Melampyrum cristatum
15–30 (50) cm; Einj., Halbparasit; St. einfach od. ästig; B. lineal–lanzettl., o. am Grunde gezähnt, sitzend; Bl. 12–18 mm, gelb u. purpurn, in dichter 4kantiger Ähre; obere Deckb. purpurn.
Keim.: F; VI–IX; (☿); Ins. (h), sb.; viele sspp.
Gebüschränder, lichte Eichen- u. Kiefernwälder, Waldlichtungen, auf ± trockenen, nährstoff- u. kalkr., sonnigen Böden. (Tonbodenzeiger).
ÖK.: 675 X83
Soz.: 6.112
D: s–z; GB: s; F: z; S: z.

Acker-Wachtelweizen
Melampyrum arvense
15–30 (50) cm; Einj., Halbparasit; kurz behaart; B. lanzettl., lang zugespitzt; Bl. 20–25 mm; purpurn, Gaumen gelb, Ähre kegelf., nicht vierkantig.
Keim.: F; V–IX; (☿); Ins. (h), sb.; viele sspp.
Getreideunkrautges., Weinberge, Trockenrasen, auf ± trockenen, warmen, nährstoff- u. kalkr., lockeren, tonig-lehmigen Böden.
ÖK.: 765 383
Soz.: 3.41
D: s–z; GB: s; F: z; S: s–z.

SOMMERWURZGEWÄCHSE
Orobranchaceae ★

Chlorophyllfreie, parasitische Pflanzen (Kräuter), auf den Wurzeln grüner Pflanzen lebend; B. schuppenförmig, eiförmig-lanzettlich, zugespitzt; Bl. gelblich bis bräunlich od. rötlich gefärbt, 2lippig, in Ähren; Fr. eine Kapsel; Arten sind meistens an bestimmte Wirtspflanzen gebunden.

Schuppenwurz
Lathraea squamaria ★

5–20 cm; Staude, ohne B. grün, auf Wurzeln parasitierend; St. fleischig, oben flaumig behaart; B. schuppenförmig; Bl. rosa, in einseitswendiger Traube; Staubb. und Griffel aus der Kronröhre herausragend.
Keim.: F?; III–V; (☿) pg; Ins. (h), sb., k.
Schlucht- und Auenwälder, auf sickerfrischen, nährstoff- und kalkr. Ton- und Lehmböden.
ÖK.: 353 676
Soz.: 8.4
D: z (Alp. bis 1600 m); GB: z–s; F: z; S: z.

Ginster-Sommerwurz
Orobranche rapum-genistae

Bis 85 cm; Mehrj./Staude; St. und B. gelblichweiß bis rotbraun; Bl. 20–25 mm, Oberlippe helmartig.
Keim.: F; V–VII; (☿) hg; Ins. (h).
Heiden, Magerweiden, Eichen-Birken-Wälder, auf ± nährstoffr., kalka., sand. od. reinen Lehmböden; Schmarotzer auf Sarothamnus, Genista od. Ulex.
ÖK.: –
Soz.: –
D: z–v; GB: z–s; F: z–s; S: –.

Große Sommerwurz
Orobranche elatior ★

20–70 cm; Mehrj.; St. gelb, rosa od. rotbraun; Bl. 15–20 mm, Oberlippe manchmal ausgerandet; Staubb. behaart; Narben wachsgelb.
Keim.: F; VI–VII; (☿); Ins.
Halbtrockenrasen, trockene Fettwiesen, lichte Gebüschränder, auf warmen, ± trockenen basenreichen Lehm- und Lößböden; Schmarotzer auf *Centaurea scabiosa.*
ÖK.: –
Soz.: –
D: z–s; GB: s; F: s; S: s.

Kleeteufel
Orobranche minor ★

10–50 cm; Einj./Staude; St. rötlich überlaufen od. gelblich; Bl. 10–18 mm, Oberlippe mit violetten Nerven; Narbenlappen purpurn.
Keim.: F; V–X; (☿) hg; Ins. (h).
Fettwiesen, Kleeäcker, auf frischen, nährstoffreichen, oft kalkfreien Lehmböden; Schmarotzer auf *Trifolium pratense, T. medium, T. arvense.*
ÖK.: –
Soz.: –
D: v–z; GB: z–s; F: v–z; S: s.
(s. A. 152)

Quendel-Sommerwurz
Orobranche alba

10–70 cm; Mehrj.; St. meist rötlich; Bl. 10–30 mm, weiß bis gelblichweiß, Narbenlappen purpurn.
Keim.: F; V–VII; (☿) hg; Ins. (h).
Trocken- u. Halbtrockenrasen, Dünen, auf warmen, kalkh., stein. od. sand. Böden; Schmarotzer auf Thymus, Satureja, Salvia od. Anthyllis.
ÖK.: –
Soz.: –
D: s–z (Alp. bis 1900 m); GB: s; F: z; S: –.
(s. A. 153)

Netzige Sommerwurz
Orobranche reticulata

10–90 cm; Einj./Mehrj.; St. gelbl. bis purpurn; Bl. 14–23 mm, weiß od. gelbl., Nerven dunkel, am Saum rötl., mit dunklen Drüsenhaaren; Narbenlappen rotviolett.
Keim.: F?; VI–VIII; (☿); Ins.
Schuttunkrautges., trockene Magerrasen, auf meist kalkh., steinig-lehmigen Böden; Schmarotzer auf: Cirsium, Carduus ssp. *pallidiflora; Carduus defloratus, Carlina acaulis, Knautia, Scabiosa* ssp. *reticulata.*
ÖK.: –
Soz.: –
D: s–z; GB: s; F: s–z; S: –.

Efeu-Sommerwurz
Orobranche hederae ★

Bis 60 cm; Mehrj./Staude; St. bleich od. rötlich; Bl. 10–23 mm, weißlich od. mattgelb, rötlich-violett geadert; Narbenlappen erst gelb, später braun bis schwarz.
Keim.: F; VI–X; (☿) hg; Ins. (h).
Gebüsche, Waldränder, Parkanlagen, Schlösser, alte Burgen, auf frischen, nährstoffreichen, humosen Lehmböden; Schmarotzer auf *Hedera helix.*
ÖK.: –
Soz.: –
D: s; GB: s–z; F: z; S: –.

Violette Sommerwurz
Orobranche purpurea ★

15–65 cm; Mehrj.; St. violett od. blaugrau; Bl. 20–25 mm, gelblichweiß, am Saum violett.
Keim.: F?; VI–VII; (☿); Ins.
Halbtrockenrasen, trockene Fettwiesen auf warmen, ± nährstoffreichen, lockeren Lehmböden; Schmarotzer, auf *Achillea millefolium, Artemisia vulgaris* u. *Cirsium acaule?*
ÖK.: –
Soz.: –
D: s–z; GB: ; F: ; S: .

Labkraut-Sommerwurz
Orobranche vulgaris

10–60 cm; Einj./Mehrj.; St. bleich bis blaßviolett; Bl. 17–35 mm, bräunlich-lila, rosa, selten gelb, nach Nelken duftend; Narbenlappen dunkel-purpurn.
Keim.: F; V–VII; (☿) hg Ins. (h).
Trockenrasen, auf warmen, kalkhaltigen Lehm- od. Lößböden; Schmarotzer auf Galium-Arten.
ÖK.: 865 39?
Soz.: 5.3
D: z (Alp. bis 820 m); GB: s; F: z; S: –.

KUGELBLUMEN-GEWÄCHSE
Globulariaceae

Halbsträucher od. Kräuter mit lederigen B.; Bl. 2lippig, in Köpfchen; Krone 5blättrig; Staubb. 4, paarweise, verschieden lang; Fr. ein Nüßchen.

WASSER-SCHLAUCH-GEWÄCHSE
Lentibulariaceae ★

Land- od. Wasserpflanzen; Stauden, klebrig-drüsig behaart; B. länglich-elliptisch, an den Rändern einrollend, ungeteilt od. feinzerteilt mit kleinen Fangblasen (Schläuche); Bl. einzeln od. in Trauben, 2lippig, gespornt; Fr. eine Kapsel.

Gemeine Kugelblume
Globularia elongata
5–30 cm; Staude, mit B.rosette; B. langgestielt, spatelförmig bis breit-eiförmig, an der Spitze ausgerandet; Bl. 6–8 mm, violett–blau, selten rosa od. weiß, in kugeligem Kopf.
Keim.: ?; IV–VI; (⚥); Ins. (l), sb.
Kalktrockenrasen, steinige Hänge, auf warmen, trockenen, meist kalkr., steinigen Böden.
ÖK.: 865 291
Soz.: 5.321
D: s–z (Alp. bis 1650 m); GB: –; F: z; S: s–z.

Pinguicula lusitanica
6–15 cm; Staude; B. gelblich-grün, am Rand eingerollt, unter 20 mm breit, in einer B.rosette; Bl. 6–9 mm, blaßlila, mit gelbem Schlund; Sporn 2–4 mm, gebogen.
Keim.: ?; VI–X; (⚥); Ins. (h), sb.
Moore, feuchte Heiden, Sümpfe, auf nassen, nährstoffarmen, sauren Sumpfhumusböden.
ÖK.: –
Soz.: –
D: –; GB: z–s; F: z–s; S: –.

Gemeines Fettkraut
Pinguicula vulgaris
(3) 7–18 (27) cm; Staude; B. frischgrün, am Rand eingerollt, über 20 mm breit, in einer B.rosette; Bl. (9) 15–22 (29) mm, blauviolett, mit weißem Schlundfleck; Sporn dünn. §
Keim.: So–H; V–VIII; (⚥); Ins. (h).
Kalksümpfe, Quellmoore u. Wiesen, auf sickerfeuchten, kalkh. bis kalka. Flachmoorböden.
ÖK.: 8X3 872
Soz.: 1.62
D: s–z (Alp. bis 1620 m); GB: v–z; F: z–s; S: v.
(s. A. 154)

Gemeiner Wasserschlauch
Utricularia vulgaris
30–200 cm lang; Staude; B. fein zerschlitzt mit schmalen Zipfeln u. vielen Fangschläuchen; Bl. 12–18 mm, goldgelb mit braunrot gestreiftem Gaumen. §
Keim.: ?; VI–VIII; (⚥); Ins. (h, d).
Teichrosen-, Laichkrautges., Röhrichte, Sümpfe, in stehenden od. langsam fließenden, nährstoffr. Gewässern.
ÖK.: 7XX 1266
Soz.: 1.113
D: s–v (Alp. bis 930 m); GB: z–s; F: z; S: v–z.

Kleiner Wasserschlauch
Utricularia minor
8–50 cm lang; Staude mit flutendem Sproß; B. fein zerschlitzt mit schmalen Zipfeln u. wenigen Fangschläuchen; Bl. 6–8 mm, blaßgelb mit hell-rostbraun gestreiftem Gaumen. §
Keim.: ?; VI–IX; (⚥); Ins. (h).
Flachmoore, Igelkolbenges., Moorschlenken, Moortümpel, in stehenden, ± nährstoffr., oft kalkh. Gewässern.
ÖK.: 8XX 1074
Soz.: 1.114
D: z–v (Alp. bis 925 m); GB: z–s; F: z–s; S: z.
(s. A. 155)

WEGERICH-GEWÄCHSE
Plantaginaceae ★

Kräuter; B. wechselständig, oft in Grundrosette, meist parallelnervig (Verwechslungsmöglichkeit mit einkeimblättrigen Pflanzen, Monocolytedoneae). Bl. klein in dichten Ähren od. Köpfchen, auf langen b.losen Stielen; Krone 4blättrig; Staubb. 4, weit aus der Bl.kronröhre herausragend u. gefärbt; Fr. eine Kapsel.

Schlitzblatt-Wegerich
Plantago coronopus ★
(5) 8–15 (30) cm; Ein-/Mehrj., behaart; B. fiederspaltig gelappt; 1-nervig; Bl. weißl., braunnervig, grünl. Ähren, Stiel ungefurcht, nur wenig länger als der Blst.
Keim.: F; V–X; (⚥) pg; wb.
Strandnelken-Wiesen, Küsten, Salzstellen des Binnenlandes, auf frischen, im Küstengebiet meist beweideten, salzhaltigen, auch sandigeren, tonigen Böden.
ÖK.: 873 774
Soz.: 2.612
D: v–s; GB: v; F: v–s; S: z–s. **(s. A. 156 a)**

Spitz-Wegerich
Plantago lanceolata ★
5–50 cm; Staude, behaart bis fast kahl; B. lang, lanzettl., Nerven deutlich hervortretend; Bl. bräunl. mit weißl., 4 mm langen Antheren, in schwärzl. kurzen Ähren; Ährenstiel lang u. gefurcht. ☤
Keim.: H–F; V–XI; (⚥) pg; Ins. (d, c), wb.
Fettwiesen u. -weiden, Wegränder, Unkrautges., auf ± frischen, nährstoffr. Lehm- od. Sandlehmböden.
ÖK.: 6X3 XXX
Soz.: 5.4
D: v (Alp. bis 1860 m); GB: v; F: v; S: z.

Großer Wegerich
Plantago major ★
10–40 (60) cm; Staude, kahl od. behaart; B. breit ellipt., gestielt, Nerven hervortretend; Bl. 3 mm, gelbl.-weiß, mit weißl. Antheren, in langen Ähren; Ähren meist so lang wie der Ährenstiel. ☤
Keim.: F; VI–X; (⚥) pg; wb.; mehrere sspp.
Trittpflanzenges., Wegränder, Weiden, Rasen, auf ± frischen, nährstoffr., verdichteten, ton. od. sand. Lehmböden.
ÖK.: 8XX 5X6
Soz.: 3.7
D: v (Alp. bis 2375 m); GB: v; F: v; S: v–z.

Strand-Wegerich
Plantago maritima ★
15–40 cm; Staude, meist kahl; B. lineal., fleischig, 3–5nervig; Bl. 3 mm, bräunlich, mit gelben Antheren, in länglichen, grünlichen Ähren; Ähren meist kürzer als Ährenstiel.
Keim.: F–So; VI–X; (⚥) pg.
Salzwiesenges. der Küsten, auf meist feuchten, wiederholt überfluteten, salzr. Ton-, seltener auf sandigen Böden.
ÖK.: 8X7 78X
Soz.: 2.6
D: v–s; GB: v; F: v–z; S: v–z.

Mittlerer Wegerich
Plantago media
10–50 cm; Staude, immer behaart; B. elliptisch, nicht od. nur kurz gestielt; Bl. 2 mm, weißlich, mit lila Antheren, in länger gestielten, kürzeren Ähren. ⚕
Keim.: F; V–IX; (⚥) pg; Ins. (h, d, c), sb., wb.
Halbtrockenrasen, trokkene Fettwiesen, Rasen, auf ± frischen, ± nährstoffreichen, meist kalkhaltigen, tiefgründigen, lehmigen Böden.
ÖK.: 7X7 483
Soz.: 5.3
D: s–v (Alp. bis 1630 m); GB: s–v; F: v–z; S: v–z.

Strandling
Litorella uniflora
2–12 cm; Staude, kahl; Ausläufer bildend od. submerse Rasen; B. binsenf., grundst., einseitig, abgeflacht; Bl. 4–6 mm, weißl.; Ähre mit 1 ♂ u. 2–3 ♀ Bl.
Keim.: ?; VI–VIII; (♂+♀); wb.
Strandlingsges., am Ufer od. in Gewässern bis über 2 m Tiefe, auf nährstoffa., sandigen, kiesigen od. etwas schlammigen Böden.
ÖK.: 7X2 10X2
Soz.: 1.3
D: z–s; GB: v–z; F: z–s; S: z. (**s. A. 156 b**)

MOSCHUSKRAUT-GEWÄCHSE
Adoxaceae

Kleine Familie mit nur einer Art; Blst. meist 5bltg. in fast würfelförmigen Köpfchen, langgestielt.

BALDRIAN-GEWÄCHSE
Valerianaceae ★

Kräuter; B. gegenständig, einfach od. gefiedert, ohne Nebenb.; Bl. in Trugdolden, Kronb. 5 verwachsen; Kelchb. zur Fr.zeit oft schirmartig, zu behaarten Strahlen ausgewachsen; Fr. ein 1samiges Nüßchen.

Moschuskraut
Adoxa moschatellina
5–15 cm; Staude, mit kriechendem Rhizom; B.doppelt 3zählig, gelappt, lang gestielt; Bl. gelbgrün in fast würfelförmigen, 5bltg. Blst.; Antheren gelb.
Keim.: F; III–V; (⚥) pa–pg; Ins. (d), sb.
Laubmischwälder, Auenwälder, Gebüsche, auf sickerfeuchten, nährstoffr., gern kalkh., lokker-humosen Lehm- u. Tonböden.
ÖK.: 5X5 678
Soz.: 8.43
D: v (Alp. bis 1300 m); GB: v–s; F: v–z; S: z–s.

Sumpf-Baldrian
Valeriana dioica ★
(6) 15–25 (60) cm; Staude, mit Ausläufern; untere B. breiteiförmig, ungezähnt, z. T. lang gestielt, mittlere leierf., obere Endfieder lineal; ♂ Bl. 3–5 mm, ♀ 1–2 mm, weiß bis fleischrot.
Keim.: F–So; V–VI; (♂) + (♀); Ins. (d, h, c).
Quellmoore, Moorwiesen, Ufer, Gräben, auf stau-, sicker- od. wechseln., ± nährstoffr., sand., anmoorigen od. torf. Böden.
ÖK.: 752 8X2
Soz.: 5.41
D: v–z (Alp. bis 1560 m); GB: s–z; F: z; S: z–s.

Holunderblättriger Baldrian
Valeriana sambucifolia ★
40–150 cm; Staude, ohne Ausläufer, unten behaart; B. gefiedert mit 7–11 (*V. officinalis:* 11–25) lanzettl., gesägten Fiedern; Bl. 5 mm, fleischrosa bis weiß, in dichten rundl. Büscheln.
Keim.: F–So; V–VI–VIII; (⚥) pa; Ins. (d, h, c).
Hochstaudenges., Bach- u. Grabenränder, auf nassen, nährstoffr., hum., Sumpfböden.
ÖK.: 7X4 867
Soz.: 5.412
D: z–s; GB: v; F: v; S: z.

Spornblume
Kentranthus ruber
30–50 (80) cm; Staude, kahl, graugrün; grundst. B.eiförmig, gestielt, ganzrandig; St. b. sitzend eiförmig bis lanzettl., oft gezähnt; Bl. 5 mm, rosenrot, selten weiß; Kronröhre 10 mm, Sporn kürzer; Blst. lokker.
Keim.: So–H; V–IX; (⚥) pa; Ins. (l, h).
Zierpflanze, verwildert, an Felsen, Mauern, Klippen, Steilufern, Steinbrüchen.
ÖK.: –
Soz.: –
D: s; GB: v–z; F: v–z; S: –.

Gewöhnlicher Feldsalat
Valeriana locusta ★
10–20 cm; Einj., verzweigt; untere B. spatelförmig, gestielt, obere lanzettl., sitzend, z. T. gezähnt; Bl. 1–2 mm, bläulich-weiß, in doldenähnlichen, von Hochb. umgebenen Büscheln.
Keim.: W–F; IV–V; (⚥) hg; sb.
Getreideunkrautges., Wegränder, Böschungen, auf ± frischen, nährstoffreichen, sandigen od. reinen Lehmböden.
ÖK.: 753 57X
Soz.: 3.4
D: v–z; GB: z; F: v–z; S: z–s.

GEISSBLATT-GEWÄCHSE
Caprifoliaceae ★

Sträucher; B. einfach od. gefiedert, gegenständig; Bl. einzeln, zu 2 od. in Trugdolden; Krone 5blättrig, verwachsen; Staubb. meist 5; Fr. eine Beere od. Kapsel.

Zwerg-Holunder
Sambucus ebulus
50–150 cm; Staude, unangenehm riechend; B. gefiedert; B.chen gesägt; Bl. rötl.-weiß, klein, in flachen bis 100 mm breiten Trugdolden; Fr. eine schwarze Beere. ⚹
Keim.: F; VI–VIII; (⚥); Ins. (d, h, c), sb.
Waldschläge u. -lichtungen, Schuttstellen, Waldwege, Auen, auf frischen, nährstoff.- u. N-reichen meist kalkh., hum. Ton- und Lehmböden.
ÖK.: 863 587
Soz.: 3.523
D: s–v (Alp. bis 1300 m); GB: z–s; F: z; S: z.

Moosglöckchen
Linnaea borealis ★
15–20 cm; Halbstrauch, wintergrün; St. kriechend; B. eiförmig, gekerbt, lang gestielt; Bl. 7–10 mm, rosa od. weiß, glockig, zu 2 auf langen Stielen, duftend. §
Keim.: F?; VI–VIII; (⚥) hg; Ins. (d), sb.
Moosreiche Nadelwälder, auf frischen, nährstoffarmen, sauren Rohhumus-Böden.
ÖK.: 5X5 522
Soz.: 7.2
D: s; GB: s–z; F: –; S: v.

Wald-Geißblatt
Lonicera periclymenum ★
100–300 (600) cm; Strauch, rechtswindend; B. elliptisch, ganzrandig; Bl. langröhrig, 2lippig, oft rötlich, duftend, in 3–10 bltg. Köpfen. ⚹
Keim.: F; VI–X; (⚥); Ins. (l, h), sb.
Eichen-Birkenwälder, Eichen-Hainbuchen- od. Erlenwälder, Waldlichtungen u. Waldränder auf frischen, nährstoff- u. kalka., hum., oft sand. Böden.
ÖK.: 652 X34
Soz.: 8.3
D: v–z; GB: v; F: v; S: z–s.

KARDENGEWÄCHSE
Dipsacaceae ★

Kräuter; B.gegenständig, am Grunde zuweilen verwachsen; Bl. in Köpfchen od. Ähren, von Hochb.hülle umgeben, kelchähnlich; Krone 4- od. 5spaltig; Staubb. 4, weit aus der Bl. herausragend; Kelch borstig; Fr. eine Schließfr., klein, 1samig.

Wiesen-Knautie
Knautia arvensis ★
30–80 cm; Staude; borstig behaart; St. b. fiedersp., untere bisw. ungeteilt; Bl. blaulila; Köpfchen flach, bis 40 mm breit, Randbl. vergrößert; Hüllb. in 2 Reihen, kürzer als Bl. ⚕
Keim.: H; VI–X; (⚥) + (♀) pa; Ins. (h, l).
Fettwiesen, Halbtrockenrasen, Waldränder, Äcker, auf ± frischen, nährstoffr., ± sauren, Lehmböden.
ÖK.: 753 4X3
Soz.: 5.421
D: v–z (Alp. bis 1000 m); GB: v–z; F: v; S: z.

Trauben-Skabiose
Scabiosa columbaria ★
(10) 20–50 (80) cm; Zweij. Staude, behaart; St.b. mehrfach fiedersp., Bl. erst rötl., dann bläul.-lila, selten weiß, Köpfchen 15–35 mm; Kelchborsten braunschwarz; Hüllb. 1reihig.
Keim.: F–So.; VI–XI; (♂ + ♀) pa; Ins. (l, h, d).
Halbtrocken- u. Trockenrasen, magere Wiesen, Moorwiesen, auf wechselfeuchten, ± nährstoff- u. meist kalkh., humosen bis torfigen, sandigen Lehmböden.
ÖK.: 852 483
Soz.: 5.32
D: s–v (Alp. bis 1510 m); GB: s–v; F: v–z; S: z–s.

Teufelsabbiß
Succisa pratensis ★
15–30 (80) cm; Staude, behaart; untere B. breitlanzettl., ganzrandig, obere lanzettl., ganzrandig od. gesägt; Bl. dunkelblau, Köpfchen 20–30 mm, später kugelig. ⚕
Keim.: j; VI–X; (♂) + (♀); Ins. (h, l).
Moorwiesen, Magerrasen, Heiden, Borstgrasges., auf wechselfeuchten, mäßig sauren, humosen Lehm- und Ton- od. Torfböden (Magerkeits- u. Wechselfeuchtezeiger).
ÖK.: 753 7X2
Soz.: 5.411?
D: v–z (Alp. bis 1040 m); GB: v; F: v; S: z.

Wilde Karde
Dipsacus silvester ★
70–150 (200) cm; Zweij.; St. u. B. stachelig; St. gerieft; B. breit-lanzettl., mit weißl., verdickten Stacheln; St.b. schmaler, paarweise tütenf. verwachsen; Bl. violett; Kopf eif., bis 80 mm lang, stachelig. ⚕
Keim.: H–F; VII–VIII; (⚥); Ins. (d, h), sb.
Schuttunkrautges., Wegränder, Dämme, Ufer, auf frischen bis feuchten, nährstoffr., kalkh., lockeren Lehm- u. Tonböden (Lehmzeiger).
ÖK.: 963 685
Soz.: 3.5
D: z (Alp. bis 800 m); GB: s–v; F: v; S: –.

Behaarte Karde
Dipsacus pilosus ★
60–120 cm; Zweij.; St. u. B. zerstreut stachelig u. borstenhaarig; St. kantig; B. an der Basis gestielt, mit 2 kleinen Seitenfiedern; Bl. weiß, Köpfchen dornig, kugelig.
Keim.: F; VII–IX; (⚥) pa; Ins. (h, d).
Auenwälder, Waldränder u. -lichtungen, Wege, Ufer, auf stau- od. sickerfeuchten, nährstoffr., humosen Lehm- u. Ton- od. torfigen Böden.
ÖK.: 755 776
Soz.: 3.523
D: z; GB: s–z; F: z–s; S: s.

GLOCKENBLUMENGEWÄCHSE
Campanulaceae ★

Kräuter, oft milchsaftführend; B. wechselst., ungeteilt od. gelappt; Nebenb. fehlend; Bl. einzeln, in Trauben, Ähren, Rispen od. Köpfchen; Kronb. 5, verwachsen, glockenförmig, manchmal auch 1- od. 2lippig; Fr. eine Kapsel.

Ährige Teufelskralle
Phyteuma spicatum
20–50 (80) cm; Staude, kahl; Grdb. lang gestielt, herzeiförmig, gesägt; St.b. sitzend; Bl. gelblichweiß, in walzenförmigem Kopf; Staubb. u. Narben aus der Kronröhre herausragend.
Keim.: F–So; V–VII; (⚥); Ins. (h, d, l, c), sb.
Krautreiche Laub- u. Nadelmischwälder, Bergwiesen, auf frischen, nährstoffr., locker hum. Lehmböden.
ÖK.: XX4 5X5
Soz.: 8.43
D: z–v (Alp. bis 2110 m); GB: s; F: z; S: s.

Zarte Teufelskralle
Phyteuma tenerum
15–55 cm; Staude; St. am Grund oft rotbraun, unverzweigt, geflügelt; B. eilanzettl., selten herzförmig, gesägt; Bl. tiefblau, in kugelförmigen Köpfchen.
Keim.: F; V–VIII; (⚥); Ins.
Halbtrockenrasen, Felsen, auf kalkhaltigen, lehmigen Böden.
ÖK.: 854 38?
Soz.: 5.322
D: s; GB: s; F: z; S: –.

Berg-Sandglöckchen
Jasione montana
15–30 (50) cm; Zweij., behaart; B. länglich bis lanzettl., mit welligem Rand; Bl. blau in kugeligen, 15–25 mm breiten Köpfchen.
Keim.: sf; V–IX; (⚥) pa; Ins. (h, d, l, c), sb.
Sand-Trockenrasen, Heiden, Dünen, Dämme, Wegränder, Brachen, Kiefernwälder, auf trokkenen, kalkarmen, sandigen, feinerde- u. humusarmen Böden.
ÖK.: 753 332
Soz.: 5.23
D: v–s; GB: v–z; F: z; S: s.

Knäuel-Glockenblume
Campanula glomerata ★
20–40 (60) cm; Staude, weichhaarig od. kahl; Grundb. gestielt, eif.-längl. od. herzf. obere sitzend, lanzettl. Bl. 15–30 mm, blauviolett; Krone tief geteilt.
Keim.: F; VI–X; (⚥) pa; Ins. (h, d, l, c) sb.
Halbtrocken- u. Trokkenrasen, Wald- u. Wegränder, Gebüsche, auf ± frischen, ± nährstoffr., kalkh. Lehmböden.
ÖK.: 7X7 47X
Soz.: 5.3
D: s–v (Alp. bis 1740 m); GB: s–z; F: z; S: z–s.

Breitblättrige Glockenblume
Campanula latifolia
50–150 cm; Staude, weichhaarig; St. stumpfkantig; B. eiförmig, zugespitzt, doppelt-gesägt; Bl. 30–57 mm, blauviolett, oft weiß.
Keim.: F; VI–VIII; (⚥) pa; Ins. (h, d, l, c), sb.
Staudenreiche Bergmisch- und Schluchtwälder, Hochstaudenfluren, auf frischen, nährstoffr., kalkh., locker hum., stein. Lehmböden.
ÖK.: 455 688
Soz.: 8.434
D: s–z (Alp. bis 1300 m); GB: v–z; F: s; S: z–s.

Nesselblättrige Glockenblume
Campanula trachelium
30–80 (100) cm; Staude, steifhaarig; St. scharfkantig; B. eif.-lanzettl., lang zugespitzt, ungleichmäßig doppelt-gesägt; Bl. 30–40 mm, blauviolett, zu 1–2 in beb. Traube.
Keim.: F–So.; VII–IX; (⚥) pa; Ins. (h, d, l, c), sb.
Eichen- u. Buchenwälder, Hecken, Waldlichtungen, auf frischen, nährstoffr., locker hum., auch stein. Lehmböden.
ÖK.: 453 588
Soz.: 8.4
D: v–z (Alp. bis 1700 m); GB: s–z; F: v–z; S: z–s.

Acker-Glockenblume
Campanula rapunculoides
30–80 cm; Staude, kurzhaarig; St. abgerundet, kaum kantig; B. schmal, herz- bis eif. od. lanzettl., gleichm. gesägt; Bl. 20–30 mm, blauviolett, in eins. Blst.; Kelchzipfel behaart.
Keim.: F–So; VI–IX; (⚥) pa; Ins. (h, d, l, c), sb.
Lichte Eichen- u. Kiefernwälder, Wald- u. Wegränder, Gebüsche, Hecken, Äcker, auf ± frischen u. nährstoffr., meist kalkh., lockeren Lehm- und Lößböden.
ÖK.: 664 484
Soz.: 6.112
D: z–v (Alp. bis 1100 m); GB: z–s; F: z; S: z.

Wiesen-Glockenblume
Campanula patula
20–50 (70) cm; Zweij./Staude, meist kahl; St. kantig; B. längl.-spatelig, sitzend; Bl. 15–25 mm, hell-rosalila, mit dunklen Adern; Kronb.zipfel spreizend; Blst. locker rispig.
Keim.: H; V–VII; (⚥) pa; Ins. (h, d, l, c), sb.
Glatthaferwiesen, Weg- u. Gebüschränder, Brachen, auf frischen, nährstoffr., meist kalka., humosen, sandigen od. reinen Lehm- u. Tonböden.
ÖK.: 854 574
Soz.: 5.421
D: s–v (Alp. bis 1070 m); GB: s; F: s; S: z.

Pfirsichblättrige Glockenblume
Campanula persicifolia
30–80 cm; Staude, kahl; B. glänzend, u. in den Stiel verschmälert, o. lanzettl.-lineal, entfernt gesägt; Bl. 25–40 mm, himmelblau; Traube gestielt.
Keim.: H; V–VIII; (⚥) pa; Ins. (h, d, l, c) sb.
Eichen-, Kiefern-, od. Tannenwälder, Gebüsche, Wegränder, auf ± trockenen, meist kalkh., lockeren, stein., sand. od. reinen Lehm- und Tonböden.
ÖK.: 554 483
Soz.: 8.42
D: z (Alp. bis 1300 m); GB: z; F: v–z; S: z.

Rundblättrige Glockenblume
Campanula rotundifolia
10–30 (50) cm; Staude, kahl; Grundb. rundlich früh fehlend, St.b. linea sitzend, gekerbt od. gesägt; Bl. 12–22 mm, blauviolett, lang gestiel in lockerem Blst.
Keim.: H–F; VI–X; (⚥ pa; Ins. (h, d, l, c), sb.
Borstgrasrasen, magere Wiesen, Heiden, lichte Eichenwälder, Wald- u. Wegränder, Fels- u. Mauerspalten.
ÖK.: 7XX 4X2
Soz.: –
D: v (Alp. bis 1300 m); GB: v–z; F: v–z; S: v.

ärtige
lockenblume
ampanula barbata
–30 (40) cm; Staude,
eifhaarig; B. längl.-lan-
ttl., in Grundrosette,
. 15–30 mm, hellblau,
nen weiß behaart, in
nseitswendiger Traube.
eim.: F?; VI–VIII; (☿)
; Ins. (h, d, l, c), sb.
balp.–alp. Magerra-
n, Zwergstrauch-Ge-
üpp, auf frischen kalk-
men, sauren, torfig hu-
osen Böden.
K.: 724 512
z.: 5.111
: s, (Alp. 800–2300 m);
B: s, alp.; F: s, alp.;
s.

Moorglöckchen
Wahlenbergia hederacea
5–30 cm; Staude; St. kriechend, dünn; B. gestielt, efeuähnlich, 5lappig; Bl. 6–10 mm, hellblaulila, einzeln an dünnen Stielen. §
Keim.: F–So; VI–IX; (☿) pa; Ins. (h, d, l, c), sb.
Binsenreiche Flach- und Quellmoore, Torfmoospolster, an Gräben u. Waldwegen, auf nassen, kalk- u. nährstoffarmen, sauren Sumpfhumusböden.
ÖK.: –
Soz.: 5.414
D: s; GB: s–z; F: z–s; S: –.

Kleiner Frauenspiegel
Legousia hybrida
10–25 cm; Einj., behaart; B. schmal-elliptisch, sitzend, B.rand gewellt; Bl. 6–15 mm, violettrot, weitglockig; Kelchb.zipfel die Krone überragend.
Keim.: F; V–VIII; (☿) pa; Ins. (h, d), sb.
Getreideunkrautges., auf ± frischen, nährstoffreichen, meist kalkhaltigen sandig-lehmigen od. tonigen Böden.
ÖK.: 782 4X?
Soz.: 3.41
D: s; GB: s–z; F: z; S: –.

Wasser-Lobelie
Lobelia dortmanna
(10) 40–70 cm; Staude, kahl; St. einfach, fast blattlos; Grundb. untergetaucht, lineal., in Rosette; Bl. 7–8 mm lang, weiß mit bläulicher Röhre, nickend, 2lippig, Oberlippe 2-, Unterlippe 3lappig. ☤
Keim.: F; VII–VIII; (☿); Ins. (h, d).
Strandlingsges., Seen, Teiche, Ufer, in stehendem Wasser, auf kalkreichem Grund.
ÖK.: 742 1021
Soz.: 1.313
D: s–z; GB: s–z; F: s; S: z.

Lobelie
Lobelia urens
20–60 cm; Staude, ± kahl, mit Milchsaft; St. beblättert; B. verkehrt eilanzettl., gezähnt; Bl. 10–15 mm, blau od. purpurn, aufrecht, 2lippig, Oberlippe 2-, Unterlippe 3lappig.
Keim.: ?; VIII–IX; (☿); Ins. (h, d, l).
Feuchte Wälder und Heiden, auf nassen, nährstoff- und kalkarmen, sauren Böden.
ÖK.: –
Soz.: –
D: –; GB: s; F: s–z; S: –.

ORBBLÜTLER
mpositae ★
äuter, mit od. ohne
ilchsaft; B. wechsel-,
ten gegenst.; Bl. klein,
mehreren bis vielen
f einem Blst.boden
öpfchen od. Körbchen
dend, eine Einzelbl.
täuschend; Blst. von
chb.ähnlichen Hüllb.
ngeben; Kronb. 5, zu
er Röhre verwachsen,
weder eine ± gleich-
ge, 5zipfelige Röhre
öhrenbl.) od. aus 3
w. 5 Zipfeln eine ein-
tige verlängerte, zun-
nf. (Zungenbl.) Bl. bil-
nd; Blst. entweder nur
s Röhrenbl. (Disteln),
der Mitte aus Röh-
bl. (Scheibenbl.) u.
dständigen Zun-
bl. (Strahlenbl. Son-
nblume) od. nur aus
ngenbl. (Habichts-
aut) bestehend; Fr.
in, überwiegend eine
n einem Pappus,
nuppen od. Hautsaum
krönte Nuß (Achaene).

Wasserdost
Eupatorium cannabinum ★
50–150 (175) cm; Staude, behaart; St. oft rötl.; B. handf. geteilt, 3–5lappig, Abschnitte ungleich grob gesägt; Bl. röhrig, klein, fleischrot–trübrosa; Blst. schirmartige Doppeltraube. ☤
Keim.: F–So; VII–IX; (☿) pa; Ins. (d, h, c, l), sb.
Kahlschläge, Lichtungen, Auenwälder, Ufer, Grabenränder, Gebüsche, auf feuchten, nährstoffr., meist kalkh., „wasserzügigen", lehmigen od. tonigen Böden.
ÖK.: 753 778
Soz.: 3.523
D: v (Alp. bis 1040 m); GB: z–v; F: v; S: z.

Kanadische Goldrute
Solidago canadensis
50–250 cm; Staude, behaart; B. längl.–lanzettl., scharf gesägt, an der Basis ganzrandig, mit deutlichen Nerven; Blst. 5 mm, goldgelb; Zungenbl. etwa so lang wie Röhrenbl., in einseitiger, aufrechter Rispe.
Keim.: F; VII–IX; (☿) pa; Ins. (d, h), sb.
Zierpfl., verwildert in Auen- u. Laubmischwäldern, Ufern, Waldschlägen, auf frischen–feuchten, nährstoffr., tiefgründigen Ton- u. Lehmböden (Lehmzeiger).
ÖK.: 875 XX6
Soz.: 3.51
D: v; GB: v; F: v; S: v?.

Gemeine Goldrute
Solidago virgaurea ★
(5) 15–100 cm; Staude, unten kahl, oberwärts flaumig; Grundb. ellipt., gestielt, obere lanzettl., grob gesägt, oberste sitzend, ganzr., Bl. goldgelb; Bl.köpfchen 10–15 mm. ☤
Keim.: H–F; VI–X; (☿) pa; Ins. (d, h), sb.
Krautr. Laub- u. Nadelmischwälder, Heiden, Dünen, Wegränder, Magerweiden, auf ± frischen bis trockenen, meist kalka., sauren, sandigen u. lehmigen Böden.
ÖK.: 5XX 5X5
Soz.: –
D: v–z (Alp. bis 2200 m); GB: v–z; F: v–z; S: v.

Neubelgische Aster
Aster novi-belgii
80–160 cm; Staude, verzweigt; St. beb.; B. lanzettl., ganzrandig; Strahlenbl. lila, weiß od. rosa; Köpfchen 25–40 mm; Gesamtblst. doldig-rispig, beb.
Keim.: F–So.; VIII–XI; (☿) pa; Ins. (d, h, c, l), sb., versch. sspp.
Zierpfl., verwildert in Flußufer-Staudenges., Auenwälder, auf feuchten, nährstoffr., tonigen Lehmböden.
ÖK.: 7X5 7X9
Soz.: 3.5
D: z–s; GB: z–s; F: z–s; S: z–s.

Salz-Aster
Aster tripolium ★
10–60 cm; Zweij./Staude, kahl; B. fleischig, dunkelgrün, längl., obere lanzettl.; Strahlenbl. hellblau bis lila, selten fehlend, Scheibenbl. gelb; Köpfchen 15–25 mm.
Keim.: F–So; VI–X; (☿) pa; Ins. (d, h, c), sb.
Salzwiesen, Brackröhrichte, auf feuchten bis nassen, salzr., tonigen od. sandig-tonigen Böden.
ÖK.: 8XX 9X7
Soz.: 2.6
D: v–s; GB: v–s; F: v–z; S: v–z.

Goldhaar-Aster
Aster linosyris
15–45 cm; Staude, kahl; B. länglich bis lineal., 1nervig, dicht stehend; Köpfchen 8–10 mm; nur Röhrenbl., gelb, in dichten Doldentrauben.
Keim.: F?; VII–XI; (☿) pa; Ins. (d, h, l, c), sb.
Trockenrasen, sonnige Hänge, Gebüsche, Felsen, Waldränder, auf trockenen, warmen, humosen, lockeren Löß- od. Kalksteinböden.
ÖK.: 875 382
Soz.: 5.3
D: s; GB: s; F: z–s; S: s.

Kanadisches Berufkraut
Erigeron canadensis
15–100 cm; Einj., behaart; B. schmal, manchmal gezähnt; Blst. 3–5 mm, Zungenbl. weiß od. rötl., Röhrenbl. gelbl., in lockeren Rispen. ⚕
Keim.: F–So; VI–X; (☿) pa; Ins. (d, h), sb.
Eingebürgert; Unkrautges., Schutt, Wege, Dämme, Waldlichtungen, auf ± trockenen bis frischen, nährstoffr., Böden.
ÖK.: 8XX 4X4
Soz.: 3.31
D: v (Alp. s, bis 1200 m); GB: v–s; F: v–z; S: z–s.

Dürrwurz
Inula conyza ★
20–70 (90) cm; Zweij./Staude, kurzhaarig; St. rotbraun; B. eif.-längl. gestielt, buchtig gezähnt; Blst. 10 mm, Röhrenbl. gelbl., Zungenbl. klein od. fehlend; innere Hüllb. purpurn. ☓
Keim.: F–So; VII–IX; (☿) pa; Ins. (d, h), sb.
Gebüsche, Wälder, Waldränder, sonnige Abhänge, auf ± trockenen, nährstoffr., oft kalkh., Verwitterungsböden.
ÖK.: 662 473
Soz.: 6.1
D: s–z (Alp. bis 1000 m); GB: v–z; F: v–z; S: s.

Inula crithmoides
15–90 cm; Staude, kah
St. dicht beb.; B. fleischig, lineal., an der Spitze oft 2–5zähnig; Blst. 20–25 mm, gelb, mit langen Zungenbl., rispig-doldigem Gesar blst.
Keim.: F?; VII–X; (☿) pa; Ins. (d, h, c), sb.
Salzwiesen, Kies- u. F senstandorte, auf wech selnassen bis trockene salzhaltigen Böden.
ÖK.: –
Soz.: –
D: –; GB: z–s; F: z–s; S: –.

Echter Alant
Inula helenium
60–150 (200) cm; Staude, behaart; untere B. bis 40 cm lang, gestielt, obere sitzend, halbst. umfassend; Blst. 60–80 mm, gelb mit schmalen Zungenbl. ⚕
Keim.: ?; VI–IX; (☿) pa; Ins. (h, l), sb.
Kultiviert und verwildert gelegentl. in frischen Unkrautges., an Ufern, Weg- und Waldrändern, auf frischen nährstoffreichen meist kalkhaltigen Böden.
ÖK.: –
Soz.: –
D: s; GB: s; F: s; S: s.

Weidenblättriger Alant
Inula salicina
25–60 (80) cm; Staude; St. steif, aufrecht; B. meist waagerecht abstehend, glänzend, längl.-lanzettl., ganzrandig od. schwach gezähnt; Blst. 25–30 (40) mm, gelb, einzeln.
Keim.: F?; VI–X; (☿) pa; Ins. (h, d, l), sb.
Moorwiesen, Halbtrokkenrasen, sonnige Gebüsch- u. Waldränder, auf sicker- od. staunassen, torfigen od. lehmigen Böden.
ÖK.: 755 X92
Soz.: 5.411
D: z–s (Alp. bis 970 m); GB: s; F: z–s; S: z–s.

Gänseblümchen
Bellis perennis ★
2–15 cm; Staude; B. in Grundrosette, spatelig, gekerbt; Blst. 10–15 (25) mm, einzeln auf behaartem Stiel; Strahlenbl. weiß, an der Spitze oft rötlich, Scheibenbl. gelb. ⚕
Keim.: So–H; I–XII; (☿) pa; Ins. (h, d, c), sb.
Fettweiden, Fettwiesen, Parkrasen, Raine, Triften, auf frischen, nährstoffreichen, meist lehmigen Böden (Nährstoffzeiger).
ÖK.: 852 XX5
Soz.: 5.42
D: v (Alp. bis 2000 m); GB: v; F: v; S: z–s.

Geruchlose Kamille
Matricaria maritima ssp. *inodora*
10–60 cm; Ein-/Mehrj., nicht aromatisch; B. 2–3fach gefiedert, Zipfel haarfein, spitz; Blst. 15–40 mm; einzeln; Strahlenbl. weiß, bis 20 mm lang; Scheibenbl. gelb.
Keim.: H–F; IV–X; (☿) pa; Ins. (h, d), sb.
Unkrautges., Wegränder, Äcker, Schuttplätze, auf frischen, nährstoffreichen, meist kalkarmen, lehmigen Böden.
ÖK.: 7X3 X66
Soz.: 3.3
D: v; GB: v; F: v; S: v–z.

Strand-Kamille
Matricaria maritima ss *maritima* ★
10–60 cm; Ein-/Meh niederliegend-aufsteigend, verzweigt; B. 2–3fach gefiedert, fleisch Blst. 10–40 mm, einz Strahlenbl. weiß; Sch benbl. gelb.
Keim.: H–F; V–X; (pa; Ins. (h, d), sb.
Meeresspülsaumges., Salzstellen des Binne landes, auf frischen b trockenen, nährstoffr chen, N- und salzhal gen, sandigen od. ste gen Böden.
ÖK.: 9X3 678
Soz.: 2.8
D: z–s; GB: z–s; F: z
S: v–z.

chte Kamille
atricaria chamomilla
-40 (60) cm; Einj.;
omat.; B. ca. 0,5 mm
eit, stachelspitzig, 2-
ach gefiedert; Blst. 10-
mm, einzeln, lang ge-
elt; Strahlenbl. 6-
mm, bald zurückge-
hlagen. ⚕
eim.: H; V–VIII; (☿)
; Ins. (d, h), sb.
etreideunkrautges.,
egränder, Schuttplätze,
f nährstoffr., N-halti-
n, kalka., sandigen od.
nigen Böden.
K.: 755 655
z.: 3.421
v (Alp. bis 1050 m);
B: v–s; F: v; S: z.

Strahllose Kamille
Matricaria matricarioides
5–20 (40) cm; Einj., kahl, verzweigt, aromat. (Ananasgeruch); B. 0,5–1 mm breit, stachelspitzig, 2–3fach gefiedert; Blst. 5–10 mm, einzeln.
Keim. H; V–XI; (☿); Ins. (d), sb.
Trittrasenges., Weg- u. Straßenränder, ruderale Standorte, auf ± trockenen, nährstoff- u. N-reichen, offenen, dichten, sandig-lehmigen od. tonigen Böden.
ÖK.: 853 578
Soz.: 3.71
D: v (Alp. bis 1000 m); GB: v; F: v; S: v–z.

Römische Hundskamille
Anthemis nobilis
15–30 cm; Staude, angenehm aromatisch; B. 2–3fach gefiedert, Zipfel haarfein; Blst. 15–25 mm; Strahlenbl. ♀, breit, silberweiß; Hüllb. des Blst. weißrandig. ⚕
Keim.: F; VI–X; (☿) pa; Ins. (d, h, c), sb.
Gelegentlich verwildert in Schuttunkrautges., auf ± trockenen, nährstoffreichen, meist kalkhaltigen Böden.
ÖK.: –
Soz.: –
D: s; GB: z–s; F: z; S: –.

Acker-Hundskamille
Anthemis arvensis
10–50 cm; Einj.; St. aufrecht, oft flaumig-wollig, aromat; B. unregelmäßig doppelt fiederspaltig, Zipfel lanzettl.-spitz; Blst. 20–30 mm; Strahlenbl. ♀, weiß, zuletzt zurückgebogen.
Keim.: H; VI–IX; (☿) pa; Ins. (h, d), sb.
Unkrautges., Wegränder, Mauern, auf ± frischen, nährstoffr., kalka., ± sauren Lehm- u. Sandlehmböden.
ÖK.: 765 436
Soz.: 3.7
D: v (Alp. bis 980 m); GB: z–s; F: v–z; S: z.

Stinkende Hundskamille
Anthemis cotula
15–50 cm; Einj.; St. aufrecht, weichhaarig, unangenehm riechend; B. doppelt fiederspaltig; Blst. 10–25 mm; Strahlenbl. weiß, zurückgeschlagen.
Keim.: H; VII–IX; (☿) pa; Ins. (d, c), sb.
Unkrautges., Äcker, Schutt, Wegränder, auf ± frischen, nährstoffreichen, humosen Lehm- u. Tonböden.
ÖK.: 773 4X5
Soz.: 3.31
D: z–s; GB: v–z; F: z; S: z–s.

rber-
indskamille
themis tinctoria
-60 cm; Zweij./Stau-
St. aufrecht, flaumig-
llig; B. 2fach gefie-
t, unterseits kurzhaa-
Blst. 25–40 mm, ein-
n, langgestielt, Stiel
urcht.
im.: F; VII–IX; (☿)
Ins. (h, d, l, c), sb.
ocken- u. Steppenra-
, Felsbänder, Wein-
ge, Bahndämme,
gränder, auf meist
ckenen, warmen,
kr. Stein-, Lehm-,
nd- u. Tonböden.
.: 865 264
.: 3.31
z–s (Alp. bis 850 m);
: s; F: s; S: v–z.

Scharfes Berufkraut
Erigeron acer ★
10–30 (60) cm; Zweij./Staude, aufrecht, behaart; St. oft dunkelrot; untere B. eif.-längl., obere lanzettl., ganzrandig od. entfernt gesägt; Blst. 6–20 mm, in armbltg. Traube; Strahlenbl. aufrecht, hell-lila. ⚕
Keim.: sf; V–IX; (☿) pa; Ins., sb.
Trockenrasen, Abhänge, Wegränder, Flußschotter, auf trockenen, meist kalkh., ± offenen, sand. od. lehm. Böden.
ÖK.: 957 48?
Soz.: 5.322
D: z (Alp. bis 1370 m); GB: v–s; F: v–z; S: v.

Alpen-Berufkraut
Erigeron alpinus
2–20 (30) cm; Staude, behaart; B. in Grundrosette, spatelig, obere lanzettl.; Blst. 15–30 mm, meist einzeln; Scheibenbl. gelb; Strahlenbl. abstehend, rosa bis purpur-lila; Hüllb. rauhhaarig.
Keim.: F; VII–IX; (☿) pa; Ins., sb.
Alp. Steinrasen, Wiesen, Weiden, Felsen, auf frischen, meist steinigen, oft kalkfreien Böden.
ÖK.: 815 5X3
Soz.: –
D: Alp., s; GB: alp., s; F: alp., s; S: z.

Kleinblütiges Knopfkraut
Galinsoga parviflora
10–80 cm; Einj., wenig od. nur kurz behaart; B. gegenständig, herzeif., scharf gezähnt, gelblich; Blst. 3–5 mm, Strahlenbl. 5, weiß, 3lappig.
Keim.: F–So; V–X; (☿); Ins., sb.
Ackerunkrautges., Äcker, Gärten, Weinberge, Schutt, Ödland, auf frischen bis ± trockenen, nährstoff- u. N-reichen, oft kalkarmen sandigen Lehmböden.
ÖK.: 763 558
Soz.: 3.33
D: v; GB: z–s; F: z; S: z–s. (s. A. 157)

Gemeines Katzenpfötchen
Antennaria dioica
5–20 (30) cm; Staude, behaart; B. in Grundrosette, spatelf., seidig-wollig behaart, obere lanzettl.; Blst. 5–15 mm, nur Röhrenbl., ☿ Bl. weiß, ♀ Bl. rosa, in doldigem Gesamtblst.
Keim.: So–H; V–VII; (☿) + (♀); Ins. (l), apo.
Magerrasen, magere Weiden, Heiden, Halbtrockenrasen, Flachmoore, Dünen, auf meist trockenen, leicht sauren, oft sandigen Lehmböden.
ÖK.: z (Alp. bis 2020 m); GB: z–s; F: z–s; S: z–v.

Acker-Filzkraut
Filago arvensis

10–35 cm; Einj., grau-filzig behaart; St. aufrecht, oberhalb der Mitte verzweigt; B. lanzettl.-lineal, graufilzig; Blst. 4–5 mm mit gelblichen Bl.; Hüllb. mit filzig behaartem Hautrand.
Keim.: F; III–IX; (⚥); Ins., sb.
Brachen, Wegränder, Äcker, trockene Weiden, auf warmen, meist trokkenen, ± nährstoffhaltigen, kalkarmen, sandigkiesigen Böden.
ÖK.: –
Soz.: 5.24
D: s; GB: s; F: z–s; S: z.

Grüngelbes Filzkraut
Filago lutescens

5–30 cm; Einj.; St. am Grunde verzweigt, mit bogigen Ästen, angedrückt graufilzig; B. spatelf., ganzrandig; Blst. geknäult; mittl. Hüllb. mit gerader vor dem Aufblühen purpurner Spitze.
Keim.: F; VII–IX; (⚥); Ins., sb.
Brachen, Wegränder, auf meist trockenen, kalkarmen, warmen, offenen, sandigen Böden.
ÖK.: –
Soz.: 5.24
D: s; GB: z–s; F: z–s; S: z–s.

Zwerg-Filzkraut
Filago minima

10–20 cm; Einj.; St. aufrecht, weißfilzig von der Mitte verzweigt; B. klein, oft nur 10 mm lang, lineal-lanzettl.; Blst. 3–4 mm; Hüllb. mit glänzendem Hautrand.
Keim.: sf; VI–IX; (⚥); Ins., sb.
Sandige Trockenrasen, Äcker, Wegränder, Dünen, lichte Wälder, auf meist trockenen, nährstoff- u. kalka., Sand- u. Steingrusböden.
ÖK.: 953 241
Soz.: 5.24
D: s–z; GB: z–s; F: z; S: z.

Spatelblättriges Filzkraut
Filago pyramidata

5–30 cm; Einj., grauweiß behaart; St. vom Grunde verzweigt, B. spatelf.; mittlere Hüllb. mit abstehender, gelbl. Spitze; Köpfchen 5 mm, kürzer als die B., mit 5–7 ⚥ u. ca. 7 ♀ Bl.
Keim.: F; VII–IX; (⚥ + ♀); Ins., sb.
Brachen, Wege, auf warmen, ± nährstoffr., meist kalka., ± sauren, humus- u. feinerdea. Sand- od. Steingrusböden.
ÖK.: –
Soz.: 5.24
D: s; GB: z–s; F: z; S: –.

Deutsches Filzkraut
Filago germanica

15–30 cm; Einj., unrege mäßig gabelig verzweig dicht wollig-filzig behaart; B. lanzettl. ganzrandig; B. lanzettl. gan. randig, oft am Rande g wellt; Blst. 5 mm, zu 1(30 dicht geknäult.
Keim.: F; VII–IX; (⚥); Ins., sb.
Brachen, Wegränder, Dämme, Steinbrüche, auf meist trockenen, kalkarmen, sandig-kies gen Böden.
ÖK.: 873 3X2
Soz.: 5.241
D: s–z; GB: v–s; F: z; S: –.

Norwegisches Ruhrkraut
Gnaphalium norvegicum

10–30 cm; Staude, grauseidig-filzig; B. 3nervig, lanzettl., ganzrandig; Blst. 5–7 mm, in gedrungener Ähre; Hüllb. schwarzbraun.
Keim.: F?; VII–IX; (⚥); Ins., sb.
Subalp.–alp. Magerrasen, Weiden, Wegränder, auf meist frischen, kalkarmen, sauren, humosen, sand. Lehmböden.
ÖK.: 723 52?
Soz.: 6.313
D: s, Alp. 1550–2200 m; GB: alp, s; F: alp., s; S: v–z. **(s. A. 158)**

Zwerg-Ruhrkraut
Gnaphalium supinum

2–10 cm; Staude, weißwollig; B. lineal-lanzettl., 1–2 mm breit; Blst. 6–8 mm, in gedrungener, später lockerer Ähre; Bl. bräunlichgelb.
Keim.: F?; VI–IX; (⚥); Ins., sb.
Alp. Schneetälchen, feuchte Triften, lückige Silikat-Magerrasen, Weidewege, auf meist feuchten, kalkarmen, humosen, sandigen Lehmböden.
ÖK.: 713 733
Soz.: 4.51
D: s–z, Alp. 1600–2350 m; GB: s, alp.; F: s, alp.; S: z.

Wald-Ruhrkraut
Gnaphalium silvaticum

10–50 (70) cm; Staude, angedrückt grau-filzig; B. langzettl.-lineal, 1nervig, oberseits grünl., unterseits weißl.; Blst. 2 mm, in lockerer bebl. Ähre od. Traube; Bl. blaßbräunl.–trübgelb.
Keim.: F; VII–IX; (⚥); Ins., sb.
Waldlichtungen, Waldränder, Kahlschläge, Heiden, Magerrasen, auf ± frischen, kalka., ± sauren, lehmigen Böden (Nitrifizierungszeiger).
ÖK.: 6X3 526
Soz.: 6.211
D: z–v (Alp. bis 1700 m); GB: v–z; F: z; S: v–z.

Sumpf-Ruhrkraut
Gnaphalim uliginosum

5–20 cm; Einj., reich verzweigt, grau-weißfilzig; B. spatelig-lineal., wechselst.; Blst. 3–4 mm, in 3–10köpfigen Doldentrauben od. Trugdolden.
Keim.: F–So; VI–X; (⚥); Ins., sb.
Zwergbinsen-Ges., Wege, Äcker, Gräben- u. Teichränder, auf meist feuchten bis nassen, auch zeitw. überschwemmten, kalkarmen, humosen Lehm- u. Tonböden (Krumen-Vernässungszeiger).
ÖK.: 7XX 744
Soz.: 3.1?
D: v; GB: v–z; F: v; S: v–z.

Ruhrwurz
Pulicaria dysenterica ⭑

20–60 cm; Staude, wo behaart; B. länglich o lanzettl., obere halbst. umfassend, unterseits grauflaumig; Blst. 15–30 mm, zu 5–7 in lock rer Doldentraube; Sch ben- u. Strahlenbl. ge
Keim.: j; VII–IX; (⚥) pa; Ins. (d), sb.
Grabenränder u. Ufer Moor- u. Feuchtwiese Weiden, Auenwälder, auf meist feuchten, nä stoffreichen, humosen lehmigen u. tonigen B den.
ÖK.: 863 7X5
Soz.: 3.72
D: z (Alp. bis 780 m); GB: v–s; F: v; S: –.

Kleines Flohkraut
Pulicaria vulgaris

5–45 cm; Einj., St. reich verzweigt, ± wollig-zottig behaart; B. länglich od. eiförmig, am Rande wellig; Blst. 10 mm, gelb; Strahlenbl. etwa so lang wie die Scheibenbl.
Keim.: H–W; VII–IX; (⚥) pa; Ins., sb.
Pionier an Ufern, Gräben, Teichrändern, auf feuchten, wechselnassen, nährstoffr., meist kalkarmen, offenen Ton- u. Lehmböden.
ÖK.: –
Soz.: –
D: z–v; GB: s; F: z–s; S: s.

Arnica
Arnica montana

20–60 cm; Staude, flaumig behaart, aromat.; B. der Grundrosette verkehrt eif., Stengelb. lanzettl.; Blst. 40–80 mm, einzeln; Scheiben- u. Strahlenbl. gelb. § ⚕
Keim.: ?; VI–VIII; (⚥) pa; Ins. (h, d, l), sb.
Borstgrasrasen, Heiden, Weiden, auf ± trockenen, nährstoff- u. kalka., sandigen, torfigen, lehmigen od. ton. Böden.
ÖK.: 944 532
Soz.: 5.11
D: s–z (Alp. bis 2070 m); GB: s, alp.; F: s, alp.; S: v–z.

Kriechende Gemswurz
Doronicum pardalianches ★

30–125 cm; Staude, behaart; B. breit-herzförmig, ± ganzrandig, obere sitzend; Blst. 40–60 mm, zu mehreren; Scheiben- u. Strahlenbl. gelb.
Keim.: H; V–VII; (⚥) pa; Ins. (h, d, l, c), sb.
Verwildert in Parkanlagen, Gebüschen, Laubwäldern, auf frischen, nährstoffr., kalkh., lockeren Lehm-, Sand- u. Mullböden.
ÖK.: –
Soz.: –
D: s; GB: z; G: z–s; S: –

Winterheliotrop
Petasites fragrans

15–30 cm; Staude, behaart, wintergrün; B. herzförmig, bis 20 cm breit, gezähnt; Blst. nur mit Scheibenbl., duftend, in lockerem, traubigen Gesamtblst.
Keim.: F?; XI–III; (♀) + (♂); Ins. (h, d), sb.
Eingebürgert an Flußufern, gestörten Plätzen, auf frischen bis feuchten, meist nährstoffhaltigen, sandig-lehmigen od. tonigen Böden.
ÖK.: –
Soz.: –
D: –; GB: v–z; F: z–s; S: –.

Gewöhnliche Pestwurz
Petasites hybridus ★

20–100 cm; Staude, behaart, in großen Herden; B. groß, lang gestielt; Blst. nur mit Scheibenbl.; blaßpurpurn, vor dem Blätteraustrieb blühend. ⚕
Keim.: F–So; III–V; (♀) + (♂); Ins. (h).
Staudenges. der Flüsse u. Bäche, Auenwälder, auf feuchten bis nassen, nährstoff- u. N-reichen lehm. u. ton. Böden.
ÖK.: 752 878
Soz.: 3.523
D: v (Alp. bis 1440); GB: v–z; F: v; S: z.

Huflattich
Tussilago fafara ★

(5) 10–25 (35) cm; Staude, behaart, herdenbildend; B. herzf.-rundl., spitz gezähnt, nach der Blüte erscheinend; Blst. 15–35 mm, einzeln auf weißl. Stiel mit rötl. Schuppen. ⚕
Keim.: So; II–IV; (⚥); Ins. (h, d), sb.
Schuttplätze, Brachen, Wegränder, Äcker, Kiesgruben, Trümmerflächen, auf meist frischen bis feuchten, meist kalkh., lehmigen od. auch steinigen Böden.
ÖK.: 8X8 686
Soz.: –
D: v (Alp. bis 2300 m); GB: v; F: v; S: v.
(s. A. 159)

Gemeine Schafgarbe
Achillea millefolium ★

20–80 cm; Staude, zerstreut behaart, aromatisch; B. 2–3fach gefiedert, Abschnitte schmal; Blst. 4–6 mm, in dichten Doldentrauben; Strahlenbl. kurz, weiß od. rosa; Scheibenbl. gelbl. ⚕
Keim.: W–F; VI–XI; (⚥) pa; Ins. (h, d, l, c), sb.
Fettwiesen, Weiden, Wegränder, Äcker, Schutt, Halbtrocken- od. Sandrasen, auf frischen bis ± trockenen, nährstoffr. Sandlehm- u. Lehmböden.
ÖK.: 8XX 4X5
Soz.: 5.42
D: v (Alp. bis 1860 m); GB: v; F: v; S: v.

Sumpf-Schafgarbe
Achillea ptarmica

30–60 (100) cm; Staude, oberwärts behaart; B. sitzend, lineal-lanzettl., fein gesägt; Blst. 12–18 mm, in lockerer Doldentraube; Strahlenbl. weiß, breit eif., 4–7 mm lang, Scheibenbl. weißl.
Keim.: F; VII–IX; (⚥) pa; Ins. (h, d), sb.
Moorwiesen, Flachmoore, Ufer, Gräben, Pfeifengrasbestände, auf nassen, ± nährstoffh., kalka., hum. od. torfig-sand., lehmigen od. ton. Böden.
ÖK.: 8X3 842
Soz.: 5.41
D: v–z; GB: v–z; F: z; S: v–z.

Strand-Beifuß
Artemisia maritima

15–60 cm; Halbstrauch. weiß-graufilzig, stark aromat., B. 1–2fach fiederteilig; Blst. 1–2 mm, nur Röhrenbl., gelb bis orangegelb, in beb. Trauben od. Ähren.
Keim.: F; VII–X; (⚥); wb.; versch. sspp.
Salzwiesen der Küsten, binnenländische Salzstellen, Ruderalges., auf frischen bis feuchten, im Küstengebiet z. T. überfluteten, tonigen od. sandig-tonigen, nährstoff- u. N-reichen, salzh. Böden.
ÖK.: 978 4X5
Soz.: 2.612
D: v–s; GB: v–s; F: v–z; S: z–s.

Gemeiner Beifuß
Artemisia vulgaris ★

30–200 cm; Staude, behaart, oft rot überlaufen; St. kantig; B. 1–2fach fiedersp., u. gestielt, o. sitzend, oberseits dunkelgrün; Blst. 2–3 mm, eif., nur Röhrenbl., rötl., in beb. Rispe. ⚕
Keim.: F; VII–IX; (⚥); wb.
Schuttunkrautges., Wegränder, Ödland, Ufer, Dünengebüsche, auf N- u. nährstoffr., hum., sand. od. lehmigen Böden.
ÖK.: 7XX 6X8
Soz.: 3.51
D: v (Alp. bis 890 m); GB: v–z; F: v; S: v–z.

Wermut
Artemisia absinthium
50–100 cm; Halbstrauch, aromat.; St. gefurcht; B. seidig-filzig; Grundb. 2–3fach fiederteilig; Blst. 2–4 mm, in aufrechter Rispe, nur Röhrenbl., gelb. ⚕
Keim.: F; VII–IX; (⚥); wb.
Schuttunkrautges., Wegränder, Müllplätze, Felshänge, auf ± trockenen, nährstoffr., N- u. oft kalkh., lockeren Lehm- u. Steinböden.
ÖK.: 967 4X8
Soz.: 3.321
D: v–z (Alp. bis 1005 m); GB: z–s; F: z; S: z.

Feld-Beifuß
Artemisia campestris
20–80 cm; Staude/Halbstrauch; St. oft rötl. überlaufen, ± kahl, nicht aromat.; Grundb. 2–3fach fiederteilig; Blst. 3–4 mm; Bl. gelb od. rötl., nur Röhrenbl.
Keim.: F–So; VII–X; (⚥); wb.
Trocken- u. Steppenrasen, Ödland, Dünen, Dämme, Raine, Böschungen auf meist kalkh., humusa. Sand- u. sandigen Lehmböden.
ÖK.: 965 352
Soz.: 5.213
D: s–z; GB: s; F: z–s; S: z–s.

Nickender Zweizahn
Bidens cernuus
10–90 cm; Einj.; B. lanzettl., scharf gesägt, gegenst., sitzend; Blst. 15–30 mm, einzeln, nickend; Hüllb. laubb.artig; meist Strahlenbl. wie Röhrenbl. gelb.
Keim.: F–So; VII–IX; (⚥); Ins. (h, d), sb.
Ufersaumges., Gräben, Teiche, Sümpfe, Flachmoore, feuchte Äcker, auf nassen, nährstoff- u. N-reichen Schlamm- od. Tonböden.
ÖK.: 8X5 9X9
Soz.: 3.211
D: z (Alp. bis 800 m); GB: v–z; F: v–z; S: z–s.

Dreiteiliger Zweizahn
Bidens tripartitus
15–100 cm; Einj., fast kahl; St. oft braunrot; B. meist 3teilig, gegenst., Abschnitte lanzettl.; Blst. 15–25 mm, aufrecht, meist nur mit Röhrenbl. gelb; Hüllb. laubb.artig.
Keim.: F–So; VII–X; (⚥); Ins. (h, d), sb.
Ufersaumges., Äcker, auf meist nassen, nährstoff- u. N-reichen, humosen tonigen Schlamm- u. Sandböden.
ÖK.: 8XX 8X8
Soz.: 3.2
D: v–z (Alp. bis 800 m); GB: s–z; F: v; S: v–z.

Margerite
Chrysanthemum leucanthemum ★
20–100 cm; Staude, behaart; untere B. gestielt, spatelig, dunkelgrün, kerbzähnig-fiedersp.; Blst. 25–60 mm, einzeln, gestielt; Strahlenbl. weiß; Röhrenbl. gelb.
Keim.: So–H; V–IX; (⚥); Ins. (h, d, l, c), sb.; versch. sspp.
Fettwiesen, Wegränder, Halbtrockenrasen, Brachen, auf nährstoffr., sandig-lehmigen Böden.
ÖK.: 7X3 4X3
Soz.: 5.42
D: v (Alp. bis 2240 m); GB: v; F: v; S: v–z.

Mutterkraut
Chrysanthemum parthenium
30–80 cm; Staude aromat.; St. gerillt, oft braunrot überlaufen, ± behaart; B. gelbgrün, gefiedert bis fiederlappig; Blst. 10–25 mm, in lockerer Doldentraube, Strahlenbl. weiß, gekerbt; Röhrenbl. gelb.
Keim.: F?; VI–IX; (⚥); Ins. (d, h), sb.
Kultiviert u. verwildert, an Wegen, Schuttplätzen, Weinbergen, auf nährstoffr. Lehmböden.
ÖK.: –
Soz.: –
D: z; GB: s–z; F: z; S: ?.

Rainfarn
Chrysanthemum vulgare ★
40–160 cm; Staude stark aromatisch; St. oft rötl. überlaufen; B. 1–2fach gefiedert, Abschnitte gesägt; Blst. 6–12 mm, in Scheindolden, nur gelbe Röhrenbl. ⚕☠
Keim.: F; VII–X; (⚥); Ins. (d, h, c), sb.
Schuttunkrautges., Wegränder, Hecken, Dämme, Brachen, Flußufer, auf meist frischen, nährstoffr., neutralen Lehm- od. Sandlehmböden.
ÖK.: 8XX 5X5
Soz.: 3.322
D: v (Alp. bis 1000 m); GB: v–z; F: v; S: v–z.

Saat-Wucherblume
Chrysanthemum segetum
20–60 cm; Einj., blaugrün, kahl; B. grob gezähnt-fiederspaltig, ± dicklich, länglich, obere st. umfassend; Blst. 35–60 mm, einzeln; Strahlen- u. Scheibenbl., gelb.
Keim.: F; VI–X; (⚥); Ins. (d, h, l, c), sb.
Ackerunkrautges., Schuttplätze, Wegränder, Dämme, Weinberge, auf frischen, nährstoffr., kalka., mäßig sauren, sandig-lehmigen Böden (Lehmzeiger).
ÖK.: 762 555
Soz.: 3.332
D: v–s; GB: v–z; F: z; S: z.

Jakobs-Greiskraut
Senecio jacobaea ★
30–100 cm; Staude/Zweij.; St. rillig-kantig, oben verzweigt; B.leierf.-fiederteilig bis stark fiederteilig, Endlappen stumpf eiförmig; Blst. 15–25 mm, gelb, in dichten, flachen Rispen. ⚕☠
Keim.: F; VI–XI; (⚥) pa; Ins. (d, h, l, c), sb.
Fettweiden, Böschungen, Waldsäume, Raine, auf ± frischen, nährstoffr., tiefgründigen, auch steinig-sandigen Böden.
ÖK.: 853 475
Soz.: –
D: v–z (Alp. bis 1570 m); GB: v; F: v; S: z–s.
(s. A. 160)

Raukenblättriges Greiskraut
Senecio erucifolius
30–125 cm; Staude; St. kantig, meist rötl.-braun; B. graugrün, tief fiederteilig, Endlappen zugespitzt; Blst. 15–20 mm, gelb, in lockeren Rispen.
Keim.: F; VII–IX; (⚥) pa; Ins. (d, h), sb.
Kalkmagerrasen u. -weiden, Halbtrockenrasen, Böschungen, Moorwiesen, auf ± trockenen, warmen, meist kalkh. u. tiefgründigen Lehm- od. Lößböden (Rohbodenpionier).
ÖK.: –
Soz.: –
D: s–v (Alp. bis 1000 m); GB: s–v; F: v–z; S: s.

Wasser-Greiskraut
Senecio aquaticus ★
15–60 cm; Zweij.; St. ± rund; spreizend verzweigt; u. B. fiederig, Endlappen groß, stumpf, o. B. längl. fiederteilig; Blst. 25–30 mm, gelb, in lockeren Rispen.
Keim.: H–F; VII–VIII; (☿) pa; Ins. (h, d, l), sb.
Feucht- u. Moorwiesen, Grabenränder, Quellfluren, auf staunassen, meist kalka. od. entkalkten, nährstoffr., tonigen od. torfigen Böden.
ÖK.: 762 845
Soz.: 5.415
D: v–s (Alp. bis 870 m); GB: v–z; F: v–z; S: s.

Sumpf-Greiskraut
Senecio paludosus
100–170 (270) cm; Staude, behaart; St. hohl, rinnig; B. lanzettl., stark sägezähnig, oberseits kahl, unterseits filzig; Blst. 30–40 mm, gelb, in flachen Rispen.
Keim.: H–F; VI–VIII; (☿) pa; Ins. (d, h, l), sb.
Staudenges. der Ufer, Röhrichte, Großseggenbest., Bruchwälder, Verlandungszonen, auf nassen, zeitw. überfluteten, nährstoffr., hum. od. torfig-tonigen Böden.
ÖK.: 764 9X6
Soz.: 1.413.1
D: s–z; GB: s; F: s; S: s.

Fels-Kreuzkraut
Senecio squalidus ★
15–30 cm; Ein-/Mehrj., kahl, verzweigt; B. fiederig gelappt, Endlappen scharf zugespitzt, obere B. sitzend, halbst. umfassend; Blst. 15–20 mm, gelb; Hüllb. mit schwarzer Spitze.
Keim.: F; IV–XI; (☿) pa; Ins. (d, h, c), sb.
Unkrautfluren, Mauern, gestörte Flächen, auf trockenen, meist kalkhaltigen sandig-steinigen Böden (Einwanderer aus Italien).
ÖK.: –
Soz.: –
D: ?; GB: v–s; F: z; S: –.

Hain-Greiskraut
Senecio nemorensis
60–150 cm; Staude, schwach behaart; B. breit lanzettl., bis 20 cm lang, knorpelig gezähnt; Blst. 15–25 mm, gelb, in flacher Rispe; meist nur 5 Strahlenbl., duftend.
Keim.: F; VII–IX; (☿) pa; Ins., sb.
Krautreiche Buchenwälder, Kahlschlagges., Waldlichtungen, auf frischen, nährstoff- u. N-reichen, humosen, lockeren Lehmböden.
ÖK.: 737 6X8
Soz.: –
D: s–v (Alp. bis 2000 m); GB: s; F: s–z; S: –?.

Gemeines Greiskraut
Senecio vulgaris ★
10–30 cm; Einj.; B. buchtig gelappt; Blst. 4–5 mm, gelb, in lockeren Rispen; meist nur Röhrenbl.; äußere Hüllb. kurz, mit braun-schwarzen Spitzen. ⚹
Keim.: j; I–XII; (☿) pa; Ins., sb.
Ackerunkrautges., Gärten, Schutt, Brachen, Wegränder, Waldlichtungen, auf frischen, nährstoffr., ± hum., lokkeren Böden aller Art.
ÖK.: 7XX 5X8
Soz.: 3.3
D: v (Alp. bis 1860 m); GB: v; F: v; S: v.

Klebriges Greiskraut
Senecio viscosus
15–50 cm; Einj., unangenehm riechend; B. graugrün, klebrig behaart, fiedersp., obere sitzend; Blst. 8 mm, blaßgelb; mit Strahlenbl.; Hüllb. länger, ohne schwarze Spitze.
Keim.: F; VI–X; (☿) pa; Ins. (h, d), sb.
Schuttunkrautges., Steinschuttfluren, Kahlschläge, Spülfelder, auf frischen bis ± trockenen, meist nährstoffr., ± kalkh., tonigen, sandigen Böden.
ÖK.: 864 345
Soz.: 4.46
D: v; GB: v–s; F: v–z; S: z.

Wald-Greiskraut
Senecio sylvaticus
15–80 cm; Einj., nicht unangenehm riechend; B. gelbl.-grün, flaumig behaart, leierf.-fiederspaltig, o. sitzend; Blst. 5 mm, gelb; Hüllb. klein, äußere mit rötl.-schwarzen Spitzen.
Keim.: sf; VI–X; (☿); Ins. (d, h), sb.
Waldlichtungen u. -schläge, Heiden, Waldwege, auf ± frischen, nährstoffh., meist kalka., hum. Lehm- od. Sandböden (Nitrifizierungszeiger, Brandflächen).
ÖK.: 853 538
Soz.: 6.211
D: v; GB: v–z; F: z; S: z.

Gewöhnliche Eberwurz
Carlina vulgaris ★
15–50 cm; Zweij., dornig; St. mehrkopfig; B. wellig-kraus, längl.-lanzettl., buchtig gezähnt; Blst. 20–40 mm; nur Röhrenbl. gelbbraun; Hüllb. strohgelb.
Keim.: F; VII–IX; (☿); Ins. (h), sb.; versch. sspp.
Magerrasen u. -weiden, Halbtrockenrasen, Weg- u. Waldränder, auf ± trockenen, warmen, meist kalkh., oft auch steinigen, lehmigen od. tonigen Böden.
ÖK.: 763 4X3
Soz.: 5.322
D: v–s (Alp. bis 1450 m); GB: z–v; F: v–z; S: v–z.

Stengellose Eberwurz
Carlina acaulis
3–20 cm; Staude, dornig; B. in Rosette, tief fiedersp., dornig; Blst. 30–70 mm; ungestielt, einkopfig; nur Röhrenbl., weißl. wie die Hüllb., Hüllb. bei feuchtem Wetter eingekrümmt (Wetterdistel). §
Keim.: F?; V–IX; (☿); Ins. (h, d, c), sb.
Magerweiden, Halbtrokken- u. Trockenrasen, auf ± trockenen, nährstoffh., kalkr., stein. Lehm- od. Tonböden.
ÖK.: 7X4 4X2
Soz.: 5.322
D: s–z (Alp. bis 2120 m); GB: –?; F: z–s; S: –.

Echte Alpenscharte
Saussurea alpina
5–30 (45) cm; Staude, behaart; B. lanzettl., wenig gezähnt, unterseits weiß wollig; Blst. 15–20 mm, violett-rot; nur Röhrenbl., duftend.
Keim.: F?; VII–IX; (☿) pa; Ins. (h, d), sb.
Alp. Steinrasen, Rasenbänder zwischen Felsen, an Graten, auf frischen, meist kalkarmen, humushaltigen Steinböden.
ÖK.: 917 554
Soz.: 4.72
D: s (Alp. 1860–2400 m); GB: s–z; alp.; F: z, alp.; S: v–z.

Große Klette
Arctium lappa ★
60–170 (300) cm; Zweij., behaart, St. markig; B. bis 80 cm, rundl. bis herzf.; Blst. 30–40 mm; Köpfchen gestielt; nur Röhrenbl. purpurrot; Hüllb. grün.
Keim.: j; VII–IX; (⚥); Ins. (h, l), sb.
Unkrautges., Schutt, Wege, Zäune, Ufer, Böschungen, auf trockenen, nährstoffr., sandigen od. steinigen lockeren Lehmböden.
ÖK.: 954 579
Soz.: 3.511
D: v–z (Alp. bis 1100 m); GB: s–v; F: v; S: s–z.

Kleine Klette
Arctium minus ★
50–110 cm; Ein-/Zweij., behaart; B. ellipsoidisch, bis 30 cm; B.stiele hohl; Blst. 15–40 mm, Köpfchen kurz gestielt traubig; nur Röhrenbl. purpurrot.
Keim.: j; VII–IX; (⚥); Ins. (h, l), sb.
Unkrautges., Schutt, Wege, Zäune, Ufer, auf frischen bis trockenen, N- u. nährstoffr., oft kalka., hum., sandigen od. steinigen Lehmböden.
ÖK.: 953 589
Soz.: 3.511
D: v (Alp. bis 1300 m); GB: v; F: v; S: z.

Kohldistel
Cirsium oleraceum
50–150 cm; Staude; B. weichdornig, u. lanzettl., fiedersp., gezähnt, o. ungeteilt, gezähnt, st. umfassend; Blst. 25–40 mm; Röhrenbl., weißgelb; Hüllb. dornig-gezähnt.
Keim.: sf; VI–IX; (⚥) hg; Ins. (h, l), sb.
Naß- u. Feuchtwiesen, Auenwälder, Staudenfluren, Ufer u. Quellen, auf sickerstaunassen, nährstoffr., moderig-hum., sand.–ton. Böden.
ÖK.: 653 785
Soz.: 5.415
D: v (Alp. bis 2020 m); GB: s; F: v–z; S: s.

Acker-Distel
Cirsium arvense ★
50–125 (200) cm; Staude, unterirdisch kriechend; St. dornlos; B. dornig, fiedersp. buchtig; Blst. 15–25 mm; nur Röhrenbl. lila; Hüllb. mit schwarzer Spitze.
Keim.: F–So; VI–IX; (⚥) hg; Ins. (h, d, l, c), sb.
Unkrautges., Äcker, Wege, Schuttplätze, Ufer, Waldschläge, auf ± trockenen, N- u. nährstoffr., stein., sand. od. reinen Lehmböden.
ÖK.: 8XX XX7
Soz.: –
D: v (Alp. bis 1350 m); GB: v; F: v; S: v–z.

Echte Kratzdistel
Cirsium vulgare ★
60–150 cm; Zwei-/Einj.; St. kraus, dornig geflügelt; B. längl.-lanzettl., tief fiedersp., dornig gezähnt; Blst. 20–40 mm, einzeln; nur Röhrenbl., hell purpurn.
Keim.: H–F; VI–IX; (⚥) hg; Ins. (h, l, c), sb.
Unkrautges., Wege, Ufer, Schutt, Lichtungen, Waldschläge u. -schluchten., auf ± frischen, nährstoffr., lehmigen Böden.
ÖK.: 853 5X8
Soz.: 3.32
D: v (Alp. bis 1340 m); GB: v; F: v; S: z.

Wollköpfige Kratzdistel
Cirsium eriophorum ★
70–150 cm; Zweij.; St. ungeflügelt; B. fiedersp., sehr dornig, weißwollig; Blst. 40–70 mm, violettblau-purpurn, kugelig; Hüllb. wollig behaart.
Keim.: H; VII–IX; (⚥) hg; Ins. (h, l), sb.
Unkrautges., Wege, um Almhütten, auf warmen, ± trockenen u. nährstoffr., kalkh., oft stein., hum., lehm. od. ton. Böden.
ÖK.: 8X3 495
Soz.: 3.32
D: s–z (Alp. bis 1850 m); GB: z–s; F: v–z; S: –.

Englische Kratzdistel
Cirsium dissectum
30–100 cm; Staude, schwach dornig; St. wenig beb., ungeflügelt; B. unterseits weiß-wollig, fiederig gelappt bis ungeteilt; Blst. 20–25 mm, purpurrot, einzeln; Hüllb. mit feiner Spitze.
Keim.: So–H; VI–VIII; (⚥) hg; Ins. (h, d, l), sb.
Moorwiesen, Pfeifengraswiesen, Flachmoore, Grabenränder, Heiden, auf feuchten bis nassen, nährstoffärmeren, torfigmoorigen Böden.
ÖK.: 771 832
Soz.: 5.411
D: s–z; GB: z–s; F: z; S: –. **(s. A. 161)**

Filzige Kratzdistel
Cirsium heterophyllum
50–100 cm; Staude, mit Ausläufern; St. reichb.; B. sehr dicht weißfilzig, st. umfassend, lang zugespitzt, gesägt; Blst. 30–50 mm, dunkel purpurrot; Hüllb. an der Spitze bräunl.
Keim.: H?; VII–VIII; (⚥) hg; Ins. (h), sb.
Hochstaudenfluren, Naßwiesen, Bachufer, auf nassen, ± nährstoffr., kalkarmen, humosen, sandigen od. tonigen Böden.
ÖK.: 754 856
Soz.: –
D: z–s (Alp. bis 950 m); GB: z–s; F: s; S: v.

Stengellose Kratzdistel
Cirsium acaulon
5–10 (25) cm; Staude, schwach behaart; B. nur in Rosette, lappig-buchtig bis fiederspaltig, Zipfel sehr dornig; Blst. 25–50 mm, meist einzeln, kaum od. nur kurz gestielt, purpurrot.
Keim.: H; VI–IX; (⚥) + (♀); Ins. (h, l), sb.
Halbtrockenrasen, magere Wiesen u. Weiden, Böschungen, Wegränder, auf ± trockenen, meist kalkr., mageren, oft steinigen Lehmböden.
ÖK.: 954 382
Soz.: 5.322
D: s–v (Alp. bis 1600 m); GB: s–z; F: v–z; S: z–s.

Sumpf-Kratzdistel
Cirsium palustre ★
40–190 cm; Zweij.; St. geflügelt, dornig; B. tief fiedersp., zerstreut behaart, Zipfel gelbdornig, 2spaltig; Blst. 10–15 mm, purpurn, selten weiß.
Keim.: F; VII–IX; (⚥) + (♀); Ins. (h, d, l), sb.
Naß- u. Moorwiesen, Flachmoore, Ufer, Grabenränder, Auenwälder, Quellfluren, auf nassen bis feuchten, ± nährstoffr., kalkärmeren, meist tonigen od. lehmigen Böden (Ton- und Vernässungszeiger).
ÖK.: 753 843
Soz.: 5.41
D: v (Alp. bis 1450 m); GB: v; F: v; S: v–z.

tachel-Distel
arduus acanthoides ★
0–200 cm; Zweij.; St. eflügelt, wehrhaft stahelig, oben ± dornenos; B. weich dornig; lst. 10–20 mm, purpurot, gelb od. weiß; füllb. weich dornig. eim.: sf; VI–IX; (⚥); ns. (h, l), sb. nkrautges., Wege, chuttplätze, Viehläger, uf warmen, ± trockeen, nährstoffr., hum., hm. od. ton. Böden.
K.: 956 3X8
oz.: 3.321
: z–s (Alp. bis 1600 m); B: z–s; F: v; S: v–z.
. **A. 162)**

Nickende Distel
Carduus nutans ★
30–150 cm; Zweij.; St. behaart, geflügelt, dornig, o. ± dornenlos; B. tief fiedersp.; dornig; Blst. 30–70 mm, einzeln, purpurrot, nickend.
Keim.: sf; VI–IX; (⚥) hg; Ins. (h, l), sb.
Unkrautges., Wege, Schuttplätze, Böschungen, Feldraine, auf ± trockenen, N- u. nährstoffh., meist kalkr., hum. od. sandig-stein. Lehm- od. Tonböden.
ÖK.: 8X5 386
Soz.: 3.321
D: v–z (Alp. bis 1000 m); GB: z–s; F: v–z; S: z–s.

Wiesen-Flockenblume
Centaurea jacea
10–80 cm; Staude behaart; B. buchtig geteilt bis entfernt gezähnelt; Blst. 10–20 mm; nur Röhrenbl., rot, Randbl. größer, ± 2lippig; Hüllb.anhängsel braun.
Keim.: So–H; VI–IX; (⚥); Ins. (h, d, l), sb.
Fettwiesen u. -weiden, Halbtrocken- u. Borstgrasrasen, Pfeifengras- u. Moorwiesen, Heiden, auf ± trockenen, nährstoffr. Lehmböden.
ÖK.: 7X5 XXX
Soz.: v (Alp. bis 1860 m); GB: z–s; F: z–s; S: z.

Schwarze Flockenblume
Centaurea nigra ★
20–70 cm; Staude, rauhhaarig; St. kantig; B. lanzettl., schwach gezähnt; Blst. 20–40 mm, nur Röhrenbl., purpurrot; Hüllb.anhängsel dunkelbraun.
Keim.: F?; VI–IX; (♂); Ins. (h, d, l, c), sb.
Magere Weiden, Rasen, Waldlichtungen, Heideges., auf ± feuchten, nährstoff- u. kalka., sandigen Lehmböden.
ÖK.: 8X2 53?
Soz.: 5.112
D: s; GB: v; F: v–z; S: z–s.

Skabiosen-Flockenblume
Centaurea scabiosa
50–100 cm; Staude; B. fiederteilig; meist borstig; Blst. 30–50 mm; nur Röhrenbl., purpurrot, Randbl. vergrößert; Hüllb. fransenhaarig, schwarz u. grün.
Keim.: sf; VI–IX; (⚥); Ins. (h, d, l), sb.
Kalkmager-, Halbtrokken- u. Trockenrasen, Waldränder, Böschungen, auf kalkr., stein., lehm. od. ton. Böden.
ÖK.: 7X3 383
Soz.: 5.32
D: z–s (Alp. bis 2100 m); GB: z–s; F: v–z; S: z.

ern-Flockenblume
ntaurea calcitrapa
-60 cm; Zweij., vereigt, kurzhaarig; B. derspaltig; Blst. 8– mm; nur Röhrenbl. aß purpurrot; Hüllb. t langem gelben Endrn.
im.: F; VII–IX; (⚥); . (h, d), sb.
krautges., Wege, Zäu Schutt- u. Verladetze, Dämme, auf warn ± trockenen, nährfreichen, lehmigen tonigen Böden.
K.: –
z.: –
s; GB: s–z; F: z; S: –.

Kornblume
Centaurea cyanus
30–60 cm; Einj.; B. fiederspaltig, graugrün filzig, untere gestielt, obere sitzend, lanzettl.; Blst. 15–30 mm; nur Röhrenbl., blau, Randbl. stark vergrößert.
Keim.: H–F; VI–X; (⚥); Ins. (h, d, l), sb.
Getreideunkrautges., Feldraine, Schuttplätze, auf ± frischen, nährstoffreichen, meist kalkarmen sandigen od. lehmigen Böden.
ÖK.: 7X5 XXX
Soz.: –
D: v–z; GB: z–s; F: v–z; S: z.

Berg-Flockenblume
Centaurea montana
30–60 cm; Staude, kriechend, behaart; B. ganzrandig, Lanzettl., selten buchtig, sitzend; Blst. 60–80 mm; nur Röhrenbl., blau, Randbl. stark vergrößert; Hüllb. grün, längsgestreift.
Keim.: F?; V–X; (⚥); Ins. (h).
Hochstaudenfluren, Bergwiesen, Schluchtwälder, auf warmen, ± feuchten bis frischen, nährstoffr., kalkh., lokker-humosen Böden.
ÖK.: 644 566
Soz.: 6.313
D: s–z (Alp. bis 2100 m); GB: –; F: z–s; S: –.

Eselsdistel
Onopordum acanthium
30–150 (200) cm; Zweij.; St. geflügelt, dornig, grauweiß-wollig; B. längl.-ellipt., stark dornig; Blst. 30–50 mm; nur Röhrenbl., purpurn, einzeln; Hüllb. unten wollig, mit Dorn endend. ☿
Keim.: F; VII–IX; (⚥); Ins. (h), sb.
Unkrautges., Schutt- u. Verladeplätze, Dämme, auf ± trockenen, warmen, nährstoffreichen sandig-steinigen Böden.
ÖK.: 976 478
Soz.: 3.321
D: s–z; GB: s; F: v–z; S: z–s.

Färberscharte
Serratula tinctoria
30–100 cm; Einj./Staude; B. leierf.-fiedersp., gesägt, kahl; Blst. 15 mm; nur Röhrenbl., purpurrot; Hüllb. flaumig, o. purpurrot.
Keim.: F?; VII–IX; (⚥); (♀); (♀ + ♂), ♂; Ins. (h, d), sb.
Moorwiesen, Flachmoore, Grabenränder, Wälder u. Gebüsche, auf feuchten bis ± trockenen, nährstoffr., sandig-tonigen Böden.
ÖK.: 765 X85
Soz.: 5.411
D: s–v (Alp. bis 800 m); GB: z–s; F: v–z; S: z–s.

Wiesen-Bocksbart
Tragopogon pratensis ★
30–75 cm; Einj./Staude, mit Milchsaft; B. lanzettl.-längl., grasähnlich, spitz, halbst. umfassend; Blst. 15–20 mm, gelb; Hüllb. länger als Bl.
Keim.: sf; V–VIII; (⚥); Ins. (h, d, c), sb.
Fettwiesen, Wegränder, Raine, Unkrautfluren, auf ± trockenen, nährstoffreichen, mittel bis tiefgründigen Ton- u. Lehmböden.
ÖK.: 753 467
Soz.: 5.42
D: v (Alp. bis 1700 m); GB: v–z; F: v; S: z.
(s. A. 163)

Wegwarte
Cichorium intybus ★
30–130 cm; Staude, ohne Milchsaft; untere B. buchtig-fiederlappig, schrotsägezähnig o. lanzettl.; Blst. 25–40 mm, hellblau. ☠
Keim.: F?; VI–IX; (⚥); Ins. (h, d), sb.
Unkraut- u. Trittges., Weg- u. Straßenränder, Schutt, Äcker, Weiden, auf ± trockenen, nährstoff- u. N-reichen, sandigen od. kiesigen Lehmböden.
ÖK.: 965 485
Soz.: 3.322
D: z–v (Alp. bis 850 m); GB: z–v; F: v–z; S: z.

Alpen-Milchlattich
Cicerbita alpina
60–120 cm; Staude; St. braunrot drüsig behaart; B. st. umfassend, fiedersp. gelappt, mit großem Endlappen; Blst. 20–30 mm, violett.
Keim.: ?; VII–IX; (⚥); Ins. (h, c, l).
Subalp. Hochstaudenfluren, Bergmischwälder, Gebüsche, auf feuchten, nährstoffr., lockeren bis steinigen, hum. Ton- u. Lehmböden.
ÖK.: 632 6X8
Soz.: 6.3
D: s–z (Alp. 1100–1950 m); GB: s (Schottl.); F: s, alp.; S: v–z.

Wilder Lattich
Lactuca serriola ★
50–150 cm; Einj.; St. u. B. stachelig; B. fiederlappig, Mittelrippe unterseits stachelig, in sonnigen Lagen auf N-S Richtung eingestellt (Kompaßpflanze); Blst. 11–13 mm, gelb.
Keim.: H; VI–IX; (⚥); Ins., sb.
Unkrautges., Wegränder, Äcker, Dämme, Schuttplätze, auf ± trockenen, nährstoffr.-sandig-stein. Lehm- u. Tonböden.
ÖK.: 977 4X4
Soz.: –
D: v–z; GB: s–z; F: v–z; S: s.

Gift-Lattich
Lactuca virosa
60–150 cm; Einj.; W.stock mit Mohngeruch; St. unten borstig, oft rötlich; B. kahl, fiederspaltig; Blst. gelb, i[n] verzweigten Ähren od. Trauben; Fr. schwarzbraun. ☠ ✱
Keim.: H; VII–IX; (⚥)
Ins.
Unkrautges., Wegränd[er], Dämme, Schuttplätze, auf ± trockenen, warmen, nährstoffreichen, steinigen Lehmböden.
ÖK.: –
Soz.: –
D: s; GB: s–z; F: z; S:
(s. A. 164)

Hasenlattich
Prenanthes purpurea
50–150 cm; Staude; St. kahl od. flaumig behaart; B. verkehrt eif.-längl., weitbuchtig gezähnt bis ganzrandig, herablaufend; Blst. 12–15 mm, violettrot, wenigbltg. in Rispe.
Keim.: ?; VII–IX; (♂); Ins. (h, c, d).
Mont. Laub- u. Laub-Nadel-Mischwälder, Lichtungen, auf frischen, nährstoffr., hum., meist kalka. Böden.
ÖK.: 444 5X5
Soz.: –
D: s–v (Alp. bis 1950 m); GB: –; F: s; S: –.

Mauerlattich
Mycelis muralis ★
60–80 cm; Staude, oft rötl. überlaufen; B. tief fiedersp., Endlappen ekkig, groß, untere B. langgestielt, o. sitzend, st. umfassend, grob gezähnt; Blst. 12–15 mm in lockerer Rispe; Zungenbl. 4–5, blaßgelb.; Hüllb. in 2 Reihen.
Keim.: H–F; VI–IX; (⚥); Ins. (h, d), sb.
Laub- u. Nadelwälder, Waldlichtungen, Mauern, Felsen, auf frischen, nährstoffr., locker-hum. Lehmböden.
ÖK.: 452 5X6
Soz.: 3.522
D: z–v (Alp. bis 1140 m); GB: v–z; F: v–z; S: z.

Acker-Gänsedistel
Sonchus arvensis
50–150 cm; Staude, mit Milchsaft; St. im Blst. drüsig borstig; B. lanzettl., buchtig fiedersp., weichstachelig gezähnt, o. st. umfassend; Blst. 40–50 mm; nur Zungenbl., gelb; Hüllb. drüsig-gelb-haarig.
Keim.: H–F; VII–IX; (⚥); Ins. (h, d, c, l), sb.
Staudenges., Ufer, Dünen, Ackerunkrautges., auf ± frischen, nährstoffr. sandigen od. reinen Ton- u. Lehmböden.
ÖK.: 75X 57X
Soz.: –
D: v (Alp. bis 1450 m); GB: v–z; F: v; S: z.
(s. A. 165)

Rauhe Gänsedistel
Sonchus asper
30–60 cm; Einj., mit Milchsaft; St. hohl; B. dunkel, glänzend, längl., am Rand stachelig, obere st. umfassend, untere geflügelt gestielt; Blst. 20 mm, gelb, außen graurot.
Keim.: H–F; VI–X; (⚥); Ins. (h, l, d).
Unkrautges., Äcker, Gärten, Wegränder, Brachen, Schuttplätze, auf frischen bis ± trockenen, nährstoff- u. N-reichen, hum., sandigen od. reinen Lehmböden.
ÖK.: 75X 677
Soz.: 3.33
D: v–z (Alp. bis 1000 m); GB: v–z; F: v; S: z.

Gewöhnliche Gänsedistel
Sonchus oleraceus
30–90 cm; Einj.; St. m[it] Milchsaft; B. fiederig [ge]lappt, bläul.-grün, gezähnt, Endlappen am größten, o. st. umfassend; Blst. 20–25 mm, blaßgelb, außen brau[n]rot od. violett gestreift
Keim.: H–F; V–XI; (⚥)
Ins. (h, d).
Unkrautges., Äcker, G[är]ten, Wegränder, Schu[tt], Brachen, auf frischen ± trockenen, nährstof[f-] u. N-reichen, hum., meist lehmigen Böde[n].
ÖK.: 75X 488
Soz.: 3.3
D: v (Alp. bis 950 m); GB: v–z; F: v; S: z.

roßes Bitterkraut
icris echinoides ★
-60 cm; Einj.; St. bor-
g behaart; B. eif.-
ngl., buchtig gezähnt;
st.umfassend, Haare
f weißl. Polstern; Blst.
-25 mm, gelb, büsche-
gehäuft; Hüllb. groß;
. mit weißem Pappus.
eim.: F; VI–XI; (⚥);
s.: (h), sb.
nkrautges., Ufer, Äk-
r, Dämme, Gärten, auf
schen, nährstoffr.,
m., auch sandigen
hm- u. Tonböden.
K.: –
z.: –
s–z; GB: s–z; F: v–z;
–?.

Gewöhnliches Bitterkraut
Picris hieracioides ★
30–60 (100) cm; Zweij./Staude, borstig behaart; B. längl.-lanzettl., buchtig gezähnt Blst. 25–35 mm, gelb; Hüllb. klein; Fr. mit gelbl.-weißem Pappus.
Keim.: F; VII–X; (⚥); Ins. (h, d), sb.
Halbtrockenrasen, Wiesen, Wegränder, Schutt, auf nährstoffr., meist kalkh., sand. Lehm- u. Tonböden.
ÖK.: 8X5 484
Soz.: 3.322
D: s–v (Alp. bis 1600 m); GB: s–z; F: v–z; S: s.

Rainkohl
Lapsana communis ★
25–120 cm; Einj./(Staude), ohne Milchsaft; B. fast kahl, o. lanzettl., u. leierf.-fiedersp.; Blst. 10–20 mm, gelb, sich nur bei Sonne u. am Morgen öffnend.
Keim.: H–F; VI–X; (⚥); Ins. (h, d, l).
Unkrautges., Wegränder, Äcker, schattige Säume von Hecken u. Wäldern, auf frischen, nährstoff- u. meist N-reichen, lockeren Lehmböden.
ÖK.: 5X3 5X7
Soz.: 3.522
D: v (Alp. bis 1200 m); GB: v–z; F: v; S: z.

Wiesen-Löwenzahn
Taraxacum officinale ★
Sect. Borelaia
5–50 cm; Staude, mit Milchsaft; B. in Grundrosette, tief buchtig; Blst. 35–55 mm, einzeln, sattgelb; Hüllb. oft nach unten geschlagen. ⚕
Keim.: So–H; IV–VI; (⚥); Ins., apo.
Fettwiesen u. -weiden, Wegränder, Äcker, Dämme, auf trockenen, nährstoffr., sandig-steinigen Lehm- od. Tonböden.
ÖK.: 7XX 5X7
Soz.: –
D: v (Alp. bis 2590 m); GB: v; F: v; S: v.
(s. A. 166)

Heide-Löwenzahn
Taraxacum laevigatum
Sect. Erythrocarpa
5–25 cm; Staude, mit Milchsaft; B. in Grundrosette, schmal, tief buchtig; Blst. 20–30 mm, einzeln, hellgelb, auf hohlem Stiel; Hüllb. ± zurückgeschlagen.
Keim.: So–H; IV–VI; (⚥); apo.
Halbtrockenrasen, Böschungen, Dämme, Brachen, auf meist kalkr., lockeren Sand-, Löß- od. Lehmböden.
ÖK.: 875 38X
Soz.: 5.2
D: z; GB: z–v; F: v–z; S: z. **(s. A. 167)**

oßer Löwenzahn
axacum spectabile
t. Spectabilia
35 cm; Staude, mit
chsaft; B. in Grun-
sette, oft gefleckt,
z gelappt, mit röt-
en Stielen; Blst. 30–
50) mm, einzeln,
gelb, auf hohlem
l; äußere Hüllb. kür-
als innere, ohne
trand.
m.: F–So; IV–VII;
, apo.
chmoorges., anmoori-
Wiesen, auf ± nassen,
st nährstoffa., sauren,
gründigen Böden.
.: –
.: –
; GB: s–v; F: z–s;
(s. A. 168, 169)

Sand-Ferkelkraut
Hypochoeris glabra
15–35 cm; Einj., kahl; B. in Grundrosette, schwach buchtig, Blst. 15–25 mm, gelb, auf verzweigten, b.losen Stielen, nur in voller Sonne öffnend.
Keim.: H; VI–X; (⚥); Ins. (d, l, c), sb.
Sand- u. Magerrasen, Ackerunkrautges., Brachen, auf ± trockenen, nährstoffreichen, kalkarmen sandigen Böden (Sandzeiger).
ÖK.: 972 321
Soz.: 5.24
D: z–s; GB: s; F: z–s; S: s.
(s. A. 170)

Geflecktes Ferkelkraut
Hypochoeris maculata
25–100 cm; Staude, behaart; B. breit lanzettl., rotbraun gefleckt, kurzborstig, buchtig gezähnt; Blst. 30–45 mm, zitronengelb; Hüllb. schwarzgrün mit filzigem Rand.
Keim.: F; V–VIII; (⚥); Ins. (h, d).
Magerrasen u. -weiden, lichte Wälder, sonnige Gebüschränder, auf ± trockenen, meist entkalkten, sandigen od. lehmigen Böden (Wechselfeuchtezeiger).
ÖK.: –
Soz.: –
D: s–z (Alp. bis 950 m); GB: s; F: s; S: z.

Gewöhnliches Ferkelkraut
Hypochoeris radicata
20–60 cm; Staude, behaart; B. in Grundrosette, rauh, tief buchtig gezähnt; Blst. 25–40 mm, einzeln od.verzweigt, gelb; St. schuppenf. beb.
Keim.: H; VI–IX; (⚥); Ins. (h, d, l).
Magere Wiesen, Weiden, Borstgrasrasen, Heideges., Parkrasen, auf frischen bis ± trockenen, kalka., modrig-hum., sandigen Lehm- u. Tonböden.
ÖK.: 853 543
Soz.: –
D: v–z (Alp. bis 1400 m); GB: v; F: v; S: z–s.

Herbst-Milchkraut
Leontodon autumnalis ★
15–45 cm; Staude, kahl; B. tief fiederteilig, selten buchtig, spitz, in Grundrosette; Blst. 15–35 mm, meist einzeln, sattgelb; St. mit schuppenf. B.; äußere Zungenbl. unterseits rotgestreift.
Keim.: So–H; VI–IX; (⚥); Ins. (d, h), sb.
Fettweiden, Parkrasen, Ufersaumges., auf frischen, nährstoff- u. N-reichen, meist kalka. Lehm- u. Tonböden.
ÖK.: 7X3 5X5
Soz.: 5.423?
D: v (Alp. bis 1850 m); GB: v; F: v; S: v.

Wiesen-Milchkraut
Leontodon hispidus
15–30 cm; Staude; B. in Grundrosette behaart, schwach buchtig gezähnt; Blst. 25–40 mm, einzeln, gelb, in Knospe nickend.
Keim.: ?; VI–X; (⚥);
Ins. (h, d, l, c), sb.
Fettwiesen, -weiden, Halbtrockenrasen, Moor- u. Naßwiesen, Stein- u. Schuttfluren, auf frischen, nährstoffr., sandig steinigen od. lehmigen Böden.
ÖK.: 8X3 4X3
Soz.: 5.4 (ssp. hisp.)
D: v–z (Alp. bis 2400 m); GB: v–z; F: v; S: z–s.

Salz-Milchkraut
Leontodon saxatilis ⋆
5–30 cm; Ein-/Mehrj., kahl od. behaart; B. in Grundrosette tief buchtig gezähnt; Blst. 12–20 mm, gelb, einzeln, in Knospe nickend.
Keim.: F–So; VI–X; (⚥);
Ins. (h).
Wiesen, Weiden, Wegränder, Brachen, Flachmoore, Deiche, Dünen, Ufer, auf feuchten, nährstoffr., auch salzh., dichten Lehm- u. Tonböden.
ÖK.: 872 6X?
Soz.: –
D: z–s; GB: z–s; F: v–z; S: s.

Wiesen-Pippau
Crepis biennis
50–120 cm; Staude, behaart; B. tief fiederlappig gezähnt, lanzettl.-eif., obere st. umfassend, fiederig bis ganzrandig; Blst. 20–35 mm, rispig, gelb; äußere Hüllb. spreizend.
Keim.: So; V–VIII; (⚥);
Ins. (h), apo.
Fettwiesen, Wegränder, auf frischen, nährstoffr., schwach sauren Ton- u. Lehmböden (Nährstoffzeiger).
ÖK.: 653 565
Soz.: 5.421
D: v (Alp. bis 1300 m); GB: s–z; F: v; S: z–s.

Grüner Pippau
Crepis capillaris
15–60 cm; Einj.; Rosettenb. bis 30 cm lang, lanzettl., gezähnt bis doppelt fiederschnittig, o. st.umfassend; Blst. 10–20 mm, gelb, in lokkerer Rispe.
Keim.: So; VI–XI; (⚥);
Ins. (h, d), sb.
Fettwiesen u. -weiden, Parkrasen, Acker- u. Wegränder, Brachen, Schutt, auf ± frischen, nährstoffr., meist kalka., auch sandigen Böden.
ÖK.: 762 453
Soz.: 5.42
D: v–z (Alp. bis 950 m); GB: v; F: v; S: z–s.

Sumpf-Pippau
Crepis paludosa
40–80 cm; Staude; St. hohl, am Grunde rötl.; B. lanzettl., gezähnt, matt grün, zugespitzt, obere geöhrt; Blst. 15–25 mm, orange-gelb; Hüllb. mit schwarzen, klebrigen Haaren.
Keim.: sf; VI–IX; (⚥);
Ins. (h, d), sb.
Feuchtwiesen, Flach- u Quellmooore, auf nasse nährstoffr., ± sauren, h musr. Tonböden.
ÖK.: 7X3 88X
Soz.: –
D: v (Alp. bis 1920 m); GB: z–v; F: z–s; S: v–z
(s. A. 171)

Löwenzahn-Pippau
Crepis vesicaria ⋆
30–80 cm; Ein-/Zweij.; behaart; B. eif. tief-fiederlappig-gezähnt, obere st.umfassend; Blst. 15–25 mm, gelb; äußere Zungenbl. u. purpurrot.
Keim.: sf; V–VII; (⚥);
Ins. (h, d), sb.
Unkrautfluren, Rasen-Ges., Wege, Mauern, Böschungen, Wiesenränder, auf ± trockenen, nährstoff- u. kalkr., hum., auch steinig-sandigen Lehmböden.
ÖK.: –
Soz.: –
D: z–s; GB: s–v; F: v; S: –. (s. A. 172)

Schirm-Habichtskraut
Hieracium umbellatum
30–100 cm; Staude; B. schmallineal., schwach buchtig bis ± ganzrandig, rauhhaarig; Blst 20–30 mm, gelb.
Keim.: F; VI–XI; (⚥);
Ins. apo.
Schillergras-Rasen, ältere Küstendünen, lichte Eichen-, Kiefern- u Eichen-Birkenwälder, Heiden, Magerrasen, auf ± trockenen, kalka., ± sauren, hum., sandigen od. steinigen Lehmböden.
ÖK: 6XX 442
Soz.: 8.3
D: v (Alp. bis 1050 m); GB: z–v; F: v; S: v–z.
(s. A. 173)

Gemeines Habichtskraut
Hieracium lachenalii
30–100 cm; Staude; St. ± verzweigt; Grundrosette locker; Grdb. ellipt.-lanzettl., gestielt, buchtig gezähnt, obere Stb. sitzend; Blst. 15–25 mm, gelb.
Keim.: H–F; VI–VIII; (⚥); apo.
Lichte Laub- u. Nadelwälder, Eichen-Birkenwälder, Heiden, auf ± frischen, nährstoffr., meist kalka., hum., oft auch steinigen od. sandigen Lehmböden.
ÖK.: 5XX 542
Soz.: 8.3
D: v (Alp. bis 1850 m); GB: v–z; F: v; S: v.

Alpen-Habichtskraut
Hieracium alpinum
10–30 cm; Staude, lang behaart, Haare mit dunklen Füßen; B. in Grundrosette, lanzettl., in d. geflügelten St. verschmälert; Stb. wenige, schuppenf.; Blst. 25–35 mm, gelb, meist einzeln.
Keim.: F?; VII–VIII; (⚥); apo.
Subalp.-alp. Magerrasen, Zwergstrauch-Gestrüpp, auf frischen bis feuchteren, kalka., stein., torfig humosen Böden.
ÖK.: 833 511
Soz.: 5.111
D: z–s; (Alp. 1400–2200 m); GB: z–s, alp.; F: ?; S: z.

Kleines Habichtskraut
Hieracium pilosella
5–30 cm; Staude, mit vielen Ausläufern; B. Grundrosette, breitlar zettl., ganzrandig, wei filzig; Blst. 20–30 mm gelb, einzeln, äußere Zungenbl. oft rotstrei Hüllb. behaart.
Keim.: F; V–X; (⚥); apo.; versch. sspp.
Mager- und Halbtrok kenrasen, Heiden, W ränder, Böschungen, nährstoff- u. kalka., meist sandigen od. st nigen Böden.
ÖK.: 7X3 4X2
Soz.: –
D: v (Alp. bis 2100 m GB: v; F: v; S: v.

(NKEIM-
LÄTTRIGE
FLANZEN
onocotyledoneae ★
·äuter; B. schmal li-
alisch od. breiteif. od.
nfach gefiedert, mit Pa-
llelnervatur; Bl. oft in
Kreisen, 3zählig, häu-
Kelch u. Krone nicht
unterscheiden, z. T.
Spelzen reduziert.

FROSCHLÖFFEL-GEWÄCHSE
Alismataceae ★
Sumpf- u. Wasserpflanzen; B. grundst., oft flutend od. schwimmend; Bl. 3zählig, mit 3 Kronu. 3 Kelchb., in doldenartigen od. quirligen Blst.; Fr. kopfig gehäuft.

Gemeiner Froschlöffel
Alisma plantago-aquatica ★
15–110 cm; Staude; B. groß, eiförmig, oval od. lanzettl.; Bl. 8–10 mm, weiß, in Quirlen; Blst. pyramidenförmig; Fr. lang geschnäbelt. ⚕
Keim.: H–F; VI–IX; (⚥); Ins. (d).
Röhrichte, Großseggenges., an Ufern von Seen u. Teichen, Gräben, in nährstoffreichem, meist stehendem Wasser mit Schlammgrund.
ÖK.: 7XX 10X8
Soz.: 1.4
D: v (Alp. bis 1150 m); GB: v–z; F: v; S: z.

Lanzettlicher Froschlöffel
Alisma lanceolatum
10–90 cm; Staude; B. lanzettl., in den Stiel verschmälert, bläulichgrün; Bl. 8–10 mm, rosa, in Quirlen; Blst pyramidenförmig; Fr. kurz geschnäbelt.
Keim.: H–F; VI–IX; (⚥); Ins. (d).
Großseggenges., an Ufern von stehenden od. fließenden Gewässern, in nährstoffr. Wasser mit Schlammgrund.
ÖK.: –
Soz.: –
D: z; GB: s–z; F: z–s; S: s. (**s. A. 174**)

Igelschlauch
Baldellia ranunculoides
5–30 cm; Staude; B. lanzettl., gestielt, 3nervig; Bl. 10–15 mm, weiß bis schwach rosa, in Quirlen; Fr. mit kurzem Schnabel.
Keim.: ?; VI–X; (⚥); Ins.
Strandlingsges., an flachen Ufern, in meist nährstoffarmem, auch salzhaltigem Wasser mit Schlammgrund.
ÖK.: 861 11X?
Soz.: 1.315
D: s–z; GB: s–z; F: z; S: s.

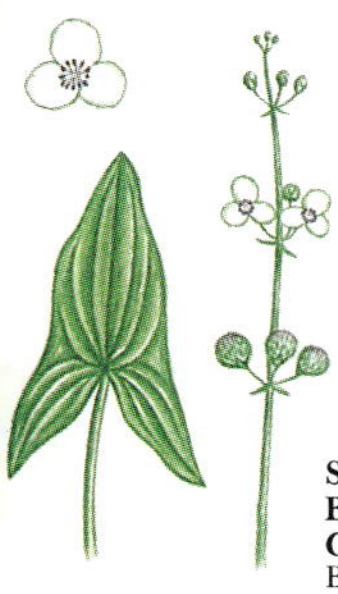

eilkraut
gittaria sagittifolia ★
-125 cm; Staude;
undb. langgestielt, tief
ilförmig, Schwimmb.
zettl., submerse B.
ıdförmig-lineal; Bl.
mm, weiß, im Zen-
m braunrot. ⚕
im.: F; VI–VIII; (♀ +
Ins.
hrichte, meist in ste-
ıdem, seichtem, nähr-
freichem Wasser mit
lammgrund.
.: 7X4 1076
.: 1.4
v; GB: v–z; F: v–z;
z.

SCHWANEN-BLUMEN-GEWÄCHSE
Butomaceae
Kräuter; heimisch nur eine Gattung; Bl. 3zählig, 3 Kronb. rötl., 3 Kelchb. rötlich-braun.

FROSCHBISS-GEWÄCHSE
Hydrocharitaceae
Untergetauchte od. schwimmende Wasserpfl.; Bl. od. Blst. vor der Entfaltung von 1–2 sterilen Hochb. umgeben (Spatha); Bl. eingeschlechtig.

Schwanenblume
Butomus umbellatus ★
60–150 cm; Staude; B. grundständig, lang-lineal., rinnenförmig–3kantig; Bl. rötlich-weiß, Kronb. 3, einzeln, ungleich lang gestielt; Blst. eine Dolde; Fr.chen 6.
Keim.: F; VI–VIII; (⚥); Ins. (h, d, l).
Röhrichte, in stehendem od. langsam fließendem, nährstoffreichem Wasser mit Schlammgrund.
ÖK.: 6X5 10X8
Soz.: 1.411
D: v–s; GB: s–z; F: z; S: s–z.

Froschbiß
Hydrocharis morsus-ranae
Schwimmblattpfl., Staude; B. lang gestielt, B.spreite fast kreisrund, am Grunde herzförmig; 2 häutige Nebenb. am Stielgrund; Bl. 20 mm, weiß, mit gelbem Zentrum; nie fruchtend.
Keim.: –; VI–VIII; (⚥);?
Schwimmblattpfl.bestände, Krebsscheren-, Froschbißges., in seichtem, nährstoffreichem, stehendem od. langsam fließendem Wasser mit Schlammgrund.
ÖK.: 764 1165
Soz.: 1.113
D: v–z; GB: z–s; F: z–s; S: z–s. (**s. A. 175**)

Krebsschere
Stratiodes aloides
15–45 cm; Staude, zur Bl.zeit halbsubmers; B. breit-lineal.-lanzettl., scharf stachelig gesägt; Bl. 30–40 mm, weiß, eingeschlechtig; nie fruchtend.
Keim.: –; VI–VIII; (♀) + (♂); ?
Krebsscheren- u. Froschbißges., in ± seichtem, nährstoffreichem, stehendem, ± kalkarmem Wasser mit Schlammgrund.
ÖK.: 775 1276
Soz.: 1.113
D: z–s; GB: z–s; F: z–s; S: z–s.

Kanadische Wasserpest
Helodea canadensis ★
Submers; Staude, bis 300 cm lang; B. meist zu 3 in Quirlen, längl.-eif., gesägt; Bl. 5 mm, weiß, lang gestielt, an der Wasseroberfläche, nie fruchtend, da im Gebiet nur ♀ Pflanzen.
Keim.: –; V–IX; (♀) + (♂).
Schwimmb.- u. Laichkrautges., in stehenden od. langsam fließenden, nährstoffr. Gewässern.
ÖK.: 765 12X7
Soz.: 1.2
D: v; GB: z–s; F: v–z; S: z–s. **(s. A. 176)**

BLUMENBINSEN-GEWÄCHSE
Scheuchzeriaceae
Sumpfpflanzen mit grasähnlichen, scheidigen B.

DREIZACK-GEWÄCHSE
Juncaginaceae
Sumpfpflanzen mit schmalen, halbstielrunden B.

LAICHKRAUT-GEWÄCHSE
Potamogetonaceae ★
Wasserpflanzen, untergetaucht od. mit Schwimmb.

SEEGRAS-GEWÄCHSE
Zosteraceae
Wasserpflanzen des Meeres; B. schmal, grasähnlich.

Blumensimse
Scheuchzeria palustris
10–20 cm; Staude; B. am Grunde scheidig erweitert, lineal.-rinnenförmig; Bl. 4 mm, gelblichgrün, in wenigbltg. Trauben; Bl.hülle 6blättrig, kelchähnlich (Perigon).
Keim.: F–So; V–VII; (⚥); wb.
Hochmoor-, u. Zwischenmoorschlenken, Schwingrasen, auf nassen, sauren, nährstoffarmen Hochmoor- od. Torfschlammböden.
ÖK.: 955 932
Soz.: 1.61
D: s (Alp. bis 1350 m); GB: s; F: s; S: v–z.

Sechszack
Triglochin maritima
10–60 cm; Staude; B. schmal-lineal, fleischig, halbstielrund, grundständig; Bl. sehr klein, grünl.-rötl., in dichter, sich verlängernder Traube; Kronb. 3; Fr. eiförmig unter 4 mm. ✲
Keim.: F; V–IX; (⚥) pg; wb.
Salzwiesen, Salzstellen des Binnenlandes, auf feuchten, meist periodisch überfluteten, schlickreichen Böden.
ÖK.: 8X7 7X?
Soz.: 2.6
D: v–s; GB: v–z; F: z; S: v.

Sumpf-Dreizack
Triglochin palustris ★
15–60 cm; Staude; B. sehr schmal-lineal, halb stielrund; Bl. sehr klein gelblich-grün, in locker sich nicht verlängernde Traube; Kronb. 3; Fr. l neal., pfeilförmig, 8–10 mm lang. ✲
Keim.: F; V–IX; (⚥) pg wb.
Flach-, Zwischen- u. Quellmoore, auf nasser oft kalkhaltigen humosen Ton- od. Torfböden
ÖK.: 8XX 9X1
Soz.: 1.6
D: z–s (Alp. bis 1510 m) GB: v–z; F: z; S: v.

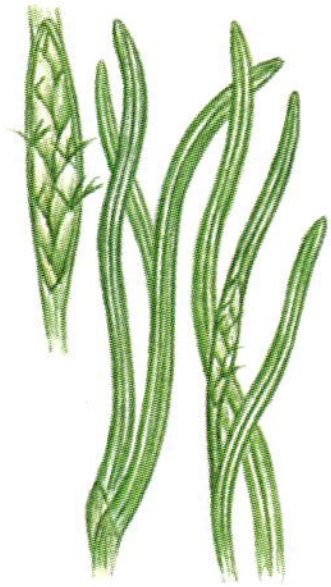

Gemeines Seegras
Zostera marina ★
bis 100 cm; Staude, submers; B. grasartig, 3–9nervig; Bl. klein, ohne Bl.hülle, von der obersten B.scheide kolbenartig umschlossen; ♀ + ♂ Bl. in 2 alternierenden Reihen.
Keim.: ?; VI–X; (♀) + (♂); wbs.
Seegrasges. des Meeres, selten im Brackwasser, auf dauernd überfluteten, sandigen od. schlammigen Böden.
ÖK.: XX2 1276
Soz. 2.1
D: z; GB: z–s; F: z–s; S: z. **(s. A. 177, 178)**

Schwimmendes Laichkraut
Potamogeton natans ★
Staude, submers; B. lang gestielt, Schwimmb. länglich-elliptisch, submerse B. lineal., früh vergehend; Bl. klein über der Wasseroberfläche in gestielter Ähre. ⚘
Keim.: F–So; V–IX; (⚥); wb.
Schwimmblattges. der Teiche, Seen, Altwasser, in nährstoffarmen, meist stehenden, ± nitratreichem Gewässern mit humosen Schlammboden.
ÖK.: 645 1276
Soz.: 1.212
D: v (Alp. bis 1100 m); GB: z–v; F: v–z; S: v–z. **(s. A. 179)**

Knöterichblättriges Laichkraut
Potamogeton oblongus
Staude, submers; Schwimmb. elliptisch bis eiförmig, so lang od. kürzer als breit; oft rötlich; submerse B. lineal, bleibend; Bl. klein, in kurzen Ähren.
Keim.: F–So; V–X; (⚥); wb.
Verlandungsges. seichter Teiche, Moore, Gräben, in nährstoff- u. kalkarmen, sauren stehenden Gewässern mit sandigen od. Torf-Schlammböden.
ÖK.: 762 1132
Soz.: 1.3
D: z; GB: v–z; F: z; S: z.

Grasartiges Laichkraut
Potamogeton gramineus
Staude, submers; Schwimmb. lanzettl. od. eiförmig, lang gestielt, lederig; submerse B. lineal.-lanzettl., durchscheinend, Rand oft wellig; Blst.stiele oben verdickt.
Keim.: F–So; VI–IX; (⚥); wb.
Laichkrautges. der Seen, Altwasser, in meist stehenden, nährstoffreichen Gewässern auf ± schlammigen Kies- u. Sandböden.
ÖK.: –
Soz.: –
D: z–s (Alp. bis 1390 m); GB: z–s; F: s–z; S: v–z.

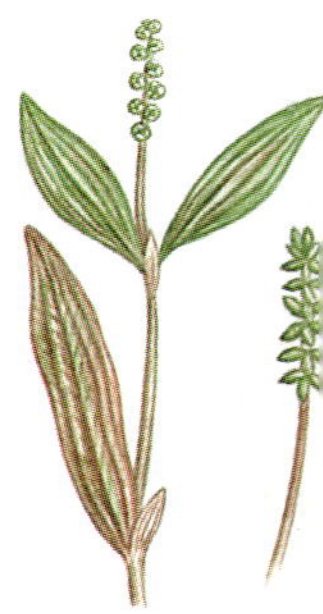

Alpen-Laichkraut
Potamogeton alpinus
Staude, submers; Schwimmb. lanzettl., l derig; submerse B. hä tig, länglich-lanzettl., oberwärts oft rötlich, s zend; Blst.stiele oben nicht verdickt.
Keim.: F–So; VI–IX; (⚥); wb.
Laichkraut-Best., in G ben, Flüssen, Teichen, stehenden od. langsam fließenden, nährstoff- kalkarmen Gewässern auf sandig-torfigen Schlammböden.
ÖK.: –
Soz.: 1.211
D: z–s (Alp. bis 1600 m GB: z–s; F: s; S: v–z.

piegelndes aichkraut
otamogeton lucens
taude, submers; B. oval d. lanzettl., gestielt, urchscheinend, Rand ellig, glänzend; Ähren-iel oben verdickt.
.eim.: F–So; VI–IX; ⚥); wb.
aichkrautges. tiefer een, Gräben, in stehen-en od. langsam fließen-en, nährstoffr., kalkh. ewässern auf hum. chlammböden.
K.: 6XX 1278
oz.: 1.2
: v (Alp. bis 800 m); B: s–z; F: z; S: z–s.
. A. 180)

Durchwachsenes Laichkraut
Potamogeton perfoliatus
Staude, submers; B. sitzend, eiförmig, st.umfassend, dunkelgrün, am Rande rauh gezähnelt; Ährenstiel dick.
Keim.: F–So; VI–IX; (⚥); wb.
Leichkrautges. tiefer Seen, Teichen, Gräben, in stehenden od. langsam fließenden, nährstoffreichen Gewässern auf humosen Sand- od. Torfschlammböden.
ÖK.: 6XX 1274
Soz.: 1.2
D: v (Alp. bis 1680 m); GB: z–s; F: v–z; S: v–z.

Krauses Laichkraut
Potamogeton crispus
Staude, submers; St. 4kantig; B. lineal.-lanzettl., sitzend, am Rand wellig-kraus, durchscheinend; Ährenstiel gleich dick; Ähre kurz.
Keim.: F–So; V–X; (⚥); wb.
Laichkrautges. tiefer Seen, Gräben, Altwasser stehender od. langsam fließender, nährstoffreicher Gewässer mit schlammigem Grund.
ÖK.: 653 1276
Soz.: 1.2
D: v; GB: v–z; F: v--z; S: z–s.
(s. A. 181, 182)

Kleines Laichkraut
Potamogeton pusillus ★
Staude, submers; St. stielrund; B. sehr schmal-lineal, zur Spitze verschmälert, 3nervig; B.häutchen offen; Ähre klein.
Keim.: F–So; VI–IX; (⚥); wb.
Laichkrautges. in Seen, Gräben, Altwassern, in ± nährstoffreichen Gewässern auf humosen Schlammböden.
ÖK.: –
Soz.: –
D: v–s; GB: s–z; F: z; S: z.
(s. A. 183, 184)

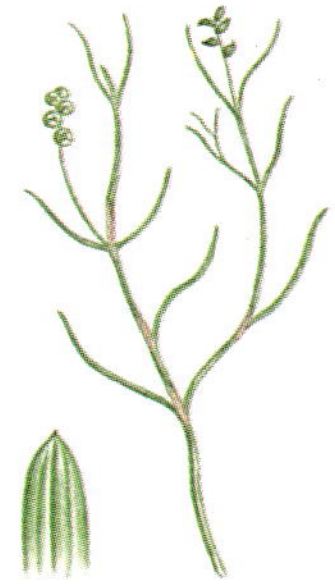

Zwerg-Laichkraut
Potamogeton panormitanus ★
Staude, submers; B. sehr schmal, 0,3–1 mm breit, meist 3nervig; B.häutchen über die Mitte röhrig verwachsen; Ähre wenigbltg., klein.
Keim.: F–So; VI–IX; (⚥); wb.
Laichkrautges. in Seen, Gräben, Teichen, in ± nährstoffreichen Gewässern auf humosen, schlammigen Sand- od. Torf-Schlammböden.
ÖK.: 655 1278
Soz.: 1.2
D: z–s; GB: s–z; F: v–z; S: s. **(s. A. 185)**

umpfblättriges aichkraut
tamogeton obtusifolius
aude, submers; St. ig; B. schmal, über nm, 3nervig, meist rz stachelspitzig; Ähre lang wie der Ähren-el; Ähre wenigbltg.
eim.: F–So; VI–IX;); wb.
ichkrautges. in Seen, äben, Teichen, in hrstoffreichen, meist henden Gewässern humosen Schlamm-den.
K.: 653 1264
z.: 1.211
v–s; GB: z–s; F: z–s; z–s.
A. 186, 187)

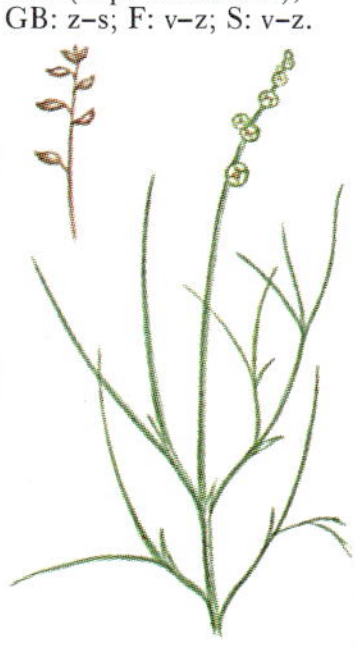

Kamm-Laichkraut
Potamogeton pectinatus ★
Staude, submers, nicht wintergrün; B. dunkelgrün, sehr schmal-lineal, meist spitz, queraderig, mit B.scheide; Bl. in unterbrochenen Ähren, oft zu 2.
Keim.: F–So; VI–IX; (⚥); wb.
Laichkrautges. in Seen, Gräben, Altwasser, in stehenden od. langsam fließenden, nährstoffreichen Gewässern auf humosen Schlammböden.
ÖK.: 6X5 1277
Soz.: 1.2
D: v (Alp. bis 1595 m); GB: z–v; F: v–z; S: z–s.
(s. A. 188–191)

LILIENGEWÄCHSE
Liliaceae ★
Kräuter, meist mit Knollen, Rhizomen od. Zwiebeln überwinternd, kahl, unverzweigt; Bl. meist groß, 3zählig, Bl.hülle in 2 gleichgestalteten Kreisen (Perigon); Staubb. 3+3; Fruchtknoten oberständig; Fr. eine Beere od. Kapsel.

Weißer Germer
Veratrum album
50–150 cm; Staude; B. breiteilanzettl. bis ellipt., unterseits weichhaarig, an den Nerven längsfaltig; Bl. über 15 mm, weißl. bis gelbl.-grünl., in ährenf. Rispen. ☠ ⚕
Keim.: ?; VI–VIII; (⚥); Ins. (d, h, l).
Weiden, Lägerges., Hochstaudenfluren, Moorwiesen, Auenwälder, auf frischen bis nassen, meist nährstoffr. u. kalkh., humosen Lehm- u. Tonböden.
ÖK.: 7X6 XX6
Soz.: –
D: s–z (Alp. bis 2070 m); GB: s; F: s; S: –.

Maiglöckchen
Convallaria majalis ★
10–25 cm; Staude, kahl, herdenbildend; B. grundst., breitelliptisch, zu 2 am traubigen Blst.; Bl. glockig, weiß, duftend, überhängend.
☠ ⚕ §
Keim.: F; V–VI; (⚥) pa; Ins. (h, d), sb.
Eichen- u. Buchenwälder bes. der Tieflagen, auf ± trockenen, nährstoffreichen, lockeren Lehmböden.
ÖK.: 5X3 4X4
Soz.: 8.4
D: v (Alp. bis 1870 m); GB: s–z; F: v–z; S: v–z.

Liliengewächse

Schattenblume
Maianthemum bifolium

5–15 (22) cm; Staude, kahl; meist 2blättrig, B. herzf., st.umfassend, wechselst.; Bl. 4 mm, weiß, mit 4blättriger Krone, nicht duftend; Staubb. hervorragend; Fr. eine rote Beere. ✶
Keim.: F–So; V–VII; (⚥) pg; Ins. (h, d), sb.
Laub- u. Nadelmischwälder, auf ± trockenen, nährstoff- u. kalka., sauren Lehm- od. bindigen Sandböden.
ÖK.: 3X6 X33
Soz.: –
D: v–z (Alp. bis 1820 m); GB: s; F: z; S: v–z.

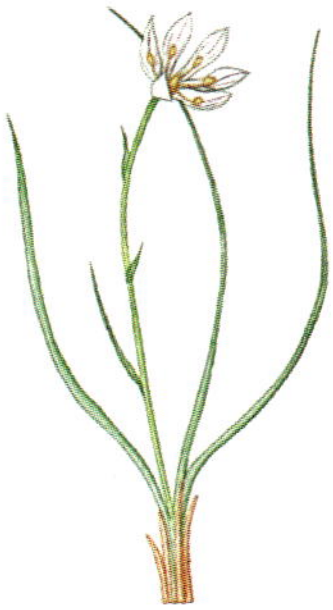

Faltenlilie
Lloydia serotina

7–12 cm; Staude, kahl; B. grundständig, meist zu 2, schmal-lineal., grasähnlich; Bl. 20 mm, weiß, rotnervig, im Zentrum gelblich, einzeln.
Keim.: F?; V–VIII; (⚥) pa; Ins. (d).
Alp. Rasenges., Felsritzen, auf ± frischen, meist entkalkten, humosen, feinerdearmen Steinböden.
ÖK.: –
Soz.: –
D: s, (Alp. 1850–2250 m; GB: s, alp.; F: z, alp.; S: s.
(s. A. 192)

Astlose Graslilie
Anthericum liliago ★

30–60 (80) cm; Staude, kahl; B. lineal., grasähnlich, 2–7 mm breit, grundst.; Bl. 30–50 mm, weiß, sternförmig, in einer verlängerten Traube.
Keim.: F?; V–VIII; (⚥); Ins. (h, d).
Trockenrasen, lichte Eichen- u. Kiefernwälder, Gebüsche, Waldsäume, Böschungen, auf warmen, trockenen, meist kalkarmen, sandigen od. steinigen Böden.
ÖK.: 754 352
Soz.: –
D: z–s; GB: s; F: z; S: s.

Sumpf-Simsenlilie
Tofieldia pusilla

5–15 cm; Staude, kahl; B. schmal, schwertf., grundst., fächerf.; Bl. 5 mm, weißlich-gelb, in kurzer, dichter fast kopfiger Traube.
Keim.: F?; VI–VIII; (⚥); Ins., sb.
Alp. Quellmoore, auf sickernassen, nicht immer kalkhaltigen, humosen Kies-, Sand- od. Steinböden.
ÖK.: –
Soz.: –
D: s, Alp. 1630–2350 m; GB: s, alp.; F: s?, alp.; S: v–z.
(s. A. 193)

Kelch-Simsenlilie
Tofieldia calyculata

10–40 cm; Staude; B. schmallineal., schwertf. vielnervig, gelbl.-grün, Bl. 5–6 mm, grünl.-gel selten rötl., in zylindrischer Traube.
Keim.: ?; VI–VIII; (⚥) Ins., sb.
Flach- u. Quellmoore, Kalksümpfe, auf nasse ± nährstoffr., kalkh. Sumpfhumusböden oc hum. Löß-, Lehm- od. Tonböden.
ÖK.: 8X4 883
Soz.: 1.621
D: s–v (Alp. bis 2060 n GB: s?; alp.; F: alp.; S: s.

Beinbrech
Narthecium ossifragum ★

10–30 (40) cm; Staude, kahl; untere B. lineal.-schwertförmig, grundständig, ± fächerförmig, bisweilen orange überlaufen; Bl. 15 mm, innen gelb, außen grünlich, sternförmig, in Trauben; Blst. zur Fr.zeit orange. §
Keim.: F?; VII–VIII; (⚥); Ins.
Hochmoore, Feuchtheiden, auf meist nassen, nährstoffarmen, sauren Moorböden.
ÖK.: 841 921
Soz.: 1.72
D: z–s; GB: v–s; F: z–s; S: z.

Schachblume
Fritillaria meleagris

15–30 cm; Staude, kahl; B. lineal., rinnenförmig, wechselst. graugrün; Bl. 30–50 mm, glockig, nikkend, einzeln, meist purpurrot und weiß schachbrettartig gefleckt, selten ganz weiß. ✶ §
Keim.: F; IV–V; (⚥); Ins. (h), sb.
Feuchtwiesen, auf nassen bis wechselfeuchten, zeitweise überschwemmten, nährstoffreichen, mild humosen Lehm- u. Tonböden (Nässezeiger).
ÖK.: 874 87?
Soz.: 5.415
D: s; GB: z–s; F: z–s; S: z–s.

Mäusedorn
Ruscus aculeatus ★

25–80 cm; Strauch, immergrün, kahl; Kurztriebe blattähnlich, eiförmig, dornig zugespitzt, lederig; Bl. klein, eingeschlechtig, fast mittig auf der Oberseite der Kurztriebe stehend; Fr. eine rote Beere.
Keim.: So; I–IV; (♂) + (♀); Ins.
Trockene Wälder, Gebüsche, Hecken, Triften, auf trockenen, schwach sauren Böden.
ÖK.: –
Soz.: –
D: –; GB: z–s; F: z; S: –.

Türkenbund
Lilium martagon ★

30–60 (100) cm; Staude, kahl; St. gefleckt; B. ellipt.-lanzettl., fast quirlst. am gesamten Sproß; Bl. 40 mm, hellpurpurn mit dunkleren Flecken, nikkend, in lockerer Traube; Bl.b. zurückgerollt. §
Keim.: F; VI–VII; (⚥) hg; Ins. (l), sb.
Krautr. Laub- od. Nadelwälder, subalp. Hochstaudenges., auf frischen, nährstoffr., meist kalkh., locker hum. Ton- od. Lehmböden.
ÖK.: 5X5 475
Soz.: 8.43
D: s–z; GB: s; F: z–s; S: s.

Gemeiner Gelbster
Gagea lutea ★

10–30 cm; Staude; 1 grunsdst., kurz gestiel an der Spitze zunächs kapuzenf. und dann plötzlich pfriemlich z gespitzt; Bl. 10–20 mr gelb, außen grün gestreift, sternförmig.
Keim.: F; III–V; (⚥) Ins. (d, c), sb.
Krautreiche Auenwäl auf frischen, nährstof meist kalkreichen, tie gründigen humosen Lehm- u. Tonböden.
ÖK.: 4X4 677
Soz.: 8.433
D: v–z (Alp. bis 1450 GB: z–s; F: z–s; S: z.

'iesen-Gelbstern
agea pratensis
-20 cm; Staude, be-
aart; 1 B., grundstän-
g, schmal lineal., grau-
ün, unterseits gekielt;
. 10–20 mm, grünlich-
lb, sternförmig.
eim.: F; III–IV; (☿);
s.
albtrockenrasen, Äk-
r, Weinberge, Bö-
hungen, auf ± trocke-
n, nährstoff- u. kalk-
chen, lockeren, humo-
n Stein-, Löß-, Lehm-
. Sandböden.
K.: –
z.: –
z–s; GB: ?; F: s;
z–s. **(s. A. 194)**

Scheiden-Gelbstern
Gagea spathacea
6–20 cm; Staude; B. grundständig, sehr schmal, fast bandförmig, zu 2; St.blätter breiter, scheidenf.; Bl. bis 13 mm, gelbgrün, in einem doldenf. Blst.
Keim.: F; IV–V; (☿); Ins.
Krautreiche Laubwälder, Waldränder, auf ± feuchten, nährstoffreichen, ± sauren humosen Lehmböden.
ÖK.: 264 677
Soz.: 8.43
D: z–s; GB: –?; F: s; S: z–s.

Wilde Tulpe
Tulipa silvestris ★
20–40 (50) cm; Staude, kahl; B. alle grundst., lineal., ± gerieft, grasähnlich, an der Spitze leicht kapuzenförmig; Bl. 30–50 mm, einzeln, gelb, außen auch grün- od. rötlich.
Keim.: F; IV–V; (☿) hg; Ins. (h), sb.
Flußufer, Gebüsche, Weinberge, auf warmen, ± frischen, nährstoffr., lockeren Lehm- od. Kalksteinböden.
ÖK.: 774 X75
Soz.: 3.331
D: s; GB: s; F: z–s; S: –?.

Bär-Lauch
Allium ursinum
20–50 cm; Staude, teppichbildend, stark nach Knoblauch riechend; B. zu 2, gestielt, ellipt.-lanzettl., grundst. Schaft 3kantig, b.los; Bl. weiß, sternf.
Keim.: F; IV–VI; (☿) pa; Ins., sb.
Krautr. Laub-, Bergmisch- od. Auenwälder in Tal- u. Hanglagen, Mulden, auf frischen, nährstoffr., humosen Lehm- u. Tonböden.
ÖK.: 2X2 678
Soz.: 8.43
D: v (Alp. bis 1700 m); GB: v–z; F: v–z; S: z–s.

Weinbergs-Lauch
Allium vineale ★
30–70 cm; Staude, bis über die Mitte beb.; B. fast stielrund, oberseits rinnig, hohl; Bl. klein, langgestielt, purpurrot, in einem kopff. Blst.; Staubb. lang; od. statt des Blst. Brutzwiebeln.
Keim.: F?; VI–VIII; (☿) pa; Ins.
Wegränder, Böschungen, Parkrasen, Weinberge, auf ± trockenen, nährstoffr., meist sandig-lehmigen Böden.
ÖK.: 573 4X7
Soz.: 3.331
D: v–z; GB: s–v; F: v; S: z–s.

·müse-Lauch
ium oleraceum
-60 cm; Staude; B. li-
l., bis 3 mm breit,
erseits rinnig, unter-
s gerippt; Bl. klein,
ißlichgrün od. rötlich,
gleich gestielt od. statt
Blst. ein dichter
pf von Brutzwiebeln;
ubb. kurz.
im.: F?; VI–VIII; (☿);
.
schungen, Halbtrok-
rasen, auf ± trocke-
, nährstoff- u. meist
kreichen, humosen
ß- od. sandigen
mböden.
.: 7X4 374
.: 5.3
z–v; GB: s; F: v–z;
.

Schnittlauch
Allium schoenoprasum
7–50 cm; Staude, büschelig; B. zylindrisch, hohl, grundst.; Bl. 10–16 mm, rosa bis hellpurpurrot, kurz gestielt, in halbkugeligen od. kugeligen Blst.
Keim.: sf; V–VIII; (☿); Ins.
Kultiviert u. verwildert auf Abhängen, Uferböschungen, auf frischen bis ± trockenen, nährstoffr., kalkh. Lehm-, Ton- od. bindigen Sand- od. Kiesböden.
ÖK.: 7X7 X72
Soz.: –
D: z (Alp. bis 2100 m); GB: s; F: s; S: z–s.

Knoblauchartiger Lauch
Allium scorodoprasum
60–100 cm; Staude; B. breitlineal., am Rande rauh; Bl. wenige, dunkelpurpurrot, lang gestielt, zusammen mit ähnlich gefärbten Brutzwiebeln in einem doldenförmigen Blst.
Keim.: sf; VI–VIII; (☿); Ins.
Auenwälder, Naßwiesen, feuchte Gebüsche, an Wegen, auf sickerfeuchten, nährstoffreichen u. meist kalkh., hum. Ton- u. Lehmböden.
ÖK.: 665 777
Soz.: 8.433
D: z–s; GB: z–s; F: ?; S: z–s. **(s. A. 195)**

Berg-Lauch
Allium montanum
15–30 cm; Staude; St. scharfkantig; B.grundst., schwachnervig, ungekielt, lineal.; Bl. rosenrot, lang gestielt, in dichten, kugeligen, doldenförmigen Blst.
Keim.: F; VI–VIII; (☿); Ins.
Felsbänder, Fels- u. Steppenrasen, auf warmen, flachgründigen, trockenen, nicht immer kalkh., hum. Steinböden.
ÖK.: 965 272
Soz.: 5.21
D: s (Alp. bis 2000 m); GB: s; F: z–s; S: s.

Kopf-Lauch
Allium sphaerocephalon
30–90 cm; Staude; St. im unteren Drittel beblättert; B. oberseits tiefrinnig, halbstielrund bis 3kantig, hohl; Bl. purpurrot, mit herausragenden Staubb., in einem dichten, kugeligen Blst. ohne Brutzwiebeln.
Keim.: F?; VI–VIII; (☿) pa; Ins., sb.
Lückige Trockenrasen, auf warmen, nicht immer kalkhaltigen, lockeren Sand-Löß-Lehm- od. Steinböden.
ÖK.: –
Soz.: 5.3
D: s; GB: s; F: z; S: –.

Hasenglöckchen
Scilla non-scripta ★
15–30 (40) cm; Staude, oft in dichten Herden; B. breitlineal., gekielt, grundst.; Bl. 15–20 mm, blau, selten weiß, glokkenf., mit umgeschlagenen Zipfeln, nickend, in langer einseitiger Traube, duftend. §
Keim.: F; IV–VI; (⚥); Ins.
Eichen- u. Buchenmischwälder, Gebüsche, Klippen, auf frischen, nährstoffreichen, meist kalkarmen Lehmböden.
ÖK.: 551 576
Soz.: 8.432
D: s; GB: v–z; F: v; S: –.

Herbst-Meerzwiebel
Scilla autumnalis
4–25 cm; Staude; B. sehr schmal, grasähnlich, grundst., nach der Bl. erscheinend; Bl. 10 mm, rötlich-blau, sternförmig, in lockerer Traube ohne Tragb.
Keim.: F?; VII–X; (⚥); Ins.
Trockene Grasfluren in Küstennähe, auf meist kalkhaltigen, sandigen Böden.
ÖK.: –
Soz.: –
D: –; GB: s; F: z; S: –.

Frühlings-Meerzwiebel
Scilla verna
5–15 cm; Staude; B. lineal., grundst., mit der Bl. erscheinend; Bl. 12–15 mm, violett-blau, selten weiß, sternförmig in einer Traube mit rötlichvioletten Tragb.
Keim.: H; IV–VI; (⚥); Ins.
Trockene Grasfluren in Küstennähe, Küstenklippen, auf meist kalkhaltigen, sandigen od. steinigen Böden.
ÖK.: –
Soz.: –
D: –; GB: z–s; F: z–s; S: s. **(s. A. 196)**

Gewöhnliche Traubenhyacinthe
Muscari atlanticum ★
10–35 cm; Staude; B. lineal., rinnig, grundst., oft bogenf. zurückgekrümmt; Bl. 4–5 mm, dunkelblau, mit weißem, gezähntem Saum, in 10–30bl. Traube. §
Keim.: F?; IV–V; (⚥) pg; Ins., sb.
Weinberge, Halbtrockenrasen, auf warmen, meist nährstoff- u. kalkh. humosen Lehm-, Löß- od. sandigen Böden.
ÖK.: 773 382
Soz.: 3.331
D: s; GB: s; F: z; S: –.

Herbst-Zeitlose
Colchicum autumnale
8–25 cm; Staude; B. breit-lanzettl. zugespi hellgrün, im Frühjah vor der Bl. erscheiner Bl. groß, hell-lilarosa selten weiß; Kronröh lang; krokusähnlich; Staubb. 6. ☿☠
Keim.: F; VIII–X; (⚥ pg; Ins., sb.
Wiesen, Auenwälder, sicker- bis wechselfeu ten, nährstoffr., tiefg digen, humosen Leh u. Tonböden.
ÖK.: 552 67X
Soz.: 5.4
D: v–s (Alp. bis 1400
GB: z–s; F: z; S: –.

Vielblütige Weißwurz
Polygonatum multiflorum ★
30–60 (100) cm; Staude; St. bogenf., stielrund; B. elliptisch, halbst. umfassend, wechselst.; Bl. 10–15 mm, weiß, glockenf., zu 1–3 blattachselst., in hängendem Blst. ☠
Keim.: F; V–VI; (⚥) hg; Ins. (h), sb.
Krautreiche Eichen-, Buchen- u. Nadelmischwälder, auf frischen, nährstoffr. Lehmböden.
ÖK.: 255 564
Soz.: 8.43
D: v (Alp. bis 1800 m); GB: z–s; F: v–z; S: z.

Salomonssiegel
Polygonatum odoratum
15–50 cm; Staude; St. bogenf., kantig, oben fast 2schneidig; B. ellipt., halbst. umfassend, wechselst.; Bl. 20 mm, weiß, an der Spitze grünl., glockenf., einzeln od. zu 2 b.achselst. ☠
Keim.: F; V–VII; (⚥) hg; Ins. (h), sb.
Laub- u. Kiefernwälder, sonnige Gebüsche, Waldränder, auf ± trokkenen, meist kalkh., warmen, humosen Lehm-, Löß- od. Steinböden.
ÖK.: 755 373
Soz.: 6.112
D: s (Alp. bis 1650 m); GB: s; F: z–s; S: z.

Quirlblättrige Weißwurz
Polygonatum verticillatum ★
30–60 (100) cm; Staude, kahl; B. lineal-lanzettl., sitzend, zu 3–7 quirlst.; St. kantig; Bl. weiß, mit grünen Spitzen, glockig, gestielt, zu 1–7 b.achselst. ☠
Keim.: ?; V–VII; (⚥) hg; Ins. (h), sb.
Krautreiche Buchen- u. Nadelmischwälder, Hochstaudenfluren, auf frischen, meist nährstoffr., steinigen Lehmböden.
ÖK.: 442 545
Soz.: –
D: z–s (Alp. bis 1920 m); GB: s; F: s; S: v–z.

Doldentraubiger Milchstern
Ornithogalum umbellatum
10–20 cm; Staude, kahl; B. lineal., grundst., rinnig, in der Mitte mit weißem Streifen; Bl. 30 mm, weiß mit grünen Rükkenstreifen, glockig bis sternf., in doldentraubigem Blst. ☿
Keim.: H–W; V–VI; (⚥); Ins., sb.
Weinberge, Parkrasen, Böschungen, Unkrautges., Gärten, auf frischen, nährstoffr., humosen, tiefgründigen Lehm- od. bindigen Sandböden.
ÖK.: 564 575
Soz.: 5.42
D: z; GB: z–s; F: z; S: z.

Einbeere
Paris quadrifolia
10–40 cm; Staude, k B. elliptisch, spitz, n nervig, ungestielt, m zu 4 quirlst. nahe an Spitze des St.; Bl. gr einzeln, 4–6blättrig; Staubb. hervorragen ☿☠
Keim.: F; V–VII; (⚥ Ins. (d), sb.
Eichen- u. Buchen-, Auen- u. selten Nad mischwälder, auf fri schen bis feuchten, r stoffr., humosen, loc ren Ton- u. Lehmbö
ÖK.: 3XX 677
Soz.: 8.43
D: v–s (Alp. bis 186(
GB: z–s; F: v–z; S: v

ɴSENGEWÄCHSE
caceae
ıuter, St. meist rund, ›tenlos; B. oft rinnig, ːrund od. grasähn-, an der Basis mit ːheiden; Bl. klein, ːcheinbar, Hülle ıttrig, grünlich od. ın, trockenhäutig, in ligen od. rispigen (Spirre), von 1 od. ːreren Trgb. umge-; meist Pflanzen rstoffarmer Böden.

Sparrige Binse
Juncus squarrosus ★
10–35 cm; Staude, büschelig, aufrecht; B. rinnig, borstl.; Blst. (Spirre) endst., von den Hüllb. nicht überragt; Blhb. eilanzettl., braun, mit hellem Saum.
Keim.: F–So; V–VIII; (⚥); wb.
Borstgrasrasen, Magerweiden, Quell- u. Flachmoore, auf feuchten, nährstoffa., sand. Torf- u. Rohhumusböden.
ÖK.: 8X2 811
Soz.: 5.113
D: v–z (Alp. bis 1450 m); GB: v; F: z; S: z.
(s. A. 197–199)

Zarte Binse
Juncus tenuis
15–30 cm; Staude, rasig bis büschelig wachsend; B. grasartig, aufrecht, glänzend; Blst. kürzer als die Tragb.; Blhb. lanzettl., kaum länger als die eiförmige Kapsel; Blst. grün, spreizend.
Keim.: ; VI–IX; (⚥); w.
Waldwege, Wegränder, Trittges., auf frischen bis feuchten, nährstoffreichen, N-haltigen, sandigen od. lehmigen Böden.
ÖK.: 653 655
Soz.: 3.71
D: v (Alp. bis 1050 m); GB: z–v; F: v; S: z.

Salz-Binse
Juncus gerardi
10–30 cm; Staude, rasenbildend; St. fast stielrund, starr, aufrecht; B. grasartig; Blhb. kastanienbraun, oft auf dem Rücken grün, weißl. berandet; Blst. spreizend.
Keim.: F–So; VI–VIII; (⚥); wb.; k.
Salzwiesen, Trittrasenges., auf feuchten, an den Küsten häufiger überfluteten, salzh., sand. Schlick- od. Tonböden.
ÖK.: 8X7 7X5
Soz.: 2.612
D: s–v; GB: v; F: v; S: v.
(s. A. 200)

Kröten-Binse
Juncus bufonius
1–30 cm; Einj.; St. beb.; B. fadenf., Blhb. lanzettl., zugespitzt; Blst. grünl., locker verzweigt.
Keim.: j; V–IX; (⚥); sb., wb., k.
Zwergbinsenges., feuchte Standorte auf Wegen, an Ufern, Äckern, auf feuchten, ± nährstoffr., meist kalka. u. oberflächenverdichteten, sandigen, lehmigen od. tonigen Böden.
ÖK.: 7XX 73X
Soz.: 3.1
D: v (Alp. bis 1140 m); GB: v; F: v; S: v.
(s. A. 201)

ıgrüne Binse
us inflexus ★
) cm; Staude, dicht- bis büschelig; St. ːrillt, graugrün, , mit fächerig unter- ıenem Mark; Blst. r, ausgebreitet, mit ːm, schwarzbrau- Tragblatt.
ı.: F–So; V–VIII; ›wb.
ufer, Wege, zertrete- ːucht-Weiden, schläge, auf feuch- is nassen, nähr- ., meist kalkhaltigen ı- u. Tonböden.
853 784
3.72
z (Alp. bis 1490 m); ›–z; F: v; S: s.
202, 203)

Flatter-Binse
Juncus effusus
30–100 cm; Staude, dichtrasig bis büschelig; St. glatt, dunkelgrün, glänzend, b.los; Blst. locker, ausgebreitet, mit langem, rotbraunem Tragblatt.
Keim.: F; VI–VIII; (⚥); wb.
Naßwiesen, Naßweiden, Quellenmoore, Moorwiesen, an Wegen u. Waldschlägen, auf nassen, nährstoffr., meist kalka., ± sauren, stark humosen Böden (Stör- u. Nässezeiger).
ÖK.: 853 734
Soz.: 5.41
D: v (Alp. bis 1490 m); GB: v; F: v; S: z.

Knäuel-Binse
Juncus conglomeratus
30–75 cm; Staude; St. unten stielrund, oben deutlich gerieft, graugrün, nicht glänzend, b.los, mit fächerig unterbrochenem Mark; Blst. dicht gedrungen mit gelb-braunem Tragb.
Keim.: F; V–VII; (⚥); wb.
Feucht- u. Moorwiesen, an Wegen, Gräben, Waldschlägen, auf feuchten bis staunassen, ± nährstoffr., meist kalka., stark humosen Böden (Stör- u. Nässezeiger).
ÖK.: 853 74X
Soz.: 5.41
D: v–z (Alp. bis 1120 m); GB: v–z; F: v; S: z.

Strand-Binse
Juncus maritimus
30–120 cm; Staude, dichtrasig; St. starr aufrecht; grundst. B. stechend; Blst. deutlich zur Seite gedrängt, stark verzweigt, mit stachelspitzem Tragb.; Blhb. strohgelb od. rötlich.
Keim.: F–So; VII–VIII; (⚥); wb.
Salzwiesen, auf feuchten bis nassen, salzhaltigen, teilweise überfluteten, sandigen Böden.
ÖK.: –
Soz.: 2.6
D: z–s; GB: z–v; F: v–z; S: z–s.
(s. A. 204)

Glanzfrüchtige Binse
Juncus articulatus
10–60 cm; Staude, lockerrasig; B. abgeflacht, glänzend, knotig; Blst. sperrig verzweigt, mit 5–15 Bl.; Blhb. gleich lang, äußere spitz, innere stumpf, kastanienbraun, kürzer als die stachelspitzige Kapsel.
Keim.: F; VI–X; (⚥); wb.
Flachmoore, Feucht- u. Naßwiesen, Ufer, auf nassen, ± nährstoffr. Sand- od. Tonböden.
ÖK.: 8X3 8X2
Soz.: –
D: v–z (Alp. bis 1680 m); GB: v; F: v; S: z.

Spitzblütige Binse
Juncus acutiflorus
30–100 cm; Staude, rasig; B. zylindrisch, glatt; Blst. mit 5–10 Bl.; innere Blhb. länger als die äußeren, äußere an der Spitze zurückgebogen, kürzer als die geschnäbelte Kapsel; Blhb. fein punktiert.
Keim.: F; VI–IX; (⚥); wb.
Naß- und Moorwiesen, auf nassen, durchlüfteten, ± nährstoffr., kalka. Sumpfhumus-Böden.
ÖK.: 952 853
Soz.: 5.414
D: z–v; GB: v–z; F: v–z; S: s. **(s. A. 205)**

Stumpfblütige Binse
Juncus subnodulosus
40–100 cm; Staude, lokkerrasig; B. zylindrisch; Blst. endst. mit 5–10 Bl. auf sperrigen Ästen; Blhb. gelblich od. silberweiß, stumpf, breit-hautrandig, etwa so lang wie die gelbbraune Kapsel.
Keim.: F; VI–IX; (⚥); wb.
Kalksümpfe, Quell- u. Hangmoore, auf nassen, nährstoff- u. kalkr., auch salzh. Sumpfhumus- od. hum. Kalktuffböden.
ÖK.: 862 89X
Soz.: 5.415
D: z–s; GB: z–s; F: v–z; S: s.

Rasen-Binse
Juncus bulbosus ★
5–25 cm; Staude, dichtrasig, oft niederliegend, St. an den Knoten wurzelnd; B. borstl., oft rötl. überlaufen; Blst. 2–10bltg.; Blhb. gleich lang, hellbraun.
Keim.: F?; VI–X; (⚥); wb.
Strandlingsges., lückige Flachmoore, auf nassen, nährstoff- u. kalka. Sand- od. Torfschlamm-Böden.
ÖK.: –
Soz.: 1.3
D: z–s; GB: v; F: v–z; S: v–z.
(s. A. 206, 207)

Behaarte Hainsimse
Luzula pilosa ★
10–30 (40) cm; Staude dicht- bis lockerrasig; B. grasähnlich, lang weiß bewimpert; B.scheiden dunkelrot; Äste des Blst. lang, 1–3 bltg., zur Reife zurückgeschlagen.
Keim.: So; III–VI (IX–X); (⚥); wb.
Krautreiche Laub- u. Nadelmischwälder, auf ± trockenen, nährstoffa., ± sauren, lockeren Lehmböden.
ÖK.: 2X3 X54
Soz.: –
D: v (Alp. bis 1550 m); GB: v–z; F: v; S: v.
(s. A. 208)

Wald-Hainsimse
Luzula silvatica
30–100 cm; Staude; b schelig; B. breit-lineal lanzettl. 5–20 mm bre glänzend; Blst. groß, recht, ausgebreitet; Bl dunkelbraun, stachelspitzig, innere länger äußere.
Keim.: F–So.; IV–VI; (⚥); wb.
Artenarme Laub- u. N del- od. Fichtenwälde auf frischen, sauren, nährstoffh., humosen Sand- od. Lehmböde
ÖK.: 442 625
Soz.: –
D: v–s (Alp. bis 2100 GB: v; F: v–z; S: z–s.

Feld-Hainsimse
Luzula campestris
20–60 cm; Staude, lokkerrasig; St. aufsteigend; B. 2–3 mm breit, grasähnl., bewimpert; Ährchen kugelig bis eif., zu 3–6, 4–10bltg.; Staubb. leuchtend gelb; Blhb. braun, gleich lang.
Keim.: So–H; III–V; (⚥); wb.
Magerrasen u. -wiesen, auf ± trockenen, sauren, nährstoffärmeren, humosen Stein-, Sand- u. Lehmböden.
ÖK.: 7X3 432
Soz.: 5.1
D: v (Alp. bis 2100 m); GB: v; F: v; S: z.

Vielblütige Hainsimse
Luzula multiflora
20–60 cm; Staude, dichtrasig; St. aufrecht; B. 3–6 mm breit, grasähnl.; Blst. locker, mit langgestielten Ährchen; Tragb. so lang od. länger als der Blst.; Blhb. rotbraun, hautrandig.
Keim.: So–H; IV–VI; (⚥); wb.
Magerrasen, lichte Laubwälder, auf frischen bis ± trockenen, nährstoffh., meist sandigen od. moorigen Böden.
ÖK.: 7XX 653
Soz.: –
D: v–z (Alp. bis 2275 m); GB: v; F: v; S: v.
(s. A. 209, 210)

Ährige Hainsimse
Luzula spicata
15–30 (50) cm; Staude, dichtrasig; B. 1,5–6 mm, breit, grasähnl., bewimpert; Blst. überhängend; Ährchen sitzend; Blhb. schwarz-braun, hautrandig.
Keim.: F?; VI–VIII; (⚥); wb.
Alp. Steinrasen, auf frischen nährstoff- u. kalka., oft steinigen Böden.
ÖK.: 823 441
Soz.: 4.6
D: z (Alp. 1600–2340 m); GB: s–z; F: s, alp.; S: z–v.

AMARYLLIS-GEWÄCHSE
Amaryllisdaceae

Kräuter, ausdauernd; B. grundständig, linealisch mit Parallelnervatur; z. T. fleischig; Bl. auffällig, mit 3+3 Blhb., Staubb. 6; Fruchtknoten unterständig; Blst. oft mit scheidenf. Hüllb.; Fr. eine Kapsel; Zwiebelgewächse.

Gelbe Narzisse
Narcissus pseudonarcissus ★
15–40 cm; Staude; B graugrün, oben unge kielt, so lang wie der Bl.stiel; Bl. groß, bla gelb, nickend, einzel Nebenkrone goldgel mit welligem Rand, so lang wie die sprei den Blhb. ₰ ✕ §
Keim.: W–F; III–V; hg; Ins. (h).
Wiesen, Borstgrasras auf frischen bis ± tro nen, kalkarmen, ± n stoffreichen, lehmige Böden.
ÖK.: 742 644
Soz.: 5.11
D: s; GB: z; F: z; S:

;ommer-
\notenblume
;eucojum aestivum
0–60 cm; Staude; St. 3–
bltg.; B.lineal., hellgrün
is 15 mm breit; Bl. 15–
0 mm, weiß mit grü-
em Fleck an der Spitze,
ängend, ungleich ge-
ielt. §
\eim.: F; IV–V; (⚥) hg;
ns. (h).
'euchtwiesen, Auenwäl-
er, auf nassen, zeitweise
berschwemmten, nähr-
offreichen Ton- od.
ehmböden.
)K.: –
oz.: –
): s; GB: s; F: z–s; S: –.

Märzbecher
Leucojum vernum
10–30 cm; Staude; B. li-
neal., hellgrün, bis
15 mm breit; Bl. 20–
25 mm, weiß mit grü-
nem Fleck unter der
Spitze, glockig, einzeln,
auf b.losem Stiel. §
Keim.: F; II–IV; (⚥);
Ins. (h).
Auen-, Schlucht-, Laub-
mischwälder, Gebüsche,
Wiesen, Ufer, auf sicker-
feuchten, nährstoffr., oft
kalkh., hum. Ton- u.
Lehmböden.
ÖK.: 654 778
Soz.: 8.43
D: z–s (Alp. bis 1480 m);
GB: s; F: z–s; S: –.

Schneeglöckchen
Galanthus nivalis ★
8–20 cm; Staude; B. li-
neal., bereift, bis 4 mm
breit; Bl. 15–20 mm,
weiß, innere Kronb.
grünspitzig, einzeln, nik-
kend, glockig, auf b.lo-
sem Stiel. §
Keim.: F; I–IV; (⚥) hg;
Ins. (h).
Auen- u. Laubmischwäl-
der, auf sickerfeuchten,
nährstoffreichen, tief-
gründigen, humosen
Ton- und Lehmböden.
ÖK.: 574 X77
Soz.: 8.4
D: z–s; GB: s; F: z; S: s.

SCHMERWURZ-GEWÄCHSE
Dioscoreaceae

Tropische Familie mit nur einer Nordeuropäischen Art.

ARONSTAB-GEWÄCHSE
Araceae

Kräuter; mit Rhizomen od. Knollen überwinternd; B. häufig netznervig; Bl. zwittrig od. eingeschlechtig, in vielbltg. Kolben, oft von einem auffälligen, tütenförmigen Hochblatt (Spatha) umgeben; Fr. eine Beere.

Schmerwurz
Tamus communis ★
50–400 cm; Staude,
rechtswindend, ohne
Ranken; B. herz-ei- bis
spießförmig, zugespitzt;
Bl. 4–5 mm, grünlich;
Kronb. 6; in lockerer,
auch verzweigter Traube.
☠ ✱
Keim.: W–F; V–VIII;
(♀) + (♂); Ins. (h, d).
Hecken, Gebüsche,
Waldränder, lichte Ei-
chenmischwälder, auf fri-
schen, nährstoffr., meist
kalkh., humosen Stein-
u. Lehmböden.
ÖK.: 572 586
Soz.: 8.412
D: s; GB: v–s; F: v; S: –.

ronstab
rum maculatum ★
;–60 cm; Staude; B.
rundst., spieß-pfeilf., oft
unkel gefleckt, glän-
nd; Bl. sehr klein am
runde eines bläul.-
aunen Kolbens, ♀ un-
rhalb der ♂, dicht quir-
; Fr. eine Beere. ☠ ✱
eim.: W–F (nach 2 Jah-
n); IV–V; (♀+♂) pg;
1s. (d).
rautr. Laubmisch-, Bu-
en- u. Auenwälder,
ecken, auf ± feuchten,
ährstoffr., tiefgründi-
n, mulligen Lehm- u.
onböden.
K.: 362 778
oz.: 8.43
: s–v (Alp. bis 950 m);
B: v–z; F: v; S: s.

Kalmus
Acorus calamus
60–150 cm; Staude; B. li-
neal.-schwertf., unge-
stielt, gefaltet, am Rande
wellig; Schaft zusam-
mengedrückt mit schar-
fer Kante; Bl. gelbl.
zwittrig; Kolben schein-
bar seitl. stehend. ☠
Keim.: –; V–VII; (⚥);
Ins.?.
Röhrichte, Großseggen-
Best., Ufer, Gräben, Alt-
wasser, in stehenden od.
langsam fließenden,
nährstoffr. Gewässern.
ÖK.: 865 1077
Soz.: 1.4
D: v–z (Alp. bis 800 m);
GB: s–z; F: z; S: z.

Schlangenwurz
Calla palustris
15–50 cm; Staude; B.
herzf., ungefleckt, fast
ledrig; Schaft mit endst.,
kurzem, dichtbltg., grü-
nem Kolben; Spatha au-
ßen grün, innen weiß,
weit offen; Fr. eine koral-
lenrote Beere. ✱ §
Keim.: F–So; V–VIII;
(⚥); Ins., Schnecken.
Gräben, Teiche, Groß-
seggen-Best., Moor-
schlenken, Erlenbruch,
auf nassen, ± nähr-
stoffh., schwach sauren
Torfschlamm-Böden.
ÖK.: 646 964
Soz.: 1.411
D: z–s; GB: s; F: s?; S: z.

SCHWERTLILIEN-GEWÄCHSE
Iridaceae ★

Kräuter; mit Rhizomen od. Knollen überwinternd; B. lineal., gras- oder schwertartig, meist grundständig; Bl. groß, mit 3 äußeren, spreizenden u. 3 inneren, aufrechten, z. T. bärtigen Blhb., alle zum Grunde verschmälert; Griffeläste blumenblattartig; Blst. 2–mehrbltg. von Hochb. (Spatha) umgeben; Fruchtknoten unterständig; Fr. eine Kapsel.

Stinkende Schwertlilie
Iris foetidissima ★
30–80 cm; Staude; B. li-
neal., dunkelgrün, nach
Reiben unangenehm u.
streng riechend; Bl. bis
80 mm, schmutzig-lila,
dunkler geadert; Kapsel
mit orangefarbigen Sa-
men. ☠
Keim.: F–So; V–VII;
(⚥); Ins. (h).
Hecken, lichte Wälder,
Küstenklippen, Dünen,
auf ± frischen, nährstoff-
u. kalkh., sand. bis stein.
Böden.
ÖK.: –
Soz.: –
D: –; GB: z–s; F: z; S: –.

Gelbe Schwertlilie
Iris pseudacorus ★
50–100 cm; Staude, verzweigt; B. breit-lineal.-schwertf., bis 4 cm breit, gekielt; Bl. bis 100 mm, gelb mit dunklen Adern, zu 1–3 in einem Blst.
⚕ ✕ §
Keim.: F–So; V–VIII; (⚥); Ins. (h).
Röhrichte, Großseggen-Best., Naßwiesen, Gräben, Ufer, auf nassen, überschwemmten, nährstoffreichen, schwach sauren Sumpfhumusböden.
ÖK.: 7X3 10X7
Soz.: 1.4
D: v; GB: v; F: v; S: v–z.

Illyrische Siegwurz
Gladiolus illyricus ★
40–90 cm; Staude; B. graugrün, schwertförmig, grundst.; Bl. 25–30 mm, rot-purpurn, zu 3–8 in einem Blst.; Krone 6blättrig.
Keim.: F?; VI–VII; (⚥); Ins.
Feuchte Wiesen, grasige u. buschige Heiden, lichte Wälder, auf ± nassen bis frischen od. trockneren, leicht sauren, sandigen Böden.
ÖK.: –
Soz.: –
D: –; GB: s; F: s; S: –.

Weißer Safran
Crocus albiflorus
8–15 cm; Staude; B. lineal., rinnig, mit der Bl. erscheinend, mit weißen Mittelnerven; Bl. weiß, selten violett od. blau, mit langer, bleicher Kronröhre.
Keim.: F?; III–IV; (⚥); Ins.
Bergwiesen, -weiden, auf frischen, nährstoffreichen, humosen, tiefgründigen Ton- u. Lehmböden.
ÖK.: 7X4 57X
Soz.: 5.422
D: z–s (Alp. bis 1850 m); GB: s; F: s; S: –?.
(s. A. 211)

KNABENKRAUTGEWÄCHSE

Orchidaceae ★

Kräuter; ausdauernd, mit Wurzelknollen; B. ungeteilt, ganzrandig, z. T. gestielt, oft lineal-lanzettl.; Bl. deutlich dorsiventral, oft gespornt, 2lippig, große Lippe, z. T. insektenähnlich, oft abwärts gerichtet; Fruchtknoten unterständig; Blst. mit Tragb., in Ähren od. Trauben; Fr. eine Kapsel, eiförmig od. zylindrisch. Orchideen sind durch Sammeln u. durch Zerstörung ihres Lebensraumes stark gefährdet, sie sind alle geschützt (§).

Frauenschuh
Cypripedium calceolus ★
15–50 cm; Staude; St. mehrb., kurzhaarig; B. ellipt., zugespitzt, gerippt; Bl. mit großer, pantoffelf., gelber, aufgeblasener Lippe; übrige Blütenb. 60–90 mm, purpurbraun, lineal. §
Keim.: F; V–VI; (♀); Ins. (h, d, c).
Laub-, selten Nadelwälder, Gebüsche, auf ± frischen, nährstoffr., kalkh. meist humosen Lehm- od. Tonböden.
ÖK.: 5X5 48?
Soz.: 8.4
D: s–z (Alp. bis 1460 m); GB: s; F: s; S: z–s.

Calypso
Calypso bulbosa
5–30 cm; Staude; nur 1 B., elliptisch, deutlich gerippt; Bl. groß, hellpurpur-rosa, einzeln; Lippe groß, bräunlich gezeichnet, hohl; Bl.stiel rötlich. §
Keim.: F; V–VI; (⚥); Ins.
Feuchtwiesen, feuchte Nadelwälder, auf nassen bis feuchten, sauren, humosen Böden.
ÖK.: –
Soz.: –
D: –; GB: –; F: –; S: z–s.

Schwarzes Kohlröschen
Nigritella nigra
8–15 (30) cm; Staude; St. beb.; B. lineal, spitz; Bl. schwarzpurpurn, gespornt, selten heller, nach Vanille duftend, in dichtem, anfangs kegelf., später kugeligem Blst. §
Keim.: ?; V–IX; (⚥); Ins. (l).
Alp. Borstgras- u. Blaugrasrasen, auf ± frischen, meist kalkhaltigen, humosen, oft auch steinigen Lehmböden.
ÖK.: 824 472
Soz.: 4.71
D: s (Alp. 1620–2280 m); GB: –; F: s, alp.; S: s.

Bienen-Ragwurz
Ophrys apifera ★
15–30 (70) cm; Staude; B. in der Grundrosette breit-lanzettl. zugespitzt, am St. lineal.; äußere Bl.b. rosa, innere grünl., Lippe braun, mit gelbl. Zeichung, bienenähnl. §
Keim.: F; V–VII; (⚥); Ins. (h), sb.
Halbtrockenrasen, lichte Eichen-Kiefern-Best., auf warmen, ± trockenen, kalkr., hum., lockeren Löß- od. Kalksteinböden.
ÖK.: 762 492
Soz.: 5.322
D: s (Alp. bis 2110 m); GB: z–s; F: v–z; S: –.

Hummel-Ragwurz
Ophrys fuciflora ★
10–30 cm; Staude; B. in der Grundrosette breitlanzettl. zugespitzt, am St. lineal., äußere u. innere Bl.b. rosa-weiß, Lippe dunkelpurpurbraun, fast 4eckig, mit gelbl. Zeichnung, hummelähnl. §
Keim.: F; V–VII; (⚥); Ins. (h).
Halbtrockenrasen der collinen Stufe, Waldlichtungen, auf warmen, ± trockenen, kalkr., hum., lockeren Lehm- u. Lößböden.
ÖK.: 874 492
Soz.: 5.322
D: s; GB: s; F: z–s; S: –.

Spinnen-Ragwurz
Ophrys sphegodes ★
15–30 (45) cm; Staude; B. breitlanzettl., zugespitzt; äußere u. innere Bl.b. gelbgrün, Lippe schwarz-braun od. schwarz-grün bis purpurrot mit bläul. H- od. X-förmiger Zeichnung.
Keim.: F; IV–VI; (⚥); Ins. (h); versch. sspp.
Halbtrockenrasen, Gebüsche, Pfeifengraswiesen, Waldlichtungen, auf warmen, kalkr., hum. Stein- od. Lößböden.
ÖK.: 884 493
Soz.: 5.322
D: s; GB: s; F: z; S: –.

Fliegen-Ragwurz
Ophrys insectifera ★
15–30 (50) cm; Staude; B. schmal ellipt.; äußere Bl.b. grün, innere braun, haarf., Lippe 3lappig, dunkelpurpurn, Mittellappen länger, an der Spitze ausgerandet, am Grunde mit H-förmigem, bläul. Fleck. §
Keim.: F; V–VI; (☿); Ins. (h, d).
Halbtrockenrasen, lichte Kiefernwälder, auf warmen, kalkr., hum. Lehm- u. Tonböden.
ÖK.: 664 493
Soz.: 5.322
D: z–s (Alp. bis 1620 m); GB: z–s; F: z; S: z–s.

Männliches Knabenkraut
Orchis mascula ★
20–55 cm; Staude; Rosettenb. schmal-längl., gefleckt; Bl. purpurrot, rosa od. weiß; Blhb. helmartig, die beiden anderen abstehend; Lippe 3lappig; Sporn lang. §
Keim.: F; IV–VI; (☿); Ins. (h, l); versch. sspp.
Halbtrockenrasen, Eichen-Hainbuchen-Wälder, auf ± nährstoffr., oft kalka., humosen Lehmböden.
ÖK.: 7X3 483
Soz.: –
D: z–s (Alp. bis 1750 m); GB: v–z; F: v; S: z–s.

Helm-Knabenkraut
Orchis militaris ★
25–45 cm; Staude; Rosettenb. längl.-ellipt.; ungefleckt; Bl. blaß od. hellpurpurn; Helm dunkler; Lippe 4lappig, Mittellappen geteilt, mit Fortsatz; Sporn kurz. §
Keim.: F; V–VI; (☿); Ins. (h, l).
Halbtrockenrasen, moorige Wiesen, lichte Gebüsche, auf kalkr., tiefgründigen Löß-, Lehm- u. Tonböden.
ÖK.: 765 392
Soz.: 5.322
D: z–s (Alp. bis 950 m); GB: s; F: z–s; S: s.

Kleines Knabenkraut
Orchis morio ★
8–30 (40) cm; Staude; B. längl.-lanzettl., zugespitzt, ungefleckt; äußere u. 2 innere Blhb. helmf., purpurrot, grünnervig; Lippe 3lappig, purpurrot u. weiß. §
Keim.: F; V–VI; (☿); Ins. (h, l).
Halbtrockenrasen, magere Wiesen, Böschungen, auf ± frischen, meist kalkh., hum. Lehm- u. Tonböden.
ÖK.: 753 473
Soz.: 5.322
D: s–z (Alp. bis 1100 m); GB: s–z; F: z; S: s.

Sumpf-Knabenkraut
Orchis palustris
30–50 cm; Staude; B. lineal., meist bis 10 mm breit, ungefleckt; Bl. purpurrot; 1 äußeres u. 2 innere Blhb., helmartig zusammengeneigt, die 2 äußeren aufrecht abstehend; Lippe deutlich 3lappig, so lang wie breit od. länger als breit. §
Keim.: F; V–VI; (☿); Ins. (h, l).
Sumpfwiesen, Flachmoore, auf nassen, basenreichen Sumpfhumusböden.
ÖK.: –
Soz.: 1.621
D: s–z; GB: s; F: z; S: s.

Purpur-Knabenkraut
Orchis purpurea ★
30–80 cm; Staude; Rosenb. breit-längl.-ellipt., glänzend, ungefleckt; Helm breit oval, rotbraun; Lippe weiß od. hellrosenrot, 4lappig, Mittellappen geteilt; Sporn kurz. §
Keim.: F; V–VI; (☿); Ins. (h, l).
Warme Eichenwälder, Eichengebüsche, Ulmen-Auenwälder, auf ± trokkenen bis wechselfrischen, meist kalkh. tiefgründigen Lehmböden.
ÖK.: 574 48X
Soz.: 8.42
D: s–z; GB: s; F: z–s; S: –.

Affen-Knabenkraut
Orchis simia ★
25–40 cm; Staude; unterste B. verkehrt eif., o. längl.; Helm ei-lanzettf., grau bis purpurn; Lippe rosa od. weiß, 4lappig, Seitenlappen lineal., eingekrümmt, Mittellappen geteilt; Fortsatz deutlich; Blst. kugelig. §
Keim.: F; V–VI; (☿); Ins. (h, l).
Halbtrockenrasen, auf ± trockenen, kalkr., hum. Löß- u. Lehmböden.
ÖK.: 882 38?
Soz.: 5.322
D: s; GB: s; F: z; S: –.

Brand-Knabenkraut
Orchis ustulata
10–35 cm; Staude; B. längl., ungefleckt; Bl. klein; Helm kugelig, dunkel-purpurrot; Lippe weiß, sammetartig, mit dunkel-purpurroten Punkten, Lappen längl.-lineal.; Blst. kegelf. bis zylindrisch. §
Keim.: F; IV–VI; (☿); Ins. (h, l).
Halbtrockenrasen, magere Wiesen u. Weiden, lichte Gebüsche, auf ± trockenen, meist kalkh., hum., tiefgründigen Löß- u. Lehmböden.
ÖK.: 755 4X3
Soz.: 5.322
D: s (Alp. bis 1460 m); GB: z–s; F: z–s; S: s.

Hundswurz
Anacamptis pyramidalis ★
15–60 cm; Staude; B. lineal-lanzettl., ungefleckt, obere kurz u. scheidig; Bl. purpurrot, duftend; äußere Blhb. abstehend, 2 innere helmartig; Lippe bis zur Hälfte 3lappig, am Grunde mit 2 Seitenlappen; Sporn lang, gebogen u. dünn. §
Keim.: F; VI–VIII; (☿); Ins. (l).
Halbtrockenrasen, Wegränder, Böschungen, Moorwiesen, Dünen, auf ± trockenen, kalkr., hum., lockeren Löß- u. Lehmböden.
ÖK.: 872 392
Soz.: 5.322
D: s; GB: s–z; F: z; S: s.

Fuchs-Knabenkraut
Orchis fuchsii ★
15–50 (70) cm; Staude; St. hohl, mehrb.; unterste B. breit längl., stumpf o. lanzettl., dunkel gefleckt; Bl. klein, rotviolett, rosarot u. weiß; Lippe gleichmäßig 3lappig; Blst. locker, verlängert. §
Keim.: F; VI–VIII; (☿); Ins. (h, d, c).
Flach- u. Quellmoore, Nadelmischwälder, auf nassen, wechselfeuchten, meist kalkh., hum., tonigen Böden.
ÖK.: –
Soz.: –
D: z–s; GB: v–z; F: v–z; S: z–s.

Geflecktes Knabenkraut
Orchis maculata
15–60 cm; Staude; St. nicht hohl, 6–10b.; B. längl., dunkel gefleckt, obere deckb.artig; Bl. hellila, mit purpurroten Flecken u. Linien; Lippe 3lappig. §
Keim.: F; VI–VIII; (☿); Ins. (h, d, c).
Feuchte Wiesen, Flach- u. Quellmoore, Borstgrasrasen, Heiden, auf ± nährstoffa., sauren, hum. Böden.
ÖK.: 8X3 872
Soz.: 5.4
D: z–s (Alp. bis 2000 m); GB: v–z; F: z; S: v.

Fleischrotes Knabenkraut
Orchis incarnata
25–55 cm; Staude; B. gelbgrün, ungefleckt, lanzettl., an der Spitze kapuzenf.; Bl. fleischfarben; Seitenlappe d. Lippe feingekerbt, Mittellappen mit Mittelzahn. §
Keim.: F; V–VII; (☿); Ins. (d, h); 2 sspp.
Sumpf- u. Binsenwiesen, Bruchwälder, auf nährstoffr., kalkh., sand. Sumpfhumusböden.
ÖK.: 8X3 872
Soz.: 1.621
D: s–z (Alp. bis 1320 m); GB: z–v; F: z; S: z.
(s. A. 212)

Orchis praetermissa ★
15–60 cm; Staude; B. ungefleckt, linealisch, scheidig; Bl. rosa-lila mit dunkleren Flecken od. Linien; Lippe breit, mit kleinem Mittelzahn, Seiten nach vorne gewölbt; Sporn kurz; Blst. eine dichte Ähre. §
Keim.: F; VI–VII; (☿); Ins. (h, d, l, c).
Feuchte Wiesen, Flachmoore, Dünentäler, auf nassen bis feuchten, nährstoffr., kalkh., hum. Böden.
ÖK.: –
Soz.: –
D: s?; GB: s–v; F: z–s; S: –.

Orchis purpurella
15–60 cm; Staude; B. oft gefleckt, linealisch, scheidig; Bl. dunkelpurpurn; Lippe breit, ohne Mittelzahn od. kurz 3lappig; Sporn lang; Blst. eine dichte Ähre mit langen Tragb. §
Keim.: F; VI–VII; (☿); Ins. (h, d, l, c).
Feuchte Wiesen, Flachmoore, auf nassen bis feuchten, nährstoffreichen, meist kalkhaltigen, humosen Böden.
ÖK.: –
Soz.: –
D: ?; GB: s–v; F: ?; S: s.
(s. A. 213)

Holunder-Knabenkraut
Orchis sambucina
10–25 cm; Staude; St. hohl; B. längl.-lanzettl., hellgrün, glänzend, ungefleckt; Bl. gelbl.-weiß, mit hellgrünen Tragb. od purpurrot mit rötl. Tragb. §
Keim.: F; IV–VI; (☿); Ins. (h, d).
Halbtrockenrasen, Gebüschsäume, auf kalka., ± hum., oft flachgründigen, sandig-steinigen Lehmböden.
ÖK.:–
Soz.: 5.323
D: s (Alp. bis 1200 m); GB: –; F: z–s; S: z–s.

Große Händelwurz
Gymnadenia conopea ★
26–60 (80) cm; Staude; B. lang-lanzettl., ungefleckt; Bl. rosa bis purpur-lila, selten weiß, duftend; äußere Blhb. weit abstehend, innere kapuzenf.; Lippe 3lappig; Sporn bis 15 mm. §
Keim.: F; VI–VIII; (☿); Ins. (l).
Moorwiesen, Flach- u. Quellmoore, Kalkmagerrasen, auf feuchten, ± nährstoffa., hum. Lehm- u. Tonböden.
ÖK.: XX2 78?
Soz.: –
D: s–v (Alp. bis 2120 m); GB: z–v; F: v–z; S: z.

Ohnhorn
Aceras anthropophorum
20–35 cm; Staude; B. breit längl.-lanzettl., glänzend, gekielt, obere st. umfassend; Bl. grünl., am Rande violett od. braun; Lippe hell- od. rotbraun, hängend, 4lappig, 2 Seiten u. 1 geteilter Mittellappen. §
Keim.: F; V–VI; (☿); Ins. (d, h).
Halbtrockenrasen, lichte Gebüsche, auf ± trockenen, kalkr., humosen Lehm- u. Tonböden.
ÖK.: 882 483
Soz.: 5.322
D: s; GB: z–s; F: z; S: –.
(s. A. 214)

Einknolle
Herminium monorchis
8–30 cm; Staude; B. gelbl.-grün, oft zu 2 an der St.basis, eif.-lanzettl.; Bl. klein, grünl., süß duftend; äußere u. innere Blhb. abstehend, Lippe tief 3spaltig mit sehr langem Mittellappen. §
Keim.: F; V-VII; (☿); Ins. (d, h, c).
Halbtrockenrasen, Magerweiden, Moorwiesen, auf ± frischen, meist kalkh., humosen Lehm- u. Tonböden.
ÖK.: 757 X8?
Soz.: 5.322
D: s–z (Alp. bis 1210 m); GB: z–s; F: z–s; S: z–s.

Hohlzunge
Coeloglossum viride ★
6–25 cm; Staude; B. eif.-lanzettl., meist 3- (5), kleiner, scheidig; Bl. grünl.; äußere u. innere Blhb. helmf., Lippe rötl. überlaufen, 3zähnig; Sporn kurz. §
Keim.: F; V–VII; (☿); Ins. (l, d, h, c).
Borstgras-, seltener Halbtrockenrasen, auf ± frischen, leicht sauren, meist kalk- u. nährstoffa., sandigen od. steinigen Lehmböden (Magerkeitszeiger).
ÖK.: 8XX 45?
Soz.: 5.11
D: s–z (Alp. bis 2280 m); GB: z; F: v–z; S: v.
(s. A. 215)

Herz-Zweiblatt
Listera cordata
4–20 cm; Staude; B. 3eckig, fast herzförmig, zu 2, fast gegenständig, glänzend; Bl. grünlichgelb; Lippe 3lappig, rotbraun. §
Keim.: F; V–VIII; (☿); Ins. (d, h).
Fichtenwälder, Berg-Kiefern-Gestrüpp, Moore, seltener Wiesen, auf nassen, nährstoffarmen, sauren Torf- u. Moorböden.
ÖK.: 3X3 722
Soz.: 7.2
D: s (Alp. bis 2000 m); GB: s–v; F: s; S: v.

:iförmiges Zweiblatt
:istera ovata ★
:0–50 cm; Staude; B. ›reit-eif., zu 2, fast ge- ;enst.; Bl. grünl.-gelb, ıußere u. innere Blhb. :. T. kapuzenf.; Lippe ang, lineal., bis 15 mm, :spaltig; Blst. lang. §

Keim.: F; V–VII; (⚥); ıns. (h, d, c).

.aubmisch- u. Auenwäl- ler, Gebüsche, seltener Viesen, auf frischen bis euchten, nährstoffr., neist kalkh., tiefgründi- en Lehm- u. Tonböden.

)K.: XX3 677

oz.: –

): s–v (Alp. bis 1740 m); ;B: z–v; F: v; S: z.

Grünliche Waldhyacinthe
Platanthera chlorantha ★
25–60 cm; Staude; B. verkehrt-eif., 2 an der Basis; Bl. grünl.-weiß, Vanilleduft; BLhb. ausgebreitet, Lippe lineal., ungeteilt; Sporn an der Spitze keulig. §

Keim.: F; V–VII; (⚥); Ins. (l).

Laub- u. Nadelmischwälder, moorige Wiesen, auf feuchten, ± nährstoffr., meist kalkh. Lehm- u. Tonböden.

ÖK.: 6X3 77X

Soz.: 5.41

D: s–z (Alp. bis 1690 m); GB: z–v; F: v; S: z.

Zweiblättrige Waldhyacinthe
Platanthera bifolia
(15) 20–40 cm; Staude; B. verkehrt-eif., zu 2 an der Basis; Bl. weiß od. gelbl., Vanilleduft; Blhb. ausgebreitet, Lippe lineal., ungeteilt; Sporn lang. §

Keim.: F; VI–VII; (⚥); Ins. (l).

Eichen-, Kiefern- u. Tannenwälder, Borstgrasrasen, Heiden, auf ± trockenen, kalkh., hum. Lehm- u. Tonböden.

ÖK.: 6X3 57X

Soz.: –

D: z–s (Alp. bis 1860 m); GB: z–s; F: v–z; S: v–z.

Weißes Waldvöglein
Cephalanthera damasonium
20–60 cm; Staude; B. längl.-eif. od. eilanzettl., zugespitzt, bläul.-grün; Bl. gelbl.-weiß, sich kaum öffnend u. darum fast röhrig erscheinend; Lippe versteckt, am Grunde gelbl.; Sporn fehlend; Blst. beb. §

Keim.: F; V–VII; (⚥); s. Buchen- u. Buchen-Tannenwälder, auf frischen, nährstoff- u. meist kalkr. Stein- u. Lehmböden.

ÖK.: 252 474

Soz.: 8.431.3

D: s–z (Alp. bis 1100 m); GB: z–s; F: z; S: s.

Langblättriges Waldvöglein
Cephalanthera longifolia
15–60 cm; Staude; B. lanzettl., obere lineal, verschmälert, matt grün; Bl. weiß mit gelbem Fleck auf der Lippe; Sporn fehlend; Blst. nur mit kurzen Tragb. §

Keim.: F; V–VI; (⚥); Ins. (h).

Eichen-, Buchen- u. Kiefernmischwälder, auf ± frischen bis trockenen, meist kalkh., hum. Stein- u. Lehmböden.

ÖK.: 453 383

Soz.: 8.4

D: s (Alp. bis 1300 m); GB: s; F: z–s; S: s.

.otes Waldvöglein
:ephalanthera rubra
:0–50 (70) cm; Staude, ırzhaarig; B. lanzettl., ıch grasähnl., zuge- ›itzt; Bl. hellpurpurrot, :lten weiß, meist nicht eit geöffnet; Lippe z. T. eißl.; Sporn fehlend; lst. beb., wenigbltg. §

:eim.: F; VI–VII; (⚥); ıs. (h).

ichte Buchen-, Eichen- . Kiefern-, selten in ichtenwäldern, auf fri- :hen, meist nährstoffr. . kalkh., lockeren ehmböden.

K.: 354 483

oz.: 8.4

: s–z (Alp. bis 1300 m); B: s; F: z–s; S: z–s.

Weißzüngel
Leucorchis albida
10–30 cm; Staude; B. längl.-eif., gekielt, ungefleckt; Bl. 2–3 mm, weißl.-grün, duftend; Lippe 3lappig; Sporn kurz.

Keim.: ?; V-VII; (⚥); Ins. (l).

Borstgrasrasen, Heiden, auf frischen, hum., kalkfreien Böden.

ÖK.: –

Soz.: –

D: z–s (Alp. bis 2.310 m); GB: s–z; F: s; S: z.

Herbst-Drehähre
Spiranthes spiralis
7–20 (35) cm; Staude; untere B. eif.-längl., rosettenartig, neben dem Blst., St.b. nur scheidig; Bl. klein, einreihig, weißl., duftend; Lippe längl., verkehrt-eif., vorne gekerbt u. schwach ausgerandet; Blst. schraubenf. gedreht. ⚲§

Keim.: F; VIII–X; (⚥); Ins. (h).

Magerweiden, Halbtrokkenrasen, auf ± trockenen, mageren, meist kalka., humosen Lehmböden (Lehmzeiger).

ÖK.: 862 3X2

Soz.: 1.621

D: s; GB: s–z; F: z; S: –.

(s. A. 216)

Netzblatt
Goodyera repens ★
15–25 (30) cm; Staude, flach kriechend; St. u. B. behaart; u. B. rosettig gehäuft, eif., mit Netznervatur, spitz; Bl. klein, weißl., duftend; in schraubig gedrehtem Blst.; Lippe ungeteilt, zungenähnl. §

Keim.: F; VII–VIII; (⚥); Ins. (h).

Moosr. Nadel-, lichte Kiefernwälder, auf ± trockenen, sauren, modrig-hum., nährstoffa. Sand- od. sandigen Lehmböden.

ÖK.: 5X7 4X2

Soz.: 7.211

D: s (Alp. bis 2070 m); GB: s–z; F: s; S: v–z.

Braunrote Sumpfwurz
Epipactis atrorubens
20–60 (100) cm; Staude, oft rot überlaufen; St. behaart; B. eif.-längl., 2zeilig; Bl. dunkelrot, Vanilleduft; Lippe herzf.; Blst. beb. §

Keim.: F; VI–VIII; (⚥); Ins. (h).

Laubwälder, Kiefern-, Steppen-Wälder, Gebüsche, Küstendünen, auf trockenen, kalkr., nährstoffa., hum. Kies-, Sand- od. Steinböden.

ÖK.: 6X3 382

Soz.: 7.1

D: z–v (Alp. bis 1870 m); GB: s; F: z–s; S: z–s.

Breitblättrige Sumpfwurz
Epipactis helleborine ★
25–80 cm; Staude, oben behaart; B. breit eif.-ellipt., zugespitzt, wechselst.; Bl. grün bis purpurrot, nicht duftend; Lippe vorne herzf. bis 3eckig, purpurn. §
Keim.: F; VII–IX; (⚥); Ins. (h).
Krautr. Eichen- u. Buchen-, Nadelmisch- u. Auenwälder, auf frischen, nährstoffr., humosen, Lehmböden.
ÖK.: 353 575
Soz.: 8.43
D: s–v (Alp. bis 1350 m); GB: z–v; F: v; S: z.

Schmallippige Sumpfwurz
Epipactis leptochila
20–70 cm; Staude, gelblich-grün, oben dicht kraushaarig; B. breit-eiförmig od. lanzettl., 2zeilig; Bl. groß, nickend, weit geöffnet, grünlich; Lippe zugespitzt, hinten rötlich. §
Keim.: F; VII–VIII; (⚥); sb.
Buchenwälder, auf kalkreichen Böden.
ÖK.: –
Soz.: –
D: s; GB: s; F: s; S: –.
(s. A. 217)

Echte Sumpfwurz
Epipactis palustris ★
30–50 cm; Staude; B. ± lanzettl., gekielt, oberwärts gefaltet; Bl. graugrünl.; äußere Blhb. purpur-braun, innere rötl. u. weiß, Lippe weiß, rotgeadert. §
Keim.: F; VI–VIII; (♀); Ins. (h, l, d).
Flachmoore, Moorwiesen, Binsen- u. Kalksümpfe, Dünentäler, auf sicker- od. wechselnassen, nährstoffr. u. kalkr. Sumpfhumusböden.
ÖK.: 853 882
Soz.: 1.621
D: z (Alp. bis 1260 m); GB: z–s; F: z; S: z–s.

Grüne Sumpfwurz
Epipactis phyllanthes
20–40 cm; Staude, 2zeilig beb.; B. meist breit lanzettl., scheidig, nach oben schmaler; Bl. grün od. gelblich, rot getönt, wenig geöffnet, hängend; Lippe weißlich; untere Tragb. die Bl. überragend. §
Keim.: F; VII–IX; (♀); sb., apo.
Küstendünen, lichte Wälder, Gebüsche, auf ± trockenen, kalkhaltigen, sandigen Lehmböden.
ÖK.: –
Soz.: –
D: s?; GB: s–z; F: –; S: s (Dänem.).

Violette Sumpfwurz
Epipactis sessilifolia ★
(15) 25–60 cm; Staude, ± violett überlaufen; B. eif.-längl., spitz, wechselst.; Bl. blaßgrün, außen purpur-grünlich; Lippe im vorderen Teil herzf., hinten meist violett. §
Keim.: F; VIII–IX; (⚥); Ins. (h).
Krautreiche Laub- od. Nadelmischwälder, auf frischen, nährstoffr., oft kalkarmen, humosen, oft verdichteten Lehmböden.
ÖK.: 364 686
Soz.: 8.43
D: s; GB: z; F: s; S: –.

Nestwurz
Neottia nidus-avis ★
20–40 cm; Staude, chlorophyllfrei, gelbl.-bräunl.; B. schuppenf., scheidig; Bl. wie die Pfl. gefärbt; Lippe 2lappig, am Grund sackartig ausgehöhlt, Sporn fehlend. §
Keim.: F; V–VII; (⚥); Ins. (h, d, c), sb.
Buchen-, Eichen- od. Kiefern- (Nadel-) mischwälder, auf frischen, nährstoffr., kalkh., hum., lockeren Lehmböden (Saprophyt).
ÖK.: 253 575
Soz.: 8.43
D: s–z (Alp. bis 1400 m); GB: z–s; F: v–z; S: z–s.

Korallenwurz
Corallorhiza trifida ★
7–25 cm; Staude; St. bleich-gelbl.-grün; B. schuppenf., scheidig; Bl. gelbl.-weiß od. grün; Lippe 3lappig, rot punktiert. §
Keim.: F; V–VII; (⚥); Ins. (h, d)., sb.
Moosige Fichten- od. Fichten-Tannenwälder, Laubwälder, auf ± frischen, nährstoffa., modrig-humosen Lehm- u. Tonböden (Saprophyt).
ÖK.: 2X7 53X
Soz.: 7.2
D: s, bes. Berggebiete (Alp. bis 1700 m); GB: s–z; F: s; S: v.

Widerbart
Epipogium aphyllum ★
10–30 cm; Staude, chlorophyllfrei; St. schwach beb.; Schuppenb., scheidig, weißl.-gelb; Bl. gelbl.; Lippe 3lappig, Mittellappen groß; Sporn fleischfarben, nach oben gerichtet. §
Keim.: F; VI–IX; (⚥); Ins. (h).
Moosige Nadel- u. Buchen-Mischwaldges., auf frischen, ± nährstoffr., modrig-hum. Lehm- u. Tonböden (Saprophyt).
ÖK.: 246 55?
Soz.: 7.2
D: s, bes. Berggebiete (Alp. bis 1500 m); GB: s; F: s; S: z.

Weichwurz
Hammarbya paludosa ★
5–15 (20) cm; Staude; St. 5kantig; unten 3–4blättrig, B. abgerundet, oval, an den Rändern manchmal Brutknospen; Bl. klein, grünl.; Lippe nach oben gedreht. §
Keim.: F; VII–IX; (⚥); Ins. (h, d, c).
Moorschlenken, Torfsümpfe, Zwischenmoore, auf nassen bis feuchten, kalk- u. nährstoffr. Torfschlammböden.
ÖK.: –
Soz.: –
D: s; GB: s–z; F: s; S: z.

Glanzkraut
Liparis loeselii
6–20 cm; Staude; St. 2blättrig; B. breit-lanzettl., über 25 mm lang, fast gegenständig; Bl. grünlich-gelb; Lippe leicht gekerbt, in unterschiedliche Richtungen zeigend. §
Keim.: F; VI–VII; (⚥); Ins.
Kopfbinsenmoore, Quellsümpfe, torfige Wiesen, Dünentäler, au nassen, zeitweise überschwemmten, kalkreichen Sumpfhumusböden.
ÖK.: 764 992
Soz.: 1.621
D: s; GB: s; F: s; S: s.

)ingel
.imodorum abortivum
0–50 cm; Staude; chloro-
hyllfrei, schmutzig-vio-
ett; B. schuppenf., schei-
ig; Bl. groß bis 40 mm,
ellviolett; Lippe wellig,
f.; Sporn abwärts ge-
chtet. §
Keim.: ?; V–VII; (⚥); sb.
'laumeichenwälder, Kie-
ern- Eichen- od. Bu-
hen-Mischwaldges., auf
frischen, kalkh., mod-
g-humosen Lehm- u.
ößböden.
)K.: X73 48?
oz.: 8.42
): s; GB: –; F: s–z; S: –.

WASSERLINSEN-GEWÄCHSE
Lemnaceae ★
Wasserpflanzen, meist frei schwimmend; nicht in Sproß u. Blätter gegliedert; Vermehrung erfolgt rein vegetativ; Bl. selten ausgebildet, eingeschlechtig, ohne Blh., von einer Spatha umgeben; ♂ Bl. nur aus 1 Staubb., ♀ Bl. aus 1 Fruchtknoten bestehend.

Buckelige Wasserlinse
Lemna gibba
Wasserpflanze, ausdauernd, frei schwimmend; Spr.glieder rundlich-verkehrt-eiförmig, unterseits stark gewölbt, 2–5 mm lang, jedes mit 1 Wurzel.
Keim.: –; IV–VII; (♂ + ♀); sb.
Schwimmpflanzenges., in stehenden, nährstoffreichen Gewässern (Gräben, Dorfteiche, Tümpel, Seebuchten).
ÖK.: 763 1178
Soz.: 1.11
D: s–z; GB: s–z; F: z; S: s–z.
(s. A. 218)

Kleine Wasserlinse
Lemna minor ★
Wasserpflanze; ausdauernd, frei schwimmend; Sproßglieder rundlich-verkehrt-eiförmig, beiderseits flach, 1,5–4 (6) mm lang, unterseits selten rötlich, jedes mit 1 Wurzel.
Keim.: W–F; V–VII; (♂ + ♀); wsb.
Schwimmpflanzenges., in stehenden od. langsam fließenden, nährstoffreichen Gewässern.
ÖK.: 7X3 11XX
Soz.: 1.1
D: v (Alp. bis 1200 m); GB: v–z; F: v; S: z.
(s. A. 219)

Dreifurchige Wasserlinse
Lemna trisulca
Wasserpflanze; submers u. frei schwimmend; submerse Sproßglieder länglich-lanzettl., gestielt, kreuzweise zusammenhängend; nur zur Bl.zeit an Oberfläche, 3nervig.
Keim.: –?; V–VII; (♀ + ♂); wsb.
Schwimmpflanzenges., u. submerse Ges., in stehenden, nährstoffreichen Gewässern.
ÖK.: 8X3 1276
Soz.: 1.11
D: v–z; GB: z–v; F: v–z; S: z–s.

;ELKOLBEN-
EWÄCHSE
)arganiaceae
usdauernde Sumpf- u.
'asserpflanzen, oft mit
rdickter Grundachse;
. breit-lineal.; Bl. ein-
schlechtig, 1häusig, in
ıgeligen, stacheligen
öpfchen, untere ♀,
)ere ♂.

OHRKOLBEN-
EWÄCHSE
/phaceae ★
ısdauernde Sumpf- u.
asserpflanzen mit krie-
endem Rhizom; B.
eit-lineal., bandför-
ig; Bl. eingeschlechtig,
äusig, in walzenförmi-
n Kolben, untere ♀,
ere ♂; am Grunde der
ilblütenst. anfangs
ıbige Hochb.; Blüten-
lle haarförmig;
aubb. 3

Ästiger Igelkolben
Sparganium erectum ★
30–60 (120) cm; Staude; B. derb, an der Basis 3kantig, an den Seiten ± konkav; St. mit verzweigtem, beb. Blst.; Bl. klein, grünl., in kugeligen, stacheligen Köpfchen; ♂ Blst. über dem ♀ stehend.
Keim.: F–So; VI–VIII; (♂ + ♀); wb.; versch. sspp.
Röhrichte, Gräben, Ufer, in stehenden od. langsam fließenden Gewässern mit nährstoffr., schlammigem Grund.
ÖK.: 765 10X5
Soz.: 1.411
D: v (Alp. bis 800 m); GB: v–z; F: v; S: z–s.

Einfacher Igelkolben
Sparganium emersum
20–60 (100) cm; Staude; B. derb, am Grunde 3kantig, an den Seiten konkav, im oberen Drittel verbreitert, flutende B. bandf.; Bl. klein, grünl., ♂ über den stacheligen ♀ sitzend.
Keim.: F–So; VI–VIII; (♂ + ♀); wb.
Gräben, Teiche, Ufer, an u. in stehenden od. langsam fließenden Gewässern mit nährstoffh. Schlammgrund.
ÖK.: 753 11X5
Soz.: 1.411
D: z (Alp. bis 870 m); GB: z–v; F: z; S: v–z.
(s. A. 220, 221)

Breitblättriger Rohrkolben
Typha latifolia
100–250 cm; Staude; B. breit-lineal., blau-grün, 10–25 mm; ♀ Bl. in einem dicken, zylindrischen, braunen Kolben, direkt unter dem ♂ Blst. sitzend. ☤
Keim.: F–So; VI–VIII; (♂ + ♀); wb.
Röhrichte stehender od. langsam fließender Gewässer mit nährstoffreichen, humosen Schlammböden. (Verlandungspionier, torfbildend).
ÖK.: 865 10X8
Soz.: 1.411
D: v (Alp. bis 800 m); GB: z–v; F: v; S: z.

Schmalblättriger Rohrkolben ★
Typha angustifolia
100–250 cm; Staude; B. schmal lineal., 4–10 mm breit; ♀ Bl. in einem schmalen zylindrischen Kolben, ca. 2–4 cm, von den ♂ Blst. entfernt.
Keim.: F–So; VI–VIII; (♂ + ♀); wb.
Röhrichte, meist stehende od. langsam fließende Gewässer mit ± nährstoffr., kalka., humosen Schlammböden (salzertragend).
ÖK.: 875 10X7
Soz.: 1.411
D: v–z; GB: s–z; F: v–z; S: z.

SAUER- ODER RIEDGRAS-GEWÄCHSE

Cyperaceae ★

Kräuter od. Stauden mit oft 3kantigem, meist knotenlosem St.; B. 3zeilig angeordnet, meist mit geschlossener B.scheide; Bl. klein, unscheinbar, zwittrig od. eingeschlechtig, immer in der Achsel eines trockenhäutigen Tragb. (Spelze), in 1- bis mehrbl. Ährchen stehend, zu Ähren, Köpfchen od. Spirren vereinigt; Blh. fehlend od. zu Haaren bzw. Borsten reduziert; Staubb. 3, Fruchtknoten oberständig.

Gemeine Waldsimse
Scirpus silvaticus
30–125 cm; Staude; St. 3kantig, beb.; B. lineal., 5–12 mm breit; Ährchen 3–4 mm, in lockerer Spirre, oberhalb von b.ähnlichen Tragb.
Keim.: F–So; V–VII; (♂ + ♀); wb.
Naß- u. Feuchtwiesen, Auenwälder, auf nassen, nährstoffreichen, humosen, sandigen Lehm- u. Tonböden.
ÖK.: 654 943
Soz.: 5.415
D: v (Alp. bis 1360 m); GB: z–s; F: v; S: z.
(s. A. 222)

Meerstrandsimse
Bolboschoenus maritimus
30–130 cm; Staude; St. scharf 3kantig; B. lineal., gekielt; Ährchen in endständiger, köpfchenf. Spirre, von 10–20 mm Ø; Tragb. lineal., den Blst. deutlich überragend.
Keim.: F; VI–VIII; (♂ + ♀); wb.
Röhrichte, an Ufern mit wechselndem Wasserstand, auf nährstoffr., auch salzh. Schlick- od. Sand-Schlickböden.
ÖK.: 8X7 1085
Soz.: 1.414
D: v, im Küstengebiet; GB: z; F: z; S: z.
(s. A. 223)

Grüne Teichsimse
Schoenoplectus lacustris
80–300 cm; Staude; St. rund, grasgrün, b.los; Ährchen 5–6 mm, büschelig gehäuft, gruppenweise gestielt od. sitzend; Fr. 3kantige Nuß.
Keim.: F–So; VI–VIII; (♂ + ♀); wb.
Röhrichte, an Ufern stehender od. langsam fließender Gewässer mit nährstoffreichen Schlick- od. sandig-kiesigen Schlickböden.
ÖK.: 853 1175
Soz.: 1.411
D: v (Alp. bis 1060 m); GB: z–v; F: z; S: v–z.
(s. A. 224)

Moorsimse
Isolepis setacea
2–10 (30) cm; Einj./Staude, dichtrasig; St. rund, fadenförmig; Ährchen zu 1, 2–3, sitzend, scheinbar seitenständig; Tragb. aufrecht, den Halm fortsetzend; Nuß schwarz.
Keim.: F–So; V–X; (♂ + ♀); wb.
Zwergbinsenges., nasse Waldwege, auf nassen bis feuchten, ± nährstoffreichen, meist kalkarmen, ± sauren Lehm-, Sand- od. Torfböden.
ÖK.: 652 853
Soz.: 3.111
D: z; GB: z–v; F: z; S: z–s. **(s. A. 225)**

Flutende Simse
Heleogiton fluitans
15–30 (100) cm; Staude, flutend, verzweigt; St. beb.; B. lineal., rinnig; Ährchen gestielt, in den B.winkeln.
Keim.: sf; V–IX; (♂ + ♀); wb.
Wasserpflanzenges., Heidetümpel, Moorgräben, in nährstoffärmeren, sauren Gewässern.
ÖK.: –
Soz.: –
D: z–s; GB: z; F: z; S: z–s.

Rasen-Haarsimse
Trichophorum caespitosum
5–30 (40) cm; Staude; Halm mit Scheiden, stielrund, oberste Scheide mit sehr kurzer B.spreite; 1 Ährchen, endständig, mit 2 großen Deckb.
Keim.: F–So; V–VI (IX); (♂ + ♀); wb.; versch. sspp.
Hochmoorbulten-, Braunseggen- u. Feuchtheideges., auf nassen, nährstoffarmen, sauren Torfböden.
ÖK.: 843 911
Soz.: 1.7
D: z–s (Alp. bis 2000 m); GB: v–z; F: z; S: v.

Zusammengedrücktes Quellried
Blysmus compressus
10–40 cm; Staude; St. abgerundet, beb.; B. flach, gekielt, am Rande rauh; Ährchen 5–7 mm, zu 5–12 in einem Blst., kaum über 30 mm lang; Deckb. 5nervig, rotbraun; Fr. kastanienbraun.
Keim.: F?; VI–VII; (♂ + ♀); wb.
Quellmoore, feuchte Wege, auf sickernassen, nährstoff- u. kalkreichen Lehm- u. Tonböden.
ÖK.: 855 883
Soz.: 3.71
D: z–s (Alp. bis 1700 m); GB: z–s; F: z; S: z.
(s. A. 226)

Schmalblättriges Wollgras
Eriophorum angustifolium
10–60 cm; Staude; St. rund; B. lineal., rinnig, an der Spitze 3kantig; Ährchen 3–7, in lockerer, nickender Spirre; Blhb. in Form von Haaren, bei der Fr.reife bis 40 mm.
Keim.: F; IV–V; (♂ + ♀); wb.
Flach-, Quell- u. Zwischenmoore, Ufer, Gräben, auf nassen, z. T. auch überschwemmten, nährstoffa., sauren od. sandigen Torfböden.
ÖK.: 8XX 942
Soz.: 1.6
D: v (Alp. bis 1865 m); GB: v; F: v–z; S: v.
(s. A. 227, 228)

Scheidiges Wollgras
Eriophorum vaginatum ★
10–50 cm; Staude, horst-bildend; St. oben 3kantig; B. schmal lineal.; Spreiten am Rande schwach rauh; oberstes B. mit aufgeblasener Scheide; Ährchen länglich-eiförmig, in einem aufrechten Blst.; Blhb. in Form von Haaren.
Keim.: F–So; III–V; (♂ + ♀); wb.
Torfmoosbulten-Ges. d. Hochmoore, Kiefern- u. Birkenmoor, auf nassen, nährstoffarmen, sauren Torfböden (Torfbildner).
ÖK.: 7XX 821
Soz.: 1.71
D: z (Alp. bis 1980 m); GB: v–z; F: z–s; S: v.

Gewöhnliche Sumpfsimse
Heleocharis palustris
8–60 (125) cm; Staude; St. glatt od. fein gestreift; untere B.scheide gelbbraun; 1 Ährchen von 5–20 mm Länge; Deckb. eiförmig.
Keim.: F–So; V–VIII; (♂ + ♀); wb.
Verlandungsges.; Röhrichte, Großseggenges., auf nassen, zeitw. überfluteten, nährstoffr., hum. Schlickböden.
ÖK.: 8XX 10X?
Soz.: 1.4
D: v (Alp. bis 1600 m);
GB: v–z; F: v; S: z.
(s. A. 229-231)

Nadel-Simse
Heleocharis acicularis
2–10 (30) cm; Staude; St. (3) 4kantig, schlank; B.scheiden braun od. purpurfarbig, oberste b.spreitenlos; 1 Ährchen, 3–4 mm lang, 4–11bltg.; unterstes Deckb. 1/2 so lang wie Ährchen.
Keim.: F–So; VI–X; (♂ + ♀); wb.
Strandlingsges., Ufergebiete von Seen, Tümpeln, Altwassern u. tidebeeinflußten Flüssen.
ÖK.: 7X3 10X2
Soz.: 1.314
D: z (Alp. bis 850 m);
GB: z–s; F: z; S: z–v.
(s. A. 232, 233)

Sumpf-Schneide
Cladium mariscus ★
80–200 cm; Staude; St. rund, beb., am Grunde bis 40 mm ∅; B. am Rand u. Kiel scharf gesägt, flach bis rinnig, an der Spitze 3kantig; Ährchen 3–4 mm.
Keim.: So; VI–VIII; (♂ + ♀); wb.
Verlandungsges., Flachmoortümpel, auf seicht (bis 50 cm) überschwemmten, meist kalkreichen, humosen Schlammböden.
ÖK.: 9X3 1093
Soz.: 1.411
D: z–s (Alp. bis 810 m);
GB: z–s; F: z; S: z–s.

Weißes Schnabelried
Rynchospora alba
15–40 cm; Staude; bestandsbildend; St. beb., rund; Ährchen 4–5 mm, weiß-braun, 1–2bltg.; Spirre kaum über 10 mm lang; Fr. spitzschnabelig.
Keim.: F; VI–IX; (♂ + ♀); wb.
Hochmoorschlenken, Zwischen- u. Übergangsmoore, sumpfige Waldstellen, auf nassen, seicht überschwemmten, ± nährstoffr. Torfböden.
ÖK.: 8X3 932
Soz.: 1.611
D: z (Alp. bis 1000 m);
GB: z–s; F: z–s; S: v–z.
(s. A. 234)

Schwarze Kopfbinse
Schoenus nigricans
15–50 cm; Staude; St. rund; B.scheiden schwarz-braun; B. pfrieml., 1/2 so lang wie der St.; Ährchen 5–8 mm, schwarz-braun, zu 5–10 in köpfchenf. Blst.
Keim.: F; V–VII (X); (♂ + ♀); wb.
Flachmoorges., Schwarzried-Sümpfe, auf nassen, nährstoffa., kalkr. Tuff- od. Torfböden.
ÖK.: 973 992
Soz.: 1.612
D: s (Alp. bis 670 m);
GB: s–v; F: z; S: s.
(s. A. 235)

Nacktried
Elyna myosuroides
10–30 cm; Staude; B. grundst., borstl., so lang wie der St.; Ährchen 2bltg., oben ♂.
Keim.: ?; VI–X; (⚥ + ♀); wb.
Felsrasenges., auf frischen bis ± trockenen, nährstoffa. Steinböden.
ÖK.: 917 451
Soz.: 4.72
D: s (Alp. 2.100–2.580 m);
GB: –; F: s, alp.; S: z.
(s. A. 236)

Entferntährige Segge
Carex distans
30–60 cm; Staude, dichtrasig; B. graugrün, 2 bis 4 mm breit; 1 ♂ oberhalb von 2–3 ♀ Ährchen von 15–20 mm Länge, u. meist weit von den anderen entfernt; untere Tragb. länger als das Ährchen, stachelspitzig.
Keim.: F–So; V–VII; (♂ + ♀); wb.
Sumpf- u. Salzwiesen, Flachmoore, Wegränder, auf ± nährstoffr., kalk- od. salzh., schweren Lehm- u. Tonböden.
ÖK.: 963 78X
Soz.: –
D: z–s (Alp. bis 1070 m);
GB: z–s; F: v–z; S: z–s.
(s. A. 237)

Saum-Segge
Carex hostiana
25–45 cm; Staude, lokkerrasig; B.grasgrün, 2 bis 4 mm breit; 1 ♂ oberhalb von 1–3 ♀ Ährchen von bis zu 15 mm Länge, das unterste gestielt; Tragb. kürzer als die Ährchen.
Keim.: F–So; V–VII; (♂ + ♀); wb.
Flachmoorwiesen, Kalksümpfe, Wegränder, auf stau- od. sickernassen, ± nährstoffr., seltener entkalkten, ± sauren Sumpfhumusböden.
ÖK.: 8X2 962
Soz.: 1.621
D: z (Alp. bis 1250 m);
GB: z–v; F: z; S: z–s.
(s. A. 238)

Zweinervige Segge
Carex binervis
30–100 cm; Staude, lokkerrasig; B.graugrün, 3 bis 6 mm breit; 1 ♂ oberhalb von 3–4 ♀ Ährchen von 20–30 mm Länge, das unterste gestielt und meist weit entfernt; untere Tragb. b.artig, meist länger als das Ährchen; Deckb. rötlich, stumpf, oben gezähnelt.
Keim.: F; V–VI; (♂ + ♀); wb.
Trockene bis feuchte Heiden, auf sauren, torfigen Böden.
ÖK.: –
Soz.: –
D: s; GB: v–z; F: z;
S: z–s.
(s. A. 239)

Gelbe Segge
Carex flava
20–50 (95) cm; Staude, rasig; B. so lang od. länger als der St., 3–5 mm breit; 1 ♂ Ährchen sitzend, umgeben von 1–3 ♀ Ährchen, 1 weiteres bis zur St.mitte abgerückt; u. Tragb. waagerecht abstehend.
Keim.: F–So; V–VII; (♂ + ♀); wb.
Flachmoore, Kalksümpfe, auf nassen, kalkr. Sumpfhumusböden.
ÖK.: 842 882
Soz.: 1.62
D: v (Alp. bis 1707 m);
GB: v; F: v–z; S: z.
(s. A. 240)

Strand-Segge
Carex extensa
15–30 cm; Staude, dichtrasig; St. manchmal abgerundet; B. graugrün, ca. 2 mm breit, gekielt; 1 ♂ Ährchen oberhalb einer Gruppe von 2–4 ♀ Ährchen, obere sitzend, das unterste etwas entfernt, gestielt; Tragb. länger als der St.
Keim.: F; VI–VIII; (♂ + ♀); wb.
Salzwiesen, auf frischen bis feuchten, seltener überfluteten, salzhaltigen Böden.
ÖK.: 953 7X4
Soz.: 2.612
D: z; GB: z; F: z; S: z.

Wald-Segge
Carex silvatica
(8) 30–60 cm; Staude, dichtrasig; St. glatt; B. flach, 2–6 mm breit, gelblich-grün; ♀ Ährchen 3–5, lang gestielt, hängend.
Keim.: F; V–VII; (♂ + ♀); wb.
Krautreiche Laub- u. Nadelmischwälder, Waldwege, auf frischen bis feuchten, nährstoffreichen, meist kalkhaltigen Lehmböden.
ÖK.: 253 575
Soz.: 8.43
D: v (Alp. bis 1600 m); GB: v–z; F: v; S: z.
(s. A. 241, 242)

Scheincypergras-Segge
Carex pseudocyperus ★
30–75 cm; Staude, rasig; St. scharf 3kantig, rauh; B.grasgrün bis gelblichgrün, 5–9 mm breit; ♀ Ährchen 3–6, lang gestielt, zylindrisch, hängend, dichtbltg.
Keim.: F–So; V–VII; (♂ + ♀); wb.
Großseggenbestände, Schwingrasen, Gräben, Tümpel, Erlenbruch, auf staunassen bis überschwemmten, nährstoffha., torfigen Böden.
ÖK.: 763 1065
Soz.: 1.411
D: z; GB: z–s; F: z; S: z.

Geschnäbelte Segge
Carex rostrata
30–60 cm; Staude; St. stumpfkantig, graugrün; ♂ Ährchen 2–3, oberhalb von 2–3 (5) ♀, aufrechten, zur Fr.reife gelblichen Ährchen.
Keim.: F–So; V–VII; (♂ + ♀); wb.
Großseggenbestände, Moorgräben, Moorschlenken, Tümpel, auf meist überschwemmten, ± nährstoff- u. kalkarmen, sauren Torfschlammböden.
ÖK.: 94X 1033
Soz.: 1.413.1
D: v (Alp. bis 1707 m); GB: z–v; F: v–z; S: v.

Blasen-Segge
Carex vesicaria
30–80 cm; Staude; St. scharf 3kantig; B. grasgrün, so lang wie der St., 3–8 mm breit; ♂ Ährchen 2–3; ♀ Ährchen 2–3, oberes sitzend, untere gestielt, hängend.
Keim.: So–H (im 2. Jahr); VI–VII; (♂ + ♀); wb.
Großseggenbestände, Moorgräben, Tümpel, auf nassen, meist kalk- u. nährstoffärmeren Torfschlammböden.
ÖK.: 74X 965
Soz.: 1.413.2
D: v–z (Alp. bis 1600 m); GB: z; F: z; S: v.

Ufer-Segge
Carex riparia ★
60–125 cm; Staude, herdenbildend; St. scharf 3kantig, oben rauh; B. 6–15 mm breit; ♂ Ährchen 3–6 oberhalb von 2–3 ♀, kurz gestielten, entfernten Ährchen, unterstes länger gestielt.
Keim.: F; V–VI; (♂ + ♀); wb.
Großseggenbestände, Wiesen, Gräben, Erlenbrüche, auf nassen, nährstoffhaltigen, schlammigen Torfböden.
ÖK.: 773 974
Soz.: 1.413
D: z–v; GB: s–v; F: v–z; S: z–s.

Sumpf-Segge
Carex acutiformis
30–100 cm; Staude, herdenbildend; St. scharf 3kantig, rauh; B. 4–9 mm breit; ♂ Ährchen 2–3, rotbraun; ♀ Ährchen 2–3 (4) sitzend od. kurz gestielt, aufrecht.
Keim.: F–So; V–VII; (♂ + ♀); wb.
Großseggenbestände, Sumpfwiesen, Bruch- u. Auenwälder, auf nassen od. überschwemmten, nährstoffreichen Torf- od. humosen Tonböden.
ÖK.: 753 975
Soz.: –
D: v (Alp. bis 1710 m); GB: z–v; F: v–z; S: z–s.

Hängende Segge
Carex pendula
60–150 cm; Staude, rasig; St. glatt oberwärts beb.; B.grün, bis 20 mm breit; 1 ♂ Ährchen, ♀ Ährchen 4–5, bis 150 mm lang, gestielt, zuletzt hängend.
Keim.: H–F; V–VI; (♂ + ♀); wb.
Eschen- u. Erlenwälder, Waldwege u. -böschungen, auf nassen, nährstoffreichen, meist kalkarmen Ton- od. sandigen Lehmböden.
ÖK.: 552 865
Soz.: 8.43
D: z–s (Alp. bis 1300 m); GB: z–v; F: v–z; S: –?.

Hirseartige Segge
Carex panicea
10–30 (50) cm; Staude; B. 2–4 mm breit, beidseitig graugrün; 1 ♂ Ährchen, aufrecht, gestielt; ♀ Ährchen (1) 2 (3), lockerbltg., entfernt; unterstes Tragb. kürzer als das Ährchen.
Keim.: So; V–VI; (♂ + ♀); wb.
Flach- u. Quellmoore, Feuchtwiesen, Gräben, Wegränder, auf nassen, ± nährstoffreichen Sumpfhumusböden.
ÖK.: 843 7X3
Soz.: 1.6
D: v (Alp. bis 1830 m); GB: v; F: v; S: v.
(s. A. 243, 244)

Meergrüne Segge
Carex flacca
20–50 cm; Staude; B. nur unterseits blaugrün, am Rande rauh; (1) 2 (3) ♂ Ährchen; 2–3 ♀ Ährchen, lang gestielt, zuletzt hängend; unterstes Tragb. so lang wie das Ährchen.
Keim.: F–So; IV–VI; (♂ + ♀); wb.
Feuchtwiesen, Halbtrokkenrasen, Flachmoore, lichte Wälder, Wegränder u. Böschungen, auf nassen, meist kalkreichen, humosen Stein-, Ton- od. Lehmböden.
ÖK.: 753 68X
Soz.: –
D: v (Alp. bis 1950 m); GB: v; F: v; S: z–s.

Kurzhaarige Segge
Carex hirta
10–50 (80) cm; Staude; St. stumpf 3kantig; B. 2–7 mm breit, flach, weichhaarig; 2–3 ♂ u. ♀ Ährchen, voneinander entfernt; ♀ Ährchen gelblich; Tragb. lang.
Keim.: So; V–VI; (♂ + ♀); wb.
Wegränder, Ufersäume, Wiesen u. Weiden, Waldlichtungen, auf ± frischen, nährstoffr., meist sand. Böden.
ÖK.: 763 6X5
Soz.: 3.72
D: v (Alp. bis 1270 m); GB: v–z; F: v; S: z.
(s. A. 245, 246)

Pillen-Segge
Carex pilulifera
10–30 cm; Staude; dichtrasig; St. zur Fr.zeit niederliegend; B. kurz; 1 ♂ Ährchen, ungestielt; 3 (–5) ♀ Ährchen, wenigbltg., kugelig-eiförmig.
Keim.: F–So; V–VI; (♂ + ♀); wb.
Borstgrasrasen, Heiden, lichte Wälder, Weg- u. Waldränder, auf ± trokkenen, meist nährstoffhaltigen sauer-humosen Sand- od. Lehmböden.
ÖK.: 642 535
Soz.: 5.1
D: v (Alp. bis 1700 m); GB: z–v; F: v–z; S: v–z.
(s. A. 247, 248)

Frühlings-Segge
Carex caryophyllea ★
8–15 (45) cm; Staude; lockerrasig; B.dunkelgrün; 1 ♂ Ährchen, mit auffälligen gelben Staubb.; ♀ Ährchen 1–3, kurz-walzlich; unteres Tragb. am Rand häutig.
Keim.: F?; III–V; (♂ + ♀); wb.
Halbtrockenrasen, Weg- u. Waldränder, auf ± trockenen, ± nährstoffr., meist kalkh., hum. Sand- od. Lehmböden.
ÖK.: 853 4X2
Soz.: 5.3
D: v (Alp. bis 1800 m); GB: z–s; F: v; S: z.
(s. A. 249–252)

Steife Segge
Carex elata
30–100 (120) cm; Staude, dichtrasig, große Bulten bildend; B. 3–5 mm breit, graugrün; 1–2 ♂ sehr dunkle Ährchen; ♀ Ährchen 2–3, aufrecht, 20–60 mm lang, Deckb. schwärzlich, Griffel 2.
Keim.: F–So; V–VI; (♂ + ♀); wb.
Großseggenbestände, Sumpfwiesen, Moore, auf nassen, nährstoffr., torfig-sand. Ton- od. Schlickböden.
ÖK.: 852 10X4
Soz.: 1.413.1
D: z (Alp. bis 2000 m?); GB: z–v; F: v–z; S: z.

Scharfkantige Segge
Carex gracilis
30–100 cm; Staude; St. hohl-3kantig; B. 5–8 mm; Scheiden braun, 2–4 ♂ dunkle Ährchen; ♀ Ährchen 2–4, nickend, mit dunklen, zugespitzten Deckb.; Griffel 2.
Keim.: F; V–VI; (♂ + ♀); wb.
Röhrichte, Großseggenbestände, Auenwälder, Wiesen, auf nassen, nährstoffr. Sand-, Lehm- od. Tonböden.
ÖK.: 747 964
Soz.: 1.413.2
D: v (Alp. bis 1595 m); GB: z–s; F: v–z; S: v–z.
(s. A. 253–255)

Wiesen-Segge
Carex nigra ★
(4) 10–30 (70) cm; Staude; St. scharfkantig, oben rauh; B. 2–3 mm, flach; 1 langes ♂ Ährchen oberhalb von 1–2 weiteren kleineren; ♀ Ährchen 2–4, obere fast sitzend; Deckb. schwärzl., mit grünen Mittelstreifen; Griffel 2.
Keim.: F–So; IV–VII; (♂ + ♀); wb.
Flachmoore, Feuchtwiesen, Quellen, auf nassen ± nährstoffr., kalka. Sumpfhumusböden.
ÖK.: 8X3 832
Soz.: 1.6
D: v (Alp. bis 2200 m); GB: v; F: v; S: v.
(s. A. 256–262)

Rispige Segge
Carex paniculata ★
30–100 cm; Staude; große Horste bildend; B. bis 7 mm breit, meist graugrün, sehr lang; St. oberwärts stark rauh; alle Ährchen gleich in einem rispigen, großen Blst.
Keim.: F–So; V–VI; (♂ + ♀); wb.
Großseggenbestände, Erlenbruchwälder, Quellen, Gräben, auf nassen, nährstoffr. Torf- od. auch Tuffböden.
ÖK.: 753 994
Soz.: 1.413.1
D: v–z (Alp. bis 1750 m); GB: z–v; F: v–z; S: z–s.
(s. A. 263, 264)

Hain-Segge
Carex otrubae
20–60 cm; Staude; St. scharf 3kantig; B. bis 10 mm breit; B.häutchen länger als breit; alle Ährchen gleich, gelblichgrün, zur Fr.reife braun, in einem dichten Blst.
Keim.: F–So; V–VII; (♂ + ♀); wb.
Erlen-Eschen-Auenwälder, Naßwiesen, auf sickernassen, nährstoffreichen, oft kalkhaltigen, humosen Lehm- u. Tonböden (salzertragend).
ÖK.: 662 876
Soz.: 8.433
D: z–v; GB: z–v; F: v; S: z–s.
(s. A. 265, 266)

Zweizeilige Segge
Carex disticha
20–80 cm; Staude; St. hoch hinauf beb., an den Kanten oberwärts rauh, länger als die B.; oberste u. unterste Ährchen ♀, mittlere ♂, mehr als 15bltg.
Keim.: So; V–VII; (♂ + ♀); wb.
Großseggenbestände, Ufer, Bäche, Gräben, auf nassen, zeitw. überschwemmten, nährstoffr., meist kalkh., hum. Ton- od. tonigen Sandböden.
ÖK.: 8X5 975
Soz.: 1.413
D: v–z (Alp. bis 710 m); GB: z–s; F: v–z; S: z.
(s. A. 267)

Sand-Segge
Carex arenaria ★
15–45 cm; Staude; Wurzelstock weit waagerecht kriechend; St. oberwärts an den Kanten rauh; B. 3–4 mm breit, so lang wie der St.; obere Ährchen ♂, untere ♀, mittlere oben ♂ u. unten ♀.
Keim.: F–So; V–VII; (♂ + ♀); wb.
Sandfluren, Dünen, Kiefernwälder, Heiden, auf trockenen, sauren Sandböden (Sandpionier, Dünenfestiger).
ÖK.: 7X2 422
Soz.: 5.22
D: v; GB: v–z; F: v;
S: z–s.

Unterbrochenährige Segge
Carex divulsa
30–75 cm; Staude, rasig; B. scharf gekielt, länger als der St.; Ährchen gleich, unten am St. lokker, oben dicht stehend; u. Tragb. oft laubb.ähnlich.
Keim.: F; V–VIII; (♂ + ♀); wb.
Lichte Laubwälder, Kahlschläge, Gebüsche u. Gebüschränder, auf ± frischen, nährstoffreichen, humosen, lockeren Lehmböden.
ÖK.: 753 5X6
Soz.: –
D: v–z; GB: s–z; F: z; S: z–s.

Dichtährige Segge
Carex spicata
20–60 cm; Staude; St. 3kantig, nur oberwärts rauh, oft rot überlaufen; B. ± steif, scharf gekielt; Blst. 20–30 mm lang.
Keim.: So; V–VII; (♂ + ♀); wb.
Lichte Laubwälder, Kahlschläge, Gebüsche u. Gebüschränder, auf ± frischen, nährstoffreichen, ± humosen, steinigen od. sandigen Lehmböden.
ÖK.: –
Soz.: –
D: v (Alp. bis 1400 m); GB: s–z; F: v; S: v–z.
(s. A. 268)

Morgensternartige Segge
Carex stellulata
5–20 (40) cm; Staude, dichtrasig; St. oben schwach rauh; B. schmal; Ährchen gleich, morgensternähnl., o. ♀, darunter ♂, die restlichen ♀.
Keim.: F–So; V–VII; (♂ + ♀); wb.
Flachmoore, Gräben, Binsenwiesen, auf nassen, ± nährstoffr., kalka., sandig-tonigen Sumpfhumusböden.
ÖK.: 8X3 832
Soz.: 1.61
D: v–z (Alp. bis 2200 m); GB: v; F: v–z; S: v.

Entferntährige Segge
Carex remota
30–60 cm; Staude, dichtrasig; St. schlank, schwach, bogenf.; B. grasgrün, schmal; alle Ährchen gleich, kugelig, u. weit entfernt; Tragb. länger als das Ährchen, laubb.ähnl.
Keim.: F–So; V–VII; (♂ + ♀); wb.
Eschen- u. Erlenwälder, Waldwege, auf feuchten bis nassen, nährstoffr., sandig-tonigen Sumpfhumusböden.
ÖK.: 353 8XX
Soz.: 8.43
D: v (Alp. bis 1300 m); GB: v; F: v; S: z.

Hasenpfoten-Segge
Carex leporina
15–30 cm; Staude, rasig; St. starr aufrecht, nur an der Basis beb.; alle Ährchen gleich, meist 6, genähert, dick-rundlich; an der Spitze ♀, darunter ♂
Keim.: F; VI–VII; (♂ + ♀); wb.
Borstgrasrasen, Weiden, Wälder, Kahlschläge, Wegränder, auf feuchten od. wechselfeuchten, ± nährstoffreichen, sauren, torfigen Böden.
ÖK.: 743 734
Soz.: 5.11
D: v (Alp. bis 1860 m); GB: v; F: v–z; S: v–s.
(s. A. 269, 270)

Graugrüne Segge
Carex canescens
Bis 45 cm; Staude, meist dichtrasig; B. graugrün, so lang wie der St.; alle 4–6 Ährchen gleich, 5 bis 9 mm lang, an der Spitze ♀, darunter ♂; Deckb. weißlich.
Keim.: F; V–VIII; (♂ + ♀); wb.
Grauseggen-Sümpfe, Flachmoore, Ufer, auf nassen, ± nährstoffreichen, sauren Sumpfhumusböden.
ÖK.: 7XX 932
Soz.: 1.61
D: v–z (Alp. bis 1860 m); GB: v–z; F: s; S: v.
(s. A. 271)

Floh-Segge
Carex pulicaris
5–25 (35) cm; dichtrasig; B. borstlich; nur 1 Ährchen, lockerbltg., länglich-walzig, an der Spitze ♂; ♀ Bl. zur F.reife zurückgebogen.
Keim.: F–So; V–VI; (♂ + ♀); wb.
Flach- u. Quellmoore, auf nassen, nicht immer kalkhaltigen, ± sauren, sandig-tonigen Torfböden.
ÖK.: 852 9X?
Soz.: 1.612
D: z–s (Alp. bis 1520 m); GB: v–z; F: z; S: z.
(s. A. 272, 273)

Zweihäusige Segge
Carex dioica ★
4–25 (30) cm; Staude; B. borstlich, steif aufrecht, selten rauh; ♂ u. ♀ Pflanzen jeweils nur mit 1 Ährchen; ♀ Ährchen dichtbltg., bis 10 mm lang, zur Fr.reife spreizend.
Keim.: F–So; IV–VI; (♂) + (♀); wb.
Flach- u. Zwischenmoore, Braunseggenges., Sumpfwiesen, auf staunassen, nicht immer kalkhaltigen, schwach sauren Torfschlammböden.
ÖK.: 9X3 9X2
Soz.: 1.6
D: z (Alp. bis 1690 m); GB: z; F: s; S: v.

SÜSSGRÄSER
Gramineae ★
Kräuter od. Stauden; St. rund, hohl, an den Knoten verdickt; B. meist schmal lineal., zweizeilig, mit st.umfassender B.scheide; zwischen B.scheide u. B.spreite befindet sich oft ein häutiger Fortsatz (*Ligula*); Bl. unscheinbar, meist zwittrig in 1–mehrbltg. Ährchen, Blh., trockenhäutig (*Spelzen*), unten mit zwei sterilen *Hüllspelzen* beginnend, darauf folgen 1 bis mehrere fertile *Deckspelzen*; Deckspelzen oft begrannt; in der Achsel der Deckspelzen befindet sich jeweils 1 Bl., bestehend aus einer 2kieligen *Vorspelze*, 3 Staubb. u. 1 Frk. mit 2 fedrigen Narben; Fr. ist eine 1samige Nuß (*Karyopse*), mit verwachsener Frucht- u. Samenschale; Gräser sind wirtschaftlich bedeutend, da sie die Getreide u. einige wichtige Futterpfl. hervorbringen.

Riesen-Schwingel
Festuca gigantea
60–150 cm; Staude, lokkerrasig; B. unterseits glänzend, stark geöhrt; St. an den Knoten oft rötl.; Ährchen 5–9bltg., lang begrannt; Rispe groß, überhängend.
Keim.: sf; VII–VIII; (⚥); wb.
Erlen-, Eschen-Auen- od. Laubmischwälder, Gebüsche, auf nassen bi feuchten, nährstoffr., meist kalka., hum., sandigen od. reinen Tonböden.
ÖK.: 453 766
Soz.: 8.43
D: v (Alp. bis 1100 m); GB: v–z; F: v; S: z.

'iesen-Schwingel
:stuca pratensis ★
-120 cm; Staude, lok-
:rrasig; B. 2–5 mm
eit, am Grunde ge-
ırt; Ährchen 10–12 mm
ıg, grannenlos, in ein-
itswendiger Rispe, Äste
eist zu zweien.
eim.: sf; VI–VII; (⚥);
.; versch. sspp.
:ttwiesen u. -weiden,
oorwiesen, Halbtrok-
nrasen, auf meist fri-
ıen, nährstoffr., humo-
ı Ton- u. Lehmböden.
K.: 8X3 6X6
z.: 5.4
v (Alp. bis 1560 m);
B: v–z; F: v; S: v–z.

Rohr-Schwingel
Festuca arundinacea
60–180 cm; Staude, lokkerrasig; B. bis 10 mm breit, am Grunde geöhrt; Ährchen 10–18 mm lang, in ausgebreiteter, überhängender Rispe, Äste mit Ährchen.
Keim.: sf; V–VII; (⚥); wb.
Feuchtwiesen, Naßweiden, Ufer, Wegränder, auf nassen, nährstoffr., humusa., sandigen od. reinen Tonböden.
ÖK.: 85X 774
Soz.: –
D: z (Alp. bis 1460 m); GB: z; F: v–z; S: z–s.
(s. A. 274)

Rot-Schwingel
Festuca rubra ★
(15) 20–65 (80) cm; Staude; u. B. borstl., 2–3 mm, ± geöhrt; Deckspelzen begrannt od. stachelspitzig.
Keim.: sf; VI–X; (⚥); wb.; versch. sspp.
Wiesen, Weiden, Weg- u. Waldränder, ältere Helmdünen, Salzwiesen, auf feuchten, auch ± trockenen u. salzh., nährstoffh. od. mageren, hum. Böden.
ÖK.: XX5 XXX
Soz.: 5.4
D: v (Alp. bis 2000 m); GB: v; F: v; S: v.
(s. A. 275–277)

Schaf-Schwingel
Festuca ovina ★
10–45 (55) cm; Staude, Horste bildend; B. fadenf. bis borstl.; B.scheiden im letzten Drittel offen; Ährchen 5–6 mm; Deckspelzen begrannt od. grannenspitzig.
Keim.: sf; V–VII; (⚥); wb.; umfaßt mehrere Formenkreise.
Magerrasen, Heiden, Kiefern- u. Eichenwälder, auf trockenen, nährstoffa., sauren Sand- u. Torfböden.
ÖK.: 7XX 33X
Soz.: 4.3 (u. a.)
D: v; GB: v; F: v; S: v.
(s. A. 278, 279)

Festuca vivipara
F. ovina
ssp. *vivipara*
10–45 cm; Staude, Horste bildend; B. borstlich; anstatt der Bl. im Ährchen schon kleine Pflanzen ausgebildet.
Keim.: –; keine Blüte u. Bestäubung; Magerrasen der Gebirge, Felsnasen, Moore, auf frischen bis trockenen, nährstoffärmeren meist schwach sauren sandigen od. steinigen Böden.
ÖK.: –
Soz.: –
D: –; GB: s–v; F: –; S: z.

ısdauernder Lolch
lium perenne
30–70 (90) cm; Stau-
horstf., ausgebreitet;
scheiden unten rötl.;
glänzend, meist deut-
ı geöhrt, in Knospen-
e gefaltet; Ligula
rz; Ährchen 5–15 mm,
ährenf. Blst.; Deck-
:lze grannenlos.
im.: sf; V–X; (⚥); wb.
tweiden, Trittrasen-
., Kunstrasen, Weg-
ıder, auf frischen,
ırstoffreichen, N-hal-
en Ton- u. Lehmbö-
ı.
K.: 853 5X7
z.: 5.423
v (Alp. bis 1100 m);
: v; F: v; S: z.

Vielblütiger Lolch
Lolium multiflorum
30–90 (120) cm; Ein-/Mehrj.; B. in Knospenlage gerollt, glänzend, meist deutlich geöhrt; Ligula kurz; Ährchen 5 bis15 mm, in ährenf. Blst.; Deckspelze begrannt; bastardiert mit *L. perenne.*
Keim.: sf; VI–VIII; (⚥); wb.; versch. sspp.
Angebaut als Futterpflanze, ruderale Rasenges., Wegränder, Schuttplätze, auf frischen, nährstoffreichen, lehmigen od. tonigen Böden.
ÖK.: 773 4XX
Soz.: –
D: z–v; GB: z–v; F: z–v; S: z–s.

Vulpia fasciculata
20–30 (70) cm; Einj.; B. kurz, in Knospenlage gerollt; B.scheiden aufgeblasen; Ährchen 10–15 mm, in einseitswendigen *Ähren/Rispen;* Deckspelzen begrannt.
Keim.: H; V–VI; (⚥); wb.
Dünen, auf trockenen, kalkhaltigen Sandböden; eingeschleppt.
ÖK.: –
Soz.: –
D: s; GB: z–s; F: z; S: –.
(s. A. 280)

Trespen-Federschwingel
Vulpia bromoides
10–25 (70) cm; Einj.; St. glänzend, gerieft; B.scheiden nicht aufgeblasen; untere B. flach; Ährchen in kurz verzweigter Rispe; Deckspelzen 3nervig, bis 10 mm Länge, begrannt.
Keim.: sf; V–VII; (⚥); wb.
Kleinschmielen-Triften, auf trockenen bis frischen, kalk- u. humusarmen, sauren, warmen Sand-, Kies- u. Lehmböden.
ÖK.: –
Soz.: 5.24
D: s; GB: z–v; F: v; S: z–s.

Mäuseschwanz-Federschwingel
Vulpia myuros
(8) 20–30 (50) cm; Einj. hellgrün; St. weich; B. meist borstlich; Rispe einseitswendig, verzweigt, o. bogig-überhängend, bis 20 cm lang; Deckspelzen 10–15 mm lang begrannt.
Keim.: sf; V–VII; (♂); wb., k.
Kleinschmielen-Triften, auf trockenen, kalk- u. humusarmen, sauren Sand- u. Kiesböden.
ÖK.: –
Soz.: 5.24
D: z–s; GB: z; F: z; S: –.
(s. A. 281)

Schwingelschilf
Catapodium rigidum
3–20 (30) cm; Einj.; büschelig verzweigt, blaugrün; St. steif aufrecht; Ährchen kurz gestielt, 8–11bltg., 2–4 mm lang, in einseitswendiger Ähre.
Keim.: sf; V–IX, (⚥); wb.
Lückige Dämme, Felsen, auf trockenen, meist kalkreichen, sandigen Böden.
ÖK.: –
Soz.: –
D: s; GB: s–v; F: z; S: –.
(s. A. 282)

Einjähriges Rispengras
Poa annua
2–30 (50) cm; Einj., lokkerrasig; B. gefaltet, mit Doppelrille, am Rand oft wellig; B.häutchen lang, am Scheidenrand weit herablaufend; Ährchen 3–5 mm.
Keim.: sf; I–XII; (♂); wb.
Trittpflanzenges., unkrautige Ges., Wegränder, Rasen, auf frischen, nährstoff- u. N-reichen Lehm- u. Tonböden.
ÖK.: 7X5 6X8
Soz.: 3.7
D: v (Alp. bis 2400 m); GB: v; F: v; S: v.
(s. A. 283)

Zwiebel-Rispengras
Poa bulbosa
10–45 cm; Staude; St. an der Basis zwiebelartig verdickt; B. grau-grünlich; Ährchen 4–6bltg., rötlich; Rispenäste rauh; Ährchen z. T. zu Laubknospen auswachsend (var. *vivipara*).
Keim.: sf; IV–VII; (⚥); wb.
Sand-Trockenrasen, Wegränder, Dämme, auf nährstoffr., oft kalka. Sand- u. Grusböden.
ÖK.: 887 241
Soz.: 5.2 ssp. bulbosa 5.214
D: z–s; GB: z–s; F: z; S: z–s. **(s. A. 284)**

Gemeines Rispengras
Poa trivialis
30–100 cm; Staude; Halm u. d. Rispe rauh; B.spreite mit Doppelrille, unterseits glänzend; B.häutchen 5–7 mm, spitz; Ährchen 2–4 mm, in schmaler Rispe.
Keim.: sf; V–VII; (⚥); wb.
Wiesen, Weiden, Ufer, Waldsäume, Unkrautges., auf feuchten, nährstoffr., lehmigen od. tonigen Böden.
ÖK.: 6X3 7X7
Soz.: 5.4
D: v (Alp. bis 2375 m); GB: v; F: v; S: v.
(s. A. 285)

Wiesen-Rispengras
Poa pratensis
(10) 20–120 cm; Staude dichtrasig; Ausläufer u terird.; B. (1) 2–5 mm breit, mit Doppelrille; B.häutchen gestutzt; Ährchen 4–6 mm.
Keim.: sf; IV–VI (X); (⚥); wb.
Wiesen u. Weiden, Wegränder, Dünen, auf frischen, nährstoffr., a. salzh., sand- o. ton. Böden.
ÖK.: 6XX 5X6
Soz.: 5.4 ssp. *pratensis*
D: v (Alp. bis 2375 m); GB: v; F: v; S: v.
(s. A. 286, 287)

Hain-Rispengras
Poa nemoralis
20–100 cm; Staude, lokkerrasig u. horstig; B.spreite oberseits mit Doppelrille, flach, ± waagerecht abstehend; B.häutchen sehr kurz od. fehlend; Ährchen klein, (1) 2–5bltg., meist grün; Rispenäste abstehend.
Keim.: sf; VI–VII (IX); (⚥); wb.
Laubmischwälder, Waldsäume, Hecken, auf frischen, nährstoff- u. humusr., lehm. Böden.
ÖK.: 5X5 553
Soz.: –
D: v (Alp. bis 2000 m); GB: v–z; F: v; S: v.

Alpen-Rispengras
Poa alpina ★
3–50 cm; Staude, Horstgras; B.spreite oberseits mit Doppelrille, 3–5 mm breit; B.häutchen gestutzt; Ährchen oft zu Laubknospen auswachsend (ssp. *vivipara*).
Keim.: ?; VI–VIII; ⚥; wb.
Alp. u. subalp. Fettwiesen u. -weiden, Läger- u. Schneebodenges., auf frischen, nährstoffr., oft N-beeinflußten, humos. Lehm- u. Tonböden.
ÖK.: 7X5 5X6
Soz.: 5.424 u. 4.313
D: z–s (Alp. bis 2600 m); GB: s–z; F: s; S: v–z.
(s. A. 288, 289)

Abstehender Salzschwaden
Puccinellia distans
15–60 cm; Staude, ohne Ausläufer; B.häutchen stumpf, abgerundet; Ährchen 3–5 (7) mm, in anfangs zusammengezogener Rispe.
Keim.: H, F; VI–IX (X); (⚥); wb.
Offene, betretene Salzrasen, Salzmierenrasen, an Salinen u. Salzquellen, auf feuchten, salzh., nährstoff- u. N-angereicherten, lehm., ton. od. auch sand. Böden.
ÖK.: 8X6 677
Soz.: 2.611
D: z–s, bes. an den Küsten; GB: z–v; F: z–s; S: z.

Andel
Puccinellia maritima
(1) 20–30 (60) cm; Staude; nichtblühende Triebe niederliegend, an den Knoten wurzelnd; B.häutchen lang, abgerundet; Ährchen 6–9 mm lang; zur Fr.reife in zusammengezogener Rispe; untere Rispenäste meist zu 2 (1–4).
Keim.: H, F; V–VII; (⚥); wb.
Salzwiesen, auf nassen, häufig überfluteten, salzreichen Seeschlickböden, selten auf Sand.
ÖK.: 9X3 878
Soz.: 2.611
D: v, bes. an den Küsten; GB: v; F: v; S: z.
(s. A. 290, 291)

Wiesen-Knäuelgras
Dactylis glomerata ★
30–125 cm; Staude, Horstgras, meist ± gra grün; B.scheiden an de Basis flach, mit ± scha fem Kiel, rückwärts rauh; B. bis 10 mm br gefaltet, gerieft; B.häu chen lang u. spitz; Äh chen 3–5bltg., geknäu
Keim.: sf; IV–X; (⚥); wb.
Fettwiesen u. -weiden, Weg- u. Waldränder, Waldschläge, auf frischen, nährstoffr., N-h tigen, lehmigen u. ton gen Böden (Stickstoffzeiger).
ÖK.: 7X3 5X6
Soz.: 5.4
D: v (Alp. bis 1950 m) GB: v; F: v; S: v.

iesen-Kammgras
nosurus cristatus ★
-60 cm; Staude, orstgras; B. bis 3 mm eit, gefaltet; B.häut- en gestutzt, mit seit- hem Zahn; 2–3 fertile rchen, sterile Ährchen mmf., in einseitswen- ger Ährenrispe; Deck- elzen begrannt.
im.: sf; VI–VIII; ☿;
.
ttwiesen u. -weiden, frischen, nährstoffr., m., lehm. u. tonigen den.
K.: 853 5X4
z.: 5.423
v (Alp. bis 1700 m);
: v; F: v; S: z–s.

Quellgras
Catabrosa aquatica
10–60 cm; Staude, weit kriechend; B. bis 10 mm breit; B.häutchen lang, eif.; Ährchen 3–5 mm, meist violett; Rispenäste dünn-fadenf.; Deckspelzen mit 3 Nerven.
Keim.: sf; V–VIII; (☿); wb.
Schlammges., an Ufern, Quellen, Gräben, auf sickernassen, nährstoffu. N-reichen, sandigen od. reinen Ton- u. Schlammböden.
ÖK.: 845 9?8
Soz.: 3.211
D: z–s (Alp. bis 1545 m);
GB: z–s; F: z; S: z–s.

Gemeiner Windhalm
Apera spica-venti
30–100 cm; Einj.; B. flach, bis 3 mm breit, rauh, in Knospenlage gerollt; B.häutchen bis 6 mm lang, spitz, lang zerschlitzt; Ährchen 2–3 mm lang, begrannt; Granne 5–7 (12) mm; Rispe breit u. locker.
Keim.: H; VI–VII; (☿); wb.
Getreideunkrautges., Verladeplätze, auf ± frischen, nährstoffr., kalka., ± sauren, sandigen od. reinen Lehmböden.
ÖK.: 6X3 64X
Soz.: 3.42
D: v; GB: s–z; F: z; S: z.

Zittergras
Briza media ★
20–50 (100) cm; Staude, horstf. wachsend; Ausläufer kurz; B. bis 4 mm breit; B.häutchen sehr kurz, gestutzt; Ährchen 5–9bltg., bis 5 mm lang.
Keim.: sf; V–IX; (☿); wb.
Magere u. auch trockene Wiesen u. Weiden, auf ± trockenen bis wechselfeuchten, nährstoffa., oft aber kalkh., hum. Ton- u. Lehmböden.
ÖK.: 8X3 XX2
Soz.: –
D: v (Alp. bis 1870 m);
GB: v–z; F: v; S: v–s.
(s. A. 292)

Gemeines Blaugras
Sesleria coerulea
5–45 cm; Staude; B. bis über 3 mm breit, kurz, graugrün; B.häutchen kurz; Ährchen 2–3bltg., 5–8 mm lang, schieferblau überlaufen; Deckspelze begrannt; Blst. eine Ährenrispe.
Keim.: H–F; IV–VII; (☿); wb.
Trocken- u. Halbtrockenrasen, lichte Wälder, auf kalkr., steinigen Lehmböden od. feinerdea. Steinböden.
ÖK.: 7X2 482
Soz.: 4.71?
D: z–s (Alp. bis 2560 m);
GB: z–s; F: z–s; S: –.

kendes Perlgras
lica nutans
60 cm; Staude, lokrasig; B. grasgrün, ch, nach oberwärts gerollt; Ährchen 6– m; längl., Hüllspel- purpurbraun mit nen Nerven; Rispe ker, einseitswendig, kend.
m.: F; V–VII; (☿);
utr. Laub- u. Nadel- chwälder, Auenwäl- Trockengebüsche, meist frischen, nähr- fr., meist kalkh., n. Lehm- u. Gesteins- len.
.: 4X3 473
.: 8.4
-z (Alp. bis 1885 m);
: z–s; F: z–s; S: v.

Einblütiges Perlgras
Melica uniflora
30–50 cm; Staude, lokkerrasig; B. dunkler grün, unterseits rauh; St. behaart; Ährchen 4–5 mm, lang gestielt, aufrecht; Hüllspelzen bräunlich; Rispe locker.
Keim.: F; V–VII; (☿); wb.
Buchen- u. Laubmischwälder, auf frischen, nährstoffreichen, meist kalkarmen, humosen Lehm- u. Tonböden (Lehmzeiger).
ÖK.: 352 56X
Soz.: 8.43
D: v; GB: v–s; F: v–z;
S: z–s.

Wasser-Schwaden
Glyceria maxima
50–200 cm; Staude; Pfl. rohrartig, große Herden bildend, gelbgrün; B. bis 20 mm breit; B.häutchen abgerundet, aber mit Spitze; Ährchen 5–9bltg., 5–8 mm lang, in allseitswendiger Rispe.
Keim.: F–So; VI–VIII; (☿); wb.
Schwaden-Röhrichte, Ufer nährstoffr., stehender od. langsam fließender Gewässer mit meist kalkh., hum. Schlammgrund.
ÖK.: 95X 1087
Soz.: 1.411
D: v; GB: v–z; F: v–z;
S: z.

Flutender Schwaden
Glyceria fluitans
30–120 cm; Staude; St. kriechend od. flutend, aufsteigend; B. grasgrün; B.scheiden 2schneidig; Ährchen 7–11bltg., 15–30 mm lang, in einer wenig verzweigten Rispe; Staubb. violett.
Keim.: F; V–X; (☿); wb.
Röhrichte, Auenwälder, nasse Wiesen, Gräben, auf sickernassen od. schwach überfluteten, ± nährstoffh., meist kalka., anmoorigen Sand- u. Tonböden.
ÖK.: 7X3 9X7
Soz.: 1.412
D: v (Alp. bis 1650 m);
GB: v; F: v; S: v–s.
(s. A. 293)

Gefalteter Schwaden
Glyceria plicata
30–60 cm; Staude; B. grün; B.scheiden rauh; B.häutchen wenig zerschlitzt; Ährchen 5 bis11bltg., 10–30 mm lang, in einer allseitswendigen, spreizenden Rispe; Staubb. gelb.
Keim.: F; VI–VIII; (☿); wb.
Bachröhrichte, Gräben, meist in langsam fließendem Wasser, auf nährstoffr., kalkh., humosen Schlammböden.
ÖK.: 853 1088
Soz.: 1.412
D: z (Alp. bis 1670 m);
GB: v–z; F: v–z; S: z–s.

Taube Trespe
Bromus sterilis

15–60 (125) cm; Einj.; B. u. B.scheiden ± flaumig behaart; B.häutchen bis 4 mm lang, zerschlitzt; Ährchen 20–30 mm lang, einzeln, herabhängend.
Keim.: sf; V–VII; (⚥); wb.
Unkrautges., Straßenränder, Schuttplätze, auf ± trockenen bis frischen, humusa., N-beeinflußten, nährstoffr. Sand- od. Lehmböden.
Ök.: 774 4X5
Soz.: 3.31
D: v–z; GB: v–z; F: v; S: z–s.

Dach-Trespe
Bromus tectorum

Bis 40 cm hoch; Einj.; Halm o. weichhaarig; B. u. B.scheiden behaart; B.häutchen 1 mm lang; Ährchen 10–15 mm lang; Rispe ± einseitswendig, hängend; Granne 10–20 mm.
Keim.: sf; V–VII; (⚥); wb.
Unkrautges., Wege, Dämme, Bahnschotter, Trockenrasen, auf N-beeinflußten, ± nährstoffr., oft kalkh., feinerdea. Sand- u. Kiesböden.
ÖK.: 867 384
Soz.: 3.31
D: v; GB: s; F: v–z; S: z.

Wald-Trespe
Bromus ramosus

60–150 cm; Staude, Horstgras; B.scheiden rückwärts rauh; B. bis 15 mm breit, geöhrt; B.häutchen eif. stumpf; Ährchen 7–9bltg., 20–30 mm.
Keim.: H–F; VII–VIII; (⚥); wb.; zwei sspp.
Krautr. Laub- u. Nadelwälder, Kahlschläge, Waldwege, auf frischen, nährstoffr., kalkh., hum. Lehm- u. Tonböden.
ÖK.: 652 686
Soz.: 6.212
D: v–z (Alp. bis 1300 m); GB: v–z; F: v–z; S: z–s.
(s. A. 294)

Aufrechte Trespe
Bromus erectus

30–100 cm; Staude, Horstgras; B. am Rande bewimpert; B. in der Knospenlage gefaltet; B.häutchen kurz, zerschlitzt; Ährchen 20–35 mm; Deckspelzen begrannt.
Keim.: sf?; V–VII; (⚥); wb.
Trockenrasen, magere Wiesen, Wegränder, Böschungen, auf ± trockenen, kalkh. Lehm-, Löß- od. Steinböden.
ÖK.: 852 383
Soz.: 5.32
D: v–z (Alp. bis 1350 m); GB: v–z; F: s; S: z–s.

Weiche Trespe
Bromus hordeaceus

Bis 80 cm; Einj.; B. u. B.scheide ± lang behaart; B.häutchen kurz Ährchen 10–25 mm; Deckspelzen behaart u. begrannt.
Keim.: sf; V–VII; (⚥); wb.
Unkrautges., Wiesen, Dünen, auf frischen bis trockenen, N-haltigen Lehm- u. Sandböden.
ÖK.: 763 XX3
Soz.: –
D: v (Alp. bis 1000 m); GB: v–z; F: v; S: v–z.
(s. A. 295–297)

Fieder-Zwenke
Brachypodium pinnatum

50–120 cm; Staude; B. steif, 3–7 mm breit, gelbl.-grün, an den Rändern eingerollt, behaart od. kahl; B.häutchen stumpf od. zugespitzt; Ährchen 20–35 mm, in ährenf. Blst.; Deckspelze begrannt.
Keim.: F; VI–IX; (⚥); wb.
Kalkmagerrasen, Extensivweiden, Wälder, auf ± frischen, kalkh., hum. Lehm- od. Lößböden.
ÖK.: 655 474
Soz.: –
D: v (Alp. bis 1600 m); GB: s–z; F: v; S: z–s.

Wald-Zwenke
Brachypodium silvaticum

60–120 cm; Staude, lokker-horstig; B. schlaff, bis 12 mm breit, gelbl. bis sattgrün mit weißl. Mittelnerven, behaart; Ährchen 10–18 mm, in 2zeiliger, überhängender Ähre; Granne länger als die Deckspelze.
Keim.: F; VII–X; (⚥); wb.
Laubmisch- u. Auenwälder, auf sickerfrischen, nährstoffr., lockeren, hum., meist lehmigen Böden (Lehmzeiger).
ÖK.: 453 566
Soz.: 8.4
D: v–z (Alp. bis 1100 m); GB: v–z; F: v; S: z–s.

Hunds-Quecke
Agropyron caninum

50–150 cm; Staude, Horstgras; B. bis 12 mm breit, beiderseits rauh, oberseits grau-, unterseits dunkelgrün; B.häutchen sehr kurz, gestutzt; Ährchen 10–18 mm; Grannen der Deckspelzen lang u. oft geschlängelt.
Keim.: F?; VI–VIII; (⚥); wb.
Auenwälder, Auengebüsche, Ufer, Waldwege, auf meist feuchten, nährstoffr., N- u. kalkh., mulligen Lehmböden.
ÖK.: 5X3 678
Soz.: 8.433
D: v (Alp. bis 1250 m); GB: v–z; F: v–z; S: v.

Kriechende Quecke
Agropyron repens

10–150 cm; Staude; B. oberseits ± lang behaart, meist grün, unterseits glatt; Ährchen 10–17 mm, in 2zeiliger Ähre; Deckspelze begrannt od. grannenlos.
Keim.: sf; VI–VIII (X); (⚥); wb.
Tritt- u. Flutrasen, Ufersäume, Unkrautges., Dämme, Wege, Schuttplätze, Äcker, Dünen, auf frischen, nährstoffr., meist N-haltigen, sandigen, lehm. od. tonigen Böden.
ÖK.: 7X7 5X8
Soz.: –
D: v (Alp. bis 920 m); GB: v; F: v; S: v.

Binsen-Quecke
Agropyron junceum

20–60 cm; Staude, mit weit kriechendem W.stock; B. bis 8 mm breit, bläul.-grün, flach od. ± eingerollt, stark g rieft, behaart; Ährchen 15–28 mm, in 2zeiliger Ähre; Deckspelzen un grannt.
Keim.: F–So; VI–VIII (⚥); wb.
Küstendünen, bes. Vo dünen, auf salzreicherem, gelegentlich über flutetem Dünensand.
ÖK.: 963 777
Soz.: 2.91
D: z–v, nur an N- u. O see; GB: v–z; F: z–v; S: z–s, an d. Küsten.
(s. A. 298)

Strandroggen
Elymus arenarius
60–150 cm; Staude, bläulichgrün, kahl; B. bis 15 mm breit, flach, trocken zusammengerollt; B.häutchen kurz; Ährchen meist 3bltg., 20 mm lang, weichhaarig; Blst. eine Ähre.
Keim.: F; V–VIII (X); (⚥); wb.
Küstendünenges., auf trockenen, kalkh., salza. Flugsandböden.
ÖK.: 9XX 676
Soz.: 2.91
D: v–z, bes. im Küstengebiet; GB: v–z; F: s; S: v–z.

Waldhaargerste
Hordelymus europaeus
60–125 cm; Staude, Horstgras; B.scheiden unten zottig –, oben rauhhaarig; B. flach, rauh; B.häutchen fast fehlend; Ährchen 1–2bltg., 10–15 mm; Hüllspelzen kurz, Deckspelzen lang begrannt.
Keim.: ?; VI–VIII; (⚥); wb.
Buchen- u. Laubmischwälder, auf frischen, nährstoffr., kalkh. Lehm- u. Tonböden.
ÖK.: 354 576
Soz.: 8.431
D: z (Alp. bis 1460 m); GB: z–s; F: z–s; S: s.

Mäuse-Gerste
Hordeum murinum
15–40 cm; Einj.; Halme aufsteigend; o. B.scheide aufgeblasen, kahl; B.häutchen kurz; Ährchen 8–12 mm, in Gruppen zu 3; äußere 2 Bl. steril od. ♂; Granne 2–4mal so lang wie die Deckspelze.
Keim.: sf; V–X; (⚥ + ♂); wb; versch. sspp.
Straßen- u. Wegränder, Dämme, Schuttplätze, auf trockenen, nährstoffr. Sand- u. Lehmböden.
ÖK.: 87X 4X5
Soz.: 3.31
D: v; GB: v–z; F: v; S: z–s.

Strand-Gerste
Hordeum marinum
10–20 (40) cm; Einj.; Halme kreisf.-ausgebreitet; oberste B.scheiden weit hinauf reichend; B. bläulichgrün; Öhrchen fehlend; Ähren bis 60 mm; Granne d. Deckspelze des Mittelährchens bis 30 mm.
Keim.: sf?; V–VII; (⚥); wb.
Küstendeiche, Salzwiesen, auf feuchten, meist salzh. lehmigen od. tonigen Böden.
ÖK.: –
Soz.: –
D: z, s im Binnenland; GB: s–z; F: z; S: –.

Roggen-Gerste
Hordeum nodosum
30–80 cm; Einj., hirseartig; untere B.scheiden rauhhaarig; B. mit kleinen Öhrchen; Ährchen 8–10 mm, in Gruppen zu 3; Ähre lang gestielt; Granne der Deckspelze 9–10 mm lang.
Keim.: sf; VI–VIII; (⚥); wb.
Trittrasen, Weißklee-Weiden u. Wiesen, auf feuchten, nährstoffr., meist salzh., sandigen od. reinen Tonböden.
ÖK.: 862 6X5
Soz.: 5.423
D: z–s; GB: s–v; F: v–z; S: s.

Wind-Hafer
Avena fatua
60–120 cm; Einj.; Ährchen 20–25 mm, lang gestielt, herabhängend, meist 3bltg.; Deckspelzen auf dem Rücken begrannt; Granne bis 40 mm lang u. gekniet; Rispe gleichmäßig ausgebreitet.
Keim.: H–F; VI–VIII; (⚥); wb.
Getreide- u. Schuttunkrautges., auf frischen, nährstoffreichen, humusarmen, steinigen od. reinen Tonböden.
ÖK.: 6X6 67X
Soz.: –
D: z–s; GB: z–v; F: v–z; S: z.

Flaum-Wiesenhafer
Helictotrichon pubescens
30–120 cm; Staude, Horstgras; B. u. B.scheiden grün, kurzzottig behaart; Ährchen 10–15 mm, aufrecht, meist 2–3bltg.; Deckspelzen in Rückenmitte begrannt.
Keim.: So–H; V–VII; (⚥); wb.
Fettwiesen, Halbtrockenrasen, auf frischen bis trockenen, nährstoff- u. kalkhaltigen, lehmigen Böden.
ÖK.: 5X3 XX4
Soz.: –
D: v (Alp. bis 2200 m); GB: v–z; F: v; S: z.

Rauher Wiesenhafer
Helictotrichon pratense
30–60 cm; Staude, Horstgras; B. oberseits rauh; knorpelig-berandet; Ährchen 4–6bltg., 15–20 mm lang, aufrecht; Rispe schmal, zusammengezogen; Hüllspelzen silberweiß.
Keim.: H; V–VII; (⚥); wb.
Trockenrasen, Magerweiden, Wegränder, auf ± trockenen, oft kalkarmen, mageren Böden (Magerkeitszeiger).
ÖK.: 754 3X2
Soz.: 5.3
D: z–s (Alp. bis 1100 m); GB: z–v; F: z; S: z.

Glatthafer
Arrhenatherum elatius ★
50–180 cm; Staude, lokkerhorstig; B.spreite ± rauh; B.kiel auf die Scheide übergehend, glänzend; Ährchen 7–10 mm, 2bltg., oberstes meist unbegrannt u. ⚥; unteres begrannt u. ♂; Rispe ausgebreitet, aufrecht od. überhängend.
Keim.: sf; VI–IX; (⚥ + ♂); wb.
Fettwiesen, Wegränder, Steinbrüche, auf frischen bis trockenen, nährstoffr., lockeren Lehmböden.
ÖK.: 853 577
Soz.: 5.421
D: v (Alp. bis 1450 m); GB: v; F: v; S: z.

Zierliches Schillergras
Koeleria macrantha
20–50 cm; Staude; Halm unten beb.; B. meist zusammengerollt, graugrün, bis 1 mm breit; untere B.scheiden weichhaarig; Ährchen (2) 4–5 mm, rötlich.
Keim.: H; V–VII; (⚥); wb.
Trockenrasen, Felshänge, Wegränder, Kiefernwälder, auf trockenen, meist kalkh., feinerdearmen, mageren Böden.
ÖK.: 767 382
Soz.: 5.323
D: z; GB: z–v; F: z–v; S: s.
(s. A. 299, 300)

Wiesen-Goldhafer
Trisetum flavescens
30–80 cm; Staude, lokkerrasig; B. u. B.scheiden ± behaart; B.häutchen kurz; Ährchen 3–6 mm, 3–4bltg., goldgelb; Deckspelze mit geknieter Granne; Rispe gleichm. ausgebreitet.
Keim.: So–H; V–VI; (⚥); wb; versch. sspp.
Gold- u. Glatthaferwiesen, Fettwiesen, auf frischen, nährstoffr., humosen, lockeren Ton- u. Lehmböden.
ÖK.: 7X5 XX5
Soz.: 5.42
D: z–v (Alp. bis 2375 m); GB: z–v; F: v; S: z–s.

Rasen-Schmiele
Deschampsia caespitosa ★
30–100 (150) cm; Staude, Horstgras; B. 2–4 mm breit, scharf gerieft, rauh, dunkelgrün; B.häutchen 4–8 mm, spitz; Ährchen 2–4 mm; Deckspelze begrannt; Rispe pyramidenf., groß.
Keim.: sf; VI–IX; (⚥); wb.
Nasse Wiesen u. Wälder, an Quellen, auf feuchten nährstoffr., kalka., hum. Lehm- u. Tonböden.
ÖK.: 6XX 7X3
Soz.:–
D: v (Alp. bis 2375 m); GB: v; F: v; S: v.
(s. A. 301)

Draht-Schmiele
Deschampsia flexuosa
30–70 cm; Staude, lokkerrasig; B. borstl., im Querschnitt 5kantig; B.häutchen abgerundet 2spitzig; Ährchen 4–5 mm; Deckspelze gekniet begrannt; Rispenäste geschlängelt.
Keim.: j; V–VIII; (⚥); wb.
Laub- u. Nadelwälder, Kahlschläge, Magerweiden, Heiden, auf ± trokkenen, nährstoff- u. kalka., sand. Rohhumusböden.
ÖK.: 6X2 X23
Soz.: –
D: v (Alp. bis 2270 m); GB: v; F: v–z; S: v.

Früher Schmielenhafer
Aira praecox ★
3–15 cm; Einj., büschelig verzweigt; B.häutchen bis 2 mm lang; Ährchen 2 mm, 2bltg., in ährenf., armbltg. Rispen; Granne der unteren Deckspelze bis 4 mm.
Keim.: H; V–VI; (⚥); wb.
Magerrasen, Brachen, Wegränder, auf trockenen, nährstoffr. u. humusa., sauren, festliegenden Sandböden.
ÖK.: 972 321
Soz.: 5.222
D: z–s; GB: v; F: v–z; S: z–s.

Nelkenhafer
Aira caryophyllea
10–15 (30) cm; rasig; B.scheiden rückwärts rauh; B.häutchen bis 5 mm lang u. spitz; Ährchen 2–3 mm, 2bltg. ; Deckspelze 2spitzig mit bis 3 mm langer Granne.
Keim.: H–F; V–VI; (⚥); wb.; versch. sspp.
Magerrasen, Brachen, Schafweiden, auf warmen, trockenen, nährstoff- u. humusa., ± sauren Sand- u. Steingrusböden.
ÖK.: 9X2 331
Soz.: 5.222
D: z–s; GB: v–z; F: v–z; S: z–s.

Wohlriechendes Mariengras
Hierochloe odorata
15–60 cm; Staude, mit Ausläufern; B. hellgrün; o. B.spreite kurz; Pfl. aromatisch; Ährchen 4–5 mm, 2 ♂ u. 1 ⚥; ♂ Bl. kurz begrannt.
Keim.: So–H; III–VI; (♂ + ⚥); wb.
Flachmoore, Kleinseggenges., Bruchwälder, auf ± nassen, torf., auch sand.-trockenen Böden.
ÖK.: 6X7 94?
Soz.: 1.731
D: s–z; GB: s; F: ?; S: z–v.

Gewöhnliches Ruchgras
Anthoxanthum odoratum ★
15–50 (70) cm; Staude; Horstgras; B. flach, 3–6 mm breit; B.spreitengrund bärtig bewimpert; Ährchen 7–10 mm, in einer ährenf. Rispe; ± Geruch nach Cumarin (Waldmeister).
Keim.: H–F; IV–VII; (⚥); wb.
Wiesen, Weiden, lichte Laubwälder, Rasen, Heiden, auf frischen bis ± trockenen, ± nährstoffh., kalka., sauren, hum. Lehm- u. Sandböden.
ÖK.: XX3 X5X
Soz.: –
D: v (Alp. bis 2300 m); GB: v; F: v; S: v.

Silbergras
Corynephorus canescens
15–30 (45) cm; Staude, dichtrasig; B. borstl.; B.scheiden rötlich; B.häutchen bis 3 mm, spitz; Ährchen 3–4 mm; Granne der Deckspelze keulig verdickt.
Keim.: sf; VI–VII; (⚥); wb.
Flugsand-Rasen, Brachen, Dünen, Wegränder, Sandgruben, lichte Kiefernwälder, auf warmen, trockenen, nährstoff-, humus- u. feinerdea., durchlässigen Sandböden.
ÖK.: 865 332
Soz.: 5.22
D: v–z; GB: s; F: z–s; S: s.

Wolliges Honiggras
Holcus lanatus
30–60 cm; Staude, dichtrasig, horstig; B. u. B.scheiden weichhaarig, unterste rotviolett gestreift; Ährchen 3–4 mm; Granne der ♂ Bl. zwischen den Spelzen versteckt, zuletzt nach innen gebogen.
Keim.: sf; V–VIII; (⚥ + ♂); wb.
Wiesen u. Weiden, Wegränder, Böschungen, auf frischen bis grundfeuchten, kalka., hum. Lehm., Ton- od. auch Torfböden.
ÖK.: 753 6X4
Soz.: 5.4
D: v (Alp. bis 900 m); GB: v; F: v; S: z.

Weiches Honiggras
Holcus mollis ★
30–80 cm; Staude, mit W.stock kriechend; Knoten des Halmes behaart; Ährchen 3–4 mm; Granne der ♂ Bl. gekniet.
Keim.: sf; VI–VIII; (⚥ + ♂); wb.
Eichen- u. Eichen-Birkenwälder, Heiden, auf ± frischen, nährstoff- u. kalka., sauren, hum., sandigen bis steinigen Lehm- od. reinen Sandböden.
ÖK.: 652 523
Soz.: 8.3
D: v–z (Alp. bis 1500 m) GB: v; F: v–z; S: z.

Hunds-Straußgras
Agrostis canina

(10) 20–60 cm; Staude, ± niederliegend, graugrün; Grundb. borstl., Stb. flach; B.häutchen bis 2 mm; gezähnelt; Ährchen 2–4 mm, 1bltg.; Deckspelzen unter der Mitte begrannt.
Keim.: sf; VI–VIII; (⚥); wb; versch. sspp.
Moorige Wiesen, Flach- u. Quellmoore, Heiden, auf kalk- u. nährstoffa. Böden.
ÖK.: 9X5 931
Soz.: 1.612
D: v–z (Alp. bis 1140 m); GB: z–v; F: v–z; S: z–v.
(s. A. 302)

Rotes Straußgras
Agrostis tenuis ★

10–60 (90) cm; Staude; B. flach, B.häutchen kurz, bis 2 mm, gestutzt; Ährchen 2–4 mm, 1bltg., ohne Granne.
Keim.: sf; VI–VIII; (⚥); wb; versch. sspp.
Magerwiesen u. -weiden, Heiden, lichte Eichen- u. Kiefernwälder, auf ± trockenen, kalkarmen, ± nährstoffh., ± sauren, sandigen od. lehmigen Böden.
ÖK.: 7X3 X33
Soz.: –
D: v (Alp. bis 2220 m); GB: v; F: v; S: v.
(s. A. 303)

Ausläufer-Straußgras
Agrostis stolonifera ★

10–50 cm; Staude, mit Ausläufern; B. bis 6 mm breit; B.häutchen meist bis 6 mm lang u. spitz, später auch zerschlitzt; Ährchen 2–3 mm, 1bltg., ohne Granne.
Keim.: sf; VI–VIII; (⚥); wb.; versch. sspp.
Ufer, Grabenränder, Wege, Wiesen, auf frischen bis feuchten, nährstoffr., lehm. od. ton. Böden, salzvertragend.
ÖK.: 8XX 6X5
Soz.: 3.72
D: v (Alp. bis 1800 m); GB: v; F: v; S: v–z.

Helm, Strandhafer
Ammophila arenaria ★

60–100 cm; Staude; B. eingerollt, grünlichweiß, zugespitzt, B.fläche scharf gerieft; B.häutchen bis 27 mm lang; Ährchen 12–15 mm, 1bltg.; Rispe ährenf., walzlich.
Keim.: F; VI–VIII; (⚥); wb.
Flugsanddünen, auf windbewegten, nährstoff-, meist auch salzhaltigen Sandböden.
ÖK.: 963 475
Soz.: 2.911
D: v, an Nord- u. Ostseeküste; GB: v; F: v–z; S: z.

Land-Reitgras
Calamagrostis epigeios ★

60–150 cm; Staude; B. meist über 10 mm breit, rückwärts rauh; B.häutchen bis 12 mm lang, später auch eingerissen; Ährchen 5–7 mm, 1bltg.
Keim.: sf; VI–VIII; (⚥); wb.
Lichte Wälder, Kahlschläge, Ufer, auf ± frischen, oberflächlich trokkenen, in der Tiefe wasserzügigen, ± nährstoffh., sandig-kiesigen Lehmböden.
ÖK.: 757 XX6
Soz.: 6.2
D: v (Alp. bis 1140 m); GB: z–v; F: v–z; S: v–z.

Lanzettliches Reitgras
Calamagrostis canescens

60–150 cm; Staude; St. oberwärts rauh; B. bis 5 mm breit, unterseits glänzend, am Rande rauh; B.häutchen bis 8 mm lang; Ährchen 4–5 mm; Rispe zur Bl. ausgebreitet.
Keim.: sf?; VI–VIII; (⚥); wb.
Erlenbruchwälder, Niedermoorges., auf nassen, ± nährstoffr., torfigen Böden mit hochanstehendem Wasser.
ÖK.: 645 955
Soz.: 8.2
D: z–s; GB: s–z; F: z; S: z.
(s. A. 304, 305)

Wiesen-Lieschgras
Phleum pratense ★

20–100 cm; Staude, dichtrasig; B. rauh, flach ausgebreitet; B.häutchen mit seitenst. zahnf. Fortsatz; Ährchen 1bltg., in ährenf. walzl. Rispe, bis 30 cm lang; Hüllspelzen gestutzt, zugespitzt-begrannt.
Keim.: sf; V–IX; (⚥), wb.
Fettwiesen u. -weiden, Parkrasen, Ackerränder, auf nährstoffr., kalkh. Lehm-, Ton- u. Sandböden.
ÖK.: 7X5 5X6
Soz.: 5.423
D: v (Alp. bis 1650 m); GB: v; F: v; S: v–z.
(s. A. 306)

Sand-Lieschgras
Phleum arenarium ★

3–15 (25) cm; Einj.; B. kurz; o. B.scheiden aufgeblasen; B.häutchen bis 7 mm lang; Ährchen 3 mm, 1bltg., in ovaler Rispe; Hüllspelzen kurz begrannt, am Kiel steifhaarig bewimpert.
Keim.: H; V–VII; (⚥); wb.
Flugsand-, Schillergras-Rasen, auf trockenen, N-beeinflußten, humus- u. feinerdearmen Sandböden, salzertragend.
ÖK.: 863 273
Soz.: 5.224
D: z–s (Nord- u. Ostseeküste); GB: z; F: z–s; S: z–s.
(s. A. 307)

Wiesen-Fuchsschwanz
Alopecurus pratensis

30–100 cm; Staude, dichtrasig; B. bis 8 mm breit, grasgrün; B.häutchen kurz; Ährchen 4–5 mm, 1bltg., in ährenf., walzl. Rispe; Hüllspelzen fast bis zur Mitte verwachsen.
Keim.: H–F; V–VII; (⚥); wb.; versch. sspp.
Fettwiesen, Uferstaudenges., Gärten, auf meist feuchten, nährstoffr. Lehm- u. Tonböden.
ÖK.: 6X5 667
Soz.: 5.4
D: v (Alp. bis 1450 m); GB: v; F: v; S: v–z.
(s. A. 308)

Geknieter Fuchsschwanz
Alopecurus geniculatus

bis 45 cm lang; Einj./Staude, knieförmig aufsteigend; B. ± scharf gerieft, ± graugrün; B.häutchen bis 4 mm lang u. spitz; Ährchen 2–3 mm, 1bltg., in ährenf. Rispe; Deckspelzen unter der Mitte begrannt.
Keim.: sf; V–X; (⚥); wb.
Flutrasenges., Ufer, Grabenränder, auf nassen, nährstoffr. Ton- u. Schlickböden.
ÖK.: 9X3 977
Soz.: 3.72
D: z–v; GB: v–z; F: v–z; S: v. **(s. A. 309, 310)**

Acker-Fuchsschwanz
Alopecurus myosuroides
20–50 cm; Einj.; B. rauh, grasgrün; B.häutchen bis 5 mm lang; Ährchen 4–7 mm, 1bltg., in beidseitig zugespitzter, ährenf. Rispe; Hüllspelzen bis zur Mitte verwachsen; Deckspelze im unteren 1/4 begrannt.
Keim.: F; V–IX; (☿); wb.
Getreideunkrautges., Wege, Schuttplätze, auf ± frischen, nährstoffr., humusa. Lehmböden.
ÖK.: 663 677
Soz.: 3.4
D: z–v; GB: z–v; F: v; S: z–s.

Rohr-Glanzgras
Phalaris arundinacea
50–200 cm; Staude; B. bis 20 mm breit; B.häutchen bis 6 mm lang, zerschlitzt; Ährchen büschelig, 2–3bltg.; ☿ Bl. kahl, Bl. behaart.
Keim.: H–F; VI–VIII; (☿ + ♀); wb.
Röhrichte, Großseggenges., Weidengebüsche, Erlen-Eschen-Auenwälder, Quellen, auf kühlen, sickernassen, nährstoffr., meist sand., durchlüfteten Tonböden.
ÖK.: 7XX 877
Soz.: 1.411
D: v (Alp. bis 950 m); GB: v; F: v; S: v–z.

Schilfrohr
Phragmites australis ★
(30) 90–400 (800) cm; Staude, mit weit kriechender Grundachse; B. bis über 20 mm breit, am Rande rauh; B.häutchen ein Haarkranz; Deckspelze begrannt.
Keim.: So–F; VII–X; (☿); wb.; versch. sspp.
Röhrichte, Quellmoore, Moorwiesen, Erlenbruchwälder, auf nassen, nährstoffr., oft sand. Schlamm- u. Muddeböden.
ÖK.: 75X 1075
Soz.: 1.4
D: v (Alp. bis 1150 m); GB: v; F: v; S: v–z.

Flattergras
Milium effusum
60–100 cm; Staude; B. bis 15 mm breit; B.scheiden glatt; B.häutchen bis 8 mm lang, spitz; Ährchen klein; hellgrün, selten violett; Rispe groß, locker, nach der Bl. zurückgeschlagen.
Keim.: F; V–VII; (☿); wb.
Laub- u. Nadel-Mischwälder, auf frischen, nährstoffr., meist kalkarmen, lockeren, mulligen Lehmböden.
ÖK.: 4X3 555
Soz.: 8.43
D: v (Alp. bis 1880 m); GB: z–v; F: v; S: v.

Niederliegender Dreizahn
Sieglingia decumbens
15–40 cm; Staude; zur Bl. aufsteigend, ± horstf.; B. in Knospenlage gefaltet; B.häutchen fehlend; Ährchen 7–10 mm; Deckspelze 3spitzig; Blst. traubenf.
Keim.: H–F; VI–VIII; (☿); wb.
Borstgrasrasen, Heiden, Wegränder, auf trockenen, nährstoff- u. kalka., sauren, rohhum. Sand- u. Sandlehmböden.
ÖK.: 8X2 X32
Soz.: 5.1
D: v–z (Alp. bis 2250 m); GB: v; F: v–z; S: z.

Blaues Pfeifengras
Molinia coerulea
15–90 cm; Staude, horstf., St. nur am Grunde mit Knoten; B. 3–6 mm breit; an Stelle des B.häutchens ein Haarkranz; Ährchen 6–10 mm, schieferblau.
Keim.: H–F; VII–IX; (☿); wb.
Moorwiesen, austrocknende Moore, Heiden, Waldwege, auf wechselfeuchten, nährstoffa., ± sauren, torfigen, humosen Lehm- u. Tonböden.
ÖK.: 7X3 7X2
Soz.: –
D: v (Alp. bis 1875 m); GB: v; F: v–z; S: v.

Borstgras
Nardus stricta ★
10–30 cm; Staude, dichtrasig, horstig; Triebe brettartig; B. borstenf., absterbend gelb u. lange bleibend; B.häutchen kurz; Ährchen 1bltg.; Ähre einseitswendig; Deckspelze mit Spitzengranne.
Keim.: F; V–VIII; (☿); wb.
Borstgrasrasen, Heiden, Magerweiden, auf meist frischen nährstoffh. od. -ärmeren, kalka., sauren, moorigen, sandigen od. lehmigen Böden.
ÖK.: 8X3 X22
Soz.: 5.11
D: v (Alp. bis 2600 m); GB: v; F: z–s; S: v.

Salz-Schlickgras
Spartina anglica ★
20–130 cm; Staude; B. gelblichgrün, bis 15 mm breit; an Stelle des B.häutchens ein Haarkranz; Ährchen 14–20 mm lang, 1bltg., in einseitigen Ähren; 4–5 Ähren in einem Blst.
Keim.: F?; VII–XI; (☿); wb.
Schlickgrasbestände, Brackröhrichte, Andelwiesen, auf nassen, häufig überfluteten, salzreichen Schlickböden der Wattküste.
ÖK.: –
Soz.: –
D: s, nur Nordseeküste; GB: v–z; F: v–z; S: –.
(s. A. 311)

Anhang seltenere Arten

Die nachfolgenden Arten treten im Gebiet relativ selten auf oder haben nur eine lokale Bedeutung. Sie wurden deshalb nicht abgebildet, sondern hier wegen möglicher Abweichungen mit vorne dargestellten, häufigeren Arten nur beschrieben.

Ihre Anordnung folgt dabei der im Bildteil verwendeten systematischen Gliederung. In Ergänzung zu den Artbeschreibungen auf den Seiten 29–148 werden nachfolgend nur die Unterschiede im äußeren Erscheinungsbild, und im eventuell abweichenden Lebensraum sowie die ökologischen und soziologischen Kennzahlen erwähnt. ☠ = Giftpflanze, ⚕ = Arzneipflanze, § = geschützte Pflanze.

Zu S. 29

1. **Hanf,** *Cannabis sativa* (Cannabaceae). B. tief handf. geteilt, 3–7lappig; ohne Brennhaare; ♂, ♀. VII–IX; ⚕, ☠. Schuttunkrautges. oder gepflanzt. ÖK.: –; Soz.: –. D: s–z; GB: s–z; F: s–z; S: ?.

Zu S. 30/31

2. *Polygonum maritimum.* Staude, u. holzig; B.ränder eingerollt; Ochrea vielnervig. VII–IX. Küsten des Atlantiks. ÖK.: –; Soz.: –. D: –; GB: s; F: s; S: –.
3. **Strand-Knöterich,** *Polygonum oxyspermum.* Ähnl. 2 (s. o.); Einj.; Fr. die Bl.hülle um das 2fache überragend. VII–IX. Spülsaumges. ÖK.: –; Soz.: –. D: s; GB: z–s; F: z–s; S: s.
4. **Feines Hasenohr,** *Bupleurum tenuissimum.* Einj., kahl; B. grasähnl.; Bl. klein, gelb, in Dolden. VII–IX. Salzwiesen. ÖK.: –; Soz.: –. D: s–z; GB: s; F: s; S: s.
5. **Milder Knöterich,** *Polygonum mite.* B. über 9 mm breit; Bl. rötl., in nickendem Blst. VI–IX. Unkrautfluren, Ufer, auf nassen, nährstoffr., kalkfreien hum. Lehmböden. ÖK.: 763 8X6; Soz.: 3.2. D: z (Alp. bis 1133 m); GB: z–s; F: z; S: z.
6. **Hecken-Knöterich,** *Polygonum dumetorum.* Bl. grünl.-weiß, lang gestielt; Fr. glänzend. VI–X. Gebüsche, Waldränder, Hecken, auf ± frischen, nährstoffr., sand. Lehmböden. ÖK.: –; Soz.: 3.522. D: z; GB: s; F: z; S: z.
7. **Nordischer Ampfer,** *Rumex longifolius.* Bl. knäulig genähert; Fr.hülle schwielenlos. VI–VIII. Unkrautfluren, auf frischen, nährstoffr. Böden. ÖK.: –; Soz.: –. D: s; GB: z–s; F: s; S: s.
8. **Schöner Ampfer,** *Rumes pulcher.* U. B. in der Mitte verschmälert; Fr.hülle gezähnt, mit Schwielen. V–VIII. Auf nährstoffr. Sand-, Kies- od. Tonböden. ÖK.: –; Soz.: –. D: s; GB: z–s; F: s; S: s.
9. **Wasser-Ampfer,** *Rumex aquaticus.* U. B. kürzer, eif.-länglich; Fr.hülle schwielenlos. VII–IX. Röhrichte, Ufer, auf nassen, zeitw. überfluteten, nährstoffr., sand. od. kiesigen Tonböden. ÖK.: 7X7 878; Soz.: 1.413.3. D: z–s; GB: s, Schottl.; F: z–s; S: s.
10. **Strand-Ampfer,** *Rumex maritimus.* Fruchtend goldgelb. VII–IX. Grabenränder, auf nassen, nährstoffr., auch salzh., hum. Schlammböden. ÖK.: 877 989; Soz.: 3.211. D: s–v; GB: s; F: s?; S: s.
11. *Rumex rupestris.* Pfl. graugrün, St. dicker. VI–IX. Küsten, Dünentäler. ÖK.: –; Soz.: –. D: –; GB: s; F: s; S: –.

Zu S. 32/33

12. *Koeningia islandica (Polygonaceae).* Bl.hülle 3zählig, VII–IX. Schotter der Gebirge, offene Stellen. ÖK.: –; Soz.: –. D: –; GB: s, Schottl.; F: –; S: s, Arktische Gebiete.
13. **Graugrüner Gänsefuß,** *Chenopodium glaucum.* Oft liegend bis aufsteigend; St. grün; B. nur unterseits mehlig u. meergrün. VI–X. Unkrautfluren, auf feuchten, nährstoffr. Böden aller Art. ÖK.: 867 6X9; Soz.: 3.212. D: s–z; GB: s–z; F: s–z; S: s–z.
14. **Stadt-Gänsefuß,** *Chenopodium urbicum.* B. i. d. St. verschmälert, 3eckig-rautenf., flacher gezähnt. VI–X. Unkrautfluren, auf frischen, nährstoffr. Böden. ÖK.: –; Soz.: –. D: s; GB: s–z; F: s; S: s.
15. **Stinkender Gänsefuß,** *Chenopodium vulvaria.* Bl. hüllb. bemehlt; Pfl. nach Heringslake riechend. VII–X; ⚕. Salzwiesen, Unkrautfluren, auf ± trockenen, nährstoffr. Sand- o. Lehmböden. ÖK.: 774 4X9; Soz.: 3.3. D: s–z; GB: s–z; F: s–z; S: s–z.
16. **Dickblatt-Gänsefuß,** *Chenopodium chenopodioides.* Oft niederliegend; B. fleischig, schwächer gezähnt; abgestorbene Bl.hülle die Fr. verbergend. VII–X. Spülsäume, auf nährstoffr., auch salzh., sand. Böden. ÖK.: –; Soz.: –. D: s; GB: z–s; F: z–s; S: –.
17. **Lappige Melde,** *Atriplex laciniata.* St. rötl.-braun, oft niederl.; B. rhombisch, silbrig-grau. VII–X. Spülsäume der Küsten, Salzwiesen, auf sand. Böden. ÖK.: –; Soz.: –. D: s; GB: z–s; F: z–s; S: s.

Zu S. 34/35

18. **Dünnstengeliges Sandkraut,** *Arenaria leptoclados.* Pfl. wenig verzweigt, gelbgrün; Bl. kleiner, 3–5 mm, Kronb. kürzer als der Kelch. V–IX. Äcker, Trockenrasen, sonnige Hänge. ÖK.: –; Soz.: 5.21. D: s, nur im Süden; GB: z–s; F: z–s; S: –.
19. **Steife Miere,** *Minuartia stricta.* Staude, büschelig; Kronb. ± länger als Kelchb. V–IX. Hoch- und Zwischenmoore, auf nassen, nährstoffa. Torfböden. ÖK.: –; Soz.: –. D: s?; GB: s; F: ?; S: s.
20. *Arenaria norvegica.* B. eif.-lanzettl., ± fleischig; Bl. 8–12 mm; Kronb. länger als Kelchb. VI-VIII. Lückige Grasfluren, meist auf Kalk. Ök.: –; Soz.: –. D: –; GB: s; F: –; S: s.
21. *Minuartia rubella.* Pflanze kleiner; blühende Triebe fast b.los. VII–VIII. Felsspalten der Berggebiete. ÖK.: –; Soz.: –. D: –; GB: s, Schottl.; F: –; S: s.
22. *Stellaria media,* ssp. *neglecta.* Kronb. nur wenig länger als Kelchb., manchmal fehlend; Staubbeutel rot. I–XII. Auenwälder, Waldsaum-Ges., Waldwege, auf feuchten, nährstoffr. Sand- u. Lehmböden. ÖK.: –; Soz.: 3.522. D: z; GB: z–s; F: z; S: ?.
23. *Stellaria media* ssp. *pallida.* B. gestielt; Bl. kleiner, 4–8 mm; Kronb. oft fehlend. I–XII. Unkrautfluren, Mauern, auf ± trockenen, nährstoffr., sand. Böden. ÖK.: –; Soz.: –. D: z; GB: z; F: ?; S: ?.
24. *Cerastium arcticum.* Weißl. Haare kürzer; Tragb. ohne Hautrand. VI–IX. ÖK.: –; Soz.: –. D: –; GB: z–s; F: –; S: z–s.

Zu S. 36/37

25. **Kleinblütiges Hornkraut,** *Cerastium brachypetalum.* Graugrün; Kronb. kürzer als Kelchb.; Staubb. 10. IV–XI. Trockenrasen, Böschungen, auf trockenen, nährstoffr., kalkh., hum. od. rohen Lehm- od. Lößböden. ÖK.: 974 372; Soz.: 5.212. D: s; GB: s; F: s; S: s.
26. **Weissmiere,** *Moenchia erecta.* Einj., blaugrau; Kronb. 4, nicht ausgerandet; Kelchb. breit weißrandig; Griffel 4. IV–VI. Sandrasen, Brachen, auf nährstoffr., meist kalkf. Kies- u. Sandböden. ÖK.: –; Soz.: 5.24. D: s; GB: s–z; F: s–z; S: ?.
27. **Niedriges Hornkraut,** *Cerastium pumilum.* Oft rötl. und mehr aufrecht, ± drüsig-klebrig; Kronb. so lang wie die Kelchb. III–VI. Lückige Trockenrasen, Böschungen, Äcker, Wegränder, auf nährstoffr., meist kalkh. Sand.- o. auch Lößböden. ÖK.: 874 28?; Soz.: 5.21. D: s; GB: z–s; F: z–s; S: s.

28. *Sagina intermedia.* Polsterbildend; B. größer; Kronb. kürzer als rotrand. Kelchb. V–IX. Bergregionen. ÖK.: –; Soz.: –. D: –; GB: z–s, Schottl.; F: –; S: z–s.
29. **Hirschsprung,** *Corrigiola litoralis.* St. niederliegend, oft rötl.; B. lineal. bis keilig, wechselst. VI–X. Feuchte Ufersäume u. Äcker, auf nährstoffr., kalka., lehm. o. reinen Kies- u. Sandböden. ÖK.: 862 755; Soz.: 3.3. D: s; GB: s; F: s; S: s.
30. **Kahles Bruchkraut,** *Herniaria glabra.* Nebenb. nicht weiß; B. grün, in B.achseln geknäuelt. V–X; ⚘. Dünen, Wegränder, Dämme, auf trockenen, ± nährstoffr. Kies- u. Sandböden. ÖK.: 765 454; Soz.: 5.232. D: z–s; GB: s; F: z–s; S: z–s.
31. **Knorpelkraut,** *Illecebrum verticillatum.* Ähnlich Nr. 30; Kelchb. schneeweiß. VI–X; sb. Feuchte Wegränder, Sandäcker, auf nährstoffr., kalka., lehm. Sandböden. ÖK.: 872 722; Soz.: 3.111. D: s; GB: s; F: s; S: –?.

Zu S. 38/39

32. **Hain-Leimkraut,** *Silene italica.* Pfl. verzweigt; Bl. aufrecht. V–IX. Waldränder. ÖK.: –; Soz.: –. D: s; GB: s; F: s; S: ?.
33. **Büschel-Nelke,** *Dianthus armeria.* Bl. kleiner, 8–15 mm, hellkarminrot, zu 2–10kopfig gehäuft; Tragb. lang. VI–VIII. Trockene Rasen, Gebüsche, Wald- und Wegränder, auf ± fr., ± nährstoffr., meist kalka., reinen o. sand. Lehmböden. ÖK.: 663 563; Soz.: –. D: s–z; GB: z–s; F: z–s; S: z–s.
34. *Kohlrauschia nanteuilii.* Bl. kleiner, rosenrot. V–X. trockene Rasen. ÖK.: –; Soz. –. D: –; GB: s; F: s; S: –.

Zu S. 40/41

35. **Acker-Hahnenfuß,** *Ranunculus arvensis.* Einj., kahl; Grundb. ungeteilt bis 3spaltig; Bl. klein, 4–12 mm; Fr.chen stachelig. V–VII; Ins. (d). Äcker, auf ± trokkenen, nährstoffr., hum. Ton- u. Lehmböden (Lehmzeiger), meist auf Kalk. ÖK.: 663 48X; Soz.: 3.4. D:: s–z; GB: z–s; F: z–s; S: z–s.
36. *Ranunculus parviflorus.* Grundb. rundl.; Bl. kleiner, 3–6 mm; Bl.hüllb. zurückgeschlagen. V–VII. Trokkene, offene Standorte, meist auf Kalk. ÖK.: –; Soz.: –. D: –; GB: z–s; F: z–s; S: –.
37. *Ranunculus flammula,* ssp. *reptans.* St. niederliegend, an den Knoten wurzelnd; B. gestielt. VI–X; ⚹, ⚘. Ufer, auf nassen, zeitw. überschwemmten, ± nährstoffr., sand. oder kiesigen Lehm- u. Tonböden. ÖK.: –; Soz.: –. D: s; GB: s; F: s; S: s.
38. *Ranunculus ophioglossifolius.* B. herz-eif., ungeteilt, untere lang gestielt. VI–X. Sümpfe. ÖK.: –; Soz.: –. D: –; GB: s; F: s; S: s, Gotland.
39. **Baudots Hahnenfuß,** *Ranunculus baudotii.* Bl. kleiner, 10–20 mm. IV–IX. Brackwasserstandorte, Tümpel, Gräben, auf nährstoffr. Schlammböden. ÖK.: –; Soz.: 2.2. D: s; GB: z–s; F: s; S: s.

Zu. S. 42/43

40. **Pinselblättriger Hahnenfuß,** *Ranunculus penicillatus.* Fr. am Boden deutlich behaart. V–VIII. Kalkreiche Gewässer. ÖK.: –; Soz.: 1.213. D: s; GB: z–s; F: z–s; S: ?.
41. *Ranunculus homiophyllus.* Bl. 8–15 mm; Honigb. 2 × so lang wie die Bl.hüllb. V–IX. Teiche, Quellen, mit kalka. Wasser. ÖK.: –; Soz.: –. D: –; GB: z–s; F: z–s; S: –.
42. **Dreiteiliger Hahnenfuß,** *Ranunculus tripartitus.* Schwimmb. nieren- oder halbkreisf., Wasserb. fein zerteilt. V–IX. Flache Teiche, Quellen, über hum., schlammigen Böden. ÖK.: –; Soz.: –. D: s; GB: z–s; F: z–s; S: ?.

Zu S. 44/45

43. **Kleine Teichrose,** *Nuphar pumilum.* Bl. kleiner, 14–35 mm. VI–VIII. Schwimmblattges. in stehenden, kalten, nährstoffär. Gewässern über Torf-Schlammböden. ÖK.: 8X6 1122; Soz.: 1.212. D: s; GB: s–z; F: s–z; S: s.
44. *Fumaria purpurea.* Bl. purpurn. VI–IX; Ins. Äcker, Hecken. ÖK.: –; Soz.: –. D: –; GB: s; F: –; S: –.
45. *Fumaria occidentalis.* Unteres Kronb. mit breitem flachen Rand. V–IX; Ins. Gepflanzt. ÖK.: –; Soz.: –. D: nur in Gärten; GB: s, Cornwall; F: nur gepflanzt; S: ?.
46. *Fumaria bastardii.* Bl. 9–11 mm; unteres Kronb. mit flachem Rand; Traube 15–25bltg., länger als der St. V–IX; Ins. Äcker. ÖK.: –; Soz.: –. D: –; GB: z–s; F: z–s; S: –.
47. *Fumaria martinii.* Ähnlich Nr. 46; Bl. 11–13 mm; Fr.stiele zuerst bogig zurückgekrümmt. V–IX; Ins. Äcker. ÖK.: –; Soz.: –. D: –; GB: s; F: s; S: –.
48. **Dichtblütiger Erdrauch,** *Fumaria densiflora.* Bl. 6–7 mm, rosa. V–IX; Ins. Äcker. ÖK.: –; Soz.: –. D: s; GB: z–s; F: z–s; S: s.
49. **Vaillants Erdrauch,** *Fumaria vaillantii.* B.abschnitte flächig; Bl. rosa, zu 6–12 in Trauben. V–IX; Ins. Weinberge, Brachen, Wegränder, Mauerkronen, auf ± trockenen, nährstoff- und meist kalkr., stein. Lehmböden (Stickstoffzeiger). ÖK.: 665 485; Soz.: 3.41. D: s–z; GB: z–s; F: z–s; S: s–z.
50. *Papaver lecoqii.* Milchsaft gelb werdend; Staubbeutel braun-gelb. V–VIII. Äcker, Schutt, auf kalkh. Böden. ÖK.: –; Soz.: –. D: –; GB: z–s; F: z–s; S: –.
51. **Krummborstiger Mohn,** *Papaver hybridum.* Kapsel fast kugelig, abstehend borstig. V–VIII. Getreidefelder, Schutt, auf warmen, nährstoffr. Lehm- o. Sandböden. ÖK.: –; Soz.: –. D: s; GB: s–z; F: s–z; S: s.

Zu S. 46/47

52. *Brassicella monensis.* Fast kahl; B. rosettig, tieffiedersp.; Bl. bis 25 mm. VI–VIII; Ins. Sand. Standorte d. Küste. ÖK.: –; Soz.: –. D: –; GB: s; F: –; S: –.
53. **Schmalblättriger Doppelsame,** *Diplotaxis tenuifolia.* Staude, ± graugrün; Bl. 15–30 mm; Schoten aufrecht, parallel zum Stiel. V–X; Ins. Unkrautges. an Wegen, Dämmen, Brachen, Schutt, auf sommerwarmen, ± trockenen, nährstoffr. meist sand. Böden (salzertragend). ÖK.: 873 3X4; Soz.: 3.31. D: s–v; GB: z–s; F: z–s; S: ?.
54. **Stengelumfassendes Täschelkraut,** *Thlaspi perfoliatum.* Einj., oft blaugrün; St.b. herzf. st.umfassend, übrige B. rosettig. IV–VI. Lückige Magerrasen, Böschungen, Wegränder, auf ± frischen, meist kalkh., wenig hum. Lehm- u. Lößböden. ÖK.: 865 482; Soz.: 5.212. D: s–z; GB: s; F: s–z; S: s–z.

Zu S. 48/49

55. **Felsen-Gemskresse,** *Hutchinsia petraea.* Einj.; Rosetten- und Stengelb. gefiedert; Kronb. etwas länger als der Kelch. III–VI. Lückige Kalk-Magerrasen, Felsköpfe, auf trockenen, kalkr., flachgründigen, lehmig. lockeren Steinböden. ÖK.: 872 291; Soz. 5.212. D: s; GB: s; F: s; S: ?.
56. *Draba norvegica.* Grundb. schwächer gezähnt; St. unbeb.; Schötchen zur Reife nicht gedreht. IV–VI. ÖK.: –; Soz.: –. D: –; GB: s, Schottl.; F: –; S: s.
57. **Immergrünes Felsenblümchen,** *Draba aizoides.* B. steif borstig bewimpert, in Grundrosette; Bl. endst. gebüschelt, hellgelb. III–VI; Ins. Sonnige Felsen, alp. Steinrasen, auf feinerdea., ± kalkr. Steinböden. ÖK.: 8X4 39?; Soz.: 4.21. D: s–z (Alp. 1700 bis 2420 m); GB: s, Wales; F: s–z; S: –.
58. **Breitblättrige Kresse,** *Lepidium latifolium,* Staude; B. kürzer gestielt, am Rande nicht wellig; Bl. kleiner 2–3 mm; Kelchb. weiß berandet; Schötchen abgeflacht. VI–VIII. Unkrautges., Salzwiesen, Dünen, auf fr., salzh., festen Sand- und Tonböden. ÖK.: –; Soz.: –. D: s; GB: z–s; F: z–s; S: s.
59. **Felsen-Schaumkresse,** *Cardaminopsis hispida.* Staude, schwach behaart; u. B. buchtig-gezähnt, o. ganzrandig; Bl. 5–8 mm. IV–VIII. Sonnige Felsbandrasen, Felsspalten, auf trockenen, warmen, meist kalkh., feinerdea. Steinböden. ÖK.: –; Soz.: 4.211. D: s; GB: s; F: ?; S: s.

Zu S. 50/51

60. **Zwiebeltragende Zahnwurz,** *Dentaria bulbifera.* B. Stengelb. gefiedert, o. lanzettl.; Bl. violett bis rosa; Brutzwiebeln in den Blattachseln. IV–VI; Krautr. Buchenwälder, auf frischen, nährstoffr., meist kalkh., sand. o. stein. Lehmböden. ÖK.: 354 576;

Soz. 8.43. D: s–z (Alp. bis 1430 m); GB: s; F: s–z; S: s–z.

61. **Steifes Barbenkraut,** *Barbarea stricta.* U. B. mit sehr großen Endlappen; Bl. kleiner, 5–6 mm, IV–VIII. Flußufer, Schutt, auf feuchten, nährstoff- und meist kalkr., hum. Sand-Lehmböden. ÖK.: –; Soz.: 3.523. D: z–s; GB: s–z; F: z–s; S: z–s.

62. *Arabis stricta.* Bl. größer, 5–6 mm, gelbl.-weiß; St. wenigbltg.; Grundb. buchtig-gezähnt. III–V. ÖK.: –; Soz.: –. D: –; GB: s; F: –; S: –.

63. **Turmkraut,** *Turritis glabra.* Ähnlich Rauhe Gänsekresse; Zweij., o. kahl; B. schrotsägef. gezähnt; Stengelb. herzpfeilf., st.umfassend; Bl. 5–6 mm. V–VII; sb. Eichen-Mischw., Trockenbuschges., auf warmen, ± trockenen, hum., lockeren Lehmböden. ÖK.: –; Soz.: –. D: s–z; GB: z–s; F: s–z; S: s–z.

64. **Pyrenäen-Sumpfkresse,** *Rorippa stylosa.* Fr. ellipsoidisch, Fr.stiel 2–3mal so lang. VI–IX; Ins. Unkrautfluren, Fettwiesen, auf wechselfr., nährstoffr., meist kalka., etwas verdichteten Lehm- u. Tonböden. ÖK.: –; Soz.: –. D: s; GB: s; F: s; S: –.

Zu S. 53/54

65. **Moos-Teichkraut,** *Tillaea muscosa.* Moosähnl.; Bl. 1–2 mm, weiß bis rötl.; Kronb. meist 3. V–IX. Uferges., auf feuchten, sand. oder lehm., sauren Böden. ÖK.: –; Soz.: –. D: s; GB: z–s; F: s; S: s.

66. **Wasser-Teichkraut,** *Tillaea aquatica.* Ähnlich Nr. 65. B. lineal., abstehend; Bl. mit 4 Kronb. V–IX. Zwergbinsen-, Uferges., auf feuchten, schlammig-sand., kalkfr., ± überschw. Böden. ÖK.: –; Soz.: –; D: s; GB: s, Schottl.; F: s; S: s.

67. *Saxifraga hirsuta.* B. lang gestielt, rundl.-nierenf., behaart. VI–VII. ÖK.: –; Soz.: –. D: –; GB: s, Irland; F: –; S: –.

68. **Moor-Steinbrech,** *Saxifraga hirculus.* St. beb., meist nur mit 1 Bl., gelb. VI–IX; Ins. (d); §. Braunseggenges., auf zeitw. überschw., ± nährstoffr. Torfschlammböden. ÖK.: –; Soz.: –. D: s; GB: s; F: s; S: s.

69. **Rosen-Steinbrech,** *Saxifraga decipiens.* B. rosettig, 3–5lappig, Lappen zugespitzt; Bulbillen fehlend. V–VII; versch. sspp; Ins.; §. Felsspaltenges., Steinschuttfluren, auf ± trockenen, humus- u. feinerdea. Steinböden (Kalk, Dolomit, Porphyr usw.). ÖK.: –; Soz.: 4.2. D: s; GB: s, Irland; F: s; S: –.

Zu S. 55

70. **Wohlriechender Odermennig,** *Agrimonia procera.* Größer, bis 2 m, aromatisch; Fr. nur an der Basis gefurcht. VI–VIII. Hecken, Waldränder, Waldwege, auf fr., nährstoffr., ± sauren, hum., sand. od. lehm. Böden. ÖK.: 5X3 57?; Soz.: 6.111. D: z–s (Alp. bis 1150 m); GB: z–s; F: z–s; S: z–s.

Zu S. 57

71. **Gelbling,** *Sibbaldia procumbens.* Kleiner, ohne Ausläufer; B. 3zählig gefiedert, B.chen mit 3 Zähnen; Bl. 5 mm, gelb, Kronb. manchmal fehlend. VI–VIII; Ins., s. Schneetälchen, Felsspalten, auf feuchten, hum. stein. od. reinen Lehm- od. Tonböden. ÖK.: 713 72?; Soz.: 4.51. D: z–s, Alp. 1700–2400 m; GB: z–s, alp. Schottl.; F: z–s; alp.; S: z–s.

72. **Stein-Fingerkraut,** *Potentilla rupestris.* Ohne Ausläufer; Grundb. mehrfach, St.b. 3zählig; Bl. 15–25 mm. V–VI. Trocken- und Halbtrockenrasen, Waldränder, auf warmen, ± trockenen, oft kalka., stein. od. sand. Lehm- od. reinen Steinböden. ÖK.: –; Soz.: 6.112. D: s–z; GB: s; F: s–z; S: s–z.

Zu S. 60/61

73. **Vielblättrige Lupine,** *Lupinus polyphyllus.* B. 9–17zählig gefingert; Bl. blau, purpurn, rosa, weiß oder gelb. V–VII; ⚹. Gepflanzt verwildert, auf fr., ± nährstoffr., kalka., sandig-stein. Lehmböden. ÖK.: –; Soz.: –. D: v; GB: z–v; F: z–v; S: z.

74. *Vicia bithynica.* B.chenpaare 2–3, groß; Bl. zu 1–3, 15–25 mm, purpurn, Flügel und Kiel weißl. V–VI. Grasfluren, Hecken, Verladeschuttplätze. ÖK.: –; Soz.: –. D: s; GB: s–z; F: s–z; S: –.

75. **Heide-Wicke,** *Vicia orobus.* St. ungeflügelt; B. ohne Ranken, mit Stachelspitze; Bl. weißl., violett geadert. V–VI. Heiden, Magerrasen, Gebüschsäume, auf ± trockenen, kalka., sand. Lehmböden. ÖK.: –; Soz.: 6.111. D: s; GB: s–z; F: s; S: s.

76. **Zierliche Wicke,** *Vicia tenuissima.* B.chenpaare 2–5; Bl. 6–9 mm, blaßpurpurn, zu 2–5 im Blst. VI–VIII. Getreideäcker, Verladeschuttplätze, auf ± trockenen, nährstoffr., kalk- und humusa. Lehmböden. ÖK.: 782 444; Soz.: 3.4. D: z; GB: z–s; F: z–s; S: –.

Zu S. 62/63

77. *Ononis reclinata.* Einj., drüsig behaart, halb niederliegend; Bl. rosa, 5–10 mm, Schiffchen blaß. V–VI. Sand. Rasen, Hänge in Küstennähe. ÖK.: –; Soz.: –. D: –; GB: s; F: s; S: –.

78. **Kleinster Schneckenklee,** *Medicago minima.* Nebenb. ± ganzrandig; Hülse mit 2 Reihen hakenf. Stacheln. IV–VII. Magerrasen, Dünen, Felsköpfe, Dämme, Schafweiden, auf warmen, trockenen, meist kalkh. Stein-, Sand- od. Lößböden. ÖK.: 973 381; Soz.: 5.2. D: s–z; GB: s; F: s–z; S: s–z.

79. *Lotus subbiflorus.* Einj., niederliegend, behaart; Bl. zu 2–4, lang gest.; Hülsen 6–16 mm. VI–IX. Grasfluren. ÖK.: –; Soz.: –. D: –; GB: s; F: s; S: –.

80. *Lotus angustissimus.* Ähnl. 79; weniger behaart; Bl. zu 1–3; Hülsen 15–30 mm. V–VIII. Grasfluren. ÖK.: –; Soz.: –. D: –; GB: s; F: s; S: –.

Zu S. 64/65

81. *Ornithopus pinnatus.* Kahl; Bl. zu 1–5 orange-gelb, ohne gefiedertes Tragblatt. V–VIII. Sandfluren. ÖK.: –; Soz.: –. D: –; GB: s; F: s; S: –.

82. **Blaßgelber Klee,** *Trifolium ochroleucum.* Bl. weißl.-gelb; Bl.köpfe 2–4 cm, kurz oder nicht gest., von 1–2 B. umhüllt. V–VII; Ins. Sonnige Magerrasen, trockene Moorwiesen, Gebüschsäume, auf warmen, meist kalka., sand. od. reinen Lehm- und Tonböden. ÖK.: 754 482; Soz.: –. D: z–s; GB: s; F: s–z; S: –.

83. *Trifolium occidentale.* B.chen rundl., ohne Flecken; Nebenb. rot; Bl.köpfe 20–24 mm. III–V. Küstendünen, Sandfluren. ÖK.: –; Soz.: –. D: –; GB: s–z; F: s–z; S: –.

84. *Trifolium glomeratum.* Kahl; B.chen mit bleichem Fleck; Bl.köpfe kugelig. VI–VII. ÖK.: –; Soz.: –. D: –; GB: s–z; F: s–z; S: –.

85. *Trifolium bocconei.* B.chen nur unterseits behaart; Bl. blaßrosa; Blst. oft zu 2, ungleich. VI–VII. ÖK.: –; Soz.: –. D: –; GB: s; F: s; S: –.

86. *Trifolium strictum.* B.chen größer u. schmaler; Bl.köpfe lang gest., ± kugelig; Bl. leuchtend rosa, größer. VI. Grasfluren. ÖK.: –; Soz.: –. D: –; GB: s; F: s; S: –.

87. **Vogelfußartiger Klee,** *Trifolium ornithopodioides.* Einj., unbehaart; Bl. rosa, zu 1–3 (5) in kurz gest. Köpfen. V–IX. Sandtrockenrasen, winterfeuchte Orte. ÖK.: –; Soz.: –. D: s; GB: s–z; F: s–z; S: –.

88. *Trifolium suffocatum.* Bl.köpfe dicht, sitzend; Bl. weiß, zwischen den grünen Kelchzähnen versteckt. VII–VIII. Trockene Standorte. ÖK.: –; Soz.: –. D: –; GB: s–z; F: s–z; S: –.

89. **Moschus-Reiherschnabel,** *Erodium moschatum.* Behaart, Moschusgeruch; B. gefiedert, B.chen gesägt; Bl. ungefleckt, purpurrot, größer (15 mm). IV–X. ÖK.: –; Soz.: –. D: z; GB: s–z; F: z; S: –.

Zu S. 66/67

90. *Geranium purpureum.* Bl. kleiner, Pollen gelb. IV–XI. Wegränder, auf nährstoffr., hum. Böden. ÖK.: –; Soz.: –. D: s, eingeschleppt; GB: s; F: s; S: –.

91. **Zwerglein,** *Radiola linoides.* Pfl. klein; B. eif.; Bl. 4zählig. VII–VIII; Ins., sb. Zwergbinsenges., Wegränder, auf feuchten, ± nährstoffa., kalkfreien Sand- od. Torfböden. ÖK.: 863 732; Soz.: 3.111. D: z–s; GB: z–s; F: z–s; S: z–s.

Zu S. 68/69

92. *Euphorbia peplis.* Einj., ± niederliegend, fleischig; St. rötl.; B. längl., gebogen. VII–IX. Spülsäume der Küsten, auf Sand. ÖK.: –; Soz.: –. D: –; GB: s, England; F: s; S: –.

93. **Steife Wolfsmilch,** *Euphorbia stricta.* Kahl; St. oft rötl. VI-VIII. Auenwälder, feuchte Laubmischwälder, Waldwege, auf nährstoffr., meist kalkh. Ton- u. Lehmböden (Tonzeiger). ÖK.: 564 4X2; Soz.: 5.11. D: z (Alp. bis 1100 m); GB: s; F: z; S: z.

94. *Euphorbia hyberna.* Pfl. nicht bläul. bereift; B. wechselst. IV–VII. Feuchte Wälder, schattige Orte. ÖK.: –; Soz.: –. D: –; GB: s–z; F: s–z; S: –.

95. **Kalk-Kreuzblume,** *Polygala calcarea.* B. verkehrteif., o. a. St. rosettig gedrängt; Bl. 5 mm, hellblau. IV–VI. Kalk-Magerrasen, auf fr. bis ± trockenen, kalkr., meist stein. Ton- u. Lehmböden. ÖK.: –; Soz.: –. D: s; GB: s–z; F: s–z; S: –.

Zu S. 70/71

96. **Alpen-Johannisbeere,** *Ribes alpinum.* B. kleiner, tief 3–5lappig; Blst. aufrecht; ♂ + ♀ Pfl.; Fr. rot, ohne Geschmack. V–VI; Ins. (d). Krautr. Bergmischwälder u. Kiefern-Trockenwälder, auf sickerfrischen, meist kalkh., oft stein. Lehm- u. Mullböden. ÖK.: 544 X8X; Soz.: 8.4. D: z; GB: s; F: ?; S: –.

97. *Lavatera cretica.* Pfl. kleiner; B. schwächer gelappt; Bl. blasser. IV–VII. Küstenstandorte. ÖK.: –; Soz.: –. D: –; GB: s, England; F: s; S: –.

98. *Hypericum undulatum.* Bis 100 cm; B. mit welligem Rand, größer; Bl. 20 mm; Kronb. unterseits rötl. gestreift; Kelchb. mit schwarzen Punkten. VII–IX. ÖK.: –; Soz.: –. D: –; GB: s; F: s; S: –.

99. *Hypericum canadense.* Pfl. zarter; St. 4kantig; Bl. 6 mm, nicht gepunktet. VII–IX. Feuchte Standorte. ÖK.: –; Soz.: –. D: –; GB: s, Irland; F: –; S: –.

100. *Hypericum linarifolium.* Pflanze aufrecht; B. schmaler, linealisch, ohne durchscheinende Punkte; Bl. größer, außen oft rot. VI–X. Trockene, stein. Standorte. ÖK.: –; Soz.: –. D: –; GB: s; F: s; S: –.

Zu S. 72/73

101. **Sand-Veilchen,** *Viola rupestris.* Pfl. kleiner, behaart; B. rundl.; Bl. 10–15 mm; Sporn blaß-violett. V–VI. Kiefern-Trocken-Wälder, Kalk-Magerrasen, auf warmen, kalkh., hum. Sand- od. Lößböden (Sandzeiger). ÖK.: 657 382; Soz.: 7.211. D: s–z (Alp. bis 1470 m); GB: s, England; F: s–z; S: s–z.

102. **Steppen-Stiefmütterchen,** *Viola kitaibeliana.* Pflanze kleiner, flaumig behaart; Nebenb. mit breiterem Mittelzipfel; Bl. 4–10 mm, blaßgelb. IV–IX. Schuttunkrautfluren, Verladeplätze, Getreidefelder, auf trockenen, nährstoffr., meist kalka., sand. Lehmböden. ÖK.: –; Soz.: –. D: s; GB: s, England; F: s; S: –.

103. **Apennin-Sonnenröschen,** *Helianthemum appenninum.* B. lineal.-lanzettlich, grau-filzig, Ränder eingerollt; Bl. weiß. V–IX; Ins. (h); §. Sonnige, lückige Kalk-Trockenrasen, auf kalkr., flachgründigen, stein. Lehmböden od. Fels. ÖK.: 872 371; Soz.: 5.321. D: s; GB: s, England; F: s; S: –.

Zu S. 75

104. **Lanzettliches Weidenröschen,** *Epilobium lanceolatum.* B. schmaler, lang gestielt, am Grunde keilig; Bl. erst weiß, dann rosa. VI–IX. Steinschuttfluren, Mauern, Steinbrüche, lichte Wälder, auf ± nährstoffr., feinerdea. Steinböden. ÖK.: –; Soz.: 4.46. D: z–s; GB: z–s; F: z–s; S: –.

Zu S. 76

105. **Quirlblütiges Tausendblatt,** *Myriophyllum verticillatum.* Tragb. größer und fiederspaltig. VI–IX. Schwimmblattges., in warmen, stehenden, ± nährstoffr., oft kalkr. Gewässern. ÖK.: 565 1267; Soz.: 1.212. D: z; GB: z–s; F: z; S: ?.

106. **Rauhes Hornblatt,** *Ceratophyllum demersum.* Staude, submers; B. wirtelig, 1–2fach gabelig geteilt, Zipfel lineal, stachelspitzig, dunkelgrün; Fr. 3stachelige Nuß. VI–X. Wasserrosen-, Laichkrautges., in stehenden oder langsam fließenden, nährstoffr. Gewässern über hum. Schlammböden. ÖK.: 67X 1288; Soz.: 1.2. D: v–s; GB: z–s; F: z–s; S: z–s.

107. **Glattes Hornkraut,** *Ceratophyllum submersum.* Ähnlich Nr. 106.B. 3–4fach gabelig geteilt; Fr. 1stachelige Nuß. VI–X. Wasserrosen-, Laichkrautges., in stehenden od. langsam fließenden, flachen nährstoffr. Gewässern über hum. Schlammböden. ÖK.: 585 1287; Soz.: 1.2. D: z–s; GB: z–s; F: z–s; S: –.

108. **Ysop-Weiderich,** *Lythrum hyssopifolia.* Einj., kahl; B. lineal.-lanzettl., zugespitzt; Bl. einzeln, violettrot. VI–IX; Ins., sb. Lückige Zwergbinsenges., Ufer, Weg- und Ackerränder, auf feuchten, zeitw. überschw. nährstoffr., oft salzh. Tonböden. ÖK.: 875 733; Soz.: 3.1. D: s; GB: s, England; F: s; S: s.

109. **Ludwigie,** *Ludwigia palustris.* B. gegenst., eif., zugespitzt; Bl. einzeln, b.achselst., ohne Kronb. VI–VIII; sb. Zwergbinsenges., Ufer, auf zeitw. überschw., nährstoffr., kalka., hum. Schlammböden. ÖK.: –; Soz.: 3.111.2. D: s; GB: s, England; F: s; S: –.

110. **Sechsmänniger Tännel,** *Elatine hexandra.* B. gegenständig, zu zweit, schmaler; Bl. bis 10 mm gestielt. VI–VIII. Zwergbinsenges., auf nassen, zeitw. überschw., nährstoffr., kalka., hum. Schlammböden. ÖK.: 872 932; Soz. 1.3. D: z–s; GB: s; F: z–s; S: z–s.

Zu S. 78/79

111. **Acker-Klettenkerbel,** *Torilis arvensis.* Hüllb. fehlend oder bis 2; Doldenstrahlen weniger und kürzer; Fr. stachelig, mit Widerhaken. VI–IX. Getreidefelder, auf warmen, ± trockenen, nährstoff- und kalkh., meist stein. od. sand. Tonböden. ÖK.: 763 494; Soz.: 3.41. D: s; GB: s–z; F: s–z; S: –.

112. **Knäuel-Klettenkerbel,** *Torilis nodosa.* Stengel niederliegend bis aufsteigend; Dolden anscheinend seitenst., wenigbltg.; Hüllb. meist fehlend. IV–VI. Schuttunkrautfluren, Bahn- und Hafenanlagen. ÖK.: –; Soz.: 3.31. D: s; GB: s–z; F: s–z; S: –.

113. **Knollenkümmel,** *Bunium bulbocastanum.* Pflanze größer und kräftiger, Hüllb. 5–7 (10); Griffel zur Seite gebogen. V–VII. Getreidefelder, Weg- und Akkerränder, auf warmen, ± trockenen, nährstoffr., meist kalkh. Lehm- und Tonböden (Tonzeiger). ÖK.: –; Soz.: –. D: s; GB: s, England; F: s; S: –.

114. **Flutender Wasserfenchel,** *Oenanthe fluviatilis.* Pflanze im Wasser flutend; B. 2fach gefiedert, Abschnitte keilf. VI–IX. Verlandungsges., Gräben, Röhrichte, in langsam fließenden, ± nährstoffr., oft kalka., kühlen Gewässern über hum., sand. Schlickböden. ÖK.: –; Soz.: –. D: s; GB: z–s; F: z–s; S: –.

115. *Oenanthe pimpinelloides.* Doldenstrahlen zur Fr.zeit verdickt; Griffel kürzer; Fr. mit Stacheln. VI–IX. Wiesen, Hecken. ÖK.: –; Soz.: –. D: s; GB: s–z; F: s–z; S: –.

116. **Silgblättrige Rebendolde,** *Oenanthe silaifolia.* St. hohl; B. 3fach gefiedert, Griffel so lang wie die Fr. VI–IX. Lückige Wiesen, Weiden, auf wechselfeuchten, nährstoffr., auch salzh. Tonböden. ÖK.: 865 875; Soz.: 5.413. D: s; GB: z–s; F: s; S: –.

Zu S. 80

117. **Kriechender Sellerie,** *Apium repens.* Lang kriechend, an den Knoten wurzelnd; Dolden lang gestielt. VI–IX; §. Ufer, Gräben, auf feuchten, zeitw. überschw., nährstoffr., hum., sand. oder reinen Schlammböden. ÖK.: –; Soz.: 3.72. D: s; GB: s, England; F: s; S: s.

118. **Flutender Sellerie,** *Apium inundatum.* Meist untergetaucht; B. 2–4fach gefiedert, Zipfel haarf.; Dolden 2–3strahlig. VI–IX; §. Strandlingsges., Tümpel, Gräben, Schlenken, auf nassen, zeitw. überschw., kalkfreien, humosen-torf. Schlammböden. ÖK.: 771 9X2; Soz. 1.315. D: s; GB: z–s; F: s; S: s.

119. *Petroselinum segetum.* Petersiliengeruch; Hüllb. fadenf.; Doldenstrahlen 2–5. VIII–X. Lückige, trockene Standorte. ÖK.: –; Soz.: –. D: s; GB: z–s; F: s; S: –.

120. **Gebräuchlicher Haarstrang,** *Peucedanum officinale.* B. 2–5fach 3zählig, Zipfel lineal., ineinander verflochten; Bl. gelb; Dolden 10–40strahlig. VII–IX; Ins.; §. Kalk-Magerrasen, auf warmen, meist kalkr., tiefgründigen Lehm- und Tonböden (Ton- und Wechselfeuchtezeiger). ÖK.: –; Soz.: –. D: z–s; GB: s, England; F: z–s; S: –.

Zu S. 82/83

121. *Erica mackaiana.* B. kürzer, oberseits dunkelgrün, unterseits weißl.; Bl. leuchtend, dunkler rosa. VII–IX. Heiden, Klippen. ÖK.: –; Soz.: –. D: –; GB: s, Irland; F: –; S: –.

122. **Irische Heide,** *Daboecia cantabrica.* B. schmal-elliptisch, unterseits weiß, Ränder nach unten gerollt; Bl. 9–14 mm, glockenf., purpurrot. V–X. Heiden, Moore, lichte Wälder. ÖK.: –; Soz.: –. D: –; GB: s, Irland; F: –; S: –.

123. *Erica erigena.* Strauch bis 200 cm hoch; Bl. blaßpurpurrot; Staubb. rötl., III–V. Nasse Moore, Heiden. ÖK.: –; Soz.: –. D: –; GB: s, Irland; F: –; S: –.

124. **Moosbeere,** *Vaccinium oxycoccos,* ssp. *microcarpum.* Pflanze kleiner; B. ± 3kantig. VI–VIII. Hochmoor-Bulten, Torfmoos-Polster. ÖK.: 7X3 9X1; Soz.: 1.7. D: s; GB: z–s, Schottland; F: s; S: s.

Zu. S. 84

125. **Krähenbeere,** *Empetrum nigrum,* ssp. *hermaphroditum.* Bl. zwittrig. IV–VI. Subalp. Zwergstrauchgestrüpp, auf sauren, flachgründigen Böden. ÖK.: 83X 64?; Soz.: 7.212.4. D: s (Alp. 1000 bis 2200 m); GB: s–z; F: s, alp; S: s.

Zu S. 86/87

126. *Limonium bellidifolium.* Stengel stark verzweigt; Äste zickzackf.; Bl. nur an den obersten Ästen. VII–IX. Küstenfelsen, Klippen, selten auf Sand oder Kies. ÖK.: –; Soz.: –. D: –; GB: s, England; F: s; S: –.

127. *Centaurium scilloides.* Staude; nichtblühende Triebe niederliegend, blühende aufrecht; Bl. größer, rosa, zu 1–6. VII–VIII. Grasreiche Küstenfelsen. ÖK.: –; Soz.: –. D: –; GB: s; F: s; S: –.

128. *Centaurium tenuiflorum.* B. breiter; Bl.büschel straffer aufrecht, ebensträußig. VI–IX. ÖK.: –; Soz.: –. D: –; GB: s, England; F: s; S: –.

Zu S. 89

129. **Europäische Seide,** *Cuscuta europaea.* Bl. größer, Kronb. stumpf; Griffel und Staubb. nicht aus der Bl. herausragend; oft auf Brennessel schmarotzend. VI–X; ☤ Auf feuchten, nährstoffr. Standorten. ÖK.: XX5 7X7; Soz.: 3.521. D: v–z (Alp. bis 900 m); GB: z–s; F: v–z; S: z.

Zu S. 90/91

130. *Galium debile.* Pflanze kleiner; B. schmaler, mit längerer Stachelspitze; Bl. oft rötlich. V–VII. ÖK.: –; Soz.: –. D: s, England; F: s; S: –.

131. **Dreihörniges Labkraut,** *Galium tricornutum.* Bl. grünl.-weiß, kürzer gestielt, Stiele so lang oder kürzer als die lineal. B.; Fr. kurz-stachelig-warzig, Fr.-stiele zurückgekrümmt. V–X; Ins., sb. Getreidefelder, Schutt, auf warmen, ± trockenen, nährstoffr., meist kalkh. Lehm- und Tonböden. ÖK.: 773 383; Soz.: 3.4. D: z–v; GB: z–s; F: z; S: ?.

132. **Pariser Labkraut,** *Galium parisiense.* B. schmaler, nach unten gebogen; Bl. klein, innen grünl.-gelb, außen rötl.; Fr. kahl od. hakig. V–X. Brachen, Weg- und Ackerränder, auf ± trockenen, ± nährstoffr., oft kalka., sand. Lehm- od. bindigen Sand- u. Kiesböden. ÖK.: –; Soz.: –. D: s; GB: s–z; F: s; S: –.

133. **Deutsche Hundszunge,** *Cynoglossum germanicum.* Ohne Mäusegeruch; B. oberseits glänzend; Bl. kleiner; Fr. ohne Randwulst. V–VIII. Krautr. Laubmischwälder, Wildläger, auf frischen, nährstoffr., meist kalkh. u. stein. Mullböden (Stickstoffzeiger). ÖK.: –; Soz.: –. D: z–s; GB: z–s; F: z–s; S: –.

134. *Pulmonaria longifolia.* B. schmaler, in den Stiel verschmälert, mit langen Drüsenhaaren; Bl. kleiner. III–V. Wälder. ÖK.: –; Soz.: –. D: –; GB: s, England, F: s; S: –.

135. **Alpen-Vergißmeinnicht,** *Myosotis alpestris.* Pflanze kleiner; Bl. leuchtend blau; Kelchröhre weniger behaart; Fr.stiele wenig länger als der Kelch. IV–VII. Ins. (l). Alp. und subalp. Steinrasen, Schneetälchen, Staudenfluren, Steinschutt, auf fr., nährstoff- und kalkr., hum. Ton- u. Lehmböden. ÖK.: –; Soz.: –. D: s, Alp. bis 2420 m; GB: s, alp; F: s, alp; S: –.

Zu S. 92/93

136. *Myosotis stolonifera.* Pflanze kleiner; St. unten anliegend behaart; B. rundl.; Bl. blaßblau; Kelch 2/3 geteilt. V–X. Wiesen. ÖK.: –; Soz.: –. D: –; GB: s; F: –; S: –.

137. *Echium lycopsis.* Weicher behaart; obere B. halbst. umfassend, Seitennerven deutl.; Bl. erst rosa-purpurn, dann blau-purpurn; nur 2 Staubb. aus der Bl. ragend. V–X. Trockene, sand. Standorte. ÖK.: –; Soz.: –. D: s; GB: s, England; F: s; S: –.

138. **Gelber Günsel,** *Ajuga chamaepitys.* Einj., Harzgeruch; B. tief 3teilig, dicht zottig behaart, Abschnitte lineal.; Bl. gelb, mit roten Flecken. V–IX. Getreidefelder, Brachen, Weinbergmauern, auf ± trockenen, ± nährstoffr., meist kalkh., humusa., stein. Lehm- und Löß- od. Sand- und Tonböden. ÖK.: 782 492; Soz. 3.41. D: z–s; GB: s, England; F: z–s; S: –.

139. **Spießblättriges Helmkraut,** *Scutellaria hastifolia.* Pflanze schlanker; B. spießf., u. rötl.; Bl. größer. VI-
-
IX; Ins. Staudenfluren der Flußufer, Moorwiesen, Verlandungsges., Gräben, auf feuchten oder nassen, nährstoffr., kiesig-sand. Tonböden. ÖK.: 676 878; Soz.: 5.412. D: s; GB: s, England; F: s; S: s.

140. **Lauch-Gamander,** *Teucrium scordium.* Ausläufer; St. weichhaarig; B. längl.-ellipt., graugrün, gekerbt-gezähnt, sitzend, Knoblauchgeruch; Bl. hellkarminrot, quirlig in allen oberen B.winkeln. VI–VIII; Ins. (h), sb.; ☤ Verlandungsges., Ufer, Gräben, Moorwiesen, auf nassen, zeitw. überschwemmten, nährstoffr., modrig-hum. Ton- oder Torfböden. ÖK.: 775 88?; Soz.: 5.3. D: s; GB: s, England; F: s; S: s.

Zu S. 94

141. **Weiße Brunelle,** *Prunella laciniata.* Stengel an den Kanten weiß zottig; obere B. fiederspaltig; Bl. gelbl.-weiß. VI–X; Ins. Kalk-Mager-, Halbtrockenrasen, Wald- und Wegränder, auf warmen, ± trokkenen, meist kalkh. Lehm- und Tonböden. ÖK.: –; Soz.: 5.322. D: s; GB: z–s; F: z–s; S: –.

Zu S. 96

142. **Deutscher Ziest,** *Stachys germanicus.* Pflanze dicht weißwollig behaart; Bl. hellkarminrot. VI–IX; Ins. Krautr. Rasenges., Schutt, auf warmen, ± trockenen, kalkr. Lehm- und Lößböden. ÖK.: 764 38X; Soz.: –. D: s–z; GB: s, England; F: s–z; S: –.

Zu S. 98/99

143. **Flockige Königskerze,** *Verbascum pulverulentum.* Stengel rundl., B. breiter, ganzrandig, unterseits dicht flockig weiß-filzig. VI–IX. Unkrautfluren, Kalk-Magerrasen, Waldlichtungen, auf ± trockenen, nährstoffr., stein. od. sand. Lehmböden. ÖK.: –; Soz.: –. D: s; GB: s, England; F: s; S: –.

145. **Schabenkraut,** *Verbascum blattaria.* B. kleiner, grob gekerbt, in den Stiel verschmälert; Bl. länger gestielt, gelb; Staubfäden purpurwollig. VI–VIII; Ins., sb. Lückige Unkrautfluren, auf ± trockenen, nährstoffr., sandig-kiesigen Lehm- oder Tonböden, salzertragend; Samen bis 80 Jahre keimfähig. ÖK.: 867 376; Soz.: 3.32. D: s; GB: z–s; F: z–s; S: –.

146. *Scrophularia scorodonia.* Flaumig behaart; B. runzelig, doppelt gesägt-gekerbt, am Grund herzf.; Kelchb. weißrandig. VI–IX. Trockene, schattige Standorte in Küstennähe. ÖK.: –; Soz.: –. D: –; GB: s; F: s; S: –.

147. **Orant,** *Chaenorrhinum minus.* Einj., Pflanze kleiner, dicht drüsig behaart; Bl. einzeln, offen, lang gestielt; Sporn kurz. V–X; sb. Unkrautfluren, auf ± fr., ± nährstoffr., stein. Böden. ÖK.: 863 484; Soz.: 4.4. D: s–v; GB: z–v; F: z–v; S: z–v.

Zu S. 100/101

148. *Limosella subulata.* B. schmal lineal. VI–X. Sümpfe, Ufer. ÖK.: –; Soz.: –. D: –; GB: s, Wales; F: –; S: –.

149. *Sibthorpia europaea.* Staude, kriechend; B. nierenf.-rundl.; Krone 5zipfelig, 2 obere Zipfel blaßgelb, 3 untere blaßrosa. VI–X. Feuchte, schattige Standorte. ÖK.: –; Soz.: –. D: –; GB: z–s; F: z–s; S: –.

Zu S. 102

150. **Frühlings-Ehrenpreis,** *Veronica verna.* O. B. fiederteilig. IV–VI; sb. Dünen, Felsköpfe, Trockenrasen, Äcker, auf warmen, trockenen, meist kalkhumus- und feinerdea. Sand- und Steingrusböden. ÖK.: 875 141; Soz.: 5.2. D: s; GB: s, England; F: s; S: s.

151. **Dreiblättriger Ehrenpreis,** *Veronica triphyllos.* O. B. handf., 3–5teilig; Bl. gestielt, azurblau. III–V; Ins. (h), sb. Äcker, Wegränder, auf ± trockenen, nährstoffr., meist kalka., sand. Böden. ÖK.: 673 3X4; Soz.: 3.421. D: z; GB: s, England; F: z; S: z.

Zu S. 104/105

152. **Beifuß-Sommerwurz,** *Orobrache loricata.* Bl. 15–20 mm, gelbl.-weiß, violett geadert; Wirtspflanze: Feld-Beifuß. VI–VII. Trockenrasen. ÖK.: –; Soz.: –; D: s; GB: s, England; F: s; S: –.

153. **Amethyst-Sommerwurz,** *Orobranche amethystea.* Stengel violett od. rötl.; Bl. 15–25 mm, weißl., violett geadert. Wirtpflanze: Feld-Mannstreu. VI–VII. Kalk-Magerrasen, sonnige Hänge, auf warmen, trockenen, lockeren Lehmböden. ÖK.: –, Soz.: –. D: s; GB: s, England; F: s; S: –.

154. *Pinguicula grandiflora.* Bl. 25–35 mm; Sporn gerade, kräftig. V–VI; Ins. Moore, feuchte Heiden, auf nährstoffa., sauren torf. Böden. ÖK.: –; Soz.: –. D: –; GB: z–s, Irland; F: z–s; S: –.

155. **Mittlerer Wasserschlauch,** *Ultricularia intermedia.* Pfl. kleiner, m. bleichen Erdsprossen, nur hier Schläuche; Bl. 8–12 mm. VI–IX; Ins. Moorschlenken, -tümpel, in seichten (bis 10 cm), meist kalkh., ± nährstoffa. Gewässern über Torfschlamm. ÖK.: 8XX 1081; Soz.: 1.114. D: s; GB: z–s; F: z–s; S: s.

156. **Mäuseschwanz,** *Myosurus minimus* (Ranunculaceae). Pflanze sehr klein; B. schmaler; Bl.hüllb. und Honigb. gelbgrün, 5–7. V–VI; Ins., s; ✻, ₴. Ackerrinnen, Acker- und Wegränder, Ufer, auf feuchten, kalkfr., rohen oder hum., dichten Lehm- und Tonböden (Feuchte- und Nährstoffzeiger). ÖK.: 875 733; Soz.: 3.72. D: z–s; GB: z–s; F: z–s; S: z–s.

Zu S. 111

157. **Rauhes Knopfkraut,** *Galinsoga ciliata.* Stengel oberseits dicht grauweiß behaart; Strahlenbl. 4–5, weiß, 3zähnig, länger, VI–X. Unkrautfluren, auf fr. bis trockenen, nährstoffr., meist kalka., sand. od. reinen Lehm- und Tonböden. ÖK.: 774 457; Soz.: 3.33. D: z; GB: z–s; F: z; S: z.

Zu S. 112/113

158. **Gelbes Ruhrkraut,** *Gnaphalium luteo-album.* Ähnl. Sumpf-Ruhrkraut; wollig filzig; B. längl.-lineal, Ränder eingerollt, nicht den Blst. überragend. VI–IX; Ins. Ackerrinnen, Brachen, Teichränder, auf zeitw. nassen, kalka., sand. Lehm- und Tonböden (auf Äckern Vernässungszeiger). ÖK.: 765 753; Soz.: 3.1. D: s–z; GB: s, England; F: s–z; S: s–z.

159. **Alpen-Brandlattich,** *Homogyne alpina.* Grundb. herznierenf., u. oft rötl., kleiner, gekerbt; Strahlen- und Röhrenbl. ähnl., purpurrot. V–IX; Ins. (d, l), sb. Zwergstrauchgestrüpp, Magerrasen, auf fr. bis feuchten, sauren, torf., sand. Lehmböden. ÖK.: 642 64X; Soz.: 7.2. D: s–z; GB: s, Schottland; F: s–z; S: –.

Zu S. 114

160. **Steppen-Greiskraut,** *Senecio integrifolius.* Grundb. eiförmig, ± gezähnt; weniger Bl.köpfchen, in Rispe. V–VI. Kalk-Magerrasen, trockene Moorwiesen, lichte Gebüsche, auf warmen, ± wechseltrockenen, meist kalkh., hum. Tonböden. ÖK.: –; Soz.: –. D: s; GB: z–s; F: s; S: s.

Zu S. 116/117

161. **Knollen-Kratzdistel,** *Cirsium tuberosum.* Pfl. m. Wurzelknollen, ohne Ausläufer; B. grün und fiederspaltig; Blst. 25–30 mm. VI–VIII; Ins. Moorwiesen, lichte Gebüsche, auf warmen, wechselfeuchten, meist kalkh., modrig-hum. Tonböden. ÖK.: 772 683; Soz.: 5.411. D: s–z; GB: s; F: s–z; S: –.

162. **Schmalköpfige Distel,** *Carduus tenuiflorus.* Pflanze weißwollig; Blst. 8–10 mm, hellrot, zu mehreren gedrängt. V–VIII. Unkrautfluren meist in Küstennähe. ÖK.: –; Soz.: –. D: s; GB: z–s; F: s; S: –.

Zu S. 118/119

163. **Niedrige Schwarzwurzel,** *Scorzonera humilis.* B. lanzettl., o. fast schuppig; Blst. weißl.-gelb; Bl. viel länger als filzige Hüllb. V–VII; Ins. (h), sb. Moorwiesen, Magerrasen, -wiesen, auf feuchten, meist kalkfreien, torf. Ton- od. sand. Böden. ÖK.: 765 652; Soz.: –. D: s; GB: s, England; F: s; S: s.

164. **Weiden-Lattich,** *Lactuca saligna.* Pfl. kleiner, kahl; B. graugrün, fiedersp., Lappen zurückgerichtet, o. pfeilf. VII–VIII. Lückige Unkrautfluren; Schutt, Verladeplätze, auf warmen, trockenen, nährstoffr. Lehm- und Tonböden, salzertragend, Kompaßpfl. ÖK.: –; Soz.: –. D: s; GB: s, England; F: s; S: –.

165. **Sumpf-Gänsedistel,** *Sonchus paluster.* St. 4kantig; B. blaugrün, tief fiedersp., am Rand weichstachelig, u. Lappen pfeilf. stengelumf., Blst. 30–40 mm, hellgelb, in dichter Rispe. VII–IX. Staudenfluren, Gräben, Moorwiesen, Weiden-Gebüsch, auf nassen, nährstoffr., sand., kiesigen od. reinen Ton- und Lehmböden, salzertragend. ÖK.: 766 877; Soz.: 5.412. D: s; GB: s, England; F: s; S: s.

166. **Löwenzahn,** Sektion *Borealia.* Umfaßt viele sehr ähnliche Arten.

167. **Löwenzahn,** Sektion *Erythrocarpa.* Umfaßt viele sehr ähnliche Arten.

168. **Löwenzahn,** Sektion *Spectabilia.* Umfaßt viele sehr ähnliche Arten.

169. **Sumpf-Löwenzahn,** *Taraxacum palustre.* Zur Sektion Borealia; B. wenig gezähnt, schmal lanzettlich, ungefleckt; äußere Hüllb. dem Blst. fest angedrückt. IV–VI. Flachmoore, auf kalkh. Torf- oder hum. Tonböden, salzertragend. ÖK.: 8X2 88?; Soz.: 1.612. D: z–s; GB: z–s; F: z–s; S: z–s.

170. **Lämmersalat,** *Arnoseris minima.* Blst. kleiner 6–10 mm; Stengel unter dem Blst. keulig verdickt. VI–IX; Ins. (d). Getreidefelder, Brachen, auf offenen, ± fr., ± nährstoffr., kalka., meist sand. Lehm- oder bindigen Sandböden. ÖK.: 762 434; Soz.: 3.422. D: z–s; GB: s, England; F: z–s; S: z–s.

Zu S. 120/121

171. **Weicher Pippau,** *Crepis mollis.* Staude, meist behaart; B. oft nicht gezähnt; Pappus rein weiß. VI–VIII; Ins. (h). Fettwiesen u. -weiden der Gebirge, auf fr., ± nährstoffr., hum. Ton- und Lehmböden (Nährstoffzeiger). ÖK.: 845 555; Soz. 5.422. D: s–z (Alp. bis 2000 m); GB: s–z; F: s–z; S: –.

172. **Stinkender Pippau,** *Crepis foetida.* Bittermandelgeruch; weniger Blst., in Knospe nickend. VI–X; Ins. Lückige Rasen, Unkrautfluren, Brachen, auf ± trokkenen, nährstoff- und oft kalkr. (auch -armen), stein. Lehm- und Tonböden. ÖK.: –; Soz.: –. D: z–s; GB: s, England; F: z–s; S: –.

173. **Habichtskräuter,** *Hieracium sp.* Äußerst formenreiche Gattung, mit häufigen Bastardierungen; nur wenige Artbeispiele sind aufgeführt; sichere Bestimmung nur durch einen Spezialisten möglich; Pappus meist schmutzig-weiß.

174. **Gras-Froschlöffel,** *Alisma gramineum.* B. bandartig; Bl. 5–6 mm; Fr.chen mit hakigem Schnabel. VI–IX. Lückige Verlandungsges., Ufer nährstoffr. Gewässer, auf schlammigen o. reinen Sand- u. Kiesböden. ÖK.: –; Soz.: –. D: s; GB: s; F: s; S: s.

175. **Froschkraut,** *Luronium natans* (Alismataceae). B. breit-oval, nur untergetauchte schmaler; Bl. 12–15 mm, weiß, gelb gefleckt. V–X. Ufersäume, auf nährstoffr., meist kalka., sand. Schlammböden. ÖK.: 861 1053; Soz.: 1.314. D: s; GB: s; F: s; S: s.

Zu S. 122/123

176. **Grundnessel,** *Hydrilla lithuanica.* B. schmal-lineal, blaßgrün, spitz, gezähnt, zu 3–5 wirtelig. VII–VIII. Sommerwarme Gewässer bis 3 m Tiefe, auf nährstoffr. Schlammböden. ÖK.: –; Soz.: –. D: s; GB: s; F: s; S: –.

177. **Schmalblättriges Seegras,** *Zostera angustifolia.* B. kürzer, bis 40 cm, meist 3nervig, 2–3 mm breit;

Bl.sprosse verzweigt; Samen schwach längs gerunzelt. VI–VIII. Küstengebiete der Nord- und Ostsee, bis 4 m Tiefe. ÖK.: 762 1275; Soz. 2.1 (wie *Z. nana* s. u.). D: s; GB: z–s; F: z–s; S: s.

178. **Zwerg-Seegras,** *Zostera nana.* B. kürzer, 1nervig, bis 1 mm breit, Spitze ausgerandet. VI–VIII. Flache Küstengewässer der Nord- und Ostsee. ÖK.: 762 1275; Soz. 2.1. D: s; GB: z–s; F: s; S: s.

179. **Gefärbtes Laichkraut,** *Potamogeton coloratus.* Schwimmb. durchscheinend, netznervig, oft rötl.; Stiel kürzer als Spreite. VI–IX. In seichten, stehenden oder langsam fließenden, meist nährstoffa., sauberen Gewässern tieferer Lagen; auf Kalkschlammböden zw. 20 bis 300 cm Wassertiefe. ÖK.: 863 1281; Soz.: 1.213. D: s; GB: z–s; F: s; S: s.

180. **Langblättriges Laichkraut,** *Potamogeton praelongus.* B. ellipt., ± stumpf; Ährenstiele nicht verdickt. VI–VII. Laichkrautges., in stehenden oder langsam fließenden, kühleren, reinen Gewässern, auf hum. Sand- oder Torf-Schlammböden. ÖK.: 845 1284; Soz.: 1.211. D: z-s; GB: z–s; F: z–s; S: z–s.

181. **Großes Nixenkraut,** *Najas marina.* B. gegenst., stark bestachelt; ♂, ♀. VI–IX; ws. Laichkrautges., in stehenden oder langsam fließenden Gewässern zwischen 10–100 (200) cm, auf hum., sand. oder reinen Schlammböden, salzertragend. ÖK.: 584 1276; Soz.: 1.211. D: s; GB: s, England; F: s; S: s.

182. **Dichtblättriges Laichkraut,** *Potamogeton densus.* B. fast gegenst., zu 2 (3), eif. bis lanzettl., sitzend; Ähren kurz gestielt, 3–6bltg. V–IX. Laichkrautges., in langsam fließenden, kühlen, nur mäßig verschmutzten Gewässern zwischen 20–100 cm, auf hum. Sand-, Kies oder auch Torfschlammböden. ÖK.: 852 12X4; Soz.: 1.213. D: s–z (Alp. bis 915 m); GB: z–s; F: s–z; S: –.

183. **Haarförmiges Laichkraut,** *Potamogeton trichoides.* B. haarf., 1nervig; Ähre 4–8bltg., Fr.rückseite hökkerig. V–VII. Laichkraut- und Seerosenges., in seichten, meist nährstoffa., klaren Gewässern, auf sandig-torf. Schlammböden. ÖK.: –; Soz.: –. D: z–s; GB: z–s; F: z–s; S: z–s.

184. **Rötliches Laichkraut,** *Potamogeton rutilus.* Stengel zusammengedrückt, meist rotbraun; B. schmal, zugespitzt, 3nervig; Ährenstiel 2–3mal so lang wie die Ähre; Teilfr. ohne Kiel. VII–VIII. Laichkrautges., in stehenden oder langsam fließenden, ± nährstoffh. Gewässern. ÖK.: –; Soz.: –. D: z–s; GB: s, nur Shetland u. Hebriden; F: z–s; S: z–s.

185. **Stachelspitziges Laichkraut,** *Potamogeton frisii.* B. 5nervig; Teilfr. stumpf gekielt. VI–VIII. Laichkrautges., in stehenden, oft kalka., nährstoffh. Gewässern auf hum.-torf. Schlamm- und Mudde-Böden. ÖK.: 5X5 1166; Soz.: 1.212. D: s; GB: s–z; F: s; S: s.

186. **Spitzblättriges Laichkraut,** *Potamogeton acutifolius.* B. mit 1–5 stärkeren Nerven, haarf. zugespitzt, am Grunde mit 1–2 schwärzl. Höckern; Ähre 4–6bltg., so lang wie der Stiel. VI–VIII. Laichkrautges., in stehenden oder langsam fließenden, kalk- und nährstoffr. Gewässern, auf hum. Schlammböden. ÖK.: –; Soz.: 1.211. D: z–s; GB: z–s; F: z–s; S: z–s.

187. **Flachstengeliges Laichkraut,** *Potamogeton compressus.* B. stumpf mit 5 stärkeren, zusammenlaufenden Nerven; Ährenstiel 2–4 mal so lang wie die Ähre. VII–VIII. Laichkrautges. d. Seen, Teiche, Altwasser, in nährstoffr., meist stehendem Wasser. ÖK.: –; Soz.: 1.211. D: z–s; GB: z–s; F: z–s; S: z–s.

188. **Fadenblättriges Laichkraut,** *Potamogeton filiformis.* Pflanze kleiner; B. fadenf., 1nervig; Ähre unterbrochen quirlig, wenigerbltg. VI–VIII. Laichkrautges., in stehenden oder langsam fließenden, kalten, oft kalka., sauberen Gewässern auf hum. Sand- oder Torf-Schlammböden. ÖK.: –; Soz.: 1.211. D: z–s; GB: z–s; F: z–s; S: z–s.

189. **Biegsames Nixenkraut,** *Najas flexilis.* Einj.; B. lineal, wirtelig, fein gezähnt; Bl. ♂, ♀, zu 1–3 in B.achseln, sitzend. VII–IX; ws. Untergetaucht in Zwerglaichkrautges., in ± nährstoffh. Gewässern, auf ± hum., sand. od. reinen Schlammböden (Mudde). ÖK.: –; Soz.: –. D: s; GB: s; F: s; S: –.

190. **Spiralige Salde,** *Ruppia spiralis.* B. länger, fadenf., wechselst., oder fast gegenst.; Bl.standsstiele zur Fr.zeit spiralig gewunden. VI–IX. Brackwassertümpel und Meeresbuchten d. Nord- u. Ostsee. ÖK.: –; Soz.: –. D: z–s; GB: z–s; F: z–s; S: z–s.

191. **Meerstrand-Salde,** *Ruppia maritima.* S. Nr. 191; B. schmaler, hellgrün; Bl.standsstiele nicht spiralig gewunden. VI–IX. Flache Gewässer der Nord- und Ostsee, Salztümpel des Binnenlandes. ÖK.: X58 12??; Soz.: 2.2. D: z–s; GB: z–s; F: z–s; S: z–s.

Zu S. 124/125

192. *Simethis planifolia.* Pflanze größer, bis 30 cm; Bl. weiß, außen rötlich, in einer Rispe. V–VI. Steinige Heiden, auf nährstoffarmen, meist sandigen Böden. ÖK.: –; Soz.: –. D: –; GB: s, Irland; F: s; S: –.

193. *Eriocaulon aquaticum* (Eriocaulaceae). Bl. weiß, in knopfförmigen Köpfen; Tragb. grau; Stengel b.los. VII–IX. In flachen, stehenden Gewässern, auf torfigen Böden. ÖK.: –; Soz.: –; D: –; GB: s, Irland, Innere Hebriden; F: –; S: –.

194. **Böhmischer Gelbstern,** *Gagea bohemica.* B. grundst., bis 1 mm breit; Bl. meist einzeln, Stiel zottig. II–IV; Ins. Sonnige und lückige Stein- und Trockenrasen, auf meist kalk-, humus- und feinerdea., lockeren Steinböden. ÖK.: –; Soz.: 5.224. D: s; GB: s, Wales; F: s; S: –.

195. *Allium ampeloprasum.* Pflanze größer; B. fein gezähnt; keine Brutzwiebeln; Bl. blaßpurpurn oder weiß, in großen (bis 70 mm) Einzelblst. VII–VIII. Felsige Standorte in Küstennähe, Böschungen. ÖK.: –; Soz.: –. D: –; GB: s; F: s; S: –.

Zu S. 126/127

196. **Blauaugengras,** *Sisyrichium angustifolium.* B. grundst., lineal.; Bl. büschelig zu 1–4, blau mit gelbem Schlund, sternf., von langem, spitzem Hüllb. überragt. V–VII. Verwildert, in wechselfeuchten Moorwiesen u. Halbtrockenrasen, a. Humusböden. ÖK.: –; Soz.: –. D: s; GB: z–s; F: s; S: –.

197. **Kastanien-Binse,** *Juncus castaneus.* Spirre kleiner; untere Tragb. länger als die Spirre. VII–VIII; wb. Alp. Flachmoore oder Bachränder. ÖK.: –; Soz.: –. D: s; GB: z–s; F: s; S: z.

198. **Dreiblütige Binse,** *Juncus triglumis.* St. nur am Grunde beb.; Hüllb. kürzer als das meist 3bltg. endst. Köpfchen. VII–IX; wb. Flach- und Quellmoore, auf nassen Torfböden. ÖK.: 827 982; Soz.: 1.6. D: s (Alp. 1500–2312 m); GB: s, alp; F: s, alp; S: s.

199. **Zweiblütige Binse,** *Juncus biglumis.* Köpfchen nur 2(–4)bltg., unterste Bl. sitzend; unterstes Hüllb. meist so lang wie das Köpfchen. VII–IX; wb. Feuchte, quellige Orte der Gebirge. ÖK.: –; Soz.: –. D: –; GB: z–s, Schottland; F: ?; S: ?.

200. **Flache Binse,** *Juncus compressus.* St. zusammengedrückt; B. 1(–2)rinnig; Bl.hüllb. nur 1/2 so lang wie die kugelige Kapsel. VI–IX; wb. Trittges., Weiden, auf feuchten, nährstoffr., oft kalk- od. salzh., sand. od. reinen Tonböden. ÖK.: 853 775; Soz.: 3.72. D: v (Alp. bis 1200 m); GB: z–s; F: z–v; S: z.

201. **Dreiblättrige Binse,** *Juncus trifidus.* Dichtrasig; Stengel fadenf.; Blst. 1–3(5)bltg., mit 2–3 borstenf. Tragb. VII–VIII; wb.; versch. sspp. Magerrasen, Felsspalten, auf ± frischen, flachgründigen, modrighum., stein. Böden. ÖK.: 823 431; Soz.: 4.6. D: z–s (Alp. 1600–2000 m); GB: z; F: z; S: z.

202. **Baltische Binse,** *Juncus balticus.* Pflanze wächst in einer Reihe aus kriechendem Rhizom; Spirre lokker; äußere Blhb. stachelspitzig; Kapsel eiförmig. VI–VIII; wb. Strandwiesen u. -täler, auf feuchten, salzh., meist sand. Böden. ÖK.: 842 821; Soz.: 1.72. D: s, nur Ostseeküste; GB: z–s; F: ?; S: s.

203. **Faden-Binse,** *Juncus filiformis.* Ähnl. Nr. 203; St. fadenf., blaßgrün; Kapsel kugelig. VI–VIII; wb. Moore, Sümpfe, auf nassen, nährstoff- und kalkä., meist torf. Böden. ÖK.: 745 843; Soz.: 5.415. D: z–s (Alp. bis 2200 m); GB: s; F: z–s; S: z–s.

204. *Juncus acutus.* Stengel tief gerillt; Bl.hüllb. rötl.-braun; Kapsel längl., stachelspitzig. VI–VIII; wb. Küstenstandorte, Dünentäler, auf sand., salzh. Bö-

den, auch des Binnenlandes. ÖK.: 853 784; Soz.: 3.72. D: v–z (Alp. bis 1050 m); GB: z–s; F: z; S: z.

Zu S. 128

205. **Alpen-Binse,** *Juncus alpinus.* Bl.hüllb. rotbraun bis schwarz, stumpf; Kapsel eif.-längl., stachelspitzig. VI–VIII; wb.; versch. sspp. Flach- und Quellmoore, Zwischenmoore, auf nassen, ± nährstoffh. Torfböden. ÖK.: –; Soz.: –. D: z–s (Alp. bis 1790 m); GB: z–s; F: z–s; S: z–s.

206. **Kopf-Binse,** *Juncus capitatus.* Bl. in endst. Köpfen; Bl.hüllb. schmal, 3–4 mm, länger als die Kapsel. VI–VIII; wb. Äcker, Flußufer, auf feuchten, nährstoffa., sand. Böden. ÖK.: –; Soz.: 3.1. D: z–s; GB: s, England; F: z–s; S: s?.

207. **Zwerg-Binse,** *Juncus pygmaeus.* Ähnl. Nr. 207; St. borstenf., rund; Spirre endst.; Blhb. lineal-lanzettl., 5–6 mm; Kapsel 3kantig. V–IX; wb. Dünentäler, Zwergbinsenges., auf nassen, nährstoffa. Sandböden. ÖK.: –; Soz.: –. D: s, nur Schleswig-Holstein; GB: s, England; F: s; S: –.

208. **Forsters Hainsimse,** *Luzula forsteri.* B.scheiden purpurviolett; Äste des Blst. aufrecht. IV–V (VII); wb. Eichen-, Laubmischwälder, auf warmen, ± trockenen, lehmig-sandigen Böden. ÖK.: 258 462; Soz.: –. D: s; GB: z, England; F: z; S: –.

209. **Bleiche Hainsimse,** *Luzula pallescens.* B. bleichgrün; Blst. doldenartig; Blhb. gelbl.-weiß. VI–VII; wb. Kiefernwälder, Wegränder, Magerrasen, auf trockenen od. feuchten, sand. Böden. ÖK.: –; Soz.: –. D: s; GB: s, England; F: s; S: ?.

210. **Braunblütige Hainsimse,** *Luzula alpino-pilosa.* Blst. lang gestielt, nickend. VI–VIII?; w. Schneebodenges., auf feuchten, kalka., sauren, stein. Böden. ÖK.: 72X 743; Soz.: 4.51. D: s, (Alp. 1750–2310 m); GB: z–s, Schottland; F: s, alp.; S: ?.

Zu S. 130

211. **Romulea,** *Romulea columnea.* B. fadenf., gekrümmt; Bl. kleiner, 7–10 mm; nur im Sonnenlicht geöffnet. III–V. Sandige Grasfluren, Dünen. ÖK.: –; Soz.: –. D: –; GB: s, England; F: s; S: –.

Zu S. 132/133

212. **Fleischrotes Knabenkraut,** *Orchis incarnata* ssp. *cruenta.* B. purpurn gefleckt; Bl. meist dunkler violett-rot. V–VII; Ins. (d, h); §. Sumpf-, Binsenwiesen, Bruchwälder, auf nassen, nährstoffr., meist kalkh., hum. Böden. ÖK.: 8X3 872; Soz.: 1.621. D: s; GB: z–s, Irland; F: ?; S: ?.

213. **Breitblättriges Knabenkraut,** *Orchis latifolia.* B. breit-länglich, gefleckt, sonst bläul.-grün; Bl. lilapurpurrot; Sporn kurz. V–VII; Ins. (h, d, l, c); §; versch. sspp. Feuchte Wiesen, Flachmoore, Gräben, auf wechselnassen, nährstoffr., kalka. Sumpfhumus- u. Gleyböden. ÖK.: 853 872; Soz.: 5.41. D: s–v (Alp. bis 1707 m); GB: z–s; F: s–v; S: s–v.

214. **Riemenzunge,** *Himantoglossum hircinum.* Pfl. größer, graugrün; Bl. grünl.-weiß, mit rötl. Zeichnung, Bocksgeruch, Mittellappen der Lippe sehr lang, bandartig. V–VII; Ins.; §. Kalkmagerrasen, Böschungen, Raine, lichte Gebüsche, auf ± trockenen, kalkr. Stein-, Löß- od. Lehmböden. ÖK.: 772 392; Soz.: 5.322. D: s; GB: s, England; F: s; S: –.

215. *Neotinea intacta.* Bl. grünl.-weiß bis rosa, mit Vanilleduft, in kurzer, dichter Ähre. IV–VI; Ins. Lichte Wälder, Gebüsche, Sandrasen, Dünen, auf stein., kalkr. Böden. ÖK.: –; Soz.: –. D: –; GB: s; F: s; S: –.

Zu S. 134/135

216. *Spiranthes romanzoffiana.* Bl. größer, weiß, in 3 spiralig gewundenen Reihen; Ähre dicker, Tragb. lang. VIII–IX; Ins. Seeufer, Sumpfwiesen, Moore, auf feuchten, torfigen Böden. ÖK.: –; Soz.: –. D: –; GB: s; F: –; S: –.

217. *Epipactis dunensis.* Bl. weißl.-gelb, Lippen fast geschlossen. VI–VII; Ins. Moorige Dünentäler, Kiefernpflanzungen, auf nassen, torf. Sandböden. ÖK.: –; Soz.: –. D: –; GB: s; F: –; S: –.

218. **Teichlinse,** *Spirodela polyrrhiza.* Staude; Sproßglieder rundl.-eif., unterseits oft rot; Wurzeln zahlreich. V–VI; wsb. Schwimmpflanzenges., in stehenden, meist nährstoffr. Gewässern, schwach salzertragend. ÖK.: 765 11X7; Soz.: 1.11. D: z–s; GB: z–s; F: z–s; S: z–s.

219. **Zwerglinse,** *Wolffia arrhiza.* Sproßglieder kugelig-ellipsoidisch; Wurzeln; kleinste europ. Bl.pflanze. Bisher keine Bl. beobachtet. Schwimmpflanzenges., in stehenden, nährstoffr. Gewässern. ÖK.: 783 1178; Soz.: 1.111. D: s; GB: z–s, England; F: s; S: –.

220. **Schmalblättriger Igelkolben,** *Sparganium angustifolium.* Pfl. kleiner; B. flutend, nicht gekielt; männl. Blst. 2–6, u. Tragb. lang. VI–VIII; wb. Verlandungsges., Moortümpel, Ufer, in nährstoffa., flachen Gewässern mit sand., schlammigen od. torf. Grund. ÖK.: 843 1131; Soz.: 1.313. D: s; GB: z–s; F: s; S: s.

221. **Zwerg-Igelkolben,** *Sparganium minimum.* Ähnl. Nr. 221; Pfl. kleiner; B. schmaler, flutend od. aufrecht; ♂ Blst. 1; u. Tragb. kürzer als Blst. VI–VIII; wb. Verlandungsges., Gräben, in stehenden, nährstoffä. Gewässern mit schlammig-torf. Grund. ÖK.: 755 1153; Soz.: 1.114. D: s; GB: z–s; F: s; S: s.

Zu S. 136/137

222. **Langes Zypergras,** *Cyperus longus.* Spirre scheindoldig; Ährchen zusammengedrückt, weniger u. kleiner. VI–VIII; wb.; versch. sspp. Großseggenbestände an Ufern u. Gräben, auf nährstoffr. Schlamm-, Lehm- od. Sandböden. ÖK.: 883 10X?; Soz.: 1.413. D: s (Alp. bis 810 m); GB: s; F: s; S: s.

223. **Kugelsimse,** *Holoschoenus vulgaris.* B.spreitengrund halbstielrund; Spirren in kugeligen Köpfchen, 1 sitzend u. 1–2 gestielt. VI–VIII; wb. Sumpfwiesen, auf wechselfeuchten, nährstoffr., sand. Tonböden. ÖK.: –; Soz.: –. D: s?; GB: s, England; F: s; S: –.

224. **Dreikantige Teichsimse,** *Schoenoplectus triquetrus.* St. schwach ausgehöhlt; Blst. scheinbar einseitig; Tragb. 2× so lang wie die Spirre. VI–VII; wb. Röhrichte, Ufer stehender oder langsam fließender nährstoffr. Gewässer (a. Brackwassergebiet d. Tideufer). ÖK.: 875 1077; Soz. 1.414. D: s; GB: z–s; F: s; S: ?.

225. *Scirpus cernuus.* Einj., dichtrasig; Fr. (Nuß) fein warzig. VI–VII; wb. ÖK.: –; Soz.: –; D: –; GB: z–s; F: z–s; S: –.

226. **Fuchsrotes Quellried,** *Blysmus rufus.* B. rinnig, ungekielt; Spreite glatt; Blst. mit 3–6 Ährchen; Deckb. 3nervig. V–VII; wb. Strandnelkenwiesen, Wegränder, auf feuchten, salzh., nährstoffr., sand. Böden. ÖK.: 8X8 7X4; Soz.: 2.612. D: z–s; Nord- u. Ostsee; GB: z–s; F: s? S: z–s.

227. **Breitblättriges Wollgras,** *Eriophorum latifolium.* Stengel 3seitig; B. flach; Perigonborsten kürzer (bis 25 mm). IV–V; wb. Flachmoorges., Kalksümpfe, auf nassen, meist nährstoffa., oft kalkh. Tuff- oder Torfböden. ÖK.: 8X3 982; Soz.: 1.621. D: z–s (Alp. bis 1700 m); GB: z–s; F: z–s; S: z.

228. **Schlankes Wollgras,** *Eriophorum gracile.* Pflanze zarter, rasenbildend; B. 3kantig, schmal borstl., 1–2 mm breit. V–VI; wb. Zwischenmoore, auf nassen nährstoffa. Torfböden. ÖK.: 845 952; Soz.: 1.613. D: s (Alp. bis 1740 m); GB: z–s; F: s; S: z.

229. **Österreichische Sumpfsimse,** *Heleocharis austriaca.* Stengel mit 12–14 Rippen; Perigonborsten (4) 5 (6). V–VIII; wb. Standorte ungenügend bekannt. ÖK.: –; Soz.: –; D: s; GB: s, England; F: s; S: –.

230. **Einspelzige Sumpfsimse,** *Heleocharis uniglumis.* U. Deckb. den Ährchengrund fast völlig umfassend, dadurch Ährchen oft zur Seite geneigt. VI–VIII; wb. Großseggenges., Flachmoore, Tideufer, auf nassen Torfböden oder regelm. überfluteten, auch salzh., ton. Sandböden. ÖK.: 7X7 975; Soz.: –. D: z (Alp. bis 1200 m); GB: z–s; F: z; S: z.

231. **Vielstengelige Sumpfsimse,** *Heleocharis multicaulis.* Pfl. büschelig, Stengel rundl.; Griffelbasis zwiebelf. verdickt; Perigonborsten 4–6, bleibend. VII–VIII; wb. Strandlingsges., Zwischenmoore, Ufer flach überschwemmter Teich- u. Tümpelränder, auf nährstoffa. Torf-Schlamm- oder hum. Sandböden. ÖK.: –; Soz.: –. D: z–s; GB: z–v; F: z; S: z.

232. **Kleine Sumpfsimse,** *Heleocharis parvula.* Ährchen 3–5bltg.; Deckb. grünl.-weiß. VIII–IX; wb. Kleinsimsenges., auf nassen, salzh., Sand- oder Schilftorfböden. ÖK.: –; Soz.: 2.2. D: s, Nord- u. Ostsee; GB: s; F: s; S: s.

233. **Armblütige Sumpfsimse,** *Heleocharis quinqueflora.* Stengel rundl., Deckb. länger, bis 5 mm, rotbraun, Rand häutig. VI–VII; wb. Flach- und Quellmoore, auf nassen, ± sauren, sand. oder schlammigen Humusböden. ÖK.: 8X3 992; Soz.: 1.62. D: s–z (Alp. bis 1600 m); GB: z–v; F: z–v; S: z.

234. **Braunes Schnabelried,** *Rhynchospora fusca.* Pflanze mit langen Ausläufern; Ährchen gelbbraun; unterstes Tragb. aufrecht, Spirre 2–4fach überragend. V–VIII; wb. Hochmoorschlenken, Zwischenmoore, auf nassen, nährstoffa., torf. Böden. ÖK.: 8X2 912; Soz.: 1.611. D: s; GB: z–s; F: z–s; S: z–s.

235. **Rostbraune Kopfbinse,** *Schoenus ferrugineus.* B. pfrieml., kürzer a. d. Halm; Köpfchen meist aus 2 Ährchen, an der Halmspitze ± seitenst., rotbraun. IV–VII; wb. Flach- und Quellmoore, auf nährstoffr., ± kalkh. Torfböden. ÖK.: 944 872; Soz.: 1.621. D: s (Alp. bis 570 m); GB: s, Schottland; F: s; S: –.

236. **Schuppenried,** *Cobresia simpliciuscula.* Pflanze kleiner; B. grundst., flach, am Rande rauh; Ährchen eingeschlechtig. VII–VIII; wb. Subalp. und alp. Quellmoore, auf nassen, kalkr., hum. Kies- oder Sandböden. ÖK.: –; Soz.: –. D: s (Alp. 1650–2570 m); GB: s, Schottland; F: s, alp.; S: z.

237. **Punktierte Segge,** *Carex punctata.* B. gelbgrün; Fr.schläuche hellgrün, eif., beidseitig gewölbt, oft braun punktiert. VI–VII; wb. Salzwiesen, Dünentäler, auf feuchten, salzh., sand. Böden. ÖK.: –; Soz.: –. D: s, Ostfr. Inseln; GB: s–z; F: s; S: s.

238. **Blasse Segge,** *Carex pallescens.* Ährchen endst.; Fr.schläuche längl.-ellipsoidisch, blaßgrün; Fr. ungeschnäbelt. V–VI; wb. Waldlichtungen, Magerrasen, auf ± frischen, kalka., sauren, hum. Lehm- und Tonböden. ÖK.: 743 644; Soz.: 5.11. D: v–z (Alp. bis 1980 m); GB: z–v; F: z–v; S: z–v.

239. **Glatte Segge,** *Carex laevigata.* B. 6–10 mm; Ährchen 20–35 mm; Deckb. lanzettl. V–VI; wb. Erlenmoore, auf feuchten, hum. Böden. ÖK.: 451 95?; Soz.: 8.21. D: s; GB: z–s; F: z–s; S: –.

Zu S. 138/139

240. **Große Gelb-Segge,** *Carex flava.* Pflanze größer, stark laubig; B.häutchen bis 1,5 mm lang; Fr.schläuche 5–6 (7) mm, gelbl., VI–VII; wb. Kalk-, Flach- und Quellmoore, auf kalkr. Sumpfhumusböden. ÖK.: 842 882; Soz.: 1.62. D: z–s (Alp. bis 1860 m); GB: s, England; F: z–s; S: z–s.

241. **Haarhalmige Segge,** *Carex capillaris.* Stengel sehr zart; steif aufrecht; B. bis 2 mm breit, an der Spitze rauh. VI–VII (VIII); wb.; versch. sspp. Flach- u. Quellmoore, auf nassen, meist kalkh. Sumpfhumusböden. ÖK.: 81X 582; Soz.: 4.712. D: z (Alp. 1360–2330 m); GB: s–z; F: s–z; S: z.

242. **Striegelige Segge,** *Carex strigosa.* B. 6–10 mm, am Rand ± scharf; ♀ Ährchen 3–5, u. lang gestielt; Fr.schläuche fast ohne Schnabel. V–VI; wb. Eschenwälder, nasse Waldstellen, auf nährstoffr., meist kalka., hum. Lehm- und Tonböden. ÖK.: 351 756; Soz.: 8.433. D: z; GB: z–s; F: z; S: –.

243. **Scheiden-Segge,** *Carex vaginata.* Tragb. ± aufgeblasen; ♂ Ährchen oft rechtwinkelig zurückgebogen; Fr. mit ausgerandetem Schnabel. VI–VII; wb. Flach- u. Hochmoore, feuchte Hänge u. Wiesen. ÖK.: –; Soz.: –. D: s; GB: z–s; F: z; S: z.

244. **Verarmte Segge,** *Carex depauperata.* Weibl. Ährchen meist 3 (2–4), aufrecht, gestielt, nur mit 3–6 Bl. V–VI; wb. Laubmischwälder, auf sickerfrischen Mullböden. ÖK.: –; Soz.: –. D: s; GB: s; F: s; S: –.

245. **Fadenförmige Segge,** *Carex lasiocarpa.* B. u. B.scheiden kahl, graugrün, rinnig od. eingerollt; weibl. Ährchen dunkler braun: V–VII; wb. Zwischen- u. Hochmoore, Schwingrasen, auf staunassen, zeitw. überschwemmten, nährstoffärmeren, torf. Böden. ÖK.: 94X 943; Soz.: 1.613. D: z–s (Alp. bis 1400 m); GB: z–s; F: z–s; S: z–s.

246. *Carex saxatilis.* Pfl. kleiner, nur oben rauhhaarig; weibl. Ährchen 1–3, eif., dunkelbraun, u. gestielt, o. sitzend. V–VI; wb. Feuchte Bergwiesen. ÖK.: –; Soz.: –. D: –; GB: z–s, Schottland; F: –; S: –.

247. **Berg-Segge,** *Carex montana.* U. Tragb. bisweilen kurz borstig, o. häutig, st.umfassend. IV–V; wb. Laubwälder, Kalkmagerrasen, auf ± trockenen, meist kalkh., hum. Lehmböden. ÖK.: 554 453; Soz.: 8.4. D: z–v (Alp. bis 1670 m); GB: z–s; F: z–v; S: z.

248. **Filzfrüchtige Segge,** *Carex tomentosa.* U. Tragb. laubb.artig, das Ährchen weit überragend. V–VI; wb. Moor- u. Streuwiesen, Auenwälder, auf wechselfeuchten, kalkh., hum., sand. od. reinen Lehm- u. Tonböden. ÖK.: 755 79X; Soz.: 5.411.1. D: z–s (Alp. bis 850 m); GB: s, England; F: s; S: s?.

249. **Heide-Segge,** *Carex ericetorum.* U. Tragb. kurz, häutig, mit pfrieml. Spitze. IV–V; wb. Heiden, auf trokkenen, oberflächlich entkalkten, hum. Sandböden. ÖK.: 557 4X2; Soz. 7.1. D: z–s (Alp. bis 1250 m); GB: z–s, England; F: z–s; S: z–s.

250. **Niedrige Segge,** *Carex humilis.* B. rinnig , länger als der St.; Blst.stiele vom Tragb. eingeschlossen. III–IV; wb. Trocken- u. Steppenrasen, Eichen- u. Kiefernwälder, auf warmen, meist kalkh., lockeren Böden. ÖK.: 755 383; Soz.: 5.3. D: z–s (Alp. bis 1460 m); GB: z–s, England; F: z–s; S: z–s.

251. **Finger-Segge,** *Carex digitata.* ♂ Ährchen sitzend; ♀ Ährchen 2–3, gestielt; Fr.schläuche flaumig behaart, so lang wie die rotbraunen, gezähnten Deckb. IV–V; wb. Laub- u. Nadelmischwälder, auf frischen, meist kalkh., hum. Lehm- u. Steinböden (Lehmzeiger). ÖK.: 354 4X3; Soz.: 8.4. D: z–v (Alp. bis 1790 m); GB: z–s; F: z–s; S: z–v.

252. **Vogelfuß-Segge,** *Carex ornithopoda.* Ähnl. 251; Pfl. kleiner; Fr.schläuche länger als Deckb.; Deckb. nicht gezähnt. IV–V (VI–VII); wb.; versch. sspp. Lichte Wälder, Felsspalten, auf feuchten, kalkr. Böden. ÖK.: 6X4 393; Soz.: –. D: z–s (Alp. bis 2600 m); GB: z–s, England; F: z–s; S: –.

253. **Starre Segge,** *Carex bigelowii.* Pfl. mit Ausläufern; St. steif; B. oft bogig zurückgekrümmt. VI–VII; wb. Magerrasen, Zwergstrauchheiden, auf feuchten, stein. Stellen der Gebirge. ÖK.: –; Soz.: –. D: s, alp.; GB: z–s, alp.; F: z–s, alp.; S: s.

254. **Wasser-Segge,** *Carex aquatilis.* Tragb. länger als der Blst.; männl. Ährchen 2–3; weibl. Ährchen 3–5, dichtbltg., aufrecht. V–VI; wb. Flach- u. Übergangsmoore od. im Wasser, auf nassen, nährstoffh., torf. Böden. ÖK.: –; Soz.: –. D: s; GB: z–s; F: z–s; S: s.

255. *Carex recta.* Ährchen rötl.; weibl. Ährchen bis 80 mm; Deckb. lang zugespitzt, 5mal länger als d. Fr.schlauch. VII; wb. Flußmündungen. ÖK.: –; Soz.: –. D: –; GB: s, Schottland; F: –; S: –.

256. **Norwegische Segge,** *Carex norvegica.* Ährchen dicht gehäuft; Fr.schläuche braun, 2–2,5 mm lang. VII; wb. Gebirge. ÖK.: 844 942; Soz.: –. D: s, Alp.; GB: s, Schottland; F: s, alp.; S: ?.

257. **Buxbaums-Segge,** *Carex buxbaumii.* Ähnl. Nr. 256; Ährchen 3–4 (2–5), etwas entfernter, kurz gestielt; Deckb. schwarzrot, am Rücken grünnervig; Fr.schläuche grün. V–VI; wb.; Moor- u. Steinwiesen, auf meist kalkh., torfig-hum. Böden. ÖK.: –; Soz.: –. D: z–s; GB: s, Schottland; F: z–s; S: z–s.

258. **Schwärzliche Segge,** *Carex atrata.* Ähnl. Nr. 256; Ährchen länger gestielt, zuletzt nickend; Deckb. schwarzviolett. VI–VII; wb.; Alp. Hochstauden- u. Hochgrasfluren, auf nährstoffr., oft steinigen Böden. ÖK.: 923 56?; Soz.: 4.72. D: z–s (Alp. 1500 bis 2405 m); GB: s–z, alp.; F: z–s, alp.; S: s.

259. **Schwarzrote Segge,** *Carex atrofusca.* Blst. gedrungen, nickend; ♂ Ährchen 1 (2); ♀ Ährchen 2–4, etwas genähert, dünn gestielt; o. Hüllb. schwarzpurpurn; Fr.schläuche schwarzbraun. VII–VIII; wb. Feuchte Stellen der Hochalpen, sonst arkt. ÖK.: –; Soz.: –. D: –; GB: s, Schottland; F: s, alp.; S: s.

260. **Schlamm-Segge,** *Carex limosa.* Pfl. m. Ausläufern; St. rauh; B. rinnig; u. Tragb. kürzer als d. ♂ Blst.; ♀

Ährchen lang gestielt, überhängend. V–VII; wb. Zwischenmoore, Hochmoorschlenken, auf zeitw. überschwemmten, kalka., mäßig nährstoffr. Torfschlammböden. ÖK.: 93X 922; Soz.: 1.61. D: s–z (Alp. bis 1740 m); GB: z–s; F: z–s; S: z–s.

261. **Riesel-Segge,** *Carex paupercula.* Ähnl. 260; Pfl. mit kurzen Ausläufern; St. glatt; B. flach; weibl. Ährchen 2–3, lang gestielt, überhängend. VII–VIII; wb. Moore, auf nassen, ± nährstoffr., kalka. Sumpfhumusböden. ÖK.: 9X3 932; Soz.: 1.612. D: s (Alp. bis 1690 m); GB: s–z, alp.; F: s, alp.; S: s.

262. *Carex rariflora.* Ähnl. Nr. 260; Pfl. mit langen Ausläufern, kleiner; Ährchen dunkler rotbraun, wenigbltg., überhängend; 1 ♂ Spitzenährchen. Deckb. Fr.schläuche einhüllend. V–VII; wb. Moore u. Sümpfe der Gebirge, auf nassen, kalka. Böden. ÖK.: –; Soz.: –. D: –; GB: s, Schottland; F: –; S: ?.

263. **Abweichende Segge,** *Carex appropinquata.* Pfl. gelbgrün; u. Scheiden glänzend, scharzbraun, zerfasernd; Fr.schläuche gerillt. V–VI; wb. Großseggenbestände, auf zeitw. überschwemmten, nährstoffr. Sumpfhumusböden. ÖK.: 855 993; Soz.: 1.413.1. D: z–s (Alp. bis 1350 m); GB: z–s; F: z–s; S: z–s.

264. **Draht-Segge,** *Carex diandra.* Pfl. graugrün, lockerrasig; u. Scheiden glanzlos, kaum zerfasernd; Fr.schläuche eif., glänzend. VI–VII; wb. Zwischenmoore, Schwingrasen, auf nassen, flach überschw., ± sauren Torfschlammböden. ÖK.: 847 963; Soz.: 1.613. D: z–s; GB: z–s; F: z–s; S: z–s.

265. **Fuchs-Segge,** *Carex vulpina.* St. geflügelt, 3kantig, Seitenflächen konkav; u. B.scheiden schwärzl. zerfasernd; Ährchen rötl. V–VI; wb. Feucht- u. Naßwiesen, auf wechselnassen, nährstoffr., hum. od. rohen Lehm- u. Tonböden (Nässe- u. Störungszeiger). ÖK.: 955 9X5; Soz.: 1.413.2. D: v (Alp. bis 880 m); GB: z–s; F: v–z; S: v–z.

266. **Landährige Segge,** *Carex elongata.* Pfl. dichtrasig; B. grasähnl.; St. scharf 3kantig; Fr.schläuche zus.gedrückt. V–VI; wb. Erlenbruchwälder, auf staunassen, ± nährstoffr., torfigen Böden. ÖK.: 443 976; Soz.: 8.21. D: z–v; GB: s–z; F: z–v; S: z–v.

267. **Fadenwurzelige Segge,** *Carex chordorrhiza.* St. glatt, länger als die B.; Blst. ein eif. Köpfchen, kaum über 10 mm; Fr.schläuche gerillt. V–VI; wb. Zwischenmoore, Schlenken, Schwingrasen, auf seicht überschw., ± sauren Torfschlammböden. ÖK.: –; Soz.: 1.613. D: s; GB: s, Schottland; F: s; S: s.

Zu S. 140/141

268. **Sparrige Segge,** *Carex pairaei.* Rand des B.häutchens nicht zerreißend; Blst. oft unterbrochen; Fr.schläuche abstehend, eif., kurz geschnäbelt. VI–VII; wb.; Waldränder, Kahlschläge, auf nährstoffr., oft stein. Lehmböden. ÖK.: –; Soz.: –. D: s–v (bis 1000 m Höhe); GB: z; F: z; S: z–s.

269. **Geteilte Segge,** *Carex divisa.* Pfl. mit Ausläufer; B.spreiten aufrecht, o. länger als der St.; Ährchen verkehrt-ei- bis köpfchenf.; Fr.schläuche kastanienbraun mit hellem Mittelstreifen. V–VI; wb. Küstenstandorte, Wiesen, auf feuchten, sand. Böden. ÖK.: –; Soz.: –. D: –; GB: z–s; F: z–s; S: –.

270. **Binsen-Segge,** *Carex maritima (= C. incurva).* Pfl. klein mit unterird. Ausläufern; St. kurz, dick, stielrund, meist nur am Grunde beb., oft gebogen; B. hohlrinnig, binsenf.; Ährchen kopff. VII–VIII; wb. Gletschermoränen, ton. Schwemmsandböden, Dünentäler, auf ± trockenen, sand. od. stein. Böden. ÖK.: 91? 9X?; Soz.: 1.622. D: s; GB: s–z; F: s–z; S: s–z.

271. **Lachenal's-Segge,** *Carex lachenalii.* St. abgerundet 3kantig, o. wenig rauh; Blst. ohne Tragb.: Deckb. braun. VI–VII?; wb. Schneetälchen, auf feuchten, sauren Böden. ÖK.: –; Soz.: –. D: z–s, Alp.; GB: z–s, alp.; F: z–s, alp.; S: z–s.

272. **Armblütige Segge,** *Carex pauciflora.* St. die B. nur wenig überragend; Ährchen 4–7bltg., mit 1–2 männl. Bl.; Deckb. u. Fr.schläuche strohgelb. V–VII; wb. Hochmoorbulten-Ges., auf nassen, nährstoffa., sauren Torfböden. ÖK.: 945 911; Soz.: 1.71. D: s (Alp. bis 1620 m); GB: s–v; F: s; S: s.

273. **Grannen-Segge,** *Carex microglochin.* Ähnl. 272; B. meist kürzer als d. St.; Ährchen 4–12bltg., mit 5–7 männl. Bl. V–VII; wb. Flach- u. Quellmoore, auf nassen, kalkh. Torfböden. ÖK.: –; Soz.: 1.622. D: s; GB: s, Schottland; F: s; S: s.

274. **Wald-Schwingel,** *Festuca altissima.* B. bis 15 mm breit, unterseits glänzend, am Rande rauh, zuletzt verdreht überhängend; Ährchen ohne Granne; Deckspelzen 3nervig. VI–VII; wb. Buchen-, Buchen-Tannenwälder, auf kühlen, frischen, meist kalka., hum., lehm. Böden. ÖK.: 353 382; Soz.: 8.431. D: z–v (Alp. bis 1200 m); GB: z–s; F: z; S: z.

275. **Verschiedenblättriger Schwingel,** *Festuca heterophylla.* Grundb. borstl., Halmb. flach, bis 3 mm breit; Ährchen hellgrün, ± violett überlaufen; Granne 1/2 so lang wie die Deckspelze. V–IX; wb. Laubmischwälder, auf fr., meist kalka., mulligen Lehm- u. Lößböden. ÖK.: 554 454; Soz.: 8.432. D: z–v (Alp. bis 970 m); GB: z–s; F: z; S: z–s.

276. *Festuca juncifolia.* Pflanze blaugrün, mit langen unterirdischen Ausläufern; B. steif aufrecht; B.häutchen kurz; Rispe locker, Deckspelze länger. VI–VII; wb. Sanddünen, sandige u. tonige Kiesbänke. ÖK.: –; Soz.: –. D: ?; GB: z–s; F: z–s; S: –.

277. **Rot-Schwingel,** *Festuca rubra* ssp. *commutata.* Ausläufer fehlend od. nur kurz; Grundb. hohlkehlig bis borstl.; Halmb. flach. B.scheiden weichhaarig; Deckspelze lang begrannt. VI–X; wb. Wiesen, Weiden, Waldränder bes. d. Bergregion, auf ± fr., nährstoffh., ± sauren, hum. Böden. ÖK.: –; Soz.: –. D: v (Alp. bis 2210 m); GB: v; F: v; S: v.

278. **Haar-Schwingel,** *Festuca tenuifolia.* B. fadenf., selten borstl., 0,3–0,4 (0,6) mm im ∅, unbereift; Deckspelzen nicht begrannt od. nur kurz begrannt. VI–VII; wb. Magerrasen, Heiden, auf trockenen, nährstoffa., sauren Sand- od. Torfböden. ÖK.: 762 422; Soz.: 5.112. D: v–z; GB: z-s; F: v–2; S: v–z.

279. **Schmalrispiger Schwingel,** *Festuca caesia.* B. bläul. bereift mit 7 u. mehr Nerven; Rispe locker, schmal. VI–VII; wb. Küsten- u. Binnenlandsdünen. ÖK.: –; Soz.: –. D: s; GB: z–s; F: z–s; S: z–s.

280. **Wimperiger Federschwingel,** *Vulpia ciliata.* Einj., am Grunde büschelig verzweigt; o. B. bis zur Rispe reichend; B.spreite borstl.; Rispe bis 15 cm, ährenf.; u. Rispenast am o. St.knoten entspringend; Deckspelze mit geknieter Granne. IV–VI; wb. Sonnige Hänge, Schutt, auf ± trockenen, nährstoffh. Böden. ÖK.: –; Soz.: –. D: –; GB: z; F: z?; S: –.

Zu S. 142/143

281. *Nardurus maritimus.* Pfl. kleiner; Deckspelzen kürzer begrannt; Blst. ährenf., einseitig; Staubb. 3. V–VII; wb. Offene, grasige, trockene Stellen. ÖK.: –; Soz.: –. D: –; GB: z–s; F: ?; S: –.

282. *Catapodium marinum.* Pfl. an der Basis stärker verzweigt; Blst. eine Ähre. V–VII; wb. Auf sand., kiesigen u. stein. Plätzen in Küstennähe. ÖK.: –; Soz.: –. D: –; GB: z–v; F: z; S: –.

283. *Poa infirma.* B. schmaler, gelbl.-grün; Ährchen 2–4bltg.; Deck- wie Vorspelzen auf den Kielen dicht behaart. III–V; wb. Wegränder, Unkrautges., auf nährstoffr., verdichteten Lehm- u. Tonböden. ÖK.: –; Soz.: –. D: –; GB: s, England; F: s; S: –.

284. **Flaches Rispengras,** *Poa compressa.* Halm 2schneidig, knickig aufsteigend; Rispe armbltg., ± einseitswendig. VI–VII; wb.; Mauern, Schutt, Steinbrüche, auf warmen, ± trockenen, feinerdea., kalkh., stein. Böden. ÖK.: 9X4 292; Soz.: 3.6. D: z–v (Alp. bis 1860 m); GB: z–v; F: z–v; S: z–v.

285. **Sumpf-Rispengras,** *Poa palustris.* B. matt; B.häutchen 2–3 mm; Rispe armbltg., nickend; Deckspelze mit gelber Spitze. VI–VIII; wb. Röhrichte, auf nassen od. überfluteten, nährstoffr., hum. Schlammböden. ÖK.: 7X5 987; Soz.: 1.413. D: z (Alp. bis 1500 m); GB: s–z; F: z–s; S: z–s.

286. **Wiesen-Rispengras,** *Poa pratensis,* ssp. *angustifolia.* U. B. 1–2 mm borstl. gefaltet; St.b. breiter, 2–3 mm breit, allmählich zugespitzt; Rispe 2 mal so lang wie breit; u. Hüllspelze scharf zugespitzt. V–VI (X); wb.

Magerrasen, auf ± trockenen, ± nährstoffr., sandigstein., lehm. Böden. ÖK.: 75X 3X3; Soz.: 3.6. D: v–z; GB: s–z; F: v–z; S: z.

287. **Wiesen-Rispengras,** *Poa pratensis,* ssp. *irrigata.* Pfl. bis 20 cm; blaugrün; Halme mit 1–2 B.; B.scheiden seitl. zusammengedrückt, am Übergang zu B.spreite ± behaart, scharf gekielt, oberste ohne od. fast ohne Spreite; Ährchen meist violett. V–VI (X); wb. ? Feuchte, hum., nährstoffr., sand. Lehm- u. Tonböden. ÖK.: –; Soz.: –. D: ?; GB: z–s; F: ?; S: ?.

288. **Schlaffes Rispengras,** *Poa laxa.* Halm schlaff aufsteigend; St.knoten von B.scheiden verdeckt; Rispe bis 7 cm, oben nickend. VII–VIII; wb. Alp. Schneebodenges., Steinschuttfluren, auf fr., humus-, feinerde- u. kalka., stein. Böden. ÖK.: 812 53?; Soz.: 4.43. D: s, Alp.; GB: z–s, alp.; F: s, alp.; S: s.

289. **Blaugrünes Rispengras,** *Poa glauca.* B. bläul. überlaufen; Halme u. Rispe steif aufrecht; u. Rispenäste 2 (3). VII–VIII; wb. Steinschuttfluren, auf feuchten, humus- u. feinerdea. Böden. ÖK.: 826 482; Soz.: 4.21. D: s, Alp.; GB: z–s, alp.; F: s, alp.; S: s.

290. *Puccinellia fasciculata.* Pfl. ohne Ausläufer; Halme aufrecht od. aufsteigend, unverzweigt; Rispe einseitswendig. VI–VII; wb. Salzpflanzenges., auf freien, feuchten, salz- u. N-haltigen. ton. Böden. ÖK.: –; Soz.: –. D: s?; GB: s–z; F: s?; S: s?.

291. *Puccinellia rupestris.* Pfl. ein- od. zweij.; Halme niederliegend od. aufsteigend, unverzweigt, relativ starr; Rispe sehr dicht, einseitswendig. V–VIII; wb. Salzpflanzenges., auf feuchten, salz- u. N-haltigen, schlickigen u. auch sandigen Böden. ÖK.: –; Soz.: –. D: s?; GB: s–z; F: s; S: –.

292. *Briza minor.* Einj.; Ährchen kleiner, 3–5 mm, 4–8bltg., nickend. VI–IX; wb. Straßen- u. Wegränder, Äcker, gestörte Plätze, auf ± trockenen bis frischen, ± nährstoffr. Ton- u. Lehmböden. ÖK.: –; Soz.: –. D: –?; GB: z–s; F: ?; S: –.

293. **Blaugrüner Schwaden,** *Glyceria declinata.* St. bogig aufsteigend; B. blaugrün, plötzlich in eine kurze Spitze zusammengezogen; B.häutchen kürzer; Deckspelze mit 2–4 kleinen Zähnen; Staubb. dunkelviolett. VI–IX; wb. Waldränder, auf sickernassen, ± nährstoffr., kalka., hum., sand. Lehmböden. ÖK.: –; Soz.: –. D: z; GB: z–v; F: z; S: z.

Zu S. 144/145

294. **Wald-Trespe,** *Bromus ramosus* ssp. *benekenii.* Rispe aus 2–4, 2–10 cm langen Ästen bestehend, kürzeste mit nur 1 Ährchen. VI–VIII; wb. Waldlichtungen, Kahlschläge, auf frischen, kalkh. Mullböden. ÖK.: 652 686; Soz.: 6.212 (*B. ramosus*). D: z–v (Alp. bis 1010 m); GB: s–z; F: z–v; S: z–v.

295. **Acker-Trespe,** *Bromus arvensis.* B. u. B.scheiden zottig u. weichhaarig; Rispe locker, überhängend; Ährchen 5–11bltg., bis 20 mm lang; Deckspelzen violett überlaufen; Granne bis 9 mm. V–VII (–X); wb. Unkrautige Ges., Wegränder, Schutt, auf warmen, ± trockenen, nährstoffr., meist kalkh., lehm. Böden. ÖK.: 6X4 484; Soz.: 3.31. D: z–s (Alp. bis 930 m); GB: z–s; F: z–s; S: z–s.

296. **Verwechselte Trespe,** *Bromus commutatus.* Rispe bis 20 cm lang, locker, zuletzt überhängend; Ährchen 15–25 mm; Deckspelze bis 9 mm; Granne 6–8 mm. V–VI (VIII–IX); wb. Schutt, Äcker, Böschungen, unkrautige Wiesen, auf ± trockenen, nährstoffr., hum., auch sand. Lehm- u. Tonböden. ÖK.: –; Soz.: –. D: z–s; GB: z–s; F: z–s; S: z–s.

297. **Traubige Trespe,** *Bromus racemosus.* Ähnl. Nr. 296; Rispe locker, meist aufrecht; Ährchen 10–15 mm; Deckspelze bis 7 mm, fast kahl; Granne 6–7 mm. V–VII; wb. Naß- u. Feuchtwiesen, auf sickernassen, nährstoffr., kalka., hum. Lehm- u. Tonböden (Gley u. Pseudogley). ÖK.: 662 686; Soz.: 6.212. D: v–z; GB: z–s; F: z–v; S: z.

298. **Strand-Quecke,** *Agropyron pungens.* Pfl. grau- bis blaugrün; B. stechend spitz, mit starken Nerven; Hüllspelze spitz bis grannenspitzig; Deckspelze stachelspitzig. VI–IX; wb. Flußufer, auf frischen, nährstoffr., meist salz- u. kalkh. Sandböden. ÖK.: –; Soz.: 3.72. D: z–s; GB: z–v; F: z–s; S: z–s.

Zu S. 146/147

299. **Blaugrünes Schillergras,** *Koeleria glauca.* Halmbasis zwiebelartig verdickt; B. flach od. eingerollt, blaugrün, rauh; untere B.scheiden sich grob fasernd auflösend; Deckspelze stumpf od. mit Stachelspitze. VI–VII; wb. Sandrasen, Binnendünen, auf trockenen, kalkh. Sandböden. ÖK.: 777 372; Soz. 5.225. D: z–s; GB: z–s; F: z–s; S: z–s.

300. **Walliser Schillergras,** *Koeleria vallesiana.* Halmbasis zwiebelartig verdickt; B. fein borstl. gerollt; u. B.scheiden sich fein fasernd auflösend; Deckspelzen stumpf. V–VI; wb. Trockenrasen, auf warmen, kalkr., nährstoffa., steinigen Lehmböden. ÖK.: 985 19?; Soz.: 5.321. D: s; GB: s, England; F: s; S: –.

301. **Moor-Schmiele,** *Deschampsia setacea.* B. gefaltet, scharfkielig; B.häutchen 3–8 mm; Granne gekniet, am Grunde gedreht. VII–VIII; wb. Ufer, auf nassen, nährstoffa., ± sand. od. torfigen Böden. ÖK.: 851 921; Soz.: 1.3. D: s; GB: z–s; F: s; S: s.

302. *Agrostis setacea.* Büschelig; B. kahl, fast borstl., B.häutchen 2–4 mm, spitz; Deckspelze mit geknieter Granne. VI–VII; wb. Heiden, abtrocknende Moore, auf kalk- u. nährstoffa., sand. od. torfigen Böden. ÖK.: –; Soz.: –. D: –; GB: z–s; F: z–s; S: –.

303. **Aufrechtes Straußgras,** *Agrostis gigantea.* B. bis 11 mm; St. o. bis 150 cm; Rispe bis 150 mm, pyramidal. VI–VIII; wb. Wiesen, Ufer, auf feuchten, nährstoffr. Lehm- od. Tonböden. ÖK.: 7X3 876; Soz.: 5.4. D: z–v; GB: z–v; F: z–v; S: z–v.

304. **Vernachlässigtes Reitgras,** *Calamagrostis neglecta.* B. schmaler, oberseits rauh; B.häutchen länger (–4 mm); Ährchen 3–4 mm; Rispe vor u. nach d. Bl. zusammengezogen. VI–VII; wb. Flach- u. Schwingmoore. ÖK.: 94X 9X2; Soz.: 1.613. D: z; GB: z–s; F: z; S: z.

305. *Calamagrostis scotica.* Ähnl. 304; Ährchen 4–6 mm; Hüllspelzen 3–4 mm, zugespitzt. VI–VIII; wb. Naßwiesen, auf nährstoffä., hum. Böden. ÖK.: –; Soz.: –. D: –; GB: s, Schottland; F: –; S: ?.

306. **Glanz-Lieschgras,** *Phleum phleoides.* Ährenrispe kürzer, beim Umbiegen lappig; Hüllspelzen auf dem Rücken kurz bewimpert od. rauh. VI–VIII; wb. Lückige Trockenrasen, auf warmen, kalka., lehm. Sand- od. Steinböden. ÖK.: 857 28X; Soz.: 5.3. D: z–s; GB: s, England; F: z–s; S: z–s.

307. **Alpen-Lieschgras,** *Phleum alpinum.* Ährenrispe eif., meist blauviolett; länger als die Granne. VI–VIII; wb. Alp. Fettwiesen u. -weiden, Läger- u. Schneebodenges., auf frischen, nährstoffr., kalka., lehm. od. ton. Böden. ÖK.: 833 5X7; Soz.: 5.424. D: z–s (Alp. bis 2375 m); GB: s, alp.; F: s, alp.; S: –.

Zu S. 148

308. *Alopecurus alpinus.* Ährenrispe kürzer, eif.; Ährchen kleiner, 3–4,5 mm; Hüllspelze auf den Kielen länger behaart. VI–VIII; wb. Feuchte Hänge, Felsvorsprünge, auf ± nassen, stein. Böden. ÖK.: –; Soz.: –. D: –; GB: s, Schottland; F: –; S: ?.

309. **Rotgelber Fuchsschwanz,** *Alopecurus aequalis.* Pfl. graugrün; St. niederliegend; B.scheiden bläul. bereift; Deckspelze aus der Mitte begrannt. V–X; wb. Ufersäume, Grabenränder, auf nassen, zeitw. überschw., nährstoff- u. N-reichen, meist schlickigen Böden. ÖK.: 9X5 9X9; Soz.: 3.2. D: z–s (Alp. bis 1700 m); GB: z–s, England; F: z–s; S: z–s.

310. **Knolliger Fuchsschwanz,** *Alopecurus bulbosus.* Grundachse knollig verdickt, violett; Deckspelze begrannt; Granne bis 6 mm. V–X; wb. Salzwiesen, auf nährstoffr., lehm.-ton. Böden. ÖK.: –; Soz.: –; D: s, nur Wesermündung; GB: z–s; F: s; S: –.

311. *Spartina maritima.* Pfl. kleiner; Ährchen 11–15 mm, überlappend, in 2 Reihen; Staubb. fertil. VII–IX; wb. Salzwiesen, nährstoffr. Schlickböden. ÖK.: –; Soz.: –. D: –; GB: z–s; F: z–s; S: –.

Dritter Teil

Die Naturgeschichte der wilden Blütenpflanzen

Die Samen

Morphologie und Anatomie

Die Samen wurden als Vermehrungs- und Fortpflanzungsorgane zur Überdauerung von ungünstigen Lebensbedingungen aber auch zur erfolgreichen Besiedelung des Landes entwickelt. Sie sind noch nicht völlig ausgebildete Jungpflanzen (embryonal) im Zustand der Ruhe und zeigen deshalb auch keine nennenswerten Lebensaktivitäten wie Wachstum oder Photosynthese. Gerade dieser inaktive Lebenszustand der Samen ermöglicht es aber den Pflanzen, ungünstige Witterungs- und Standortbedingungen zu überleben oder zumindest diesen Wuchsort mittels Saatgutverbreitung zu verlassen. Erst bei günstigen Lebensbedingungen – ausreichend Wasser, zusagende Temperaturen usw. – keimt ein Same aus und wächst mehr oder weniger schnell zur typischen Pflanze heran.

Ein Same entsteht durch die Verschmelzung eines Spermakernes (aus dem Pollen) mit der Eizelle einer Samenanlage (Ovulum). Er besteht aus einem Embryo, dem Nährgewebe (Endosperm usw.) und der Samenschale (Testa). Dabei kann der Embryo wie bei den Orchideen klein und unterentwickelt sein, oder aber er ist deutlich in eine Keimwurzel (Radicula), ein, zwei oder mehrere Keimblätter (Kotyledonen) sowie die Vegetationsspitze mit den ersten Laubblättern (Plumula) differenziert. Die Nährstoffspeicherung erfolgt bei ihnen entweder in einem speziellen Gewebe (Endosperm) nach einem separaten Befruchtungsvorgang oder aber in den Kotyledonen (Leguminosen: Erbsen, Bohnen, Wicken). Sehr oft werden diese Nährstoffe von den Pflanzen selbst während der Keimung des Samens und dem ersten Wachstum oder aber vom Menschen zur Mehlproduktion verbraucht (Getreide). Häufig werden die Samen in riesen Mengen, manchmal auch nur einzeln erzeugt, immer sind sie aber von einer Frucht zunächst eingeschlossen. Dabei entwickelt sich die Frucht durch eine Umwandlung des Fruchtknotens, der die Samenanlagen während der Blütephase umhüllt (auf Früchte wird im einzelnen auf S. 162 eingegangen).

Vom entwicklungsgeschichtlichen Standpunkt aus betrachtet, kommt den Kotyledonen eine besondere Bedeutung zu. So erzeugen die primitivsten Samenpflanzen, die Nacktsamer (Gymnospermae mit Kiefern, Tannen und Verwandten), noch zahlreiche Keimblätter, so daß deren Keimlinge fast wie eine kleine grüne Bürste aussehen. Die höher und später entwickelten Bedecktsamer (Angiospermae) besitzen dagegen nur noch zwei oder eines. Zwei Keimblätter sind nun charakteristisch für die Dicotyledoneae u. a. mit den Hahnenfußgewächsen, Leimkräutern, Rosen, Fingerhut und Gänseblümchen, ein Keimblatt findet man bei den Monocotyledoneae mit den Süß- und Sauergräsern, Binsen, Lilien und Orchideen. Letztere werden dabei heute als am höchsten entwickelt angesehen. Insgesamt scheint damit während der Evolution der Pflanzen also ein Trend zur Vereinfachung abgelaufen zu sein, der sich hier in der Reduktion der Keimblätter ausdrückt. Samen sind nun nicht immer einheitlich gebaut, sondern können sich je nach Familie oder Art z. T. recht erheblich in ihrer Größe, Gestalt und Oberfläche unterscheiden.

Same eines Schmetterlingsblütlers

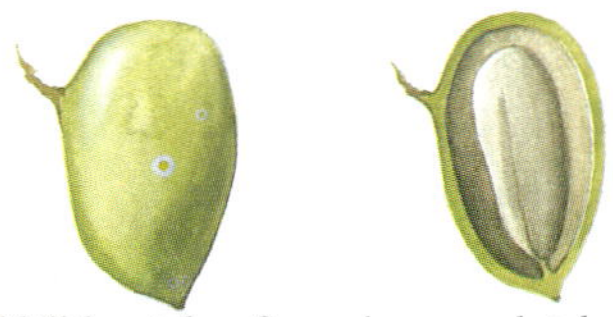
Froschlöffelgewächse: Same einer monokotylen Pflanze ohne Endosperm

Anzahl und Größe

Die Anzahl und Größe der Samen ist von Art zu Art unterschiedlich. Ihre Bildung unterliegt strengen Wirtschaftlichkeitsgesetzen, da sie nur aus Photosyntheseüberschüssen gebildet werden können und diese nur begrenzt zur Verfügung stehen. Aus diesem Grund können entweder nur einige wenige große Samen mit großen Nährstoffspeichern oder aber sehr viele kleine Samen mit kleinen Nährstoffspeichern gebildet werden. Mit der Verkleinerung des einzelnen Samens werden allerdings gleichzeitig die Überlebenschancen des Einzelsamens geringer. Dieser Nachteil wird aber meistens durch eine größere Samenzahl wieder ausgeglichen. Im Pflanzenreich kann man also oft eine direkte Abhängigkeit zwischen der Samengröße und der erzeugten Anzahl feststellen.

Große Samen sind überwiegend bei Waldbäumen und Büschen verbreitet, weil hier der Sämling wegen des im Walde so geringen Lichtangebotes auf große Nährstoffspeicher angewiesen ist. Entweder erreicht er mit dieser Hilfe durch rasches Wachstum die erforderliche Höhe und damit das für die Photosynthese wichtige Licht, oder aber er ist wegen des großen Nährstoffspeichers in der Lage, am relativ dunklen Waldboden so lange zu überleben, bis sich durch Absterben oder Fällen eines ausgewachsenen Baumes eine Bestandslücke ergibt.

Unsere Eichen haben z. B. relativ große Samen, deren Nährstoffspeicher in den Kotyledonen es den Keimlingen ermöglicht, auch unter einem dichten Blätterdach längere Zeit zu überleben. Um aber so große Samen zu erzeugen, verbrauchen die Mutterpflanzen einen großen Anteil ihrer eigenen Reservestoffe, und die Forstleute wissen sehr wohl, daß gute Samen- oder Mastjahre meistens sehr schlechte Wachstumsjahre für die Waldbäume bedeuten. Überwiegend fangen sie deshalb auch erst nach 10–20 Jahren mit der Samenproduktion an, weil sie dann in der Lage sind, mit der Photosynthese Überschüsse zu erzeugen.

Das andere Extrem sind sehr kleine Samen, die fast wie Puder wirken. Der leichteste mit nur 2 Milligramm Gewicht wird vom Netzblatt gebildet. Allerdings erzeugen auch andere Orchideen (Große Händelwurz mit 8 Milligramm) oder einige parasitische Pflanzen (Sommerwurz mit 8–10 Milligramm) ähnlich kleine Samen. Orchideensamen sind so winzig, weil sie kein Speichergewebe enthalten und völlig unterentwickelte Embryonen besitzen. Ohne den für sie unbedingt erforderlichen symbiontischen Pilz, der sie in der anfänglichen Entwicklungsphase mit den notwendigen Nährstoffen und Enzymen versorgt, könnten sie schwerlich auskeimen und auch nicht wachsen. Eine hohe Samenproduktion und die damit verbundene große Wahrscheinlichkeit, auf einen passenden Pilzpartner zu treffen, hat es den Pflanzen aber ermöglicht, auf eine Nährstoffspeicherung zu verzichten. Ähnliche Bedingungen finden wir bei parasitischen Pflanzen, die ebenfalls mit Hilfe von vielen kleinen Samen ihre Chance, einen passenden Wirt zu erreichen, vergrößern. Von diesem erhalten sie dann die notwendigen Nährstoffe, da sie selber, anders als die Orchideen, keine Photosynthese betreiben können.

Darüber hinaus finden wir auch bei den einjährigen Arten gestörter Standorte ähnlich kleine Samen, mit deren Hilfe für eine sehr weite Verbreitung gesorgt wird. So produziert z. B. das Einjährige Mastkraut, das schwerpunktmäßig in den Pflasterritzen der Fußwege, aber auch an sandigen Wegrändern vorkommt, Samen von weniger als 8 Milligramm Gewicht. Allerdings müssen nicht nur einjährige Arten so geringe Samengrößen besitzen. Auch die mehrjährige Flatterbinse der sumpfigen oder überbeweideten Gründlandstandorte besitzt Samen von höchstens 10 Milligramm Gewicht. Die überwiegende Mehrzahl unserer Pflanzen erzeugt jedoch Samengrößen, die zwischen den beiden Extremen Eiche und Orchidee liegen.

Samen mit Endosperm

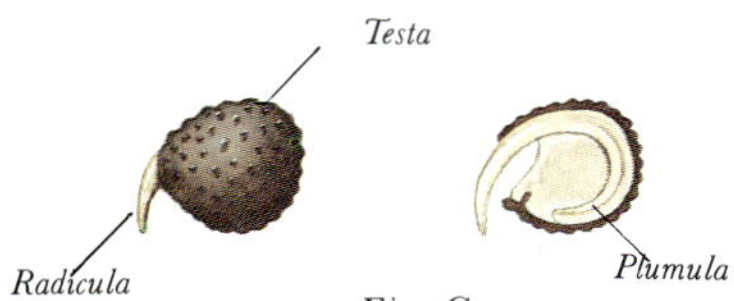

Eine Gras- oder Getreidefrucht

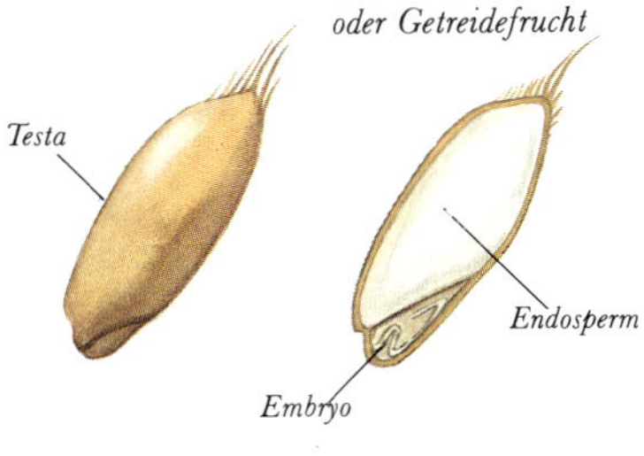

Früchte: Bau und Fruchttypen

Die Frucht ist eine einzigartige Bildung und tritt nur innerhalb der Blütenpflanzen (Angiospermae) auf. Bei oberflächlicher Betrachtung scheinen bei einigen Gymnospermen zwar Früchte zu entstehen, bei genauerem Hinsehen erweisen sie sich aber als Samen, bei denen entweder die Samenschale (Testa) fleischig geworden ist (Wacholder) oder wo sich ein fleischiger Samenmantel (Arillus) um den harten Samen herum aus unteren, teilungsfähigen Gewebepartien gebildet hat (Eibe).

Die Frucht der Blütenpflanzen entsteht parallel mit der Samenentwicklung durch eine Veränderung der Fruchtknotenwand (Perikarp). Diese dient entweder als Schutzorgan für die Samen oder ist ein Hilfsmittel zu deren Verbreitung. Als Definition könnte man sagen, daß die Frucht eine Blüte im Zustand der Samenreife ist, wobei die Blüten- und Staubblätter meistens abgeworfen wurden.

Grundsätzlich unterscheidet man innerhalb der verschiedenen Früchte zwischen Einzelfrüchten, Sammelfrüchten und Fruchtständen. Innerhalb der Einzelfrüchte unterscheidet man dann weiter zwischen Streu- und Schließfrüchten. Erstere entwickeln ein Samengehäuse, das sich bei der Samenreife mehr oder weniger schnell öffnet. Die Fruchtknotenwand stirbt bei ihnen am Ende des Reifungsprozesses ab, wird trockenhäutig, und die dann auftretenden Spannungen führen zur Bildung von Rissen und Löchern und dadurch zur Öffnung des Gehäuses. Bei Arten, die Springfrüchte ausbilden, obwohl das Perikarp saftig bleibt, führen Turgorkräfte im Gewebe die Öffnung herbei (z. B. *Impatiens*-Arten: Rührmichnichtan). Die bekanntesten Spring- oder Streufrüchte sind die Kapseln u. a. mit dem Balg (Folliculus, Sumpfdotterblume) und der Hülse (Legumen, Geißklee s. S. 168), die beide nur aus einem einzigen Fruchtblatt bestehen. Sie unterscheiden sich dadurch voneinander, daß sich der Balg bei der Reife nur einseitig entlang der Verwachsungsnaht des Fruchtblattes, die Hülse aber sowohl an der Verwachsungsnaht als auch am Rückenleitbündel öffnet (Leguminosae). Alle anderen Kapseln werden durch mehrere Fruchtblätter aufgebaut und öffnen sich entweder durch Längsrisse (Leinkräuter, Fingerhut, Hasen-

Nüsse

Hahnenfuß

Buche

Gemeine Waldrebe

Achaenen mit Anhangsorgan

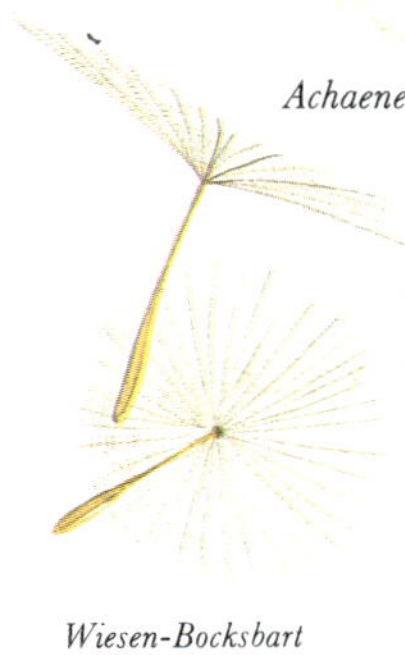

Wiesen-Bocksbart

Echte Nelkenwurz

Sammelfrüchte

Apfel

Erdbeere

glöckchen) oder durch Gewebeeinbrüche (Poren) an vorbestimmten Stellen (Porenkapsel, Mohn). Den Streufrüchten stehen die Schließfrüchte gegenüber. Bei ihnen bleibt das Samengehäuse über die Reife hinaus geschlossen. Wir unterscheiden hier zwischen trockenen und fleischigen Schließfrüchten und verstehen darunter Früchte mit holzigem oder fleischigem Perikarp. Die einfachste trokkene Schließfrucht ist die Nuß (Nux) der Eichen, Buchen und Hasel. Bei ihr ist die gesamte Fruchtknotenwand als Schutz für die nahrhaften Samen (s. S. 298) holzig, und der im Innern befindliche Samen liegt frei. Im Unterschied hierzu ist bei den Karyopsen und Achaenen (Sonderformen der Nuß) das holzige Perikarp und die Samenschale verwachsen. Dabei entsteht die Karyopse der Gräser und Getreide aus einem oberständigen und die Achaene der Korb- und Doldenblütler aus einem unterständigen Fruchtknoten. Wegen des relativ großen Gewichtes der Nüsse und Achaenen müssen oft zusätzliche Verbreitungsorgane wie hakige (Echte Nelkenwurz) oder federige Griffel (Gemeine Waldrebe) fallschirmartige Flugorgane (Löwenzahn) oder seitliche Flügel (Esche, Ahorn, Ulme) ausgebildet werden.

Fleischige Schließfrüchte, übrigens an die Tierverbreitung besonders angepaßt, sind einerseits die Beeren mit vollständig saftigem Perikarp (Bittersüßer Nachtschatten, Gemeiner Aronstab, Stachelbeere, Holunder) oder andererseits die Steinfrüchte, bei denen nur das Endokarp holzig wird (Kirsche, Pflaume).

Sammelfrüchte entstehen schließlich dadurch, daß sich in einer Blüte mehrere freie Fruchtknoten befinden und sich jeder dieser Fruchtknoten zu einer eigenen Frucht entwickelt. Dabei bilden sich ebenfalls fleischige oder trockene Schließfrüchte, wobei aber immer mehrere Einzelfrüchte in einer Einheit verbunden bleiben. Die Brombeere bildet z. B. eine Sammelsteinfrucht mit einem holzigen Endokarp, während bei der Erdbeere die vielen kleinen Einzelfrüchte zu Nüßchen werden und das eigentliche „Fruchtfleisch“ durch den Blütenboden gebildet wird. Apfel und Birne erzeugen sogenannte Scheinfrüchte, bei denen der eigentliche Balg (Kerngehäuse) von einem fleischigen Achsenbecher umwachsen wird. Man kann aber die ehemalige Balgstruktur noch daran erkennen, daß sich die einzelnen Fächer des Kerngehäuses einseitig nach innen öffnen.

Verbreitung der Samen und Früchte durch Wind

Weil sich Sämlinge kaum gegen die Konkurrenzkraft der ausgewachsenen Pflanzen durchsetzen können, müssen Samen entweder relativ weit ausgestreut werden oder in Keimruhe verbleiben, bis die Mutterpflanze aus irgendeinem Grunde abstirbt. Für die Überbrückung großer Entfernungen hat dabei die Samengröße eine ausschlaggebende Bedeutung, die einerseits durch erbliche, andererseits aber auch durch ökologische Faktoren bestimmt wird (s. S. 167).

Sehr kleine Samen wie die der Orchideen brauchen nur an den vorbeistreichenden Luftstrom abgegeben werden, und der Wind wird sie dann eventuell sogar über große Entfernungen transportieren. Auch größere Samen wie die des Roten Fingerhutes, der verschiedenen Mohn-Arten oder der Königkerze werden ebenfalls durch den Wind verbreitet, wobei der Fruchtbau diese Verbreitung noch unterstützt. So erzeugen Mohne und die Kuckuck-Lichtnelke Porenkapseln, die die Samen nur dann freisetzen, wenn die ganze Frucht durch den Wind stark hin- und hergeschüttelt wird. Allerdings ermöglichen solche Systeme nur eine eingeschränkte Samenverbreitung, denn die meisten werden doch nur innerhalb weniger Meter von der Mutterpflanze am Boden landen. Um größere Entfernungen mittels der Luftbewegungen zurückzulegen, müssen größere Samen oder Früchte mit Organellen versehen sein, die die Sinkgeschwindigkeit deutlich herabsetzen. Die einfachste Methode ist dabei die Entwicklung von Frucht- oder Samenflügeln, wie sie uns von den Ahorn-Arten wohlbekannt ist. Bei ihnen gibt der lange, einseitig entwickelte, häutige Flügel der Frucht zwar nur einen schwachen Auftrieb, erniedrigt

Samen einiger typischer Sumpfpflanzen

Samen und Früchte einiger Bäume

aber die Fallgeschwindigkeit so weit, daß auch größere Entfernungen überbrückt werden. Dennoch ist ein solcher Transport immer noch von der Höhe der Frucht oder Samenentstehung und deren Freisetzung abhängig. Viele andere Arten versuchen mit abweichenden Methoden die Sinkgeschwindigkeit ihrer Samen herabzusetzen. So erzeugen z. B. das Weidenröschen am oberen und die Weiden am unteren Ende der Samen lange silbrige Haare. Bei der Baumwolle wird sogar die gesamte Samenoberfläche mit langen Haaren versehen, und beim Wollgras werden die Kron- und Kelchblätter zu haarähnlichen Flugorganen umgebildet. Alle diese Arten erzeugen relativ kleine Samen, die wegen der Haarbildungen dann bemerkenswert weit fliegen können.

Besonders ausgefallene, aber gut angepaßte Verbreitungssysteme finden wir bei solchen Arten, die fallschirmartige Flugorgane an ihren Früchten ausbilden, wie die Baldriangewächse und Korbblütler. Bei ihnen sind die sehr einfach gebauten Haarstrukturen so angeordnet, daß sie der Frucht oder dem Samen bei Wind einen deutlichen Auftrieb geben (Wiesenbocksbart, Löwenzahn).

Nachfolgend sollen einige Beispiele aufgeführt werden, welche Entfernungen mit Hilfe der Flugorgane zurückgelegt werden. Die Früchte des Bergahorns fliegen nachweislich bis zu 4 km, die vom Huflattich bis zu 14 km, die der Pappel bis zu 30 km und die einiger Greiskräuter sogar mehrere hundert Kilometer. Obwohl eine so weite Verbreitung für alle Arten mit der Vergrößerung des Siedlungsgebietes äußerst wichtig wäre, landen die meisten Samen und Früchte dennoch erheblich dichter bei der Mutterpflanze.

Verbreitung der Samen und Früchte durch Wasser

Wasser spielt in zweierlei Weise eine Rolle für die Samen- und Fruchtverbreitung. Einerseits ist es ein reines Transportmittel, andererseits zeigt es die günstigsten äußeren Keimungsbedingungen an.

Während sich die meisten Früchte erst dann öffnen, wenn sie völlig ausgetrocknet sind, gibt es besonders an feuchten Standorten Arten (Bachbunge, Sumpf-Vergißmeinnicht), deren Kapseln erst nach einer Befeuchtung mehr oder weniger schnell aufgehen. Dieser Vorgang führt zwar zur Begrenzung des Verbreitungsgebietes, gewährt der Art aber die günstigsten Keimungsbedingungen. Einen ähnlichen Mechanismus findet man sogar bei einer Art mit völlig abweichendem Standort. So kann z. B. das weitverbreitete Zymbelkraut nur dann seine Samen entlassen, wenn feuchte oder nasse Bedingungen herrschen und so dafür gesorgt ist, daß seine Samen mit dem Wasser entweder direkt in eine andere Mauerritze gespült oder aber zumindest nicht weit entfernt von der Mauer abgelagert werden.

Ein ausschließlicher Transport durch das Wasser hat nur für die relativ schweren Samen der Wasserpflanzen eine größere Bedeutung. Diese sind dann entweder dadurch schwimmfähig, daß sie mit luftgefüllten, englumigen Gewebeschichten (Schwanenblume, Gemeiner Froschlöffel) oder mit größeren luftgefüllten Schwimmkammern (Weiße Seerose) versehen sind. Andere Arten wie das Sumpf-Vergißmeinnicht oder die Nikkende Distel erreichen die notwendige Schwimmfähigkeit dadurch, daß ihre Samen eine nicht benetzbare Oberfläche besitzen. Meistens werden die schwimmfähigen Samen allein durch die Fließbewegung des Wassers oder zusätzlich passiv durch den Wind verdriftet. Nur selten heften sie sich an das Gefieder von Wasservögeln an und werden von denen dann sogar in weiter entfernte, auch nicht zusammenhängende Gewässer transportiert. Früher oder später müssen sich jedoch alle diese Samen am Boden festsetzen und auskeimen, wobei die zur Keimung führenden Faktoren bis heute nur unvollkommen untersucht wurden. Es ist aber einleuchtend, daß die Keimung nicht durch Wasser ausgelöst werden kann wie bei den meisten terrestrischen Arten. So keimen z. B. die Samen der Wasserfeder fast sofort, wenn sie ins Wasser gelangen, behalten aber ihre Schwimmfähigkeit relativ lange bei. Ihre winzigen Sämlinge müssen sich aber irgendwann an den Graben- und Teichrändern festsetzen, oder aber sie gelangen während der sommerlichen Trokkenheit mit dem abnehmenden Wasserstand an den Gewässerboden. Hier wurzeln sie dann und beginnen in kurzer

Eine typische Wasser- und Uferpflanzengesellschaft

Zeit mit einem raschen Längenwachstum, damit sie durch den zum Herbst wieder ansteigenden Wasserspiegel nicht wieder überflutet werden. Ein ähnlicher Sämlings- und nicht Samentransport ist bei vielen anderen Wasserpflanzen (Blutweiderich, Sumpf-Ziest, Wasser-Braunwurz) zu beobachten.

In einem ausgetrockneten Wassergraben kann man oftmals große Mengen der Sämlinge von Wasserhahnenfuß, Wasserfenchel und Wasserfeder neben denen rein terrestrischer Arten vorfinden, die der Wind in den Graben geblasen hat. Auch Wasserpflanzen benötigen nämlich zum Anwachsen manchmal einen relativ trockenen Boden. Sie können aber durch die Konkurrenz der terrestrischen Arten nicht weiter gefährdet werden, weil diese durch den nachfolgenden höheren Herbstwasserstand wieder abgetötet werden.

In Gebieten mit wechselndem Wasserstand erfolgen Neuansiedlungen von Pflanzen seltener durch Samen, sondern häufiger durch Bewurzelungen von Rhizom- und Sproßbruchstücken (Schilf, Gelbe Schwertlilie). Eine Verbreitung über Samen oder Früchte erfolgt deshalb so selten, weil diese meistens eine geringe Keimfähigkeit aufweisen und auch kaum eine Möglichkeit hätten, an die Wasseroberfläche zu wachsen, falls sie zufällig in größere Wassertiefe gelangten.

Samenverbreitung durch Schleudermechanismen

Die verschiedenen Pflanzenarten besitzen ihre eigenen und zum Teil auch speziellen Methoden, um eine ausreichende Samenverbreitung sicherzustellen. Häufig werden die Samen einfach in höhere, turbulentere Luftschichten katapultiert, und der Wind sorgt dann für die weitere räumliche Verbreitung.

Einen solchen Vorgang kann man an warmen Spätsommertagen beim Besenginster im eigenen Garten, aber auch an anderen Leguminosen sehr gut verfolgen. Zunächst hört man ein auffälliges Knistern in den Hülsen, und anschließend springen die Früchte schlagartig auf. Der Grund für dieses Verhalten liegt darin, daß in der Fruchtwand während des Trocknungsvorganges starke Spannungsunterschiede auftreten, wobei die wirkenden Kräfte durch die Anordnung der Zellen so ausgerichtet sind, daß sich das einzige Fruchtblatt nur an zwei Seiten plötzlich öffnen kann. Die so entstehenden beiden „Klappen" rollen sich dabei fast schlagartig spiralig auf, so daß die im Innern der Frucht befindlichen Samen mehr oder weniger weit herausgeschleudert werden.

Schleudermechanismen zur Samenverbreitung sind erstaunlicherweise weit im Pflanzenreich verbreitet. Die bekanntesten finden wir innerhalb der Springkräuter, der Storchschnabelgewächse, beim Reiherschnabel und bei den Veilchen. Sie und viele andere kapselbildende Arten erzeugen in ihren Fruchtwänden während des Reifeprozesses mehr oder weniger große Spannungen, die schließlich zum Auswerfen der Samen führen. Allerdings werden meistens keine sehr großen Entfernungen überbrückt. So öffnen sich zwar auch die Schoten der Kreuzblütler in der oben beschriebenen Weise, dennoch ist bei ihnen die Wirksamkeit der Ausschleuderung nur gering. Die Samen des Spring-Schaumkrautes erreichen vielleicht 1 Meter, während andere nur in der unmittelbaren Nähe der Mutterpflanze landen. Ähnlich weit wie die Samen des Spring-Schaumkrautes fliegen die des Hunds-Veilchens, während die Samen der Storchschnabel-Arten 1,5–2 Meter und die der Springkräuter sogar etwas mehr erreichen.

Auffälligerweise treten die kräftigsten Schleuderbewegungen bei Arten des Waldbodens auf (Wald-Springkraut,

Wald-Bingelkraut, Kleine Klette und Wald-Sauerklee sind Waldpflanzen mit besonderen Mechanismen zur Samenverbreitung

Wald-Sauerklee etc.). Hier kann der Schleudervorgang als Anpassung an die hier schwachen Windbewegungen angesehen werden. Nicht alle diese Arten verwenden aber das gleiche Auslösesystem. Einige wie die Leguminosen oder Springkräuter nutzen als Starter der Schleuderbewegung die Energie eines Regentropfens, des Windes oder auch die eines vorbeigehenden Tieres (Wiesen-Salbei, Sumpf-Helmkraut). Fallen z. B. Regentropfen auf die flache Seite der horizontal ausgerichteten Früchte des Täschelkrautes oder der Schleifenblume, so wirken die Klappen bei der dann erfolgenden Ausschleuderung der Samen wie ein Hebel. Viele Lippenblütler besitzen einen elastischen Fruchtstiel. Werden z. B. bei ihnen die reifen Früchte herabgedrückt und wieder losgelassen, so schnellen diese plötzlich in ihre Ausgangslage zurück und streuen dabei die Nüßchen aus. Sogar Kletten, die scheinbar nur durch die Anheftung ihrer Früchte an den Tierkörper oder die Kleidung verbreitet werden, nutzen ebenfalls einen Schleudermechanismus aus. Dieser funktioniert in der Weise, daß sich zunächst die Früchte mit Hilfe ihrer Widerhaken im Tierfell festhalten. Da der Fruchtstiel aber trotz der Reife der Früchte noch sehr zäh geblieben ist und beim Weitergehen des Tieres nicht bricht, löst sich die Klette wieder aus dem Fell heraus, und beim Zurückfedern in die Ausgangslage werden die Samen ausgeworfen.

Samenverbreitung durch Tiere über die Futteraufnahme

Sowohl Tiere als auch Pflanzen haben sich seit Beginn der Evolution mehr oder weniger gegenseitig beeinflußt. Manchmal ist dieser Einfluß so stark gewesen, daß man von einer Parallelentwicklung (Coevolution) sprechen kann. Allerdings ist eine solche Coevolution nur dann zu verstehen, wenn man den Fortschritt beider Partner gleichzeitig vergleicht. Dieses trifft am auffälligsten für die Entwicklung der Insekten und der Bestäubungseinrichtungen der Blütenpflanzen (s. S. 282 ff.) zu. Gleiches gilt auch für die Entwicklung vieler Fruchttypen und Samen und deren Nutzern.

Samen, besonders solche mit großen Nährstoffspeichern, sind von Anbeginn für Tiere eine der wichtigsten Nahrungsquellen gewesen. So werden z. B. sehr viele Samen von den Weidetieren nur zufällig zusammen mit Blättern und Sproßteilen aufgenommen, aber nur wenige sind nach der Passage des Magen-Darmtraktes noch lebensfähig. Diese Passage wird nur von solchen Arten vertragen, die in Anpassung an den Verdauungsvorgang im Tierkörper eine harte Samenschale ausgebildet haben wie der Rot-Klee oder der Weiße Gänsefuß. Es ist deshalb auch nicht verwunderlich, daß man bei archäologischen Ausgrabungen besonders Gänsefußsamen im ehemaligen Kuhdung gefunden hat.

Viele Tierarten haben sich fast ausschließlich auf Samen als Futter spezialisiert, so daß in ihrem Verdauungssystem die meisten dieser Samen völlig aufgelöst werden. Dennoch können einige wenige noch lebensfähig bleiben und mit dem Kot an anderer Stelle wieder ausgeschieden werden. So besitzen Tauben, Fasane und einige andere samenfressende Vögel einen Vormagen, in dem die aufgenommenen Samen mit Hilfe von Steinen zerrieben werden. Solche Tiere sind für eine wirksame Samenverbreitung nur unbedeutend, es sei denn, sie sammelten wie die Eichelhäher und Eichhörnchen Samen oder Früchte als Wintervorrat. Beide Arten sorgen damit für eine Verbreitung oder Verjüngung verschiedener Bäume und Büsche.

Besonders von der Tierverbreitung profitieren aber solche Pflanzen, die fleischige Schließfrüchte ausbilden, mit denen sie eine starke Anziehungskraft auf Vögel, Insekten und Säugetiere ausüben. Amseln und Drosseln sind z. B. besonders wichtig für die Verbreitung von beeren- oder steinfruchtbildenden Arten (Johannisbeere, Kirsche), weil diese Früchte den Tierkörper innerhalb von wenigen Stunden passieren, ehe die Keimfähigkeit der im Innern befindlichen Samen beeinträchtigt oder das potentielle Verbreitungsgebiet der Art vom Vogel verlassen wurde. Hat man aber einmal die Anpassung einer Beere oder Steinfrucht an die Tierverbreitung erkannt, so ist es ein leichtes, auch ihre un-

Im Maul dieser Kuh befinden sich auch die Samen verschiedener Pflanzen wie die des Rot-Klees, des Wiesen-Löwenzahns, des Wiesen-Schaumkrauts und des Großen Sauer-Ampfers

Eine Schwarzdrossel frißt wilde Kirschen

Ein Star frißt Holunderbeeren

Die leuchtendorange gefärbten Samen der Stinkenden Schwertlilie sind selbst im Schatten von Hecken sehr auffällig

terschiedlichen Färbungen zu erklären. Rote Früchte kommen z. B. überwiegend im Sommer vor, da diese Farbe einen hervorragenden Kontrast zum grünen Blätterdach der Pflanzen bildet (Vogelkirsche, Wald-Erdbeere, Himbeere, Rote Johannisbeere, Stechpalme, Eibe). Schwarze oder dunkelblaue Früchte werden dagegen im Herbst ausgebildet, wenn sie gegen das gelbgefärbte Laub besser zu erkennen sind (Holunder, Brombeere, Traubenkirsche). Die meisten dieser fast geruchlosen Beeren und Steinfrüchte werden von Vögeln gefressen, die zwar ein ausgeprägtes Farbensehen, aber einen schlechten Geruchssinn entwickelt haben. Im Gegensatz hierzu besitzen die Säugetiere nur einen eingeschränkten Gesichts- aber einen hervorragenden Geruchssinn. Pflanzen mit aromatischen Früchten wie Äpfel und Birne werden deshalb überwiegend durch kleinere Säugetiere verbreitet.

Die Produktion einer Lockspeise ist für die Pflanzen photosynthetisch aufwendig; manche Arten versuchen deshalb, durch die Imitation von eßbaren Früchten diesen Aufwand zu unterbinden. Die leuchtend gefärbten Samen der Stinkenden Schwertlilie sehen zwar eßbar aus, besitzen aber für den Nutzer kaum einen Nährwert. Eine andere Möglichkeit, den Nährstoffaufwand zu begrenzen, besteht darin, einen weniger anspruchsvollen Verteiler für die Früchte oder Samen zu verwenden. Ameisen können z. B. die gesamte Samenproduktion einer Pflanze in ihr Nest verbringen. Vornehmlich einige Waldrand- oder Waldarten wie die Erd-Schlüsselblume, die Nießwurz, das Veilchen, das Busch-Windröschen und mehrere andere haben sich an diese Verbreitung angepaßt. Sie erzeugen an ihren Samen kleine eiweißreiche Anhängsel (Elaiosomen), die ausschließlich von Ameisen gefressen werden. Die eigentlichen Samen oder Früchte sind dagegen auch für die kräftigen Kiefer dieser Tiere nicht zu durchbeißen.

Eine Waldameise trägt den Samen eines Busch-Windröschens, an dem sich Elaiosome befinden

Mit Haken versehene Früchte

Samenverbreitung durch Tiere: äußerlicher Transport

Die Bereitstellung von Nahrung ist also ein Weg der Pflanzen, Tiere dazu zu bringen, Samen oder Früchte über ein größeres Gebiet zu verbreiten. Eine andere Methode besteht darin, daß sich die Samen oder Früchte an verschiedenen Körperteilen der ortsveränderlichen Tiere anheften und auf diese Weise an andere Standorte gelangen. Wie schon geschildert wurde, sammeln Ameisen verschiedene Samen und tragen diese zu ihren Nestern. Sie sind aber nicht in der Lage, den Samen selbst zu verzehren, was in der Tat die Unwirksamkeit dieses Verbreitungssystems bedeuten würde, sondern fressen nur die extra für sie gebildeten Elaiosomen. Damit dienen aber nur bestimmte Samenteile als Nahrung, und der Transport wird dennoch gewährleistet. Auf diese Weise ist aber der photosynthetische Aufwand der Pflanze deutlich geringer. Die Gesamtstoffbilanz wird für Pflanzen sogar noch viel günstiger, wenn die Samen oder Früchte einfach an zufällig vorbeistreichende Tiere angeheftet werden. Dieses Verfahren verlangt keine aktive Handlung vom Tier, und die Pflanze braucht auch keine Belohnung anzubieten. Der üblicherweise benutzte Weg ist der, daß an der äußeren Oberfläche der überwiegend aus Früchten bestehenden Vermehrungsorgane Borsten oder mit Widerhaken versehene Haare ausgebildet werden, wie man sie beim Kletten-Labkraut oder dem Gemeinen Hexenkraut findet. Andere Möglichkeiten bestehen darin, daß sich der Griffel (Echte Nelkenwurz) in einen Haken umwandelt, oder es werden Blütenteile (Gemeiner Odermennig) hierzu verwendet. Man schätzt, daß 10 % aller Blütenpflanzen ähnliche Verbreitungsmechanismen ausgebildet haben, wobei aber die Haken in doppelter Funktion nicht nur der Verbreitung, sondern gleichzeitig auch dem Fraßschutz dienen. Manchmal können die Borsten auf den Früchten auch zu dornigen Organen verhärtet sein, die bei Berührung in die Haut eindringen und, wie bei dem in Südeuropa wachsenden Erdbürzeldorn, sogar die Hufe der Schafe verletzen. Glücklicherweise sind solche Arten in Mitteleuropa aber sehr selten. Auch die stark zugespitzten Früchte verschiedener Süß- und Sauergräser (Zyperngras-Segge, Weißes Schnabelried) und des Sumpf-Dreizacks arbeiten nach dem gleichen Prinzip. Sie verhaken oder bohren ihre Früchte in das Fell vorbeigehender Tiere und werden auf diese Weise verbreitet. Diese etwas hinterhältige Methode ist nicht der einzige Weg zur Erreichung eines kostenlosen Samen- oder Fruchttransportes. Einige Arten erzeugen auf der Oberfläche ihrer Früchte klebrige Drüsenhaare (Geknäultes Hornkraut) oder bilden klebrige, die Frucht umschließende Deckblätter aus (Moosglöckchen), mit deren Hilfe sie sich dann an Tiere anheften. Selbst Samen können in eine klebrige Masse eingebettet sein (Seerosen), wodurch dann sogar gleich mehrere von ihnen am Kopf von samenfressenden Tieren angeklebt werden. Schließlich können selbst die der Windverbreitung dienenden Samenhaare der Weiden und Weidenröschen eine Tierverbreitung ermöglichen.

Die meisten der vorgestellten Methoden dienen also nicht nur der Verbreitung allein, sondern besitzen oft mehrere Aufgaben. Die mit Widerhaken versehenen Haare oder Dornen sollen sowohl die Verbreitung als auch den Schutz der Samen gewährleisten. Die klebrige Oberfläche der Seerosensamen macht diese einerseits schwimmfähig, andererseits ermöglicht sie die Anheftung der Samen an die Schnäbel von Wasservögeln. Es ist heute fast unmöglich festzustellen, welches funktionelle Merkmal als erstes die Auslese bewirkt hat.

Übrigens könnte sich die Tierverbreitung auch ganz zufällig ausgebildet haben, wie wir es für das spontane Auftreten einiger feuchtigkeitsliebender nordamerikanischer Arten in Westengland annehmen müssen. Das heutige anscheinend natürlich entstandene Vorkommen der Kugelbinse, des Blaugrases und der Orchidee *Spiranthes romanzoffiana* kann nämlich nur dadurch erklärt werden, daß dessen Samen zufällig auf den schlammigen Füßen verschiedener Wasservögel die Reise nach England machten. Dieser Transport verlangte also keine besondere Anpassung der Pflanzen an die transportierenden Tiere, war aber dennoch äußerst wirksam.

Verbreitungskarte vom Blauaugengras und Spiranthes romanzoffiana in Nordamerika und Westeuropa. Auffällig, daß beide Arten in Westeuropa nur an der Atlantikküste auftreten

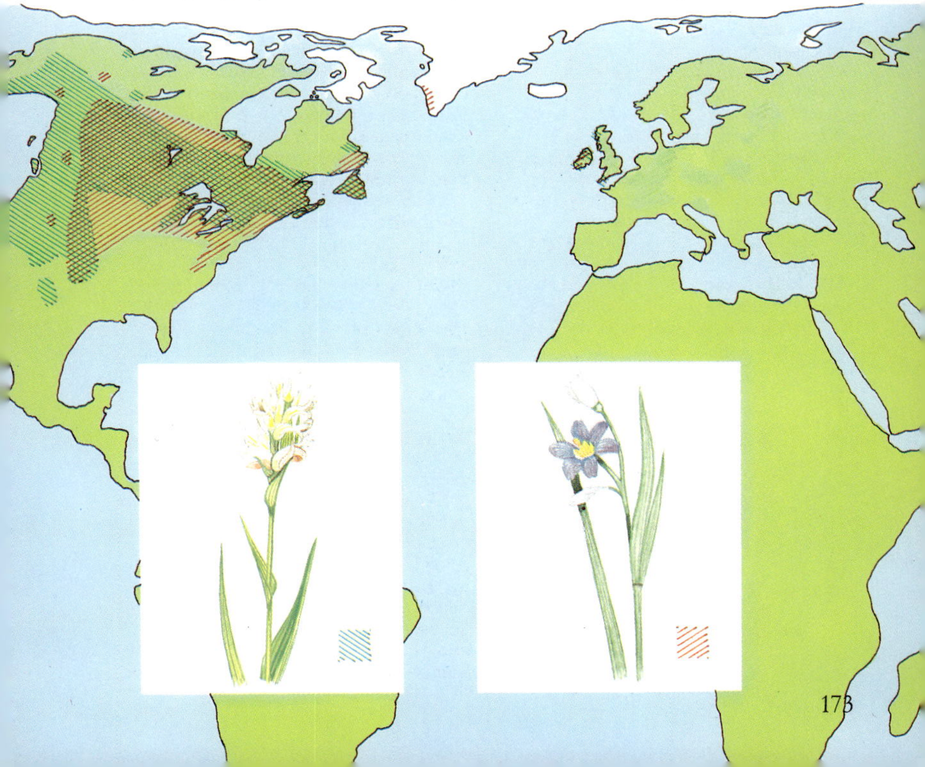

Samenruhe

Die Wichtigkeit eines Samens im Lebensrhythmus einer Pflanze ist nicht einheitlich, sondern richtet sich auch nach dessen Lebensdauer. Viele einjährige Arten können die für sie ungünstige Jahreszeit nämlich nur dadurch überleben, daß sie ausreichend Samen produzieren, aus denen sie dann bei besseren Bedingungen wieder auskeimen. Aus diesen Reserven können dann bei Bedarf wieder Jungpflanzen gebildet werden, wie man es ganz besonders deutlich bei vielen Gartenwildkräutern, einschließlich Persischer Ehrenpreis, Vogelmiere und Gemeines Greiskraut, feststellen kann.

Mit der Mehrjährigkeit von Pflanzen verliert zwar deren Saatgut ein wenig von der arterhaltenden Bedeutung, immer aber gilt für sie und die Einjährigen, daß Samen die Besiedlung weiter entfernt liegender Standorte oder ein Überleben schlechter Lebensbedingungen ermöglichen. Eine Voraussetzung zur Überdauerung ungünstiger Lebensbedingungen besteht in der sogenannten Keimruhe, also in der Fähigkeit des Saatgutes, nach der Verbreitung nicht sofort auskeimen zu müssen. Dieses trifft aber nicht auf alle Arten zu, denn viele keimen bereits unmittelbar, wenn sie auf den Erdboden gelangen oder bereits in der Kapsel (Weiße Lichtnelke), wenn z. B. in einem feuchten Herbst der Mechanismus zur Samenausstreuung versagt.

Viele Samen können oftmals aus ganz anderen Gründen nicht sofort auskeimen. Hierzu zählt z. B. ein unterentwikkelter Embryo (Buschwindröschen, Scharbockskraut), der erst noch mehrere Monate einer Nachreife verlangt bis er völlig ausgebildet und keimfähig geworden ist. Auch die sogenannte Hartschaligkeit vieler Leguminosen (u. a. Rotklee), des Froschlöffels und des Pfeilkrautes kann eine Keimung zunächst verhindern, weil die Samenschalen bei solchen Arten für Gase und Wasser zunächst undurchlässig sind. In der Natur müssen diese Samen so lange im Boden in Ruhe verbleiben, bis Mikroorganismen oder andere äußere Faktoren die harte Samenschale durchlässig gemacht haben und sie keimfähig werden. Verletzt man aber z. B. die harte Samenschale der Leguminosen künstlich und ermöglicht so, daß Luft und Wasser sofort in die Samenn eindringen könnnen, keimen auch solche Samen fast unmittelbar nach der Reife.

Selbst wenn Samen von ihrem Entwicklungsstand her durchaus in der Lage wären, sofort auszukeimen, benötigten sie oftmals erst noch spezielle Auslösebedingungen wie niedrige Temperaturen oder Licht. Viele Gartenwildkräuter (Unkräuter) verlangen z. B. für die Keimung ihrer Samen Licht, das ihnen gewissermaßen die Meldung macht: ihr seid nicht sehr tief im Boden vergraben und könnt mit dem Wachstum beginnen. Jeder Gärtner macht deshalb die oft unangenehme Erfahrung, daß nach einer Neuanlage eines Gemüsebeetes oder nach der Ernte ein kräftiges Wachstum der „Unkräuter" (besonders Vogelmiere) einsetzt, weil dann der Boden für das Licht zugängig geworden ist. Andere Samen können sogar feststellen, welche Art Licht sie empfangen. So ist das Licht, das durch ein Blätterdach dringt, für den Betrachter normalerweise grün, da nur dieser Spektralbereich vom Blattfarbstoff reflektiert und gesehen wird. Könnten wir jedoch im infraroten Be-

Persischer Ehrenpreis, Vogelmiere und Gemeines Greiskraut wachsen zusammen an kürzlich gestörten Standorten. Die Keimung der Samen vieler Pflanzen gestörter Standorte wird durch Licht gefördert

Der Finger-Steinbrech ist eine winterannuelle Pflanze. Er hat einen abweichenden Lebensrhythmus zu den auf S. 242—245 erwähnten Arten. Seine Samen keimen im Herbst (Mitte rechts), überwintern als Jungpflanzen (rechts), blühen im folgenden Frühjahr (links) und welken und sterben im Sommer (Mitte links)

reich sehen, so erschienen uns die Blätter in irgendwelchen anderen Farben, weil Blätter für infrarotes Licht durchlässig sind. Werden Samen unter einem Blätterdach nur von infrarotem Licht erreicht, so keimen sie nicht, weil mit dem Licht die Mitteilung kommt, daß andere Pflanzen eine Beschattung ausüben und die Lebensbedingungen ungünstig sind. Beseitigt man aber das Blätterdach, indem man die Vegetation entfernt oder im Wald auch nur einen Baum schlägt, so erscheinen sehr schnell auf dieser Freifläche Hunderte von Sämlingen.

Auch niedrige Temperaturen, die den Beginn oder das Ende des Winters ankündigen, können entscheidend auf die Keimung wirken. Viele Samen keimen nämlich erst, wenn sie mehrere Wochen oder Monate gekühlt wurden (z. B. Vogelbeere, Kleiner Klappertopf, Salbei-Gamander und Gewöhnliches Moschuskraut). Dieser Mechanismus sorgt dafür, daß diese Samen nicht vor dem Winteranfang keimen können, da anderenfalls die empfindlichen Sämlinge in die ungünstigste Witterungsperiode hineinwachsen würden.

Sehr häufig wird aber der Anspruch der Samen auf die Einwirkung einer niedrigen Temperatur noch mit einem weiteren Faktor kombiniert. So keimen die im September und Oktober ausgestreuten, reifen Samen der Hänge- und der Moor-Birke nur dann, wenn sie entweder über längere Zeit gekühlt wurden, oder aber die Tage wieder länger werden. Diese doppelte Abhängigkeit sorgt dann dafür, daß die Samen im folgenden Frühjahr auf jeden Fall auskeimen können, auch wenn der Winter sehr milde gewesen sein sollte.

Lebensdauer der Samen; Samenbank

Die meisten Samen haben nur eine relativ kurze Lebenserwartung, die sich von Familie zu Familie und Art zu Art unterscheidet. Auch unter den idealsten Bedingungen, d. h. bei kühler und trockener Lagerung sterben sie überwiegend nach 5 bis 10 Jahren ab. Von allen bisher untersuchten Familien haben sich die Samen der Leguminosen als am langlebigsten erwiesen. So sterben bei unseren kultivierten Arten wie Erbsen und Bohnen nach ungefähr 15 Jahren nur knapp die Hälfte, und auch dieser Zeitraum ließe sich durch moderne Lagerungstechniken um ein Vielfaches erhöhen. Hierunter verstehen wir trockene Lagerungsbedingungen bei Temperaturen weit unter dem Gefrierpunkt, wodurch jede Lebenstätigkeit in den Samen unterbunden oder zumindest soweit vermindert wird, daß die Nährstoffreserven auch nach mehrjähriger Lagerung noch nicht erschöpft sind. Solche Methoden werden übrigens von den modernen Samenbanken angewendet, bei denen alte Kulturpflanzen und Kulturpflanzenvarietäten, auch wenn sie sich heute nicht mehr im Anbau befinden, langfristig lebensfähig erhalten werden. Der Grund liegt darin, daß deren Merkmale sich möglicherweise in Zukunft doch noch als wertvoll erweisen könnten und Pflanzenzüchter alte Sorten dann zur Schaffung von neuen z. B. krankheitsresistenten Sorten nutzen könnten. Ähnliche Bedingungen wie in einer Samenbank mögen z. B. in der Lemming-Höhle der kalten, trockenen Tundra geherrscht haben, wo man angeblich 10 000 Jahre alte, noch lebensfähige Lupinensamen gefunden hat.

Die grundsätzliche Fähigkeit eines Samens, selbst für ein paar Jahre in Keimruhe im Boden lebensfähig zu verbleiben, hat eine enorme ökologische Bedeutung, und so fungieren wohl auch die Böden in der Natur als eine Art „Samenbank". Oft findet man auf jedem Quadratmeter Hunderte keimfähiger Samen, die langfristig in der Lage sind, die Elternpflanzen zu ersetzen. Besonders wichtig ist diese Saatgutreserve für einjährige sommerannuelle Arten, die einen Teil der ungünstigen Jahreszeit in Samenform überleben. Aber auch bei ihnen gibt es Abstufungen bezüglich der Lebenserwartung. So werden die Früchte der Mäusegerste im Spätsommer ausgestreut, verlieren noch im selben Jahr ihre Keimruhe und müssen noch im Laufe des Herbstes auskeimen, weil nur wenige den Winter bis zum kommenden Frühjahr überleben. Auf jeden Fall garantieren sie aber das Überleben der Art im allgemein trockenen Sommer.

Bei anderen Arten funktioniert diese Art Samenbank über einen deutlich längeren Zeitraum, denn häufig benötigen die Samen zur Überwindung ihrer Keimruhe unbedingt eine winterliche Kälteeinwirkung (s. S. 175, Drüsiges Springkraut, Kleiner Klappertopf, Wiesen-Kerbel oder Berg-Ahorn). Nach Einwirkung der winterlichen Kältephase

Sämlinge der Heide erscheinen nach einem keimungsfördernden Moorbrand

keimen im kommenden Frühjahr alle vier Arten auf vegetationsfreien Flächen fast augenblicklich, denn abweichend von ausgewachsenen Pflanzen benötigen die Keimlinge völlig andere ökologische Bedingungen. Solche langzeitig im Boden vorhandenen „Samenbanken" sorgen also immer dafür, daß keimfähiges Saatgut vorrätig ist, aus dem sich bei Bedarf wieder neue Pflanzen entwickeln können. Darüber hinaus werden diese „Samenbanken" jährlich mit einer neuen Samenproduktion wieder aufgefüllt, so daß der Verlust durch Fraß, Absterben und Vergehen ausgeglichen wird.

Ein schönes Beispiel für diese Art der „Samenbank" liefert die Besenheide. Gesunde Mutterpflanzen erzeugen riesige Saatgutmengen, von denen aber zunächst nur wenige auskeimen. Alle anderen bilden die Saatgutreserve des Bodens (Samenbank), die dann für mehrere Jahre (meistens 2–3, höchstens 10 Jahre) in Keimruhe verbleibt. Teilweise kann sie sogar von herabfallenden Blättern mehr oder weniger tief begraben werden. Eine Keimung wird aber erst dann angeregt, wenn durch ein beabsichtigtes oder unbeabsichtigtes Moorfeuer die Bodentemperatur im feuchten Torf kurzfristig auf 50–60 °C ansteigt. Hierdurch gefördert, gelangen manchmal Tausende von Samen gleichzeitig zur Keimung. Allerdings können Brände bei trockenem Wetter und großer Hitzeentwicklung auch zu Totalverlusten der Vegetation einschließlich der im Boden vorhandenen potentiell keimfähigen Samen führen.

Grundsätzlich kann man feststellen, daß „Samenbanken" bei Pflanzen mit breiter ökologischer Amplitude häufiger gefunden werden. Hierzu gehören besonders die „Unkräuter" oder Arten gestörter Standorte, bei denen die Wahrscheinlichkeit sehr groß ist, daß die ganze Elterngeneration durch äußere Faktoren vernichtet wird. Als Beispiel für Arten gestörter Standorte seien die Große Brennessel, der Krause Ampfer, der Große Wegerich und, die Plage aller Gärtner, die Vogelmiere genannt. Ganz ähnliche Voraussetzungen findet man allerdings auch bei Arten sehr feuchter Habitate (Blaugrüne-Flatterbinse, Zottiges Weidenröschen, Rasen-Schmiele, Kriechender Hahnenfuß), vielen Wiesenpflanzen (Spitzwegerich) oder Arten trockener Gebiete (Nickendes Leimkraut, Wilder Thymian, Rundblättrige Glokkenblume), wo ebenfalls ein Überlebensrisiko für die Elternpopulationen besteht.

Pflanzen feuchter Wiesen (wie Zottiges Weidenröschen, Flatter-Binse, Rasen-Schmiele und Kriechender Hahnenfuß) sind eine der ökologischen Gruppen, die Samenbanken erzeugen

Keimung der Samen

Für eine Keimung benötigen die Samen ausreichend Wasser und eine optimale Temperatur, die beide dann die aktiven Lebensprozesse erst in Gang setzen. Dabei bewirkt das Wasser zunächst die Quellung des trockenen Samens und anschließend in Verbindung mit der Temperatur das Wachstum des Embryos, dessen Keimwurzel (Radicula) sich verlängert, die Samenschale durchstößt und sich im Boden zwecks Wasser- und Nährstoffaufnahme verankert. Wir sprechen dann von einer epigäischen Keimung, wenn sich der unter den Keimblättern befindliche Sproßteil (Hypokotyl) verlängert und so die Keimblätter über die Erdoberfläche gehoben werden. Hypogäisch nennt man den Keimungsvorgang, wenn diese Verlängerung nicht stattfindet, die Kotyledonen also unter der Erde bleiben und das erste Wachstum vom oberen Sproßteil (Epikotyl) durchgeführt wird. Während die Kotyledonen bei der epigäischen Keimung also frühzeitig über die Erdoberfläche an das Licht gelangen, Blattfunktion bekommen und Photosynthese betreiben, verbleiben die Kotyledonen bei der hypogäischen Keimung ausschließlich als Nährstoffspeicher im Samen und damit unter der Erde. Bei ihnen muß die Photosynthese deshalb von den ersten Laubblättern (Primärblätter) übernommen werden.

Immer werden die unter der Erdober fläche keimenden Samen aber vor das Problem gestellt, wie sie die empfindlichen ersten Organe – die Keimwurzel und den jungen Sproß – ohne Schaden einerseits tiefer in den Boden und andererseits an die Erdoberfläche treiben können. Die Wurzel ist dabei an der Spitze durch ein lockeres Gewebe (Kalyptra) geschützt, dessen äußere Schichten sich beim Eindringen in den Boden ablösen und so eine Art Gleit- und Schutzschicht bilden. Den Sprossen und Blättern fehlt ein solches Schutzorgan, dennoch unterscheiden wir auch bei ihnen, ähnlich wie bei der hypogäischen und epigäischen Keimung, zwischen mehreren unterschiedlichen Sicherungsmethoden. Bei Pflanzen mit hypogäischer Keimung verbleiben die Kotyledonen, wie wir gesehen haben, im Samen, und der junge Sproß gelangt durch das Wachstum der obersten Spitze (Epicotyl) über die Erdoberfläche. Die sehr empfindliche endständige Knospe wird nun

Hypogäische Keimung bei Monokotyledonen Bär-Lauch

Hypogäische Keimung bei Dikotyledonen Strand-Platterbse

entweder dadurch vor Beschädigungen während des Wachstums durch den Boden geschützt, daß sich der junge Sproß an der Spitze hakenförmig nach unten krümmt und sie so unter den schützenden Haken gelangt (Eiche, Hasel, Roßkastanie, Vogelkirsche oder auch andere Nußfrüchte), oder aber es wird wie bei den Gräsern und Getreiden ein rasch wachsendes schützendes Blatt (Koleoptile) gebildet, das die Erde durchdringt und durch das die Knospe dann wie durch eine schützende Hülle hindurchwachsen kann.

Eine ganz andere Methode finden wir beim Bärlauch oder dem Rohrkolben, wo sich das Hypokotyl – der Stengelabschnitt zwischen Kotyledo und Wurzel – in der Weise hakenförmig verlängert, daß der gesamte noch von der Samenschale umhüllte Samen aus dem Erdboden herausgezogen wird, bevor die empfindliche Knospe auswächst.

Bei Pflanzen mit epigäischer Keimung, bei denen die Kotyledonen entweder durch Verlängerung des Hypokotyls oder der Blattstiele über den Erdboden gelangen und als erste Laubblätter fungieren, müssen die Kotyledonen selbst die Schutzfunktion der Knospe übernehmen. Meistens sind sie nach unten gebogen und umhüllen die Knospe während des Wachstums durch den Boden so eng, daß an ihr kein Schaden durch Steine oder Sand entstehen kann. Alle diese Keimungsverhältnisse können sich aber von Familie zu Familie und sogar innerhalb der gleichen Familie von Art zu Art unterscheiden. So zeigen zwar die meisten Mitglieder der Hahnenfußgewächse eine epigäische Keimung, das Busch-Windröschen hat als Ausnahme dennoch eine hypogäische Keimung. Dieses macht aber möglicherweise deutlich, daß sich die differierenden Keimungsmechanismen wohl nicht in grauer Vorzeit wie die Anzahl der Kotyledonen entwickelt haben, sondern eher ein Merkmal für die Anpassung an die ökologischen Lebensumstände sind. Allerdings sind der Auslöser zu der beschriebenen Entwicklung sowie die Vor- und Nachteile der unterschiedlichen Keimung bis heute noch unbekannt.

Keimungsstadien bei verschiedenen Sämlingstypen

Keimungserfolg

Die Mehrzahl der Samen entwickelt sich aus verschiedenen Gründen niemals zu einer ausgewachsenen Pflanze. Nimmt man als Beispiel den Großen Wegerich, der bis zu 10 000 Samen pro Jahr produziert und außerdem noch etwa 10 Jahre leben kann, stellt man trotz der hohen Samenanzahl keine Steigerung der Individuenanzahl fest, weil von den innerhalb von 10 Jahren möglichen 100 000 Samen nur ein einziger überlebt und nur dieser eine Same schließlich auch die Elternpflanze ersetzt.

Viele Samen sterben, bevor sie überhaupt zur Keimung gelangen. Entweder landen sie auf einem zu ungünstigen Standort, oder sie werden gefressen. So dienen viele Samen und Früchte Käfern, Schmetterlingsraupen oder anderen Insekten zum Teil sogar noch vor der Reife als Nahrung. Als Beispiel soll hier der Frauenflachs herangezogen werden, dessen Samen von der Raupe eines Schmetterlinges (Mottenspanner) unweigerlich gefressen werden, wenn dieser während der Blütezeit seine Eier auf den Fruchtknoten abgelegt hat. Ein ähnliches Schicksal erleiden die Samen in den Kapseln der Roten und Weißen Lichtnelke, die als Nahrung für die Larve der Violettbraunen Kapseleule dienen.

Andere in Keimruhe befindliche Samen gelangen vielleicht nur zufällig tiefer unter die Erdoberfläche, so daß sie vor ihrem natürlichen Ende mög-

Mottenspanner und Frauenflachs

Von all den Tausenden von Samen, die von dieser Wegerichpflanze erzeugt werden, überleben nur diejenigen, die in zusagenden sicheren Gebieten landen, und seien es Erdrisse. Bemerke die klebrige Substanz, die vom Samen ausgeschieden wird

licherweise niemals das richtige keimungsauslösende Signal erhalten, oder sie werden durch Bodenpilze zerstört. Obwohl viele Samen schon zu Beginn ihrer Entwicklung vernichtet werden, bleiben dennoch immer einige am Leben und können später den Altbestand ersetzen.

Für einen Keimungserfolg benötigen die Samen zunächst einmal einen passenden Standort, recht viel Glück und ein Substrat, das für die Keimwurzel durchdringbar sein muß. Ist aber der Boden zu hart oder fehlen ihm die erforderlichen Lücken, Risse oder Spalten, so kommt es trotz einer flächendeckenden Aussaat zu einer lückenhaften Keimung mit größeren Pflanzenausfällen. Zur Erhöhung seiner Überlebenschance genügt dem Samen manchmal nur die Bildung einer rauhen Samenschale, die ihm vor allem eine sichere und stabile Lage während der Keimung im Boden ermöglicht. Beides ist nämlich unbedingt erforderlich, weil einerseits die Keimwurzel und die Kotyledonen mit großer Kraft aus der Samenschale heraus durch das Erdreich getrieben werden und andererseits die Wasseraufnahme verbessert werden soll, die wiederum eine wesentliche Voraussetzung für eine erfolgreiche Keimung ist. Eine Wasseraufnahme durch den trockenen Samen wird aber nur dann gewährleistet, wenn sich Samen und Boden in sehr engem Kontakt befinden. Viele Samen erzeugen deshalb zusätzlich in ihren äußeren Zellschichten quellfähige Schleime, mit deren Hilfe die Wasseraufnahme erleichtert wird. Möglicherweise verhindern diese Substanzen auch noch den Fraß durch Schädlinge. Übrigens findet man die quellbaren Schleime besonders häufig in den Samen der Wegeriche, des Purgier-Leins und vieler Kreuzblütler, die man wegen ihrer Wirkung oftmals auch heute noch als milde Abführmittel medizinisch nutzt.

Einen Vorteil solcher rauhen Samenschalen hat der Mensch herausgefunden, weil er mit deren Hilfe die verschiedensten Samen sehr viel leichter bestimmen kann.

Einen sehr eindrucksvollen Mechanismus zur Sicherstellung einer erfolgreichen Keimung findet man bei sehr vielen Gräsern und Storchschnabelgewächsen. Hier sind die Früchte mit gedrehten Grannen oder Griffeln versehen, die sich dann bei Befeuchtung oder Trocknung spiralförmig drehen können. Landet nun eine solche Frucht am Boden, natürlich mit dem schweren Ende nach unten, so beginnt sich die Granne bei Befeuchtung spiralförmig zu drehen. Verhakt sie sich vielleicht während der Drehung an irgendeinem festen Gegenstand, auch am Erdboden, so kann durch die Kraft der sich weiterhin drehenden Granne nur die freiliegende Frucht bewegt und so buchstäblich in den Boden geschraubt werden.

Die Samen des Schierlings-Reiherschnabel fallen auf den Boden und schrauben sich hinein

Die Keimlinge: ihre Typen und Formen

Das Keimlingsstadium ist wohl das empfindlichste im Leben einer Pflanze. Diese muß erst im Laufe ihres Wachstums die notwendigen Schutzeinrichtungen gegen Feinde entwickeln. Deshalb sterben sehr viele Keimlinge schon bei zu großer Trockenheit, Beschattung, durch Fraß bzw. Pilzinfektionen ab.

Je nachdem, ob es sich um eine oberirdische oder unterirdische Keimung handelt, sieht man von der jungen Pflanze zunächst entweder die Kotyledonen (eins, zwei oder bei den Nacktsamern mehrere) oder gleich die Laubblätter (Primärblätter) als erstes über dem Erdboden erscheinen. Normalerweise ähneln diese ersten Laubblätter allen später nachfolgenden weitgehend, während die Keimblätter ein völlig anderes Aussehen haben. Trotz der äußerlichen Unterschiede beider Keimlingstypen gibt es aber einige wesentliche Merkmale, die eine sichere Bestimmung der Art erlauben. Besonders leicht lassen sich so z. B. die Keimlinge der Rotbuche an ihren beiden fast halbkreisförmigen, glänzend dunkelgrünen Keimblättern oder auch die der Waldkiefer an ihren vielen nadelförmigen Kotyledonen bestimmen.

Mit Ausnahme der handförmig geteilten Keimblätter beim Schierlings-Reiherschnabel, der Sommer-Linde und der Feld-Kresse sind diese sonst meistens ungeteilt. Als Grund für die Entwicklung tief geteilter Blätter besonders in der Spitzenregion des Sprosses nimmt man an, daß diese Form wegen der damit verbundenen Oberflächenvergrößerung

Links: eine ausgewachsene kleine Brennessel: Selbst in diesem Stadium können die Keimblätter noch grün und lebend sein
Rechts: Sumpf-Baldrian mit geteilten oberen und ungeteilten unteren Blättern
Unten: Sämling vom Sumpf-Baldrian

einer Blattüberhitzung im vollen Sonnenlicht besser entgegenwirkt (s. S. 208). Da sich die Keimblätter aber überwiegend dicht am Erdboden entwickeln und deshalb einer Überhitzungsgefahr nicht so stark ausgesetzt sind, bestand wohl während der Evolution auch keine Veranlassung, von der überwiegenden Ganzrandigkeit der Kotyledonen abzuweichen.

Normalerweise sind die Keimblätter nur kurzlebig und verwelken schon kurz nachdem die Laubblätter gebildet wurden. Allerdings gibt es auch hier, sowohl bei schnell als auch bei langsamwüchsigen Arten wieder Ausnahmen. So können unter sehr günstigen äußeren Bedingungen für ein rasches Wachstum z. B. schnellwachsende „Unkräuter“ wie der Gebräuchliche Erdrauch oder die Kleine Brennessel bis zur Fruchtreife durchaus ihre grünen Keimblätter behalten. Ein vergleichbares Phänomen tritt übrigens auch bei sehr langsam wachsenden ausdauernden Arten auf. Diese müssen nämlich zunächst unterirdische Reserveorgane bilden, weil ihre oberirdischen Teile im Winter zurückfrieren. Sie erzeugen deshalb im ersten Jahr oberirdisch nur photosynthetisch aktive Keimblätter und stecken die von diesen produzierten Nahrungsüberschüsse zunächst nicht in die Entwicklung eines Sprosses, sondern in die Bildung der lebensnotwendigen unterirdischen Reserveorgane, von denen ihr Überleben abhängt. Besonders schöne Beispiele für diese Jugendentwicklung finden wir bei der Erdkastanie, bei mehreren Doldenblütlern und vielen Hahnenfußgewächsen, insbesondere dem des Winterlings.

Nach der Keimung des Samens der Erdkastanie entsteht eine schwache, kleine Pflanze, die im ersten Sommer zunächst aus den Reservestoffen eine Knolle bildet. Zum Winter stirbt der oberirdische Teil ab, während die Knolle überlebt. Im zweiten Sommer wird die Pflanze blühreif und bildet Samen

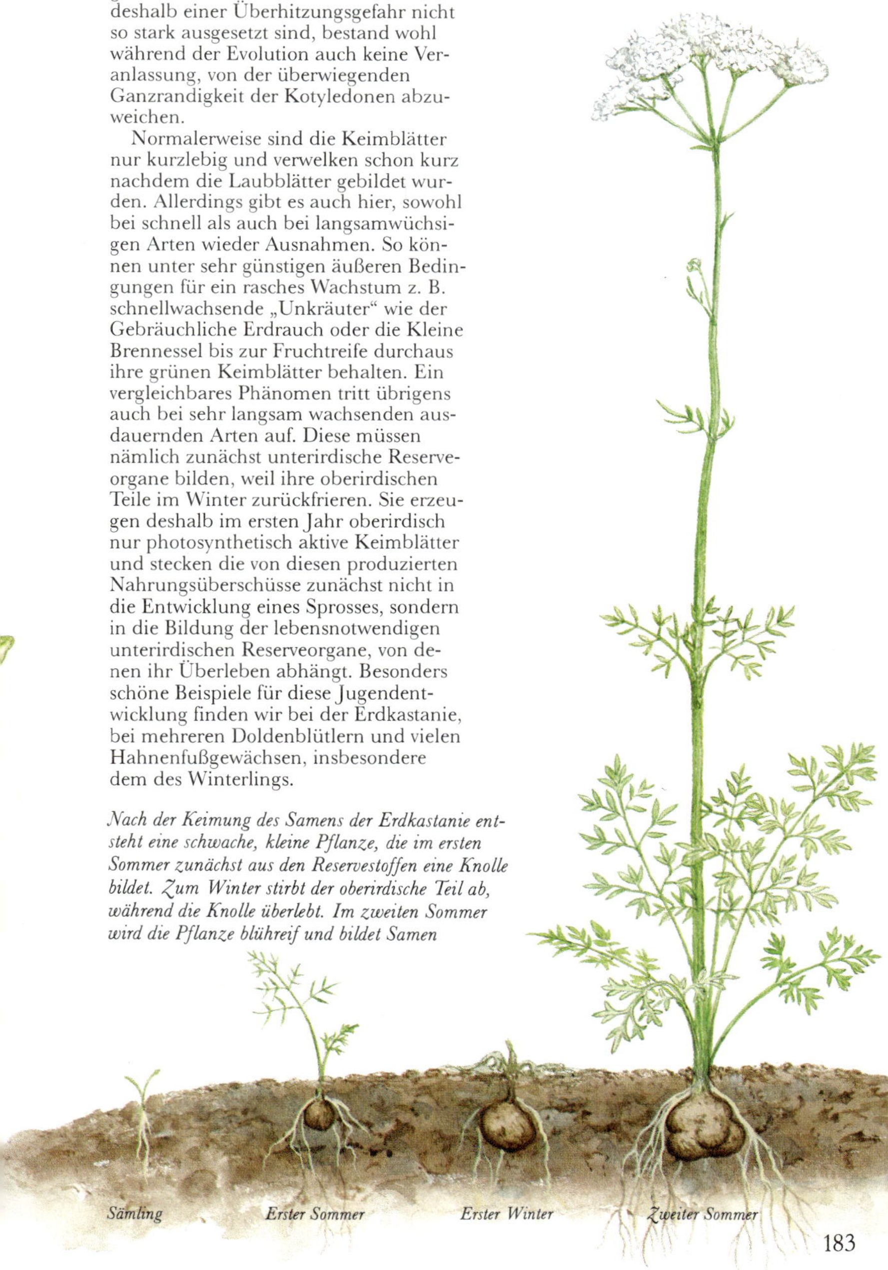

Die Sprosse

Anatomie

Die grünen Pflanzen weisen zwei hervorstechende Eigenschaften auf. Erstens besitzen sie nicht wie die Tiere die Fähigkeit zur Ortsveränderung und zweitens sind sie in der Lage, mit Hilfe ihres grünen Blattfarbstoffes und Licht aus Kohlendioxid, Wasser und anorganischen Salzen sämtliche lebenswichtigen organischen Verbindungen herzustellen. Die notwendigen Wasser- und Nährsalze erhalten sie über die fest im Boden verankerten Wurzeln und das Kohlendioxid aus der Luft über die Spaltöffnungen in den Blättern. Damit das ganze System funktionieren kann, ist allerdings ein raffiniertes Rohrleitungsnetz in den Sprossen erforderlich. Dieses besteht einerseits für den Transport von Wasser und Nährsalzen aus einem Holzteil (Xylem) und andererseits aus einem zuckerleitenden Siebteil (Phloem).

Die besondere Fähigkeit der Blätter, Zucker zu produzieren, macht es aber erforderlich, daß diese in die richtige Position zum einfallenden Licht gebracht werden. Hierdurch ergibt sich zwangsläufig eine der Hauptfunktionen eines Sprosses, der darüber hinaus mit den Seitensprossen und Blattstielen die äußere Gestalt der Pflanzen bestimmt und für den Nährstofftransport sorgt. Seine Aufgaben kann ein Sproß nun dadurch erfüllen, daß er entweder flach am Boden kriecht, andere Pflanzen als Halt benutzt, also an ihnen emporklettert, oder selber einen aufrechten Stamm bildet. Für alle diese verschiedenen Möglichkeiten muß er aber geeignete mechanische Festigungselemente entwickeln.

Während die Sprosse äußerlich entweder rund, flach, vierkantig oder auch gerieft sein können, sind sie im anatomischen Querschnittsbild meistens viel gleichförmiger gebaut. Der junge Stengel einer zweikeimblättrigen Pflanze hat im Typus ein zentral liegendes Mark (Medulla) aus großen, dünnwandigen Zellen. Um dieses Mark sind kreisförmig meistens mehrere Leitbündel als Einzelstränge angeordnet, die wiederum, nach innen weisend, aus dickwandigem Wasserleitungsgewebe (Holzteil) und nach außen aus dünnwandigem Leitgewebe für organische Stoffe (Siebteil) bestehen. Der Holzteil ist nun aus abgestorbenen, röhrenförmig übereinanderstehenden, manchmal bis zu mehreren Zentimeter langen Zellen mit verdickten Wänden aufgebaut, deren einzige Funktion die Wasserleitung ist. Das im Holzteil geleitete Wasser wird von den Wurzelhaaren aus dem Boden aufgenommen und zu-

Pflanze einer Wasser-Minze, an der die Transportrichtung der einzelnen Substanzen zwischen Wurzeln, Blättern und Vegetationspunkten verdeutlicht werden

sammen mit Nährsalzen durch den Wurzeldruck sowie durch den Transpirationsstrom in die Blätter transportiert. Hier erfolgt dann mit Hilfe des Sonnenlichtes und des grünen Blattfarbstoffes die Umwandlung von Wasser und CO_2 zu Zucker, der anschließend im lebenden Siebteil des Leitbündels zu den wachsenden Organen der Pflanze, den Speicherorganen, den Blüten oder Früchten, sowohl aufwärts als auch abwärts geleitet wird. Auf welche Weise dieser Transport jedoch erfolgt, ist bis heute noch weitgehend ungeklärt.

Im Anschluß an das Leitgewebe folgt nach außen die Rinde (Cortex), die im zellulären Aufbau dem Mark mit seinen dünnwandigen Zellen sehr ähnlich sieht. Ganz außen wird der Pflanzenkörper schließlich durch ein sehr formenreiches Hautgewebe (Epidermis) abgeschlossen. Bei mehrjährigen zweikeimblättrigen Pflanzen und bei den Nacktsamern finden wir übrigens zwischen dem Holz und dem Siebteil noch ein teilungsfähiges Gewebe (Kambium), das zur sekundären Vermehrung der Leitbündel dient; wir bezeichnen solche Leitbündel als offen kollateral. Einjährigen zweikeimblättrigen Pflanzen dient dieses Kambium lediglich dazu, noch im selben Jahr die erforderlichen Leitbündelelemente aufzubauen, wobei es völlig verbraucht wird. Bei mehrjährigen Arten wird dagegen durch das Kambium über viele Jahre das Leitgewebe rhythmisch vergrößert, so daß z. B. holzige Pflanzen infolge des Dickenwachstums die bekannten Jahresringe bilden. Durch die Zellwandverstärkung des Holzteiles und deren spätere Verholzung wird der Sproß sehr gekräftigt und kann sowohl die Herbst- und Winterstürme als auch tiefe Temperaturen überstehen. Allerdings sterben mit dieser Wandverstärkung die Zellen sehr schnell ab, so daß der zentrale Teil eines Baumstammes überwiegend aus abgestorbenem Gewebe besteht. Zu Beginn eines jeden Frühjahres muß deshalb das Kambium für neue Leitelemente sowohl im Phloem- als auch im Xylemteil sorgen. Diese Neubildung von Leitgewebe erfolgt unter gleichzeitiger Verdickung des Stammes; man nennt den ganzen Vorgang sekundäres Dickenwachstum. Parallel zu dieser Verdickung strecken sich holzige zweikeimblättrige Pflanzen an der Vegetationsspitze in die Länge, so daß ein solcher Sproß von oben nach unten eine gleichmäßige Zunahme seiner Dicke zeigt.

Im Gegensatz zu den zweikeimblättrigen Pflanzen haben die einkeimblättrigen geschlossen kollaterale Leitbündel d. h. bei ihnen fehlt das Kambium zwischen dem Holz- und Siebteil. Außerdem liegen deren Leitbündel regellos auf dem gesamten Sproßquerschnitt verteilt, und die Rinde ist meist stärker reduziert. Die Folge ist, daß die einkeimblättrigen Arten nur in Ausnahmefällen sekundär in die Dicke wachsen und auch nur sehr selten ausdauernde, holzige Stämme ausbilden können. Bei ihnen wächst der Stamm zwar auch an der Sproßspitze in die Länge, allerdings wird seine endgültige Dicke – mit sämtlichen Leitbündelanlagen – gleich zu Beginn des Wachstums angelegt, so daß später nur noch die teilungsfähigen, vorgefertigten Bündel bis in die Sproßspitze verlängert werden müssen. Man nennt diese Art der Sproßverstärkung primäres Dickenwachstum. Im Unterschied zu den zweikeimblättrigen Arten haben ausdauernde einkeimblättrige Pflanzen mit einem holzigen Stamm ihre größte Breite meistens dicht über dem Erdboden, während der übrige Teil deutlich dünner, sonst aber gleichmäßig dick ist.

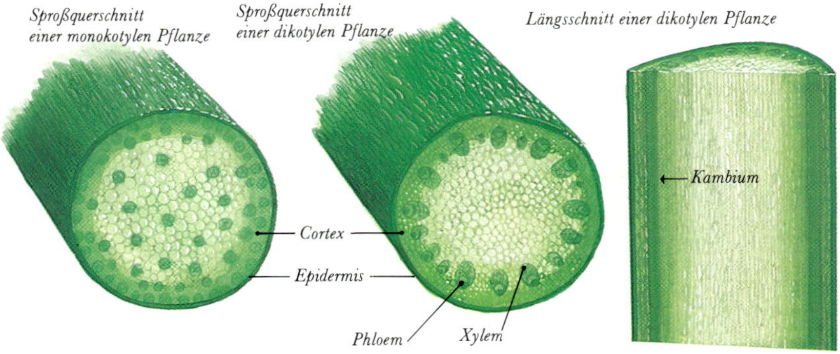

Anatomisches Bild des Quer- und Längsschnittes eines typischen krautigen Sprosses

Festigkeit

In einem Sproßsystem haben die einzelnen Zellen unterschiedliche Aufgaben. Einige übernehmen den Wasser- und Nährstofftransport (Leitbündel) (s. S. 184), andere haben eine Schutzfunktion (Epidermis) gegen äußere Einflüsse und wieder andere besitzen reine Festigungsaufgaben. Wenn z. B. ein junger Sämling des Bärenklaus trockengehalten wird, muß er bald verwelken und umfallen. Geschieht das gleiche aber bei einer ausgewachsenen blühenden Pflanze, wird diese zwar ebenfalls vertrocknen, aber ihr Sproß wird sogar über den nachfolgenden Winter stehenbleiben. Hieraus wird deutlich, daß ausgewachsene Pflanzen völlig andere Methoden zur Erhöhung der Standfestigkeit entwickelt haben als Sämlinge. Letztere sind wohl nur vom Gewebedruck, d. h. dem Turgor, abhängig. Der Gewebedruck entsteht folgendermaßen: Im Zellsaft sind so viele verschiedene Nährsalze gelöst, daß deren Konzentration meist deutlich über der der Bodenlösung liegt. Dieser Konzentrationsunterschied bewirkt, daß durch Osmose weiteres Wasser in die einzelnen Zellen eindringt und so zu einem Anstieg des Zelldruckes beiträgt. In einem Gewebe erzeugen nun alle lebenden Zellen vergleichbare Turgordrücke, die sich aber gegenseitig durch Druck und Gegendruck aufheben. Sämtliche Zelldrücke pflanzen sich aber von innen nach außen bis zur festen Epidermis fort und bewirken insgesamt die Festigkeit des jeweiligen Organs. Schneidet man z. B. den Blütenstandstiel des Löwenzahns in schmale Streifen, so wird die zusammenhaltende Kraft der Epidermis aufgehoben, und wegen der nun einseitig frei wirkenden beträchtlichen Turgorspannungen rollen sich diese Streifen auf. Eine andere Methode zur Erhöhung der Standfestigkeit besteht in der Entwicklung von Zellwandverstärkungen

Bärenklau im Sommer und Winter: Die Festigkeit seines Sprosses wird durch abgestorbene Gewebe bewirkt, so daß der Vegetationskörper auch nach seinem Tod noch längere Zeit stehenbleiben kann

Querschnitte verschiedener Sproßtypen mit ihren Verstärkungen

wie in den älteren Wasserleitungsbahnen (s. S. 185) oder aber in der Bildung von speziellen Festigungsgeweben, die als Kollenchym bzw. Sklerenchym bezeichnet werden. Das Kollenchym besteht dabei aus lebenden dickwandigen Zellen mit Wandverstärkungen an den Ecken (Eckenkollenchym) bzw. den Seitenwänden (Kantenkollenchym). Seine Funktion besteht in der Erhöhung der Festigkeit junger, wachsender Gewebe sowie darin, daß auch größere Turgorspannungen und -schwankungen ausgehalten werden. Das Sklerenchym wird dagegen von abgestorbenen, verholzten, langgestreckten Fasern oder kurzen, gleichmäßig verdickten Steinzellen aufgebaut. Dabei bilden die Sklerenchymfasern mit den Leitbündeln oft gemeinsame Stränge mit unterschiedlicher Anordnung im Sproß. Weil viele Stengel der einjährigen Korb- und Doldenblütler solche Stränge ausbilden, erreichen sie, daß auch abgestorbene Sprossen lange aufrecht stehen bleiben. Treten zusätzlich starke Verholzungen auf, könnte diese Festigkeit sogar für einige hundert Jahre ausreichen.

Die Festigkeit eines Sprosses wird nun aber nicht allein durch die Bildung eines Festigungsgewebes bestimmt, sondern ist vielmehr abhängig von dessen Verteilung. Als ausgesprochen wirksam hat sich so z. B. bei kantigen Stengeln die Anordnung des Festigungsgewebes in den Kanten erwiesen, bei Arten mit rundem Stengel müssen sie dagegen entweder als T-, Doppel-T-, H- oder auch als rohrförmige Hohlstrukturen angelegt werden. Zu den Arten mit vierkantigen Stengeln gehören vornehmlich Pflanzen der Lippenblütler (Hohlzahn, Kriechender Günsel, Minzen) und Rötegewächse (Lab-Kräuter), zu denen mit vielkantigen Stengeln die Doldenblütler mit dem Bärenklau, Wiesen-Kerbel, Wald-Engelwurz usw. Während die vierkantigen Sprosse kräftige Sklerenchymfaserbündel in den Stengelkanten aufweisen, zeigen die Doldenblütler in ihren Rippen zumindest im Jugendstadium meistens die elastischeren Kollenchyme. Obwohl sehr viele dieser Stengel darüber hinaus im Innern hohl sind (Doldenblütler, Gräser, Schwanenblume etc.), haben sich die unterschiedlichen Bauweisen doch als besser geeignet erwiesen, extreme Belastungen zu ertragen oder auszugleichen als bei massiven Sprossen. Zudem wird dieser Vorteil sogar noch durch einen erheblich geringeren Materialaufwand erreicht. So wissen auch unsere Ingenieure sehr gut, daß die stabilsten Bauelemente nicht durch massives Material erzeugt werden, sondern nur durch eine bestimmte Verteilung von Festigkeitselementen im Querschnitt.

Selbst die in Knoten und Internodien gegliederten hohlen Halme der Gräser erweisen sich im allgemeinen als äußerst haltbar, obwohl z. B. einige alte langhalmige Getreidesorten wegen ihrer sehr schweren Fruchtstände bei extremen Belastungen zum Niederliegen der Halme neigen. Es war deshalb in den letzten Jahren ein besonderes Ziel der Pflanzenzüchter, kurzstrohige Getreidesorten zu entwickeln, bei denen die Lagerungsgefahr erheblich vermindert ist.

Höhen und Größen

Die höchsten Pflanzen der Erde sind Bäume wie z. B. Douglasien, Mammutbäume und Eukalyptusarten, die in ihren Heimatländern 100 m Höhe und mehr erreichen. Sogar in Mitteleuropa findet man vereinzelt Douglasien bzw. Sitka-Fichten mit mehr als 60 m Höhe. Bäume haben deshalb meistens einen völlig ausgefüllten, konisch zulaufenden Stamm mit vielen abgestorbenen Festigungselementen, der eine mehrjährige Überdauerung ermöglichet. Im Unterschied zu ihnen wird bei Kräutern der Stengel innerhalb einer begrenzten Vegetationszeit aufgebaut. Deshalb sind für Kräuter ausgefüllte Sprosse nicht erforderlich, weil ihre oberirdischen Triebe abweichend von den Bäumen entweder am Ende der Vegetationszeit völlig absterben oder aber einen so geringen Zuwachs haben, daß in beiden Fällen keine den Bäumen vergleichbaren Pflanzenkörper ausgebildet werden können. Sie sind also nur in der Lage während ihrer kurzen Wachstumsperiode unter Verbrauch sämtlicher teilungsfähiger Zellen einen dominierenden, mehr oder weniger zylindrischen und hohlen Haupttrieb zu bilden. Meistens erreicht auch bei ihnen die Pflanze mit dem dicksten Stamm die größte Höhe, die beim Riesen-Bärenklau 5 m und beim Schilf unter günstigen Bedingungen 4 m betragen kann. Als Ausnahme von dieser Regel könnte das Drüsige Springkraut herangezogen werden, das unter den Kräutern zwar mit die dicksten Stengel erzeugt, selten aber höher als 2 m wird.

Ein Extrem unter den Kräutern stellen Pflanzen dar, die nur wenige Zentimeter Höhe erreichen, wie z. B. der Kleinling bzw. das Zwerglein. Beide Arten wachsen auf nackten, feuchten und nährstoffarmen Standorten, wo die Winzigkeit ihnen nicht zum Nachteil, sondern eher zum Vorteil gereicht. Insgesamt kann man sagen, daß die Pflanzengröße nicht nur erbbedingt ist, sondern

Gemeines Greiskraut, Frühlings-Hungerblümchen, Klatsch-Mohn und Sand-Hornkraut auf nährstoffreichem Boden

auch von den Nährstoff- und Wasserreserven am Standort geprägt wird, so daß Pflanzen nur selten ihre normale Höhe erreichen, wie z. B. das Greiskraut in den Pflasterritzen der Bürgersteige, das Frühlings-Hungerblümchen und Sand-Hornkraut auf trockenen Sanddünen oder das Hirten-Täschelkraut in Mauerfugen. Alle aufgezählten Beispiele sind aber in der Lage, auf fruchtbareren und besser mit Wasser versorgten Böden bis zu 10mal größere Individuen mit mindestens 100mal mehr Blüten auszubilden. Diese Fähigkeit zur Formenveränderung ist übrigens ein charakteristisches Merkmal der Pflanzen, deren Wachstum unbegrenzt erfolgt, während das der Tiere festgelegt ist und mit Erreichen der ungefähren Endgröße aufhört.

Für große Pflanzen besteht im allgemeinen gegenüber ihren kleineren Nachbarn immer ein deutlicher Konkurrenzvorteil, weil sie mit ihrer Körpergröße eine bessere Lichtausnutzung besitzen. Deshalb ist es wohl ein Selektionsvorteil, wenn Pflanzen möglichst größer als ihre Nachbarn werden. Dieser Vorteil kann allerdings auch durch gewisse Nachteile wieder ausgeglichen werden, weil große Pflanzen erheblich mehr Biomasse innerhalb ihrer eingeschränkten Vegetationszeit produzieren müssen. Wird diese Vegetationszeit vielleicht wegen ungünstiger klimatischer Bedingungen dann noch zusätzlich verkürzt oder sind Wasser und Nährstoffe knapp, so kann möglicherweise der Aufbau eines Vegetationskörpers vollständig unmöglich werden. Auch eine Beweidung oder der Wind können Pflanzen am Höhenwachstum behindern oder Pflanzen sogar gänzlich ausschalten. Die tatsächliche Größe einer Pflanze ist also einerseits die Folge einer ererbten Eigenschaft, andererseits wird diese ererbte Potenz durch standörtliche Vor- und Nachteile erst zur Ausbildung gebracht. Niedrige Kräuter wie das Echte Täschelkraut können erbbedingt nie 2 m Höhe, sondern unter günstigsten Voraussetzungen höchstens 60–70 cm erreichen.

Dieselben Arten, jedoch auf nährstoffarmem Boden

Lebensformen

Die arttypische Gestalt der Pflanzen hängt zum großen Teil von der Verzweigungsform, den Blättern, Blüten und Blütenfarben ab. So ist z. B. das Gänseblümchen mit seiner flachen Blattrosette, dem blattlosen Blütenstandstiel und dem einzigen Körbchen sehr deutlich vom Greiskraut zu unterscheiden, dessen aufrechter, verzweigter Blütenstand mit vielen Körbchen in seiner gesamten Länge beblättert ist. Trotz der Unterschiede gehören beide Arten zur selben Familie der Korbblütler (Compositae). Die Formenmannigfaltigkeit aller Arten ist wohl immer ein Ausdruck des ökologischen Druckes, der bestimmte Anpassungen erfordert. Ungünstige Witterungsbedingungen wie in unserem Klima der Winter oder die Dürrezeit in wärmeren Gebieten müssen durch Wuchsanpassungen überstanden werden. Weil z. B. im Winter sämtliche Lebensaktivitäten eingeschränkt werden, müssen die Pflanzen vor dem Absterben Ruheknospen oder Samen ausbilden, aus denen im Frühjahr dann wieder ein Austrieb erfolgt. Gerade aber die Lage dieser Erneuerungsknospen erlaubt eine sehr gute Einsicht in die Ökologie der Arten. Dieser Zusammenhang wurde zum ersten Mal von dem großen dänischen Botaniker Raunkiaer vor fast 100 Jahren erkannt. Er entwarf daraufhin die Grundlage einer Eingruppierung der Pflanzen in Lebensformen und stellte folgende sieben Hauptgruppen auf:

1. Die einjährigen Arten, die als Samen überwintern (Therophyten),
2. die Sumpfpflanzen (Hygrophyten),
3. die Wasserpflanzen (Hydrophyten),
4. die Phanerophyten (Bäume), Holzpflanzen mit Erneuerungsknospen in mehr als 25 cm Höhe,
5. die Chamaephyten, ebenfalls Holzpflanzen mit Erneuerungsknospen unter 25 cm,
6. die Hemikryptophyten, deren Knospen an der Erdoberfläche liegen und
7. die Geophyten, mit Erneuerungsknospen unter der Erdoberfläche.

Phanerophyten sind Bäume oder höhere Sträucher, die immergrün oder laubabwerfend sein können. Ein Baum entsteht, wenn sich ein dominanter holziger Haupttrieb entwickelt, der von Jahr zu Jahr aus einem teilungsfähigen Gewebe weiter in die Höhe wächst; Sträucher werden gebildet, wenn der Haupttrieb entweder nur sehr langsam wächst oder sogar abstirbt und sich Seitentriebe stärker entwickeln. Je mehr sich eine Pflanze verzweigt, desto buschiger erscheint ihr Wuchs. Sowohl für Bäume als auch für Sträucher gilt, daß sie am selben Stamm oder Zweig Jahr für Jahr immer wieder neue Blätter und Blüten aus den im Herbst angelegten Knospen erzeugen.

Allerdings gibt es bis heute noch keine genaue Trennlinie zwischen den kleinsten Phanerophyten und den größten Chamaephyten. Zwergsträucher wie die Besenheiden oder das Einblütige Wintergrün könnte man je nach ihrer indivi-

Von links nach rechts: Flutender Hahnenfuß (eine Wasserpflanze), Gift-Hahnenfuß (eine einjährige Pflanze, die als Samen überwintert); Sumpf-Dotterblume (eine Sumpfpflanze); Scharfer Hahnenfuß (ein Hemikryptophyt); Busch-Windröschen (ein Geophyt); Stinkende Nieswurz (ein Chamaephyt); Gemeine Waldrebe (ein Phanerophyt). Alle auf dem Bild zu erkennenden Lebensformen stammen aus nur einer Familie

duellen Größe sowohl als Phanerophyt oder auch als Chamaephyt auffassen.

Die Hemikryptophyten überwintern im typischen Fall als Blattrosette mit einer Knospe im Zentrum, die im nächsten Frühjahr unter starker Verlängerung einen beblätterten (Kriechender Günsel) oder unbeblätterten (Spitz-Wegerich) Blütenstand erzeugt. Dieser Blütenstand stirbt dann zu Beginn des folgenden Winters wieder ab, und es überlebt nur die Blattrosette. Typische überwinternde Blattrosetten werden bei den Hemikryptophyten zwar nicht immer gebildet, der generelle Bauplan wird aber dennoch eingehalten. Dieses gilt auch besonders für stark beweidete Arten, die nur aus einer flachen Blattrosette bestehen, damit sie vom Weidevieh nicht so stark verbissen werden können.

Die Geophyten überleben schließlich die tiefen Wintertemperaturen unter der Erde. Sie besitzen unterirdische Speichergewebe in Form von Zwiebeln, Knollen, Wurzelstöcken oder anderen Organen, aus denen sie frühzeitig wiederum oberirdische Blattrosetten erzeugen, die sich dann später zu einem aufrechten Blütenstand weiterentwickeln. Das Gefleckte Knabenkraut bildet so z. B. erst einmal eine Blattrosette, die im Sommer mit einem beblätterten Blütenstand auswächst und zum Winter bis auf die unterirdischen Knollen völlig zurückfriert. Manchmal kann die Bildung von Blättern und Blüten auch zeitlich sehr weit voneinander getrennt sein, wie wir es von der Herbst-Zeitlose kennen. Bei ihr werden die Blätter im Frühling und die Blüten im Herbst gebildet. Einen umgekehrten Vorgang kann man in der Natur ebenfalls häufig beobachten, wenn z. B. sowohl der Huflattich als auch die Gemeine Pestwurz ihre Blüten vor den Blättern im Frühling und die Blätter dann nach der Blütezeit ausbilden. Auf diese Weise nutzen alle beschriebenen Arten die für sie günstigste Zeit für Wachstum und Blüte aus.

Im großen und ganzen spiegeln also die Lebensformen der Pflanzen deren Standortsansprüche wider. Phanerophyten und Chamaephyten dominieren heute als Wälder z. B. auf landwirtschaftlich schlecht oder nur eingeschränkt zu nutzenden Standorten oder sie haben sich auf besseren Böden als Reste ehemaliger größerer Bestände erhalten. Die Hemikryptophyten sind dagegen besonders gut an freie, offene Stellen des Grünlandes angepaßt, während man die Geophyten schließlich gehäuft als Frühjahrsblüher in geschlossenen Waldbeständen vorfindet. Hier erzeugen sie ihre Blütenstände und Blätter, noch bevor die Bäume ein fast lichtundurchlässiges Blätterdach gebildet haben. Diese kurze Zeitspanne reicht ihnen meistens für eine Fruchtbildung bzw. ausreichende Reservestoffspeicherung aus. Sobald aber nur noch eingeschränkt Licht auf den Waldboden fällt, sterben ihre oberirdischen Vegetationsteile ab und ziehen sich in ihre unterirdischen Organe zurück.

Kletternde Sprosse: Kletter- und Schlingpflanzen

An Hand der äußeren Gestalt einer Pflanze kann man in gewissen Grenzen sowohl deren Lichtkonkurrenzvermögen als auch ihre Fähigkeit erkennen, extreme Wintertemperaturen zu ertragen. Die Verbesserung der Lichtkonkurrenz wird dabei besonders durch einen wenig verzweigten und aufrechten Wuchs erkennbar, der sowohl für Bäume als auch für hochwüchsige Kräuter gilt. Diese Wuchshöhe ermöglicht oftmals einen Konkurrenzvorteil, weil die Nachbarpflanzen überwachsen und beschattet werden. Allerdings ist ein hoher Vegetationskörper nicht immer ein Vorteil, sondern kann auch nachteilig wirken, da dieser nur mit einem erheblich höheren Produktionsaufwand hergestellt werden kann. Viele Arten umgehen diesen erhöhten, nährstoffzehrenden Aufwand, indem sie nur einen schwachen ohne Hilfe liegenden Haupttrieb erzeugen. Diese Arten erlangen die notwendige Höhe dadurch, daß sie sich einfach an einer anderen ausgewachsenen Pflanze festhalten und dann an dieser oder mit ihr mehr oder weniger rasch in die Höhe gelangen. Meistens leiden die Stützpflanzen nicht, wenn ein anderer Organismus an ihnen emporklettert, es sei denn, die kletternde Pflanze wäre wie die Kleeseide ein echter Parasit.

Die einfachste Klettermethode besteht darin, daß die eigenen Blätter waagerecht im Blätterdach einer anderen Pflanze ausgerichtet so in der Unterlage verankert und mit deren Wachstum in die Höhe genommen werden (Schild-Ehrenpreis, Wasserdarm). Eine ähnliche, aber deutlich verbesserte Art findet man beim Kletten-Labkraut und der Weichen Trespe, die beide winzige nach unten gerichtete, aber stachelige Haare entwikkeln. Diese ermöglichen einen deutlich besseren Halt an der „Unterlage", so daß sie, obwohl nur einjährig, im Spätsommer fast die gesamte Krautflora ihrer Umgebung überwuchern können.

Auch ausdauernde, kletternde Arten verfügen über Haare oder Stacheln, die einen besseren aufrechten Halt ermöglichen. So erzeugen sowohl Brombeeren als auch die Hundsrose – vornehmlich gegen Tierfraß – sehr scharfe Stacheln, die zusätzlich eine ausgezeichnete Haltefähigkeit besitzen. Die langen, bogenförmig gewölbten Jungtriebe verhaken sich mit ihren Stacheln in anderen Pflanzen

Die typische Technik einer Hunds-Rose, um im Gewirr eines Gebüschs zu klettern: Sie benutzt ihre Stacheln als Haken und benötigt keine andere Hilfe, um über andere Pflanzen bogenförmig hinwegzuwuchern

oder Nachbarschößlingen und werden anschließend mit in die Höhe genommen oder bilden selbst ein relativ flaches Gestrüpp. Eine weitere Klettermethode besteht darin, rankende Sprosse oder Blattstiele zu erzeugen, die sowohl bei ausdauernden als auch bei einjährigen Arten (Windenknöterich) zu finden sind. Zu den ausdauernden Pflanzen mit holzigen, oberirdischen Trieben gehören das Wald-Geißblatt und der Bittersüße Nachtschatten, zu denen mit unterirdischen Rhizomen und absterbenden oberirdischen Sprossen der Hopfen und die Gewöhnliche Zaunwinde. Das Wald-Geißblatt kann sich dabei manchmal mit solcher Kraft um seine Unterlage herumschlingen, daß hier dann Rillen im Stamm zurückbleiben. Diese Rillen zeigen einerseits sehr deutlich an, daß an den Umschlingungsstellen das sekundäre Dickenwachstum des Stammes eingeschränkt wird und daß andererseits der Stengel des Geißblattes selbst zäh genug sein muß, um diesem Dickenwachstum standzuhalten. Wie viele Windepflanzen – einschließlich Hopfen und Winden-Knöterich – ist auch das Wald-Geißblatt ein Linkswinder, d. h. es umschlingt den Stamm, den es als Halt benutzt, entgegen dem Uhrzeigersinn. Eine Ausnahme stellt die attraktive Gewöhnliche Zaunwinde dar. Sie ist, ohne daß man einen Grund dafür weiß, ein Rechtswinder. Da es bis heute für die unterschiedlichen Winderichtungen bei Pflanzen noch keine plausible Erklärung gibt, muß dieses Merkmal wohl nur auf Vererbungs- und nicht auf ökologischen Auslesemechanismen beruhen.

Zusätzlich zum eigentlichen Windevorgang unterstützen einige Arten die windende Aufwärtsbewegung ihrer Sprosse noch durch kleine Haken, wie wir sie beim Hopfen in der völlig ungewöhnlichen Form ähnlich eines Eispickels vorfinden. Wieder andere Arten verlassen sich auf ihre Wachstumsgeschwindigkeit und eine kreisende Bewegung der Vegetationsspitze. Berührt diese dabei einen möglichen Stütztrieb, so wird er oft innerhalb von Stunden mit engen Spiralwindungen umschlungen. Kann aber kein Kontakt hergestellt werden, fällt der Klettertrieb zwar auf den Boden, stellt aber auch hier seine kreisenden Wachstums- und Suchbewegungen zunächst nicht sofort ein. Meistens gelingt es ihm dann doch noch, an einer vielleicht viel weiter entfernten Stelle eine geeignete Stütze zu umschlingen.

Kletternde Sprosse: Ranken

Die ausgefeilteste und am weitesten verbreitete Klettermethode im Pflanzenreich ist wohl die Verwendung von Ranken. Diese werden wie feine, zierliche Fühler direkt vom Stengel, von Blattstielen oder durch Umwandlung von Blättchen gebildet. Sie umwachsen die Stütze spiralig und geben so dem schwachen Haupttrieb den notwendigen Halt.

Eine unserer auffälligsten ausdauernden Kletterpflanzen mit holzigem Sproß auf den kalkhaltigen Böden der Auenwälder Süddeutschlands ist die Gemeine Waldrebe. Diese Art kann leicht die Höhe der Stützpflanze erreichen, indem sie als Kletterhilfe die Blattstiele verwendet, die rankenförmig um Zweige und Äste gewickelt werden. Zusätzlich windet sich auch der Haupttrieb leicht spiralig um die Unterlage. Diese doppelte Sicherung ist für die Waldrebe unbedingt erforderlich, weil sie im Winter die rankenden Blattstiele abwirft und ohne eine spiralige Umschlingung mittels des Haupttriebes keinen ausreichenden Halt mehr hätte.

Andere Pflanzen benutzen als Ranken sogar Teile von Blättern, wie der Rankende Lerchensporn, der an der Spitze seiner Fiederblätter anstelle der Blattfiedern meistens mehrere Ranken ausbildet. Übrigens ist diese Pflanze merkwürdigerweise eine der wenigen einjährigen Arten, die am relativ dunklen Waldboden überleben kann, weil sie das Lichtproblem mit Hilfe der Rankenentwicklung in der Weise zufriedenstellend gelöst hat, daß sie an anderen, höheren Pflanzen des Waldbodens sehr schnell in die Höhe klettert und hier dann den notwendigen Lichtgenuß erlangt, ohne selbst einen kräftigen aufrecht stehenden Stengel erzeugen zu müssen.

Ganz ähnliche Ranken haben die Wicken und Platterbsen entwickelt. Beide Arten gehören zur Familie der Schmetterlingsblütler, die die größte Anzahl kletternder Kräuter stellt. Die Wikken besitzen einfache, runde Stengel und normalerweise an jedem Blatt einen Vielzahl von Fiederblättchen. Die Platterbsen haben dagegen einen mehr oder weniger geflügelten Stengel, deutlich weniger Fiederblättchen und größere Nebenblätter. Trotz dieser morphologi-

Gemeine Waldrebe im Sommer und Winter

Rankender Lerchensporn

schen Unterschiede besiedeln die Arten beider Gattungen sehr ähnliche Standorte wie z. B. Wiesen, Waldränder, Knicks und Hecken sowie Zäune. Viele ihrer Arten erzeugen anstelle der letzten Blättchen eine oder mehrere auch verzweigte Ranken wie bei *Vicia tenuissima,* die nur eine einfache, unverzweigte Ranke aus dem Endblättchen oder dessen Mittelrippe bildet.

Normalerweise werden Ranken von den Pflanzen zum Festhalten an irgendwelchen anderen Pflanzen oder Unterlagen benutzt, um an besser belichtete Stellen des Standortes zu gelangen. In einigen Ausnahmefällen sind aber diese Ranken so kurz, daß sie keine ausreichende Funktion mehr besitzen, und Arten wie die Berg-Platterbse müssen niedrigere Vegetationen bevorzugen. Ein ganz anderes Beispiel für eine nutzlose Ranke findet sich bei der am Erdboden kriechenden Strand-Platterbse. Sie erzeugt zwar durchaus noch funktionsfähige Ranken, benötigt diese aber nicht, da auf den Dünen der Meeresküste auf allen Stellen des Bodens ausreichend Licht zur Verfügung steht.

Ein besonderes Merkmal sowohl bei der Gemeinen Waldrebe, dem Rankenden Lerchensporn, den Wicken als auch bei den Platterbsen ist, daß sich deren Ranken auf ihrer ganzen Länge spiralförmig aufwickeln können. Dieses Vermögen steht im sehr deutlichen Gegensatz zu den Ranken vieler anderer Gewächse, die nur eine Spitzenempfindlichkeit – ähnlich den Windesprossen (s. S. 192) – aufweisen. Dabei ist die Umdrehungsgeschwindigkeit der Ranken um eine Stütze meistens rascher als bei den Windesprossen, denn einige Ranken schaffen manchmal bis zu zwei Umdrehungen pro Stunde, und an der Rankenspitze kann eine Spirale sogar in wenigen Minuten gebildet werden. Das beste Beispiel einer solchen Kletterpflanze zeigt die Rotfrüchtige Zaunrübe, eine Verwandte von Gurke und Kürbis. Sie bildet direkt aus dem Stengel lange, unverzweigte Ranken mit extrem raschem Wachstum, die den Vegetationskörper an Zäunen und anderen Unterlagen rasch emporwachsen lassen. Sie heften sich mit der Rankenspitze zunächst mit wenigen Windungen an, erzeugen dann aber zwischen dem Trieb und der Stütze noch weitere frei in der Luft befindliche Spiralen, so daß die gesamte Ranke schließlich wie eine aufgewickelte Feder aussieht. Mit Hilfe dieser Anordnung wird der Pflanze – auch bei stärkerem Wind – eine beträchtliche Elastizität verliehen, die ein Abreißen meistens verhindert.

Rotfrüchtige Zaunrübe

Vicia tenuissima

Strand-Platterbse

Die Blätter

Bau und Funktion

Der wunderbare Begriff Blatt ist zwar fast allen Menschen verständlich, es läßt sich aber nur sehr schwer eine genaue Definition dafür finden. Im allgemeinen versteht man unter einem Blatt ein mehr oder weniger flächiges Seitenorgan der ober- und unterirdischen Sproßachse, das häufig seine morphologische Gestalt von Familie zu Familie oder von Art zu Art und damit gleichzeitig manchmal auch seine wesentlichen Funktionen verändern kann. Die meisten grünen Pflanzen besitzen also an ihren Sprossen flächige Seitenorgane, die in der Lage sind, mit Hilfe des Chlorophylls aus dem Kohlendioxid (CO_2) der Luft Wasser und Lichtenergie Zucker herzustellen. Diesen Vorgang bezeichnen wir als Photosynthese, und er ist von grundlegender Bedeutung für sämtliches Leben auf der Erde. Sogar Pflanzen ohne diese photosynthetische Aktivität – also die Parasiten und Saprophyten – haben sich aus photosynthetisch aktiven Vorfahren entwikkelt. Bei ihnen dienen Blätter in Schuppenform als Schutzorgane für die sehr empfindlichen teilungsaktiven Vegetationsspitzen (Knospenschuppen), oder wir kennen sie als chlorophyllfreie Schuppenblätter bei Saprophyten (s. S. 230), also bei Pflanzen, die vorgefertigtes organisches Material für ihre Ernährung benötigen. Auch reine Parasiten wie die Seiden (s. S. 220), die fertig synthetisierte Nahrung aus ihrem Wirtsorganismus entnehmen, können noch rudimentäre, farblose Schuppenblätter aufweisen, die man zumindest nach ihrer Entwicklungsgeschichte noch als Blätter ansprechen kann. Eine andere Entwicklung ist beim Besenginster zu beobachten. Seine Blätter sind reduziert, und an deren Stelle leisten die dunkelgrünen Sprosse die Photosyntheseaufgabe.

Da der Anteil des Kohlendioxidgehaltes in der Luft mit 0,03 Vol % sehr gering ist und die Pflanze dieses CO_2 überwiegend über ihre oberirdischen Organe aufnehmen muß, hat sie mit ihren Spaltöffnungen (Stomata) ein Kontrollsystem entwickelt, das einerseits die CO_2-Aufnahme garantiert und andererseits die Wasserdampfabgabe über die Blätter begrenzt. Die Spaltöffnungen werden dabei aus meist 4 Zellen aufgebaut, wovon ein Zellpaar zwischen sich eine Pore freiläßt. Dieses Zellpaar (Schließzellen) kann die Form und damit die Porengröße je nach dem Wasserangebot, der Außentemperatur oder der direkten Sonneneinstrahlung verändern. Es kann somit zwar den Wasserdampfaustritt, aber kaum die Kohlendioxidaufnahme kontrollieren.

Ein Blatt, an dem die Diffusionsrichtungen des Kohlendioxides und des Wassers verdeutlicht werden

Die Poren sind nun verbunden mit einem im Blatt befindlichen Hohlraumsystem (Interzellularen), an das die photosynthetisch aktiven Zellen des Blattes angrenzen. Die Spaltöffnungen sorgen also wie Ventile dafür, daß das zur Photosynthese notwendige Kohlendioxid zwar in die Blätter hineingelangen kann, die Blätter dabei aber nicht austrocknen können. Unglücklicherweise tritt aber dennoch erheblich mehr Wasser aus den Blättern aus als Kohlendioxid hineingelangt. Um auch die restliche über die äußerste Zellschicht eines Blattes (Epidermis) unkontrolliert erfolgende Wasserverdunstung zu verhindern, ist diese zusätzlich mit einer für Gase und Wasser undurchlässigen Wachsschicht (Kutikula) bedeckt. Schließen sich nun bei Wassermangel die Spaltöffnungen, so gelangen Gase und Wasserdampf weder hinein noch heraus, öffnen sie sich aber, können sie (auch CO_2) ungehindert in beide Richtungen diffundieren.

Obwohl die Spaltöffnungen der Blätter sehr zahlreich sind, sind sie doch so klein, daß man sie nur mit Hilfe eines Mikroskopes oder einer starken Handlupe erkennen kann. Im typischen Fall – bei größtmöglicher Öffnung – erreichen sie nur $^1/_{100}$ Millimeter in der Länge und knapp $^1/_3$ davon in der Breite. So findet man z. B. auf der Unterseite eines Eichenblattes auf nur einem Quadratzentimeter ca. 35 000 Öffnungen. Nimmt man alle diese Spaltöffnungen zusammen, so erreichen sie trotz der großen Anzahl höchstens 2–3 % der vollen Blattfläche, meistens sogar nur 1 %.

Die Pflanzen unterscheiden sich nicht nur in der Form ihrer Spaltöffnungen (rund, länglich oder fast linealisch), sondern auch in deren Verteilung auf der Blattoberfläche. Im allgemeinen sind die Spaltöffnungen auf der Blattunterseite (hypotomatisch) angelegt, damit sie vor der direkten Sonnenbestrahlung geschützt sind. Dieses würde nämlich

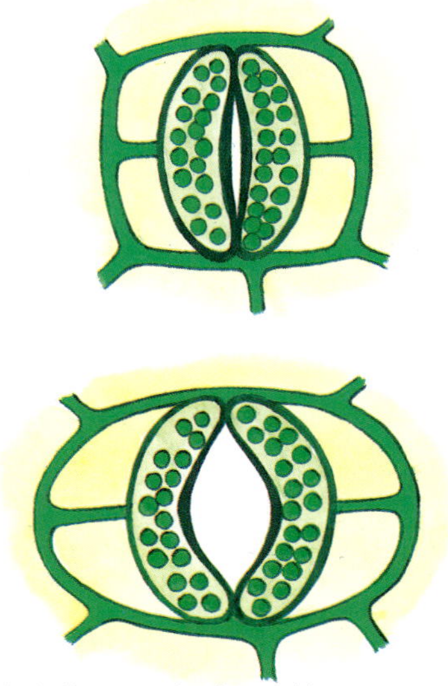

Spaltöffnungen: oben fast geschlossen, unten voll geöffnet

höchstens einen größeren Wasserverlust, aber keine bessere CO_2-Ausbeute bedeuten. Bei stark unter Wassermangel leidenden Arten liegen deshalb also die Spaltöffnungen nur auf der Blattunterseite, und die Epidermis weist zusätzlich eine stark verdickte Kutikula auf (Efeu). Umgekehrt gibt es auch Blätter, die nur auf der Blattoberseite Spaltöffnungen tragen (epistomatisch). Dieses gilt besonders für Arten mit Schwimmblättern (Weiße Seerose), wo die schwimmende Lebensweise einen Gaswechsel über die Blattunterseite unmöglich macht.

Natürlich existieren an feuchten Standorten auch Arten, wie der Froschlöffel, die auf beiden Blattseiten Stomata entwickelt haben (amphistomatisch). Seine Lebensweise und die fast senkrechte Ausrichtung der Blätter bedingen aber keinen Funktionsunterschied der beidseitig liegenden Spaltöffnungen.

Weiße Seerose

Gemeiner Froschlöffel

Größe und Form

Die laufende Wasserabgabe über die Blätter ist keine unvermeidliche Folge der erforderlichen Kohlendioxidaufnahme, sondern sie spielt als Kühlmittel eine fast ebensogroße Rolle. Es wird dabei das gleiche Prinzip verwendet wie beim Schwitzen, wo verdunstetes Wasser der Verdunstungsoberfläche Wärme entzieht. Das größte Problem der Blätter besteht nämlich darin, daß die zur Photosynthese dem Sonnenlicht direkt ausgesetzten Blätter leicht einer Überhitzung unterliegen. Im Gegensatz zu den Tieren, die in heißen Klimaten nachtaktiv werden, können Pflanzen ihre zu stark beschienenen Blätter nicht aus dem Sonnenlicht entfernen, um so die Blattemperatur zu kontrollieren. Ihre wenigen Möglichkeiten einer Überhitzungssteuerung bestehen einerseits in der kühlenden Wirkung der Transpiration und andererseits in der Größe und Form bzw. der Lage der Blätter zum Sonnenlicht. Dabei hat natürlich die Transpiration als Kühlungsmittel die größte Bedeutung. Da Blätter nämlich nur einen begrenzten Temperaturbereich ertragen können, geben sie die überschüssige Wärme, ähnlich wie bei der Konvektions- oder Radiatorheizung in unseren Häusern, an die umgebende Luft ab. Leider bilden sich aber bei ruhiger Luft zwischen dem Blatt und der umgebenden Luft sogenannte Temperaturgrenzschichten aus, die sich durch die laufende Wärmeabgabe des Blattes langsam aufheizen, so daß schließlich die Temperaturdifferenz zwischen dem Blatt und dieser Grenzschicht, und damit auch die Kühlung praktisch Null wird. Unter solchen Bedingungen kann dann nur eine Luftbewegung eine Überhitzung verhindern. Die Dicke dieser Grenzschicht ist nun besonders von der Größe und Form – und damit von der Oberfläche – eines Blattes abhängig. Am dünnsten und wirkungsvollsten ist sie in der Nähe des Blattrandes und am dicksten in der Blattmitte. Man bezeichnet nun diesen ganzen physikalischen Vorgang als Randeffekt. Große, ungeteilte Blätter haben im allgemeinen eine relativ kleine Oberfläche, dadurch nur geringe Randeffekte und deshalb sehr dicke und unwirksame Temperaturgrenzschichten, d. h. ihre Wärmeabgabe mittels Konvektion ist gering. Im Vergleich hierzu verlieren kleine oder tief geteilte bzw. gefiederte Blätter die Wärme an die Umgebungsluft sehr viel schneller, weil sie eine vergleichbar größere Oberfläche und dadurch mehr Randeffekte aufweisen. Normalerweise findet man also große, ungeteilte Blätter bei Pflanzen feuchter oder nasser Standorte (Seerosengewächse, Gewöhnliche Pestwurz, Pfeilkraut), wo eine dauernde Wasserzufuhr zu den Blättern gewährleistet bleibt. (Die auch bei Wasserpflanzen vorkommenden tief zerschlitzten Blätter beruhen übrigens auf einem ganz anderen Prinzip, s. S. 202). Auch Arten der beschatteten Waldböden (Erd-Schlüsselblume, Kleines Wintergrün, Rührmichnichtan, März-Veilchen)

haben ebenfalls meistens große, ungeteilte Blätter, weil sie hier im Schatten der Bäume kaum einer Überhitzungsgefahr ausgesetzt sind.

Ganz anders sehen dagegen die Blätter von Pflanzen sonniger oder trockener Standorte aus. Bei ihnen finden wir fein zerteilte oder auch gefiederte Blätter (Schlitzblatt-Wegerich), die teilweise sogar bis zu Dornen reduziert sein können. Ähnlich reagieren der Blut- bzw. der Schlitzblättrige Storchschnabel auf trokkenen Standorten im freien Sonnenlicht. Sie erzeugen unter solchen Bedingungen tiefer geteilte Blätter als reine Schattenpflanzen wie der Pyrenäen-Storchschnabel.

Die Blätter vieler anderer Pflanzen zeigen übrigens ein entsprechendes Phänomen am selben Stengel. Dabei werden in den unteren Sproßregionen – also in dem Bereich, wo eine Überhitzung sehr viel unwahrscheinlicher ist – meistens kaum zerteilte oder ganzrandige Blätter gebildet, während sie in den Spitzenregionen bei stärkerer Belichtung zerschlitzt sein können. Ein sehr gutes Beispiel hierfür ist die Moschus-Malve, die an der Triebspitze tiefgeteilte und an der Basis weniger zerschnittene Blätter aufweist. Es ist wohl auch kein Zufall, daß fast alle Keimblätter (s. S. 192) mehr oder weniger ganzrandig und nicht zerschlitzt sind. Sie können nämlich kaum einmal einer Überhitzung ausgesetzt werden, da sie sich überwiegend in stärkerer Beschattung entwickeln.

Moschus-Malve

Pflanzen trockener Standorte

Blattbewegungen

Im Gegensatz zu den Tieren haben Pflanzen nicht die Möglichkeit zu einer Ortsveränderung und müssen deshalb andere Methoden benutzen, um ihre Blätter in eine gute Belichtungsposition zu bringen. Nur Samen, Früchte oder frei schwimmende Pflanzen können eingeschränkt passive Ortsveränderungen vornehmen, sonst sind nur Blätter in der Lage, wenigstens die Ausrichtung zur Lichtquelle bzw. zur Erdschwerkraft reversibel zu verändern. Dieses gilt besonders für die Wachstumsphase, eingeschränkt aber auch für ältere Blätter. Alle diese Ausrichtungen sollen im Prinzip möglichst vielen Blättern eine ausreichende Belichtung garantieren (s. S. 210).

Schnelle, eindrucksvolle und für kleinere Tiere auch gefährliche Blattbewegungen kann man bei fleischfressenden Pflanzen beobachten. Diese können wie bei der nordamerikanischen Venus-Fliegenfalle innerhalb von Sekunden um ein Insekt zusammenklappen, wenn dieses ein empfindliches „Sinneshaar" auf der Blattoberfläche berührt. Auch in unserer Flora befinden sich auf den nährstoffarmen Standorten der Moore bzw. in nährstoffarmen Gewässern fleischfressende Arten wie die Sonnentau- und Wasserschlauchgewächse. Allerdings bewegen sich beim Sonnentau nur die mit Drüsensekret versehenen Haare auf der Blattoberfläche zu den gefangenen Insekten hin, um diese dann aufzulösen (s. S. 232). Eine andere, exotische Art – die Sinnespflanze oder Mimose – hat berührungsempfindliche Blatt- und Fiederblattstiele, die sich bei Berührung in kurzer Zeit zusammenfalten. Man vermutet, daß diese Reaktion als Fraßschutz entwickelt wurde. Im Prinzip beruhen alle solchen sehr schnellen Bewegungen im Pflanzenreich auf Turgoränderungen im Gewebe, wo schlagartig an besonders dünnwandigen sogenannten Gelenkzellen Zellsaft aus den Zellen heraus und in die Interzellularen eintritt. Ganz allgemein sind Bewegungen also bei Pflanzen weit verbreitet, die nach lichtinduziert oder dunkelheitsabhängig unterschieden werden. Viele Arten mit zusammengesetzten Blättern zeigen sogenannte „Schlafbewegungen" wie sie z. B. die dreizähligen Blätter des Weiß-Klees bzw. des Wald-Sauerklees aufweisen. Nachts klappen ihre Blätter nach unten, weil sich der Innendruck auf der Unterseite der Blattstielbasis gegenüber der Oberseite deutlich vermindert. Beide Arten besitzen darüber hinaus die Spaltöffnungen auf der Blattunterseite, so daß dann während der Nacht bei herabge-

Schlafbewegungen der Blätter vom Weiß-Klee und Wald-Sauerklee

schlagenen Blättern keine Tauablagerung auf ihnen erfolgen kann, die die morgendliche Transpiration verspätet einsetzen lassen würde. Diese und andere Arten zeigen allerdings auch tagsüber Blattbewegungen besonders in Abhängigkeit zur Sonneneinstrahlung. Einerseits sind es Bewegungen, die die Blätter wegen einer besseren Photosyntheseleistung in eine günstigere Lichtstellung bringen, andererseits aber auch Bewegungen, um gerade diese erhöhte Bestrahlung auszugleichen, damit in den Blättern keine Überhitzung erfolgen kann. Die einfachste Methode verläuft wohl ähnlich wie die Schlafbewegungen. Durch das Herabfalten oder auch durch leichtes Anwelken der Blätter wird die dem Licht ausgesetzte Blattfläche und damit eine zu starke Erwärmung beträchtlich verringert. Besonders die Welkebewegungen werden von Pflanzen angewendet, deren Wasserabgabe zu hoch geworden ist. Sehr schöne Beispiele der direkten Sonnenausrichtung bieten uns schnellwachsende Arten wie die Birke, die ihre herabhängenden Blätter fast genau auf die Sonne ausrichtet. Ein weiteres sehr eindrucksvolles Temperaturkontrollsystem besitzt der Wilde Lattich. Diese Pflanze wächst auf freien und relativ trockenen Standorten, wo die Wasserversorgung nicht immer ausreichend gewährleistet ist. Sie hält nun ihre Blätter vertikal in Nord-Süd-Richtung ausgerichtet, damit diese nur durch das mildere Morgen- und Abendlicht beschienen werden. Da zu diesen Tageszeiten auch noch die umgebende Luft deutlich kühler ist und die höhere Mittagsstrahlung nur auf die Schmalseite der Blätter fallen kann, wird den Pflanzen tagsüber eine sehr gute Temperaturkontrolle ermöglicht. Wegen dieses erstaunlichen Verhaltens wird der Wilde Lattich auch Kompaßpflanze genannt.

Wieder andere Blattbewegungen dienen nicht nur dem Überhitzungsschutz, sondern zusätzlich noch der Wassereinsparung. So rollen sich die Blätter vieler Gräser unter trockenen Bedingungen stark auf, wie u. a. das Gemeine Blaugras der trockenen, kalkhaltigen Grasfluren oder der Strand-Hafer der Küstendünen.

Bewegungen sind im Pflanzenreich aber nicht ausschließlich auf die Blätter beschränkt, sondern wir kennen durchaus viele andere Pflanzenorgane, die sich bewegen können. Wie wir schon bei den Ranken erwähnt haben (s. S. 194), dre-

hen sich auch diese auf der Suche nach einer Stütze fast ständig um ihre eigene Achse. Eine ähnliche, fast kreisende Bewegung – der Sonnenbahn folgend – führen auch manche Blüten und Blütenstände aus, wie die der Sonnenblume, des Gänseblümchens, des Löwenzahns oder des Topinamburs. Wegen dieses Verhaltens hat übrigens die Sonnenblume ihren Namen bekommen.

Die Blätter der Wasserpflanzen

Ein Hauptgrund, daß sich im Laufe der Zeit so viele verschiedene Blattformen und -größen entwickelt haben, liegt einerseits am Standort und andererseits an der Notwendigkeit, die Blätter bei Belichtung einigermaßen kühlzuhalten. Es treten deshalb stark gefiederte oder auch sehr schmale Blätter bei Pflanzen heißer und trockener Wuchsgebiete auf, wo eine Kühlung über die Transpiration nur eingeschränkt, über die Konvektion aber besser möglich ist. Paradoxerweise findet man nun bei reinen Wasserpflanzen ebenfalls ähnlich tief geteilte Blätter, obwohl hier keine Überhitzung erfolgen kann. Solche Arten müssen nämlich ein ganz anderes Problem lösen: normalerweise wird über die geöffneten Spaltöffnungen der Laubblätter Kohlendioxid (CO_2) aus der Luft aufgenommen und mittels Photosynthese zu Zucker umgebaut. Wegen des ständigen Umbaues von CO_2 zu Zucker liegt in den Blatthohlräumen (Interzellularen) ein dauerndes Kohlendioxiddefizit vor, so daß aus der umgebenden Luft neues CO_2 in die Blätter nachdiffundieren muß. Auch Wasserpflanzen erhalten ihren CO_2-Bedarf mittels Gasdiffusion in die Blätter. Unglücklicherweise ist aber der im Wasser gelöste Anteil sehr gering, und die Diffusion erfolgt hier auch noch 100 000mal langsamer als in Luft. Die einzige Möglichkeit, diesen Nachteil auszugleichen, bestand für submerse Blätter darin, durch eine feine Zergliederung die relative Oberfläche deutlich zu vergrößern (Ährenblütiges Tausendblatt, Wasserfeder). Dennoch sind nicht alle Blätter der Wasserpflanzen feingeteilt, sondern können wie beim Tannenwedel, der Kanadischen Wasserpest und vielen Laichkräutern auch lang und schmal bzw. wie bei den Seegrasgewächsen auch bis zu 200 cm lang und bandförmig sein. Zwar bilden das Krause Laichkraut, das Kamm-Laichkraut oder das Biegsame Nixenkraut noch ganzrandige Blätter aus, diese sind aber doch schon so fein und nadelförmig, daß sie schon fast an gefiederte Blätter erinnern.

Ein ausgesprochen gutes Beispiel dafür, wie eine Pflanze auf ihre Umwelt reagiert, liefert uns der im ruhigen Wasser lebende Wasser-Hahnenfuß. Er erzeugt in unterschiedlicher Höhe an seinem Stengel zwei voneinander abweichende Blattarten. Unter Wasser werden fein zerteilte Wasserblätter und auf der Wasseroberfläche meist handförmig ge-

Gemeines Seegras

Wasser-Hahnenfuß *Haarblättriger Hahnenfuß* *Efeublättriger Hahnenfuß*

teilte Schwimmblätter ausgebildet. Wir bezeichnen nun diese unterschiedliche Beblätterung als Heterophyllie und vermuten, daß die feine Fiederteilung der Wasserblätter als Reaktion der Pflanze auf die submerse Lebensweise zurückzuführen ist, bei der sie nur mit Hilfe einer relativen Oberflächenvergrößerung das CO_2 in ausreichender Menge aus dem Wasser entnehmen kann. Untersuchungen haben gezeigt, daß diese Blätter nicht, wie bei den Landpflanzen üblich, zweidimensional, sondern dreidimensional in einem komplizierten Verzweigungsmuster ausgerichtet sind. Auf diese Weise kann die Pflanze bei einem Minimum an Blattmasse die größtmögliche CO_2-Menge aus einem begrenzten Wasservolumen entnehmen. Hebt man aber ein solches Blatt aus dem Wasser heraus, so klappt es fast augenblicklich in sich zusammen, weil es selbst keine stützenden Gewebeelemente besitzt und der einzige Halt durch das Wasser gegeben wird. Nur der bis zu 6 m lange Wasser-Hahnenfuß mit fast ovalen bis 30 cm langen Schwimmblättern kommt auch in schnellfließenden Gewässern vor. Nicht nur die im Wasser lebenden Hahnenfüße zeigen die bei ihnen so typische Heterophyllie, sondern auch am Pfeilkraut kann man ähnliche Erscheinungen nachweisen. Diese Pflanze entwickelt unter Wasser bandförmige, auf der Wasseroberfläche schwimmend dann ovale und über Wasser schließlich pfeilförmige Blätter. Alle diese Blattformen sind Anpassungen an die unterschiedlichen Lebensräume. Die vielen schmalen, submersen Blätter sind als Anpassung an einen verbesserten Gaswechsel, die breitovalen Schwimmblätter als Anpassung an die Wasserbewegung und die pfeilförmigen Blätter des Luftraumes schließlich als Anpassung an die Sicherung einer optimalen Temperatur aufzufassen.

Übrigens zeigen nicht alle Wasser-Hahnenfußverwandte eine Heterophyllie. So finden wir z. B. beim Haarblättrigen und Flutenden Hahnenfuß keine Wasserblätter und beim Efeublättrigen Hahnenfuß keine submersen Blätter.

Die Unterwasserblätter vieler Wasserpflanzen sind fein geteilt oder federig: bei den im Wasser lebenden Hahnenfüßen sind die Schwimmblätter von unterschiedlicher Gestalt

Sukkulente Blätter

An ganz speziellen Standorten findet man relativ häufig Pflanzen mit fleischigen Blättern. Im Unterschied zu anderen Arten speichern sie das Wasser in den Blätter und Stengeln und geben es kaum über die Spaltöffnungen durch Transpiration an die umgebende Luft ab. Bevorzugt findet man solche sukkulenten Pflanzen an sehr trockenen oder auch salzhaltigen Standorten. Zu den trockenen Standorten zählen sandige, steinige oder felsige Böden wie auch Mauerkronen, zu den salzhaltigen Standorten selbst die feuchten Salzwiesen. Daß ausgerechnet die Salzwiesen für Pflanzen ähnliche Probleme bei der Besiedlung aufwerfen wie trockene Sand- oder Felsböden, läßt sich relativ einfach erklären. Auf sandigen, trockenen Böden haben Pflanzen in der Wasseraufnahme Schwierigkeiten, weil hier der Vorrat zu gering ist. Auf salzhaltigen, selbst feuchten oder nassen Standorten steht ebenfalls nur sehr wenig freies Wasser zur Verfügung, weil an solchen Stellen ein osmotischer Effekt hinzukommt. Die im Wasser gelösten bzw. im Boden befindlichen Ionen haben die Tendenz, eine mehr oder weniger große Wasserhülle (Hydrathülle) um sich herum aufzubauen, die darüber hinaus auch noch sehr festgehalten wird. Der Boden wird also hierdurch physiologisch trocken, d. h. es steht den Pflanzen zu wenig Wasser für die Photosynthese zur Verfügung. Um nun trotzdem noch Photosynthese betreiben und Wasser aufnehmen zu können, müssen die Pflanzen die Ionenkonzentration ihres Zellsaftes möglichst über die der Bodenlösung anheben. Folglich werden auch in ihrem Gewebe die aufgenommenen Ionen Hydrathüllen ausbilden und dadurch mehr Wasser an sich binden. Dieses könnte dann zwangsläufig zu einer Verdickung spezieller Organe geführt haben. Auf beiden Standorten steht den Pflanzen also zu wenig Wasser für die wichtige Photosynthese bzw. Blattkühlung zur Verfügung. Die Lösung des Kühlungsproblems bei eingeschränktem Wasservorrat bestand also einfach darin, das kostbare Wasser unter Bildung von Sukkulenz in speziellen Geweben zu speichern. Wasserreiches Gewebe heizt sich nämlich viel langsamer als ein Festkörper auf und muß deshalb auch nicht so ausgeprägt gekühlt werden, kühlt allerdings auch langsamer wieder aus. Im Inneren eines sukkulenten Blattes befinden sich deshalb stark vergrößerte bis zum Platzen mit Wasser gefüllte Zellen.

Mauerpfeffer und Nabelkraut an einer Mauer wachsend

Quer-Längsschnitt durch ein sukkulentes Blatt mit wassergefüllten Zellen

Die typischen Vertreter der sukkulenten Pflanzen sind zwar die Kakteen (Cactaceae) mit den Opuntien als einzige Vertreter in Südeuropa, dennoch gibt es auch bei uns einige dickfleischige Arten aus verschiedenen Familien. Auf trockenen Böden entstammen sie meistens der Familie der Dickblattgewächse

(Crassulaceae). Die Arten innerhalb dieser Familie, wie die Sprossende Hauswurz oder das Nabelkraut, haben fleischige Blätter ausgebildet und besiedeln meist Rohböden, nackte Felsen oder Stellen mit geringer Humusauflage.

Im Vergleich zu diesen Arten treten auf der Salzwiese keine solchen taxonomischen Verwandtschaften auf. Die hier lebenden mehr oder weniger stark sukkulenten Pflanzen entstammen vielmehr zahlreichen unterschiedlichen Familien. Hierzu zählen besonders auf den sandigen Böden der Meeresküste das Salzkraut, die Salzmiere, die Strand-Zaunwinde, *Euphorbia paralias* und auf noch trockeneren Standorten die Mertensie.

Insgesamt gesehen wurde die Sukkulenz also als Antwort auf einen salzhaltigen Standort über viele Familien verstreut entwickelt, während sie als Antwort auf ausschließlich trockene Habitate nur bei einigen wenigen entstand. Warum diese unterschiedliche Entwicklung ablief, weiß heute noch niemand exakt zu beantworten. Für alle Arten trifft aber zu, daß sie unter vollem Sonnenlicht mit eingeschränktem Wasservorrat ihre Photosynthese und Blattkühlung durchführen können.

Alle diese Pflanzen wachsen an verschiedenen Küstenstandorten mit salzreichen Böden, stammen aber aus unterschiedlichen Familien.
Auf kiesigen Böden im Vordergrund lebt die Mertensie (Borretschgewächse). Auf Sand findet man Euphorbia paralias (Wolfsmilchgewächse), Schlitzblatt-Wegerich (Wegerichgewächse), Salzmiere (Nelkengewächse), Strand-Zaunwinde (Windengewächse) und Strandsode (Gänsefußgewächse). In der feuchten Salzwiese wachsen verschiedene Löffelkräuter (Kreuzblütler), Queller (Gänsefußgewächse) und Milchkraut (Schlüsselblumengewächse)

Bei dichtem Stand sterben die unteren Blätter des Schmalblättrigen Weidenröschens schon ab, wenn die Pflanze gerade anfängt zu blühen

Immergrüne und laubabwerfende Pflanzen

Es ist allgemein eine völlig falsche Methode, die Pflanzen in die beiden Kategorien der Immergrünen und die der Laubabwerfenden einzuteilen. Für Bäume mag dieses noch einigermaßen zutreffen, weil sehr viele die Blätter tatsächlich nur für eine Vegetationsperiode entwickeln. Kräuter und einige Sträucher dagegen zeigen eine viel größere Variation innerhalb ihrer Blattlebensdauer. So sind einige Kräuter schon deswegen laubabwerfend, weil sie zum Winter völlig absterben. Andere haben dagegen auch über den Winter hinaus die Fähigkeit, ihre Blätter zu erhalten.

Im allgemeinen findet man die kurzlebigsten Blätter bei Arten, die selber nur eine kurze Zeit lebensfähig sind und ein rasches Wachstum aufweisen. Aber auch viele ausdauernde Pflanzen erzeugen mit den jährlich neugebildeten Blütentrieben mehr oder weniger kurzlebige Blätter. So erzeugt das Schmalblättrige Weidenröschen an seinem gesamten Sproß zwar Blätter, die untersten sterben aber bei Beschattung frühzeitig wieder ab. Auch bei vielen anderen Pflanzen bleiben die im Frühjahr gebildeten Blätter höchstens bis zum Herbst erhalten. Beim Hasenglöckchen entstehen z. B. aus unterirdischen Zwiebeln im Februar/März junge Blätter, die bis zum April/Mai dichte Blattbüschel bilden und schließlich schon zum späten Juli wieder völlig abgestorben sind.

Abweichend hiervon erzeugen andere Arten ständig neue Blätter. Der Rote Fingerhut, eine zweijährige Pflanze, erzeugt im ersten Jahr aus dem Keimling unter ständigem Blattzuwachs eine Rosette, die im folgenden Frühjahr dann

Eine Gesellschaft des Hasenglöckchens hat grüne Blätter im März, blüht im Mai, und die Blätter sterben bereits im Juli wieder ab

einen beblätterten Blütenstand austreibt, anschließend fruchtet und abstirbt. Allerdings sind die allerersten Blätter des jungen Fingerhutes spätestens zum Frühherbst schon vergangen, während die später gebildeten viel länger am Leben bleiben.

Die langlebigsten Blätter findet man nun bei Arten mit holzigen Trieben, und ein typisches Beispiel hierfür ist die Besenheide, deren nadelförmige Blätter sogar mehrere Jahre an der Pflanze überleben können. An dieser Art kann sehr deutlich eine Beziehung zwischen der Blattlebensdauer und der Wachstumsgeschwindigkeit der Pflanze abgeleitet werden. Auf den nährstoff- und wasserarmen Standorten wächst die Besenheide sehr langsam und hat infolgedessen auch nur langsamwachsende immergrüne Blätter. Grundsätzlich scheint nämlich die Neigung zur Bildung von immergrünen Blättern mit den schlechten Lebensbedingungen der Pflanze zuzunehmen. Auf den ersten Blick scheint es denn auch außerordentlich verschwenderisch zu sein, wenn Pflanzen die Blätter jährlich abwerfen. Bei genauerem Hinsehen erkennt man aber aus diesem Blattabwurf große und sogar notwendige Vorteile. Mit der Alterung der Blätter wird 1. die Wirksamkeit ihrer Photosyntheserate deutlich niedriger, 2. kann das gesamte Blatt oder Teile davon dem Insektenfraß bzw. anderen Parasiten zum Opfer fallen, und 3. können ältere Blätter sehr leicht von jüngeren beschattet werden. Danach profitiert eine Pflanze also erheblich davon, wenn sie die alten Blätter absterben läßt, ihnen aber vorher die vorhandenen Nähr- und Aufbaustoffe für die Produktion neuer, junger und photosynthetisch aktiver Blätter entzieht. Allerdings ist dieses Verfahren nur dann sinnvoll, wenn die Pflanze sozusagen die Investitionskosten für das alte Blatt über dessen photosynthetische Produktion schon herausbekommen hat. Sollten die Standortsbedingungen also sehr ungünstig sein, wird dieser Prozeß länger andauern, und folglich müßten auch die Blätter länger überleben. Bedauerlicherweise muß nun ein solches längerlebendes Blatt eventuell auch noch mit möglichen ungünstigen Witterungsverhältnissen (z. B. Frost) oder dem Fraß durch Herbivoren fertigwerden. Dieses ist wohl der Grund dafür gewesen, daß solche langlebigen Blätter lederig und nadelspitz wie bei der Besenheide geworden sind. Leider ist diese Entwicklung ein Unglückskreis, denn je lederiger und nadelähnlicher ein Blatt wird, desto wirkungsloser ist es bei der Photosynthese und desto länger muß es zwangsläufig überleben.

Der Fingerhut erzeugt während seines zweijährigen Lebens laufend neue Blätter

Licht- und Schattenblätter

Die meisten Pflanzen leben in Lebensgemeinschaften und müssen mit anderen Arten um Licht und Nährstoffe konkurrieren. Pflanzen, die also größer als ihre Nachbarn sind, werden deshalb einen Konkurrenzvorteil besitzen, weil sie das angebotene Licht besser ausnutzen können. Daraus folgt, daß es in Lebensgemeinschaften immer Blätter geben muß, die sich im Schatten von höherwüchsigen Arten oder von höherliegenden Blättern des gleichen Individuums befinden. Die Richtigkeit dieser Feststellung kann relativ einfach an verschiedenen Lebensgemeinschaften überprüft werden. Berücksichtigt man über irgendeinem Punkt des Erdbodens die mittlere Blattzahl, so erhält man z. B. für Grünland 4–5, selten 10–12 verschiedene Blattetagen. In einem Eichenwald findet man dagegen allein in der Baumschicht 2–4 Etagen, die darunterfolgende Strauchschicht (vielleicht mit der Haselnuß) enthält 1–2 und die am Waldboden befindliche Krautschicht, z. B. mit dem Wald-Bingelkraut, schließlich noch 3–4. Auch wenn man die Moosschichten nicht weiter mitberücksichtigt, kommt man danach allein für die oberen Blattetagen des Eichenwaldes auf 7–10 Schichten.

Nun zeigen Pflanzen, an denen Blätter beschattet werden, verschiedene Reaktionen auf diesen Schatten. Bei reinen Sonnenpflanzen sterben die nicht ausreichend mit Licht versorgten unteren Blätter ab (s. S. 198), wobei ihnen sämtliche Nährstoffe entzogen werden. Diese Nährstoffe gelangen anschließend an die Vegetationspunkte, wo wieder neue, besser zum Licht postierte Blätter entstehen. Diese Strategie bedeutet aber für die Pflanzen, daß sich der Vegetationspunkt immer in der bestmöglichen Stellung zum Licht befinden und in der Lage sein

Übersichtsbild eines Eichenwaldes, das deutlich macht, daß die Laub- und Lebermoose am Waldboden von ca. drei Blattschichten des Wald-Bingelkrautes, zwei Schichten der Hasel und drei Schichten Eichenblättern beschattet werden

muß, den Unterschied zwischen vollem Tageslicht, Dämmerlicht oder tiefem Schatten festzustellen. Das „Erkennen“ einer Beschattung wird mit Hilfe eines Pigmentsystems durchgeführt, das aus dem Tageslicht nur durch rote oder blaue Anteile der Spektralfarben beeinflußt wird und das grüne Licht reflektiert. Da nur gesunde Blätter auch einen Teil des infraroten Lichtes reflektieren, erscheinen sie auf einem Falschfarbenfilm leuchtendrot, während kranke oder sterbende Blätter nur mattrot sind. Aus diesem Grunde werden die verschiedensten Pflanzenbestände von Satelliten aus mit Hilfe der Infrarot-Fotografie aufgenommen, um z. B. das Ausbrechen von Pflanzenkrankheiten schneller feststellen und bekämpfen zu können.

In diesem infraroten Bereich haben Blätter nun ein weiteres, bemerkenswertes Pigmentsystem, das man als Phytochrom- oder Hellrot-Dunkelrot-System bezeichnet. Dieses Phytochromsystem kann in zwei unterschiedlichen Rotbereichen Licht bei einer Wellenlänge von 660 nm bzw. 730 nm selbst die geringsten Lichtmengen „wahrnehmen“. Trifft z. B. Licht der Wellenlänge 660 nm auf ein Blatt, so wandelt sich das inaktive Phytochrom P660 in das aktive mit der Empfindlichkeit bei 730 nm um, wird also zu P730. Tritt nun der umgekehrte Fall ein, daß das gerade gebildete aktive Phytochrom P730 von Licht mit der Wellenlänge von 730 nm getroffen wird, so wandelt sich die aktive wieder in eine inaktive Form von P660 um. Da aber nur ein einziges Phytochrom – nämlich das P730 – aktiv ist, können Pflanzen mit Hilfe dieses Pigmentsystems die relative Menge des hell- oder dunkelroten Lichtes „messen“ und auf diese Weise feststellen, ob sie von anderen Blättern beschattet werden oder nicht. „Bemerken“ so z. B. Sonnenpflanzen in einem krautigen Bestand, daß sie von anderen beschattet werden, so bewirkt das Phytochromsystem sehr rasch eine Verlängerung des Sprosses oder der Blattstiele, so daß die beschatteten Blätter wieder ins volle Tageslicht gelangen.

Dieser Vorgang tritt aber nicht bei Schattenpflanzen wie Berg-Ehrenpreis oder Gundermann auf, weil bei ihnen selbst das rascheste Längenwachstum nicht ausreichen würde, um sie ins volle Tageslicht zu transportieren. Sie müssen also mit dem Licht auskommen, das den Bestand gerade noch durchdringt. Deshalb verlangsamen sie entweder ihr Wachstum so lange, bis sie wieder etwas mehr Sonnenenergie erhalten oder aber sie bilden große, dünne Blätter mit geringerer Photosyntheseleistung. Vergleicht man danach einmal typische Pflanzen des Waldbodens wie die Dreinervige Nabelmiere, das März- oder das Wald-Veilchen mit Arten freier Standorte wie das Quendelblättrige Sandkraut, das Hunds-Veilchen oder das Acker-Stiefmütterchen, so ist deutlich zu erkennen, daß die beschatteten Pflanzen größere und dünnere Blätter ausbilden als die voll belichteten.

Vergleich von drei Paar nahe verwandter Arten: Auf der rechten Seite der Abbildung sieht man Waldpflanzen, auf der linken Seite Pflanzen offener Standorte mit schmalen Blättern

Blattstellung

Wegen der ungünstigen Schattenwirkung ist es für Pflanzen viel vorteilhafter, wenn sie ihre Blätter so ausrichten, daß sich keine gegenseitige Beschattung ergibt. Dieses kann entweder durch eine weit entfernte Blattanordnung oder aber bei dichterer Blattstellung durch eine bestimmte Winkelstellung geschehen.

Jeder Gegenstand – also auch ein Blatt – behindert nämlich den Lichtzutritt in einem ganz bestimmten Entfernungsbereich von seiner Inserierungsstelle, der ungefähr das 50- bis 70fache seines Durchmessers beträgt. Nur wenn sich also normal große Blätter bei feststehender Beleuchtung in einem Abstand von ca. 1 Meter voneinander befänden, würde sich keine gegenseitige Beschattung ergeben. Da sich aber während des Tages die Sonne über den Himmel bewegt und der Schatten der Blätter dieser Bewegung folgt, können sie am Sproß der Pflanzen viel dichter beieinanderstehen, als es theoretisch möglich wäre. Allerdings sind die Blätter dann zusätzlich in einer regelmäßigen Stellung um den Sproß herum so angeordnet, daß sich benachbarte Blätter nicht überlappen können. Die wissenschaftliche Untersuchung dieser Blattanordnung wird auch als Blattstellungslehre bezeichnet.

Die geometrisch einfachste Anordnung ist hierbei die Gegenständigkeit, wo zwei Blätter am Sproß genau einander gegenüber angeordnet sind. Dabei werden die Blätter am nächsthöheren Knoten im rechten Winkel zu den ersten angelegt. Diese Blattstellung ist uns allen als gegenständig dekussiert bekannt und besonders häufig bei den Nelken-, Hartheu-, Enziangewächsen und Lippenblütlern vertreten.

Vereinzelt kann am selben Knoten noch ein drittes Blatt erscheinen, so daß dann ein Blattwirtel gebildet wird mit einem regelmäßigen Winkelabstand von 120° (Drüsiges Springkraut, Gemeiner Gilbweiderich). Beide Arten zeigen diese spezielle Blattstellung, wobei aber auch 2 oder 4 Blätter an jedem Knoten erscheinen können. Andere Arten (Rötegewächse, Acker-Spörgel) bilden statt dessen tatsächlich Blattwirtel mit sehr vielen Einzelblättern an jedem Knoten aus.

Sowohl für die gegenständige als auch für die wirtelige Blattstellung gilt aber, daß die Einzelblätter überwiegend schmal und ganzrandig sein müssen, damit eine gegenseitige Beschattung von

Verschiedene Blattstellungen: Johanniskraut hat gegenständige Blätter; beim Gemeinen Gelbweiderich stehen sie im Winkel von 120°; beim Echten Labkraut findet man Blattwirtel

höherliegenden Knoten nicht erfolgen kann. So besitzen z. B. die Rötegewächse fast nadelförmige Blätter, und in keiner der vier anderen oben erwähnten Familien mit gegenständigen Blättern erscheinen zusammengesetzte Blätter.

Wenn nun große und/oder zusammengesetzte Blätter bei Pflanzen am Sproß untergebracht werden müssen, so sind andere und bessere Blattstellungen unbedingt erforderlich. Hierzu zählt besonders die spiralige Anordnung mit all ihren Variationen. Es ist auffallend, daß besonders die großen Familien wie die Hahnenfuß-, Rosen- und Storchschnabelgewächse sowie die Schmetterlings- und Doldenblütler zusammengesetzte Blätter aufweisen und daß viele Arten aus diesen Familien die nachfolgenden Blätter immer ein Stückchen weiter um den Sproß herum inseriert haben, so daß die Ansatzstellen eine sogenannte Grundspirale mit einer bemerkenswerten mathematischen Genauigkeit bilden. So besitzen viele Pflanzen, wie z. B. in-

Die Blätter des Gänseblümchens stehen in einer 3/8-Blattstellung

Die Blätter der Ruhrwurz stehen in einer 2/5-Blattstellung

Die Blätter der Schlüsselblumen wachsen in Rosetten; die mehr zum Zentrum stehenden Blätter haben aber einen steileren Anstellwinkel

nerhalb der Korbblütler die Ruhrwurz oder innerhalb der Bäume die Eiche, einen Winkel zwischen den einzelnen Blättern von 144° oder $^{2}/_{5}$ eines Kreises. Mit anderen Worten, das sechste Blatt steht wieder genau über dem ersten, und alle Blätter zusammen bilden zwei getrennte Spiralen. Besonders deutlich kann man solche Verhältnisse bei Rosettenpflanzen verfolgen. So stehen z. B. die Rosettenblätter des Gänseblümchens auf 135° oder auf einem $^{3}/_{8}$-Kreis, und bei ihr finden wir drei unabhängige Spiralen. Einen ähnlichen Blattwinkel zeigen auch die Blätter der Himbeere, den man auch als $^{3}/_{8}$-Blattstellung bezeichnet. Schreibt man übrigens die gegenständige Beblätterung in Form eines solchen Bruches, nämlich $^{1}/_{2}$, so kommen auf einen Umlauf um den Sproß herum jeweils zwei Blätter im Winkel von 180°. Auch eine $^{1}/_{3}$ Blattstellung ist im Pflanzenreich bei Haselnuß, Erle und Buche festzustellen. Bei ihnen findet man auf einem Umlauf 3 Blätter in einem Winkel von 120°. Anschließend kämen die schon oben erwähnten $^{2}/_{5}$- (zwei Spiralen mit 5 Blättern) $^{3}/_{8}$-, $^{5}/_{13}$-Stellung und so weiter. In dieser mathematischen Reihe ($^{1}/_{2}$; $^{1}/_{3}$; $^{2}/_{5}$; $^{3}/_{8}$; $^{5}/_{13}$) kann man die aufeinanderfolgenden Brüche – oder Blattstellungen – exakt voraussagen, wenn man die Zähler und Nenner der beiden vorausgegangenen Brüche addiert. So folgt nach der $^{1}/_{2}$- + $^{1}/_{3}$- die $^{2}/_{5}$-Blattstellung oder nach der $^{1}/_{3}$- + $^{2}/_{5}$- die $^{3}/_{8}$-Blattstellung. Diese mathematische Beziehung nennt man nach dem Entdecker die Fibonacci-Reihe. Es ist beeindruckend, daß eine solche Formel die Blattstellung einigermaßen exakt wiedergibt. Obwohl diese sehr deutliche geometrische Ausrichtung dazu beiträgt, eine Überlappung der Blätter zu vermeiden, ergeben sich für die Rosettenpflanzen dennoch spezielle Probleme, da bei ihnen die vertikale Trennung der Blattetagen fehlt. Solche Arten ermöglichen normalerweise eine optimale Blattstellung, indem sie die Blattstiele der Rosettenblätter so lange weiterwachsen lassen, wie neue Blätter entstehen, so daß schließlich die untersten, langgestielten Blätter unter den oberen, kurzgestielten hervorragen (Storchschnabelgewächse, viele Korbblütler). Eine andere Methode wäre die, den Anstellwinkel der einzelnen Blattstiele immer steiler auszubilden, so daß am Ende die inneren Blätter fast aufrecht stehen (Schlüsselblume).

Die Wurzeln

Speicherung und Sicherung

Von allen Pflanzenorganen werden die Wurzeln meistens vernachlässigt. Dies liegt daran, daß sie einerseits unter der Erdoberfläche verborgen wachsen und daß sie andererseits keine systematisch verwendbaren Erkennungsmerkmale wie die Blätter oder Blüten besitzen. Allein diese Feststellung ist interessant genug, daß es noch einer weiteren Erklärung bedarf. So kann man das Merkmal der unterschiedlichen Form und Größe von Blättern sowohl systematisch als auch physiologisch als Überhitzungsschutz verwenden (s. S. 198) oder als wirksames Organ zur Sonnenlichtaufnahme (s. S. 210) erklären. Der Boden als Lebensraum ist abweichend von der Luft dagegen viel ausgeglichener, wo eine Überhitzung kaum eine Rolle spielt. Ein weiterer Unterschied zwischen ober- und unterirdischen Organen besteht darin, daß die Pflanzen mit den Blättern Licht und CO_2 und mit den Wurzeln Wasser und Nährstoffe aufnehmen. Während nun für die Blätter bezüglich der CO_2- und Lichtaufnahme die Größe und Form durchaus eine Rolle spielen, ist dieses für die Wurzeln nicht so wichtig, weil diese die lebensnotwendigen Stoffe – Wasser und Nährstoffe – aus einem Medium entnehmen, das einerseits sehr viel homogener ist und in dem diese Stoffe andererseits auch gleichmäßiger verteilt vorkommen. Die äußere Gestalt einer Wurzel spielt deshalb für Pflanzen auch keine so große Rolle als vielmehr die Tatsache, wie tief diese Wurzel in den Boden eindringen bzw. wie weit sie sich horizontal im Boden erstrecken kann.

Dennoch sind nicht alle Wurzeln identisch, sondern können sich in der Form und Funktion unterscheiden. Wurzeln erfüllen nämlich drei hauptsächliche Aufgaben: 1. die Aufnahme von Wasser und Nährstoffen; 2. die Verankerung des Vegetationskörpers im Boden und 3. die Speicherung der Assimilate, d. h. die Ablagerung der überschüssigen durch Photosynthese produzierten Zucker- und Stärkemengen. Sehr viele Pflanzen besitzen nämlich solche umgewandelten Wurzeln (oder auch unterirdische Speichersprosse [Rhizome], s. S. 250), die zur Aufnahme und Speicherung der organischen Überschüsse dienen. Hierbei liegt der Vorteil einer unterirdischen Speicherung als Sicherheitsmaßnahme gegen Fraß fast schon auf der Hand. Allerdings können Wühlmäuse und andere Herbi-

Die Wurzelsysteme einiger häufiger Arten

voren durchaus auch solche Speicherwurzeln entdecken und dann verzehren. Die Entdeckungsgefahr an sich ist aber bei unterirdischer Anlage solcher Nahrungsspeicher schon erheblich eingeschränkt.

Einige Pflanzen besitzen also neben ganz normalen Wurzeln vornehmlich in der Ruheperiode auch solche, die nur an einigen Stellen leicht angeschwollen sind. Hierzu gehören das Läusekraut und die Rasen-Schmiele. Zwischen diesen Typen und den echten stark verdickten Hauptwurzeln (Wiesen-Kerbel, Löwenzahn und andere ausdauernde Arten) gibt es aber gleitende Übergänge.
Da diese Nährstoffspeicher aber sehr verführerische Ziele für Mäuse, Käfer-Larven und andere unterirdisch lebende Tiere sind, ist es nicht sehr überraschend, daß die Pflanzen gerade diese Speicher durch giftige chemische Substanzen schützen. So ist z. B. die harntreibende Wirkung des Wurzelstockes vom Löwenzahn gut bekannt, aber auch andere Arten bilden – zumindest für kleinere Tiere – mehr oder weniger giftige Speicherwurzeln wie das Gemeine Seifenkraut, die Blutwurz, die Wilde Möhre oder die Rotfrüchtige Zaunrübe.

Ein sehr gut bekannter chemischer Schutzstoff befindet sich in der Speicherwurzel des Gelben Enzians. Der Lebensraum dieser Pflanze befindet sich in den Gebirgen Süd- und Mitteleuropas, wo die Speicherwurzel besonders im französischen Zentralmassiv zur Produktion eines Bitterstoffes gesammelt wird. Aus diesem Bitterstoff wird dann ein Getränk hergestellt, dem eine gesundheitsfördernde Wunderkraft innewohnen soll.

Gerade diese Entwicklung einer massiven Hauptwurzel als Speicherorgan, wovon die absorbierenden Seitenwurzeln strahlenförmig abgehen, ist die verbreitetste Methode, mit der Kräuter überwintern. So vergeht bei manchen Doldenblütlern fast das gesamte erste Jahr für den Aufbau einer solchen Wurzel, dessen Mächtigkeit später dann entscheidend dafür ist, ob diese Pflanze überleben kann oder nicht. Das grundsätzliche Problem besteht für Pflanzen mit unterirdischen Speicherwurzeln darin, daß diese Organe nicht langsam über die Erdoberfläche hinauswachsen dürfen, da dann die erforderliche Schutzwirkung vor extremen Temperaturen oder Fraß nicht mehr gewährleistet wäre. Deshalb entwickeln sehr viele Arten wie das Echte Alpenveilchen, das Wald-Bingelkraut, der Knollige Hahnenfuß und der Rot-Klee sogenannte Zugwurzeln, die den möglicherweise herauswachsenden Wurzelstock wieder in den Erdboden zurückziehen.

Gelber Enzian *Knolliger Hahnenfuß*

Die Wasser- und Nährstoffaufnahme

Alle Pflanzen benötigen Wasser und anorganische Nährstoffe, die sie überwiegend mit Hilfe der Wurzeln dem Boden entziehen. Dabei bekommen Vollparasiten diese Stoffe von einem Wirtsorganismus (Halbparasiten benutzen eigene Wurzeln, s. S. 223) und Saprophyten von ihrem pilzlichen Partner. Reine Wasserpflanzen, die entweder auf der Wasseroberfläche schwimmen (Wasserlinsen) oder aber untergetaucht leben (Wasserfeder), nehmen diese Stoffe auch direkt über die Blätter auf.

Der Bau der Wurzel wird dabei von folgenden Bodenbedingungen bestimmt: Das Wasser und die Nährstoffe verlagern sich im Boden nur langsam, so daß die Wurzel dieser Verlagerung folgen muß. Zur Durchdringung fester Bodenpartikel ist sie deshalb mit ganz bestimmten Organen ausgerüstet. Hierzu gehört vornehmlich an der Wurzelspitze die sogenannte Wurzelhaube (Kalyptra), die während des Eindringens in den Boden außen kontinuierlich abgescheuert und von innen gleichermaßen aus einem speziellen Bildungsgewebe wieder ersetzt wird. Den zur Aufnahme von Wasser und Nährsalzen unbedingt notwendigen engen Bodenkontakt ermöglichen meistens die wenige Millimeter langen Wurzelhaare (z. B. Hornkräuter). Im allgemeinen werden sowohl das Wasser als auch die Mineralstoffe über die gesamte Wurzeloberfläche aufgenommen und mit Hilfe des Wurzeldruckes zunächst nur in den Zentralzylinder, d. h. das Xylem, gepreßt (s. S. 184). Von hier aus gelangen die Stoffe mit dem Transpirationsstrom in die Blattregion, wo sie dann verarbeitet werden.

An den Wurzeln und Wurzelhaaren haftende Bodenpartikel beim Gemeinen Hornkraut

Pflanzengesellschaft der Dünen im Frühjahr

Die Böden variieren nun erheblich in ihrer Fähigkeit, den Pflanzen das notwendige Wasser zur Verfügung zu stellen, und genau diesen Verhältnissen ist das jeweilige Wurzelsystem angepaßt. Die Trockenheit eines Bodens mag z. B. wegen einer guten drainierenden Wirkung von grob sandigen Partikeln herrühren, wo dann langfristig Wasser nur als Grundwasser in der Tiefe zur Verfügung stände. Auf einem solchen Standort wären als ausdauernde Arten nur Pflanzen mit tiefreichendem Wurzelsystem angepaßt, während einjährige, flachwurzelnde Arten höchstens die Oberflächenwässer feuchterer Jahreszeiten nutzen könnten. Auf Sand-Dünen findet man dann tatsächlich eine ausdauernde, tiefwurzelnde Population wie den Helm oder die Sand-Segge oder aber auch flachwurzelnde, winterannuelle Arten wie Sand-Lieschgras, Geknäultes Hornkraut oder Frühlings-Hungerblümchen. Diese letztgenannten Arten keimen im Herbst, blühen im Frühjahr und sind im trockenen Juni schon wieder abgestorben. Aus diesem Grunde findet man übrigens an den meisten Standorten einen auffälligen Wechsel zwischen Wachstums- und Blütezeiten. Auf den Wiesen und Weiden des Flachlandes sind im zeitigen Frühjahr sowohl das Wiesen-Rispengras und das Gewöhnliche Ruchgras als auch das Scharbockskraut neben anderen als erste aktiv. Ihnen folgen dann das Wollige Honiggras und der Scharfe Hahnenfuß und denen

Die gleiche Gesellschaft im späten Sommer

wieder die Straußgräser, der Spitz-Wegerich, die Schwarze Flockenblume und das Echte Mädesüß neben vielen anderen. Eine mögliche Erklärung dieser unterschiedlichen Wachstums- und Blütezeiten liegt wohl in der Durchwurzelungstiefe begründet. Zu Beginn der Vegetationszeit erwärmt sich die Bodenoberfläche als erstes, was die flachwurzelnden Arten bevorteilt. Im Sommer sind dann diese Bodenoberflächen mehr oder weniger ausgetrocknet, und tiefwurzelnde Arten haben schließlich einen Konkurrenzvorteil. Als Beispiel sollen

Ein Rasen im späten Sommer: die Gräser sind braun, der Löwenzahn lebt noch als grüne Rosette, und das Herbst-Milchkraut blüht

Tiefe des Wurzelsystems beim Gemeinen Greiskraut und beim Krausen Ampfer

die im Hochsommer vertrockneten Rasenflächen herangezogen werden, aus denen nur noch die tiefwurzelnden Wegerich-Arten und der Löwenzahn als grüne Flecken und Inseln herausragen. Tatsächlich bilden also die einjährigen Arten ein sehr feines, weitverzweigtes und meistens flachstreichendes Wurzelsystem, mit dem weite Bereiche des Bodens erschlossen werden können. Hierzu gehören die meisten Gartenunkräuter wie Vogelmiere, Weißer Gänsefuß, Persischer Ehrenpreis und Gemeines Greiskraut. Bei anderen Arten stirbt die Hauptwurzel frühzeitig ab, und das Wurzelsystem wird wie bei der Besenheide dann fast buschförmig. Nur einige wenige einjährige (Färber Wau, Schlitzblatt-Wegerich), aber die meisten ausdauernden Arten bilden dagegen eine deutliche Hauptwurzel aus.

Die Verankerung im Boden

Eine der wichtigsten Aufgaben der Wurzel ist die Verankerung des Vegetationskörpers im Boden. Deshalb beginnt das Pflanzenwachstum schon bei der Keimung mit dem Wurzelwachstum, damit sowohl die künftige Verankerung der Pflanze im Boden als auch die Wasser- und Nährstoffaufnahme gewährleistet wird. Für die meisten ausgewachsenen Pflanzen ist nämlich das fertige Wurzelsystem nur nachrangig ein Verankerungsmittel, weil es zu diesem Zeitpunkt hauptsächlich zur Versorgung mit Nährstoffen dient. Nur auf ganz bestimmten Standorten treten für Pflanzen Stabilitätsprobleme auf. Hierzu gehören junge, noch verlagerbare Sanddünen, wo allein schon die Ansiedlung von Pflanzen mittels Saatgut problematisch wird. Tatsächlich erfolgt hier der Beginn eines Pflanzenwuchses nur über die Einwanderung von unterirdischen Sprossen, Rhizomen oder Wurzelstöcken, die sich unterhalb der beweglichen Erdoberfläche ausbreiten können. Hier erzeugen sie, vom Sand geschützt (Helm, Binsen-Quecke), nach unten Wurzeln bzw. nach oben Sprosse. In dem Moment aber, wo die oberflächlich beweglichen Sande solcher Dünen durch den Helm festgelegt sind, können andere Arten auch mittels Saatgut einwandern und den jetzt beruhigten Standort nutzen. Sie fangen dann aber meistens schon den oberflächlich auftreffenden Niederschlag ab, so daß dieses selbst für den trockenresistenten Helm eine Art Dürre bedeuten kann.

Noch größere Schwierigkeiten bekommen Pflanzen, die in schnellfließendem oder anders bewegtem Wasser wachsen. So haben sich z. B. die an felsige Küstenstandorte angepaßten Kräuter nicht durch andere Landpflanzen verdrängen lassen, sondern trotzen sogar dem Wellenschlag, weil sie sich mit ihren Wurzeln buchstäblich am Substrat festkrallen. Andere Arten sind hierzu nicht fähig, können aber dafür die Ufer schnellfließender Bäche besiedeln. Hier dienen dann die Wurzeln ebenso wie auf den felsigen Küstenstandorten fast ausschließlich der Verankerung, weil immer genügend Wasser zur Verfügung steht und die Mineralstoffe direkt über die Blätter aufgenommen werden können. Dennoch ist es bis heute ein Rätsel, wie solche Pflanzen (Wasser-Hahnenfuß, Breitblättriger Merk, Wasser-Ehrenpreis, Kamm-Laichkraut, Sumpf-Vergißmeinnicht und andere) überhaupt Wurzeln

Pflanzen fließender Gewässer

Elymus farctus sichert sich selber in einem sandigen Boden durch ein Netzwerk unterirdischer Rhizome; ist einmal der Boden festgelegt, können auch andere Arten einwandern

Der Kriechende Hahnenfuß erzeugt Adventivwurzeln an der Spitze der Stolonen. Wo er den Boden berührt, werden neue Pflanzen erzeugt

bilden konnten. Ihre Samen können nämlich nur am Grunde des Gewässers bei niedrigem Sommerwasserstand auskeimen, haben aber kaum genügend Zeit für die Bildung eines ausreichend zugfesten Wurzelsystems, weil sie frühzeitig zum Herbst wieder überflutet werden.

Normalerweise werden die Wurzeln von speziellen Bildungszonen der Pflanze erzeugt. Dennoch gibt es Arten, die in der Lage sind, Wurzeln aus ihren oberirdischen Sproßsystemen zu bilden. Solche Wurzeln werden als Adventivwurzeln bezeichnet; man findet sie bevorzugt bei flach am oder im Boden wachsenden Sprossen (Rhizome und Stolone, s. S. 250) wie z. B. beim Efeu, dem Weiß-Klee, der Wald-Erdbeere, dem Gänse-Fingerkraut und dem Ausläufer-Straußgras. Bei Arten mit oberirdisch kriechenden Sprossen dient dann diese Wurzelart neben der normalen Hauptwurzel als zusätzliches Verankerungsmittel für den sonst wohl etwas zu schwachen Vegetationskörper. Parallel können aber an den einzelnen Knoten neben Wurzeln auch neue Sprossen gebildet werden, die dann zusammen mit den Adventivwurzeln neue Individuen erzeugen. Die Adventivwurzeln entstehen entweder an jedem Knoten oder – bei aufrechten Arten – nur an der Stengelbasis (Kriechender Hahnenfuß, Großer Wegerich und viele einkeimblättrige Pflanzen). Etwas abweichend verhält sich die Brombeere. Sie erzeugt zunächst im Frühjahr und Sommer aufrecht wachsende Jungtriebe, die sich dann zum Herbst langsam auf den Erdboden legen. Noch bevor diese Triebe aber den Boden erreichen, haben sie an einzelnen Knoten bereits Adventivwurzeln gebildet.

Einige Pflanzen wie das Wiesen-Schaumkraut sind sogar in der Lage, an ihren Blatträndern Adventivwurzeln zu bilden, so daß die Blätter selbst zu reproduktiven Organen werden. Allerdings ist hierfür der enge Kontakt zwischen den oberirdischen Pflanzenteilen und einem feuchten Untergrund erforderlich.

Das Wiesen-Schaumkraut kann sogar an den Blatträndern Adventivwurzeln bilden

Gifte im Boden

Obwohl die meisten Pflanzen fest im Boden verankert sind, ist nicht jeder Boden für sie gleich nutzbar. Grundsätzlich entziehen Pflanzen dem Boden lebensnotwendige Nährstoffe, Wasser und für die Wurzelatmung Sauerstoff. Nur der von den Gärtnern so geschätzte lehmige Boden enthält alle Bestandteile in ausreichenden Mengen, aber längst nicht alle Böden erfüllen diese Bedingungen. Besonders die Wasserversorgung kann zum Problem für Pflanzen werden, vornehmlich auf sandigen, gut drainierenden Substraten, die wegen ihrer relativ großen Korngrößen nur wenig Wasser halten können und im Sommer teilweise zu trocken werden. Hat man aber ein feinkörniges, toniges Substrat mit 1000mal kleineren Korngrößen als beim Sand, so kann es auch hier zu Vertrocknungen kommen, weil ein solcher Boden mit seinen winzigen Poren von sich aus das Wasser für Pflanzen schon zu fest hält oder weil der für ein normales Wurzelwachstum notwendige Sauerstoff durch das Wasser weitgehend verdrängt wird. Ein ähnliches sauerstoffbegrenzendes Phänomen tritt auch bei hohem Grundwasserstand auf, wo sich im Substrat unverrottbare organische Schichten (Torfe) ausbilden. Wurzeln, die also in wassergesättigten Zonen überleben wollen, müssen den zur Energiegewinnung erforderlichen Sauerstoff auf andere Art und Weise bekommen. Viele Arten haben deshalb ein Durchlüftungsgewebe (Aerenchym), durch das der über die Spaltöffnungen in die Pflanze eingedrungene Sauerstoff bis in die Wurzel gelangen kann.

Gelbe Teichrose

Allerdings gibt es im Pflanzenreich auch eine andere Art der Energiegewinnung, ohne daß Sauerstoff benötigt wird. Hierzu gehören die Hefen, die bei der Gärung von Bier oder Wein anoxisch unter Energiegewinn Zucker in Alkohol umwandeln. Alkohol ist aber für die meisten Organismen eine toxische Substanz und müßte normalerweise aus den Bildungssystemen entfernt werden. Genau dieses macht die Gelbe Teichrose, die z. B. in ihren Wurzeln unter sauerstofffreien Bedingungen ebenfalls Alkohol erzeugt und diesen dann in die über der Wasseroberfläche befindlichen Blüten- und Blattorgane transportiert. Man kann diesen abdiffundierenden Alkohol auch sehr deutlich an ihren flaschenförmigen Früchten riechen.

Andere lebensfeindliche Böden weisen vielleicht sehr hohe Bodensäuregehalte auf. Dabei entsteht ein hoher Bodensäuregehalt dadurch, daß sich im Substrat zu wenig basische, d. h. kalkhaltige Minerale befinden, die die durch Pflanzen und saure Bodenminerale (Eisen- und Aluminiumverbindungen) erzeugten Säuren neutralisieren könnten. Aus kalkreichen Böden, die sich übrigens meistens aus den Kalkschalen abgestorbener Organismen entwickelt haben, wird nämlich laufend durch Regen der zur Pufferung notwendige Kalkanteil herausgelöst.

Pflanzen kalkreicher Standorte nennt man in der Ökologie Kalkzeiger und solche saurer Böden Säurezeiger. Dabei können saure Böden entweder durch Entkalkung ehemals kalkhaltiger Böden oder aus sauren Graniten bzw. Sanden hervorgegangen sein. Deutlich ist auch die Wirkung eines kalkhaltigen Substrates an seiner Flora zu erkennen. So findet man auf den Kalktrockenrasen mit ihrem hohen Arteninventar seltenere und auch farbenprächtigere Arten als auf sauren Böden.

Neuerdings hat der Mensch den Versauerungsprozeß der Böden stark beschleunigt, weil er zur Energiegewinnung schwefelreiche fossile Brennstoffe wie Öle und Kohle verfeuert. Durch die Verbrennung entsteht Schwefel-Dioxid (SO_2), das sich im Regenwasser zur Schwefligen Säure löst und als saurer Regen auf die Erde fällt. Gelangt nun dieser saure Regen auf einen kalkhaltigen Boden, so wird das Kalzium zwar sehr rasch herausgelöst, eine Reaktion

Oben rechts: Typische Kalkflüchter: Blutwurz, Schönes Johanniskraut und Harzer Labkraut
Unten: Typische Kalkzeiger auf kalkhaltigem Grünland: Echtes Labkraut, Kleiner Wiesenknopf, Rauhes Veilchen, Gemeines Sonnenröschen und Stengellose Kratzdistel

der Pflanzen bleibt aber zunächst aus. Auf sauren Böden werden durch diesen Vorgang allerdings die Bodenbedingungen noch zusätzlich soweit verschlechtert, daß sogar Säurezeiger darunter zu leiden haben. Auf städtischen Sportanlagen kann man diesen Prozeß sehr schön nachweisen. Die meisten Sportanlagen werden von langsamwachsenden und relativ unproduktiven Arten wie dem Hunds-Straußgras dominiert, während auf den dauernd mit Kalk bestreuten weißen Linien das Weidelgras überwiegt.

Der Mensch belastet die Böden darüber hinaus noch auf vielfältige Weise mit toxischen Metallen, wie z. B. mit Blei, Zink und Kupfer, um nur einige zu nennen. Wo also Erze aus dem Boden gewonnen oder eingeschmolzen werden

Frühlings-Miere, Gebirgs-Täschelkraut und Gelbes Veilchen auf der Abraumhalde einer Bleimine wachsend

oder wo Abraumhalden bestehen, können diese Metalle in so hohen Konzentrationen vorliegen, daß ein Pflanzenwachstum oft unmöglich wird. Der Mensch hat aber schon seit Jahrtausenden Blei gewonnen, so daß diese Zeit eventuell schon für eine natürliche Auslese ausreichen könnte. Tatsächlich findet man auf alten Minenhalden eine typische schwermetallanzeigende Vegetation mit Frühlings-Miere, Gebirgs-Täschelkraut und Gelbem Veilchen. Diese Arten haben bestimmte metallresistente Rassen gebildet, die in der Lage sind, die Giftwirkung auf Blüten und Blätter einfach dadurch zu umgehen, daß sie die Metalle in den Zellwänden der Wurzeln ablagern. So wächst z. B. in Deutschland und Belgien auf alten Zinkabraumhalden eine bestimmte zinkresistente Rasse des Gewöhnlichen Stiefmütterchens. Eine ähnliche Art der Evolutionsentwicklung wie auf den Halden konnte unter verzinkten Stacheldrahtzäunen in Norfolk, England, beobachtet werden, wo sich eine zinkresistentere Rasse des Hunds-Straußgrases entwickelt hat. Die Entwicklung der Zinkresistenz wurde wohl dadurch ausgelöst, daß sich das auf den Stacheldraht aufgebrachte Zink im Regenwasser löste und zinkangereichertes Wasser ca. 30 Jahre lang auf das darunterwachsende Gras tropfte.

Die gegenseitigen Wechselwirkungen

Parasiten

Jedes Naturgesetz hat seine Ausnahmen. Das Gesetz, daß Pflanzen ihre organische Substanz durch Photosynthese gewinnen, wird von parasitischen Pflanzen durchbrochen. Generell unterscheiden wir zwischen Halb- und Vollparasiten und verstehen unter Halb- oder Hemiparasiten (s. S. 230) Arten, die noch normale grüne Blätter ausbilden und hiermit auch Photosynthese betreiben können. Sie sind aber bezüglich ihrer Mineralstoffernährung und Wasserversorgung auf einen Wirtsorganismus angewiesen. Zu diesem Zweck sind ihre Wurzeln in Saugorgane (Haustorien) umgebildet, mit deren Hilfe sie sich an die Leitbündel, und zwar an das Xylem, anderer Pflanzen anschließen. Voll- oder Holoparasiten sind dagegen Pflanzen, die weder grüne Blätter noch Wurzeln erzeugen und infolgedessen auch sämtliche anorganische wie organische Nährstoffe von ihrem Wirt entnehmen müssen. Dieses ist wohl auch der Grund, daß sie bis auf die Blütenbildung sehr viele pflanzliche Merkmale verloren haben.

Die Seiden (Cuscuta) mit ihren schuppenförmigen Blättern an den Windesprossen umschlingen ihre Opfer eng und erzeugen nur in der Spitzenregion noch büschelige Blütenstände. Gerade diese Blüten sind es aber, die ihre Verwandtschaft mit den Windengewächsen anschaulich verdeutlichen. Vielleicht hat einmal ein entfernter Vorfahre neben der reinen Windefähigkeit als Nebenprodukt seiner Entwicklung herausgefunden, daß man die Rinde der Unterlage durchdringen und das eigene Leitbündel an das der Wirtspflanze anschließen kann. Jedesmal, wenn jetzt nur eine Berührung zwischen dem Stengel der Seide und der Wirtspflanze zustande kommt, wird sofort von der Seide eine Art Senker ausgebildet, der das eigene Leitbündel an das des Wirtsorganismus anschließt. Aus dem Phloem entzieht Cuscuta dann die benötigten organischen, aus dem Xylem die anorganischen Substanzen und transportiert diese zu den eigenen Vegetationspunkten. Eine sehr typische und fast ausschließliche Wirtspflanze der Europäischen Seide ist übrigens die Brennnessel, und die der Thymian-Seide der Stechginster. Sowohl die Europäische als auch die Thymian-Seide sind einjährige Pflanzen, die nur mittels Saatgut überwintern können. Im späten Frühjahr, wenn die Wirtsorganismen längst schon wachsen, beginnen ihre Samen erst mit der Keimung. Als erstes wird, wie bei allen Pflanzen, eine wenige Millimeter lange Keimwurzel gebildet, die ausschließlich die junge Pflanze im Boden verankern soll. Anschließend entsteht unter Rotationswachstum sehr rasch der Sproß. Die Zeitdauer dieses rotierenden Wachstums beruht ganz auf den Nährstoffreserven der Samen und hält zum Teil so lange an, bis sich der Sproß um einen passenden lebenden Wirt herumschlingen und eine Verbindung zu dessen Leitbündel herstellen kann. Die mei-

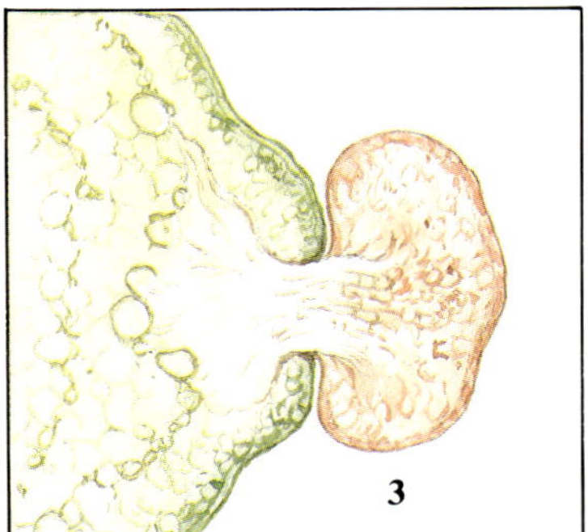

Thymian-Seide: 1 Sämling mit Wurzel und Sproß; 2 Sproß, die Wirtspflanze erklimmend; 3 Senker durchbricht das Wirtsgewebe; 4 Sproß verdorrend, wenn er nicht mehr benötigt wird

sten Sämlinge können aber diesen Kontakt nicht schnell genug bewerkstelligen und sterben ab, weil die Stengel ohne diese Leitbündelverbindung zum Wirt frühzeitig von unten her verdorren und gleichzeitig damit den Bodenkontakt verlieren. Auch andere Arten können chlorophyllfrei sein und einen Wirtsorganismus benötigen. Hierzu gehören besonders die Arten der Sommerwurzgewächse (Orobranchaceae) mit fast orchideenähnlichen, bräunlichen oder gelblichen Blüten, die eine sehr nahe Verwandtschaft mit den Rachenblütlern deutlich aufzeigen. Der parasitische Angriff auf die Wirtspflanze erfolgt bei den Orobranche-Arten aber nicht über den Stengel wie bei den Seiden, sondern über die Wurzel. Sofort bei der Keimung wird eine sondenähnliche Wurzel in den Boden getrieben, die rasch eine Verbindung zur Wirtswurzel herstellen muß. Anschließend wird meist eine ausdauernde Knolle gebildet, aus der schließlich im Sommer blühende Triebe erzeugt werden. Arten mit unterirdischen Knollen kann man natürlich nur während der Blütezeit feststellen, da sie nur zu diesen Zeiten oberirdische Triebe zwecks Bestäubung und Samenproduktion hervorbringen. Die häufigste Orobranche-Art ist übrigens der Kleeteufel, der, wie der Name schon sagt, überwiegend auf Klee oder seinen Verwandten parasitiert. Diese Beschränkung auf eine einzige Wirtspflanze ist bei den Orobranche-Arten weit verbreitet. So parasitiert z. B. die Violette Sommerwurz meistens auf der Schafgarbe, seltener auf Beifuß oder Distel, die Efeu-Sommerwurz auf Efeu, die Große Sommerwurz auf der Skabiosen-Flockenblume und so weiter. Übrigens ist diese Spezialisierung für den Botaniker ein äußerst hilfreiches Instrument, um die einzelnen Orobranche-Arten auseinanderzuhalten. Tatsächlich sind solche engen parasitischen Anpassungen nicht allein auf Pflanzen beschränkt. Man findet sie genauso häufig zwischen Pflanzen und Tieren. Da nun aber fast jeder Wirtsorganismus ein Abwehrsystem, meist chemischer Natur (s. S. 240), zu entwickeln versucht, müs-

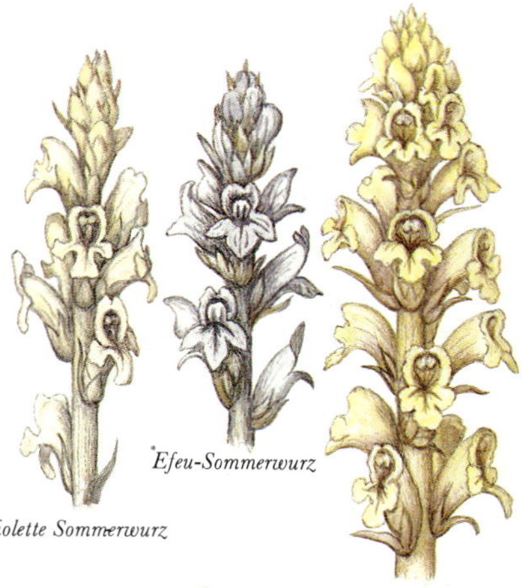

Kleeteufel: 1 Sämling (stark vergrößert), sich mit seiner Wurzel an eine Kleewurzel heftend; 2 eine Knolle wird gebildet; 3 der neue Sproß; 4 blühende, samenproduzierende Pflanze

sen sich die Parasiten dieser Entwicklung laufend anpassen. Dieses System bedingt aber, daß sich ein Parasitismus überwiegend auf eine Art beziehen muß, damit er nicht unwirksam wird.

Eine der bemerkenswertesten parasitischen Pflanzen dürfte wohl die Schuppenwurz sein, die mit den Sommerwurzgewächsen nahe verwandt ist. Sie hat kein Chlorophyll und parasitiert deshalb mit Hilfe von Senkern auf den Wurzeln der Haselnuß bzw. der Berg-Ulme. Die Schuppenwurz erzeugt schwache unterirdische Sprossen, die dicht mit fleischigen, schuppenförmigen Blättern bedeckt sind. In bestimmten Abständen entstehen in deren Achseln blütentragende, senkrechte, an die Erdoberfläche wachsende, beblätterte Triebe. Es wurde übrigens von einigen Wissenschaftlern vermutet, daß diese Blätter vielleicht komplizierte Fallen für Bodentiere sein könnten, da sie kleine Höhlen bilden, die innen mit Drüsenzellen besetzt sind. Diese Drüsenzellen müßten dann eiweißverdauende Enzyme absondern, ähnlich denen der bekannteren fleischfressenden Pflanzen (Sonnentau, Wasserschlauch, s. S. 232), und die so aus den Tieren gelösten Nährstoffe aufnehmen können. Wenn dieses so wäre, wäre die Schuppenwurz in ihrer Stickstoffversorgung genauso unabhängig wie andere Pflanzen, da sie einen Teil ihrer notwendigen Nährstoffe dann über eine parasitische bzw. räuberische Lebensweise erhielte.

Allerdings könnte die Schuppenwurz mit den reduzierten Blättern auch ein

Schuppenwurz, auf der Wurzel der Hasel parasitierend

Die Wurzeln der Läusekräuter heften sich mit Senkern an die Wurzeln anderer Pflanzen

ganz anderes Problem ihrer Existenz gelöst haben. Im allgemeinen transportieren alle Pflanzen ihre organischen und anorganischen Nährstoffe in wässrigen Lösungen innerhalb ihrer Leitbündelsysteme. Erreichen nun diese Stoffe ihren Bestimmungsort, so wird das Wasser wieder freigesetzt und schließlich durch die Transpiration abgegeben. Da aber die Schuppenwurz überwiegend unterirdisch lebt, muß sie auf eine andere Art und Weise das überschüssige Wasser entfernen. Normalerweise diffundiert nämlich Wasser von der niedriger konzentrierten Lösung zur höheren, d. h. von der Bodenlösung zur Zelle mit der höheren Zellsaftkonzentration und gelangt schließlich in das Leitbündelsystem. Wegen der unterirdischen Lebensweise der Schuppenwurz kann diese aber das überschüssige Wasser nicht über die Spaltöffnungen der Blätter abgeben, sondern benutzt vielleicht die Schuppenblätter als eine Art Wasserpumpe, die dann gegen das natürliche Konzentrationsgefälle das überschüssige Wasser aus dem Gewebe in den Boden pumpt.

Hemiparasiten

Chlorophyllfreie Pflanzen wie die Sommerwurzgewächse, die Seiden oder die Schuppenwurz können keine Photosynthese durchführen und müssen sich deshalb auf parasitische Weise von ganz bestimmten Wirtspflanzen die erforderlichen Nährstoffe besorgen. Nun gibt es aber auch Halbparasiten, die durchaus noch Chlorophyll in ihren Blättern besitzen und nur bezüglich ihrer Versorgung mit anorganischen Nährstoffen teilweise oder ganz auf andere Pflanzen angewiesen sind. Eine der am besten untersuchten Halbparasiten ist übrigens die Mistel. Diese Pflanze bildet besonders auf Pappeln oder Eichen dichte, gabelig verzweigte Triebe mit ledrigen, immergrünen Blättern. Lange Zeit wurde ihr eine magische Kraft unterstellt, weil sie ja auch im Winter auf den dann blattlosen Bäumen grüne Büschel mit anders gestalteten Blättern bildet. Botanisch sehr interessant ist die Überlebensstrategie dieser Art. Sie schließt nämlich das eigene Leitsystem an das Wasserleitgewebe des Wirtes an und erhält über diesen Anschluß die lebensnotwendigen Wasser- und Mineralstoffe. Normalerweise erfolgt nun dieser Wasser- und Mineralstofftransport nur während der Vegetationszeit über den Transpirationsstrom des Baumes. Im Winter aber, wenn die Bäume die Blätter abgeworfen haben, übernimmt die immergrüne Mistel selbst diesen Wasser- und Nährstofftransport mit Hilfe der Transpiration und nutzt hierzu die Wurzeln der Wirtspflanze, so daß sie auch im Winter Photosynthese betreiben kann. Die Verbreitung der Mistel auf andere Bäume wird durch klebrige Samen in den weißen Beeren ermöglicht. Wenn Vögel die Früchte verzehren, bleiben immer einige Samen an den Schnäbeln der Tiere hängen. Diese versuchen dann, die lästigen Samen von ihren Schnäbeln entweder an Ästen desselben oder aber auch anderer Bäume abzustreifen. Dabei gelangen die Samen in Spalten und Ritzen der Rinde, keimen hier zu kleinen Pflanzen aus und stellen schnellstens mit Senkern den Anschluß an das Wirtsleitbündel her.

Die Läusekräuter betreiben z. B. mit ihren normal grünen Blättern durchaus noch Photosynthese, ihre ebenfalls normal aussehenden Wurzeln sind jedoch an einigen Stellen mit denen anderer Pflanzen verbunden.
Damit leihen sich Hemiparasiten nur das Wurzelsystem einer anderen Art, verhalten sich aber oberirdisch wie eine normale Pflanze. Diese Methode ist üb-

Die Mistel-Drossel frißt die Beeren der Mistel, anschließend wischt sie sich den Schnabel an Zweigen ab, um die klebrigen Samen zu entfernen; einige dieser Samen keimen in der rissigen Borke und durchdringen mit ihren Senkern die Rinde

rigens erheblich weniger energieaufwendig, weil kaum eigene größere Wurzelsysteme erzeugt werden müssen und die gesparte Energie in die Samenbildung gesteckt werden kann. Die Hemiparasiten unserer Flora entstammen dabei nur den Santalaceae (Sandelgewächse) mit den Leinblättern, den Scrophulariaceae (Rachenblütler) mit den Läusekräutern und den Riemenblumengewächsen (Loranthaceae). Von allen Arten sind nur das Wald-Läusekraut, die Bartschie und die Mistel ausdauernd, das Sumpf-Läusekraut ist zweijährig, und alle übrigen sind einjährig.

Die Bartschie hat übrigens mit das komplizierteste Ernährungssystem. Sie erzeugt relativ gut ausgebildete Wurzeln, die nur an äußerst wenigen Stellen mit den Wurzeln anderer Pflanzen verbunden sind. Hierüber entnimmt sie zwar etwas Wasser und Nährsalze aus der Wirtspflanze, überwiegend besorgt sie sich diese Stoffe aber über das eigene Wurzelsystem. Im Herbst erzeugt die Bartschie an ihren Wurzeln winzige, gekammerte und mit Drüsenzellen versehene Knospen, die vielleicht ähnlich wie bei der Schuppenwurz (s. S. 222) als Tierfallen oder aber als Wasserexkretionssystem fungieren könnten.

Zu den vielen einjährigen Arten gehören unter anderem der Kleine Klappertopf, der Rote Zahntrost und die Wachtelweizen. Dabei sind die Standorte dieser Arten für Einjährige doch sehr ungewöhnlich, weil es sich überwiegend um Orte mit dichter, grasreicher Vegetation handelt. Normalerweise bevorzugen einjährige Arten nämlich gestörte Plätze, wo sie sich mit Hilfe ihres Saatgutes immer schnell ausbreiten können, ohne daß sie durch das weitverzweigte Wurzelsystem ausdauernder Arten benachteiligt werden (s. S. 246). Die Verbindung zwischen dem Hemiparasitismus und der Einjährigkeit besteht darin, daß die Hemiparasiten nur ein extensives Wurzelsystem erzeugen müssen, das kaum in Konkurrenz mit anderen Systemen tritt. So keimen die Samen des Augentrostes z. B. im Frühjahr, und der junge Sämling bildet nur ein sehr schwach verzweigtes Wurzelsystem aus. Dieses wächst dann meistens auch nur so lange, bis es auf die Wurzeln einer anderen Art trifft. Hier erfolgt dann der Anschluß an dessen Leitbündel, so daß ein weiteres Wurzelwachstum kaum noch erforderlich wird. Allerdings ist ein solcher Anschluß keine Vorbedingung für das Überleben der Art, weil die Wurzeln des Augentrostes auch noch normal funktionieren können. Mit anderen Worten, da einjährige Pflanzen zunächst immer erst ein ausgedehntes Wurzelsystem erzeugen müssen, sind für sie vegetationsfreie, gestörte Standorte ohne Fremdkonkurrenz die einzig passenden. Hemiparasiten benötigen ein solches Wurzelsystem aber nicht und können deshalb auch in dichtem Grasland als Einjährige überleben.

Dieses erklärt zwar, warum Hemiparasiten als einjährige Pflanzen in dichten Beständen überleben können, es erklärt aber nicht, warum einige auch ausdauernd sind. Vielleicht könnte man hierfür die Tatsache heranziehen, daß die Wurzeln, auf denen sie parasitieren, selber nur kurzlebig sind und sie deshalb immer wieder neue, junge Wurzeln finden müssen. Das Feinwurzelsystem der Wirtspflanzen wird nämlich mit dem Frühjahrswachstum fast gleichzeitig ersetzt, und ein Anschluß an dieses ist mit viel weniger Aufwand verbunden, wenn die Art ausdauernd ist.

Bartschie und ihr Wurzelsystem

a. Wurzelknospen

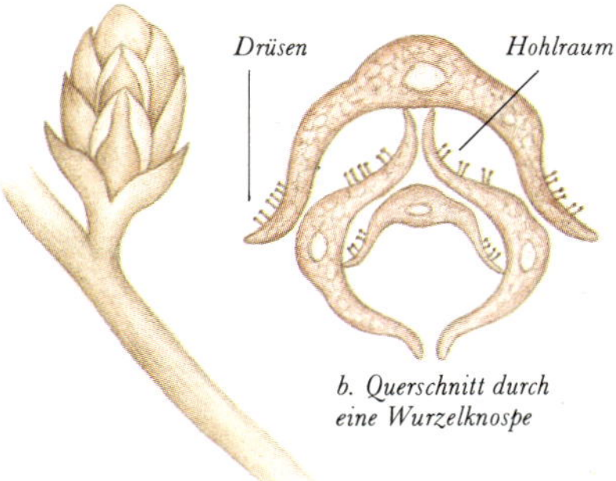

b. Querschnitt durch eine Wurzelknospe

Verschiedene Halbparasiten wie Echter Augentrost, Kleiner Klappertopf und Roter Zahntrost leben oft gemeinsam in niedrigem Grünland. Rot-Klee ist oft die typische Wirtspflanze

Symbiosen

Wurzelknöllchen

Grundsätzlich unterscheidet man im Pflanzenreich zwischen autotrophen und heterotrophen Pflanzen. Unter einer autotrophen Pflanze versteht man einen Organismus, der mit Hilfe seines Chlorophylls und Lichtenergie aus dem Kohlendioxid (CO_2) der Luft und Wasser Zucker und hieraus schließlich sämtliche organischen Naturstoffe herstellt. Eine heterotrophe Pflanze ist dagegen ganz oder teilweise auf eine Wirtspflanze angewiesen. Entweder fehlt ihr der Blattfarbstoff und sie benötigt sämtliche Nährstoffe oder sie besitzt Chlorophyll und bekommt Mineralstoffe und Wasser (s. S. 223). Nun gibt es in der Natur aber viele Beispiele, wo sich möglicherweise aus einem Parasitismus ein Zusammenleben zwischen autotrophen und heterotrophen Pflanzen zu beiderseitigem Vorteil (Symbiose) entwickelt hat. In solchen Symbiosen liefert der autotrophe Partner die durch Photosynthese gebildeten Zucker und der heterotrophe Partner die zur Photosynthese notwendigen anorganischen Nährsalze und Wasser. Im Boden existieren nun viele Organismen, die ihre Energie aus der Dekomposition von totem, selten auch lebendem Material gewinnen, d. h., sie lösen abgestorbene Körper anderer Lebewesen unter Energiegewinn wieder auf. Einige Vertreter, besonders Pilze und Bakterien, gehen dann oftmals Symbiosen mit autotrophen Pflanzen ein; wir unterscheiden dabei zwischen zwei verschiedenen Symbiosearten. Einerseits gibt es die weitverbreitete Mykorrhiza (s. S. 228) und andererseits die selteneren Wurzelknöllchen. Während sich die Mykorrhiza aus dem Zusammenleben zwischen einem Waldbaum und einem Pilz ergibt, entsteht das Wurzelknöllchen primär durch die Infektion einer Wurzel mit einem speziellen Bakterium. Man findet solche Wurzelknöllchen, knollige Wurzelverdickungen mit dem Bakterium *Rhizobium leguminosarum,* überwiegend innerhalb der Schmetterlingsblütler und seltener in anderen Familien. Nur dieses Bakterium ist fähig, mit Hilfe eines speziellen Pigmentes aus dem Stickstoff (ca. 79 % des Luftanteiles ist Stickstoff) der Luft oder des Bodens die für Pflanzen verwertbaren Eiweißverbindungen herzustellen. Im Gegenzug erhält der heterotrophe Bakterium-Partner die für sein Wachstum und seine Vermehrung notwendigen Zucker. Übrigens wird nur in den rosafarbenen Wurzelknöllchen Luftstickstoff gebunden, wobei die rosa Farbe durch einen blutähnlichen Farbstoff hervorgerufen wird. Normalerweise dient der tierische Blutfarbstoff (Haemoglobin) dazu, den zur Zellatmung notwendigen Sauerstoff mit Hilfe der roten Blutkörperchen heranzutransportieren. Im Knöllchen hat dieser Farbstoff aber eine gegenteilige Aufgabe. Hier soll er nämlich den bei der Stickstoffbindung störenden Sauerstoff aus dem System entfernen. Junge, ungefärbte Knöllchen enthalten inaktive Bakterien und können deshalb den beschriebenen Vorgang nicht bewerkstelligen, sondern müssen sich zunächst rein parasitisch und nicht symbiontisch ernähren.

Knöllchenbakterien sind übrigens in fast allen Böden vorhanden und unterscheiden sich in den einzelnen Stämmen nur durch das Stickstoffbindungsvermögen. Wenn also die Wurzel eines Schmetterlingsblütlers beim Wachstum auf ein solches Bakterium trifft, werden beide zukünftigen Partner zur Bildung ganz spezieller chemischer Verbindungen angeregt, die schließlich bewirken, daß sich

Die Bakterien in den Wurzelknöllchen der Luzerne binden aktiv den Luftstickstoff

um die Bakterien herum an der Wurzel Knöllchen ausbilden.

Der Vorteil einer Stickstoffversorgung über symbiontische Bakterien liegt darin, daß autotrophe, grüne Pflanzen von der im Boden gebundenen und nur begrenzten Stickstoffreserve unabhängig werden. Sie müssen also nicht mit anderen Arten um diese Reserven konkurrieren. Stickstoffbinder wie der Klee oder die Luzerne sind in der Lage, Luftstickstoff entsprechend der Höhe einer normalen Düngung durch den Landwirt zu binden. Dieser Vorgang ermöglicht, daß nach einiger Zeit auch Stickstoffmangelstandorte für andere Arten besiedelbar werden. Schmetterlingsblütler sind also die Pioniere überwiegend schwach bedeckter, armer Sandböden; sie werden erst durch andere Pflanzen verdrängt, wenn sich der Bodenstickstoffgehalt durch die Stickstoffixierer genügend erhöht hat.

Während die Knöllchenbildung durch *Rhizobium* fast ausschließlich bei Schmetterlingsblütlern erfolgt, gibt es aber weitere Pflanzen, die ähnliche Organe mit abweichenden Mikroorganismen erzeugen. So findet man in unserer Flora Bäume (Erlen) und Sträucher (Gagelstrauch, Sanddorn), die in Symbiose mit einem Mikroorganismus aus der Gattung *Frankia* leben. Abweichend von den Knöllchen der Schmetterlingsblütler sind diese aber ausdauernd und können bei alten Erlen sogar Tennisballgröße erreichen. Sowohl die Erlen als auch der Gagelstrauch leben dabei auf Böden mit sehr hohem Grundwasserstand und sind hier auch die einzigen Vertreter mit Stickstoffbindung. Da aber die Bindung des Luftstickstoffes aus den luftgefüllten Bodenzwischenräumen erfolgen muß und die Zwischenräume hier überwiegend mit Wasser gefüllt sind, ist die Stickstoffbindung bei diesen Arten doch sehr bemerkenswert und nur schwer erklärbar.

Die Schwarz-Erle ist eine der wenigen stickstoffbindenden Pflanzen, die unter wassergesättigten Bedingungen leben kann

Mycorrhiza

Als Mycorrhiza bezeichnet man das Zusammenleben – also die Symbiose – zwischen einem im Boden lebenden Pilz und einer anderen Pflanze. Mycorrhizen treten innerhalb des Pflanzenreiches in verschiedenen Familien und fast allen Böden auf. Sie verdanken ihre weite Verbreitung dem Vermögen des Pilzes, Phosphorverbindungen in seinen Zellen zu transportieren. Phosphor ist dabei für alle pflanzlichen Organismen unbedingt erforderlich, weil es für sämtliche Lebewesen eines der hauptsächlichen Bestandteile der Nukleinsäuren, d. h. der Eiweißverbindungen ist, die die genetische Information tragen. Phosphorhaltige Nährstoffe sind aber im Boden nur schwer löslich und auch nur schwer verlagerbar, so daß sich seit der Entwicklung von Landpflanzen für diese das Problem der Phosphorversorgung ständig ergeben hat.

Aus diesem Grund hat sich in der Entwicklungsgeschichte der Pflanzen sehr frühzeitig die Mycorrhiza entwikkelt, wie man an Hand von primitiven, fossilen Pflanzen nachweisen kann. Der Pilz besteht aus einer riesigen Menge feiner Zellfäden (Mycel), wie man sie sehr gut auf schimmeligem Brot oder Käse beobachten kann (keine Mykorrhiza!). Der Vorteil dieser Mycelien besteht für die Pflanzen darin, daß mit ihrer Hilfe sehr viel größere Bodenareale nach Phosphor aufgeschlossen werden können, als es mit Hilfe der eigenen Wurzeln überhaupt möglich wäre. Außerdem erhält die Pflanze diesen Phosphor zusätzlich geliefert, ohne den Energieaufwand zur Bildung eines eigenen weiter verzweigten Wurzelsystems betreiben zu müssen. Symbiosen zwischen Pilzen und höheren Pflanzen funktionieren in der Weise, daß die Pflanzen dem Pilz überschüssige Zuckerverbindungen zum Wachstum des weitverzweigten Mycels zur Verfügung stellen und der Pilz im Gegenzug der Pflanze lebensnotwendige Phosphorverbindungen liefert. Diese Art der Lebensgemeinschaft hat sich so bewährt, daß sie im Pflanzenreich fast universell angewendet wird.

Wir unterscheiden heute zwischen zwei verschiedenen Mycorrhiza-Typen, und zwar zwischen der ektotrophen und der endotrophen Mycorrhiza. Bei der ektotrophen Mycorrhiza sitzt das Mycelgeflecht außen auf der Wurzel gut sichtbar an. Die Verpilzung beschränkt sich z. B.

Die Wald-Kiefer bildet mit vielen verschiedenen Pilzen Mycorrhizen, hier mit der Marone

Die kurzverzweigten Mycorrhizawurzeln einer Kiefer sind von einem Pilzmycel umgeben, das zwischen die äußeren Wurzelzellen eindringt

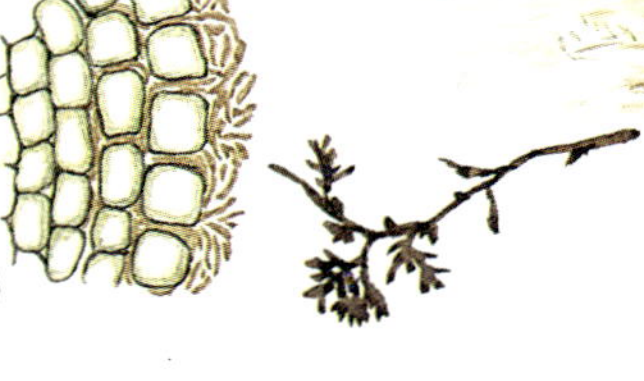

bei der Wald-Kiefer, vielen Kiefernverwandten, aber auch Laubbäumen wie Buche und Birke nur auf die kurzbleibenden Seitenwurzeln, die sich sogar gabelig verzweigen können und dann ein fast korallenähnliches Aussehen (Coralloide) erhalten. Diese Coralloide oder Rhizothamnien sind dann von einem Pilzgeflecht überzogen, das sowohl mit den äußeren Zellen der Mycorrhizapflanze als auch mit dem weitverzweigten Bodenmycel verbunden ist. Dieses mehrjährige Bodenmycel bildet dann zu bestimmten Jahreszeiten und unter gewissen Bedingungen die bekannten Fruchtkörper (Fliegenpilz, Marone), die nur kurzlebig sind und ausschließlich zur Vermehrung und Verbreitung des Pilzes über Sporen dienen. Übrigens lebt der Fliegenpilz normalerweise mit der Birke und die Marone mit der Fichte in Symbiose.

Der Fliegenpilz lebt als Mycorrhiza mit der Birkenwurzel und ist deshalb fast immer in Birkenwäldern zu finden

Sehr viele Kräuter, aber nur wenige Bäume bilden den unauffälligeren zweiten Mycorrhiza-Typ, die sogenannte endotrophe Mycorrhiza. Bei ihr ist der pilzliche Symbiosepartner systematisch niedriger eingestuft, weil er keine oberirdischen Fruchtkörper erzeugt und keine äußerlich sichtbaren Veränderungen auf den infizierten Wurzeln bewirkt. Er lebt nämlich in den Wirtszellen und entsendet von hier aus die Mycelien in den Boden. Besonders bei einjährigen Arten mit hoher Wachstumsgeschwindigkeit wie bei den Kohl- und Gänsefußgewächsen fehlen solche Mykorrhizen meistens völlig. Allerdings besitzen einige Klee-Arten und viele andere Leguminosen (Schmetterlingsblütler) sogar beide Symbiosetypen. Einerseits entwickeln sie Knöllchen und erhalten von den bewohnenden Bakterien die notwendigen Stickstoffverbindungen (s. S. 226), andererseits sind sie auch noch von Mycorrhiza-Pilzen infiziert, die dann den Phosphorbedarf zum Teil decken. Beide Symbiosepartner erhalten im Austausch vom Klee die für ihr Wachstum erforderlichen Zucker zur Verfügung gestellt.

Andere Pflanzenfamilien wie die Orchideen haben ganz spezielle weitere Mycorrhiza-Arten, die auch noch völlig anders funktionieren (s. S. 230).

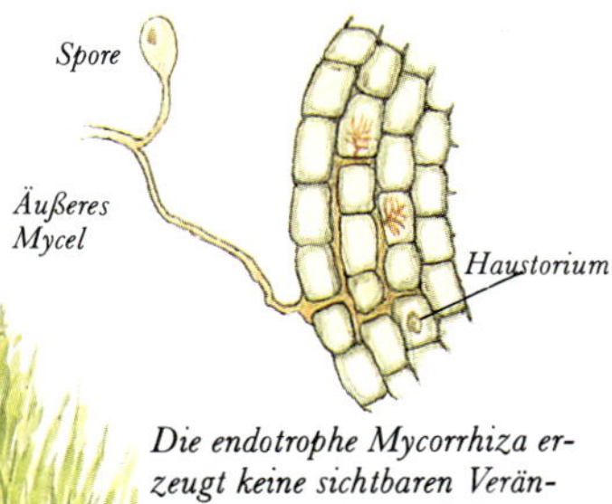

Die endotrophe Mycorrhiza erzeugt keine sichtbaren Veränderungen an einer infizierten Wurzel; der Pilz verzweigt sich aber in der Wurzel

Saprophyten

Zwei unterschiedliche Pflanzengruppen besitzen kein Chlorophyll und sind deshalb auf vorgefertigtes organisches Material als Nahrung angewiesen. Hierzu gehören erstens die Vollparasiten (s. S. 220) einschließlich der Sommerwurzgewächse und zweitens die Saprophyten. Während die Parasiten auf lebende Wirtspflanzen angewiesen sind, existieren die saprophytischen höheren Pflanzen in Symbiose mit bestimmten Pilzen auf verrottender, abgestorbener organischer Substanz. Hierzu gehören neben dem Fichtenspargel auch einige Orchideen wie die Nestwurz, die Korallenwurz und der Widerbart. Bis auf die Korallenwurz, die auch einmal auf freien Flächen vorkommen kann, leben alle anderen Arten auf stark beschatteten Standorten, wo eine Photosynthese unmöglich ist. So findet man z. B. die Nestwurz, den Fichtenspargel und selten auch den Widerbart in der Laubstreu dunkler Buchenwälder, den Fichtenspargel zusätzlich auch noch in der Streu von Fichtenwäldern. Bei all diesen Arten ist sich das Wurzelsystem außerordentlich ähnlich. Es besteht aus dicken, kurzverzweigten Wurzeln, oftmals an ein Vogelnest oder eine Koralle erinnernd und daher namengebend, läßt aber eine feine, weitstreichende Verzweigung vermissen. Da sie nicht parasitisch leben, d. h. mit den Wurzeln anderer Pflanzen verbunden sind, war es lange Zeit ein Rätsel, wie sie sich ohne Chlorophyll und ohne ein feines Wurzelsystem überhaupt ernähren können. Die Antwort ist relativ einfach: Alle drei Arten leben in Symbiose mit einem Pilz, der sich einerseits in den kurzen, korallenbzw. nestförmigen Wurzeln befindet, andererseits aber auch noch ein weitstreichendes Mycel ausbildet. Dieses Mycel löst aus den abgestorbenen Blättern und anderen Pflanzenteilen die zum Wachstum für beide Organismen notwendigen Nährstoffe heraus. Im Grunde entspricht diese Lebensgemeinschaft den vorher besprochenen Symbiosen (s. S.226), unterscheidet sich aber dennoch sehr deutlich davon. Während in der Symbiose beide Partner etwas aus ihrem Zusam-

Nestwurz und Widerbart erhalten ihre Nährstoffe von einem Pilz, der abgestorbene Buchenblätter als Nahrung verwendet

Korallenwurz kann manchmal auch an weniger schattigen Standorten gefunden werden

menleben gewinnen und vielleicht sogar in der Konkurrenz gegenüber anderen Arten dadurch einen Vorteil erlangen, scheint es sich bei dem Pilz und den angesprochenen höheren Pflanzen wohl eher um einen Parasitismus der höheren Pflanzen zu handeln (Nestwurz, Korallenwurz, Widerbart, Fichtenspargel), weil sie alle erforderlichen Nährstoffe vom Pilz bekommen, im Gegenzug jedoch nichts zur Verfügung stellen.

Neben diesen etwas seltsamen Lebensgemeinschaften zwischen Pilzen und chlorophyllfreien höheren Pflanzen gibt es, besonders innerhalb der Orchideen, noch ähnliche und weiter verbreitete Fälle. Alle Orchideen erzeugen nämlich sehr kleine Samen ohne Nährgewebe (s. S. 161), so daß der junge Keimling in den ersten Tagen auf einen pilzlichen Partner angewiesen ist, der die Enzyme und andere Nährstoffe zur Verfügung stellt. Damit verhalten sich die Jungpflanzen der Orchideen ähnlich wie chlorophyllfreie Pflanzen, obwohl sie selber noch Blattfarbstoff besitzen.

Die meisten Pilze, die in solchen Lebensgemeinschaften vorkommen, erhalten ihren Energiebedarf, einschließlich der notwendigen Zucker und Eiweißverbindungen, durch die Spaltung von toten Pflanzen- und Tierkörpern. Dabei ist ihre Lebensweise zum Teil aber deutlich komplizierter, weil sie sowohl saprophytisch als auch symbiontisch mit weiteren Arten leben können. So wurde schon gezeigt, daß der Fichtenspargel mit einem Pilz der Gattung *Boletus* eine saprophytische Lebensweise eingeht, der Pilz aber gleichzeitig mit einem Baum in Symbiose lebt. Diese Symbiose zwischen dem Pilz und einigen Kiefern funktioniert in der Weise, daß vom Pilz Phosphate zum Baum transportiert werden und im Gegenzug Zucker vom Baum zum Pilz wandern. Dadurch bekommt der Fichtenspargel von seinem Pilz praktisch beides, sowohl die Phosphate als auch den Zucker und müßte somit wohl auch als Parasit der Mycorrhiza aufgefaßt werden.

Die Breitblättrige Sumpfwurz hat, wie die meisten Orchideen, nur ein eingeschränktes Wurzelsystem

Eine dreifache Lebensgemeinschaft zwischen dem Fichtenspargel, dem Butterpilz und der Kiefernwurzel

Links und unten: Der Wasserschlauch fän
kleine schwimmende Tiere
Mitte: Insekten werden von den Drüsen au
den Blättern der Fettkräuter aufgelöst
Rechts: Die Drüsenhaare des Sonnentaus
legen sich um ein Beutetier

Insektivoren

Uns allen ist der Lehrsatz der Biologie bekannt, daß nur die grünen Pflanzen das auf die Erde gelangende Sonnenlicht mit Hilfe ihres Pigmentsystems nutzen können, indem sie Kohlendioxid (CO_2) und Wasser in chemische Energie, d. h. in Zucker und verwandte Stoffe, umwandeln können. Tiere sind dann die Verbraucher solchermaßen produzierter überschüssiger Energiereserven, indem sie die Pflanzen oder pflanzlichen Produkte direkt über Fraß oder indirekt über den Verzehr von Pflanzenfressern aufnehmen. Einigen Pflanzen ist es gelungen, diese Grundtatsache umzukehren. Sie sind dabei unter Verlust ihres Blattfarbstoffes entweder reine Parasiten geworden, oder sie haben sich das Chlorophyll, und damit die Fähigkeit zur Photosynthese, erhalten und decken einen Teil ihres Bedarfs an anorganischen Nährstoffen durch den Fang und Verzehr von Tieren. Man bezeichnet solche Pflanzen als Insektivoren und findet sie überwiegend auf sehr armen, meistens auch sumpfigen Böden, wo die ausreichende Versorgung mit Stickstoff- und Phosphorverbindungen nur eingeschränkt möglich ist. Die einfachsten tierfangenden Pflanzen gehören zu den Fettkräutern, deren lange, gelblichgrüne Blätter mit kleinen klebrigen Drüsenhaaren besetzt sind. Landen nun Insekten auf diesen Haaren oder werden durch den Wind auf sie geblasen, wird ein verdauendes Enzym abgesondert, das in wenigen Tagen die Eiweißverbindungen des gefangenen Insektes auflöst. Diese gelösten Stoffe werden von den Pflanzen über die Blätter aufgenommen und dekken so eine mögliche mangelhafte Stickstoff- und Phosphorversorgung. Dabei können die Blätter der Fettkräuter auch leichte Bewegungen ausführen, indem sich ihre Ränder langsam aufrollen, wenn ein Insekt auf den Haaren festklebt. Die Sonnentaugewächse haben im Gegensatz hierzu erheblich aktivere Fallensysteme. Ihre Blattoberflächen werden von langen, roten Drüsenhaaren mit runden, knopfähnlichen Köpfchen völlig bedeckt. Diese Köpfchen erzeugen ein klebriges Sekret, von dem entweder kleinere Insekten angelockt werden oder auf denen sie durch unglückliche Umstände landen. In beiden Fällen können sie sich aber nicht mehr befreien. Sitzt erst einmal ein Insekt auf einem Drüsenhaar fest, so neigen sich benachbarte Haare ebenfalls dem gefangenen Tier zu, halten es zusätzlich und ermöglichen mit der Vielzahl der Drüsenhaare eine bessere Auflösung und Ausnutzung der Beute. Übrigens ist die Bewegungsgeschwindigkeit der Haare durchaus unterschiedlich. Die nächst zum Opfer liegenden Drüsenköpfchen neigen sich oftmals schon innerhalb von 10 Minuten auf die Fangstelle zu, während die weiter entfernt stehenden Haare gerade mit der Neigungsbewegung angefangen haben.

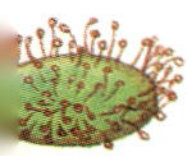

Mit die erfolgreichsten Fallensysteme findet man aber bei den Wasserschlauchgewächsen. Diese Pflanzen leben in nährstoffarmen, meist moorigen Gewässern mit geringer Stickstoff- und Phosphorversorgung. Sie sind wurzellos und bestehen aus flutenden, verzweigten Stengeln mit federigen Blättern, an deren Stielen sich die schlauchförmigen und namengebenden Tierfallen befinden. Diese Schläuche werden einseitig durch berührungsempfindliche Haare verschlossen, die um die Öffnung herum angeordnet sind. Wird auch nur ein Haar von einem vorbeischwimmenden Tier (Wasserfloh) berührt, klappen alle Haare schlagartig nach innen, und das Tier wird in den Schlauch gesaugt. Dieses erstaunliche Phänomen kommt dadurch zustande, daß sich auf der Innenseite der Schläuche Drüsen befinden, die laufend Wasser aus dem Schlauch nach außen pumpen und dadurch einen ständigen Unterdruck erzeugen. Öffnet sich bei Berührung die Fallentür, d. h. klappen die Haare schlagartig durch Turgorverlust nach innen, so wird das vor der Falle befindliche Tier wegen des jetzt wirksamen Unterdruckes mit dem einströmenden Wasser in die Falle gerissen. Sehr schnell wird das gefangene Tier getötet und die durch Verdauung gespaltenen Proteine von der Pflanze aufgenommen. Anschließend wird die Falle wieder funktionsfähig gemacht. Das gesamte Pumpensystem läuft dabei entgegen den normalen physiologischen Bedingungen ab und kann nur mit Hilfe eines aktiven Energieverbrauches bewerkstelligt werden.

Verteidigungsstrategien

Ein Hilfsmittel in der Überlebensstrategie der Pflanzen ist die Entwicklung von mehr oder weniger erfolgreichen Schutzsystemen in Form von auffälligen Dornen (Weißdorn), Stacheln (Brennessel) oder Giften (s. S. 240). Die einfachste Methode besteht aber wohl darin, die Pflanzen für Tiere schwer auffindbar zu machen. Einjährige Arten müssen z. B. kaum Verteidigungsstrategien entwikkeln, weil sie doch nur ein oder maximal zwei Jahre an einem Standort vorkommen und folglich für Fraßspezialisten nur schwer zu finden sind. Zusätzlich sind solche Standorte meist nur lückig bestanden oder weit in der Landschaft verteilt. Ähnliche Bedingungen treffen auch für ausdauernde Arten mit isoliertem Vorkommen zu, die dann meistens von Arten umgeben werden, die für die speziell angepaßten Freßfeinde nicht eßbar sind. Insgesamt gilt damit, daß isoliert vorkommende und einjährige Arten kaum einmal Verteidigungswaffen wie Dornen, Stacheln oder Gifte entwickeln müssen.

Paradoxerweise erklärt sich damit auch, warum unsere modernen Wirtschaftspflanzen gegenüber Insektenfraß so verletzlich sind. Meistens sind es nämlich einjährige Arten wie die Getreide, deren Vorfahren in ihrer angestammten, natürlichen Umgebung keine Verteidigungsstrategien entwickeln mußten, weil sie für ihre Feinde einfach schwer auffindbar waren. Heute aber, wo sie in Monokulturen auf riesigen Feldern angebaut werden, ist es für das schädigende Insekt ein leichtes, diese „Standorte" auszumachen.

Eine weitere Verteidigungsmethode gegen Fraß besteht darin, daß viele Arten einen sehr schlechten Futterwert besitzen. Darauf beruht dann auch, daß pflanzenfressende Tiere zur Deckung ihres Proteinbedarfes eine relativ große Menge an Pflanzenmaterial aufnehmen müssen, und dieser Vorgang kostet Zeit. Das Fressen ist für diese Tiere aber eine sehr gefährliche Beschäftigung, denn je länger ein Pflanzenfresser Nahrung aufnehmen muß, desto größer wird die Wahrscheinlichkeit, daß er selber von Fleischfressern getötet und gefressen wird wie z. B. die Raupen durch Blau-

Rechts: Die Raupe des Weidenbohrers verzehrt Weidenholz
Links: Je länger eine Raupe am Kohlblatt frißt, desto wahrscheinlicher ist es, daß sie von der Blaumeise erbeutet wird

Horste der Flatter-Binse besitzen einen niedrigen Futterwert und werden deshalb selten vom Weidevieh oder Kaninchen gefressen

ge Gräser
durch
iumhaare
fkantig

meisen oder Kaninchen durch den Fuchs. Außerdem bedingt die schlechtere Genießbarkeit dann gleichzeitig eine Reduzierung der Pflanzenfresseranzahl, weil die Gesamtfuttermenge zu gering wird. Einige Pflanzenteile sind darüber hinaus von Tieren nur noch unter Schwierigkeiten als Futter zu verwerten. Die Entwicklung des auf faulendem Weidenholz lebenden Weidenbohrers dauert z. B. vom Larvenstadium bis zum fertigen Insekt beinahe drei Jahre. Werden diese Raupen aber mit einem hochwertigen künstlichen Futter versorgt, so benötigt der gleiche Vorgang nur wenige Monate. Eine weitere Verteidigungs- und Überlebensstrategie besteht auch darin, daß die Pflanzen zusätzlich in ihren Blättern harte bzw. zähe Gewebe erzeugen, die wir als Sklerenchyme bezeichnen. Solche Sklerenchyme treten z. B. in großer Zahl bei der Flatter-Binse oder dem Borstgras auf, die beide auf stark beweideten oder nährstoffarmen Grünländereien vorkommen. Durch eine selektive Überbeweidung erfolgt dann hier die Entfernung der schmackhaftesten und auch nahrhaftesten Arten, und am Ende der Entwicklung bleiben schließlich nur noch die nährstoffarmen, harten Vertreter am Standort erhalten. Viele Gräser nehmen aus dem Boden auch Silicium-Oxid auf und lagern dieses dann in speziellen Haaren auf ihren Oberflächen als Schutzmaßnahme ab. Diese verkieselten, mit Silicium inkrustierten Haare können dann die Lippen pflanzenfressender Tiere, aber auch die Finger und bloßen Füße des Menschen einschneiden.

Mechanische Waffen: Dorne, Stacheln

Die augenfälligsten Verteidigungswaffen der Pflanzen sind Dornen oder Stacheln, die an Sprossen, Blättern, manchmal sogar an den Blüten und Früchten ausgebildet werden. Dabei werden die kräftigsten Dornen immer von Holzpflanzen erzeugt, wo Kurztriebe zu kurzen Dornen umgebildet werden (Weißdorn). Beim Stechginster enden alle Triebe mit scharfen Spitzen bei gleichzeitiger Reduzierung der Blätter. Da aber über die verkleinerten Blätter eine ausreichende Photosynthese nicht mehr möglich ist, muß diese von den grünen Sprossen übernommen werden. Wegen der Blattreduzierung ist dann an der Pflanze aber kaum etwas, das ein Abfressen lohnen würde. Bei anderen Arten werden keine Dornen aus Seitentrieben, sondern sogenannte Stacheln gebildet, die als Auswüchse aus den Hautgeweben (Epidermen) der Sprosse entstehen und meistens sehr leicht abzubrechen sind (Hundsrose). Im Gegensatz zu den kräftigen Sproßdornen und -stacheln sind die Blattdornen oder -stacheln sehr viel harmloser, weil sie viel schwächere Leitbündel besitzen. Dennoch können die verlängerten Stacheln der Echten Kratzdistel oder die spitzen Ecken der Stechpalmenblätter sehr schmerzhafte Wunden erzeugen. Die am weitesten verbreiteten Blattdornen wie die der Disteln und anderer Arten entstehen durch einen Auswuchs und die anschließende Verdickung der Blattränder. So setzen sich die verdickten und verhärteten Blattränder bei der Stechpalme dornenförmig in die einzelnen Blattlappen fort, was sich als ausgezeichnete Methode zur Abwehr von Freßfeinden erwiesen hat, da Schmetterlingsraupen ihr zerstörerisches Werk überwiegend von den Blatträndern her beginnen. Einige Raupen können aber sogar das Blattgewebe der Stechpalme verzehren, wenn erst einmal der harte Rand entfernt wurde.

Eine andere Form der Blattdornen entsteht, wenn sich die Blattnerven über den Rand hinaus bis zu 1 cm verlängern (Echte Kratzdistel). Allerdings sind diese Blattränder nur sehr schwach ausgebildet und durch einige wenige kleine und auch weichere Blattdornen geschützt. Dabei zeigen die Blattlappen in fast alle Richtungen, z. B. in einem Winkel von 75° fast senkrecht nach oben oder in einem Winkel von 30° schräg nach unten, so daß sich die Freßfeinde von keiner Richtung den Blatträndern nähern können.

Übrigens sind ähnliche Entwicklungen auch bei vielen Blüten und Blütenständen festzustellen, wo stachelige und dornige Schutzorgane gebildet werden. So haben sehr viele Disteln in ihren Blütenstandsregionen stachelige, spitz zulaufende Hochblätter, die man zwar überwiegend als Hilfsmittel zur Verbreitung ansieht (s. S. 172), die aber zweifellos auch einen ausgezeichneten Schutz der reproduktiven Organe gegen Fraß darstellen. Ähnliche dornenförmig umgewandelte Blätter findet man auch noch bei den Kletten, der Wilden Karde und der Echten Nelkenwurz vor.

Nicht alle stacheligen Pflanzen erzeugen immer solche scharfen Waffen, denn schwächere Dornen und Stacheln kommen in fast allen Größen und Formen bei vielen Arten vor. Das geht hinab bis zu widerhakigen oder steifen Borsten, die man mit bloßem Auge nur schwer erkennen kann, oder es treten gleitende Übergänge bis zu Haaren auf (s. S. 238). Einige Arten zeigen nur auf ihren Blattoberflächen dichte, steife, fast borstliche Behaarungen (Großes Bitterkraut), oder es kann eine sägezahnähnliche Bestachelung an den Blatträndern (einige Seggen) ausgebildet sein. Möglicherweise dienen alle diese Behaarungen dazu, Insekten abzuschrecken oder am Fraß zu hindern.

Einige Pflanzen haben gutgeschützte Blütenköpfchen

Mechanische Waffen: Haare

Sehr viele Pflanzen bilden an ihren Sproß- und Blattoberflächen mehr oder weniger starke Behaarungen mit überwiegend zwei Funktionen aus. Einerseits haben sie wegen der Reflektion des Sonnenlichtes eine Kühlwirkung, andererseits bewirken sie aber durch die Begrenzung der Transpiration genau das Gegenteil: Die Balance zwischen diesen beiden gegenläufigen Prozessen hängt nun vom Behaarungstyp und seiner Dichtigkeit ab. Gewöhnlich kann man allerdings den einzelnen Behaarungen keine der beiden angesprochenen Funktionen einseitig und eindeutig zuweisen.

Wir unterscheiden grob zwischen drei unterschiedlichen Haartypen: zum einen gibt es einfache Haare, die als einzellige Auswüchse aus den Hautgeweben (Epidermen) der Sprosse und Blätter gebildet werden, zum anderen findet man bei einzelnen Arten mehrzellige, oft auch zusammengesetzte und manchmal verzweigte Haare, und außerdem gibt es noch die ein- und vielzelligen Drüsenhaare, die am Ende oft eine Verdickung mit giftigen, chemischen Substanzen aufweisen.

Viele unserer Holzpflanzen sind übrigens nur an ihren jüngsten Trieben stärker behaart, was sich mit dem Älterwerden oft ganz verliert. Diese Haare haben während der empfindlichsten Entwicklungsphase wohl tatsächlich eine Schutzfunktion, die jedoch später mit dem Holzigwerden nicht mehr benötigt wird. So sind viele Knospen, junge Triebe und auch Blätter als Abwehr gegen einen Blattlausbefall dicht mit Haaren besetzt, weil diese die Anheftung der Tiere und das Eindringen des Saugrüssels behindern. Deshalb findet man aber Blattläuse auch gehäuft an unbehaarten, jungen Rosenknospen und nicht an den holzigen, älteren Trieben, weil hier die Saugrüssel sehr viel leichter durch das noch zarte Pflanzengewebe in das zuckertransportierende Phloem eindringen können, von deren Saft die Tiere leben.

Zusammengesetzte Haare findet man überwiegend auf Blättern und nicht am Sproß. Der dichte, filzige Belag auf den Blättern der Königskerzen wird z. B. von einer riesigen Anzahl sich leicht ablösender verzweigter Haare gebildet. Wenn ein Insekt versucht, solche Blätter zu fressen, lösen sich diese Haare rasch von der Oberfläche ab und behindern die Futteraufnahme. Der wirksamste Fraß-

Junge Weidenschößlinge sind behaart, letztjährige unbehaart

Blattläuse an einer Rosenknospe; hier können ihre Saugrüssel das Gewebe leicht durchdringen

schutz wird aber durch Drüsenhaare bewirkt, wie sie z. B. bei Weidenröschen auftreten. Diese Haare können klebrige oder auch reizende Substanzen ausschwitzen oder sie dem Opfer injizieren, entweder schwach, wie beim Wald-Ziest, oder auch sehr kräftig, wie bei der Brennessel. Die Brennhaare bestehen dabei aus einem mehrzelligen Sockel und einer verkieselten Spitze, die einer Injektionsnadel verblüffend gleicht. Der obere Teil dieses verkieselten Haares ist kopfförmig verdickt und bricht bei der leichtesten Berührung ab. Durch den Druck des eigenen Körpers fährt die abgebrochene hohle Spitze in die Haut des Opfers und entläßt in die so entstandene Wunde die im Innern des Haares befindliche Ameisensäure. Diese Methode wirkt besonders gut bei relativ großen Tieren, verfehlt aber ihren Zweck, wenn die Tiere sehr hungrig sind und den Brennhaaren trotzen. So haben sich z. B. die Raupen zweier Schmetterlinge (Kleiner Fuchs und Tagpfauenauge) auf die Brennessel als Nahrungsquelle spezialisiert. Hier bei der Brennessel mit beiden Abwehrmethoden zeigt sich auch der Übergang zwischen den reinen chemischen und mechanischen Abwehrmechanismen. Allerdings brauchen sich die chemischen Verteidigungsmittel nicht immer im Innern von Haaren zu befinden, sondern können auch in Leitgeweben oder in anderen Organen abgelagert werden. Ein weiterer Gesichtspunkt wäre wohl der, daß sich aus ehemals als Abwehrwaffen entwickelten Drüsenhaaren die komplizierten Verdauungsdrüsen der Insektivoren (s. S. 233) entwickelt haben könnten.

Die Blattoberfläche der Königskerze ist mit verzweigten Haaren bedeckt

Die Raupe des Pfauenauges bevorzugt die Brennessel trotz der Ameisensäure in den Brennhaaren als Futter

Chemische Abwehrmechanismen

Alle in Pflanzen vorkommenden chemischen Substanzen stellen die letzte Verteidigungslinie dar. Sie können dabei im pflanzlichen Gewebe in großen Mengen wie die Tannine (bis zu 2% des Blattgewichtes) oder aber in geringeren Konzentrationen wie die giftigen Alkaloide, Aminosäuren oder Cyanide vorkommen. Tannine sind aber nicht direkt giftig, sondern machen die Blatteiweiße für den Konsumenten nur unverdaulich, so daß sie als indirektes Abschreckungsmittel anzusehen sind. Allerdings muß zu ihrer Produktion eine größere Energiemenge aufgewendet werden als bei reinen Giften, die meistens sofort auf einen Pflanzenfresser wirken.

Die am besten bekannten und auch wirksamsten Pflanzengifte sind die Alkaloide, die wir z. B. als Atropin in der Tollkirsche oder als Coniin im Gefleckten Schierling vorfinden. Leider hat sich der Mensch schon sehr frühzeitig dieser giftigen Substanzen bedient und schon vor Jahrtausenden mißliebige Artgenossen damit umgebracht (Sokrates). Allerdings können diese Gifte auch segensreich wirken, wie z. B. das Digitoxin des Fingerhutes, das, in geringen Mengen eingesetzt, ein hochwirksames Herzmittel und hervorragendes Muskelstimulans ist und nur in starken Dosen giftig wirkt.

Während oftmals die gesamte Pflanze giftig sein kann, sind es manchmal auch nur Teile von ihr. So enthalten die Samen vieler Schmetterlingsblütler neben den normalen Grundbausteinen der Eiweiße eine Aminosäure, die nach Einbau in ein anderes Protein dessen Wirksamkeit völlig aufhebt. Die hohe Giftigkeit des Goldregens beruht aber nicht allein auf dieser Aminosäure, sondern auf dem Cytisin, einem Alkaloid.

Eine der sinnreichsten chemischen Verteidigungswaffen bei Pflanzen ist die weitverbreitete Entwicklung von Cyaniden. Weil aber die Cyanide für alle atmenden Organismen, also sowohl für Tiere als auch für Pflanzen, äußerst giftig sind, können sie in den Pflanzenzellen auch nicht direkt als Cyanide entstehen, sondern müssen als zwei verschiedene, nichttoxische Verbindungen in getrennten Zellbereichen hergestellt und abgelagert werden. Erst wenn diese sorgfältig getrennten Kompartimente beim Freßvorgang eines Weidetieres aufgebrochen und die beiden Chemikalien vermischt werden, entstehen die tödlich wirkenden Cyanide. Es konnte z. B. nachgewiesen werden, daß Nacktschnecken nur die Weiß-Kleeblätter fressen, die keine Cyanide bilden, obwohl fast alle Blätter gleich aussehen. Sehr zum Nachteil der cyanidbildenden Pflanzen kann der Durchmischungseffekt der beiden nichttoxischen Grundsubstanzen auch durch andere Faktoren hervorgerufen werden. Tritt z. B. Frost ein, der in den Blattzellen zur Eisbildung und damit zur Ausdehnung des Zellinhaltes führt, können die trennenden Kompartimente ebenfalls aufgebrochen werden, und giftige Cyanide entstehen. Dieser Vorgang führt zwangsläufig zur eigenen Vergiftung.

Es gibt wohl auf der Erde genauso viele verschiedene chemische Verteidigungsmechanismen wie Arten existieren, wobei nur einige der angewendeten Methoden effektiv sind. Da aber die Natur der erfindungsreichste Chemiker ist und allein die Existenz eines Giftes, das Pflanzenmaterial ungefressen sein läßt, eine Stimulierung der natürlichen Selektion auslöst, kommt es immer wieder sehr rasch zur Bildung von bestimmten Tierrassen, die das angewendete Gift wieder entgiften können. Das führt dazu, daß jede durch Gift geschützte Pflanze dennoch einen Freßfeind unter den Insekten besitzt. So sind z. B. viele Arten der Kreuzblütler für die meisten Insekten wegen der den Pflanzen innewohnenden Senfölglykoside ungenießbar, dennoch frißt der Kohlweißling die Blätter völlig unbeschadet, ja, er findet seine Futterpflanzen sogar nur durch den Senfölgeruch. Der Jakobskrautbär geht sogar noch einen Schritt weiter. Seine Larven fressen nicht nur das äußerst giftige Jakobs-Greiskraut, das die Alkaloide Senecionin und Senecin enthält, sondern sie reichern diese Gifte in ihren Körpern sogar noch an, so daß der ausgewachsene Schmetterling für mögliche Freßfeinde noch zusätzlich darin, daß es mit anderen Arten nicht um seine sichere Nahrungsgrundlage kämpfen muß.

ebenfalls ungenießbar wird. Diese Tatsache erklärt auch, warum sich so viele Insekten auf ganz bestimmte Futterpflanzen spezialisiert haben. Beide, Pflanzen und Insekten, haben sich nämlich über Jahrtausende gemeinsam entwickelt, so daß heute eine spezielle Pflanze auch nur wenigen Pflanzenfressern als Nahrung dient, gleichzeitig aber von den Tieren bestäubt wird. Auf diese Weise werden beide vor der Vernichtung bewahrt, und das Insekt hat seinen Vorteil

Tollkirsche

Fingerhut

Blauer Eisenhut

Herbst-Zeitlose

Medizinalpflanzen

Schon seit vielen Jahrtausenden wurden Wildpflanzen für medizinische Zwecke genutzt, und die moderne Botanik entstammt eigentlich einem Seitenzweig der Medizin. Noch heute werden ungefähr die Hälfte aller Drogen aus Wildpflanzen gewonnen, deren medizinischer Nutzwert im wesentlichen auf ihren Inhaltsstoffen beruht, die aber eigentlich nur für das Verteidigungssystem gegen Freßfeinde entwickelt wurden. So enthält der Fingerhut, wie schon weiter oben erwähnt, das Digitoxin und die Tollkirsche das Atropin, beides sehr giftige, aber medizinisch gut verwertbare Substanzen, die auch in gewinnbaren Mengen in den Pflanzen vorkommen. Auch aus anderen Pflanzen kann man Drogen in ausreichenden Mengen gewinnen, z. B. das Aconitin aus dem Blauen Eisenhut oder das Colchicin aus der Herbst-Zeitlose.

Im Grunde genommen gibt es in unserer Flora Hunderte von medizinisch nutzbaren Pflanzen mit deutlich milderen Inhaltsstoffen. Übrigens erhält man schon über den wissenschaftlichen Namen einer Pflanze einen sehr guten Hinweis auf deren Nutzanwendung. So dient der Wundklee (*Anthyllis vulneraria*) zur Behandlung von offenen Wunden, der Echte Kreuzdorn (*Rhamnus cathartica*) als Abführmittel usw. Der wissenschaftliche Artname allein gibt sogar oft Auskunft über eine allgemeine Nutzanwendung. *Sanguisorba officinalis,* der Große Wiesenknopf, *Valeriana officinalis,* der Holunderblättrige Baldrian, oder *Symphytum officinale,* der Gemeine Beinwell, geben dafür mit ihren Artnamen (*officinalis*) einen deutlichen Anhaltspunkt. Übrigens stammt das Wort officinalis aus dem Lateinischen und bedeutet an sich „Lagerraum". Diese wissenschaftliche Bezeichnung wurde schon Mitte des 18. Jahrhunderts von Linnaeus in die Biologie eingeführt und sehr häufig für genutzte Pflanzen als Artbezeichnung verwendet.

Die Raupe vom Jakobskrautbär verzehrt die giftigen Blütenköpfchen des Jakobs-Greiskrautes; seine schwarze und orange Streifung bedeutet ein Warnsignal in der Natur, ebenso wie die rote Färbung des Falters; sie weisen beide auf die Giftigkeit der Tiere hin

Vermehrung und Wachstum

Ein- und zweijährige Pflanzen

Genau wie der Mensch mit einer begrenzten Menge Geld nur eine gewisse Zeitspanne auskommen kann, hat auch die Pflanze nur begrenzte Materialreserven für ihr Wachstum und ihre Reproduktion zur Verfügung. Genauso wie der Mensch wirtschaftlichen Gesetzen unterliegt und Entscheidungen treffen muß, wofür er sein Geld ausgeben möchte, unterliegt auch die Pflanze ähnlichen Gesetzmäßigkeiten, ohne daß sie aber eine Entscheidungsmöglichkeit besitzt. Verwendet sie z. B. unter ungünstigen Standortbedingungen einen Teil ihrer begrenzten Reserven zur Produktion von nur wenig mehr Blättern, so führt das nicht wie unter ähnlichen Verhältnissen beim Menschen nur zur „Armut", sondern bei ihr zum Tode und damit zur Auslöschung dieses speziellen genetischen Types. Diesen Vorgang bezeichnet man dann als natürliche Auslese. Damit ein bestimmter Genotyp erfolgreich sein kann, muß er entweder über einen längeren Zeitraum am Standort existieren oder aber durchsetzungsfähige Nachkommen erzeugen. Dieses Gleichgewicht zwischen eigenem Wachstum und Überleben auf der einen Seite und Fortpflanzung auf der anderen als Konfliktgegensätze zur Nutzung von Reservestoffen ist im Pflanzenreich auffälliger ausgeprägt als im Tierreich, besonders, weil sich Pflanzen zum Teil über sehr lange Zeiträume an einem Standort aufhalten und sich darüber hinaus auch noch ungeschlechtlich vermehren können (s. S. 248). Das Ergebnis dieser Entwicklung mußte aber in der Bildung von ein- und zweijährigen bzw. ausdauernden Pflanzen bestehen.

Die kurzlebigsten Pflanzen sind dabei einjährige Arten, die ihren gesamten Lebenszyklus innerhalb von einer einzigen Vegetationsperiode durchlaufen. Dabei gibt es gerade für sie einen sehr deutlichen Nachteil, weil sie am Ende einer Vegetationsperiode den mühsam erkämpften Standort wieder verlassen und neue Siedlungsgebiete für ihr Saatgut erst finden müssen. Da sich aber nur sehr wenige Samen bis zu einer ausgewachsenen Pflanze entwickeln, sind schon sehr große Saatgutmengen erforderlich, um diesen Nachteil wenigstens auszugleichen. Daraus ergibt sich, daß es doch große Schwierigkeiten macht, eine Erklärung dafür zu finden, warum einjährige Pflanzen eigentlich auf der Erde existieren, wenn sie doch von den ausdauernden Arten, die Jahr für Jahr denselben Standort besetzt halten und hier auch Samen erzeugen, laufend verdrängt werden. Daraus folgt, daß sich einjährige Arten kaum in einem im Gleichgewicht befindlichen Ökosystem halten können, sondern nur an solchen Standorten anzutreffen sind, wo sich die Standortbedingungen laufend verändern. Die klassischen Standorte der einjährigen Arten sind also gestörte Plätze, die in unserer Zeit normalerweise nur noch durch den Menschen hervorgerufen werden, indem er Äcker pflügt, nach Bodenschätzen gräbt, Straßen baut oder auch die Kulturflächen als Brachen verfallen läßt. In früherer Zeit wurden dagegen gestörte Plätze nur durch natürliche Bedingungen wie durch Erdrutsche, Hochfluten und in geringem Ausmaße auch Maulwurfshügel hervorgerufen. Alle Pflanzen,

Unkrautgesellschaft mitten im Getreidefeld, bestehend aus einjährigen (Klatsch-Mohn, Saat-Wucherblume) und mehrjährigen Arten

die auf solchen Standorten leben, bezeichnen wir Menschen als „Unkräuter" und verstehen darunter nur einen Konkurrenten unserer Nutzpflanzen. Das wesentliche Kennzeichen dieser „Unkräuter" ist die Einjährigkeit und die massenhafte Produktion von Samen, mit deren Hilfe wieder neue gestörte Standorte besiedelt werden.

Viele Unkrautarten sind übrigens stark von der menschlichen Tätigkeit abhängig und auch erst parallel mit den Kulturpflanzen des seßhaften Menschen in unsere Landschaft eingeführt worden. Es ist deshalb nicht verwunderlich, daß die meisten Unkrautarten aus anderen Florengebieten stammen. Dieses mag dabei jüngeren Datums sein wie beim Persischen Ehrenpreis oder aber schon länger zurückliegen wie beim Klatsch-Mohn, Acker-Senf, Hederich, Acker-Täschelkraut und dem Acker-Spörgel.

Im Gegensatz zu diesen Arten sind wohl das Echte Hirtentäschel, das Gewöhnliche Stiefmütterchen, die Vogelmiere, der Weiße Gänsefuß, die Ausgebreitete Melde, der Vogel-Knöterich und die Rote Taubnessel schon vor der landwirtschaftlichen Tätigkeit des Menschen in unserem Gebiet auf gestörten Plätzen vorhanden gewesen, weil man deren Samen in Fossilienlagerstätten gefunden hat, die aus Zeiten stammen, als es hier noch keine Menschen gab. Beide Unkrautgruppen besitzen aber große Ähnlichkeiten in ihrem Wachstum. Sie keimen entweder schon im Herbst der Aussaat oder erst im nächsten Frühjahr, wachsen sehr schnell und blühen und fruchten im nächsten oder gleichen Sommer. Einige Arten blühen dabei sogar während des ganzen Sommers und sterben schließlich erst mit dem ersten Frost ab, weil sie keine überdauernden Knospen besitzen. Sollte aber der Fall eintreten, daß die Witterungsbedingungen für eine Blüte im selben Jahr nicht günstig waren, so kann eine solche Pflanze überwintern und erst im Folgejahr zur Blüte kommen. Es gibt allerdings auch Arten, die von Natur aus erst im nachfolgenden Jahr blühen wie das Gemeine Greiskraut, das Behaarte Schaumkraut und das Acker-Stiefmütterchen. Diese Arten sind damit nicht im Sinne des Wortes einjährig, sondern man nennt sie einjährig überwinternd. Sehr häufig können übrigens auf den gestörten Standorten unserer Felder und Gärten von diesen Arten die weiter vorne angesprochenen Samenbanken gebildet werden (s. S. 176), aus denen dann bei Bedarf wieder neue Pflanzen entstehen.

Dieser Teil des Getreidefeldes wurde vom Landwirt ausgelassen, als er mit Unkrautvernichtungsmittel spritzte

Oftmals verhalten sich einjährige Pflanzen den einjährig überwinternden Arten sehr ähnlich, wenn sie z. B. in größerer Höhe oder aber weiter nach Norden hin vorkommen, wo die Sommer für eine ausreichend lange Reproduktionsphase viel zu kurz sind. Ein sehr gutes Beispiel hierfür ist das einjährige Rispengras, das sogar an tiefer gelegenen Rasen-, Moor- und Felsenstandorten Populationen ausbildet, die zum Teil mehrjährig erscheinen. In Untersuchungen konnte bei diesem Gras nachgewiesen werden, daß die Fähigkeit, einen Winter zu überleben, am größten wird, wenn die Samenproduktion im ersten Sommer nur gering war. Solche Arten trotzen damit nicht dem Winter, wie man lange Zeit glaubte, sondern sie besitzen nur die Fähigkeit, vegetationslos gewordene Standorte kurzfristig zu nutzen, bevor diese wieder von echten ausdauernden Arten in Besitz genommen werden. Ähnliches gilt auch für die echten einjährigen Arten, die niemals bis zu einer zweiten Vegetationszeit überleben. Sie vermeiden nicht den Winter, sondern überleben die trockene Sommerzeit. Um dieses aber bewerkstelligen zu können, müssen sie in kurzer Zeit ein ausgedehntes Wurzelsystem aufbauen, dessen Bildung dann so viele Reservestoffe verbraucht, daß nicht mehr genug für die Anlage von überwinternden Reserveorganen übrigbleibt. Im Grunde genommen gibt es also zwei verschiedene Möglichkeiten, um an extremen Standorten zu überleben. Entweder sind die Arten mehrjährig und blühen nur zu bestimmten Zeiten oder äußeren Bedingungen, oder aber sie sind einjährig und beginnen ihre Entwicklung im Winter, also zur feuchtesten Jahreszeit, blühen und fruchten dann zum Frühsommer, um schließlich die Sommertrockenheit als Saatgut zu überdauern. Gerade diese Methode ist aber am weitesten verbreitet, wie uns das Frühlings-Hungerblümchen, das Mauer-Felsenblümchen, das Echte Hirtentäschel, das Sand-Lieschgras, die Frühlings-Schmiele, die Kleine Wicke und das Aufrechte Vergißmeinnicht deutlich anzeigen. Alle aufgezählten Arten erzeugen nämlich Saatgut, das zum Zeitpunkt des Ausstreuens im Mai/Juni noch nicht keimfähig ist, sondern erst einige Monate nachreifen muß. Im September oder Oktober setzt die Keimung schließlich ein, und die jungen Pflänzchen erreichen schon während eines milden Herbstes noch vor dem eigentlichen Winter fast die endgültige Größe. Erst im Folgejahr – im April, Anfang Mai – erfolgt dann die Blüte, und die Pflanzen sterben mit Beginn der trockeneren Jahreszeit wieder ab. Man nennt solche Arten mit dem Hauptwachstum in oder während der kühleren Jahreszeit auch winterannuell.

Beispiel einer sommerannuellen Pflanze, die den Winter als Same überdauert, einer winterannuellen Pflanze, die den Sommer als Same überdauert, und einer zweijährigen Pflanze, die im zweiten Sommer blüht

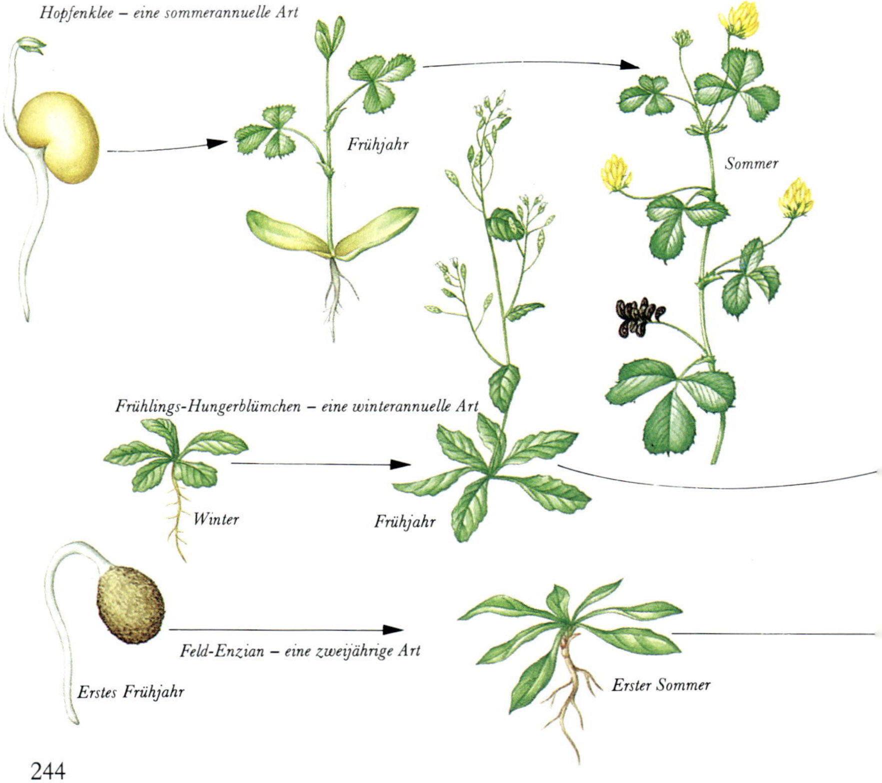

Ihre typischen Standorte sind Flachlandfelsen, Mauerkronen, Straßenränder, Sanddünen und andere Plätze mit sehr dünner, kaum wasserhaltender Mutterbodenschicht.

Innerhalb der zweijährigen Arten ist der Fingerhut wohl am besten bekannt. Seine Samen keimen entweder im Herbst des Aussaatjahres oder aber im nächstfolgenden Frühjahr. Die Frühjahrskeimlinge wachsen im ersten Jahr nur vegetativ und erzeugen eine starke Blattrosette. Diese Rosette überwintert und bildet dann im nächsten Sommer einen langen, traubenförmigen Blütenstand mit zahlreichen Einzelblüten, in denen Tausende von Samen erzeugt werden. Anschließend stirbt die Pflanze vor dem nächsten Winter wieder ab. Nur ausnahmsweise kann sie auch einmal den zweiten Winter überdauern, weil sie fast ihre gesamten Reservestoffe in die Samenproduktion steckt und nichts für die Bildung eines überdauernden Wurzelstockes übrigbleibt. Individuen, die aber im Herbst aus sofortkeimenden Samen entstehen, können sich entweder genauso wie die Frühjahrskeimer verhalten, also zweijährig sein, oder aber die Rosette wird bei guten Witterungsbedingungen schon während des Herbstes so stark, daß die Pflanze bereits im folgenden Sommer zur Blütenbildung schreitet. Auf sehr armen Standorten oder im tiefen Schatten kann der Fingerhut sogar dreijährig werden, wenn er allein zur Rosettenbildung zwei Vegetationsperioden benötigt und erst im dritten Jahr Blüten bildet.

Tatsächlich zeigt uns dieses Beispiel aber, daß die Natur nicht generell zu katalogisieren ist, wie wir Menschen es gerne machen, sondern die Auslese hat dazu geführt, daß immer die am besten angepaßten Arten überleben. Wenn sich also die Umweltbedingungen verändern, mag – oder muß – dieses ebenfalls zu Veränderungen bei den Pflanzen geführt haben, und zwar nicht allein in bezug auf ihre äußere Gestalt (Morphologie, Sproßanpassungen s. S. 184 ff.), sondern ebenfalls bezüglich ihrer speziellen Lebensdauer. Man bezeichnet z. B. das Gewöhnliche Bitterkraut als ausdauernd, obwohl es selten länger als ein paar Jahre lebt, es kann sich manchmal sogar wie eine ein- oder auch zweijährige Art verhalten. Die Kleinblütige Königskerze oder der Feld-Enzian sind dagegen normalerweise zweijährig, können beide aber auch unter gewissen Bedingungen einjährig, manchmal sogar mehrjährig sein. Sehr viele Doldenblütler sind z. B. zweijährig wie die Wilde Möhre, der Pastinak und der Bärenklau, sie können aber auch einmal mehrjährig werden. Das gleiche gilt für den Färber-Wau, die Reseda oder einige Schmetterlingsblütler wie den Hohen Steinklee. Die Rote Schuppenmiere ist dagegen meistens nur einjährig, kann aber in Ausnahmefällen auch zweijährig leben. Insgesamt gesehen verhalten sich damit unter bestimmten Bedingungen einige einjährige Arten wie zweijährige, einige zweijährige Arten wie ausdauernde oder einige ausdauernde Arten wie kurzlebige. Ein sehr auffälliges Phänomen ist es jedoch, daß für die Zweijährigen nur begrenzte Lebensräume zur Verfügung stehen.

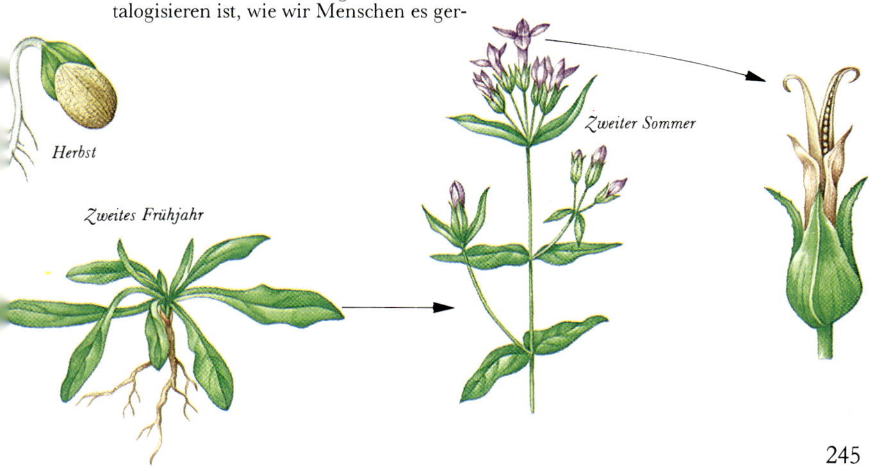

Ausdauernde Pflanzen – Lebenszeit und Klone

Das Auftreten kurzlebiger ein- oder zweijähriger Arten ist innerhalb des Pflanzenreiches an sich eine Ausnahme, weil diese Arten meistens nur an gestörten Standorten, also in ganz speziellen Siedlungsräumen gedeihen. Da der Mensch aber solche Störungen erst hervorruft, müssen wir zwangsläufig innerhalb der bewohnten Bereiche mehr kurzlebige Pflanzenarten erwarten und können annehmen, daß diese Kurzlebigkeit hier auch der häufigste Lebenszustand ist. Betrachtet man nämlich kaum gestörte Standorte, so nimmt hier der Anteil der ein- und zweijährigen zugunsten der ausdauernden Arten deutlich ab.

In den größten Teilen Europas entwickeln sich die vom Menschen laufend gestörten Standorte nach Unterlassung dieser Störung innerhalb von 30–40 Jahren in einen Wald zurück. Man bezeichnet eine solche Entwicklung eines Pflanzenbestandes in Richtung zu einer Endgesellschaft (Klimax) als Sukzession. Allerdings gibt es auch Ausnahmen, wo die Sukzession zur Klimaxgesellschaft durch natürliche Faktoren unterbunden wird. Hierzu gehören die Naturwiesen der höheren Berggebiete, die Salzwiesen und die Wiesen im Überflutungsbereich der Flüsse. In den höheren Bergregionen ist es die niedrige Jahreslufttemperatur, in den Salzwiesen der hohe Salzgehalt bzw. die Überflutung und in den überfluteten Wiesen der Flüsse meistens der winterliche Eisgang, der eine Vegetationsentwicklung in Richtung Wald unterbindet. Der Wald besteht in der oberen Region überwiegend aus langlebigen, verholzten Bäumen und Sträuchern sowie am Erdboden aus einer schattenverträglichen Kraut- und Moosschicht. Hier findet man sowohl ausdauernde Arten mit dem Wald-Bingelkraut, dem Wald-Sauerklee oder auch Zwiebelbildner wie das Hasenglöckchen als auch einjährige Arten mit der Dreinervigen Miere, dem Rankenden Lerchensporn, dem Rührmichnichtan sowie dem aus Nordamerika eingeschleppten, ebenfalls schattenverträglichen Kleinen Springkraut. Dabei liegt die größte Schwierigkeit der einjährigen Arten an diesem Standort darin, innerhalb einer Vegetationsperiode unter dem Einfluß einer starken Beschattung genügend Samen zu produzieren. An ungestörten Standorten müßten also normalerweise ausdauernde Arten überwiegen, allerdings verbergen sich darunter auch einige Arten wie die gewöhnliche Eberwurz, die nur 4–5 Jahre überleben. Leider sind bis heute noch viel zu wenige Lebensspannen untersucht worden, als daß man bezüglich der verschiedenen Standorte endgültige Aussagen machen könnte. So können z. B. einige Orchideen scheinbar völlig aus ihren Wuchsgebieten verschwinden, um dann nach 20 oder 30 Jahren plötzlich wieder zu erscheinen. Besonders gut konnte man dieses Verhalten am Kleinen Knabenkraut und an der Riemenzunge nachweisen, wobei aber wohl zu berücksichtigen ist, daß diese Pflanzen nicht jedes Jahr zur Blütenbildung kommen und dann im vegetativen Zustand möglicherweise einfach übersehen wurden.

Das Kleine Knabenkraut kann mehrere Jahre ohne Blütenbildung als Rosette wachsen, manchmal erscheint sie nicht einmal über der Erde

Das größte Problem bei der Bestimmung der Langlebigkeit der meisten Kräuter besteht aber darin, die Grenzen der Einzelindividuen festzulegen. Es ist zwar recht einfach, das Individuum Eiche abzugrenzen, das sich von einem Samen bis zu einem riesigen Stamm mit breiter Krone entwickelt und vielleicht 300 Jahre lebt, bevor es stirbt, es ist aber sehr viel schwieriger, dieses beim Schmalblättrigen Weidenröschen zu machen. Diese Pflanze entwickelt sich zwar zunächst ebenfalls aus einem Samen, erzeugt aber im ersten Jahr ein unterirdisches verzweigtes Rhizom und einen aufrechten, im Winter wieder absterbenden Lufttrieb. Im zweiten und in allen Folgejahren werden von dem Rhizom dann viele weitere Lufttriebe gebildet, so daß man sich fragen muß, ist dieses nun ein Individuum oder sind es mehrere?

Man könnte aber sagen, daß auch bei Auftreten von zahlreichen Luftsprossen die Pflanzen immer dann als ein einziges Individuum aufgefaßt werden sollten, wenn diese unterirdisch über ein Rhizom verbunden sind. Auf jeden Fall ist ein solcher Pflanzenkomplex aber als genetisch einheitlich anzusehen und somit ein Klon. Die Definition eines Klones wird jedoch erheblich schwieriger, wenn die unterirdischen Verbindungen entweder durch natürliche oder aber durch andere äußere Einwirkungen unterbrochen werden. Dann entwickelt sich ein solcher ursprünglich zusammenhängender Klon zu einer ganzen Reihe eigenständiger, aber genetisch einheitlicher Flecken. Damit sind nicht nur die einzelnen Lufttriebe einer Pflanzengruppe eng miteinander verwandt, sondern auch räumlich getrennte Pflanzengruppen, und die Folge müßte die potentielle Unsterblichkeit eines solchen Klones sein, weil immer Teile des Gesamtmaterials überleben.

Durch sorgfältige Untersuchungen konnte z. B. bei einigen Farnen mit unterirdischen Rhizomen gezeigt werden, daß diese Pflanzen ein- bis zweitausend Jahre alt sein müßten. Sogar für den Rotschwingel konnte in einem speziellen Grünland nachgewiesen werden, daß alle vorkommenden Pflanzen zu relativ wenigen Klonen gehören, von denen der älteste auf ca. 800 Jahre geschätzt wurde. Die Pflanze müßte sich also zu der Zeit aus einem Samen entwickelt haben, als die ersten Wiesen bzw. Weiden aus dem ehemaligen Urwald vom Menschen erzeugt wurden. Übrigens besteht diese Fähigkeit zur Klonbildung nur innerhalb von Organismen mit vegetativer Vermehrung, also vornehmlich bei Pflanzen. Dabei sind die Methoden zur vegetativen Vermehrung sehr zahlreich (s. S. 248), erfolgen aber oftmals unter Vermeidung der geschlechtlichen Fortpflanzung, die ja zu einer Vermischung des genetischen Materials führen müßte. Da darüber hinaus alle pflanzlichen Aktivitäten voneinander abhängig sind, bedingt eine gute vegetative Vermehrung zwangsläufig die Einschränkung anderer Wachstums- und Bildungsmöglichkeiten. Insgesamt gesehen ist also die vegetative Vermehrung – neben der geschlechtlichen – nur eine weitere Möglichkeit zur Erhöhung der Individuenzahl, sie muß aber nicht zwangsläufig den Ausschluß der geschlechtlichen Vermehrung beinhalten.

Das Schmalblättrige Weidenröschen wächst mit unterirdischen Rhizomen und kann größere Pflanzenbestände (Herden) erzeugen. Ist jeder Flecken nun ein Individuum oder sind es viele?

Vegetative Vermehrung

Eine einjährige Pflanze muß am Ende der Vegetationszeit möglichst viele ihrer durch Photosynthese erzeugten Reservestoffe in die Samenproduktion stecken, um am Standort überleben zu können. Deshalb ist es ganz natürlich, daß man im Gelände neben noch blühenden schon fruchtende Pflanzen vorfindet wie z. B. bei den Greiskräutern oder dem Echten Hirtentäschel. Beide Arten wachsen übrigens auch in Pflasterritzen und an Wegrändern, wo einerseits geringe Nährstoffreserven vorliegen und andererseits nur kleine Wurzelsysteme gebildet werden können. Beide Faktoren bedingen deshalb kleine, wenig beblätterte Pflanzen mit relativ zahlreichen Blüten. Eine ausdauernde Pflanze würde auf demselben Standort wahrscheinlich nicht zur Blüte gelangen, weil es bei ihr lediglich darauf ankäme, den einmal besetzten Wuchsort zu behalten. Sie müßte also sämtliche überschüssigen Reservestoffe zunächst in Speicherorgane stekken, um dadurch das nächstjährige Wachstum zu gewährleisten. Deshalb erzeugen z. B. viele Doldenblütler im ersten Jahr nach ihrer Keimung oberirdisch nur ein Keimblattpaar und bilden dafür eine nährstoffreiche Speicherwurzel, aus der dann im Folgejahr das Wachstum des oberirdischen Sprosses wieder neu beginnen kann (s. S. 213). Weil aber diese Reserveorgane sehr gern verzehrt werden, müssen sie vor der Freßgier vieler oberirdisch lebender Pflanzenfresser durch eine Verlagerung unter die Erdoberfläche geschützt werden.

Die einfachste Art, Nährstoffe zu speichern, besteht in der Anlage einer mehr oder weniger angeschwollenen Hauptwurzel, die wir auch als Speicher- oder Pfahlwurzel bezeichnen und sehr häufig bei Korbblütlern, Wegerich-Arten, Doldenblütlern, aber auch Rosen- und Hahnenfußgewächsen vorfinden (Löwenzahn, Mauerlattich, Bocksbart, Spitzwegerich, Engelwurz usw.). Ähnlich einfache Speicherungen erfolgen in den mehr oder weniger verholzten Stämmen von kurzlebigen (Garten-Löwenmaul), langlebigen (Heide, Krähenbeere) oder leicht krautigen Arten (Milchkraut).

Alle diese Methoden ermöglichen aber nur das Überleben des Individuums am Standort und nicht das der Art, so daß häufig weitere Funktionen hinzutreten, die mit dem Überleben des Ein-

zelindividuums gleichzeitig dessen Verbreitung und Vervielfachung ermöglichen. Hierfür werden z. B. verzweigte überwinternde Pfahlwurzeln erzeugt, aus denen dann im folgenden Frühjahr viele neue oberirdische Sprosse gebildet werden. Verzweigte Pfahlwurzeln findet man unter anderem bei verschiedenen Lichtnelken und deren Verwandten (Weiße Lichtnelke, Aufgeblasenes Leimkraut, Nickendes Leimkraut, Kuckuck-Lichtnelke), bei verschiedenen Rosen- (Blutwurz, Frauenmantel), Dickblatt- (Rosenwurz, Purpurrote Fetthenne), Steinbrech- (Sumpf-Herzblatt) und Grasnelkengewächsen (Echter Strandflieder, Gemeine Grasnelke) sowie bei einigen Glockenblumen und vielen Korbblütlern (Gemeine Goldrute, Margerite). Weil aber eine verzweigte Pfahlwurzel der Pflanze nur eine seitliche Ausdehnung in gewissen Grenzen erlaubt, ist das Resultat dieser Entwicklung immer eine mehr oder weniger dichte Kolonie (Herde). Ein Nachteil dieser Entwicklung besteht darin, daß die „Einzelindividuen" miteinander um einen ausreichenden Lebensraum kämpfen müssen, der große Vorteil ist aber der, daß solche Kolonien gegen die Konkurrenz anderer Arten äußerst widerstandsfähig sind.

Oben: Unter nährstoffarmen Bedingungen steckt eine einjährige Art wie das Echte Hirtentäschel (links) seine Reservestoffe überwiegend in die Reproduktionsorgane auf Kosten der Blätter und Wurzeln; der Mauerlattich (rechts) überlebt den Winter mit einer Speicherwurzel

Eine räumlich größere Verbreitung der Tochterindividuen wird mit Hilfe der Rhizome und Stolone (s. S. 250) ermöglicht. Während die Rhizome ausdauernde, unterirdisch oder in Bodenoberfläche flach kriechende Speichersprosse sind, versteht man unter einem Stolon einen flach von der Mutterpflanze wegwachsenden, oft auch nur einjährigen Sproß mit reiner Verbreitungsaufgabe. Übrigens wird ein sehr ähnlicher Effekt auch von Pflanzen erreicht, die am Ende von weitstreichenden Wurzeln Knospen erzeugen, aus denen dann später neue Jungpflanzen entstehen (Graben-Veilchen). Alle durch Rhizome oder Stolone verbreiteten Pflanzen sind nun wie die Mutterpflanze genetisch einheitlich. Dabei könnte die Stammpflanze entweder durch einen Samen oder ebenfalls über ein Rhizom bzw. Stolon an diesen Standort gelangt sein. Sie hätte sich hier angesiedelt und überlebt, während vielleicht mit ihr gleichzeitig angekommende „Geschwister" in der Nachbarschaft umgekommen sind, weil denen möglicherweise die dortigen Standortverhältnisse nicht zusagten. Auf die Besiedlung des Standortes hat also eine natürliche Auslese in der Weise eingewirkt, daß nur die günstigsten Gebiete von den Pflanzen erobert werden konnten. Weil aber bei einer Verbreitung über Rhizome oder Stolone keine genetische Vielfalt im Pflanzenmaterial mehr vorlag, mußten die kleinflächigen, ungünstigen Standorte unbesiedelt bleiben.

Diese Verhältnisse kann man übrigens sehr gut beim Weiß-Klee beobachten, der eine der „beweglichsten" Arten unserer normalen Rasenflächen, Wiesen oder auch Weiden ist. Wenn man z. B. mit einem Zeitraffer den eigenen Rasen über mehrere Jahre filmisch erfaßt, so kann man den Weiß-Klee wie einen Nomaden über die gesamte Fläche wandern sehen, weil er an der Spitze seiner Stolonen laufend weiterwächst und vom Ende her wieder abstirbt. Dabei kann der Weiß-Klee durchaus verschiedenen Klonen angehören, die mit unterschiedlichen Grasarten manchmal sehr gut zusammenleben oder von ihnen im eigenen Wachstum gehemmt werden.

Links: Die verzweigten Wurzelstöcke der Silene vulgaris ssp. maritima, der Gemeinen Grasnelke und der Strand-Kamille erzeugen Gruppen und Kissen von Einzelpflanzen

Rhizome und Stolone

Rhizome und Stolone sind flach im oder am Boden wachsende Sprosse, die an ihren Knoten, und zwar in den Blattachseln, neue bewurzelte Pflanzen bilden. Dabei sind die Rhizome wie bei der Gelben Schwertlilie langlebige unterirdische Speicherorgane, die sowohl zur Überdauerung als auch zur Verbreitung der Art beitragen. Stolone (Ausläufer) sind dagegen meistens kurzlebige ober- und unterirdische Sprosse mit Verbreitungsaufgaben, die zum Teil nach erfolgreicher Ausbringung neuer Pflanzen absterben. Beide sorgen aber dafür, daß sich neue, genetisch gleiche Individuen nur in einiger Entfernung von der Mutterpflanze ansiedeln können, damit die Konkurrenz zwischen allen möglichst gering bleibt. Daneben gelangen durch die Rhizome und Stolone die zur ersten Ernährung der Jungpflanzen notwendigen Nährstoffe. Da die Rhizome aber unterirdisch leben und wegen der Speicherfunktion verdickt sind, könnte bei ihnen der Bodenwiderstand dafür sorgen, daß die neuen Knoten immer in dichterer Entfernung zur Mutterpflanze angelegt werden als bei vergleichbaren Arten mit dünneren Stolonen. Die ganze Palette der verschiedenen Verbreitungsmöglichkeiten über Rhizome, Stolone bis hin zur Knospenbildung an der Wurzelspitze findet man innerhalb der Veilchen. So erzeugt das Sumpf-Veilchen z. B. pro Jahr bis zu 20 cm lange Rhizome, die des Hunds-Veilchens werden dagegen nur 1–2 cm lang, und das Rivins-Veilchen bildet überhaupt keine Rhizome, sondern erzeugt neue Pflanzen aus kleinen Knospen an der Wurzelspitze. Als Besonderheit kann das März-Veilchen sogar Rhizome und Stolone ausbilden, die 30–40 cm Länge erreichen. Von einigen Arten werden mit Hilfe der Rhizome erheblich größere Entfernungen überbrückt. So bilden die Gewöhnliche Pestwurz und das Schmalblättrige Weidenröschen normalerweise unterirdische Sprosse von nur 20–30 cm Länge, es können aber auch Längen bis zu 1 m erreicht werden. Ähnliche Längen werden von der Sand-Segge, der Wasser-Minze, dem Giersch und der Großen Brennessel überwunden. Von allen verglichenen Arten verhalten sich die Rhizome der Sand-Segge äußerst ungewöhnlich. Da sie sich nicht verzweigen, lassen sie die neuen Lufttriebe Jahr für Jahr auf fast einer Linie entstehen. Man nennt sie wegen dieses Verhaltens im Volksmund auch „Nähmaschine des Sandes“ und kann mit ihrer Hilfe bewegte Sande leicht festlegen. Dabei befindet sich das Rhizom in einer fast gleichmäßigen Tiefe von 10 cm, und der Abstand von Lufttrieb zu Lufttrieb beträgt ebenfalls

Gelbe Schwertlilie und ihre Rhizome

Sand-Segge wächst über eine Düne mit Hilfe eines Netzwerkes unterirdischer Rhizome

10 oder 20 cm. Bis heute ist es aber immer noch ein wissenschaftlicher Streitpunkt, wie es die Pflanze schafft, eine so gleichmäßige Tiefe einzuhalten. Wahrscheinlich spielen hier wechselnde Bodentemperaturen eine Rolle, durch die das Wachstum des Rhizoms in die Höhe, bei steigender Temperatur, oder in die Tiefe, bei fallender Temperatur, jeweils gehemmt wird.

Viele Rhizombildner erzeugen so dichtstehende oberirdische Sprosse, daß sämtliche andere Arten verdrängt werden (Land-Reitgras, Schilfrohr). Dabei zeigt das unterirdische Netzwerk eines Rhizomes dann einen vorherrschenden Verzweigungswinkel von 120°, der die Bildung eines im Umriß sechseckigen Pflanzenfleckens bedingt. Durch diese Form ist es aber ähnlich wie mit dem Dreieck oder Rechteck möglich, eine begrenzte Fläche völlig auszufüllen. Andere Arten mit ähnlichem Verhalten wie die Acker-Distel, die Große Brennessel oder der Giersch, zeigen deshalb schon fast einen „Unkrautcharakter".

Nur in Ausnahmefällen wachsen auch Stolonen unterirdisch und sind damit unempfindlicher gegen Fraß. Im allgemeinen befinden sie sich aber oberirdisch. Sie wurzeln immer an den Stellen, wo sie den Erdboden wieder berühren, und bringen hier auch die neuen Pflanzen hervor. Innerhalb des Pflanzenreiches gibt es zahlreiche Arten mit solchen oberirdischen Ausläufern, die während einer Vegetationsperiode sogar leicht einen Meter oder mehr überbrücken können. Hierzu gehören sehr nahe verwandte Arten innerhalb der Rosengewächse wie z. B. die Wald-Erdbeere, das Kriechende Fingerkraut und das Gänse-Fingerkraut. Sogar der Gundermann (Lippenblütler) kann vergleichbare Entfernungen zurücklegen. Die zweifellos längsten Ausläufer werden aber von den Brombeeren gebildet, deren bogenförmig wachsende Sprosse den Boden manchmal erst nach 5 Metern und mehr wieder erreichen. Neben den Arten der Rosengewächse findet man jedoch auch andere Vertreter mit Stolonen als Verbreitungssystem wie z. B. den Kriechenden Hahnenfuß, den Weiß-Klee, das Sumpf-Vergißmeinnicht oder das Wiesen-Rispengras.

Sehr viel wichtiger als die Länge ist aber wohl die Anzahl der neuen Pflänzchen, die von den Ausläufern produziert werden. Der Kriechende Hahnenfuß kann z. B. in lückigen Beständen innerhalb einer Vegetationsperiode leicht fünf neue Pflanzen im Abstand von ca. 20 cm erzeugen. Wenn also an einem vegetationslosen Standort oder in einem schlechtgepflegten Garten eine einzige Pflanze des Kriechenden Hahnenfußes vielleicht 10 neue Pflänzchen an seinen Ausläufern produziert und jedes dieser Pflänzchen macht im Folgejahr das gleiche, so kann in kurzer Zeit das gesamte Gebiet vom Hahnenfuß besetzt sein.

Wald-Erdbeere und Kriechender Hahnenfuß verbreiten sich mit Hilfe von Ausläufern

Zwiebeln, Sproß- und Wurzelknollen

An Hand der unterschiedlichen Größe und Form der Rhizome kann häufig auch deren gegensätzliche Aufgabe abgelesen werden. So dienen sie oft gleichzeitig zur vegetativen Vermehrung und zur Nährstoffspeicherung, um schlechte Wachstumsbedingungen zu überdauern. Einerseits gibt es Pflanzen mit relativ langen Rhizomen (s. S. 250), die die an ihnen entstehenden neuen Pflänzchen über eine mehr oder weniger große Fläche verteilen, und andererseits findet man sehr viel häufiger Pflanzen mit so kurzen Rhizomen, daß eine Verbreitungsfunktion fast schon unsinnig erscheint und wohl nur noch die Speicherfunktion übrigbleibt.

Sehr kurze Rhizome bezeichnet man als Sproßknollen oder auch als Zwiebeln, je nach deren morphologischem und anatomischem Bau. Beides sind unterirdische, mehr oder weniger gestauchte und angeschwollene Sprosse, wobei die Rhizome und Zwiebeln mehrere Jahre und die Sproßknollen meistens nur eine Vegetationsperiode überdauern können. Eine Unterscheidung der drei unterirdischen Organe ließe sich vielleicht folgendermaßen durchführen: Die Zwiebel ist ein stark gestauchter unterirdischer Sproß, bei der die Nährstoffe in fleischig verdickten Niederblättern gespeichert werden. Die Sproßknolle ist dagegen ein fleischig verdickter, kurzgestauchter unterirdischer Sproß mit nur noch schuppenförmigen, reduzierten Niederblättern, und die Wurzelknolle ist schließlich eine durch Nährstoffspeicherung verdickte Haupt- oder Nebenwurzel. Als Beispiel für zwiebelähnliche Speicherorgane mögen die Gladiolen und die Herbst-Zeitlose herangezogen werden. Der Aronstab und der Knollige Hahnenfuß haben dagegen kurze Sproßknollen, und die Violette Sumpfwurz hat schließlich waagerecht wachsende Wurzelknollen. Alle diese Entwicklungen sind ökologisch nicht zu unterscheiden. Sowohl die Speicherwurzeln (s. S. 213) als auch die verdickten Wurzelknollen der Knabenkräuter oder die sich an den Wurzelspitzen bildenden Sproßknospen des Rivins-Veilchens dienen gleichzeitig zur Vermehrung und Überdauerung. Während der Entwicklungsgeschichte der Pflanzen haben sich also nur verschiedene Methoden mit dem gleichen Ziel ausgebildet, wobei sich die einzelnen Organe zwar nicht in der Funktion, aber doch in der anatomischen und morphologischen Gestalt mehr oder weniger deutlich unterscheiden.

Selbst die mit Nährstoffen angefüllten Brutknospen (Bulbillen), also Knospen, die sich zwecks Vermehrung und Verbreitung der Art von der Achse ablösen, sehen fast zwiebelähnlich aus. Den ersten Schritt zur Entwicklung einer Zwiebel könnte man bei solchen Arten sehen, wo sich eine stark gestauchte Sproßachse mit fleischigen Niederblättern zwecks Überdauerung umgibt (Schneeglöckchen). Ihre oberirdischen Teile bestehen dann nur noch aus dem Blütenstandsschaft und einigen Blättern. Ökologisch wichtig scheint die Tatsache zu sein, daß es in Nordeuropa nur sehr wenige zwiebel- oder knollenbildende Arten gibt. Die Iris-, Krokus- und Narzissenverwandten sind vielmehr charakteristische Florenelemente des Mittelmeergebietes, wo die Pflanzen in einem frühen, milden und feuchten Frühjahr wachsen und so den für sie zu trockenen Sommer überstehen. Während der Überdauerung werden nur die aufgenommenen organischen und anorganischen Nährstoffe in die unterirdischen Organe eingezogen. Im Norden haben nur wenige Vertreter eine größere Verbreitung (Gewöhnliche Traubenhyacinthe, einige Gladiolenverwandte), die Mehrzahl der zwiebel- und knollenbildenden Arten lebt hier, eng

begrenzt, in den laubabwerfenden Wäldern. Nur hier finden wir die vielen schönen Frühjahrsblüher, zu denen zwiebelbildende (Schneeglöckchen, Hasenglöckchen, Bär-Lauch, Türkenbund und Gemeiner Gelbstern), knollenbildende (Aronstab bzw. das Männliche Knabenkraut) oder rhizombildende Arten (Erd-Schlüsselblume, Busch-Windröschen, Maiglöckchen bzw. die Vielblütige Weißwurz) gehören. Die ökologische Besonderheit dieses Standortes besteht darin, daß den aufgezählten Arten nur während der ersten Frühjahrswochen – März bis Mai – ein „Lichtfenster" mit ausreichendem Sonnenschein für ihr schnelles Wachstum zur Verfügung steht, ehe die Bäume mit ihrem dichten Blätterdach dieses verhindern. Um diese sehr kurze Vegetationszeit überhaupt nutzen zu können, müssen die Pflanzen mit ihren Blättern im März schon völlig entwickelt sein, obwohl normalerweise der Februar hierfür noch viel zu kalt ist. Deshalb werden die einzelnen Organe in der unterirdischen Zwiebel oder an der Knolle bis zu diesem Zeitpunkt so weit vorentwickelt, daß bei ausreichender Wärme das erforderliche Längenwachstum sofort einsetzen kann. Vegetative Erneuerungsorgane erweisen sich so für ausdauernde Arten als deutlicher Vorteil. Fast jedes Pflanzenteil kann zur Überdauerung herangezogen werden, bei lebendgebärenden Arten sogar die Blüten (vivipar, s. S. 292). Manchmal erfordert die Bildung von Erneuerungsorganen allerdings eine große Spezialisierung, manchmal aber auch nur die Fähigkeit, verlorengegangene Körperteile zu ersetzen. Wohl alle Gärtner kennen das Phänomen, daß einige Holzpflanzen nach dem Schnitt wieder austreiben können. Dieses passiert auch im Gelände, wenn z. B. Zweige der Bruch-Weide im Sturm abbrechen, zufällig direkt in die Erdoberfläche gelangen und sich hier dann bewurzeln. Selbst die Blätter einiger Arten besitzen diese Fähigkeit (Wiesen-Schaumkraut). Sie können sich völlig bewurzeln und sogar Sproßknospen ausbilden, wenn sie nur fest genug auf feuchte Erde gepreßt werden. Übrigens ist dieses Phänomen nicht nur beim Wiesen-Schaumkraut weit verbreitet, sondern trifft auch, allerdings sehr viel seltener, für die Echte Brunnenkresse, die Pyrenäen-Sumpfkresse, das Schöllkraut oder die Weichwurz zu. Einen kontinuierlichen Übergang von Blättern über Blattachselknospen bis zu echten Bulbillen kann man übrigens an den beschatteten Exemplaren des Scharbockskrautes nachweisen.

Viele Entwicklungen der vegetativen Fortpflanzung haben mehr mit dem Überleben als mit der Verbreitung zu tun

ronstab: proßknolle

Kleines Knabenkraut: Wurzelknolle

Erdkastanie: verdickter Wurzelstock

Die Sexuelle Vermehrung: Aufgaben

Das besondere Merkmal der Blütenpflanzen innerhalb ihrer sexuellen Fortpflanzung ist die Bildung der Blüte. Dabei hat sich die Blüte während der Evolution der Pflanzen aus der Notwendigkeit heraus entwickelt, männliche und weibliche Geschlechtszellen möglichst sicher und gefahrlos zueinander zu bringen. Vereinfacht könnte man eine Blüte folgendermaßen definieren: Sie ist der Zusammenschluß umgewandelter Blätter am Ende eines reduzierten Haupt- oder Seitentriebes zum Zwecke der Fortpflanzung, wobei einige Arten diese Organe für eine nicht sexuelle Fortpflanzungsart modifiziert haben (Viviparie, s. S. 292; Apomixis, s. S. 290). Daneben besitzen aber fast alle ausdauernden Arten auch die Methode der ungeschlechtlichen Vermehrung, die unter der Maßgabe entwickelt wurde, daß eine sexuelle Fortpflanzung nicht immer und an jedem Standort die beste Vermehrungsmethode sein muß. Tatsächlich bestehen nämlich bei der sexuellen Fortpflanzung einige grundsätzliche Schwierigkeiten, wozu u. a. die optimale Anpassung an den Standort gehört. Nimmt man z. B. an, daß eine ausgewachsene Pflanze im Laufe ihres Lebens Tausende von Samen produzieren kann (s. S. 167), so überlebt davon in der Regel höchstens einer. Viele der anderen „Todeskandidaten" wären aber durchaus in der Lage, an einem passenden Standort zu überleben, wenn sie die Chance hätten, diesen zu erreichen. Überwiegend treten also irgendwelche äußere Faktoren auf, die ein Wachstum verhindern, sei es, daß die Samen auf zu trockene oder zu feuchte Standorte gelangen oder daß sie einfach weggeschwemmt, zertreten oder gefressen werden. Trotz all dieser Widrigkeiten gelingt es dann doch immer wieder einigen Individuen, sich zu behaupten. Eine sexuelle Fortpflanzung hat aber immer zur Folge, daß eine einmal angepaßte Zusammenstellung der Erbanlagen zugunsten von Hunderten von anderen, unerprobten Möglichkeiten aufgebrochen wird. Dabei könnten sich zwar auch besser angepaßte Formen entwickeln oder die alte Kombination wieder auftreten, beide Möglichkeiten sind aber doch sehr unwahrscheinlich, weil nämlich meistens schlechter angepaßte Arten entstehen. Während die sexuelle Fortpflanzung als Resultat meistens eine schlechtere, selten auch eine bessere Anpassung an den Standort zur Folge hat, konserviert die vegetative Vermehrung eine einmal erfolgreiche genetische Kombination exakt. Damit besteht für die Pflanzen bei der sexuellen Fortpflanzung immer ein hohes Risiko, es sei denn, die Standortbedingungen veränderten sich in der Weise, daß die neu gebildeten genetischen Typen sich hier besser durchsetzen könnten.

Eine Goldnesselgruppe verbreitet sich ausgezeichnet vegetativ, ihre Samen haben aber erhebliche Keimungsprobleme: sie können auf die Straße oder ins Wasser fallen, wo es zu trocken bzw. zu naß ist; sie können stark beschattet sein oder in einen zu dichten Bestand gelangen; sie können aber auch durch Säugetiere oder Vögel gefressen werden

Für den Untersucher sind solche Veränderungen nur schwerlich festzustellen, dennoch müssen sie sich aber immer dort abspielen, wo der Mensch die standörtlichen Lebensbedingungen der Organismen verändert. Wie wir auf S. 218 schon gezeigt haben, entwickelten sich auf metallkontaminierten Böden ganz bestimmte, an diese besonderen Bedingungen angepaßte Gräser. Allein aus der Neukombination der Merkmale der Elternpflanzen entstanden z. B. auf den mit toxischen Zinkgehalten beaufschlagten Böden völlig neue, zinkresistente Ökotypen des Rotschwingels und des

Roten Straußgrases, die sich heute sowohl geschlechtlich als auch ungeschlechtlich vermehren.

Ein weiterer, aber günstiger Effekt der sexuellen Fortpflanzung besteht in ihrer Verbindung mit der Samenproduktion. Dabei haben sich die Samen im Pflanzenreich als spezielle Organe zur näheren oder weiteren Verbreitung und somit zur Erreichung neuer Standorte entwikkelt. Diese Art der Verbreitung bedingt aber eine obere Grenze in der Samengröße (s. S. 161) und es ist nur zu natürlich, daß die höchsten Ausfälle im pflanzlichen Leben während des Samenbzw. Sämlingstadiums auftreten, im Gegensatz zu der vegetativen Vermehrung, bei der der Sprößling im Jugendstadium mit der Elternpflanze längere Zeit verbunden bleibt. Eine Neukombination der Gene während der geschlechtlichen Fortpflanzungsphase kann aber unter Umständen auch einmal eine Art entstehen lassen, die sich besser am Standort durchsetzt. Überlebende Individuen können deshalb als Beispiel für eine positive Auslese und absterbende als Beispiel für eine negative Auslese angesehen werden. Wie vorher gezeigt wurde, hinterläßt jedes Individuum in der Regel meistens nur einen einzigen überlebenden Nachkommen, und in diesem Nachkommen befinden sich jeweils die halben Erbinformationen der beiden Elternteile. Bei der vegetativen Vermehrung ist in den Nachkommen aber immer nur die gesamte genetische Information eines einzigen Elternteiles vorhanden. Deshalb sind wohl auch alle die Arten im Vorteil gewesen, die den Nachkommen gleichzeitig mit der geschlechtlichen auch eine vegetative Vermehrung ermöglichten. Der Vorteil der vegetativen Vermehrung besteht darin, daß sich eine einmal erfolgreiche ausdauernde Art mit ihrer genetischen Information am Standort, wenn auch vielleicht nur kurzfristig, behaupten kann, während die geschlechtliche Fortpflanzung eine Anpassung an Standortsveränderung ermöglicht. Viele ausdauernde Arten verwenden deshalb oftmals beide Methoden, um sich dadurch in ihrem speziellen Lebensraum besser behaupten zu können.

Bestäubung und Befruchtung

Der wesentlichste Teil der geschlechtlichen Fortpflanzung bei Pflanzen besteht in der Verschmelzung einer haploiden Ei- mit einer ebenfalls haploiden Spermazelle zu einer diploiden Zygote, aus der sich dann der Embryo entwikkelt. Dabei entsteht die Eizelle der Samenlage im Innern eines Fruchtknotens und die Spermazelle im Innern eines Pollenkorns. Um eine Verschmelzung zu erreichen, muß das Pollenkorn von der Anthere, wo es gebildet wird, zur Narbe des Fruchtknotens transportiert werden. Dieser Transport kann sowohl über den Wind als auch über Insekten oder andere Tiere erfolgen. Erreicht das Pollenkorn die Narbe (Stigma), so keimt es hier mit einem Pollenschlauch aus, der den Griffel (Stylum) bis zum Ovarium und der Samenanlage durchwächst. Nach Durchwachsen der Samenanlage entläßt der Pollenschlauch die beiden in seinem Innern gebildeten Spermazellen, wobei eine der Spermazellen mit der Eizelle und die andere mit dem Nährgewebekern (primärer Endospermkern) verschmilzt. Weil es aber sehr unwahrscheinlich ist, daß ein Pollenkorn überhaupt jemals die Narbe eines Fruchtknotens erreicht, müssen Millionen von ihnen gebildet werden, damit diese geringe Wahrscheinlichkeit wenigstens etwas erhöht wird. Allerdings gelangt der größte Teil der Pollenkörner niemals auf die richtige Narbe, sondern landet meistens auf einer falschen Art. Hier können sie dann entweder nicht auskeimen oder aber, wenn es doch gelingen sollte, kann der Pollenschlauch den Griffel nicht durchwachsen (s. S. 268). Ähnlich wie die menschlichen Gewebe Antikörper gegen pathogene Keime erzeugen, können auch pflanzliche Gewebe fremde Eindringlinge abwehren. Dabei erlauben sie ausschließlich nur den arteigenen Pollen das Wachstum im Griffelgewebe und stimulieren sogar deren Keimung und weiteres Wachstum mit Hilfe von speziellen chemischen Substanzen. Um diesen Zusammenhang besser verstehen zu können, müssen wir uns den Pollen zunächst einmal genauer ansehen.

Der Pollen wird im Innern der Pollensäcke (Antheren) durch Reduktionsteilung gebildet und entspricht im Grunde den Sporen der Farne oder Moose (s. S. 12). Dabei unterscheiden sich die einzelnen Pollenkörner sehr deutlich in

*Blüte vom Schmalblä
gen Weidenröschen, d
Möglichkeit der Frem
stäubung aufzeigend*

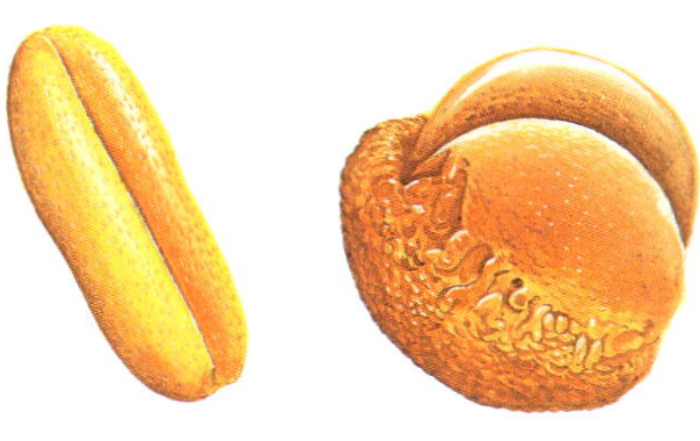

Größe und Gestalt voneinander. Während einige z. B. kleiner als 10 Mikrometer (1/1000 eines Millimeters) sein können (Rauhblattgewächse, mit dem Vergißmeinnicht, dem Krummhals und dem Beinwell), sind andere Hunderte von Mikrometern groß (Ruprechtskraut, Gewöhnliche Zaunwinde). Einige kultivierte Pflanzen (Melonen, Kürbisse) können sogar bis zu 200 Mikrometer (1/5 mm) große Pollenkörner hervorbringen.

Die Pollenkörner unterscheiden sich nicht nur in der Größe, sondern ganz besonders auch in der äußeren Gestalt. Man kann schon mit einer einfachen Lupe die rundlichen Pollen der Gräser und Laichkräuter von mehr oder weniger dreieckigen bzw. länglich-ovalen anderer Arten abtrennen. Die wichtigsten Merkmale lassen sich aber erst unter dem Mikroskop bei stärkerer Vergrößerung erkennen. Hier wird dann deutlich, daß die äußere Zellwand des Pollens unterschiedlich gebaut und skulpturiert ist, wodurch nicht nur Familien, sondern sogar Gattungen oder Arten abgetrennt werden können.

Die verschiedenen Muster beruhen auf einer Anzahl grober Poren und Furchen, die die Oberfläche des Pollens überziehen und auf einer sehr viel feineren Strukturierung der Partien zwischen den einzelnen Furchen. An den Poren oder Furchen kann der Pollenschlauch später die Zellwand durchbrechen, oder es sind die Zonen, durch die Erkennungschemikalien zwischen Pollenkorn und Narbe ein- und austreten (s. S. 273). Dabei sind diese Poren oder Furchen regellos über die Pollenoberfläche verteilt oder zu Gruppen am Pollenäquator bzw. an deren Stellen zusammengefaßt. Hinzu kommen noch Arten, wo die Pollen in Gruppen zu zweit, zu viert (Heiden) oder noch mehr (Orchideen) aus den Antheren entlassen werden. Mehr oder weniger rundliche, sehr ähnliche Pollen ohne Poren oder Furchen findet man z. B. bei den Laichkräutern; Süß- und Sauergräser besitzen rundliche Pollen mit nur einer einzigen Pore. Andere Beispiele wären die Herbst-Zeitlose mit zwei und das Weidenröschen mit drei Poren bzw. das Sumpf-Herzblatt mit drei Furchen. Nur wenn sich die Anzahl der Poren und Furchen deutlich erhöht und sich diese in charakteristischer Weise anordnen, lassen sich weitere Arten abtrennen. So findet man vier Poren rund um den Pollenäquator bei der Rundblättrigen Glokkenblume und anderen, um die Pole herum bei den Tausendblättern oder mit regelloser Verteilung bei der Brennessel. Beim Tannenwedel sind vier Furchen symmetrisch auf der Oberfläche, beim Hahnenfuß sind sie regellos verteilt. Zwei Furchen und zwei Poren kombiniert treten bei den Ampfern auf, fünf oder sechs Öffnungen findet man bei den Taubnesseln, Labkräutern, Veilchen, Wegerichgewächsen und Schuppenmieren. Eine nicht festgelegte Anzahl größerer Poren weist auf Gänsefußgewächse und Furchen auf Schlüsselblume oder Wasserschlauch hin. Feine Löcher in der Oberfläche sind Hinweise für Windengewächse und Sternmieren, feine regelmäßige oder zugespitzte Vorsprünge auf Hartriegel, Malven und Glockenblumen. Bei wieder anderen sind diese Vorsprünge fast parallel (Fingerkräuter) oder auch in einem Netzwerk (Kreuzblütler, Gelbe Schwertlilie) angeordnet. Alle diese erstaunlichen Unterschiede dienen nun nicht einfach als Dekoration, sondern sie spielen eine äußerst wichtige Rolle in dem Arterkennungsprozeß zwischen Narbe und Pollen.

Auf Grund der unverottbaren Pollenkornstrukturen können sogar als Nebenprodukt mit Hilfe der Pollenanalyse aus alten See- und Moorablagerungen von Spezialisten gelegentlich die früheren Artenzusammensetzungen unserer Flora rekonstruiert werden.

Es gibt fast unbegrenzte Unterschiede in der Pollenform; die abgebildeten sind 1000fach vergrößert

Schutz des Pollens

Die Notwendigkeit einer Bestäubung bedeutet für die Pflanzen, daß der Pollen durch bestimmte Kräfte wie Wind (s. S. 274), Insekten (s. S. 218), Wasser (s. S. 276) oder anderes erst zur Narbe transportiert werden muß. Dieser Transport macht aber den Pollen durch plötzliche Regengüsse, niedrige Temperaturen oder andere physikalische Einwirkungen sehr zerstörungsanfällig. Dabei ist es selbstverständlich, daß jede Methode, die eine solche Beschädigung vermindert oder vermeidet, einen Vorteil für die betreffende Art bedeuten muß. Überprüfungen der Pflanzen auf solche Entwicklungen hin sind nicht immer ganz einfach, lassen sich aber bei ausschließlicher Anwendung bestimmter Gesichtspunkte vornehmen.

Die einfachste Methode besteht darin, daß die Blüten in der Weise angeordnet werden, daß ihre Innenteile durch plötzlichen Regen nicht durchfeuchtet werden. Deshalb haben verschiedene Pflanzenfamilien glockenförmige, hängende Blüten entwickelt wie die Glockenblumen, verschiedene Heidegewächse (Heide, Blaubeere, Moosbeere, Preißelbeere) oder auch das Schneeglöckchen. Genauso wie durch eine hängende Blüte kann aber auch durch den Bau und die Form der Blüte ein Schutz der empfindlichen Staubbläter bzw. der Narben erzielt werden. Die Lippenblütler und einige Braunwurzverwandte besitzen z. B. lippenähnliche Blütenbildungen, bei denen die Antheren regengeschützt direkt unter der Oberlippe liegen oder, wie bei den Schmetterlingsblütlern, in einem Schiffchen. Dabei haben sich diese Blütenbildungen in gleichzeitiger Abhängigkeit von der Insektenbestäubung entwikkelt. Selbst bei aufrechter Blütenstellung läßt sich der Pollen vor plötzlichem Regen schützen, indem die Blüten- oder Perigonblätter so angeordnet werden, daß sie ein dichtes, überlappendes Blätterdach bilden (Trollblume), wodurch zwar die Insekten, aber kein Regen eindringen kann.

Eine weitere weitverbreitete Methode, die Pollen zu schützen, besteht darin, die Staubblätter und Griffel im Innern einer schlanken, schmalen Röhre anzuordnen, deren Öffnungen für Regentropfen einfach zu eng ist. So kann man nach einem starken Regenguß beim Schnee-Enzian, dem Stengellosen Leimkraut und der Mehligen Schlüsselblume durchaus auf der Röhrenöffnung Regentropfen sitzen sehen, ohne daß diese Tropfen in die Röhre selbst eingedrungen sind.

Der Pollen kann durch nickende, röhrenförmige oder geschlossene Blüten geschützt werden

Selbst Schlafbewegungen können bei Blüten eine Schutzfunktion für die sehr empfindlichen Staubblätter ausüben. Zunächst haben wir die Schlafbewegungen bei Blättern (s. S. 200) nur als Mittel gegen Frost- und Taueinwirkung kennengelernt. Die deutlichsten Bewegungen dieser Art führen dabei die Kompo-

Die „Schlafbewegungen" verschiedener Blüten

siten, aber auch andere, nichtverwandte Arten durch. Die äußeren Petalen verschließen z. B. sowohl beim Echten Tausendgüldenkraut, der Knäuel-Glockenblume als auch beim Leberblümchen das Blütenzentrum während der Nacht. Von den Korbblütlern (Compositae) soll an dieser Stelle das Gänseblümchen erwähnt werden, das seine Blüten nur bei strahlendem Sonnenschein, niemals aber bei Regenwetter oder in der Dunkelheit öffnet, es sei denn, die Blüten sind schon sehr alt. Ähnliche Erscheinungen kann man übrigens auch beim Löwenzahn, dem Rainkohl, dem Mauer-Lattich, dem Bocksbart und der Wegwarte beobachten. Alle diese Arten besitzen zusammengesetzte korbähnliche Blütenstände, wo die äußeren, zungenförmigen Blüten die Schutzfunktion in der Weise übernehmen, daß sie sich über die inneren, röhrenförmigen Blüten zusammenneigen. In anderen Fällen können es übrigens auch einmal die Blütenstiele (Ruprechtskraut) sein, die sich während des Sonnenscheines – aufrecht, sonst aber abwärts ausrichten.

Alle diese Bewegungen sind über eine gewisse Zeit reversibel, also umkehrbar, und können bei einigen Arten reine Wachstumsbewegungen sein. Der Fingerhut hat z. B. an seinem Blütenstandstiel im oberen Bereich aufrechte Knospen, im Mittelabschnitt abwärts gerichtete Blüten und an der Basis schließlich entweder waagerecht zeigende oder wieder abwärts geneigte Früchte. Übrigens kann man sehr ähnliche Verhältnisse auch an den traubigen Blütenständen beim Gilbweiderich, dem Wintergrün, der Gemeinen Akelei und der Bach-Nelkenwurz feststellen. Vielleicht ist es zu stark vereinfacht, wenn man annimmt, daß durch all diese Methoden sämtliche Vorteile für die Pflanze wahrgenommen werden: nämlich Ausrichtung zur Sonne für eine gute Knospen- und Fruchtentwicklung und Schutz vor Regen durch eine Abwärtsneigung der Blüte. Ganz gewiß würde sich nämlich eine nach oben weisende Blüte beim ersten Regenguß mit Wasser füllen und könnte ihre Bestäubungsfunktion nicht mehr erfüllen. Interessanterweise übernachten selbst einige Hummeln in den hängenden Blüten des Fingerhutes, was mit der besseren Wärmehaltung in dieser Blütenlage zu begründen ist, denn bei aufrechtem Wuchs würde eine Auskühlung viel schneller erfolgen. An dieser Stelle sollen auch die von Nachtfaltern bestäubten Pflanzen erwähnt werden, bei denen die Staubblätter und Griffel entweder in einer waagerecht ausgerichteten (Geißblatt) oder schlanken, aufrechten Röhrenblüte (Weiße Lichtnelke) geschützt sind. Einige Lichtnelken gehen sogar so weit, daß sie ihre am Tage unscheinbaren Blüten nur während der Nacht öffnen (Nickendes Leimkraut), Acker-Lichtnelke) und dabei dann recht auffällig werden.

Selbstbestäubung

Zwecks normaler Samenbildung muß bei den meisten Pflanzen nur ein Pollenkorn derselben Art irgendwie auf die Narbe des Fruchtknotens gelangen, hier auskeimen und die Samenanlage befruchten. Dabei sollte der Pollen für eine erfolgreiche Bestäubung und zur Erhöhung der Variabilität in den meisten Fällen von einem anderen Individuum stammen, seltener ist auch eine Selbstbestäubung erlaubt.

Während die Inzucht beim Menschen überwiegend zu Lebensuntüchtigkeit führt, erhält man bei Pflanzen höchstens Merkmalsverluste. Inzuchtmerkmale können aber selbst in kleinen, abgeschlossenen Populationen trotz Fremdbestäubung auftreten, weil hier dann nur eingeschränktes genetisches Material zur Verfügung steht. Im allgemeinen ist aber die Selbstbestäubung im Pflanzenreich kein schlechtes Verfahren. So nutzen viele Pflanzenzüchter diese Methode sogar zum Vorteil aus, indem sie über den Verlust an Variabilität erreichen, daß z. B. der von ihnen gezüchtete Weizen absolut die gleiche Erbmasse bezüglich Krankheitsresistenz, Ertragshöhe, Eiweißgehalt usw. aufweist. Selbst in Wildbeständen kann bei Selbstbestäubung das gleiche geschehen, so daß die Nachkommen durch diese Art der Bestäubung die Hälfte ihrer genetischen Veränderlichkeit verlieren. Wie wir schon weiter vorne erläutert hatten, besitzt fast jeder Organismus in seinen Zellen zwei verschiedene Chromosomensätze, ist also diploid. Werden nun Geschlechtszellen gebildet, so müssen die beiden Chromosomensätze voneinander getrennt, also halbiert werden. Verschmelzen dann bei der Befruchtung zwei unterschiedliche haploide Geschlechtszellen wieder zu einer neuen diploiden Zelle, so entwickelt sich hieraus der neue Embryo mit zwei völlig unterschiedlichen Chromosomensätzen. Bei der Selbstbestäubung treffen nun aber keine völlig verschiedenen Chromosomensätze zusammen, sondern nur die der einen Elternpflanze, so daß es bei einem solchen Verfahren langfristig zu Merkmals-, also Variabilitätsverlusten kommen muß. Bei gleichbleibendem Standort tritt hierdurch aber kaum eine Gefährdung des Bestandes auf. Sollte sich aber der Standort einmal plötzlich verändern, könnte die durch Inzucht verursachte Merkmalsverarmung zu einem Auslöschen der Population führen. Zwar

Die Pflanzen haben jeweils zwei Kopien von jedem Erbmerkmal: Sind sie gleich, heißt es A *und* A *oder* a *und* a
Bei der Selbstbestäubung sieht es so aus:

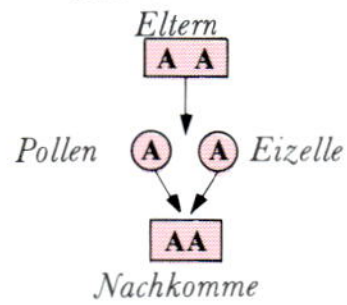

Sind sie ungleich, heißt es A *und* a *und nur die Hälfte der Nachkommen wird den Eltern gleichen:*

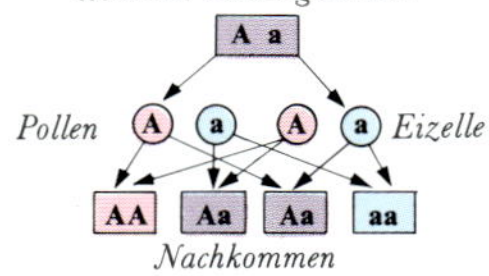

Auf diese Weise wird die genetische Variation mit der Zeit abnehmen. Im Gegensatz hierzu: die Fremdbestäubung. Selbst Pflanzen ohne genetische Variation können genetisch verschiedene Nachkommen erzeugen, wenn sie sich mit einem genetisch unterschiedlichen Partner kreuzen:

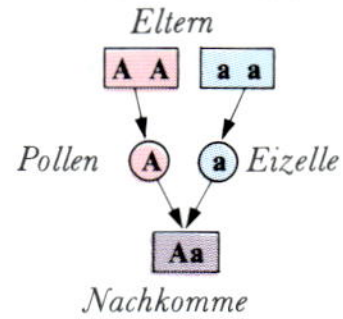

hat die Selbstbestäubung ähnlich wie die vegetative Vermehrung den Vorteil, daß eine einmal erfolgreiche genetische Kombination erhalten bleibt, kann aber auf schnelle Veränderungen nur langsam reagieren. Erfolgreiche Inzucht ist damit nur kurzfristig, nicht aber langfristig möglich. Dieses Problem kann folglich nur dadurch gelöst werden, daß alle Verfahren, nämlich sowohl die Selbst- und Fremdbestäubung als auch die vegetative Vermehrung, angewendet werden. Mit den Zwitterblüten sind die Pflanzen hierfür auch bestens ausgerüstet, d. h., sie enthalten sowohl männliche Staubblätter als auch weibliche Fruchtknoten mit Griffeln und Narben. Es wäre für den Pollen also überhaupt kein Problem, aus den Staubblättern direkt auf die eigene Narbe zu gelangen. Dennoch unternehmen viele Blüten alle Anstrengun-

Rivins-Veilchen

Normale und kleistogame Blüte

Wasserfeder

Normale und kleistogame Blüte

Kleiner Storchschnabel: die Antheren stehen so dicht an der Narbe, daß Selbstbestäubung fast unvermeidlich ist

gen, um eine Selbstbestäubung zu verhindern, indem sie die Staubblätter und Fruchtknoten unterschiedlich reifen lassen (s. S. 262) oder eine unterschiedliche Länge von Staubblättern und Griffel erzeugen (s. S. 266) oder indem sie chemische Hemmstoffe ausbilden, so daß die Keimung des Pollens auf den Narben verhindert wird (s. S. 268). Die beste Methode zur Vermeidung einer Selbstbestäubung besteht aber in der Entwicklung von getrenntgeschlechtlichen Blüten oder Pflanzen. Allerdings funktionieren alle diese Vorrichtungen nur teilweise, so daß es trotz der normalerweise bevorzugten Fremdbestäubung dennoch zu einer Selbstbestäubung kommen kann. Dieses geschieht, wenn z. B. kein Pollen auf die befruchtungsfähige Narbe gefallen ist, ganz nach dem Motto: besser überhaupt eine Samenentwicklung als gar keine. Bei Blüten, wo sich weder die Kelch- noch die Kronblätter öffnen können, erfolgt ausschließlich eine Selbstbestäubung, weil unter diesen Voraussetzungen ein Fremdpollen niemals die Narben erreichen könnte. Solche kleistogamen Blüten sind im Pflanzenreich weit verbreitet und können sogar neben ganz normalen Blüten auf der gleichen Pflanze auftreten (März-Veilchen, Wald-Sauerklee, Vogel-Knöterich, viele Sonnentau-Arten, Feld-Enzian, Liegendes Johanniskraut, Acker-Spörgel, Gamander-Ehrenpreis, Rührmichnichtan, Wasserfeder, Fieberklee und Kröten-Binse). Allerdings gibt es für die Entwicklung von kleistogamen Blüten kaum stichhaltige ökologische Begründungen, denn man findet sie an fast allen Standorten wie z. B. im tiefen Schatten (März-Veilchen, Rührmichnichtan) oder auch im Wasser (Wasserfeder, Schlammkraut, Quellkraut). Der einzige interessante ökologische Aspekt ist vielleicht darin zu sehen, daß kleistogame Blüten gehäuft bei einjährigen Arten auftreten, bei denen die Selbstbestäubung einen gewissen Verbreitungsvorteil bedeuten würde, weil auch in weit entfernten kleinen oder kurzlebigen Populationen immer eine Bestäubung gesichert wäre. Aus diesem Grunde findet man auch die Selbstbestäubung bei vielen einjährigen Ackerwildkräutern, deren Blüten entweder zu klein und unscheinbar (Schmalwand, Frühlings-Hungerblümchen, Aufrechtes Vergißmeinnicht, Gewöhnlicher Feldsalat, Weicher Storchschnabel) oder echt kleistogam (Vogel-Knöterich, Acker-Spörgel) sind. Darüber hinaus leben alle diese Arten oft in so kleinen Populationen, daß die Selbstbestäubung als einziger Ausweg zum Überleben bleibt. So gibt es auf diesen Feld-Standorten Pflanzen, wo die Antheren so dicht dem Griffel anliegen, daß eine Selbstbestäubung unvermeidlich erscheint (Kleiner Storchschnabel, Zarter Gauchheil).

Die Fremdbestäubung: Dichogamie

Die einfachste Art und Weise zur Erlangung einer Fremdbestäubung liegt bei einer Zwitterblüte immer dann vor, wenn Staubblätter und Fruchtknoten zu unterschiedlichen Zeiten reifen. Dieses bezeichnet man auch als Dichogamie. Reift nun das männliche Staubblatt zuerst, nennt man solche Blüte vormännlich (protandrisch), sind es dagegen die weiblichen Organe, heißt es vorweiblich (protogyn). Natürlich wird hierdurch eine Bestäubung von einer Nachbarblüte auch derselben Pflanzen nicht verhindert, aber es wird auf jeden Fall die zufällige Bestäubung innerhalb derselben Blüte (s. S. 260) nicht zugelassen.

Vormännliche und vorweibliche Blüten treten besonders typisch bei Pflanzen mit ähren- oder doldenförmigen Blütenständen auch als Familienmerkmal auf, wo sich die Einzelblüten z. B. von unten nach oben öffnen. Als Beispiel für vorweibliche Blüten können die Kreuzblütler mit dem Wild-Kohl, dem Wiesen-Schaumkraut, dem Knoblauchhederich, der Frauenflachs, einige Nachtschatten- und Rosengewächse (Gemeiner Odermennig, Echte Nelkenwurz) sowie Baldriangewächse, Heidekrautgewächse und Blaues Sperrkraut herangezogen werden. Vormännliche Blüten sind genauso weit verbreitet wie z. B. bei dem Schmalblättrigen Weidenröschen, dem Fingerhut, dem Wiesen-Storchschnabel, vielen Doldenblütlern, Steinbrechgewächsen, Korbblütlern, Nelkengewächsen, Schmetterlingsblütlern, Malvengewächsen, Glockenblumen und Taubnesseln. Es gibt aber keine systematische Verwertbarkeit dafür, ob Pflanzen vormännlich oder vorweiblich sind, denn beide Möglichkeiten können innerhalb einer Familie ausgebildet sein. So ist der Wiesen-Storchschnabel vormännlich, das Ruprechtskraut aber vorweiblich.

Zwitterblüten, in denen die Geschlechtsorgane fast gleichzeitig reifen, was automatisch zu einer Selbstbestäubung führen müßte, sind dagegen selten, weil es einen deutlichen Auslesevorteil zugunsten einer getrennten Reifezeit der Geschlechtsorgane gibt. So führt die Vorweiblichkeit zuverlässiger zu einer Fremdbestäubung als die Vormännlichkeit, weil bei vormännlichen Blüten die Narben oftmals empfängnisbereit werden, wenn die Staubblätter noch Pollen ausschütten, was dann zwangsläufig zu einer Selbstbestäubung führen müßte. Viele Pflanzen haben deshalb komplizierte Systeme entwickelt, um diese noch mögliche Selbstbestäubung zu verhindern.

Eine vollkommene Dichogamie ist jedoch sehr selten, d. h. daß die Reifezeit der Sexualorgane zeitlich weit getrennt bleibt wie z. B. beim Wald- und Wiesen-Storchschnabel, wo die Antheren reifen, während die Griffel noch verborgen sind. Nachdem aber die Pollen entlassen wurden, werden die Filamente mit den Antheren abgeworfen und der Griffel mit den fünf reifen Narben durchgeschoben. Ähnliche Verhältnisse findet man auch beim Sumpf-Herzblatt, der Frühlings-Miere und dem Holunderblättrigen Baldrian. Ganz andere und noch seltenere Entwicklungen mit völliger Vorweiblichkeit findet man dagegen beim Ästigen Glaskraut und beim Sumpf-Dreizack.

Bei den meisten anderen Pflanzen ist diese Trennung der Reifezeit nicht so deutlich ausgeprägt. Vorweibliche Blüten können z. B. auch dann noch aus derselben Blüte bestäubt werden, wenn es zu keiner Fremdbestäubung gekommen ist. So verlängern sich z. B. die Filamente der Staubblätter bei einigen vorweiblichen Blüten (Schmalwand, Pfeilkresse, Löffelkräuter) , nachdem die Griffel schon eine Weile empfängnisbereit waren. Dabei gelangen Pollen aus derselben Blüte zwar auf die Narben, aber es wird zunächst nur eine Fremdbestäubung erlaubt. Die Selbstbestäubung kommt nur dann zum Tragen, wenn keine Fremdbestäubung erfolgte. Ebenso vorweiblich sind kleine Storchschnabelgewächse wie Ruprechtskraut, Glänzender Storchschnabel und Stein-Storchschnabel. Während bei ihnen fünf Antheren dem Griffel eng anliegen und wenige Stunden nach der Blütenöffnung mit dem Entlassen des Blütenstaubes beginnen, d. h. eine Selbstbestäubung ermöglichen, verlängern sich die restlichen fünf Staubblätter anschließend so weit, daß sie aus der Blüte weit herausragen und so zur Fremdbestäubung beitragen. Einige Mitglieder der Nelkengewächse wie das Kegel-Leimkraut, der Wasserdarm, die Vogelmiere und der Acker-Spörgel besitzen ebenfalls zwei verschiedene Staubblattkreise mit unterschiedlicher Reifezeit, aber alle sind vormännlich. Bei ihnen wird der erste Staubblattkreis sofort nach der Öffnung der Blüte

Zeitlicher Ablauf der Vormännlichkeit beim Wald-Storchschnabel: die Antheren vertrocknen nach einiger Zeit, während sich die Narbenlappen öffnen

Zeitlicher Ablauf der Vorweiblichkeit beim Stein-Storchschnabel: Die Hälfte der Antheren ermöglichen eine Selbstbestäubung, die andere Hälfte dient der Fremdbestäubung

reif, während die Narben noch zusammenkleben, also nicht befruchtbar sind. Anschließend, wenn sich die Narben öffnen und empfängnisbereit werden, verlängern sich die restlichen Staubblätter und postieren ihre Pollensäcke direkt über den geöffneten Narben. Sollte also eine Fremdbestäubung fehlgeschlagen sein, ist immer noch eine Selbstbestäubung garantiert.

Solche Staubblattbewegungen durch Verlängerung und Biegung der Filamente sind weit verbreitet. Man findet z. B. innerhalb der Doldenblütler viele Arten (Hundspetersilie), die ihre Staubblätter ins Blütenzentrum neigen, ähnlich wie beim Gemeinen Hexenkraut, Gemeinen Odermennig, Wiesen-Labkraut, Schöllkraut, Bachbunge und Doldentraubigen Milchstern, um noch einige weitere zu nennen. Allerdings sind die Mechanismen, die diese Bewegungen steuern, noch weitgehend unbekannt, und es können ähnliche Erfolge durchaus auch durch Griffelbewegungen oder anderes erzielt werden. Bei einigen vormännlichen Arten gelangt z. B. der reife Pollen auf den noch nicht reifen Griffel, wo die Narben noch zusammengeklebt sind. Erst später öffnen sich die Narbenlappen und werden empfängnisbereit. Wenn es bei diesen Arten nicht zu einer Fremdbestäubung innerhalb einer bestimmten Zeit kommt, rollen sich die Narbenlappen bis zum Griffelstiel herum, kommen hier mit den dort haftenden reifen eigenen Pollen in Berührung und ermöglichen zumindest eine Selbstbestäubung (Glockenblumen, viele Korbblütler, Flockenblumen, Greiskräuter). Das gleiche Resultat wird bei vormännlichen Blüten erreicht, wenn die Produktionszeit des reifen Pollens länger andauert (Schmalblättriges Weidenröschen), und bei vorweiblichen Blüten, wenn sich deren Narbenlappen bis zu den Antheren bei deren Reife umbiegen, um von hier den Pollen aufzunehmen (Kleiner Klappertopf, Echter Augentrost, Frauenmantel usw.). Alle beschriebenen Mechanismen, so kompliziert und verschieden sie auch sind, ermöglichen zunächst immer eine Fremd- und nur bei deren Versagen eine Selbstbestäubung.

Zeitlicher Ablauf der Vormännlichkeit bei der Knäuel-Glockenblume: Im Endstadium rollen sich die Narbenlappen nach unten und nehmen dabei Pollen auf

Die Anordnung der Blüten

Die meisten Pflanzen haben Blütenvorrichtungen, die eine Fremdbestäubung eher ermöglichen, indem sie die Geschlechtsorgane unterschiedlich reifen lassen (s. S. 262) oder es den Pollen der eigenen Blüte verwehren, auf den Narben auszukeimen (s. S. 268). Manchmal sind aber auch die Geschlechter auf getrennte Blüten bzw. Pflanzen verteilt (Diözie, s. S. 270). Während sowohl die Diözie als auch die Inkompatibilität eine Selbstbestäubung völlig verhindern, erfolgt dieses bei allen anderen Mechanismen nicht, weil die Pflanzen meistens mehrere gleichzeitig offene Blüten ausbilden, so daß der Pollen zwischen diesen Blüten durchaus hin- und hertransportiert werden kann. Innerhalb der genetischen Betrachtungsweise wird nämlich kein Unterschied darin gesehen, ob die Selbstbestäubung aus derselben oder von derselben Pflanze aus anderen Blüten erfolgt.

Der Wiesen-Storchschnabel ist ein gutes Beispiel für völlige Vormännlichkeit (s. S. 262), weil seine Antheren schon abgeworfen werden, wenn die Narben des Fruchtknotens gerade reifen. Dennoch kann es im genetischen Sinne auch bei ihm zur Selbstbestäubung kommen, weil immer 10 oder 20 Blüten gleichzeitig offen sind und einige wohl auch reife Antheren bzw. Narben besitzen. Da sie außerdem von Bienen bestäubt werden, die normalerweise an einer Pflanze mehrere Blüten besuchen, kommt es zwangsläufig eher zu Bestäubungen innerhalb einer Pflanze als zwischen verschiedenen Pflanzen. Selbst bei eingeschlechtlichen Pflanzen, wo auf derselben Pflanze sowohl männliche (nur mit Staubblättern) als auch weibliche (nur mit Fruchtknoten) Blüten ausgebildet werden (monözisch), kann es immer wieder zu Bestäubungen zwischen den Blüten und somit im genetischen Sinne zu einer Selbstbestäubung kommen (Kleine Brennessel, Igelkolben, Rohrkolben und Sauergräser), obwohl eingeschlechtliche Blüten dieses eigentlich verhindern sollten. Innerhalb der Sauergräser gibt es z. B. Arten, bei denen sowohl die männlichen als auch die weiblichen Blütenteile gleichzeitig reifen, und zwar die männlichen deutlich früher als die weiblichen. Das Wollgras hat so z. B. seinen Namen von den langwolligen Fruchtknoten erhalten, die alle auf einmal erscheinen. Die Gattung ist übrigens sehr leicht an diesen weißen Köpfchen zu erkennen, die schon im Juni oftmals weite Flächen der Moorgebiete bedecken (Scheiden-Wollgras). Im April sieht man dagegen nur die gelben Antheren der männlichen Blütenköpfchen, während die weiblichen noch unreif sind.

Eine ganz andere, seltene Situation ergibt sich für Pflanzen, die nur Einzelblüten hervorbringen. Bei ihnen ist eine Selbstbestäubung sehr unwahrscheinlich, ebenso wie bei Arten, die viele kurzlebige Blüten ausbilden, von denen aber nur jeweils eine zur Zeit geöffnet ist. So erzeugt auch der Klatsch-Mohn Blüten, die nur einen Tag blühen, wobei die Antheren und Narben gleichzeitig reif werden. Hier wird eine Selbstbestäubung dadurch verhindert, daß zwischen Pollen und Narbe eine Inkompatibilität (Selbststerilität) besteht. Auch die Ausrichtung und die Verteilung der Blüten an den

Scheiden-Wollgras im April (links) und Juni (rechts) in einem Torfmoor

Die männlichen Blüten des Breitblättrigen Merkes verlängern sich

Pflanzen ist für die Bestäubung von großer Wichtigkeit. Dabei gibt es praktisch von der Einzelblüte über trauben- und ährenförmige Blütenstände zu Köpfchen oder Dolden fast alle Möglichkeiten. Zwei der kompliziertesten Blütenstände sind die Dolden der Doldenblütler und die Körbchen der Korbblütler. Die Dolden werden aus einem oder zwei Quirlen gleichlanger Seitenzweige gebildet, wobei jeder Spitzentrieb mit einer Blüte endet (einfache Dolde, Doppeldolde). Obwohl der Bärenklau zwittrig ist, sind die Reifezeiten seiner Blütenteile synchron, d. h. die Antheren sind vor den Narben bestäubungsbereit, um primär die Selbstbestäubung zu verhindern. Bei der Süßdolde wird dieses System sogar insoweit noch vervollkommnet, als daß sie darüber hinaus einige wenig später blühende männliche Blüten bildet, die erst dann zum Einsatz kommen, wenn eine Fremdbestäubung fehlgeschlagen ist. Auch beim Wiesen-Kerbel und beim Breitblättrigen Merk verlängern sich die Filamente, so daß die mit Pollen gefüllten Antheren direkt über den Narben zu liegen kommen und auf jeden Fall eine Selbstbestäubung ermöglichen, wenn die Fremdbestäubung fehlgeschlagen ist.

Sehr bemerkenswert sind die Blütenkörbchen der Korbblütler, die scheinbar wie beim Gänseblümchen nur aus einer einzigen Blüte bestehen, tatsächlich aber einen Blütenstand aus einer Vielzahl dichtgelagerter Einzelblütchen bilden. Bei ihm übernehmen die äußeren weißen Zungenblüten dann das Aussehen und die Funktion von Kronblättern. Im Körbchen stehen die weiteren Blüten dann so dicht, daß die blütenbesuchenden Insekten zwangsläufig Pollen von einer Blüte zur anderen transportieren müssen. Wegen ihrer dichten Stellung ist manchmal sogar ein Insektenbesuch zwecks Bestäubung unnötig, weil die Griffel meistens lang genug sind, um Pollen aus der Nachbarblüte aufzunehmen. Die spiralige Anordnung der Blüte ähnelt übrigens einer Honigwabe und ermöglicht so die dichteste Stellung. Die einzelnen Blüten sind wie beim Herbst-Milchkraut und Löwenzahn-Pippau vormännlich, um die Gefahr einer Selbstbestäubung möglichst klein zu halten. Aber die Reife der Blüte schreitet von außen nach innen im Blütenstand fort, so daß die äußeren Narben immer Pollen der innenliegenden Blüten aufnehmen können. Vielleicht haben sich gerade solche Körbchen während der Entwicklungsgeschichte der Pflanzen ausgebildet, damit die Selbstbestäubung innerhalb einer Blüte zwar verhindert, zwischen benachbarten Blüten aber ermöglicht wird.

Andere Arten bilden einseitige Ähren als Blütenstände aus (Schuppenwurz, Nickendes Wintergrün). Dabei ist die Schuppenwurz vorweiblich, mit Blüten, die von unten nach oben bestäubungsreif werden. Bei ihnen tritt zwar normalerweise eine Insektenbestäubung auf, dennoch kann der Pollentransport über die kurzen Entfernungen auch einmal durch den Wind erfolgen. Die dichte Blütenstellung ermöglicht somit eine Bestäubung der tieferliegenden durch die höher angelegten Blüten.

Ährenförmiger Blütenstand vom Nickenden Wintergrün

Blütenstand vom Huflattich

Vermeidung der Selbstbestäubung

Die unterschiedliche Reifezeit von Antheren und Narben macht die Fremdbestäubung bei einigen Arten sehr viel wahrscheinlicher (s. S. 262), bei anderen führt die unterschiedliche Lage von Narbe und Antheren dazu. Häufig kann man z. B. sehr lange Griffel aus den Blüten heraushängen sehen wie bei der Knäuel-Glockenblume, der Braunwurz, dem Gemeinen Beinwell, dem Gemeinen Wintergrün und der Astlosen Graslilie, wodurch eine Selbstbestäubung höchst unwahrscheinlich wird. Selbst wenn die Abstände zwischen Griffel und Staubblättern viel kürzer sein sollten, verhindern meistens deren Stellungen zueinander eine Selbstbestäubung. Viele Blüten stehen deshalb auch waagerecht wie bei den Lippenblütlern mit Kleiner Brunelle, Kriechendem Günsel, Weißer Taubnessel und Wald-Ziest, den Rackenblütlern mit Braunwurz, Fingerhut, Gelber Gauklerblume und Ehrenpreis oder den Veilchen. Meistens sind diese röhrenförmigen Blüten so ausgerichtet, weil eine geringe waagerechte Stellung von Staubblättern und Narbe schon zur Vermeidung der Selbstbestäubung genügt. Eine aufrechte röhrenförmige Blüte würde dagegen zur Selbstbestäubung neigen.

Bei einigen Arten wird die Fremdbestäubung mit einem äußerst ausgeklügelten System erreicht. Bei ihnen werden unterschiedlich lange Griffel erzeugt, was man auch als Heterostylie (Verschiedengriffeligkeit) bezeichnet. Diese Blütenformen kann man besonders häufig bei Schlüsselblumen vorfinden, bei denen sowohl langgriffelige als auch kurzgriffelige Blüten ausgebildet werden. Bei den langgriffeligen ragen die Narben weit über die Staubblätter bis fast an die Röhrenöffnung hinauf, während sie bei den kurzgriffeligen Blüten weit unterhalb der Staubbeutel enden und die Blütenröhre durch die Staubbeutel verschlossen erscheint. Nur sehr selten treten Blüten mit gleichlangen Staubblättern und Griffeln auf.

Diese Verschiedengriffeligkeit der Blüten scheint eine gute Vorrichtung zu sein, um eine Fremdbestäubung zu erreichen, und zwar nicht nur bezogen auf einzelne Blüten, sondern sogar auf verschiedene Pflanzen, weil alle Blüten entweder nur lang- oder nur kurzgriffelig sind. Gelangt nun ein Insekt auf eine kurzgriffelige Blüte, so belädt es sich hier, um an den Nektar auf dem Blütenboden zu gelangen, mit Pollen, den es dann besonders leicht auf einer langgriffeligen Blüte zufällig wieder abstreifen kann. Die Narben der langgriffeligen Blüten sind nämlich fast in der gleichen Höhe in der Blüte inseriert wie die Staubbeutel bei den kurzgriffeligen Arten.

Bis auf die *Primula scotica* kann man dieses System der unterschiedlichen Griffellänge bei fast allen Schlüsselblumenverwandten vorfinden: Echte-, Hohe-, Mehlige Schlüsselblume. Nur die *Primula scotica* muß Selbstbestäubung durchführen, weil sie in einer insektenarmen Gegend lebt und eine Heterostylie hier befruchtungshemmend wirkt. Auch die Wasserfeder, ungeachtet ihres Namens, ist eine Verwandte der Schlüsselblume und verschiedengriffelig, ebenso wie einige Enziangewächse (Deutscher Enzian), der Fieberklee, *Thesium humifusum,* einige Arten der Raubblattgewächse (Geflecktes Lungenkraut, Hortensie) und der Dauer-Lein. Selbst bei kurzgriffeligen Blüten tritt keine Selbstbefruchtung auf, auch wenn einmal eigener Pollen auf die Narbe gelangen sollten. In

Blüte vom Gemeinen Beinwell

Blüte der Weißen Taubnessel

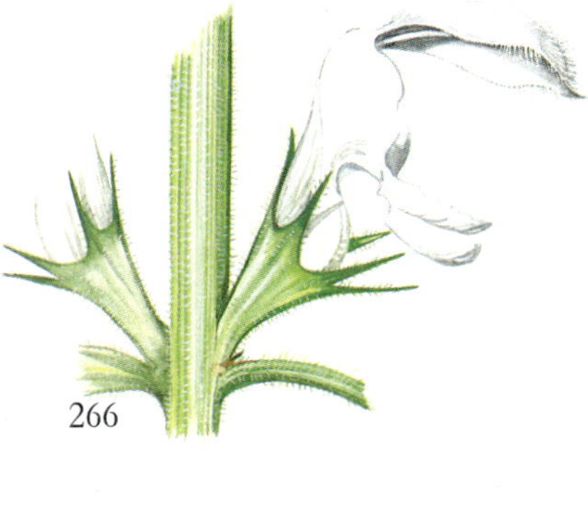

Blüte der lang- (rechts) und kurzgriffeligen (links) Erd-Schlüsselblume: ein Insekt nimmt Pollen von den langen Antheren der kurzgriffeligen Blüte und transportiert diesen vielleicht auf den hohen Griffel der langgriffeligen Blüte

diesem Fall verhindert die Inkompatibilität (s. S. 268) das Auskeimen des Pollens. Die Ausbildung unterschiedlicher Griffellängen während der Entwicklung der Pflanzen könnte also als zusätzliche Sicherheit zur Inkompatibilität angesehen werden, weil dadurch auf keinen Fall Pollen vergeudet wird. Es gibt mit dem Blut-Weiderich sogar Arten mit drei verschiedenen Griffel- und Staubfadenlängen. Diese Pflanzen erzeugen sowohl kurze, mittellange als auch lange Griffel, wobei dann die zugehörigen Staubblätter jeweils lang oder mittel, auf gleicher Höhe oder kurz bzw. mittellang sein können. Die Verschiedenartigkeit dieser Blüten geht sogar noch weiter, weil die Pollensäcke der langen Staubblätter sehr viel größere und die der kurzen Staubblätter deutlich kleinere Pollenkörner ausbilden. Eine sichere Bestäubung und Befruchtung der Samenanlagen kann aber nur dann erreicht werden, wenn die großen Pollen auf die langgriffelige, die mittleren Pollen auf die mittellange und die kleinen Pollen auf die kurzgriffelige Blüte gelangen. Während man bei der normalen Verschiedengriffeligkeit (Schlüsselblume) mit zwei unterschiedlichen Blüten nur zwei Bestäubungsmöglichkeiten hat, gibt es bei dem dreigriffeligen Blut-Weiderich von den drei Möglichkeiten jeweils zwei erfolgreiche. Es werden nämlich auf einer kurzgriffeligen Blüte sowohl die Pollen der kurzen als auch der mittleren Staubblätter und auf den mittellangen bzw. langgriffeligen sowohl die Pollen der langen als auch die der mittleren Staubblätter auskeimen.

Insgesamt bewirkt die Verschiedengriffeligkeit ähnlich wie bei den Griffel- und Staubblattbewegungen (s. S. 264) eine Verhinderung der Selbstbestäubung. Während bei den Blüten mit Griffel- und Staubblattbewegungen aber eine Selbstbestäubung noch möglich ist, wenn die Fremdbestäubung fehlschlägt, ermöglicht die Verschiedengriffeligkeit in Kombination mit der Inkompatibilität nur eine Fremdbestäubung.

Längsschnitt durch die drei verschiedenen Blüten des Blut-Weiderichs

Inkompatibilität

In einem Fall der Inkompatibilität trägt der Pollen nur jeweils eines von zwei Merkmalen der Eltern. Entspricht das eine Merkmal des Pollens einem Merkmal des Griffels, so erfolgt keine Befruchtung

AB *Eltern erzeugen*
Ⓐ *und* Ⓑ *Pollen*

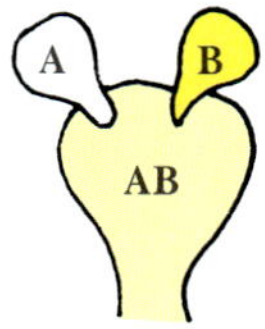

Beide versagen auf einem **AB** *Griffel*

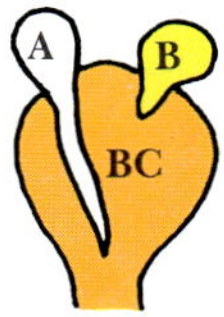

Nur der **A** *Pollen durchwächst den* **BC** *Griffel*

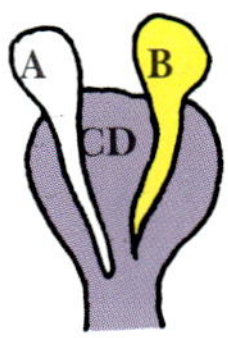

Beide Pollen durchwachsen den **CD** *Griffel*

Jeder Gartenbesitzer kennt das Problem, einen einzelnen Apfelbaum zum Fruchten zu bekommen, denn fast alle kultivierten Sorten enthalten Gene, die ein Auskeimen des eigenen Pollens auf der Narbe verhindern. Nur wenn der Pollen einer anderen Sorte auf die Narbe gelangt, kommt es zur erfolgreichen Pollenschlauchbildung und zu einer Befruchtung. Besitzen also Pollen und Narbe dieselbe genetische Information, keimt der Pollen nicht aus oder wird im Wachstum gehemmt, er ist also inkompatibel. Diese Inkompatibilität ist bei Pflanzen weit verbreitet und sichert eine Fremdbestäubung.

Grundsätzlich muß man nämlich zwischen einer Selbstbestäubung und einer Selbstbefruchtung unterscheiden. Bei der Selbstbestäubung gelangt zwar der Pollen aus derselben Blüte oder von anderen Blüten derselben Pflanze auf die Narbe, es muß aber nicht zwangsläufig zu einer Selbstbefruchtung führen. Eine Selbstbefruchtung liegt nämlich erst dann vor, wenn der eigene Pollen auch einen befruchtungsfähigen Pollenschlauch im Griffelgewebe ausbilden kann, der bis zur Eizelle durchwächst. Wenn also eine Selbstbefruchtung verhindert werden soll, erhält die Selbststerilität eine ausschlaggebende Bedeutung.

Auch die Verschiedengriffeligkeit der Schlüsselblumen (s. S. 267) kann mit ihren beiden Blütenformen als zusätzliche Hilfe dafür angesehen werden, daß nur Pollen des einen Typs auf die Narbe des anderen gelangt. Mit anderen Worten, die morphologischen Unterschiede sind eine Hilfe für die Fremdbestäubung. Die Selbstbefruchtung wird dabei durch eine chemische Inkompatibilität vermieden, die das Auskeimen des Pollens einer kurzgriffeligen Blüte auf der eigenen Narbe bzw. eines Pollens einer langgriffeligen Blüte auf deren Narbe verhindert. Bei ihnen ist wohl die Inkompatibilität als ursprüngliches Merkmal ausgebildet worden, und die morphologischen Unterschiede sind erst zusätzlich entstanden, um eine Verschwendung von Pollen zu vermeiden. Es gibt allerdings auch die gegenteilige Entwicklung bei Arten, bei denen der Blütenbau eine Selbstbestäubung fast immer garantiert. Hier muß sich dann nur die Inkompatibilität zur Sicherung der Fremdbestäubung ausgebildet haben. Alle Schmetterlingsblütler haben z. B. ganz charakteristische Blüten, wo die Staubblätter und der Griffel eng in einem aus zwei Kronblättern gebildeten Schiffchen zusammenliegen. Dieses Schiffchen fungiert als besondere Vorrichtung zur Sicherung einer Insektenbestäubung (s. S. 276), eine damit verbundene Selbstbefruchtung wird aber durch eine Inkompatibilität verhindert wie z. B. beim Gemeinen Hornklee, der Esparsette und den großen Kleearten, besonders bei dem Rot- und Weiß-Klee. Im Gegensatz dazu haben die kleinen Kleearten

Im anderen Fall hat der Pollen die gleichen Merkmale wie die Eltern, und wieder keimt der Pollen nur dann auf dem Griffel, wenn er unterschiedlich ist

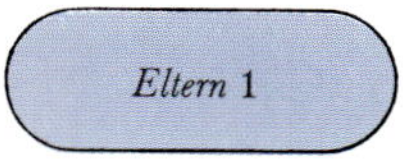

Der Pollen trägt die gleichen chemischen Botschaften

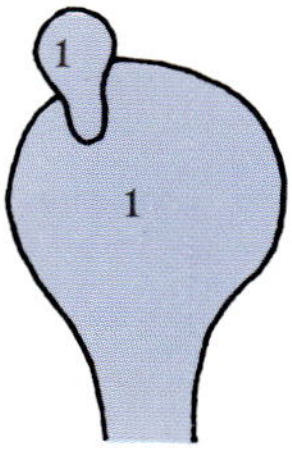

Die Pollenkeimung versagt auf einem ähnlichen Griffel

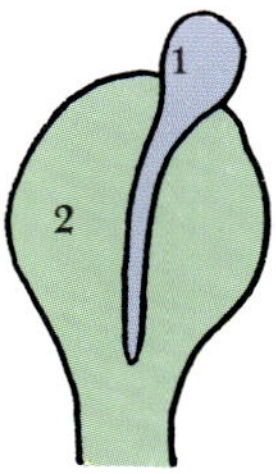

Der Pollen wächst erfolgreich auf dem Griffel eines anderen Pflanzentyps

wie Kleinblütiger Klee und Gestreifter Klee keine Inkompatibilität, sind also selbstbefruchtend. Die Inkompatibilität arbeitet dabei fast nach dem gleichen System wie das tierische Immunsystem. Bestimmte chemische Substanzen im Pollen treten mit anderen im Griffel in Wechselwirkung, und nur wenn die richtige Kombination zusammentrifft, können die Pollen auskeimen und wachsen. Man könnte die chemischen Substanzen des Pollenkorns vielleicht als Antigen und die des Griffels als Antikörper auffassen. Weil das Pollenkorn nur die halbe mögliche genetische Information (sie sind haploid, s. S. 12) und das Griffelgewebe beide trägt (es ist als Mutterpflanzengewebe diploid; nur die Eizelle ist ebenfalls haploid), kann eine Inkompatibilität nur dann auftreten, wenn im Pollenkorn und im Griffel die gleichen genetischen Informationen zusammentreffen.

Bewirken z. B. zwei Gene eine Inkompatibilität, so ist auch nur die Hälfte der möglichen Bestäubungen erfolgreich (Schlüsselblumen). Je mehr Gene also in dieses System einbezogen werden, desto kleiner wird die Wahrscheinlichkeit, daß zwei gleiche genetische Informationen aufeinandertreffen, die eine erfolgreiche Bestäubung und Befruchtung verhindern. So besteht z. B. das Inkompatibilitätssystem beim Klee und Arten anderer Familien (Hahnenfußgewächse, Steinbrechgewächse, Rachenblütler, Glockenblumen-, Orchideen und Gräser) aus Hunderten von Genen.

Es kann übrigens auch vorkommen, daß die chemischen Substanzen, die eine Inkompatibilität bewirken, nicht im Pollenkorn selbst, sondern in seiner Wandsubstanz lokalisiert sind. Da diese aber während der Pollenreife von der Elternpflanze aus diploidem Gewebe (Tapetum) gebildet wird (s. S. 257), kommen alle Inkompatibilitätsfaktoren der Mutterpflanze zum Tragen. In einem solchen Fall müssen also die Faktoren beider Elternpflanzen exakt zusammenarbeiten, damit eine Inkompatibilität auftreten kann. Diese Art der Eigenunverträglichkeit tritt besonders bei den Korbblütlern, vielen Kreuzblütlern (z. B. Wildkohle) und den Storchschnabelgewächsen auf.

Die Eigenunverträglichkeit verlangt also einen genetisch unterschiedlichen Pollen, und es soll an dieser Stelle daran erinnert werden, daß dank der vegetativen Reproduktionskraft der meisten ausdauernden Arten diese genetisch einheitliche Klone hervorbringen. Sollten sie sich also einmal sexuell fortpflanzen, so müßte der Pollen bei Eigenunverträglichkeit von sehr weit herkommen, um erfolgreich zu sein.

Trennung der Geschlechter

Die beste Methode gegen eine Selbstbefruchtung ist von den höheren Tieren mit der Getrenntgeschlechtigkeit entwikkelt worden. Dieses ist überraschenderweise nur sehr selten im Pflanzenreich vorzufinden, weil normalerweise zwittrige Blüten mit männlichen Staubblättern und weiblichen Fruchtknoten in einem Stand ausgebildet werden. Pflanzen, die sowohl männliche als auch weibliche Individuen erzeugen, nennt man zweihäusig (diözisch).

Als Beispiele für solche zweihäusigen (getrenntgeschlechtlichen) Pflanzen kann man den Hopfen, die Brennessel und den Großen und Kleinen Sauer-Ampfer heranziehen, die alle nur eine Fremdbefruchtung aufweisen. Es sollte aber auch erwähnt werden, daß diese mehrjährigen Arten sehr wirkungsvolle Methoden zur vegetativen Vermehrung entwickelt haben. So bildet der Kleine Sauer-Ampfer Knospen an langkriechenden Wurzeln, die Zweihäusige Segge kriechende Rhizome, und die Brennessel flachkriechende an den Knoten wurzelnder Sprosse. Eine der wenigen zweihäusigen einjährigen Pflanzen ist übrigens das Einjährige Bingelkraut. Der Preis, der aber von solchen getrenntgeschlechtlichen Arten für die sichere Fremdbestäubung bezahlt werden muß, ist immer die Verminderung der Bestäubungshäufigkeit. Im Gegensatz zu den festsitzenden Pflanzen können sich die beweglichen getrenntgeschlechtlichen Tiere gegenseitig aufsuchen, um eine Befruchtung zu gewährleisten. Festsitzende Tiere haben deshalb oftmals ebenfalls wie die Pflanzen die Zwittrigkeit entwickelt. Nun ist bei den höheren Pflanzen die strikte Trennung in männliche und weibliche Individuen nur eine der möglichen Geschlechterkombinationen, daneben existieren noch sehr viel mehr. Zwischen dem einen Extrem mit der Getrenntgeschlechtlichkeit und dem anderen mit der Zwitterblüte findet man auch Übergänge, wo normalerweise zwittrige Individuen entweder zusätzlich nur männliche oder nur weibliche Blüten ausbilden. Dabei entwickeln sich diese eingeschlechtlichen Blüten dann aus ehemals zwittrigen Blüten, indem sie nur die männlichen bzw. weiblichen Blütenteile abwerfen, deren Reste man häufig noch finden kann. Sie können teilweise sogar noch fast normal aussehende Staubgefäße erzeugen, die aber meistens keinen Pollen mehr produzieren. So werden in den Staubblättern des Stumpfblättrigen Ampfers zwar tatsächlich noch Pollen ausgebildet, sie sind aber nicht mehr keimfähig, und die Blüten des Einjährigen Knäuel besitzen nur noch 10 sterile Antheren ohne Pollen. Beide Pflanzen erzeugen also bei oberflächliger Betrachtung zwittrige Blüten, tatsächlich sind sie aber nur eingeschlechtlich. Gut sichtbare Reste der ehemaligen Geschlechtsorgane findet man übrigens beim Fingerstrauch und Sumpf-Baldrian. Beide sind scheinbar zweihäusig, besitzen aber auf den männlichen Blüten rudimentäre Griffel und auf den weiblichen rudimentäre Staubblätter. Insgesamt können also zwittrige (hermaphrodit) und auch eingeschlechtliche Blüten gebildet werden oder auch Kombinationen zwischen beiden. Die Silberwurz bildet z. B. sowohl zwittrige

als auch rein männliche Individuen aus; man bezeichnet sie deshalb als androdiözisch. Aber auch das Gegenteil kann mit gynodiözischen Pflanzen auftreten, d. h. es werden normale zwittrige und einige rein weibliche Individuen erzeugt. Solche gynodiözischen Pflanzen findet man besonders häufig bei der Wiesen-Knautie, der Pechnelke, vielen Lippenblütlern wie Gundermann, Kleine Brunelle, Thymian, Majoran und Wasser-Minze. Insgesamt tritt die Gynodiözie sehr viel häufiger als die Androdiözie auf, vornehmlich weil die männlichen Individuen ja keine Nachkommen wie die weiblichen hervorbringen können.

Es gibt sogar Arten, bei denen alle drei Möglichkeiten der Geschlechtsverteilung in den Blüten anzutreffen sind. Solche polygamen Pflanzen mit zwittrigen, rein männlichen und rein weiblichen Blüten auf einem Individuum findet man bei einigen Lichtnelken und Leimkräutern (Stengelloses Leimkraut, Nickendes Leimkraut, Ohrlöffel-Leimkraut). Der Kleine Wiesenknopf bildet diese unterschiedlichen Blütentypen sogar auf verschiedenen Individuen aus.

Pflanzen, die männliche und weibliche Blüten auf einem Individuum erzeugen, nennt man monözisch oder einhäusig. Bei ihnen wird die Selbstbestäubung zwar eingeschränkt, aber nicht verhindert (s. S. 264; Kleine Brennessel, Tausendblatt, viele einkeimblättrige Arten wie Pfeilkraut, Igelkolben, Rohrkolben, fast alle Sauergräser u. a., Ufer-Segge, Rispen-Segge). Bei den meisten Seggen verwandeln übrigens die männlichen Blüten, die vor den weiblichen erscheinen, also protandrisch (vormännlich, s. S. 262) sind, die niedrigwüchsigen Bestände in ein schönes gelbes Blütenmeer (Frühlings-Segge).

Etwas ausgefallenere Blütenverteilungen findet man bei andromonözischen Pflanzen, die sowohl zwittrige als auch rein männliche Blüten auf derselben Pflanze erzeugen (Schlangenwurz, Gewöhnliches Kreuzlabkraut, einige Doldenblütler wie Wiesen-Kerbel, Wald-Sanikel, Taumel-Kälberkropf und einige Gräser wie Glatthafer und weiches Honiggras), oder bei gynomonözischen Arten mit zwittrigen und rein weiblichen Blüten auf derselben Pflanze wie beim Säuerling und vielen Compositen, bei denen die äußeren Strahlenblüten weiblich und die innenstehenden Röhrenblüten zwittrig sind (Salz-Aster, Gemeine Goldrute, Scharfes Berufkraut, Kriechende Gemswurz). Da sich die äußeren Blüten vor den inneren öffnen, ist bei diesen gynomonözischen Pflanzen das Resultat eine Protogynie (s. S. 262). Im Unterschied zu den diözischen Pflanzen ist hier die Andromonözie häufiger als die Gynodiözie ausgeprägt, weil bei ihnen Fortpflanzungsprobleme nicht so gravierend sind, denn schließlich stehen sowohl zwittrige als auch männliche Blüten auf einer Pflanze.

Alle diese verschiedenen Blütenbildungen kann man folglich am besten als Lösungsmöglichkeiten für eine ausgeglichene Balance zwischen Selbst- und Fremdbestäubung ansehen.

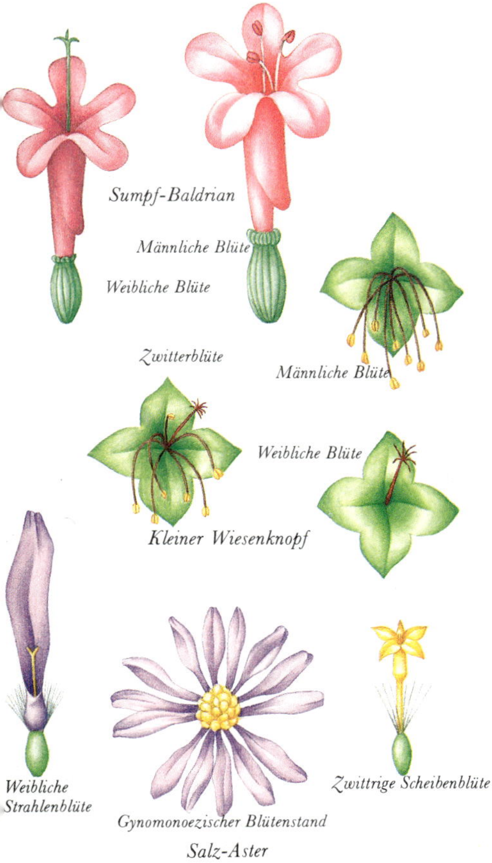

Windbestäubung

Viele Blütenmerkmale, wie z. B. die Trennung der Reifezeit von Antheren und Griffel bzw. die Anordnung beider Geschlechter auf verschiedenen Pflanzen oder in verschiedenen Blüten, kann man als einfache Mechanismen zur Erhöhung der Fremdbestäubung erklären. Allerdings erfordert die Fremdbestäubung zumindest ein ausreichendes Pollentransportsystem von einer Pflanze zur nächsten, und dieser Transport kann sowohl durch Tiere, meistens Insekten (s. S. 276), als auch durch den Wind bewerkstelligt werden (s. S. 274).

Die Windbestäubung beruht auf einem nur zufälligen Zusammentreffen von Pollen und Narbe. Ist der Pollen nämlich erst einmal freigesetzt, so folgt er nur der Windströmung und kann selten eine Narbe tatsächlich auch erreichen. Diese Zufälligkeit in der Bestäubung erfordert deshalb die Produktion von großen Pollenmengen, die in einem einzigen Gräserblütenstand (Ausläufer-Straußgras) mehr als 10 Millionen Einzelkörner ausmachen können. Da der Pollen aber durch den Wind in einer Weise transportiert wird, daß die meisten Körner schon nach wenigen Metern vom Blütenstand zu Boden fallen, können nur wenige weitere Distanzen überbrükken. Weil aber die meisten Windbestäuber zahlreiche Blüten ausbilden und zudem in mehr oder weniger großen Herden wachsen, kommt immer noch häufig genug ein Kontakt zwischen Pollen und Narben zustande. Dennoch ist diese Bestäubungsmethode ein riskantes Unterfangen und erfordert zusätzliche Anpassungen.

Zunächst einmal werden die Blüten bzw. die Blütenstände gut zum Wind exponiert, und so bilden viele Windbestäuber unter den Bäumen zur Erhöhung ihrer Bestäubungshäufigkeit locker hängende Kätzchen aus. Diese werden vom Wind hin- und herbewegt und der Pollen an den vorbeistreichenden Luftstrom abgegeben. Krautige Pflanzen mit Windbestäubung haben dagegen andere Blütenstände mit manchmal weniger auffälligen Einzelblüten. Dieses trifft besonders beim Vergleich zwischen den Ampfern und dem Vogelknöterich zu. Während die windbestäubenden Ampfer große, auffällige ährenförmige Blütenstände ausbilden, besitzt der Vogelknöterich nur sehr kleine, achselständige Blüten. Im übrigen gibt es nur äußerst wenige am Boden kriechende Arten mit Windbestäubung.

Selbst wenn nicht immer der gesamte Blütenstand wie beim Kätzchen einer kräftigen Luftbewegung ausgesetzt ist, sind es zumindest aber immer die Antheren der Einzelblüten. Zu diesem Zweck werden die Filamente stark verlängert, so daß die Antheren entweder aufrecht (Spitz-Wegerich) oder hängend (Glatthafer) weit aus der Blüte herausragen. Auf jeden Fall müssen aber die äußeren Bedingungen mit trockenem Wetter und leichter Luftbewegung optimal sein, um eine möglichst weite Verbreitung des Pollens zu gewährleisten.

Viele Windbestäuber besitzen darüber hinaus Pollensäcke, die bei trockenen Witterungsbedingungen plötzlich aufplatzen. Hierzu gehört u. a. die Brennessel, um deren Bestände man bei guter

Beleuchtung mehr oder weniger große Blütenstaubwolken herumfliegen sehen kann. Es ist für Pflanzen übrigens sehr schwierig, die Zeit des Pollenausstoßes genau mit einer Luftbewegung abzupassen. Deshalb ist es nicht verwunderlich, daß sehr viele Arten, besonders die Gräser, ihre Pollen zur morgendlichen Luftbewegung zwischen 5.00 und 9.00 Uhr ausstoßen (Fuchsschwanz, Lieschgras, Gemeines Knäuelgras, Ruchgras, Wiesenrispe, Zittergras, Rasen-Schmiele).

Eine weitere Veränderung im Blütenbau zur Erhöhung der Bestäubungshäufigkeit besteht in der Entwicklung von fedrigen Narben. Hierbei wird die Narbenoberfläche stark vergrößert und dadurch die Wahrscheinlichkeit des Pollenfanges deutlich vermehrt. Dabei kann die Oberflächenvergrößerung der Narbe entweder durch einfache feine, haarförmige Fortsätze (Sumpf-Dreizack), durch Seitenlappen (Stumpfblättriger Ampfer) oder durch fedrige Seitenfortsätze hervorgerufen werden (Glatthafer, Wiesen-Schwingel).

Wegen ihrer speziellen Bestäubungsart müssen Windbestäuber auch keine Insekten anlocken, d. h. sie brauchen keine Energie in die Bildung von Lockstoffen wie farbige Kronblätter, auffälligen Geruch oder Nektar (s. S. 282) zu stecken. Dieser Evolutionsdruck gegen eine Vergeudung von Energiereserven muß innerhalb der Höherentwicklung der Pflanzen sehr groß gewesen sein, denn die Windbestäuber sind zu verschiedenen Zeiten und in verschiedenen Familien immer wieder neu entwickelt worden. Zu den bedeutendsten gehören die untereinander verwandten Gräser, Seggen und Binsen, gefolgt von den Wegerich-, Ampfer- und Gänsefuß-Arten. Selbst in sonst insektenbestäubten Familien können manchmal Windbestäuber auftreten, wie bei den Korbblütlern mit dem Gemeinen Beifuß und bei den Hahnenfußgewächsen mit den Wiesenrauten.

Am interessantesten sind aber wohl Arten, die sich scheinbar in der Entwicklung zur Windbestäubung hin oder von ihr weg befinden. Hierfür sind der Kleine Wiesenknopf und die Besenheide gute Beispiele. So erzeugt z. B. die Besenheide bei Versagen der Insektenbestäubung riesige Pollenmengen, die nach Verlängerung der Staubblattfilamente durch den Wind verbreitet werden. In der Tat ist eine geringe Neigung zur Windbestäubung innerhalb der normalerweise insektenbestäubten Pflanzen üblich und kann damit als Auslesemöglichkeit genutzt werden.

Wenn die Insektenbestäubung versagt, verlängern sich die Antheren, so daß eine Windbestäubung möglich wird

Wasserbestäubung

Reine Wasserpflanzen haben von den vorher beschriebenen abweichende Bestäubungsmethoden entwickelt. Einige Arten wie die Teichrose, der Wasser-Hahnenfuß und der Wasserschlauch, verlassen sich auf die Insektenbestäubung, wobei sie nur dafür Sorge tragen müssen, daß der Pollen nicht mit Wasser in Kontakt kommt und jederzeit für Insekten verfügbar bleibt. Andere Arten sind Windbestäuber (Laichkräuter, Gemeines Seegras, Wasserpest, Wasserstern), die aus speziellen Merkmalen ihre Vorteile ziehen.

Die Entfernung, die von einem Pollen mit Hilfe des Windes zurückgelegt werden kann, beruht auf dem Gleichgewicht zwischen der auf den Pollen wirkenden Schwerkraft und dem Auftrieb durch die Luftbewegung. Ist in einem trockenen Lebensraum ein Pollenkorn erst einmal zu Boden gefallen, steht er zur Bestäubung nicht mehr zur Verfügung. Ganz anders aber, wenn der Pollen ins Wasser fällt. Hier kann er durch die Wasserbewegung noch weiter verbreitet werden und häufig auch eine Narbe erreichen. Die Bestäubungswahrscheinlichkeit wird nämlich in dem zusätzlich zweidimensionalen Transport an der Wasseroberfläche deutlich gegenüber der reinen dreidimensionalen Verteilung im Luftraum erhöht. Allerdings erfordert diese Methode, daß sich die Narben an der Wasseroberfläche befinden müssen.

An dieser Stelle sollte aber erwähnt werden, daß die insektenbestäubten Wasserpflanzen entweder hochaufgeschossene Blütenstände weit oberhalb der Wasseroberfläche (Wasserfeder, Wasserschlauch) oder schüsselförmige und bootsähnlich schwimmende Blüten erzeugen (Teichrose). Abweichend hierzu sind die Blütenstände der Windbestäuber meistens nur kurz, ährenförmig, die kaum die Wasseroberfläche durchstoßen (Laichkräuter). Während das Schwimmende Laichkraut anscheinend mit seinen hohen Blütenständen auf reine Windbestäubung angewiesen ist, benutzen andere Arten (Kleines Laichkraut und *Potamogeton panormitanus*) zum Pollentransport fast ausschließlich die Wasseroberfläche. Eine ähnliche Erscheinung tritt auch bei der Canadischen Wasserpest auf, obwohl die Bestäubung bei ihr nur selten beobachtet wurde. In unserem Gebiet leben von dieser zweihäusigen Pflanze (diözisch) nämlich ausschließlich weibliche Individuen, die sich nur vegetativ vermehren und deshalb einen genetisch einheitlichen Klon bilden (s. S. 246). Männliche Pflanzen sind aus ihrem ursprünglichen Heimatgebiet

Kanadische Wasserpest

Nordamerika selten nach Europa verbreitet worden. In Gebieten, wo eine Bestäubung aber möglich ist, liegen die endständigen, langgestielten weiblichen Blüten mit ihren gewundenen, wasserabweisenden Narben auf der Wasseroberfläche. Fällt nun der ebenfalls wasserabstoßende und mit feinstacheliger Oberfläche versehene Pollen auf das Wasser, so wird er hier durch den Wind über die Oberfläche verdriften und kann dabei zufällig auf eine Narbe treffen und die Samenanlagen befruchten.

Diese Bestäubungsart ist möglicherweise nur eine spezielle Form der Windbestäubung, die auf einem Wassertransport der Pollen und den oberflächlich schwimmenden Narben beruht. Dabei ist das ganze System in Stillgewässern wie Seen und Tümpeln erfolgreicher als in bewegten, weil z. B. Pflanzen im Oberlauf eines Flusses wegen der Fließbewegung kaum einmal selbst bestäubt werden und Pflanzen des Unterlaufes die des Oberlaufes nie bestäuben können.

Ein ähnliches Argument könnte auch für rein marine Arten wie die Seegräser gelten. Diese Arten leben unterhalb der Niedrigwasserzone auf sandig-schlickigen Böden. Sie sind monözisch und erzeugen in ährenförmigen Blütenständen protogyne Blüten. Ihre Antheren entlassen seltsame, schlanke Pollen ins Wasser, die mit dem wechselnden Tidenhub zur Hoch- und Niedrigwasserlinie transportiert werden und sich dabei um die Narben herumwickeln, wenn sie auf diese stoßen. Gerade solche langen, schlanken Pollen treten besonders bei Arten auf, deren Pollen auf der Wasseroberfläche schwimmen, weil mit der langen äußeren Form wohl auch die Wahrscheinlichkeit eines Zusammentreffens von Pollen und Narbe erhöht wird.

Auch wenn noch bis heute die Auffassungen über eine reine Wasserbestäubung kontrovers sind, kann beim Seegras und einigen schwer unterscheidbaren Wasserstern-Arten nicht daran gezweifelt werden, daß deren Pollen mit Hilfe des Wassers übertragen werden, weil man nämlich sehr häufig auch an völlig untergetauchten Exemplaren reife, lebensfähige Samen findet. Allerdings glauben einige Wissenschaftler, daß diese Samen durch Kleistogamie (s. S. 261) bedingt werden, d. h. durch eine Selbstbefruchtung bei geschlossener Blüte. Eine gesicherte Bestäubung über den Wassertransport findet man definitiv wohl nur beim Hornblatt, dessen Antheren zur Wasseroberfläche durchtreiben und hier ihre Pollen entlassen. Diese Pollen sinken dann langsam herab und bleiben an den reifen, untergetauchten Narben hängen. Auch bei ihnen erfolgt wohl überwiegend eine Selbstbestäubung, es sei denn, der Wind hat die Antheren noch vor dem Ausstoß des Pollens über die Wasseroberfläche verdriftet. Die Wind- und Wasserbestäubung sind insgesamt gesehen eng gekoppelte Vorgänge, wobei die Wasserbestäubung dann nur ein zusätzlicher Trick der Wasserpflanzen ist, um die Fremdbestäubungschance deutlich zu erhöhen.

Gemeines Seegras

Hornblatt

Tierbestäubung

Obwohl sich viele Pflanzen auf physikalische Methoden für ihren Pollentransport verlassen (Wind, s. S. 272; Wasser s. S. 274) können sie dennoch diesen Transport nicht kontrollieren. Deswegen benutzt die Mehrzahl der Arten Tiere als Blütenbestäuber und hier dann meistens Insekten mit der richtigen Körpergröße. Allerdings kann die Pflanze das Verhalten des Insektes nicht direkt beeinflussen, ist aber in der Lage, durch ein Angebot von Stimulanzien und Belohnungen unter Ausnutzung bestimmter Verhaltensmuster einen indirekten Einfluß auf das Insekt zu nehmen.

Vier verschiedene Insektengruppen sind als Blütenbestäuber von größter Wichtigkeit: 1. die Käfer (Coleoptera), 2. die Fliegen (Diptera), 3. die Hautflügler (Hymenoptera mit den Bienen und Wespen) und 4. die Schmetterlinge (Lepidoptera) und Schwärmer. Das Verhalten und die Nahrungsaufnahme variieren innerhalb dieser Gruppen weitgehend, so daß sich daraus deutliche morphologische Blütenunterschiede als Anpassung entwickelt haben. Zunächst müssen die Blüten für die Insekten auffindbar sein, sie müssen weiterhin etwas anbieten, damit Insekten sie besuchen, außerdem muß eine Landung auf ihnen möglich sein, und schließlich müssen die Insekten mit Pollen beladen werden. Zunächst zu den Käfern. Sie sind kaum als Blütenbestäuber spezialisiert, da sie beißende und keine saugenden Mundwerkzeuge besitzen, selten gut und über weite Strekken fliegen können und den Pollen auch nur fressen, weil sie den Nektar nicht erreichen. Dennoch findet man häufig Käfer in und an Blüten; einige sind sogar eng an bestimmte Familien, besonders die der Doldenblütler, gebunden. Die Blatt- und Weichkäfer wie der Soldaten-Weichkäfer sind für ihre Bestäubungsaktivität bekannt, obwohl letzterer ein Fleischfresser ist.

Nun zu den Fliegen, die im Gegensatz zu den Käfern viel bessere Blütenbestäuber sind. Hierzu zählen große Arten wie Schnaken und Schwebfliegen bzw. auch sehr kleine Arten wie die Gall-, Kriebel- und andere Mücken. Die meisten Fliegenverwandten haben entweder stechende Mundwerkzeuge, so daß sie sich parasitisch von Tieren ernähren müssen, oder aber sie besitzen saugende Mundwerkzeuge und leben von Aas bzw. totem organischen Material. Dennoch gibt es viele kleine Arten, die nur Blütennektar verzehren und deshalb besonders für systematisch niedrigstehende Pflanzen wichtig sind. Ihre Blüten sind flach und offen, so daß die Tiere keine langen Rüssel oder andere Organe zur Erlangung des Nektars entwickeln mußten. Von den Steinbrechgewächsen gehören hierher das Sumpfherzblatt und der Moos-Steinbrech, aus den Doldenblütlern *Oenanthe crocata,* aus den Wolfsmilchgewächsen die Mandel-Wolfsmilch, aus den Rosengewächsen die Blutwurz sowie aus den Hahnenfußgewächsen das Scharbockskraut.

Große Fliegen wie die Schwebfliegen ähneln in ihrem Bestäubungsverhalten eher den Bienen, da sie relativ lange Rüssel als Mundwerkzeuge entwickelt haben, um auch aus röhrenförmigen Blüten den Nektar entnehmen zu können (Kuckuck-Lichtnelke, Wiesen-Schaumkraut, Teufelsabbiß, Sand-Kratzdistel). Gerade diese Arten sind besonders spezialisiert auf das Herbst-Milchkraut, den Gamander-Ehrenpreis und das Gemeine Hexenkraut. Die beiden letzten Arten besitzen weit aus den Blüten herausragende Staubblätter, die sich bei Berührung durch die Fliegen herabbiegen und den Rücken der Tiere mit Pollen beladen.

Als Drittes zu den Hautflüglern (Bienen, Wespen, Ameisen und Blattwespen), denen die größte Bedeutung als Bestäuber zukommt. Innerhalb dieser Gruppe sind es besonders die Bienen mit über 200 Arten, von denen der Mensch nur eine einzige nutzt. Da Bienen — und auch die Hummeln — so-

Kleine Fliege auf der Blüte vom Blutwurz

Schwebfliege auf der Blüte vom Teufelsabbiß

wohl von Nektar als auch von Pollen leben, den sie in speziellen Beintaschen sammeln, bieten Pflanzen, die von Bienen bestäubt werden, relativ große Nektar- und Pollenmengen an. Sowohl die Korb- als auch die Schmetterlingsblütler besitzen Staubblätter, die sich in der Blüte auf der Unterseite eines Zwangsweges befinden, den die Insekten durchkriechen müssen, wenn sie an den Nektar gelangen wollen. Auf diese Weise beladen sie sich während des Nektar- und Pollensammelns unterseits mit Pollen, den sie dann zur nächsten Blüte tragen. Da die Bienen, anders als andere Blütenbestäuber wie z. B. Schwärmer und Schmetterlinge große, schwere Tiere sind, müssen sie meistens auf den Blüten landen. Folglich müssen die bienenbestäubten Blüten sehr kräftig und dürfen nur kurzgestielt sein. So werden besonders die flachen Körbchen der Korbblütler und Kardengewächse sowie die röhrenförmigen großen Blüten des Fingerhutes, der Kleinen Brunelle und anderer Rachenblütler als typische Bienenblüten angesehen, ebenso wie viele tellerförmige Blüten, auf denen eine Landung sehr gut möglich ist. Andere Blüten mit geschlossenen Lippen (Leinkräuter) oder mit schiffchenförmigen Kronblättern können ebenfalls nur durch die kräftigen Bienen, nicht aber durch schwächere Insekten, bestäubt werden.

Die vierte und letzte Gruppe der Insektenbestäuber sind die Schmetterlinge und Schwärmer, die alle sehr lange Rüssel entwickelt haben. Fast alle Arten leben von Nektar, den sie manchmal sogar aus 10—20 cm tiefen Röhrenblüten herausholen können, also aus einer zweimal so großen Tiefe wie es Bienen oder Fliegen vermögen. Blüten, die nun bevorzugt von Schmetterlingen und Schwärmern bestäubt werden, sind meist stark duftend und gehören zu den Korbblütlern (Gemeine Goldrute, Wasserdost, Greiskräuter, Flockenblumen, Disteln), zu anderen Familien und Gattungen (Baldrian, Lichtnelken, Brombeeren und Himbeeren, Wilder Thymian, Kriechender Günsel) oder zu einigen Orchideen (Große Händelwurz). Einige dieser Arten sind dabei weißblühend und werden bevorzugt von Nachtschwärmern bestäubt. Eines der besten Beispiele einer Schmetterlingsbestäubung findet man wohl beim Geißblatt mit seinen extrem langen Röhrenblüten, die, wie man glaubt, fast nur von langrüsseligen Schwärmern bestäubt werden können. Gewiß erfolgt die Bestäubung des Geißblattes vornehmlich durch Schwärmer, aber wo diese Tiere im Ökosystem fehlen, können auch andere Insekten hierzu herangezogen werden.

Honigbiene auf der Blüte vom Frauenflachs

Hummel auf der Blüte der kleinen Brunelle

Großes Ochsenauge auf der Blüte vom Kleinen Günsel

Mittlerer Weinschwärmer auf der Blüte vom Wald-Geißblatt

Anlockung der Insekten durch Farbe und Geruch

Damit eine Bestäubung durch Insekten überhaupt erfolgen kann, müssen die Tiere entweder durch die Blütenfarbe oder durch deren Geruch angelockt werden. Eine Erklärung der vielen unterschiedlichen Blütenfarben und -gerüche ist aber nur dann möglich, wenn man gleichzeitig den Bestäuber mit in die Betrachtung einbezieht. Dabei hat wohl der Geruch für alle nur eine untergeordnete Bedeutung, weil er den meisten Fliegen, Bienen und Schmetterlingen nur auf kurze Entfernung die Unterscheidung von Arten ermöglicht. Über größere Distanzen wird eine Blüte deshalb vornehmlich über die Farbe und vielleicht auch über die Form wahrgenommen. Während also einige Blüten deutlich sichtbar sind, aber kaum einen merklichen Geruch besitzen (viele Enzianarten), sind andere dagegen unscheinbar, duften aber sehr stark. Es wäre aber vorschnell, wenn man vermuten würde, daß für uns geruchlose Blüten auch für Insekten geruchlos wären. So können viele Blüten Bienen anlocken, obwohl sie für die menschliche Nase keinen Geruch besitzen (Rotfrüchtige Zaunrübe). Außerdem gibt es deutliche Geruchsunterschiede bei Blüten, die vornehmlich durch Fliegen, Bienen oder Schmetterlinge bestäubt werden. Fliegenbestäubte Blüten riechen z. B. für uns meistens sehr unangenehm (*Smyrnium olusatrum*), weil sie den Duft von Aas imitieren, der auf Fliegen besonders anziehend wirkt. Bienen bevorzugen dagegen einen süßen, honigähnlichen Duft (März-Veilchen, Weiß-Klee und Stechginster), während Schmetterlinge schließlich den schweren Duft des Geißblattes lieben. Pflanzen erzeugen diese verschiedenen Düfte nun nicht laufend, sondern stimmen die Produktion mit der Flugzeit ihrer Bestäuber weitgehend ab. So duften viele Arten nur während des Tages und dann im vollen Sonnenschein (Besenginster, Sumpfherzblatt) oder aber während der Nacht, wenn Nachtfalter fliegen. Das Geißblatt produziert seine Duftnote in Übereinstimmung mit der Flugzeit seines Bestäubers z. B. am Abend, und die Weiße Lichtnelke, die Acker-Lichtnelke sowie das Nickende Leimkraut während der Nacht.

Neben dem Geruch für die Naherkennung von Blüten haben besonders visuelle Signale eine entscheidende Bedeutung. Von Fliegen und Schmetterlingen werden z. B. gelbe und blaue Farben bevorzugt wahrgenommen, während das Sehvermögen der Bienen mehr im ultravioletten Bereich liegt. Gerade das Farbensehen der Bienen ist in den letzten Jahren ausgiebig untersucht worden, wobei man feststellte, daß Bienen, weiter als wir es können, im ultravioletten Bereich des Spektrums sehen, dafür aber nur schlecht im Rotlichtbereich. Ihre wahrnehmbare Farbskala reicht von Ultraviolett über Violett, Blau, Grün, Gelb bis zu Orange, ist also deutlich von der des Menschen verschieden. Ein Gegenstand erscheint immer in der Farbe, die von ihm bei Bestrahlung reflektiert wird, sie muß für den Betrachter aber auch sichtbar sein. Viele Blüten reflektieren z. B. neben anderen Farben das ultraviolette Licht, das für uns unsichtbar, für die Bienen aber sichtbar ist. Genau wie eine Mischung aus Rot und Blau als Violett angesehen wird, können Bienen eine Farbmischung aus Gelb und Ultraviolett als Bienenviolett bzw. eine Mischung aus Blaugrün und Ultraviolett als Bienenweiß erkennen.

Weiße Blüten, die den gesamten Spektralbereich des Lichtes reflektieren, können deshalb von Bienen nur gesehen werden, wenn sie auch das ultraviolette Licht zurückwerfen. Dafür mögen einige gelbe Blüten auch für Bienen gelb erscheinen (Schlüsselblume) oder im Bienenviolett (Kriechendes Fingerkraut), wenn gleichzeitig Violett mit reflektiert wird. Da Bienen aber das rote Licht

Eine Biene sieht die Blüten der Echten Schlüsselblume und der Blutwurz als verschiedene Farben

nicht erkennen können, müssen Blüten, die für uns blau oder violett erscheinen, für Bienen unsichtbar sein, es sei denn, ultraviolettes Licht wird zusätzlich mit reflektiert.

Gewiß ist auch das Übergewicht mancher Farben zu bestimmten Jahreszeiten nur eine Antwort der Pflanzen auf das Vorkommen eines speziellen Bestäubers. Zeitig im Frühjahr, wenn nur wenige bestäubende Insekten, und dann auch nur Fliegen, zur Verfügung stehen, ist Weiß die bevorzugte Farbe (Busch-Windröschen, Schneeglöckchen). Im späten Frühjahr wird dann Gelb, später Blau und schließlich Rot zur häufigsten Blütenfarbe. Daß man besonders im Hochsommer sehr viele Pflanzen mit roten Blüten (verschiedene Mohne) vorfindet, läßt sich vielleicht damit erklären, daß dieses Rot meistens auch noch ultraviolett reflektiert und so für die dann häufigen Bienen und Fliegen besser sichtbar wird.

Es gibt aber viele Pflanzen, die nicht nur einfarbig, sondern vielfarbig oder gefleckt erscheinen. So findet man häufig in einer dunklen Blüte eine sehr viel hellere Zentralfärbung (Vergißmeinnicht, Ehrenpreis) oder auch Linien, Streifen bzw. Flecken zur Blütenmitte hin (Echter Augentrost, Gewöhnliches Stiefmütterchen), die wohl zu den Bestäubungsorganen hinleiten sollen (Saftmale). Dieses könnte dann durch eine ultraviolette Reflexion noch verstärkt werden.

Die Rolle, die die Blütenfarbe bei der Bestäubung insgesamt spielt, ist zwar sehr ausgeprägt, muß aber auch noch in bezug zur Farbe des Hintergrundes gesehen werden (grünes Blattwerk, dunkle Sprosse etc.). Dieses ist leider bis heute nur unvollkommen untersucht worden. Ebenfalls von Bedeutung ist die Beziehung zwischen der Blütenfarbe und dem Zusammenschluß der Blüten zu Ähren, Körbchen oder anderen Blütenständen, wodurch zusätzlich eine größere Auffälligkeit bewirkt wird. Auch hierüber sind erst weitere Forschungen erforderlich. Es gibt außerdem einige Beweise dafür, daß auch gleichzeitiges Blühen einen Konkurrenzvorteil bedeuten kann, weil der Blütenbestäuber dadurch von anderen Arten abgezogen wird. Diesem Konkurrenzvorteil wirken aber in der natürlichen Auslese, so scheint es, die Blütenfarbe, der Geruch, die Blütezeit und die Blütenausrichtung entgegen.

Saftmale in den Blüten vom Vergißmeinnicht (oben links), Ehrenpreis (oben rechts), Gewöhnlichen Stiefmütterchen (Mitte links), Echten Augentrost (Mitte rechts). Die Saftmale der Gewöhnlichen Nachtkerze können vom Menschen nur unter ultraviolettem Licht gesehen werden (unten rechts)

Eine Biene sieht die Blüten des Blut-Weiderichs und des Gamander-Ehrenpreis als gleiche Farben

Belohnungen für die Blütenbestäuber

Pollen

Eine Biene auf der Blüte des Klatsch-Mohns

Der Pollen ist wegen seines Eiweißreichtums das wertvollste Futter der Insekten. Pflanzen mit Insektenbestäubung stehen deshalb vor dem Problem, daß nicht der gesamte Pollen von den Tieren verzehrt werden darf. Außerdem muß er für die richtigen Insekten erreichbar und für die falschen möglichst unerreichbar sein (s. a. S. 284).

Die idealen Bestäuber für Blüten sind vor allem saugende Insekten, die vornehmlich von Nektar leben, wie Schmetterlinge und einige Fliegen. Bei ihnen muß nur sichergestellt werden, daß sie auch den zur Bestäubung notwendigen Pollen aufnehmen und zur nächsten Blüte übertragen. Insgesamt gesehen fällt aber den Bienen als Bestäuber die größte Bedeutung zu. Sie ernähren sich sowohl von Pollen als auch von Nektar und werden bei ihren Blütenbesuchen so wirkungsvoll mit Pollen beladen, daß sie diesen dann auf andere Blüten übertragen können. Dennoch gibt es außer den Bienen eine Vielzahl anderer bestäubender Insekten, die ebenfalls vom Pollen leben, deren Nutzen aber für die Bestäubung nur von „mittelmäßig" (Käfer) bis „kaum" (Springschwänze) einzustufen ist. Springschwänze sind übrigens kleine flügellose Insekten des Bodens und der Laubstreu. Im Grunde beruht der Wert eines bestäubenden Insektes für eine Pflanze also auf dessen Beweglichkeit, und deshalb sind flügellose Tiere überwiegend wertlos, während Bienen, die von Blüte zu Blüte fliegen und sich dort jeweils länger aufhalten, von größter Wichtigkeit sind. Sehr viele Pflanzen erzeugen bestimmte Mechanismen, mit deren Hilfe es krabbelnden Insekten verwehrt wird, die Staubblattregion und damit den Pollen zu erreichen. Die Leimkräuter haben so ihren Namen erhalten, weil sie an ihren Blütenstielen klebrige Haare ausbilden, über die kriechende Insekten nicht hinwegwandern können. So bildet die Pechnelke unterhalb der gegenständigen Blätter des Blütenstieles einen Ring klebriger Haare aus, ähnlich wie der Gärtner als Schutz gegen krabbelnde und beißende Insekten Leimringe an Obstbäumen anbringt. Viele ande-

Kleine krabbelnde Insekten könnten vielleicht das Band klebriger Haare unter den Blättern der Pechnelke nicht überwinden

Ein Rosenkäfer durchbeißt die Rückseite einer Brombeerenblüte

re Arten sind z. B. völlig behaart (Acker-Hornkraut, Kleinblütiges Weidenröschen), erzeugen aber die klebrigen Haare ebenfalls nur an der Triebspitze oder an den Blütenstielen. Sehr häufig findet man solche klebrigen Haare auch auf der Außenseite der Kelchblätter. Sämtliche Haarbildungen haben nicht nur eine, sondern verschiedene Funktionen, so z. B. als Schutz gegen hohe Temperaturen (s. S. 242), gegen samenverzehrende Tiere (s. S. 173) oder gegen pollenfressende Insekten. Insgesamt erhöhen sie also die Überlebensfähigkeit der einzelnen Individuen. Allerdings sind diese Schutzeinrichtungen nicht gegen alle Tiere gleich erfolgreich. So umgehen viele Käfer, aber auch einige Bienen und Hummeln diese Schutzeinrichtung, indem sie sich einfach durch die Blüte oder Knospe hindurchbeißen, um an den nahrhaften Inhalt zu gelangen.

Trotz dieser Gefährdungen ist der Pollenfraß längst nicht für alle Pflanzen ein Problem, denn die Mohngewächse produzieren z. B. keinen Nektar, sondern verlassen sich auf die riesigen Pollenmengen als Belohnung für den Blütenbestäuber. Der Klatsch-Mohn bildet in seinen schüsselförmigen, nur einen Tag blühenden Blüten eine so verschwenderisch große Menge Pollen aus, daß er damit sogar manche Windbestäuber übertrifft. Dieser Pollen entsteht in zahlreichen Staubgefäßen, die ringförmig um einen Fruchtknoten mit verwachsenen Narben (Kommissuralnarbe) angeordnet sind. Da diese großen Blüten selbst für große Insekten leicht zugänglich sind, werden sie von den schweren Hummeln bis zu den kleinsten Fliegen besucht. Selbst Bienen wandern häufig auf dem zentralen Fruchtknoten pollensammelnd umher und werden dabei über und über mit Pollen beladen. Bei diesem recht unsauberen Verfahren kann es aber nicht ausbleiben, daß auch eigener Pollen auf die Narben gelangt, und so ist es nicht verwunderlich, daß der Klatsch-Mohn eine Eigenunverträglichkeit besitzt (s. S. 268).

Ähnlich einfache Blüten wie bei den Mohngewächsen findet man auch bei den Hahnenfußgewächsen, und deren Verwandten, die nur wenige Vorrichtungen entwickelt haben, um den Pollen vor Räubern zu verbergen, ihn den speziellen Bestäubern aber überlassen. Fast mohnähnlich sehen so z. B. die Blüten des Busch-Windröschens aus, die ebenfalls nur durch Pollen als Belohnung Bestäuber anlocken. Die zur gleichen Familie gehörenden Wiesenrauten haben sogar ihre Blüten fast nur auf Antheren und Fruchtknoten reduziert und in Blütenstände zusammengefaßt. Bei ihnen wird somit das Signal für die Bestäuber durch die gelben Staubblätter gegeben. Wenn aber die Blüten im Bau komplizierter werden (s. S. 284), so wird überwiegend Nektar als Belohnung angeboten, der dann so in den Blüten verborgen wird, daß nur Spezialisten ihn erreichen können. Die einfachsten Vertreter dieser Blütenform findet man wohl bei anderen Hahnenfußgewächsen, die an der Basis der Honigblätter in bestimmten Drüsen (Nektarien) Zuckersaft produzieren.

Die Blüten vom Busch-Windröschen und von der Wiesenraute erzeugen Pollen, um die Bestäuber damit zu belohnen

Blüte vom Großen Hahnenfuß

Nektar

Die meisten insektenbestäubten Pflanzen belohnen ihre Besucher durch ein Nektarangebot, ein Name, der die höchsten Genüsse verspricht, dabei aber nur aus einer einfachen Zuckerlösung besteht. Nektar wird von den Pflanzen direkt durch Photosynthese als Überschußprodukt hergestellt und enthält im Unterschied zum Pollen kaum Mineralsalze oder Eiweißverbindungen. Ähnlich wie bei einigen Zuckersaft ausschwitzenden Blattläusen wird der Nektar von Drüsen erzeugt, die sich oftmals am Grunde einer Kronröhre, am Grunde von Honigblättern oder als Nektarien irgendwo in der Blütenregion befinden. Wegen der Funktion des Nektars als Lockmittel kann man seinen Produktionsort nur im Zusammenhang mit dem hauptsächlichen Bestäuber verstehen. Offene, flache schüsselförmige Blüten werden meist von kurzrüsseligen Insekten bestäubt und müssen deshalb den Nektar leicht erreichbar anbieten, entweder am Grunde der Staubfäden (Filamente; Reiherschnäbel, Storchschnäbel, viele Nelkengewächse wie Acker-Spörgel, Frühlings-Miere etc.), am Grunde der Kronblätter (Echte Küchenschelle, Scharfer Hahnenfuß, Stinkende Nieswurz etc.), am Grunde des Fruchtknotens (die meisten Kreuzblütler, z. B. Acker-Täschelkraut oder einige Rosengewächse wie Brom- oder Erdbeere) oder an der Fruchtknotenspitze (Milzkräuter, Efeu und viele Doldenblütler).

In allen diesen Beispielen fällt die einfache Bauweise der Blüten und ihr Bestäubungsmechanismus mit einer leichten Erreichbarkeit des Nektars zusammen. Es gibt aber auch sehr viele Blüten, bei denen der Nektar mehr oder weniger verborgen am Grunde einer Blütenröhre gebildet wird. Solche Blüten betrachtet man allgemein als höherentwickelt, besonders, wenn diese Röhre noch in einen mehr oder weniger langen Sporn verlängert ist. Die hängende, röhrenförmige Blüte des Fingerhutes erzeugt den Nektar z. B. unterhalb des Fruchtknotens, also am tiefsten Punkt, ähnlich wie bei einer flachen Blüte. Bei ihr müssen die Insekten aber an den herabhängenden Staubgefäßen und der Narbe vorbeikriechen, um an den Honigsaft zu gelangen.

Mehr oder weniger langgespornte Blüten werden bevorzugt durch langrüsselige Insekten wie Schmetterlinge und andere bestäubt. Kürzere Sporne findet man z. B. sehr häufig innerhalb der Baldrian- und Veilchengewächse, wo diese Sporne fast wie einseitige Ausstülpungen der unteren Kronröhre aussehen. Bei den Veilchen ist dieser Sporn dann sogar

Die Blüten verschiedener Arten, die Nektar in unterschiedlicher Art anbieten

für Bienen weit genug, damit diese an den Nektar gelangen. Langgespornte Blüten wie beim Frauenflachs und der großen Händelwurz erhöhen den Schutz des Nektars erheblich, da sie zusätzlich oftmals noch lippenförmige, türähnliche Verschlüsse ausbilden (Leinkräuter, Tännelkraut). Diese Lippen verschließen die Blüten oftmals so fest, daß sich nur kräftige Insekten wie Bienen ihren Weg hineinbahnen können (Erdrauchgewächse, Lerchensporne). Manchmal wird der Verschluß der Kronröhre oder des Spornes aber auch durch Schuppen bewirkt wie bei der Gemeinen Hundszunge.

In allen diesen Fällen wird der Nektar am Grunde der Antheren oder des Blütenbodens erzeugt, so daß alle Insekten, die den Zuckersaft erreichen wollen, sich erst an den Staubbeuteln vorbeipressen müssen. Auf diese Weise werden sie mit Pollen bepudert und erfüllen beim nächsten Blütenbesuch ihre bestäubende Aufgabe. Dennoch gibt es besonders unter den Arten mit beißenden oder stechenden Mundwerkzeugen welche, die die Pflanzen um die Bestäubung betrügen, indem sie einfach von außen ein Loch in den Sporn oder den Blütenboden beißen. Solche Nektarräuber erfüllen keine Dienste für die Pflanzen und werden deshalb häufig durch verschiedene Organellen abgeschreckt. So entwickeln die Kletten oder die Echte Kratzdistel als Schutz stachelige Hochblätter und der Gemeine Hornklee bzw. der Wald-Ziest stark behaarte Kelchblätter.

Es ist ebenfalls möglich, daß der Zusammenschluß von Einzelblüten zu Blütenständen diesem Nektarraub entgegenwirken soll, bei gleichzeitiger Verbesserung der Sichtbarkeit. Röhrenblüten, die am Grunde oder in Spornen Nektar erzeugen, sind nämlich gegen beißende Insekten kaum geschützt, da diese Röhren leicht durchbissen werden können. Deshalb werden die röhrigen Blüten der Korbblütler, der Skabiosen, der Karden und vieler Kleearten zu dichten Blütenständen zusammengefaßt, so daß der einzelne Blütenboden durch Nachbarblüten oder durch lange Hoch- bzw. Kelchblätter geschützt wird (Königskerze, Minzen und viele ihrer Verwandten).

Bestäubung von kompliziert gebauten Blüten

Die meisten offenen oder auch glockenförmigen Blüten (radiär-symmetrisch) haben eine sehr einfache Bestäubung. Bei ihnen soll nur der Insektenbesuch und die Einstäubung der Tiere mit Pollen erreicht werden, so daß die Tiere den Pollen dann zur nächsten Blüte bzw. Narbe weitertransportieren müssen.

Bilateral-symmetrische Blüten, also Blüten mit zwei Schnittebenen, lassen die ankommenden Insekten nicht mehr frei an den Nektar gelangen, sondern die Tiere können diesen nur dann erreichen, wenn sie einen von der Blüte vorgeschriebenen Weg einschlagen. Je nachdem, ob die Staubblätter an der unteren oder oberen Zwangspassage der Blüte ausgebildet werden und dadurch die

Blüte vom Echten Steinklee

Tiere entweder an der Unter- oder Oberseite mit Pollen beladen sind, unterscheidet man grob zwei verschiedene Typen. Erstens die Schmetterlingsblüten (Leguminosae) der Erbsen, Bohnen und Lupinenverwandten, deren fünf Kronblätter folgendermaßen angeordnet sind: ein sehr großes Kronblatt, die Fahne, steht mehr oder weniger aufrecht. An seinen Flanken entspringen die beiden Flügel, die die zwei zum Schiffchen fest verklebten restlichen Blätter umgeben. In diesem Schiffchen befinden sich der Griffel und 10 Staubblätter, von denen neun mit den Staubfäden zu einer Röhre verwachsen sind. Wenn nun ein Insekt z. B. die Blüte des Echten Steinklees besucht, so hält es sich entweder an den Flügeln oder dem Schiffchen fest und versucht von hier aus den Nektar an der Basis der Staubblattröhre zu erreichen. Hierbei drückt es die Kronblätter des Schiffchens herab, so daß die im Innern befindlichen Staubblätter und die Narbe

Blüte vom Hufeisenklee

hervortreten und das Insekt auf seiner Unterseite mit Pollen beladen. Da aber die Staubblätter und die Narbe unterschiedlich reifen und zudem dicht beieinander liegen, wird der Pollen in idealer Weise am Insektenkörper plaziert und kann genauestens zur Narbe der nächsten Blüte transportiert werden.

Bei anderen Schmetterlingsblütlern funktioniert die Pollenübertragung mehr wie ein Kolbenpumpensystem. Beim Gemeinen Hornklee, Hufeisenklee und Kriechendem Hauhechel schließen sich die Flügel um das Schiffchen so zusammen, daß sein oberer Abschnitt schnabelförmig hervorsteht. Läßt sich nun eine Biene auf den oberhalb vom Schiffchen verklebten Flügeln nieder, so bewirkt ihr Körperdruck, daß die im Innern des Schiffchens befindlichen Staubblätter zur Schiffchenspitze gedrückt werden, hier einen Pollenklumpen herauspressen, der dann am Bienenkörper haftenbleibt. Bei wieder anderen Schmetterlingsblütlern (Besenginster, Stechginster, Englischer Ginster, Färber-Ginster, Dänischer Tragant) stehen die Staubblätter unter einer permanenten Spannung, die sich bei Druck auf das Schiffchen in der Weise löst, daß die Staubblätter plötzlich nach vorne schnellen und dabei den Pollen heftig ausschleudern.

Befinden sich die Staubblätter aber oberhalb dieses Weges, kann die normale Schwerkraft einen großen Teil der Pollenanheftung übernehmen. Dennoch findet man aber auch bei solchen Blüten ausgeklügelte Übertragungsvorrichtungen. So gehören viele Lippenblütler zum zweiten bilateral-symmetrischen Blütentyp. Sie erzeugen, wie der Name schon aussagt, eine zweilippige Blüte, deren Unterlippe als Landebasis für anfliegende Bienen oder größere Insekten dient und deren Oberlippe Staubblätter und

Griffel schützt. Bei vielen Arten ist die Lücke zwischen den beiden Lippen so ausgebildet, daß große Bienen, wenn sie an den Pollen gelangen wollen, sich immer gegen einige Staubblätter pressen müssen und hierbei eingestäubt werden. Die Übertragung ist dann leicht zu erreichen, weil sich die klebrigen Narben fast in gleicher Höhe wie die Staubblätter befinden. Dieses noch relativ einfache Bestäubungssystem findet man beim Kriechenden Günsel, dem Salbei-Gamander, den Taubnesseln und der Goldnessel. Beim Wiesen-Salbei und dem Klebrigen Salbei ist es erheblich komplizierter. Bei beiden Arten sind die Staubblätter scharnierartig mit der Unterlippe der Kronröhre verbunden, so daß eine schwere Biene, die sich auf die Unterlippe setzt, durch ihr Gewicht einerseits diese Unterlippe herabdrückt und andererseits gleichzeitig auf dem Rücken durch die ebenfalls herabgebogenen Staubblätter eingestäubt wird. Später biegt sich der Griffel ebenfalls herab und kann den Pollen der anfliegenden Bienen aufnehmen. Für eine erfolgreiche Bestäubung ist es aber genauso wichtig, daß nicht nur der Pollen auf die Insekten, sondern von ihnen wieder auf die Narben transportiert wird. Bei der Gelben Gauklerblume kann die Narbe selbst gewisse Bewegungen ausführen. Gelangt z. B. von einem ankommenden Insekt Pollen auf die beiden am Blüteneingang befindlichen Narbenlappen, so schließen sich diese sofort um den Pollen zusammen. Der eigene Pollen, den das Tier aus der Blüte beim Verlassen wieder heraustransportiert, kann dadurch keine Bestäubung bewirken, sondern muß auf andere Blüten übertragen werden. Die bemerkenswertesten Bestäubungsverhältnisse findet man aber bei den Orchideen (s. S. 286) und beim Aronstab. Gerade der Aronstab fängt in seinem Blütenstand Fliegen buchstäblich wie in Fallen. Hierfür erzeugt die Pflanze mit einem mehr oder weniger farbigen Hochblatt (Spatha) einen Hohlkörper, der einen purpurroten Kolben (Spadix) fest umschließt. Am Grunde dieses Kolbens befinden sich mehrere reduzierte weibliche und darüber männliche Blüten. Beide werden durch einen noch darüber liegenden Ring von Haaren von der Außenwelt zunächst abgetrennt. Während des Tages öffnet sich die Spatha, und der Blütenstand strömt unter dem Einfluß von Wärme einen für den Menschen unangenehmen, für Fliegen aber höchst angenehmen Geruch aus. Die Tiere dringen in den Hohlkörper ein, gelangen über den Haarkranz in den inneren, mit reifen weiblichen Blüten versehenen Bezirk, können aber wegen der sehr glatten Wände und des sperrenden Haarkranzes nicht mehr herauskriechen oder fliegen. Sollten sie also schon vorher einmal eine andere Blüte aufgesucht haben, müssen sie zwangsläufig die weiblichen Blüten beim Herumkrabbeln bestäuben. Einen Tag später werden dann die Staubblätter reif und überschütten die Fliegen mit Pollen. Gleichzeitig vertrocknen die sperrenden Haare und erlauben den Tieren ein Entkommen.

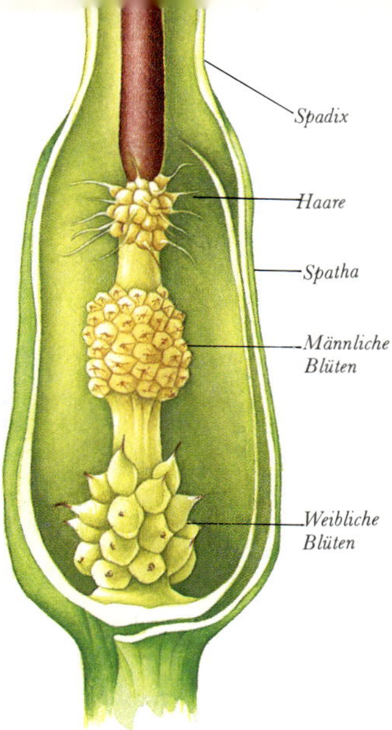

Kolben vom Aronstab

Gelbe Gauklerblume

Bestäubung bei Orchideen

Die Orchideen üben eine große Faszination aus. Ihre Blüten sind äußerst kompliziert gebaut und gleichen in ihrer äußeren Form teilweise einem kleinen Männchen (Affen-, Helm- und Purpur-Knabenkraut), einem Insekt oder gar einer Spinne (Bienen-, Fliegen- oder Spinnen-Ragwurz). Manchmal besitzen sie schwanzähnliche oder andere seltsame Anhängsel (Riemenzunge), wodurch sie dem Naturliebhaber besonders schön erscheinen. Insgesamt sind diese Blütenbildungen aber nur Anpassungen, um die Bestäubung zu unterstützen.

Alle Orchideenblüten sind aus sechs Tepalen aufgebaut, also aus Blütenblättern, bei denen man oft Kelch und Krone nicht unterscheiden kann. Diese sechs Blütenblätter sind in zwei Kreisen angeordnet, wobei ein Blatt des inneren Kreises zu einer vergrößerten Lippe, dem Labellum, umgebildet ist. Dieses Labellum fungiert meistens als Landeplattform für Insekten. Die Staubblätter und Griffel unterscheiden sich von denen anderer Blüten jedoch völlig. Sie sind beide zu einer zentralen Säule verwachsen, mit einer flachen, plattenförmigen Narbe an der Spitze. Diese Narbe ist dreilappig, wobei der hintere Lappen zum klebrigen Rostellum umgebildet wurde. Das einzige fruchtbare Staubblatt – nur beim Frauenschuh sind es zwei – enthält zwei Gesamtpollenmassen, die Pollinarien, die einem anfliegenden Insekt angeheftet und so verbreitet werden. Normalerweise werden diese Pollinarien bei der Reife des Staubblattes abgeworfen, aber vom klebrigen Rostellum festgehalten. Von hier können sie dann leicht von Insekten aufgenommen werden.

Die einfachsten Blüten innerhalb der Orchideen findet man bei den Sumpfwurz-Arten, von denen viele selbstbestäubend sind. Ihre Blüten sind relativ

Blüte vom breitblättrigen Sumpfwurz mit wespenähnlichem Aussehen

Echte Sumpfwurz

Fuchs-Knabenkraut

Hummel-Ragwurz

unscheinbar mit einer kaum entwickelten Lippe. Die Breitblättrige Sumpfwurz hat z. B. außen grünliche und innen purpurrote Blütenblätter; sie wird meistens von Wespen bestäubt. In der wespenähnlichen Blüte sitzen die beiden Pollinarien genau oberhalb der Narbe. Das zwischen den Narbenlappen liegende Rostellum erzeugt nun eine klebrige Substanz, mit deren Hilfe die Pollinarien am Kopf einer Wespe festgeklebt werden, wenn das Tier die Lippe nach Nektar untersucht. Der Klebstoff ist aber nicht zäh genug, um ein Herunterschlagen der Pollinarien über das Gesicht der Wespe zu verhindern. Besucht die Wespe dann die nächste Blüte, werden die Pollinarien exakt auf den dortigen klebrigen Narben abgesetzt. Ein ähnlicher Positionswechsel der Pollinarien wird bei der Echten Sumpfwurz durch eine scharnierähnliche Lippe erreicht, die sich unter dem Gewicht einer Biene weit herabbiegt. Verläßt die Biene die Blüte wieder, so springt die Lippe fast schlagartig zurück und bewirkt dabei, daß das Tier ge-

Eiförmiges Zweiblatt

Gewöhnliche Waldhyazinthe

Fliegen-Ragwurz

gen das Rostellum stößt und sich am Kopf mit den Pollinarien belädt. Setzt sich die Biene anschließend auf die Lippe einer anderen Blüte, so wird durch das Herabbiegen dieser Lippe sichergestellt, daß die am Kopf angehefteten Pollinarien exakt auf die Narbe treffen.

Bei anderen Arten findet man weitere unterschiedliche Bestäubungsvorrichtungen. So ist z. B. beim Eiförmigen Zweiblatt das Rostellum etwas über die Narbe geneigt. Blütenbesuchende Insekten wie Schlupfwespen und Käfer kriechen die Lippe nektarsuchend hinauf, bis sie an das Rostellum stoßen. Dieses produziert daraufhin einen klebrigen Tropfen von außerordentlicher Festigkeit, der schlagartig die beiden Pollinarien, die sich am oberen Ende des Rostellums befinden, am Insektenkörper festkleben läßt. Sind die beiden Pollinarien erst einmal entfernt, so springt das Rostellum unter die Narbe zurück. Obwohl alle diese Vorrichtungen außerordentlich wirksam sind, findet man die bedeutsamsten Mechanismen nur bei den Gattungen Knabenkräuter und Ragwurz-Arten. Beim Fuchs-Knabenkraut oder Männlichen Knabenkraut nehmen die Insekten die Pollinarien vom Rostellum auf, wenn die Tiere in einem von der Lippe gebildeten Sporn nach Nektar suchen. Auch bei diesen Arten trocknet der Klebstoff, mit dem die Pollinarien an den Kopf geklebt werden, sehr schnell, bewirkt aber hierbei eine Drehung der Pollinarien um 90°, so daß sie anschließend so ausgerichtet sind, daß sie beim nächsten Blütenbesuch direkt auf die klebrige Narbe treffen. Verwandte Arten haben abweichend dann nur sehr lange Sporne (Hundswurz, Große Händelwurz und Grünliche- und Zweiblättrige Waldhyazinthe) entwickelt und können fast ausschließlich nur noch von Schmetterlingen bestäubt werden, im Falle der weißblühenden Waldhyazinthen paradoxerweise sogar nur von einem Nachtschmetterling. Die Enge dieser Blüte erlaubt nämlich nur dem langen Rüssel der Schmetterlinge den Zutritt und schließt größere Insekten aus. Weitere bemerkenswerte Blüten findet man dann bei allen Arten mit insektenähnlichem Aussehen wie bei der Fliegen-, Bienen-, Hummel- und Spinnen-Ragwurz. Gerade von der unpassenderweise als Fliegen-Ragwurz bezeichneten Art werden durch deren Geruch einige wenige solitäre Wespen angelockt. Diese Tiere werden von der Blüte soweit getäuscht, daß sie sich mit ihr zu paaren versuchen. Hierbei nehmen die Wespen dann die Pollinarien auf und transportieren sie anschließend bei einem neuerlichen Paarungsversuch zur nächsten Blüte. Besonders männliche Wespen haben sich in Versuchen eher für die Blüten als Paarungspartner entschieden als für echte weibliche Tiere.

Die beiden Spinnen-Ragwurz-Arten benutzen bei verschiedenen Bienen einen ähnlichen Trick, denn sie ähneln eher einer Biene als einer Spinne. Zum Schluß sei noch die Bienen-Ragwurz erwähnt, die zwar eine größere Ähnlichkeit mit Bienen aufweist, dennoch aber nur selbstbestäubend ist. Diese Selbstbestäubung hat sich aber wohl erst später entwickelt, weil diese im nördlichen Klima beheimatete Art wegen der hier herrschenden niedrigen Temperaturen kaum bestäubende Insekten vorfindet.

Hybriden

Für die Höherentwicklung der Pflanzen spielen alle die Vermehrung beeinflussenden Faktoren eine wichtige Rolle. So ist z. B. eine Bestäubung nur dann erfolgreich, wenn der richtige Pollen auf die empfängnisbereite Narbe gelangt. Danach muß erst die Befruchtung der Samenanlage, die Samenentwicklung, dessen Reife, Verbreitung und Keimung erfolgen. Nur wenn alle diese Voraussetzungen erfüllt sind, hat sich eine neue Pflanze aus der Elterngeneration entwikkelt. Meistens bleiben aber die neuen Individuen steril, so daß der gesamte Aufwand umsonst gewesen ist. Solche Verluste innerhalb der Fortpflanzung können verschiedene Ursachen haben, von denen die Selbststerilität (Inkompatibilität) zwischen Pollen und Narbe eine sein kann.

Wenn man berücksichtigt, wie ungenau die Pollenverbreitung meistens erfolgt, so kann man sich leicht vorstellen, daß die Pollen der verschiedensten Arten auf einer Narbe landen müssen. Meistens können diese Pollen aber nicht auskeimen, und sollte es doch einmal geschehen, so werden die Eizellen nicht befruchtet. Nur ganz selten geschieht auch diese Befruchtung einmal, so daß sich ein zwischenartlicher Bastard (Hybride) ausbildet. Allerdings kann es dann wegen der unterschiedlichen genetischen Informationen zwischen Pollen und Eizelle zu weiteren Schwierigkeiten kommen, die sich darin äußern, daß aus den Samen keine erwachsenen Pflanzen entstehen oder daß bei Bildung einer erwachsenen Pflanze diese dann steril bleibt.

Gerade wegen dieser Hemmschwellen werden Bastarde nur ausnahmsweise erzeugt, denn es gibt strenge Selektionsmechanismen, die eine solche Verschwendung von Fortpflanzungszellen verhindern. Entsteht aber ein steriler Bastard aus dieser Verbindung, so muß sich diese entstandene Pflanze ohne eigene Vermehrungschance am Standort behaupten und mit anderen Arten konkurrieren.

Trotz dieser Schwierigkeiten findet man dennoch bei verschiedenen Gattungen häufig Bastardbildungen, meistens aber nur zwischen sehr eng verwandten Arten. Gattungsbastarde treten dagegen fast nie auf. Normalerweise wird nämlich in der Systematik eine Art in der Weise definiert, daß sie sich mit anderen nicht vermischen kann und so-

Die Rote Lichtnelke ist eine heimische Art und die Weiße L[...] nelke schon seit längerem eingewandert; ihr gemeinsamer [...] stard ist heute in einigen Landesteilen häufiger als die Elt[...]

Senecio squalidus (links) ist eingewandert und das Gemein[...] Greiskraut (rechts) heimisch; die mit Strahlenblüten verse[...] Form des Greiskrautes (Mitte) hat sich vermutlich in den letzten zweihundert Jahren aus der Bastardisierung der z[...] Arten ergeben

mit ihre Eigenständigkeit bewahrt. Als Beispiele für eine häufige Bastardbildung zwischen Arten mögen von den Orchideen die Große Händelwurz, die Hohlzunge, das Fuchs-Knabenkraut und *Orchis praetermissa* herangezogen werden. Vielleicht kann man die Bildung von Bastarden bei ihnen damit erklären, daß die genetischen Schranken bei einer falschen Bestäubung teilweise abgebaut wurden (s. S. 286). Innerhalb der verschiedenen anderen Pflanzenfamilien variiert die Häufigkeit der Bastardbildung nun erheblich. Sehr selten treten sie bei den Hahnenfußgewächsen, häufiger dafür bei den Ampfern und Disteln auf. Eine leichte Erklärung für diese Erscheinung läßt sich nur selten finden, meistens hängt es aber wohl mit der menschlichen Tätigkeit zusammen. Die rote und weiße Lichtnelke können z. B. sofort miteinander bastardieren und erzeugen dabei auch fertile Nachkommen, die sich mit den Eltern zurückkreuzen lassen. Diese Entwicklung hat dazu geführt, daß man heute im Gelände eine völlige Durchmischung von Arten und Bastarden vorfindet und schwerlich eine Unterscheidung treffen kann. Ursprünglich war nämlich nur die Rote Lichtnelke an schattigen Plätzen und Waldrändern heimisch, während die Weiße Lichtnelke erst mit den frühen Ackerbauern als Unkraut eingeführt wurde. Unter natürlichen Bedingungen wären beide Arten also niemals aufeinandergetroffen; erst die Entwicklung der Ackerbaukultur in den bewaldeten Gebieten Mitteleuropas hat die natürlichen Barrieren beseitigt, so daß Bastarde entstehen konnten.

Eine ähnliche Entwicklung mag durch die Bastardisierung der aus dem Mittelmeergebiet stammenden *Senecio squalidus* mit dem Gemeinen Greiskraut stattgefunden haben. Während *Senecio squalidus*, heute ein weit verbreitetes Stadtunkraut, sowohl Strahlen- als auch Scheibenblüten aufweist, besitzt das Gemeine Greiskraut normalerweise nur Scheibenblüten. Sehr häufig findet man heute aber Gemeine Greiskräuter mit beiden Blütenformen, was auf eine Bastardierung zwischen beiden Arten zurückgeführt werden kann. Die Bastardierung könnte insgesamt also als eine genetische Neuentwicklung und somit als ein Stadium bei der Entstehung neuer Arten aufgefaßt werden. Genau diese Neuentwicklung einer Art kann man am Salz-Schlickgras nachweisen. Diese Art entwickelte sich aus der Bastardierung des in England heimischen Niederen Schlickgrases mit der aus Nordamerika eingeführten *Spartina alterniflora* im Southamptoner Tidegebiet. Aus der ersten Bastardierung entstand aber zunächst nur das sterile Townsends-Schlickgras, das dann vor 70–80 Jahren spontan durch eine Chromosomenverdoppelung zum heute sehr weit verbreiteten fertilen Salz-Schlickgras wurde.

Schlickgras im Hafen von Southampton. Links: Niederes Schlickgras, rechts: Sparina alterniflora, oben: Hohes Schlickgras, unten: Salz-Schlickgras

Apomixis

Der Unterschied zwischen der geschlechtlichen Fortpflanzung und der ungeschlechtlichen Vermehrung wurde schon auf S. 254 erläutert und hier auf die enge Bindung zwischen der geschlechtlichen Fortpflanzung und der Samenproduktion hingewiesen. Normalerweise entstehen auf sexuellem Wege Samen aus der Verschmelzung einer männlichen Geschlechtszelle (aus dem Pollen) mit einer weiblichen Eizelle (in der Samenanlage). Das bedeutet aber für die meisten Pflanzen, daß diese Fortpflanzungsart immer an das unterschiedliche Geschlecht gebunden und nur in Ausnahmefällen eine Durchbrechung dieser engen Koppelung gelungen ist.

Für den Gelegenheitsbeobachter sieht ein Löwenzahn wie jeder andere aus; selbst erfahrene Botaniker können höchstens vier oder fünf verschiedene Typen in unserer Flora unterscheiden. In Gärten und auf Grasflächen tritt z. B. ein sehr weitverbreiteter, recht grober und großblütiger Typ auf, während er auf trockenen Hügeln feiner und kleinblütiger ist und in Mooren bzw. auf feuchten Wiesen rotnervige Blätter aufweist. Spezialisten haben daraus bisher über 150 Kleinarten abgetrennt, die sich aber nur in sehr wenigen Merkmalen voneinander unterscheiden. Allerdings sind dieses dann echte Merkmale, die von Generation zu Generation weitergegeben werden.

Der Grund dafür, daß sich die Löwenzahn-Kleinarten zu allen anderen so unterschiedlich verhalten, obwohl sie das typische Aussehen eines Korbblütlers haben und auch dessen typische Früchte, die Achaenen, ausbilden, liegt daran, daß ihre Samen- und Fruchtbildung nicht durch eine Bestäubung in Gang gesetzt wird, sondern durch einen Prozeß, den wir als Apomixis bezeichnen. Während der normalen sexuellen Fortpflanzung werden die Eizellen und deren Pollen durch Halbierung des genetischen Erbmaterials gebildet, so daß bei ihrer späteren Verschmelzung wieder normale Zellen mit doppeltem Chromosomensatz entstehen. Bei der Apoximis besitzt die Eizelle aber schon den doppelten Chromosomensatz. Sie muß nicht erst von einer Geschlechtszelle des Pollens befruchtet werden, sondern kann sich direkt zu einem Samen entwickeln. Diese Samen sind somit der Elternpflanze genetisch gleich und man könnte sie des-

halb mit vegetativen Vermehrungsorganen wie Rhizomen, Zwiebeln oder Stolonen vergleichen. Die Apomixis kombiniert also die Vorteile einer vegetativen Vermehrung mit denen einer Samenbildung. Sie erzeugt auf diese Weise von einer an den Standort gut angepaßten Art zahlreiche genetisch einheitliche Samen und erhöht damit ihre Verbreitungsmöglichkeit.

Der Grund, warum dieses System so viele Kleinarten hervorgebracht hat, liegt wohl darin begründet, daß sich hier wegen der fehlenden Bestäubung keine genetische Durchmischung wie bei der normalen Samenbildung ausbilden kann. Jedesmal, wenn also eine neue Kleinart durch Mutation oder aus anderen Gründen entstanden ist, wird diese Mutation an die Nachkommen weitergegeben. Die Löwenzähne sind nicht die einzigen Pflanzen mit Apomixis, obwohl sie darin sicherlich insgesamt am erfolgreichsten sind. Man findet dieses System auch bei anderen Gattungen wie bei den Habichtskräutern, dem Frauenmantel und den Mehlbeeren. Interessanterweise stammen fast alle diese Beispiele nur aus zwei Familien, nämlich den Korbblütlern und den Rosengewächsen. Wenn also die Apomixis strikt angewendet wird wie beim Frauenmantel und keine geschlechtliche Fortpflanzung erfolgt, so sind die Unterschiede zwischen den Kleinarten deutlich herauszuarbeiten. Sollte aber innerhalb dieser Gruppen auch einmal eine geschlechtliche Fortpflanzung auftreten, so werden die ursprünglich differenzierenden Merkmale der Kleinarten wieder vermischt. Dieses kann dann zu einer erheblichen Konfusion in der Systematik führen. Genau solche Verhältnisse finden wir bei dem Frühlings- bzw. Zottigen Fingerkraut. Beide Arten sind sich sehr ähnlich und treten auch gemeinsam auf trockenen, kalkreichen Felsgebieten des Berglandes auf. Der Hauptunterschied zwischen ihnen besteht darin, daß das Frühlings-Fingerkraut mattenbildend ist und am Boden kriechende, an den Knoten wurzelnde Sprosse erzeugt, während das Zottige Fingerkraut einzeln und aufrecht wächst. Wo sich die Verbreitungsgebiete beider Arten überlappen, entstehen Zwischentypen, die man normalerweise wohl als Bastarde bezeichnen könnte. Allerdings entstehen diese intermediären Typen aus der Verbindung einer haploiden Spermazelle des Pollens mit einer diploiden Eizelle der Samenanlage (Apomixis), so daß die Samen triploid werden, also drei Chromosomensätze aufweisen. Wohin die Entwicklung solcher Nachkommen führen wird, ist noch unklar, aber sie macht deutlich, daß auch eine Verquickung der Apomixis mit der normalen geschlechtlichen Fortpflanzung, vielleicht sogar zum Vorteil des Systems, möglich ist. Alle Beispiele zeigen wohl deutlich, daß die Apomixis auch ein erfolgreiches Vermehrungs- und Fortpflanzungssystem sein kann.

Zottiges Fingerkraut (rechts) lebt in den Bergen, Frühlings-Fingerkraut (links) in der Ebene

Viviparie

Selbst auf einen nur flüchtigen Blick scheint die Funktion einer Blüte offensichtlich zu sein. Sie enthält sowohl männliche als auch weibliche Geschlechtsorgane und erzeugt nach Fusion der Gameten als Endprodukt Samen, die die neue Pflanze in Form eines Embryos enthalten. Hierbei mögen recht feinsinnige Vorrichtungen zur Sicherung der Fremd- oder auch Selbstbestäubung ausgebildet sein, in allen Fällen läuft diese aber nach einem grundsätzlich einheitlichen Schema ab. Apomixische Pflanzen zeigen, daß es zur Samenproduktion durchaus noch andere erfolgreiche Wege gibt, bei denen schließlich sogar ohne Bestäubung Samen entstehen können (s. S. 290). Ein weiterer Schritt in diese Richtung ist in der Viviparie zu sehen, also in der völligen Umwandlung der Blüten zu vegetativen Vermehrungsorganen. Dabei ist der Begriff Viviparie hier wohl nicht ganz richtig angewendet, denn er bezeichnet in der Zoologie die Geburt eines vollentwickelten Jungtieres, während er bei Pflanzen die Keimung eines Samens schon auf der Mutterpflanze ausdrücken soll. Sehr häufig erfolgt eine solche Keimung allein dadurch, daß die Samen in den Kapseln oder Früchten durch Regen oder andere Bedingungen feucht werden (Weiße Lichtnelke, viele einjährige Gräser). Mit der Viviparie werden also anstelle der Blüten winzige Pflänzchen gebildet, die sich anschließend ablösen und dann zu normalen Pflanzen auswachsen.

Sehr schön kann man dieses Phänomen übrigens bei *Festuca vivipara*, einem häufigen Gras der Gebirge, feststellen. Diese Art kann zusammen mit anderen auch als gute Zeigerpflanze für alpine Verhältnisse herangezogen werden. Bei allen Gräsern und vielen Binsen, somit auch bei den Schwingeln, werden in den Blüten an Stelle der Kelch- und Kronblätter wenige Spelzen entwickelt. Sind diese Pflanzen nun „lebendgebärend" (vivipar), so erzeugen sie in den Achseln der Spelzen an Stelle der Staubblätter und des Fruchtknotens kleine beblätterte Pflänzchen. Diese lösen sich später ab, bewurzeln sich und bilden damit sofort neue Individuen. Nun ist *Festuca vivipara* das einzige Gebirgsgras, das sich fast ausschließlich durch Viviparie vermehrt und fortpflanzt. Andere Gebirgsgräser wie das Alpen-Rispengras oder *Deschampsia caespitosa* ssp. *alpina*, eine Unterart der Rasen-Schmiele, haben dagegen zusätzlich zur Viviparie auch normale Blüten ausgebildet. So erzeugt das Alpen-Rispengras neben viviparen Pflanzen auch solche mit normalen Blüten und *Deschampsia caespitosa* ssp. *alpina* bildet normale Blüten sogar im selben sonst viviparen Blütenstand.

Alpenpflanzen wie Festuca vivipara und Alpen-Rispengras vermeiden Probleme, die durch eine kurze Vegetationszeit und tiefe Temperaturen auftreten können, indem sie keine Samen mehr ausbilden: die Blüten sind durch winzige Pflänzchen ersetzt

Selbst bei einigen Flachlandarten (Wiesen-Knäuelgras, Kammgras) kann man gelegentlich Viviparie finden, obwohl der Vorgang allgemein mehr in der Gebirgsregion festzustellen ist. Hier, in den höheren Regionen, sind die Bestäubungschancen so unwahrscheinlich und die äußeren Bedingungen für eine erfolgreiche Samenentwicklung so schlecht, daß sich Viviparie entwickeln konnte und auch als Konkurrenzvorteil erwies.

Obwohl *Festuca vivipara* oftmals als eigene Art geführt wird, ist es wohl doch nur eine Unterart vom Schaf-Schwingel oder eine Mischung aus verschiedenen Schwingel-Arten mit Viviparie (Schaf-Schwingel, Haar-Schaf-Schwingel). Innerhalb dieser schwierigen Schwingelgruppe tritt das Phänomen also mehrfach auf. Dieses bedeutet aber für den Botaniker, daß bei Fehlen der charakteristischen Blüten kaum noch äußerliche Merkmale zur systematischen Einordnung der Pflanzen vorhanden sind. Die meisten viviparen Pflanzen leben übrigens entweder im Hochland der Gebirge mit sehr kurzer Vegetationszeit oder aber an schattigen Standorten, wo eine Bestäubung vielleicht seltener stattfinden kann. Dabei werden die Blüten nicht nur bei Gräsern und einigen Binsen, wie der im Flachland weitverbreiteten Rasen-Binse, durch kleine Pflänzchen ersetzt. Viele andere vivipare Arten (einige Knöteriche, Steinbrech- und Lauchgewächse) bilden neben Blüten auch kleine knospenähnliche Gebilde, die man als Bulbillen (Brutknospen) bezeichnet. Einmal von der Mutterpflanze losgelöst, erzeugen diese Bulbillen dann Wurzeln und weitere Blätter. Übrigens kann es manchmal auch vorkommen, daß nicht nur im Blütenstand, sondern auch in den Achseln von Laubblättern solche Brutknospen entstehen (zwiebeltragende Zahnwurz). Andere Beispiele für Pflanzen, die ihre Blütenanzahl durch Bulbillenbildung ersetzt haben, sind z. B. der Knöllchen-Knöterich und der Nickende Steinbrech, die beide entweder in großen Höhen der Gebirge oder sehr weit im Norden vorkommen.

Bis heute ist aber die Trennlinie zwischen den beschriebenen Formen der Viviparie und anderen vegetativen Vermehrungsarten noch völlig unklar.

Viviparie kann auch als Kompensation für Lichtmangel auftreten: die Zwiebeltragende Zahnwurz ist eine Pflanze des tiefen Schattens; die Schattenform des Scharbockskrautes hat weniger Blüten als die belichtete Form

Die grünen Blütenteile

Die meisten Blütenteile spielen für die Bestäubung der Fruchtknoten eine einleuchtende Rolle. So sind die Staubblätter und der oder die Fruchtknoten die eigentlichen Vermehrungsorgane, die Nektarien belohnen anfliegende Insekten, die wiederum von den farbigen Kronblättern angelockt werden. Häufig sind die Blüten dann außen noch von grünen Blättern umgeben, deren Funktion manchmal nicht so augenfällig ist. Überwiegend unterscheiden wir innerhalb dieser grünen Teile der Blütenregion zwischen Hoch- und Kelchblättern, wobei allein die teilweise sogar gefärbten Kelchblätter echte Blütenteile sind und im allgemeinen die äußerste Hülle einer Blüte bilden. Insgesamt bezeichnet man nun die sterile Hülle einer Blüte als Perianth und versteht darunter sowohl den mehr oder weniger grünen Kelch als auch die mehr oder weniger farbigen Kronblätter. Blüten können unscheinbar werden, wenn z. B. beide sterilen Blütenhüllen grünlich erscheinen (Kronblattloses Mastkraut) oder wenn entweder der Kelch farbig oder die Kronblätter grün ausgebildet werden (Trollblume, Bär-Lauch, Gelbe Narzisse). In einem solchen Fall bezeichnet man die sterile Hülle als Perigon und die Einzelglieder als Tepalen. Darüber hinaus kann bei einigen Arten auch nur ein einziger Kreis von Blütenhüllblättern ausgebildet sein (Sumpf-Dotterblume).

Hochblätter sind im Gegensatz zu Kelchblättern keine eigentlichen Blütenteile, sondern mehr oder weniger laubblattähnlich, befinden sich aber in der Blütenstandsregion. In der Achsel sol-

Die „Kronblätter" des Schwedischen Hartriegels sind tatsächlich nur Hochblätter, wie man beim Fruchten erkennen kann

Im Jugendzustand ist die Ähre des Weizens grün, genau wie die Pflanze; noch vor der Reife wird die Pflanze schon gelb, die Ähre bleibt aber noch grün und photosynthetisch aktiv; erst bei der Vollreife ist auch die Ähre gelb

Die gelblich-weißen Hochblätter der gewöhnlichen Eberwurz umgeben eine Gruppe von Einzelblüten

cher Blätter entstehen dann meistens Achselknospen, aus denen sich die Blütentriebe entwickeln. Manchmal unterscheiden sich die Hochblätter (Brakteen) in der Form und selten auch in der Farbe von den eigentlichen Laubblättern. Nur in diesen seltenen Fällen übernehmen sie dann die Funktion von Kronblättern (Schwedischer Hartriegel, Gewöhnliche Eberwurz). Die weißen blütenblattähnlichen Hochblätter umgeben beim Schwedischen Hartriegel eine Gruppe sehr kleiner Einzelblüten, die sich nach der Befruchtung zu roten Beeren umwandeln. Dabei werden die weißen Brakteen abgeworfen. Im allgemeinen sind die Brakteen und die Kelchblätter aber grün, und es fallen ihnen sowohl der Schutz der Knospe als auch Ernährungsaufgaben zu. Dabei ist besonders ihre photosynthetische Leistung ähnlich der normaler Laubblätter (s. S. 196) einzuschätzen. Bei vielen einjährigen Arten übernehmen sie deshalb auch die Funktion der Laubblätter, da hier die unteren Blätter schon vor der Samenreife gelb werden und absterben. Daß die gesamte Pflanze frühzeitig gelb wird und nur in der Blütenstandregion noch photosynthetisch aktiv bleibt, kann man sehr schön am Weizen nachweisen. Bei dieser Pflanze erzeugen nämlich die grünen Spelzen und die kurzen Grannen fast die Hälfte der gesamten Photosyntheseleistung. Nun ist der Weizen zwar schon über Jahrtausende in Kultur und war in züchterischer Bearbeitung, so daß er vielleicht nicht mehr als typische Wildpflanze gelten kann, dennoch zeigt dieses Beispiel aber deutlich, daß die grünen Blütenteile einen erheblichen Anteil an der Selbstversorgung tragen können. Die zweite Funktion der grünen Blütenteile besteht in Schutzaufgaben bis zur Samenreife. Während ein grünes Laubblatt immer noch substantiell etwas zur Pflanzenernährung beiträgt, auch wenn es teilweise gefressen sein sollte, kann eine Blüte dieses dann nicht mehr. Überwiegend dienen die Hoch- und Kelchblätter als Knospenschutz oder als Schutz dafür, daß weder Pollen noch Nektar von der Blütenbasis her durch große, beißende Insekten (Hummeln) gestohlen werden können. Meistens sind aber nur wenige Blüten durch stachelige Hochblätter gegen Fraß ausreichend geschützt (Stranddistel, Klette, Echte Kratzdistel). Bei einigen Pflanzen ist der verwachsene Kelch nur ballonförmig aufgeblasen, so daß sich die Staubblätter, Griffel und Nektarien gut geschützt im Innern dieses Hohlkörpers befinden (Aufgeblasenes Leimkraut). Da bei ihnen die Insekten kaum von unten her die Blüte durchbeißen und so an den begehrten Nektar oder Pollen gelangen können, ist eine normale Bestäubung sehr viel wahrscheinlicher. Meistens ist der Abstand zwischen der Kelchröhre und den Nektarien auch noch zusätzlich bis zu 2× länger als der Rüssel einer Hummel, so daß das Tier ganz in die Blüte kriechen muß.

Manchmal wird der Kelch allerdings erst während der Fruchtreife aufgeblasen (Kleiner Klappertopf, Wald- und Sumpf-Läusekraut), was als Schutz für die Samen oder auch als Unterstützung bei ihrer Verbreitung aufgefaßt werden könnte.

Blüte vom Aufgeblasenen Leinkraut

Blüte vom Kleinen Klappertopf

Die Fruchtreife

Der Gipfel der sexuellen Fortpflanzung besteht in der Erzeugung und Reife von Samen, mit denen der Lebenskreislauf wieder beginnt. Dabei bestehen die am einfachsten gebauten Samen nur aus einem Embryo, der jungen neuen Pflanze und der sie umhüllenden Samenschale (Orchideen wie Netzblatt und einige Parasiten wie die Seiden- und Sommerwurzgewächse). In den Anfangsstadien der Entwicklung könnte man übrigens selbst Orchideen mit ihren schwach entwickelten Embryonen als parasitisch ansehen, weil sie zu dieser Zeit völlig auf einen pilzlichen Symbiosepartner angewiesen sind. Alle anderen nichtparasitischen Pflanzen besitzen mehr oder weniger ausgeprägte Reservestoffspeicher und deutlich besser entwickelte Embryonen. Damit diese Nährstoffspeicher aber angelegt und die Embryonen ausgebildet werden können, ist zunächst eine feste Verbindung mit der Mutterpflanze notwendig.

In einem Gebiet mit wechselnden Jahreszeiten gibt es aber für die Samen- und Fruchtreife nur ganz bestimmte zusagende Zeitabschnitte, und so sind sowohl die Blütezeit als auch die Fruchtreife von einer ausreichend langen und günstigen Witterungsperiode abhängig. Frühblüher wie Schneeglöckchen und Scharbockskraut müssen z. B. ihre Blüten schon zu sehr schlechten Wachstumsbedingungen ausbilden, während ihre Samen dann zu der besser werdenden Vegetationszeit im April–Mai reif werden. Bei den selteneren, sehr spät blühenden Arten tritt dann der gegenteilige Fall ein.

Rote Taubnessel, im Winter blühend

Drüsiges Springkraut, Samen ausschleudernd; grüne Kapseln, Blüten und Knospen können bei ihr zur selben Zeit gefunden werden

Sie blühen noch in einer günstigen Vegetationszeit, ihre Samen reifen aber erst zum Winter hin. Zwischen diesen beiden Extremen gibt es dann Arten, die nur während der Sommermonate bis zum ersten Frost blühen (Jakobs-Greiskraut, Herbst-Milchkraut, Gemeine Schafgarbe) oder Arten, die sogar ganzjährige Blüten erzeugen. Zu diesen zählen besonders Unkräuter (Rote Taubnessel, Vogelmiere, Persischer Ehrenpreis) und einige Wiesen- bzw. Weidepflanzen (Gänseblümchen). Das einjährige Drüsige Springkraut blüht von Juli bis zum ersten Frost, aber seine im späten August gebildeten Blüten können nur dann reife Samen erzeugen, wenn der erste Frost ausnahmsweise einmal spät im Jahr auftritt. Ganz allgemein gilt, daß zum Herbst mit der Verkürzung des Tageslichtes und den abnehmenden Temperaturen die notwendige Reifezeit der Samen vermindert wird und damit gleichzeitig die Wahrscheinlichkeit ihres Absterbens ansteigt. Spät erzeugte Blüten können danach also nur in Ausnahmejahren einmal zur Samen- und Fruchtreife gelangen. Es mag aber für einjährige Arten durchaus sinnvoll sein, wenn sie bis zum Ende der Vegetationszeit Blüten erzeugen, weil sie sowieso absterben müssen. Für mehrjährige Pflanzen ist eine solche Entwicklung nicht so eindeutig als Vorteil einzuschätzen, denn die Reservestoffe, die sie für spät erzeugte Blüten verbrauchen, wären wohl besser in Überwinterungsorganen angelegt.

Die Dauer der Vegetationszeit ist danach also der begrenzende Faktor für die Verbreitung einer Art, und viele Arten werden in ihrer Nord- oder Höhenverbreitung auch nicht durch die niedrigen Wintertemperaturen, sondern vielmehr durch die Zeit begrenzt, die ihnen zur Blüte- und Fruchtentwicklung zur Verfügung steht. Sehr schön kann man diese Beziehung im Gebirge feststellen. Arten, die vom Flachland bis zu mittleren Höhen noch viele reife Samen erzeugen (Sparrige Binse), können dieses bei größeren Höhen und sich verschlechternden Vegetationsbedingungen (1000 m) nicht mehr erreichen. Dafür erzeugen sie dann vielleicht vegetative Vermehrungsorgane (s. S. 254). Die wenigen Arten mit sehr später Blütezeit verdienen deshalb unsere besondere Aufmerksamkeit. So ist z. B. der von September bis November blühende Efeu für einige Falter und Fliegen als Nektarlieferant von größter Bedeutung, weil er zu deren Aktivitätszeiten fast die einzige blühende Art ist. Das Salz-Schlickgras ist zwar auch ein Septemberblüher, hat aber wohl an seinem Küstenstandort eine ausreichend lange Vegetationszeit. Beide Arten besitzen darüber hinaus eine ausgezeichnete vegetative Vermehrung, so daß die Samenproduktion, besonders beim Salz-Schlickgras, nur von minderer Wichtigkeit zu sein scheint. An seiner nördlichen Verbreitungsgrenze blüht der Efeu übrigens nur noch sehr selten, hat aber auch hier die Möglichkeit gefunden, reife Samen zu erzeugen. Wenn nämlich seine Samen ausgestreut werden, ist der Embryo noch völlig unterentwickelt und kann nicht auskeimen. Das Embryowachstum setzt nach der Samenverbreitung mit den ansteigenden Temperaturen ein, und die Keimung wird im typischen Fall auch erst im Frühsommer erfolgen. Diese verlängerte Reifezeit des Embryos findet man übrigens auch bei einigen Waldpflanzen (Scharbockskraut, Busch-Windröschen), die im zeitigen Frühjahr blühen und sich mit der Blattentwicklung der Bäume wieder einziehen. Bei diesen Arten begrenzt also der dunkle Baumschatten im Sommer die zur Verfügung stehende Vegetationszeit.

Braune Achateule auf einer Efeublüte

Sparrige Binse aus dem Flach- und Hochland

Der Schutz der Früchte

Die meisten Samen und Früchte stehen vor großen Schwierigkeiten, bis zur Keimung am Leben zu bleiben. Arten, die durch den Wind verbreitet werden (s. S. 164), müssen sich möglichst vor Regeneinwirkung schützen und Arten, die durch Tiere verbreitet werden, müssen die teilweise oder völlige Vernichtung durch Fraß verhindern. Sind die Samen erst einmal ausgestreut, können sie sich nur noch auf ihre eingebauten Abwehrmechanismen verlassen, weil bis zu diesem Zeitpunkt die Mutterpflanze einen Fraß zu verhindern sucht. Eingebaute Abwehrmechanismen sind bei Wicken und anderen Leguminosen einerseits toxische Substanzen (s. S. 170) und andererseits die Hartschaligkeit.

Natürlich sind alle diese Mechanismen Teil der normalen Verteidigungsstrategie der Pflanzen und dienen ausschließlich zum Samenschutz. Die haarigen Kelchblätter vieler Arten schützen z. B. zunächst nur vor Nektar- und Pollenraub (s. S. 280), und erst später dienen sie auch als Samenschutz. Auch die Stacheln am Stamm der Hundsrose bzw. die stacheligen Blätter des Stechginsters sind Teile im allgemeinen Verteidigungssystem und ein zusätzlicher Schutz für die Früchte. So besitzt die Hundsrose z. B. Früchte, die durch Vögel verbreitet werden, weil die Samen den Magen-Darm-Trakt völlig unbeschadet passieren können. Dabei werden die Tiere durch die auffälligen hellroten Butten angelockt und die Butten als Ganzes hinuntergeschluckt. Auch Feld- und Wühlmäuse würden die Früchte und Butten gerne fressen, würden dabei aber die Samen mit ihren Zähnen zerbrechen. Glücklicherweise können jedoch beide Tierarten den Rosenstamm mit den abwärts gerichteten Stacheln nicht erklettern.

Überraschenderweise gibt es nur wenige Arten, bei denen die Samen schon auf der Mutterpflanze ausreichend geschützt werden. Bei einigen Arten werden z. B. stachelige Hochblätter als Abwehrmaßnahme erzeugt (Stranddistel, Wilde Varde, Disteln), selten auch einmal stachelige Früchte (Acker-Hahnenfuß). Letztere treten besonders bei Bäumen auf (Echte Kastanie, Roßkastanie) und dienen hier dann gleichzeitig der Verbreitung.

Sehr viel häufiger findet man übrigens Schutzmechanismen gegen Witterungseinflüsse als gegen Tiere. So verlassen

Die Samen der Hagebutte passieren unzerstört den Darm der Wacholderdrossel; die für die Samen gefährlichere Maus kann wegen der abwärts gerichteten Stacheln die Hagebutten nicht erreichen

sich sehr viele durch den Wind verbreitete Samen auf den Mechanismus einer Porenkapsel (s. S. 164), wofür die Frucht aber absolut trocken sein muß. Viele Arten der Nelkengewächse (Lichtnelken, Leimkräuter, Mieren) erzeugen Kapseln, die sich mit einer Reihe feuchtigkeitsempfindlicher Zähne öffnen oder schließen können. Die Öffnung der Früchte erfolgt z. B. bei trockenen und das Schließen bei feuchten Witterungsbedingungen. In anderen Fällen (Glockenblume und Wintergrün) hängen die Kapseln herab und öffnen sich von der Basis her. Auch bei ihnen erfolgt das Öffnen dann bei Trockenheit und das Schließen der Spalten unter feuchten Bedingungen.

Trotz aller dieser Vorkehrungen sind viele Samen und Früchte dennoch Opfer der verschiedensten Zufälle. Sammelt man z. B. im August einige Früchte des

Frauenflachses, so entwickeln sich nach einigen Wochen aus ihnen mit großer Wahrscheinlichkeit kleine Schmetterlinge des Mottenspanners. Die Raupen dieses Tieres leben nämlich in den Kapseln der Pflanze und verpuppen sich auch hier. In ähnlicher Weise findet man sehr häufig in den Kapseln der Roten und Weißen Lichtnelke keine Samen, sondern die Raupen der Violettbraunen Kapseleule. Diese Beispiele zeigen, wenn man sie bis ins kleinste studiert, daß zwischen den Lebensgeschichten von Pflanzen und Tieren häufig sehr enge Beziehungen bestehen. So sind die Raupen der Kapseleulen auf die Samen verschiedener Lichtnelkenarten so stark angewiesen, daß z. B. die Violettbraune Kapseleule nur von den Samen der Roten und Weißen Lichtnelke sowie der Kuckuck-Lichtnelke leben kann. Andere Kapseleulen sind manchmal sogar viel stärker auf bestimmte Pflanzenarten fixiert (Nikkendes Leimkraut, Ohrlöffel-Leimkraut), so daß die Tiere auch nur in der unmittelbaren Nähe ihrer Wirtspflanzen gefunden werden. Eine sehr enge Bindung eines Tieres an eine Futterpflanze muß also parallel zu einer möglichen Verringerung der Pflanzenbestände infolge Unkrautbekämpfung oder anderer Faktoren ebenfalls zu einer Abnahme der Anzahl der Tiere führen. Ein sehr schönes Beispiel dieser Zusammenhänge liefert uns der Leimkraut-Blütenspanner, dessen heutiges Vorkommen in Großbritannien mit dem fast völligen Erlöschen seiner Futterpflanze – des Ohrlöffel-Leimkrautes – ebenfalls nahe zum Erliegen gekommen ist.

Auf den ersten Blick scheinen diese Schmetterlinge nur Räuber und für ihre Wirtspflanzen ausschließlich schädlich zu sein. In der Tat haben die verschiedenen Organismen aber eher einen gegenseitigen Vorteil voneinander, leben also in einer Art Symbiose (s. S 226–229). Die meisten der Lichtnelken und Leimkräuter benötigen nämlich die verschiedenen Schmetterlinge als Blütenbestäuber, denn wenn ein solcher Schmetterling eine Blüte besucht in der Absicht, auf den jungen Fruchtknoten seine Eier abzulegen, so belädt er sich an den vorstehenden Staubblättern automatisch mit Pollen, den er dann zur nächsten Blüte weitertransportiert. Außerdem erfolgen die Blütenbesuche sehr viel häufiger zur Nektaraufnahme als zur Eiablage, so daß die Pflanze, auch wenn sie durch Raupenfraß einige Kapseln verliert, immer noch den Vorteil der Bestäubung aus den Blütenbesuchen zieht. Das ganze System scheint also recht einfach und wohlüberlegt zu sein, denn trotz des Verlustes einiger Samen kommt es nicht zum Erlöschen der Pflanzenart. Beide unterschiedlichen Organismen profitieren im allgemeinen von ihrer gegenseitigen Abhängigkeit. Wahrscheinlich gibt es sogar noch sehr viel häufiger solche engen Abhängigkeiten zwischen Tieren und Pflanzen, von denen wir aber bis heute nichts wissen.

Eine Kapseleule nimmt den Pollen vom Aufgeblasenen Leimkraut auf und legt seine Eier auf dem Fruchtknoten ab; wenn sich die Eier zur Raupe entwickelt haben, werden die meisten Samen gefressen

Nachwort

Die Anpassung der Blütenpflanzen an ihren Lebensraum und die Lebensweise der Arten läuft als roter Faden durch dieses Buch. Vor Darwin war es üblich, auch die erstaunlichsten Anpassungen der Lebewesen als Ausdruck des Wirkens eines Schöpfers anzusehen. In der Tat liegt eine gewisse Ironie darin, daß Verfechter der „Naturtheologie" viele Fakten aus dem Tier- und Pflanzenreich zusammentrugen, die später von den Abstammungstheoretikern als überzeugende Beweise für die Entwicklung der Arten durch Selektion benutzt wurden. Es ist wahr, daß viele Pflanzen ganz erstaunliche Anpassungen an ihren Lebensraum entwickelt haben. Diese Beobachtung könnte zur Vorstellung eines Schöpfungsaktes beigetragen haben. Die natürliche Auslese ist aber ganz bestimmt kein einmaliger Schöpfungsakt gewesen. Bei der Entstehung der Verschiedenartigkeit der Organismen durch Mutation mag der Zufall mitgewirkt haben, der Evolutionsdruck durch die Umwelt auf die verschiedenen Strukturen der Pflanzen ist dagegen weit von einer Zufälligkeit entfernt. Vielleicht ist auch der seltsame Mangel an Perfektion bei so vielen pflanzlichen Strukturen und Aktivitäten ein schlagender Beweis für diese Überlegung. Warum erzeugen einige Pflanzen Millionen von Samen, von denen im Durchschnitt nur ein oder zwei überleben, während andere nur wenige ausbilden. Ist es nicht seltsam, daß keine höhere Pflanze Luftstickstoff bilden kann, dieses aber in Symbiose mit einem Bakterium fertigbringt? Warum erzeugen die Löwenzahne immer noch auffällige Blüten wie ihre insektenbestäubenden Verwandten, obwohl ihre Samen durch einen ungeschlechtlichen Mechanismus entstehen?

Die natürliche Auslese hat sich immer nur nach dem vorhandenen Angebot richten können, und dabei ist vielleicht oft nur die zweitbeste Lösung eines ökologischen Problems entstanden. Meistens werden aber ökologische Probleme über die Bildung einer Vielzahl von Genotypen gelöst und so das Überleben der Art gesichert.

Deshalb ist es auch gefährlich, nur auf eine einzige Entwicklungsmöglichkeit zu schauen, um die Auslöser eines bestimmten Pflanzenmerkmales festzulegen. An einigen Stellen dieses Buches wurde bereits darauf hingewiesen, daß bestimmte Anpassungen häufig mehrere Probleme gleichzeitig lösen konnten. Hierzu zählen unter anderem die Blattbehaarungen, die einerseits die Transpiration der Blätter herabsetzen und andererseits blattfressende Insekten abschrekken können. Keines dieser Merkmale kann heute als alleiniger Auslöser der Haarbildung angesehen werden, wahrscheinlich sind es beide gewesen. Am Ende haben sich aber von allen Möglichkeiten immer nur die Merkmale durchgesetzt, die das sicherste Überleben gewährleisteten.

Die Ergebnisse der Entwicklung mögen dabei weit von Vollkommenheit entfernt sein. Im Falle der Schmetterlinge, die ihre Eier in den Kapseln der Lichtnelken ablegen und dabei gleichzeitig andere Blüten bestäuben, erkennt man deutlich die verschiedenen Abhängigkeiten der Organismen voneinander und den Pragmatismus in der Natur. Gerade solche Abhängigkeiten sind aber sehr viel häufiger verbreitet als man allgemein annimmt und brauchen auch nicht immer zu Langzeiterfolgen zu führen. So legt z. B. der Leimkraut-Blütenspanner seine Eier ausschließlich in den Kapseln des Ohrlöffel-Leimkrautes ab, einer Lichtnelkenart, die in Großbritannien heute fast nicht mehr vorkommt. Da beide Organismen in ihrer Anpassung jedoch eng miteinander verbunden sind, muß der Rückgang der Pflanze zwangsläufig auch zum Verschwinden ihres Bestäubers und Nutzers führen.

Erklärung der botanischen Ausdrücke

Ableger: Pflanze, die sich vegetativ aus einer anderen entwickelt hat (s. S. 250).
Achaene: Sonderform der Nuß aus unterständigem Fruchtknoten (s. S. 162).
Adventivwurzel: sproßbürtige Wurzel (s. S. 215, 217).
Aerenchym: Durchlüftungsgewebe bei vielen Wasser- und Sumpfpflanzen (s. S. 218).
Ährchen: Kleinblütenstand der Gräser und Seggen mit einer oder mehr Blüten (s. S. 136, 140).
Ähre: Lang gestreckter Blütenstand mit sitzenden Einzelblüten oder kleinen Blütenständen (s. S. 294).
Algen: Gruppe verschiedener niederer Wasserpflanzen (s. S. 10).
Alpin: Lebensbedingungen im höheren Bergland (s. S. 292).
Amphistomatisch: Spaltöffnungen auf beiden Blattseiten (s. S. 198).
Androdiözisch: Pflanzen, die zwittrige und männliche Individuen erzeugen (s. S. 271).
Andromonözisch: Pflanzen, die auf demselben Individuum zwittrige und männliche Blüten erzeugen (s. S. 271).
Angiospermae: Pflanzen, deren Samen von einem Fruchtblatt umschlossen werden (s. S. 11).
Anthere: Teil des Staubblattes, bestehend aus den Pollensäcken und einem sterilen Zwischenstück (s. S. 14, 256).
Antheridium: Männliches Geschlechtsorgan auf dem haploiden Gametophyten (s. S. 12).
Apomiktisch: Eine Pflanze, die ohne Bestäubung Samen erzeugt (s. S. 290).
Apomixis: Samenbildung aus einer diploiden Samenanlage ohne Befruchtung (s. S. 290).
Archegonium: Weibliches Geschlechtsorgan auf dem haploiden Gametophyten (s. S. 12).
Arillus: Fleischiges Gewebe um die Samen der Eibe (s. S. 162).
Ausdauernd: Pflanzen, die mehr als eine Vegetationsperiode überleben (s. S. 246).
Außenkelch: Kelchähnliche Hochblätter, besonders bei Rosengewächsen (s. S. 73).
Ausläufer: Kriechender oberirdischer Sproß, der an den Knoten Wurzeln und neue Pflanzen bilden kann (s. S. 251).
Autotroph: Pflanzen, die mit Hilfe des Blattfarbstoffes und Sonnenenergie aus Kohlendioxid und Wasser Zucker und andere organische Stoffe bilden (s. S. 226, vgl. Photosynthese).
Beere: Frucht mit völlig fleischiger Wand (s. S. 162).
Befruchtung: Verschmelzen einer männlichen mit einer weiblichen Geschlechtszelle.
Bestäubung: Übertragung des Pollens vom Staubblatt auf die Narbe des Fruchtknotens (s. S. 256).
Blatt: Flächiges Anhangsorgan des Sprosses, überwiegend grün gefärbt und zur Photosynthese bzw. Transpiration dienend (s. S. 196).
Blattachsel: Ansatzstelle des Blattes am Sproß.
Bilateral-symmetrisch: Durch ein Anhangsorgan des Sprosses läßt sich nur eine Schnittebene legen, wie bei den Orchideenblüten (s. S. 19, 284).
Blättchen: Teil eines zusammengesetzten Blattes (s. S. 194).
Blattdorn: Dornenförmig umgewandelte Blätter oder Teile von Blättern (s. S. 236).
Blattmosaik: Geometrische Ausrichtung der Blätter einer Pflanze (s. S. 210).
Blattrosette: Rosettenförmige Ausrichtung der unteren Blätter eines Sprosses (s. S. 211).
Blüte: Vermehrungsorgan der Blütenpflanzen (s. S. 14).
Braktee: S. Hochblatt.
Brutknospe: S. Bulbille.
Bryophyta: Moospflanzen; in Sproß und Blättchen gegliederte Landpflanzen ohne echte Gefäße; sie besiedeln meistens feuchte Standorte (s. S. 10).
Bulbille: In der Achsel von Laubblättern oder an Stelle von Blüten entstehender knolliger, stark gestauchter, sich ablösender Trieb (s. S. 252, 293).
Butte: Fruchttyp vieler Rosengewächse (s. S. 298); im Innern eines fleischig verdickten Achsengewebes befinden sich meist mehrere einzelne Nüsse.
Calyx: S. Kelch.
Carpel: Fruchtblatt; weiblicher Blütenteil, die Samenanlage tragend (s. S. 13).
Chamaephyt: Meist holzige Pflanze mit Erneuerungsknospen unterhalb von 25 cm (s. S. 190).
Chlorophyll: Grüner Blattfarbstoff, mit dessen Hilfe über Lichtenergie aus Kohlendioxid und Wasser Zucker hergestellt wird (s. S. 196).
Chromosom: Fadenähnliche Strukturen im Zellkern; Träger der Erbanlagen (s. S. 289).
Compositae: Pflanzen mit korbähnlichen Blütenständen (s. S. 109).
Coralloide: Zu korallenähnlichem Aussehen veränderte Wurzeln (s. S. 229).
Corolla: Die Gesamtheit der Kronblätter, d. h. der innere Ring der sterilen Blütenhülle (s. S. 14).
Cortex: Rinde; Gewebeschicht zwischen Epidermis und zentralem Leitbündel.
Cruciferae: Kreuzblütler (s. S. 46).
Dichogamie: Verschiedene Reifezeit von Griffel und Staubblättern in derselben Blüte (s. S. 262).

Dicotyledoneae: Pflanzen, die zwei Keimblätter am Samen ausbilden (s. S. 160).
Diffusion: Bewegung von Molekülen von einer höheren zur niedrigeren Konzentration (s. S. 202).
Dikotyledonen: S. Dicotyledoneae.
Diözisch: Getrenntgeschlechtliche Pflanzen mit männlichen und weiblichen Individuen (s. S. 270).
Diploid: Normale vegetative Zelle mit zwei Chromosomensätzen (s. S. 12).
Dolde: Schirmartiger Blütenstand (s. S. 77).
Doldenblütler: Umbelliferae; Pflanzenfamilie, deren Mitglieder schirmähnliche Blütenstände ausbilden (s. S. 77).
Dorn: Scharf zugespitztes Anhangsorgan des Sprosses (s. S. 236).
Drüsenhaar: Sekrethaar auf der Pflanzenoberfläche (s. S. 239).
Düne: Meistens Sandhügel der Küste mit hohem Muschelschalenanteil, der durch den Wind aufgeblasen wurde (s. S. 216).
Durchlüftungsgewebe: S. Aerenchym.
Einhäusig: S. Monözisch.
Einjährig: Krautige Pflanze, die nur eine Vegetationsperiode überlebt (s. S. 242).
Eizelle: Weiblicher Gamet (s. S. 256).
Elaiosom: Spezielles Anhangsorgan einiger Samen, das von den Pflanzen als Tierfutter zur Sicherstellung der Samenverbreitung gebildet wird (s. S. 171).
Embryo: Junge, noch unentwickelte Pflanze im Samen (s. S. 13, 160).
Endosperm: Nährgewebe des Samens (s. S. 160).
Enzym: Eiweißmolekül, das biochemische Reaktionen katalysiert.
Epidermis: Abschlußzellschicht; Hautgewebe (s. S. 197).
Epigäisch: Keimungsvorgang, bei dem die Keimblätter über die Erdoberfläche gehoben werden (s. S. 178).
Epikotyl: Oberer Sproßteil beim Keimling zwischen den Keimblättern und der Endknospe (s. S. 178).
Epistomatisch: Spaltöffnungen nur auf der Blattoberseite (s. S. 198).
Evolution: Entwicklung der Formenmannigfaltigkeit der Lebewesen durch Veränderung des Erbgutes (s. S. 10, 14).
Fahne: Oberes großes Kronblatt der Schmetterlingsblütler (s. S. 284).
Familie: Gruppe von Gattungen gleicher Abstammung (s. S. 16).
Filament: Träger der Pollensäcke; Staubfaden (s. S. 256–287).
Flora: Alle Pflanzen eines bestimmten Gebietes (s. S. 190).
Flügel: Die zwei seitlichstehenden Kronblätter der Schmetterlingsblütler (s. S. 284).
Folliculus: Trockene Streufrucht, aus einem Fruchtblatt bestehend; öffnet sich nur an der Verwachsungsnaht (s. S. 163).
Fremdbestäubung: Pollenübertragung zwischen zwei verschiedenen Individuen (s. S. 262).
Fruchtknoten: Weiblicher Teil der Blüte, der die Samenanlagen enthält; wird aus 1 bis mehreren Fruchtblättern gebildet (s. S. 256–287).
Gamet: Geschlechtszelle (s. S. 12, 13).
Gametophyt: Aus einer haploiden Spore entstandener selbständiger Organismus (s. S. 12, 13).
Gattung: Gruppe von Arten gemeinsamer Abstammung mit einer Anzahl gemeinsamer Merkmale.
Gegenständig: Blätter, die sich am Sproß genau gegenüberstehen (s. S. 210).
Geflügelt: Samen oder Sprosse mit hautförmigen Fortsätzen (s. S. 162).
Gen: Grundbaustein eines Chromosoms, bestehend aus Nukleinsäuren (s. S. 12).
Generationswechsel: Regelmäßiger Wechsel zwischen einer haploiden (Gametophyt) und einer diploiden (Sporophyt) Generation (s. S. 12).
Geophyt: Pflanze, deren Erneuerungsorgane sich unter der Erdoberfläche befinden (s. S. 190).
Getreide: Einjährige Gräser, deren Früchte man durch Drusch gewinnt.
Granne: Borstenähnlicher Fortsatz an den Spelzen der Gräser (s. S. 181).
Griffel: Oberer fadenförmiger Teil des Fruchtknotens, in der Narbe endend (s. S. 14, 256); Stylum.
Gymnospermae: Nacktsamer; die Samenanlagen stehen frei zugängig auf den Fruchtblättern (s. S. 11).
Gynodiözisch: Pflanzen, die zwittrige und weibliche Individuen erzeugen (s. S. 271).
Gynomonözisch: Pflanzen, die auf demselben Individuum zwittrige und weibliche Blüten erzeugen (s. S. 271).
Haar: Einfaches oder verzweigtes Anhangsorgan der Epidermis (s. S. 238).
Habitat: Fundort, Heimat einer Pflanze (s. S. 177, 205).
Haploid: Zellen mit nur einem Chromosomensatz (s. S. 12, 256).
Haustorium: S. Senker.
Heide: Nährstoffarmer, meist sandiger Standort, dominiert von der Heide oder dem Ginster (s. S. 51).
Hemikryptophyt: Pflanze, die ihre Erneuerungsorgane in Bodenhöhe hat (s. S. 190).
Hemiparasit: Halbparasit; meistens Arten, die noch normal mit ihren oberirdischen Teilen assimilieren können, ihre Nährstoffe und Wasser aber durch einen Anschluß an ein fremdes Leitungssystem bekommen (s. S. 223).
Herbivor: Pflanzenverzehrendes Tier (s. S. 207, 212).
Hermaphrodit: Zwittrige Blüte mit sowohl männlichen als auch weiblichen Geschlechtsorganen (s. S. 270).
Heterophyll: Pflanze mit unterschiedlicher Beblätterung (s. S. 202, 203).
Heterostyl: Pflanze mit unterschiedlich langen Griffeln in den Blüten (s. S. 267).

Heterotroph: Pflanzen, die ihre Nährstoffe aus abgestorbenen oder noch lebenden Organismen beziehen (s. S. 226).
Hochblatt: In die Blütenstandsregion eingewanderte Laubblätter (s. S. 294); manchmal auch farbig ausgebildet.
Homogam: Zwittrige Blüte, in der Antheren und Narbe gleichzeitig reifen.
Honigtau: Zuckersaft, der von Blattläusen ausgeschwitzt wird (s. S. 282).
Hülse: Springfrucht der Schmetterlingsblütler aus einem Fruchtblatt gebildet, sich nur an zwei Seiten öffnend (s. S. 168); Legumen.
Hybride: Planze, die aus der Kreuzung von zwei verschiedenen Arten entstanden ist (s. S. 288).
Hygroskopisch: Die Tendenz eines Stoffes oder Gegenstandes Wasser aufzunehmen (s. S. 300).
Hypogäisch: Keimungsvorgang, bei dem die Keimblätter unter der Erdoberfläche bleiben (s. S. 178).
Hypokotyl: Sproßteil zwischen der Wurzel und den Kotyledonen (s. S. 179).
Hypostomatisch: Spaltöffnungen nur auf der Blattunterseite (s. S. 198).
Immergrün: Pflanzen, die auch während des Winters ihr Blattwerk behalten (s. S. 34).
Inkompatibilität: Unverträglichkeit; chemische Wechselwirkung zwischen Pollen und Narbe, wodurch eine Selbstbefruchtung bei Pflanzen verhindert wird (s. S. 268).
Insektivore: Pflanze, die Tiere fängt und verdaut (s. S. 233).
Interzellulare: Luftgefüllter Hohlraum im pflanzlichen Gewebe (s. S. 197).
Kalkzeiger: Pflanzen, die kalkhaltige Böden bevorzugen (s. S. 218).
Kalyptra: S. Wurzelhaube.
Kambium: Teilungsfähige Schicht zwischen Phloem und Xylem (s. S. 185).
Kapsel: Trockene Streufrucht, sich mit Längsspalten oder Poren öffnend (s. S. 162).
Kätzchen: Hängender, ährenförmiger Blütenstand, der als Ganzes abfällt (s. S. 19).
Keimung: Wachstumsbeginn eines Samens (s. S. 178).
Keimruhe: Inaktive Zeit eines Samens (s. S. 174).
Kelch: Äußere meist grüne Blütenhülle (s. S. 14).
Kern: Zellbestandteil; Träger der gesamten genetischen Information (s. S. 256).
Kleinart: Benutzter Begriff zur Abtrennung von nahe verwandten, aber morphologisch unterscheidbaren Pflanzenarten; besonders bei der Apomixis angewendet (s. S. 290).
Kleistogamie: Form der Selbstbestäubung, wenn sich die Blüte nicht mehr öffnet (s. S. 261).
Klimaxgesellschaft: Klimatische Maximalgesellschaft (Pflanzengesellschaft), die sich nach einer gewissen Zeit auf einem ehemals vom Menschen veränderten Standort einstellt (s. S. 246).
Klon: Genetisch einheitliche Nachkommenschaft, meistens durch vegetative Vermehrung entstanden (s. S. 247).
Knöllchen: Knotige Verdickung an den Wurzeln einiger Pflanzen, die durch stickstoffbindende Bakterien hervorgerufen werden (s. S. 226).
Knolle: Fleischig verdickter Sproß- oder Wurzelteil als Speicher- und Überdauerungsorgan (s. S. 252).
Knospe: Sproß- oder Seitensproßspitze, bei dem die jungen, teilungsfähigen Laubblätter und der Vegetationspunkt von Knospenschuppen umhüllt wird (s. S. 252).
Knospenschuppe: Nicht fertig entwickeltes Laubblatt (s. S. 230).
Knoten: Entstehungsort einer Seitenverzweigung oder eines Blattes am Sproß (s. s. 210).
Köpfchen; Körbchen: Viele dicht gepackte Einzelblüten auf einem flachen oder gewölbten Blütenstandsboden (s. S. 15).
Kollenchym: Festigungsgewebe; aus lebenden dickwandigen Zellen bestehend (s. S. 186).
Kotyledo: Keimblatt; erstes schon im Samen angelegtes Blatt (Blätter).
Kräuter: Pflanzen, deren oberirdische Teile am Ende der Wachstumsperiode ganz oder bis auf die unterirdischen Teile absterben (s. S. 186, 188).
Krone: Meist farbig ausgebildeter Teil der Blütenhülle; s. Corolla.
Kulturvarietät: Eine Pflanzenvarietät, die in der freien Natur nicht vorkommt, sondern von der menschlichen Tätigkeit auf dem Felde abhängt (s. S. 176).
Kutikula: Wachsartige Abscheidung auf den Epidermen (s. S 197).
Labellum: Lippe der Orchideen, die durch das hintere Kronblatt gebildet wird (s. S. 286).
Labiatae: Lippenblütler (s. S. 93).
Lebenszyklus: Wechsel des Entwicklungsstadiums von einem zum anderen (s. S. 12).
Lebensform: Lebewesen mit ähnlicher Lebensweise, aber aus verschiedenen Verwandtschaftsreihen (s. S. 290).
Lichtpflanze: Pflanze, die sich nur im vollen Tageslicht halten kann (s. S. 209).
Lippe: S. Labellum.
Lippenblütler: Pflanzen, die lippenähnliche Blüten erzeugen (s. S. 93).
Mattenbildend: Flachwachsende Pflanzen mit sehr dichtem Wachstum.
Metabolismus: Summe der biochemischen Prozesse in einem Organismus.
Mittelrippe: Hauptleitbündel in einem Blatt (s. S. 195).
Monocotyledoneae: Einkeimblättrige Pflanzen; Blütenpflanzen, deren Samen nur ein Keimblatt aufweisen (s. S. 160).
Monözisch: Pflanzen mit männlichen und weiblichen Blüten auf demselben Individuum (s. S. 264, 271); s. einhäusig.
Morphologie: Wissenschaft von der Untersuchung der äußeren Gestalt eines Lebewesens (s. S. 12).

Mutation: Zufällige Veränderung des Erbgutes (s. S. 291).
Mycel: Fadenförmige Zellen der Pilze (s. S. 228).
Mycorrhiza: Nichtparasitische Lebensgemeinschaft zwischen einem Pilz und einer Baumwurzel (s. S. 228).
Narbe: Oberster, meist klebriger Teil des Griffels, der den Pollen aufnimmt; Stigma (s. S. 14, 256).
Natürliche Auslese: Nach der Theorie von Darwin entwickeln sich nur die am besten angepaßten Individuen und Arten weiter, d. h., sie können sich in einer vorgegebenen Umwelt besser gegen andere Arten oder Individuen durchsetzen (s. S. 242, 249).
Nebenblatt: Schuppen- oder blattähnliches Organ an der Basis der Blattstiele (s. S. 22).
Nektar: Von Pflanzen erzeugter Zuckersaft (s. S. 282).
Nektarium: Drüse, die Nektar erzeugt (s. S. 15, 282).
Nukleinsäure: Kompliziert gebaute organische Verbindung, die die genetische Information trägt (s. S. 228).
Nerven: Sichtbare Leitbündel der Blätter (s. S. 236).
Nuß: Trockene Schließfrucht mit holzigem Perikarp (s. S. 162).
Oberständig: Blüte, in der sich der Fruchtknoten oberhalb von Kelch und Krone befindet (s. S. 19, 20).
Ochrea: Häutig-scheidenförmiges Gebilde am Sproß der Knöterichgewächse (s. S. 30).
Osmose: Diffusion von Wasser durch eine halbdurchlässige Membran (s. S. 186).
Ökologie: Lehre von den Beziehungen der Organismen zueinander und zu ihrer Umwelt (s. S. 164).
Ovarium: Hohlkörper des Fruchtknotens (s. S. 13, 256).
Ovulum: S. Samenanlage.
Pappus: Regelmäßige Haarbildung an einigen Früchten zur Windverbreitung, meistens durch Umwandlung aus einem Kelch entstanden (s. S. 209).
Parasit: Heterotrophe Pflanze, die sich von lebenden Organismen ernährt (s. S. 220).
Pathogen: Krankheiten hervorrufend (s. S. 226).
Perianth: Sammelbegriff für alle sterilen Blütenblätter (s. S. 14, 294).
Perigon: Blütenhülle, bei der man Kelch und Krone nicht unterscheiden kann (s. S. 15, 294).
Perikarp: Während der Fruchtentwicklung umgewandelte Fruchtknotenwand (s. S. 162).
Petalum, Petalen: Meist farbig ausgebildete Blätter der inneren Blütenhülle (s. S. 14).
Pfahlwurzel: Stark entwickelte, senkrecht nach unten führende Hauptwurzel (s. S. 213).
Phanerophyt: Pflanze, deren Erneuerungsorgane sich höher als 25 cm über dem Erdboden befinden (s. S. 190).
Phloem: Leitbündelteil der Pflanze, in dem Zuckersaft und andere organische Nährstoffe transportiert werden (s. S. 184); Siebteil.
Photosynthese: Biochemischer Prozeß, bei dem unter Lichteinfluß aus Kohlendioxid und Wasser unter Vermittlung des grünen Blattfarbstoffes Zucker gebildet wird (s. S. 196).
Phyllotaxis: Lehre von der Blattanordnung am Sproß (s. S. 210).
Physiologie: Untersuchung der funktionellen Abläufe in den Organismen (s. S. 233).
Phytochrome: Lichtempfindliche Farbstoffe in den Blättern und grünen Pflanzenteilen (s. S. 209).
Phytoplankton: Pflanzlicher Teil des Planktons, meistens Algen (s. S. 10).
Pigment: Farbige Substanz in den Pflanzen, die Energie aus dem Sonnenlicht absorbieren kann (s. S. 209).
Pilz: Pflanzlicher Organismus, der keine Photosynthese betreibt; er ist auf andere Lebewesen angewiesen, indem er ihnen notwendige Nährstoffe entnimmt oder abgestorbenes Material abbaut; die Zellwände bestehen gewöhnlich aus Chitin (s. S. 228).
Pistillum: S. Stempel.
Plankton: Mikroskopisch kleine, meist frei im Wasser schwebende Organismen (s. S. 10).
Plumula: Sproßspitze des Embryos (s. S. 160).
Pore: Kleine Öffnung in der Oberfläche eines pflanzlichen Gewebes oder von Organellen (s. S. 196).
Pollen: Sporenähnliche Verbreitungsorganellen der männlichen Geschlechtszellen; Blütenstaub.
Pollensack: Entstehungsorgan des Blütenstaubes (Pollen, s. S. 14, 256).
Pollenschlauch: Schlauchförmiger Auswuchs aus dem Pollenkorn, der den Griffel des Fruchtknotens durchwächst und die im Inneren befindlichen männlichen Geschlechtszellen zur Eizelle transportiert (s. S. 256).
Pollinarium: Gesamtpollenmasse eines Staubblattes, die als Ganzes übertragen wird (Orchideen, s. S. 286).
Protandrisch: Pflanzen, bei denen die Staubblätter als erstes reifen (s. S. 262).
Protogyn: Pflanzen, bei denen die Fruchtknoten als erstes reifen (s. S. 262).
Radiär-symmetrisch: Beschreibt eine Blüte, deren Einzelteile regelmäßig um ein Zentrum herum angeordnet sind, wie die Speichen in einem Rad (s. S. 19, 284).
Reduktionsteilung: Während der Sporen- und Pollenbildung erfolgende Halbierung der Chromosomenzahl (s. S. 12).
Radicula: Keimwurzel (s. S. 160).
Rhizom: Unterirdischer, waagerecht wachsender Speicherspross, der Knospenschuppen trägt, aus denen neue Luftsprosse oder Wurzeln gebildet werden (s. S. 250).

Rhizothamnien: Durch Pilze umgeformte Wurzeln, s. a. Coralloide (s. S. 229).
Rosette: Flach ausgebreitete, spiralig um ein Zentrum angeordnete Blätter (s. S. 211).
Rosettenpflanze: Pflanze, deren Blätter rosettig angeordnet sind.
Rostellum: Zum Kleborgan umgewandelter Narbenlappen bei den Orchideen (s. S. 286).
Salzwiese: Grünland der Küste, das bei hohem Wasserstand durch Meerwasser überflutet wird (s. S. 167).
Samenanlage: Teil des Fruchtknotens, der die weiblichen Geschlechtszellen enthält und sich nach der Befruchtung zum Samen entwickelt (s. S. 13, 14, 256).
Samenschale: S. Testa.
Saprophyt: Pflanze, die sich von totem organischen Material ernährt (s. S. 230).
Säurezeiger: Pflanzen, die saure Böden bevorzugen (s. S. 218).
Saure Böden: Böden ohne basische Mineralien, gewöhnlich aus Graniten oder Sanden bestehend; auch torfige Böden sind sauer (s. S. 218).
Saurer Regen: Saurer Niederschlag, der durch Emission von SO_2 bedingt wird; SO_2 (Schwefeldioxid) entsteht durch die Verbrennung von Kohle und Mineralölprodukten; es verbindet sich mit Wasser zu schwefliger Säure und fällt als saurer Regen wieder auf die Erde zurück (s. S. 219).
Schattenpflanze: Pflanze, die nur bei Beschattung existieren kann (s. S. 209).
Scheibenblüte: Im Zentrum eines Körbchens der Korbblütler stehende röhrenförmige Blüte mit 5 Kronblattzipfeln (s. S. 271; s. a. Strahlenblüte).
Schiffchen: Zwei Kronblätter der Schmetterlingsblütler, die zu einer staubblatt- und griffelumhüllenden Einheit verklebt sind (s. S. 284).
Schnabel: In die Fruchtbildung einbezogener Griffel.
Schote: Siliqua; Streufrucht aus zwei Fruchtblättern, besonders bei Kreuzblütlern, mindestens 2 × so lang wie breit (s. S. 23).
Schötchen: Der Schote ähnlich, nur kleiner.
Selbstbefruchtung: Befruchtung der Samenanlage durch Pollen derselben Blüte oder von Pollen aus Blüten derselben Pflanze (s. S. 260).
Selektion: Natürliche Zuchtwahl; die am besten angepaßten Pflanzen bleiben am Leben (s. S. 288).
Senker: Von Halb- und Vollparasiten entwickelte, umgewandelte Wurzeln, mit deren Hilfe ein Anschluß an fremdes Wirtsgewebe durchgeführt wird (s. S. 220, 229); Haustorium.
Sepalum, Sepalen: Kelchblatt (-blätter); äußerster Ring der Blütenhülle (s. S. 14).
Seta: Sporangienstiel bei den Moosen (s. S. 12).
Sklerenchym: Festigungsgewebe der Pflanzen, bestehend aus stark verdickten, kürzeren oder längeren toten Zellen (s. S. 186).
Sonnenpflanze: Pflanze, die nur an unbeschatteten Standorten vorkommt (s. S. 208).
Spelze: Schuppenförmiges, reduziertes Hochblatt im Blütenstand der Gräser oder Seggen (s. S. 222).
Spadix: Fleischiger Kolben einiger Pflanzen mit vielen sitzenden Blüten (s. S. 285).
Spaltöffnungen: Öffnungen in der Blattoberfläche, durch die Wasser und Gase hindurchdiffundieren können (s. S. 197).
Spatha: Großes, tütenförmiges, auch gefärbtes Hüllblatt einiger Pflanzen, den Spadix umhüllend (s. S. 285).
Species: Begriff für Art (s. S. 289).
Spelze: Schützendes Hochblatt in der Blütenregion bei Sauer- und Süßgräsern (s. S. 14, 292).
Spermatophyta: Samenpflanzen (s. S. 11).
Sporangium: Behälter, in dem die ungeschlechtlichen Fortpflanzungszellen (Sporen) gebildet werden (s. S. 12).
Spore: Haploide Fortpflanzungszelle der Moose und Farne, aus der die haploide Generation, der Gametophyt, entsteht; bei Blütenpflanzen entspricht der Pollen einer Spore (s. S. 12).
Sporn: Röhrenförmige Verlängerung des unteren Kelches oder der Krone (s. S. 14).
Sporophyt: Diploide, sporenbildende, selbständige Pflanze (s. S. 12).
Stamen: S. Staubblatt.
Staminodium: Umgewandeltes Staubblatt (s. S. 15).
Staubblatt: Männliches Blütenorgan, bestehend aus dem Filament und der Anthere; meistens stehen mehrere kreisförmig um den Fruchtknoten angeordnet (s. S. 14).
Staubblattröhre: Röhrenförmige Verwachsung der Filamente (s. S. 284).
Steinfrucht: Fleischige Schließfrucht mit holzigem Innenteil (Endokarp; s. S. 163).
Stickstoffbindung: Einbau von Luftstickstoff in organische Moleküle durch die Aktivität von bodenlebenden Bakterien; diese Bakterien leben in den Wurzelknöllchen einiger Pflanzen (s. S. 226).
Stigma: S. Narbe.
Stipel: S. Nebenblatt.
Stolon: S. Ausläufer.
Stomium, Stomata: S. Spaltöffnung.
Strahlenblüte: S. Zungenblüte.
Stylum: S. Griffel.
Sukkulent: Fleischig verdickte, wasserspeichernde Gewebe (s. S. 204).
Sukzession: Veränderung einer Pflanzengesellschaft zu der nächsthöheren oder niedrigeren Gesellschaftsstufe (s. S. 246).
Subspecies: Klassifikationseinheit unterhalb der Art; Unterart.
Symbiose: Lebensgemeinschaft artverschiedener Pflanzen zum wechselseitigen Vorteil (s. S. 226).
Systematik: Einteilung der Organismen in eine Ordnung, entsprechend ihrer entwicklungsgeschichtlichen Stellung (s. S. 16).

Tapetum: Ernährungsgewebe im Pollensatz (s. S. 269).
Tepalum, Tepalen: Blütenhüllblatt (-blätter) im Perigon; nicht zwischen Kelch und Krone zu unterscheiden (s. S. 15, 286, 294).
Testa: Samenschale: äußere Hülle eines Samens (s. S. 13, 160).
Torf: Unzersetztes Pflanzenmaterial (s. S. 218).
Transpiration: Abgabe von dampfförmigem Wasser über die Spaltöffnungen oder die Pflanzenoberfläche (s. S. 198).
Traube: Lockerer Blütenstand mit mehreren kurzgestielten Einzelblüten (s. S. 24).
Trugdolde: Schirmähnlicher Blütenstand, bei dem die Haupttriebe mit Blüten enden und von blütentragenden Seitentrieben übergipfelt werden (s. S. 22).
Unkraut: Konkurrierende Wildpflanze am Standort der Kulturpflanze (s. S. 174).
Unterständig: Blüte, in der sich der Fruchtknoten unterhalb von Kelch und Krone befindet (s. S. 19, 20).
Vakuole: Mit wäßriger Flüssigkeit gefüllter Hohlraum in der Zelle (s. S. 10).
Varietät: Klassifikationseinheit unterhalb der Unterart; varietas.
Vegetativ: Ungeschlechtliche Vermehrungsart über spezielle Vermehrungsorgane (s. S. 248).
Vivipar: Lebendgebärend; Pflanzen, die sich nicht über Blüten und Samen vermehren, sondern durch kleine schon fertig ausgebildete Pflänzchen (s. S. 292).
Vormännlich: S. protandrisch.
Vorweiblich: S. protogyn.
Winterannuell: Pflanzen, die ihre Hauptentwicklung während der kühleren Jahreszeit durchmachen und ihren Lebenskreislauf im folgenden Frühsommer beenden (s. S. 244).
Wirtel: Es entspringen drei und mehr Seitenorgane an einem Knoten (s. S. 210).
Wurzel: Unterirdischer Teil der Pflanze, der zur Wasser- und Nährstoffaufnahme sowie zur Verankerung im Boden dient (s. S. 212).
Wurzelhaube: Zelluläres Schutzgewebe über der teilungsfähigen Wurzelspitze (s. S. 214).
Wurzelknolle: Speicherwurzel (s. S. 252).
Wurzelknöllchen: S. Knöllchen.
Wurzelknospe: Sproßknospe, die sich aus der Wurzel entwickelt (s. S. 74).
Xylem: Leitbündelteil der Pflanze, in dem Wasser und Nährsalze aus dem Boden zu den Blättern transportiert wird (s. S. 184, 214); Holzteil.
Zelle: Grundbaustein der Gewebe, bestehend aus einer umhüllenden Zellwand, dem Protoplasma und dem Kern (s. S. 12).
Zungenblüte: Zungenförmige Blüte am Rande eines Körbchens der Korbblütler; in der Gesamtheit eine Krone vortäuschend.
Zweihäusig: S. diözisch.
Zwiebel: Unterirdisches Speicher- und Überdauerungsorgan, aus fleischigen Niederblättern aufgebaut (s. S. 252).
Zwittrig: Blüten mit männlichen und weiblichen Geschlechtsorganen.
Zygomorph: Blüte oder Blatt mit nur einer oder ohne Symmetrieebene (s. S. 19).

Die wichtigsten Pflanzengesellschaften

(nach Ellenberg 1982)

Die einzelnen Pflanzenarten bilden abhängig von ihren jeweiligen Standorten zusammen mit anderen Arten Pflanzengesellschaften. Gleiche Standortfaktoren bedingen gleiche Pflanzengesellschaften.

Nach dieser Erkenntnis hat H. Ellenberg eine Pflanzensoziologie entwickelt, d. h., er hat ausgehend vom floristischen Gehalt einer Lebensgemeinschaft und ihren ökologischen Ansprüchen Pflanzengesellschaften abgetrennt. Dieses System stellt somit eine an den Standortverhältnissen orientierte Gliederung der mitteleuropäischen Flora dar. Innerhalb dieser soziologischen Klassifizierung geht man ähnlich wie in der biologischen Systematik vor. Ebenso, wie dort verwandte Arten zu Gattungen und diese zu Familien, verwandte Familien zu höheren Ordnungen und diese wieder zu Klassen zusammengefaßt werden, werden nahe verwandte Pflanzengesellschaften, die Assoziationen, zu Verbänden, verwandte Verbände zu Ordnungen und diese wieder zu Klassen zusammengefaßt. Dabei werden die jeweiligen Klassen, Ordnungen, Verbände und Assoziationen durch sogenannte Kennarten charakterisiert, die, ähnlich wie in der Geologie die Leitfossilien, eine schnelle Eingruppierung einer Artenkombination in eine Pflanzengesellschaft ermöglichen. Zur Kennzeichnung der einzelnen Rangstufen dieser soziologischen Gliederung werden, wie bereits auf den Vorsatzblättern ausgeführt, Ziffern verwendet. Dabei bleibt die erste durch einen Punkt von den übrigen Ziffern abgeteilte Zahl den 8 großen Gruppen vorbehalten, mit denen die Klassifizierung beginnt. Aus Mangel an Platz können hier nur die ersten drei Stufen der Klassifizierung wiedergegeben werden — die Gruppen, Klassen und Ordnungen. Bei den Artbeschreibungen reicht die durch Ziffern gegebene Klassifizierung jedoch bis zu den Verbänden. Mit Hilfe dieser Zahlenkombination ist es möglich, unter Zuhilfenahme von Spezialliteratur die einzelne Art genauer in eine Gesellschaft einzuordnen.

1 Süßwasser und Moorvegetation
- 1.1 Freischwimmenden Stillwassergesellschaften: Lemnetea, mit den Ordnungen
  - 1.11 Lemnetalia
  - 1.12 Utricularietalia
- 1.2 Festwurzelnde Wasserpflanzen-Gesellschaften: Potamogetonetea
  - 1.21 Potamogetonetalia
- 1.3 Strandlings-Flachwasserrasen: Littrorelletea
  - 1.31 Littorelletalia
- 1.4 Röhrichte und Großseggen-Sümpfe: Phragmitetea
  - 1.41 Phragmitetalia
- 1.5 Quellfluren: Montio-Cardaminetea
  - 1.51 Montio-Cardaminetalia
- 1.6 Kleinseggen-Zwischenmoore und Sumpfrasen: Scheuchzerio-Caricetea nigrae
  - 1.61 Scheuchzerietalia
  - 1.62 Tofieldictalia
- 1.7 Hochmoore und Moorheiden: co-Sphagnetea
  - 1.71 Sphagnetalia magellanici
  - 1.72 Sphagno-Ericetalia
- 1.8 Armleuchteralgen-Unterwasserrasen: Charetea fragilis
  - 1.81 Nitelletalia flexilis
  - 1.82 Charetalia hispidae

2 Salzwasser- und Meerstrand-Vegetation
- 2.1 Seegras-Meergrundrasen: Zosteretea
  - 2.11 Zosteretalia
- 2.2 Meersalden-Gesellschaft: Ruppietea
  - 2.21 Ruppietalia
- 2.3 Schlickgras-Pioniergesellschaft: Spartinetea
  - 2.31 Spartinetalia
- 2.4 Kurzlebige Annuellen-Wattfluren: Thero-Salicornietea
  - 2.41 Thero-Salicornietalia
- 2.5 Strandmastkraut-Fluren: Saginetea
  - 2.51 Saginetalia
- 2.6 Salzmarsch-Rasen: Asteretea
  - 2.61 Asteretalia tripolii
- 2.8 Meeres-Spülsäume: Cakiletea
  - 2.81 Cakiletalia
- 2.9 Strandhafer-Dünen: Ammophiletea
  - 2.91 Ammophiletalia

3 Krautige Vegetation oft gestörter Plätze
- 3.1 Wechselnasse Zwergpflanzenfluren: Isoëto-Nanjuncetea
  - 3.11 Cyperetalia fusci
- 3.2 Zweizahn-Schlammufergesellschaft: Bidentetea
  - 3.21 Zweizahnfluren: Bidentetalia tripartitae
- 3.3 Ruderalgesellschaften und verwandte Acker- und Gartenunkraut-Gesellschaften: Chenopodietea
  - 3.31 Kurzlebige Ruderalgesellschaften: Sisymbrietalia
  - 3.32 Ausdauernde Ruderalgesellschaften: Onopodietalia
  - 3.33 Nährstoffreiche Acker- und Gartenunkrautfluren: Polygono-Chenopodietalia
  - 3.34 Submediterrane Hackunkraut-Gesellschaften: Eragros Wetalia
- 3.4 Getreideunkrautfluren: Secalietea
  - 3.41 Kalk-Getreideunkrautfluren: Secalietalia

3.42 Kalkärmere Getreideunkrautfluren: Aperetalia
3.5 Ausdauernde Stickstoff-Krautfluren: Artemisietea
3.51 Beifuß- und Klettenfluren: Artemisietalia
3.52 Schleiergesellschaften und Halbschatten-Krautgesellschaften: Calystegio-Alliarietalia
3.6 Quecken-Trockenpioniergesellschaften: Agropyretea
3.61 Agropyretalia intermedii repentis
3.7 Tritt- und Flutrasen: Plantaginetea
3.71 Trittrasen: Plantaginetalia
3.72 Flut- und Feuchtpionierrasen: Agrostietalia stoloniferae
4 Steinfluren und alpine Rasen
4.1 Wärmeliebende Mauerunkraut-Gesellschaft: Parietarietea
4.11 Parietarietalia judaicae
4.2 Felsspalten- und Mauerfugen-Gesellschaft: Asplenietea trichomanis
4.21 Kalk-Felsspalten- und Mauergesellschaften: Potentilletalia caulescentis
4.22 Silikat- und Serpentin-Felsspaltengesellschaft: Androsacetalia vandellii
4.3 Schwermetall-Steinfluren: Violetea calaminariae
4.31 Violetalia calaminariae
4.4 Steinschutt- und Geröllfluren: Thlaspietea rotundifolii
4.41 Karbonat-Steinschuttfluren: Thlaspietalia rotundifolii
4.42 Felsenblümchen-Kalkschieferhalden: Drabetalia hoppeanae
4.43 Silikat-Steinschuttfluren: Androsacetalia alpinae
4.44 Flußkies- und Feuchtschuttfluren: Epilobietalia fleischeri
4.45 Sommerwarme Rauhgras-Kalkschutthalden: Achnatheretalia
4.46 Sommerwarme Hohlzahn-Silikatschutthalden: Galeopsietalia segetum
4.5 Schneeboden-Gesellschaft: Salicetea herbaceae
4.51 Saure Schneeboden-Gesellschaft: Salicetalia herbaceae
4.52 Kalk-Schneeboden-Gesellschaft: Arabietalia caeruleae
4.6 Alpine Sauerbodenrasen: Caricetea curvulae
4.61 Caricetalia
4.7 Alpine Kalkrasen: Elyno-Seslerietea
4.71 Alpin-subalpine Blaugras- und Rostseggenrasen: Seslerietalia
4.72 Nacktried-Windecken: Elynetalia
5 Anthropo-zoogene Heiden und Rasen
5.1 Borstgrastriften und Zwergstrauchheiden: Nardo-Callunetea
5.11 Borstgras-Magerrasen: Nardetalia
5.12 Subatlantische und atlantische bodensaure Zwergstrauchheiden: Genisto-Callunetalia
5.2 Lockere Sand- und Felsrasen: Sedo-Scleranthetea
5.21 Felsgrus- und Felsband-Gesellschaften: Sedo-Scleranthetalia
5.22 Silbergrasreiche lockere Sandrasen: Corynephoretalia
5.24 Kurzlebige Kleinschmielenrasen: Thero-Airetalia
5.3 Kalk-Magerrasen: Festuco-Brometea
5.31 Kontinentale Trocken- und Halbtrockenrasen: Festucetalia valesiacae
5.32 Subozeanische Trocken- und Halbtrockenrasen: Brometalia erecti
5.4 Grünland-Gesellschaften: Molinio-Arrhenatheretea
5.41 Feuchtwiesen- und Bachuferfluren: Molinietalia
5.42 Gedüngte Frischwiesen und -weiden: Arrhenatheretalia
6 Waldnahe Staudenfluren und Gebüsche
6.1 Trifolio-Geranietea
6.11 Sonnige Staudensäume an Gehölzen: Organetalia
6.2 Waldlichtungs-Fluren und -Gebüsche: Epilobietea angustifolii
6.21 Atropetalia
6.3 Hochstauden-Fluren und -Gebüsche: Betulo-Adenostyletea
6.31 Andenostyletalia
7 Nadelwälder und verwandte Gesellschaften
7.1 Kalk-Kiefernwälder: Erico-Pinetea
7.11 Erico-Pinetalia
7.2 Saure Nadelwälder und verwandte Gesellschaften: Vaccinio-Piceetea
7.21 Vaccinio-Piceetalia
8 Laubwälder und verwandte Gesellschaften
8.1 Weiden-Auengehölze: Salicetea purpureae
8.11 Salicetalia purpureae
8.2 Erlenbrücher und Moorweidengebüsche: Alnetea glutinosae
8.21 Erlenbruchwälder: Alnetalia
8.22 Moorweidengebüsche: Salicetalia auritae
8.3 Saure Eichenmischwälder: Quercetea robori-petreae
8.31 Quercetalia
8.4 Reichere Laubwälder und Gebüsche: Querceto-Fagetea
8.41 Waldmantel-Gebüsche und Hecken: Prunetalia
8.42 Trockenheitsertragende Eichenmischwälder: Quercetalia pubescenti-petreae
8.43 Edellaub-Mischwälder und verwandte Gesellschaften: Fagetalia

Register deutscher Gattungsnamen

Das Register der deutschen Namen umfaßt die Gattungen des ganzen Buches. Die fett gedruckten Zahlen (S. 29—159) verweisen auf den Bestimmungsteil.

Register der lateinischen Artnamen

Das Register der wissenschaftlichen Namen bezieht sich, von wenigen Ausnahmen abgesehen, nur auf den Bestimmungsteil (S. 29—159).

Weiterführende Literatur

GARCKE, A., 1972: Illustrierte Flora: Deutschland und angrenzende Gebiete. 23. Aufl. Hrsg. von K. VON WEIHE. Berlin und Hamburg: Paul Parey.
HUBBARD, C. H., 1968: Grasses. 2nd. Ed. Penguin Books.
FITTER, R.; FITTER, A.; BLAMEY, M., 1986: Pareys Blumenbuch. 2. Aufl. Berlin und Hamburg: Paul Parey.
GREY-WILSON, C.; BLAMEY, M., 1980: Pareys Bergblumenbuch. Berlin und Hamburg: Paul Parey.
KEBLE MARTIN, W., 1965: The Concise British Flora in Colour. Ebury Press and Michael Joseph.
OBERDORFER, E., 1983: Pflanzensoziologische Exkursionsflora. 5. Aufl. Stuttgart: Ulmer.
ROTHMALER, W.; MEUSEL, H.; SCHUBERT, R., 1978: Exkursionsflora für die Gebiete der DDR und der BRD. Gefäßpflanzen. 9. Aufl. Berlin.
SCHMEIL, O.; FITSCHEN, J., 1982: Flora von Deutschland und seinen angrenzenden Gebieten. 87. Aufl. Hrsg. von W. RAUH u. K. SENGHAS. Heidelberg: Quelle & Meyer.
ELLENBERG, H., 1982: Vegetation Mitteleuropas mit den Alpen in ökologischer Sicht. 3. Aufl. Stuttgart: Eugen Ulmer.

Schlüssel zu den Texten des Bestimmungsteils (S. 29–148)

Im Bestimmungsteil werden über 1.100 der wichtigsten Wildpflanzen Deutschlands und Nordwest-Europas abgebildet und beschrieben. Im Anhang finden sich die Beschreibungen von weiteren über 300 seltenen oder sehr unscheinbaren Arten, so daß insgesamt fast 1.500 Wildpflanzen behandelt werden. Um so viele Informationen wie möglich auf dem engbemessenen Raum unter den Abbildungen wiedergeben zu können, müssen zahlreiche Angaben abgekürzt oder codiert erscheinen. Diese Abkürzungen und Symbole sind so gewählt, daß sie bald ohne besondere Mühe gelesen werden können.
Die in diesem Buch abgebildeten Arten sind entsprechend ihrer systematischen Stellung aufgeführt (Garcke, 1972). Soweit möglich, wurden deshalb den Artbeschreibungen gemeinsame Gattungs- und Familienmerkmale vorangestellt, die später in den einzelnen Artbeschreibungen dann nicht mehr wiederholt wurden, dennoch aber zu berücksichtigen sind.

Schema einer Artbeschreibung:

Jede Beschreibung beginnt mit dem deutschen Trivialnamen im Fettdruck. Ihm folgt kursiv der wissenschaftliche Name:

Echte Primel *Primula veris*

Arten, auf die in den Textteilen näher eingegangen wird, sind mit einem Sternchen (★) gekennzeichnet. Mit Hilfe dieser Markierung können in dem deutschen Sachregister die Seitenverweise leicht gefunden werden.

Danach folgen Angaben über die Wachstumshöhe in cm und die Lebensform (einj. = einjährig; zweij. = zweijährig; Staude; Halbstrauch; Strauch). Bei den sich daran anschließenden Bestimmungsmerkmalen werden folgende Abkürzungen verwendet:

B.	Blatt
. . . b.	. . . blättrig, blatt, . . . blättert
Bl.	Blüte
Blst.	Blütenstand
bl.	blütig
. . . f.	. . . förmig(en)
. . . st.	. . . ständig(en)
Fr.	Frucht
. . . l.	. . . lich
u.	unten, untere
o.	oben, obere
St.	Stengel
st.ständig	stengelständig
∅	Durchmesser
§	gesetzlich geschützte Arten
☠	giftig für Mensch und Tier
⚕	Medizinal- oder Drogenpflanze

Die Zeiten der Keimung des Saatgutes (Keim.) werden folgendermaßen angegeben:

F	Frühjahr
So	Sommer
H	Herbst
W	Winter
j	zu jeder Jahreszeit
sf	sofort

längere Zeiträume durch Kombinationen dieser Kennzeichen, z. B. W–F; So–H; F–So etc.

Danach werden aufgeführt: die Blütezeit der Pflanzen in römischen Ziffern (IV–V = April bis Mai) sowie Symbole zur Geschlechterverteilung innerhalb einer Blüte oder eines Blütenstandes:

(⚥)	Zwitterpflanzen, hermaphrodit (getrennt-geschlechtliche Pflanzen)
(♀)	nur weiblich
(♂)	nur männlich
(♀+♂)	monözische Pflanzen, männlich und weiblich auf einer Pflanze
(♀)+(♂)	diözische Pflanzen, weibliche und männliche Individuen
(⚥)+(♀)	gynodiözische Pflanzen; sowohl zwittrige als auch weibliche Individuen
(⚥+♀)	gynomonözische Pflanzen; sowohl zwittrige als auch weibliche Einzelblüten mit einem Blütenstand usw.

Der Reifezeit der Staubblätter (♂) und Griffel (♀) gelten folgende Buchstabenkombinationen:

pa	vormännlich, protandrisch, d. h. die Staubblätter werden vor den Griffeln bzw. Fruchtknoten (Stempel) reif,
pg	vorweiblich, protogyn, d. h. der Fruchtknoten reift vor den Staubblättern und
hg	homogyn, d. h. Fruchtknoten und Staubblätter reifen gleichzeitig.

Mit folgenden Kürzeln wird dann die bevorzugte Bestäubungsart gekennzeichnet:

Ins.	Insektenbestäubung über
(l)	Lepidoptera, Schmetterlinge

(c)	Coleoptera, Käfer
(d)	Diptera, Zweiflügler (Fliegen)
(h)	Hymenoptera, Hautflügler (Bienen)
(a)	Ameisen
sb.	selbstbestäubend über
k.	Kleistogamie; Bestäubung bei nicht geöffneter Blüte
wb.	windbestäubend
wsb.	wasserbestäubend

In Einzelfällen werden Unterarten (sspp.) innerhalb einer Art (sp.) angegeben. Danach folgen die Standortangaben und die ökologischen Kennzahlen (ÖK.) mit Hinweisen auf die soziologische Zugehörigkeit der jeweiligen Art (Soz.) nach Ellenberg (1982). Innerhalb der Standortangaben mußten bei Platzmangel folgende Abkürzungen verwendet werden:

... ges.	Gesellschaft
nährstoffr.	nährstoffreich
kalkh.	kalkhaltig
hum.	humose(n)
stein.	steinig(en)

Die sechsstellige ökologische Kennzahl bezeichnet die jeweiligen Ansprüche der Art an ihren Standort bezüglich

L	Lichtzahl
T	Temperaturzahl
K	Kontinentalitätszahl
F	Bodenfeuchtezahl
R	Bodenreaktionszahl
N	Stickstoffzahl

Beispiel: LTK FRN
7X3 483

Die Höhe von Anspruch oder Versorgung kennzeichnet eine Ziffernskala von 1–9 (bei F = Bodenfeuchte 1–12): 1 sehr niedrig; 9 bzw. 12 = sehr hoch; X = indifferente Art (ohne besondere Ansprüche). Beispiele:

L1	schattenverträglich
L9	verträgt volles Sonnenlicht
F1	trockener Standort
F9	nasser Standort
F10–12	Sumpf bzw. Standort unter Wasser
R1	saurer Boden
R9	alkalischer Boden
N1	nährstoffarmer Standort
N9	nährstoffreicher Standort

Der „Standort" umfaßt alle Faktoren, die am Fundort einer Pflanze auf sie einwirken und ihr Wachstum und ihre Verbreitung bestimmen.

Die Zugehörigkeit einer Art zu bestimmten Pflanzengruppen, ihre soziologische Einordnung, wird durch die sog. Ellenbergschen Kennzahlen angegeben:

1. Ziffer	Gruppen (1–8)
2. Ziffer	Klassen
3. Ziffer	Ordnungen
4. Ziffer	Verbände

Dabei wird die gruppenbezeichnende erste Ziffer von den folgenden durch einen Punkt abgetrennt, z. B. 5.322. Einzelheiten zur pflanzensoziologischen Klassifizierung s. S. 307. Hier sollen lediglich die 8 Gruppen aufgelistet werden:

1 Süßwasser- und Moorvegetation
2 Salzwasser- und Meerstrand-Vegetation
3 Krautige Vegetation oft gestörter Plätze
4 Steinfluren und alpine Rasen
5 Anthropo-zoogene Heiden und Rasen
6 Waldnahe Staudenfluren und Gebüsche
7 Nadelwälder und verwandte Gesellschaften
8 Laubwälder und verwandte Gesellschaften

Am Schluß der Artbeschreibungen erscheinen die Angaben zur Verbreitung

D	Deutschland (Bundesrepublik Deutschland, DDR, Niederlande und Dänemark)
GB	Großbritannien (England, Schottland, Wales und Irland)
F	nördliche Gebiete von Frankreich, Belgien, Luxemburg und Kanalinseln
S	Skandinavien (Norwegen, Schweden, Finnland, Island und Färöer)
s	selten
z	zerstreut
v	verbreitet
Alp.	Alpen im Gebiet der Bundesrepublik Deutschland
alp.	im höheren Bergland vorkommend.

Die Artbeschreibungen werden abgeschlossen durch Hinweise im Fettdruck auf nahe Verwandte seltener Arten, die im Anhang des Bestimmungsteils, nach Nummern geordnet, aufgeführt werden, z. B. **s. A. 145.**